Kajian Kebijakan Investasi OECD Indonesia 2020

OECD

BETTER POLICIES FOR BETTER LIVES

Please cite this publication as:
OECD (2021), *Kajian Kebijakan Investasi OECD Indonesia 2020*, OECD Publishing, Paris, *https://doi.org/10.1787/4f7e8fad-id*.

ISBN 978-92-64-78662-2 (print)
ISBN 978-92-64-57690-2 (pdf)

Photo credits: Cover © warrengoldswain/iStock/Getty Images Plus.

Yuliana Tansil translated the report into Bahasa Indonesia.

Corrigenda to publications may be found on line at: *www.oecd.org/about/publishing/corrigenda.htm*.

Kata Pengantar

Berdasarkan pencapaian sejak *Kajian Kebijakan Investasi OECD Indonesia* pertama selesai pada tahun 2010 lalu, *Kajian Kedua* ini menyajikan penilaian iklim investasi di Indonesia untuk mendukung pemerintah dalam upaya reformasi yang sedang berlangsung. Berdasarkan *Kerangka Kerja Kebijakan OECD untuk Investasi*, *Tinjauan* ini mengidentifikasi tantangan dan peluang, serta rekomendasi untuk meningkatkan daya saing, mendukung pertumbuhan, dan memastikan hasil investasi dirasan secara merata dan berkelanjutan terhadap lingkungan. Bab-bab di dalamnya meliputi tren dan dampak penanaman modal asing (PMA/FDI), pengkajian ulang kerangka regulasi PMA, perlindungan investor dan penyelesaian sengketa, mendorong dan memfasilitasi aktivitas bisnis yang bertanggung jawab, mendorong dan memfasilitasi investasi, serta kebijakan investasi dan pembangunan daerah di Indonesia yang terdesentralisasi. *Kajian* ini sangat menekankan pada langkah-langkah untuk membangun iklim investasi yang sehat, transparan, dan bertanggung jawab guna mendukung pemulihan ekonomi yang tangguh selepas pandemi COVID-19.

Kajian ini disusun oleh Sekretariat OECD atas permohonan Pemerintah Indonesia. Prosesnya dilakukan melalui koordinasi erat dengan Badan Koordinasi Penanaman Modal (BKPM) dan didukung oleh gugus tugas antar kementerian yang dibentuk untuk membahas *Kajian* dalam pendekatan pemerintah-secara-kesatuan. *Kajian* juga mendapatkan tinjauan sejawat Komite Investasi OECD dan konsultasi pemangku kepentingan dengan perwakilan pemerintah asing yang berbasis di Indonesia, organisasi internasional, sektor swasta, masyarakat sipil dan akademisi.

Kajian ini dibuat oleh tim yang dipimpin oleh Alexandre de Crombrugghe dan melibatkan Fares Al Hussami, Alessandra Celani, Fernando Mistura, Letizia Montinari dan Baxter Roberts dari Divisi Investasi OECD, dan Tihana Bule dari OECD Center for Responsible Business Conduct, dan di bawah bimbingan Stephen Thomsen, Kepala Tinjauan Kebijakan Investasi. Massimo Geloso Grosso, Kepala Perwakilan Jakarta, dan Yulianti Susilo, konsultan, memberikan bantuan dalam proses koordinasi dan pelaksanaan di Indonesia. Angèle N'Zinga memberikan bantuan administratif. Saran dan masukan kesekretariatan diterima dari Ana Novik, Kepala Divisi Investasi, Syrine El Abed, Clémentine Faivre, David Gaugkrodger, Emilie Kothe, Simon Long, Joachim Pohl dan Martin Wermelinger dari Divisi Investasi, Rena Hinoshita dari Center for Responsible Business Conduct, Andrew Auerbach dari Pusat Kebijakan dan Administrasi Perpajakan, James Drummond dan Mike Pfister dari Direktorat Tata Kelola Publik, Andrea Goldstein dari Departemen Ekonomi, Jeremy Faroi dan Cecilia Tam dari Direktorat Lingkungan, dan Massimo Geloso Grosso dari Hubungan Global.

Kajian ini dimungkinkan dengan dukungan dari Uni Eropa

Daftar Isi

Ringkasan Eksekutif

Indonesia telah mencapai kemajuan ekonomi, politik, dan sosial yang mengesankan selama dua dekade terakhir seiring reformasi ambisius pemerintah. Pertumbuhan ekonomi yang stabil, kebijakan makroekonomi yang baik dan kemajuan dalam perlindungan sosial telah meningkatkan meningkatkan standar hidup dan menurunkan tingkat kemiskinan baik di kawasan pedesaan maupun perkotaan. Pandemi COVID-19 menahan kemajuan ini dan menjerumuskan Indonesia ke dalam resesi berat dengan konsekuensi ekonomi dan sosial yang sulit.

Investasi swasta, baik asing maupun domestik, dapat memberikan kontribusi penting bagi pemulihan Indonesia dari pandemi COVID-19. Penanaman Modal Asing (PMA/FDI) telah menurun signifikan selama krisis dan akan diperlukan untuk mencapai tujuan pembangunan berkelanjutan Indonesia. Perusahaan-perusahaan asing di Indonesia lebih produktif, memiliki rasio lapangan kerja lebih tinggi, dan membayar upah lebih tinggi daripada perusahaan Indonesia. Mereka juga mengekspor lebih banyak hasil produksinya dan menghasilkan efek pengganda yang penting bagi perekonomian dalam negeri Indonesia. Meskipun pemerintah telah menempatkan reformasi iklim usaha sebagai prioritas utamanya, masih terdapat kesempatan untuk membangun iklim investasi yang sehat, transparan, dan bertanggung jawab yang mendukung pemulihan ekonomi dari pandemi dan memastikan pemerataan manfaat investasi dan pembangunan berkelanjutan.

Para pembuat kebijakan belum menunjukkan niat untuk memberikan peran yang jelas bagi PMA dalam ambisi pembangunan Indonesia. Sebelum masa pandemi pun, Indonesia belum berhasil memenuhi potensinya sebagai tuan rumah PMA, terlepas dari banyak atribut yang dimilikinya. Di satu sisi, ada keinginan untuk melindungi ekonomi lokal dari investasi asing, tetapi di sisi lain ada keinginan untuk melakukan reformasi yang mendalam untuk mendapatkan manfaat lebih besar dari PMA. Upaya pemerintah dalam transparansi, supremasi hukum, dan kualitas kelembagaan sudah terlihat, tetapi belum cukup konsisten untuk meningkatkan kepercayaan investor dan memastikan praktik bisnis yang bertanggung jawab baik oleh perusahaan asing maupun domestik. Peran dan tanggung jawab lintas kementerian cenderung tidak jelas dan terkadang kurang terkoordinasi. Walaupun desentralisasi hadir dengan peluang-peluang baru tetapi juga mempersulit penyusunan kebijakan investasi yang konsisten. UU Omnibus Cipta Kerja yang disahkan pada Oktober 2020 merupakan paket reformasi utama yang berupaya untuk mengatasi banyak tantangan ini. Meskipun terlalu dini untuk menganalisis dampak penuhnya, undang-undang tersebut menghadirkan peluang untuk memperbaiki iklim investasi, tetapi juga dapat menimbulkan beberapa risiko bagi masyarakat.

Terlepas dari upaya-upaya liberalisasi yang telah dilakukan, pendekatan Indonesia terhadap PMA masih membatasi, dengan banyak sektor primer dan jasa yang sebagian belum mengizinkan investor asing. Indonesia juga masih memiliki berbagai kebijakan yang diskriminatif di berbagai sektor, seperti persyaratan modal minimum yang lebih tinggi untuk perusahaan penanaman modal asing dan persyaratan yang ketat untuk mempekerjakan orang asing di posisi manajemen kunci. Persyaratan konten lokal juga diberlakukan secara meluas, menambah rintangan dalam melakukan investasi asing di Indonesia. Paket reformasi yang berani dan komprehensif untuk mengurangi hambatan PMA dapat meningkatkan aliran masuk PMA sebesar 85%. Indonesia harus mempertimbangkan untuk memprioritaskan liberalisasi PMA di sektor jasa karena implikasi produktivitasnya yang luas terhadap perekonomian, menghilangkan persyaratan diskriminatif terhadap FDI dalam peraturan horizontal dan mempertahankan pendekatan Daftar Negatif Investasi untuk menjamin transparansi.

Undang-undang di Indonesia memberikan sejumlah kerangka perlindungan inti bagi investor terkait non-diskriminasi, pengambilalihan (ekspropriasi), dan transfer dana bebas biaya. Perlindungan ini umumnya memberikan batasan hak yang jelas yang dapat menarik kepercayaan investor selama mekanisme penegakan hukum juga baik. Kerangka peraturan menyeluruh untuk keamanan siber dan perlindungan data juga akan lebih mendukung perkembangan ekonomi digital. Terkait dengan penyelesaian sengketa, sistem pengadilan Indonesia kurang memiliki transparansi dan imparsialitas, dan banyak perusahaan lebih memilih menggunaan mekanisme penyelesaian sengketa alternatif. Memerangi korupsi di semua tingkatan masyarakat juga telah lama menjadi prioritas tetapi upaya untuk membangun budaya integritas di sektor publik masih dapat diperkuat. Kajian komprehensif mengenai perjanjian-perjanjian investasi dilakukan antara 2014-16, tetapi prioritas terkait dengan kebijakan perjanjian investasi dapat terus dinilai, diperjelas dan diperbaharui.

Indonesia adalah salah satu negara pertama yang mengintegrasikan tanggung jawab sosial perusahaan dalam kerangka hukumnya dan akhir-akhir ini mendorong perilaku bisnis yang bertanggung jawab (RBC), terutama dalam keuangan dan bisnis yang berkelanjutan serta hak asasi manusia. Ambisi Indonesia untuk memperkenalkan transparansi informasi kepemilikan manfaat (beneficial ownership) juga patut dicatat. Pendekatan yang lebih strategis untuk mendorong implementasi RBC lintas sektor mungkin diperlukan, terutama mengingat dampak sosial COVID-19 terhadap sektor manufaktur Indonesia dan tingginya biaya lingkungan yang ditimbulkan oleh pertumbuhan sejauh ini. Penerapan RBC dapat membantu pemerintah untuk memastikan strategi industri yang ada \ sesuai dengan tujuan ekonomi global saat ini dan mengarahkan sektor keuangan kepada keuangan berkelanjutan. Fokus yang lebih bisa dapat diberikan ke operasi bisnis yang ada di sektor-sektor berisiko tinggi, dan menerapkan RBC di Badan Usaha Milik Negara (BUMN) akan memberi sinyal kepada pasar.

Reformasi lingkungan usaha baru-baru ini meliputi pembentukan sistem *online single submission* (OSS) untuk menyelaraskan proses perizinan usaha, yang masih dilanda permasalahan inefisiensi dan implementasi. Sementara UU Omnibus Cipta Kerja berupaya menangani kemudahan berbisnis secara lebih struktural, konsultasi yang luas juga diperlukan untuk memaksimalkan manfaatnya dan memastikan implementasi yang berhasil. Pandemi juga menunjukkan bahwa layanan lanjutan yang setingkat lebih tinggi bagi investor lama sangat penting artinya di tengah ketidakpastian saat ini. Sejalan dengan itu, karena jalur proyek FDI baru kemungkinan besar akan turun akibat krisis, strategi promosi investasi yang lebih terfokus sangat lebih disarankan dalam upaya pemulihan pemerintah. Insentif pajak Indonesia juga termasuk yang paling murah hati di kawasan dan dapat dimanfaatkan dengan lebih bijaksana untuk mendorong investasi. Pergeseran bertahap menuju insentif berbasis biaya merupakan perkembangan yang positif. Berbagai upaya telah dilakukan untuk meningkatkan transparansi dan menyosialisasikan insentif dengan lebih jelas, tetapi skema insentif pajak yang lebih luas masih menjadi masalah yang rumit.

Desentralisasi besar-besaran sejak 1998 telah membentuk pembangunan daerah dan peta investasi di penjuru negeri. Pemerintah daerah memiliki kewenangan untuk menyusun dan melaksanakan peraturan terkait penanaman modalnya masing-masing, sesuai dengan peraturan nasional yang memayunginya. Meskipun telah dibentuk pusat-pusat pelayanan terpadu satu pintu di daerah, kurangnya koordinasi antara pemerintah pusat dan daerah, pembagian kewenangan yang tidak jelas, dan peraturan yang tumpang tindih tetap menjadi tantangan besar. Pembuatan kebijakan investasi semakin tersentralisasi kembali untuk memperbaiki iklim berusaha, tetapi pemerintah daerah juga harus dilibatkan dalam proses pembuatan kebijakan dan secara bertahap mengembangkan kapasitas mereka untuk memastikan pendekatan yang berkelanjutan dalam jangka panjang.

1. Penilaian dan rekomendasi

Bab ini diawali dengan gambaran umum tentang arah pembangunan di Indonesia dan ringkasan temuan utama dan rekomendasi Tinjauan Kebijakan Investasi.

Pendahuluan

Indonesia telah mencapai kemajuan ekonomi, politik, dan sosial yang luar biasa dalam dua dekade terakhir dengan adanya reformasi yang ambisius untuk memodernisasi negara. Sebagai salah satu pendiri *Association of South East Asian Nations* (ASEAN) dan G20, yang akan diketuai Indonesia pada tahun 2023, Indonesia memainkan peran yang semakin berpengaruh di lanskap regional dan global. Ketika Indonesia perlahan bergerak menuju perekonomian berpendapatan tinggi, pandemi COVID-19 telah menjerumuskan Indonesia ke dalam krisis besar.

Kebijakan makroekonomi yang baik dan kemajuan dalam mengembangkan sistem perlindungan sosial telah memungkinkan Indonesia untuk meningkatkan standar hidup dan menurunkan tingkat kemiskinan di kawasan pedesaan dan perkotaan. Didukung oleh kebijakan makroekonomi yang penuh kehati-hatian, produk domestik bruto (PDB) per kapita telah meningkat sebesar 70% selama dua dekade terakhir dengan pertumbuhan PDB sekitar 5% per tahun sejak 2013 (OECD, 2018a). Menyadari arti penting sektor swasta terhadap kesejahteraan dan pembangunan, berbagai langkah untuk memperbaiki iklim bisnis juga menjadi agenda utama pemerintah saat ini.

Sementara itu, krisis kesehatan yang dipicu oleh wabah COVID-19 menimbulkan gejolak ekonomi dan sosial yang cukup besar. Proyeksi pertumbuhan tahun 2020 pun terpaksa diturunkan secara signifikan oleh pemerintah dan organisasi internasional. OECD memperkirakan resesi parah dengan PDB diproyeksikan menyusut sebesar 3,3% pada 2020 (OECD, 2020a). Dengan berlakunya pembatasan sosial, aktivitas perekonomian pada April 2020 menyusut tajam, dan pemulihan pun berjalan sangat lambat dan tidak menyeluruh. Pariwisata dan manufaktur menjadi sektor paling terpengaruh, dan hilangnya lapangan pekerjaan telah melebihi angka 2,8 juta sejak pertengahan Maret (OECD, 2020b). Pemerintah mengambil serangkaian upaya moneter dan kebijakan yang terkoordinasi dengan baik untuk menanggulangi krisis, meskipun dampaknya belum seperti yang diharapkan.

Investasi Asing Langsung (FDI) sejak awal memainkan peranan kunci dalam meningkatkan lapangan kerja dan produktivitas, serta dalam menghasilkan ekspor di Indonesia, yang telah lama menjadi negara tujuan utama FDI di ASEAN. Bagian terbesar dari FDI selama 2009-18 ditujukan untuk sektor manufaktur, walaupun pangsanya kini menurun sedangkan penerimaan oleh sektor jasa kian meningkat. Sektor primer juga menarik sejumlah besar FDI karena kekayaan sumber daya alam Indonesia yang melimpah. Namun, sebelum masa pandemi pun, upaya pemerintah dalam memperbaiki iklim investasi belum cukup untuk sepenuhnya memanfaatkan potensi FDI negara. Arus masuk FDI baru-baru ini menurun seiring penurunan PDB dan bagian Indonesia dalam aliran FDI ke ASEAN dalam beberapa tahun terakhir. Selain itu, dengan aliran FDI global yang diperkirakan akan turun lebih dari 30% pada tahun 2020 (OECD, 2020c), Indonesia juga akan mengalami imbasnya. Arus ekuitas lintas batas telah turun secara signifikan selama tahun 2020 dibandingkan 2019 dengan tertundanya sejumlah kesepakatan merger dan akuisisi (M&A) perusahaan dan proyek greenfield akibat meningkatnya ketidakpastian.

Investasi swasta, baik asing maupun domestik, perlu memainkan peran penting dalam tahap pemulihan. Sebelum wabah pandemi dan setelah terpilihnya kembali Presiden Joko Widodo pada 2019, pemerintah menetapkan target ambisius untuk tahun 2045 ketika Indonesia merayakan ulang tahunnya yang ke-100 sebagai negara merdeka. Target ini bertujuan untuk menarik Indonesia dari jebakan *middle-income trap*, menjadi perekonomian maju, dan memasuki lima perekonomian teratas dunia dengan nilai PDB lebih dari USD 7 triliun, serta turut mengurangi emisi gas rumah kaca secara tajam. Guna mencapai tujuan ini, pemerintah telah menempatkan pembangunan sektor swasta sebagai pusat dari agenda reformasinya dan mengidentifikasi prioritas berikutnya untuk lima tahun ke depan: pembangunan infrastruktur; pengembangan sumber daya manusia; penyederhanaan regulasi; reformasi birokrasi; dan transformasi ekonomi.

Pemerintah Indonesia memiliki kesempatan untuk lebih meningkatkan upaya reformasinya dalam membangun iklim investasi yang sehat dan transparan yang mendukung pemulihan ekonomi yang inklusif dan berkelanjutan dari selepas pandemi COVID-19. Berdasarkan versi terbaru dari *Kerangka Kebijakan untuk Investasi* (PFI), *Kajian Kebijakan Investasi OECD Indonesia* yang kedua ini mengidentifikasi beberapa area potensial untuk reformasi dan memberikan rekomendasi kebijakan untuk dipertimbangkan oleh pemerintah. Setelah bab latar belakang yang menyeluruh tentang arah pembangunan Indonesia dan ringkasan temuan-temuan utama dan rekomendasi (Bab 1), tinjauan ini kemudian menganalisis tren dan dampak FDI terhadap ekonomi dan masyarakat Indonesia (Bab 2), opsi untuk mengkaji ulang kerangka regulasi FDI di Indonesia (Bab 3), perlindungan investasi dan penyelesaian sengketa (Bab 4), kebijakan untuk mendorong dan memfasilitasi perilaku bisnis yang bertanggung jawab (Bab 5), langkah-langkah dan lembaga yang bertanggung jawab mendorong dan memfasilitasi investasi, termasuk insentif pajak (Bab 6) dan kebijakan investasi di daerah dan provinsi (Bab 7).

Kerangka Kebijakan untuk Investasi

Kerangka Kebijakan untuk Investasi (PFI) membantu pemerintah untuk memobilisasi investasi swasta guna mendukung pembangunan berkelanjutan, sehingga berkontribusi pada kesejahteraan negara dan masyarakat, serta memerangi kemiskinan. PFI menawarkan daftar pertanyaan kunci untuk ditinjau oleh pemerintah mana pun yang ingin menciptakan iklim investasi yang menguntungkan. PFI pertama kali dikembangkan pada tahun 2006 oleh perwakilan dari 60 pemerintah negara OECD dan non-OECD dalam kaitannya dengan bisnis, ketenagakerjaan, masyarakat sipil, dan organisasi internasional lainnya, dan didukung oleh para menteri negara OECD. Dirancang oleh pemerintah untuk mendukung dialog, kerja sama, dan reformasi kebijakan investasi internasional, kerangka ini telah digunakan secara luas oleh lebih dari 25 negara dan badan regional untuk menilai dan mereformasi iklim investasi. PFI diperbarui pada tahun 2015 dengan turut mempertimbangkan pengalaman dan perubahan dalam lanskap ekonomi global.

PFI merupakan instrumen fleksibel yang memungkinkan negara mengevaluasi kemajuan yang telah dicapai dan mengidentifikasi prioritas aksi dalam 12 bidang kebijakan: kebijakan investasi; pengutamaan dan fasilitasi investasi; perdagangan; persaingan; pajak; tata kelola perusahaan; pengutamaan perilaku bisnis yang bertanggung jawab; pengembangan sumber daya manusia; infrastruktur; investasi pembiayaan; tata pemerintahan publik; dan investasi untuk mendukung pertumbuhan hijau. Ada tiga prinsip yang berlaku dalam keseluruhan PFI: kebijakan yang saling terhubung, transparansi dalam perumusan dan implementasi kebijakan, dan evaluasi berkala terhadap dampak kebijakan yang ada dan baru diusulkan.

Nilai tambah dari PFI adalah menyelaraskan berbagai kebijakan berbeda dan menekankan masalah tata kelola yang menyeluruh. Tujuannya bukan untuk melahirkan terobosan baru di tiap bidang kebijakan, melainkan menyatukannya untuk memastikan koherensi kebijakan. Ia tidak memberikan agenda reformasi yang sudah jadi tetapi lebih membantu untuk meningkatkan efektivitas reformasi yang pada akhirnya dilakukan. Dengan mendorong proses yang terstruktur dalam merumuskan dan melaksanakan kebijakan di seluruh tingkat pemerintahan, PFI dapat digunakan dalam berbagai cara dan untuk berbagai tujuan oleh kawasan yang berbeda, termasuk untuk mengevaluasi dan rancangan reformasi oleh pemerintah dan untuk tinjauan sejawat dalam rapat di tingkat regional atau multilateral.

PFI melihat iklim investasi dari perspektif yang luas. Ia bukan hanya tentang meningkatkan investasi tetapi tentang memaksimalkan manfaat ekonomi dan sosial. Dalam hal investasi, kualitas memiliki makna yang sama pentingnya dengan kuantitas. PFI juga mengakui bahwa iklim investasi yang baik seharusnya baik untuk semua jenis perusahaan, baik asing dan domestik, besar dan kecil. Tujuan dari iklim investasi yang baik juga untuk meningkatkan fleksibilitas ekonomi dalam menanggapi peluang baru yang muncul, sehingga memungkinkan perusahaan yang produktif untuk berkembang dan perusahaan yang tidak kompetitif (termasuk perusahaan milik negara) ditutup. Pemerintah harus gesit: tanggap terhadap kebutuhan perusahaan dan pemangku kepentingan lainnya melalui konsultasi publik yang sistematis dan mampu mengubah haluan secara cepat ketika suatu kebijakan gagal memenuhi tujuannya. Pemerintah juga harus menciptakan teladan reformasi di dalam pemerintahan itu sendiri. Yang terpenting, perlu dipastikan bahwa iklim investasi mendukung pembangunan yang berkelanjutan dan inklusif.

PFI dibentuk untuk menanggapi berbagai isu kompleks ini, mendorong pendekatan yang fleksibel dan menyeluruh dari pemerintah yang mengakui bahwa perbaikan iklim investasi tidak hanya memerlukan reformasi kebijakan tetapi juga perubahan dalam pola kerja pemerintah.

Untuk informasi lebih lanjut terkait PFI, lihat: www.oecd.org/investment/pfi.htm.

Gambaran umum arah pembangunan Indonesia

Demokratisasi dan desentralisasi terus berkembang walaupun bukan tanpa hambatan

Sejak berakhirnya rezim Suharto pada tahun 1998, Indonesia telah menjadi negara demokrasi yang transparan dan akuntabel. Pemilihan presiden yang diadakan pada tahun 2019 menjadi pemilu terbesar yang pernah diselenggarakan dengan tingkat partisipasi 81%. Proses desentralisasi juga terus berlanjut dengan kebijakan pembangunan daerah yang kini berada di tangan empat tingkatan pemerintahan daerah.

Sejak awal tahun 2000-an, Indonesia memulai proses desentralisasi yang mendalam dan bertahan lama, yang melibatkan pengalihan pengambilan keputusan dan sumber daya keuangan untuk penyelenggaraan layanan dasar, seperti penyediaan infrastruktur transportasi, kepada pemerintah daerah. Penyusunan kebijakan mulai dibagi secara vertikal antara pemerintah pusat dan daerah dan pengambilan keputusan di bidang kesehatan, pendidikan dasar dan menengah, pekerjaan umum, lingkungan, transportasi, pertanian, dan manufaktur bergeser ke tingkat daerah (OECD, 2010).

Kecepatan devolusi bermakna kurangnya keterampilan, kemampuan teknis, sumber daya, dan pengawasan yang diperlukan. Akibatnya, meskipun kemajuan yang baik telah dicapai di tingkat nasional dalam berbagai dimensi, capaian di bidang kesehatan, pendidikan, infrastruktur, tata kelola pemerintahan yang baik, dan penyediaan layanan sosial lainnya belum membaik secepat yang diharapkan, dan capaian hasil di daerah pun sangat bervariasi (OECD, 2018a). Undang-undang dan peraturan yang saling bertentangan dan tumpang tindih antar tingkat pemerintahan juga menghambat pembangunan daerah dengan menghambat pengembangan bisnis dan investasi swasta.

Indonesia telah aktif memerangi korupsi sejak awal tahun 2000-an dan sebagai konsekuensinya, tata kelola pemerintahan pun bertahap membaik, namun upaya ini bukanlah hal yang mudah. Indonesia berada di peringkat 85 dari 198 negara dalam Indeks Persepsi Korupsi *Transparency International* pada tahun 2019, terus meningkat posisinya dari 137 pada tahun 2005, peringkat 110 pada tahun 2010 dan peringkat 88 pada tahun 2015. Komisi Pemberantasan Korupsi (KPK) dibentuk pada tahun 2002 untuk menyelidiki dan memproses kasus korupsi dan memantau tata kelola negara. Meskipun sumber daya dan kapasitas kelembagaan KPK sebagian besar terkonsentrasi di tingkat pusat, dan dengan menyerahkan perjuangan melawan korupsi di daerah terutama di tangan pemerintah daerah, KPK telah menikmati tingkat otonomi yang cukup signifikan dan telah diakui sebagai pemain terdepan dan sukses dalam menurunkan tingkat korupsi. Namun, undang-undang KPK yang baru disahkan pada September 2019 berpotensi membahayakan pengaruh dan independensi komisi ini.

Sebelum masa pandemi, pertumbuhan ekonomi kuat dan stabil

Sebelum masa pandemi COVID-19, pertumbuhan ekonomi Indonesia mencatat rekor kuat selama beberapa dekade terakhir dan mencapai tingkat stabilitas yang sangat baik. Pertumbuhan PDB mencapai rata-rata 7% sejak 1966 hingga 1996 dan sekitar 5% pada tahun 2000-an dan sejak krisis keuangan global (Hill, 2018).

Kebijakan makroekonomi yang penuh kehati-hatian dan kemajuan dalam reformasi struktural telah mendorong pertumbuhan ekonomi yang kuat dan berkelanjutan. Pasca krisis keuangan Asia 1998, pemerintah terus melakukan reformasi ekonomi tanpa menggunakan langkah proteksionis. Jumlah undang-undang yang disahkan selepas krisis belum pernah terjadi sebelumnya. Selain undang-undang otonomi daerah, undang-undang yang baru disahkan juga ada di berbagai bidang perekonomian, termasuk investasi, ketenagakerjaan, arbitrase, kepailitan, undang-undang perusahaan, persaingan usaha, administrasi perpajakan, hak asasi manusia, pertambangan, minyak dan gas, energi panas bumi dan energi lainnya, dan di sektor infrastruktur lainnya (OECD, 2010). PDB mulai pulih pada tahun 2000, walaupun memang lebih rendah dari negara Asia lainnya seperti India (7,2%) atau Vietnam (6,5%), meningkat dari 2001 hingga 2005, lalu berfluktuasi hingga mencapai puncaknya pada 2007.

Krisis keuangan global tahun 2008 tidak berdampak signifikan terhadap Indonesia karena tingkat pertumbuhan turun menjadi 4,6% pada tahun 2009 tetapi pulih dengan cepat pada tahun 2010 hingga mencapai 6,2% (Gambar 1.1). Stabilitas makroekonomi yang luar biasa sejak saat itu dimungkinkan berkat kerangka kebijakan makroekonomi yang kuat yang diterapkan oleh pemerintah. Kebijakan fiskal yang penuh kehati-hatian telah didukung oleh komitmen menjaga defisit fiskal tidak lebih dari 3% dari PDB dan utang publik tidak lebih dari 60% dari PDB (OECD, 2018a). Bank Indonesia memiliki misi untuk menstabilkan nilai rupiah dan mengejar sasaran inflasi yang selama ini masih rendah pada kisaran 3%.

Gambar 1.1. Pertumbuhan PDB riil di lima negara ASEAN, 1996-2020

% Tahunan

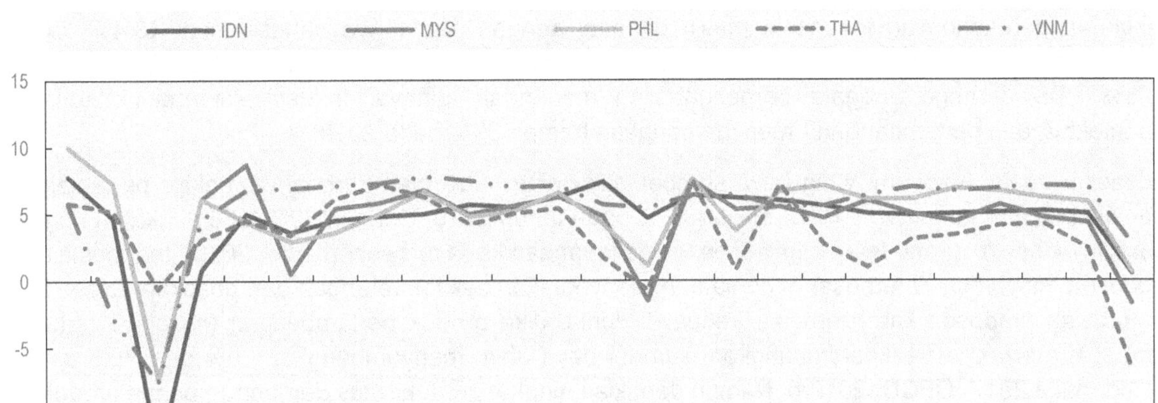

Catatan: Data tahun 2020 merupakan perkiraan IMF.
Sumber: IMF DataMapper.

Stabilitas makroekonomi juga bergantung pada kemampuan untuk membiayai defisit transaksi berjalan, yang masih menjadi tantangan bagi Indonesia. Transaksi berjalan telah mengalami defisit sejak 2012, dengan rata-rata 2,5% dari PDB selama 2012-19. Penerimaan pajak masih tetap rendah, dan salah satu penyebabnya adalah besarnya sektor ekonomi informal (lihat di bawah) dengan salah satu rasio pajak/PDB terendah di seluruh negara dengan kategori pendapatan yang sama (OECD, 2018a). Pendapatan pemerintah yang rendah kemudian akan mengurangi kemampuan belanja, terutama untuk pendidikan, kesehatan, dan jaminan sosial.

Sementara pengamat nasional dan internasional memiliki prospek pertumbuhan yang menggembirakan untuk tahun 2020, terutama karena meredanya ketegangan perdagangan internasional secara bertahap dan stabilitas politik yang membaik, pandemi COVID-19 yang datang tiba-tiba secara dramatis telah berdampak besar terhadap perekonomian dunia, sehingga turut memengaruhi prospek pembangunan Indonesia. Pemerintah telah menyebutkan dua skenario yang mungkin muncul: skenario dasar dengan pertumbuhan PDB turun menjadi 2,3% dan skenario terburuk dengan kontraksi 0,4%. OECD memperkirakan bahwa resesi yang parah akan mempengaruhi Indonesia dan PDB diproyeksikan akan berkontraksi sebesar 3,3% pada tahun 2020 (OECD, 2020a).[1] Hilangnya lapangan pekerjaan dan pendapatan menghambat konsumsi, dan dampak sosial-ekonomi dari krisis ini juga sangat buruk bagi masyarakat kelas menengah ke bawah. Sektor yang paling terpukul adalah pariwisata, perdagangan ritel, dan manufaktur.

Seperti di banyak negara OECD dan sekitarnya, pemerintah dengan cepat merespons dengan aksi kebijakan yang komprehensif dan substansial selama paruh pertama tahun 2020 guna mendukung daya beli dan bisnis. Bank Indonesia memutuskan untuk menurunkan suku bunga dan pada 1 April Presiden menandatangani peraturan yang mencabut batas atas defisit anggaran selama tiga tahun. Paket stimulus yang diberikan secara berturut-turut meliputi, antara lain, perluasan skema perlindungan sosial, penguatan sektor kesehatan, bantuan pangan dan diskon tarif listrik, *keringanan pajak dan insentif untuk industri, suntikan modal kepada badan usaha milik negara (BUMN) dan dukungan likuiditas untuk industri perbankan.*

Sektor manufaktur terus menurun sebagai penyumbang PDB, tetapi ada pergeseran bertahap dari industri ekstraktif ke jasa

Struktur ekonomi yang berkembang mencerminkan kekayaan sumber daya alam Indonesia dan arah pembangunannya saat ini. Meskipun pertumbuhan jasa lebih cepat dibandingkan sektor primer dan sekunder, perekonomian Indonesia masih ditandai dengan rendahnya pangsa jasa: 43,4% dari nilai tambah nasional pada tahun 2018, dibandingkan dengan 70,7% di negara-negara OECD (pada 2017) dan 53,8% PDB di negara-negara berpenghasilan menengah lainnya. Industri - termasuk konstruksi, manufaktur, dan pertambangan - menyumbangkan hampir 39% pada 2019.

Indonesia adalah ekonomi yang kaya sumber daya alam dan, oleh karenanya, sektor pertanian tetap menjadi penyumbang utama PDB, sekitar 13% pada tahun 2019. Dengan 30% total angkatan kerjayang dimilikinya, sektor primer tetap menjadi penyedia lapangan kerja terbesar (Lewis, 2020). Indonesia adalah produsen minyak sawit terbesar di dunia dan menyediakan sekitar setengah dari pasokan dunia. Ia juga merupakan produsen karet terbesar kedua di dunia. Jika produk pertambangan (misalnya batu bara, tembaga, minyak) turut dipertimbangkan, sumber daya alam menyumbangkan 20% dari PDB dan 50% ekspor pada 2017 (OECD, 2019a). Namun demikian, tingkat produktivitas dan pertumbuhan produktivitas di sektor primer masihlah tergolong rendah.

Nilai tambah manufaktur[2] di Indonesia terus meningkat dari tahun 1985 sampai dengan masa krisis keuangan Asia berkat upaya pemerintah untuk mendorong investasi, termasuk FDI, yang menghasilkan pertumbuhan ekonomi yang kuat (ADB, 2019a). Sektor ini kemudian mengalami krisis, tidak seperti di beberapa negara ASEAN lainnya dan sumbangannya terhadap PDB sejak saat itu pun telah menurun (Gambar 1.2). Dari lebih dari 27% dari PDB pada tahun 2005, angkanya menjadi kurang dari 20% pada

---

[1] Perkiraan dampak COVID-19 terhadap Indonesia berbeda-beda dari tiap organisasi internasional.

[2] Manufacturing of textiles, cement, chemical fertilisers, electronic products, rubber tyres

tahun 2018, yang merupakan penurunan besar bagi perekonomian berpendapatan menengah. Karena sektor manufaktur masih belum terdiversifikasi, Indonesia hanya dapat mengekspor sedikit produk dengan keunggulan komparatif (ADB, 2019a). Saat ini, sektor manufaktur - khususnya industri tekstil - menjadi salah satu yang paling terpukul oleh krisis COVID-19. Pada April 2020, hanya sepertiga dari perusahaan manufaktur dan tenaga kerja yang beroperasi (OECD, 2020b). Di seluruh sektor ekonomi, hilangnya lapangan pekerjaan sejak pertengahan Maret telah melebihi angka 2,8 juta.

Gambar 1.2. Nilai tambah sektor manufaktur di lima negara ASEAN, 1993-2019

% of GDP

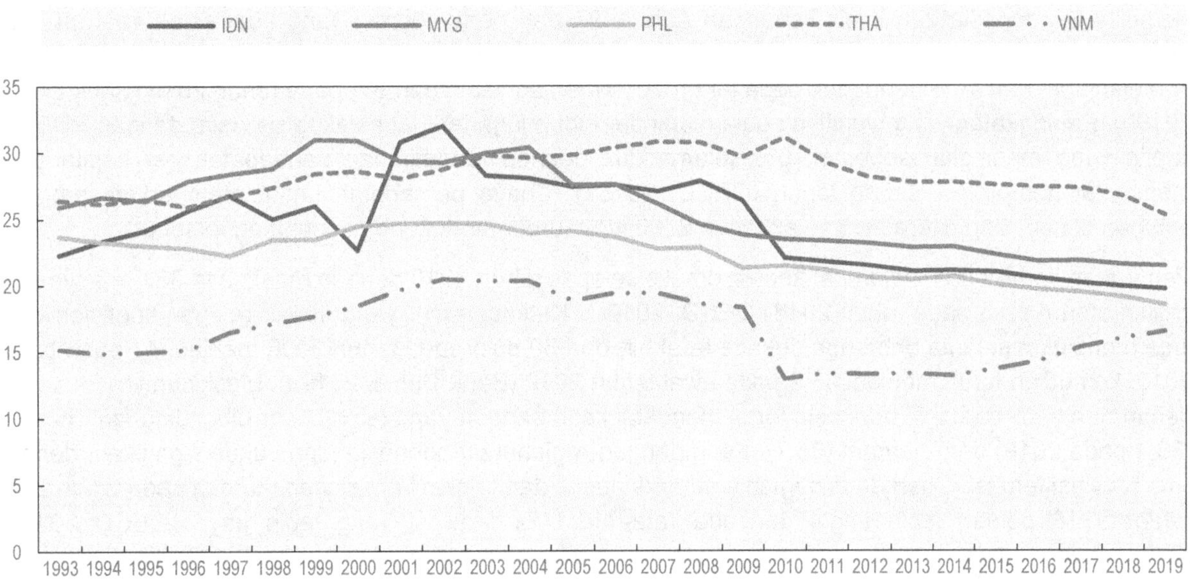

Sumber: Indikator Pembangunan Bank Dunia.

Ekspor Indonesia didorong oleh mineral dan produk makanan, serta tekstil dan pakaian jadi. Ekspor telah mengalami stagnasi sejak 2007, baik secara keseluruhan maupun sebagai penyumbang PDB, dan mencerminkan turunnya segmen perekonomian.[3] Dalam menghadapi pandemi, angka perdagangan internasional tidak terlalu mengkhawatirkan seperti di negara lain, karena Indonesia kurang terekspos terhadap gangguan rantai nilai global. Namun, perusahaan manufaktur sangat bergantung pada bahan yang diimpor dari China (OECD, 2020b).

Pertumbuhan manufaktur juga terhambat oleh ukuran perusahaan yang relatif kecil di Indonesia. Kebanyakan perusahaan adalah usaha kecil dan menengah (UKM) (92-99%), yang mempekerjakan sebagian besar tenaga kerja domestik (58-91%). Namun, jumlah ini hanya mewakili sekitar sepertiga dari total nilai tambah dan sumbangannya terhadap perdagangan masih terbatas (Lopez-Gonzalez, 2017). Jumlah perusahaan besar di Indonesia (5.066 pada tahun 2016) tergolong rendah jika dilihat dari ukuran ekonominya, dibandingkan dengan 7.156 perusahaan besar di Thailand dan 13.813 di Malaysia (OECD, 2018b). Hal ini bahkan lebih kuat di sektor manufaktur - 99% perusahaan manufaktur adalah usaha mikro dan kecil - yang merupakan hambatan bagi transformasi teknologi perekonomian Indonesia. Oleh karena itu, perusahaan di Indonesia memiliki produktivitas lebih rendah dan sedikit kemampuan untuk menyesuaikan dan menggunakan teknologi baru dan digital. (ADB, 2019b).

[3] https://atlas.cid.harvard.edu/countries/103

Menyadari tantangan sektor manufaktur dan peluang yang diberikan oleh teknologi baru, pemerintah baru-baru ini mengembangkan strategi yang disebut *Making Indonesia 4.0* yang bertujuan membenahi sektor industri dan meningkatkan produktivitas tenaga kerja. Strategi ini berfokus pada peningkatan teknologi dan produktivitas di lima industri manufaktur: makanan dan minuman, tekstil dan garmen, mobil, elektronik, dan bahan kimia. Dengan sektor jasa yang semakin memainkan peran lebih penting, Indonesia berupaya meningkatkan digitalisasi di seluruh sektor ekonomi dan memposisikan diri sebagai hub regional untuk ekonomi digital. Hal ini bahkan menjadi tren yang lebih kuat dalam konteks krisis COVID-19.

Pertumbuhan yang berkelanjutan telah menurunkan angka kemiskinan tetapi perlu ada peningkatan kualitas dan daya saing sumber daya manusia.

Pemulihan Indonesia dari krisis keuangan Asia 1997 dan pertumbuhan yang kuat sejak saat itu telah menghasilkan penurunan angka kemiskinan secara drastis. Tingkat kemiskinan turun secara berkelanjutan dari 19% penduduk pada tahun 2000 menjadi lebih dari 9% pada tahun 2019 (Bank Dunia, 2019b). Peningkatan yang signifikan dalam standar hidup juga terlihat sejak krisis Asia, dengan PDB per kapita yang meningkat sebesar 70% selama dua dekade terakhir dan pendapatan per kapita yang meningkat hampir 4% setiap tahun (OECD, 2018a). Upaya pemerintah untuk memperluas program bantuan sosial yang diterapkan sejak tahun 2000 juga turut mendukung pencapaian tersebut.

Penurunan kemiskinan melambat secara drastis selepas tahun 2010 dengan masih ada 38% masyarakat miskin atau rentan pada tahun 2016 (OECD, 2019c). Ketimpangan, yang diukur dengan koefisien Gini, juga meningkat selama beberapa dekade terakhir, dari 30 poin pada tahun 2000 menjadi 41 pada tahun 2015, kemudian turun menjadi 38,2 pada awal tahun 2019 (Bank Dunia, 2019a). Meskipun terjadi sedikit penurunan baru-baru ini, Indonesia terus mencatat ketimpangan yang lebih besar dibandingkan Thailand (36,4 pada 2018) dan Vietnam (35,7). Ketimpangan regional di Indonesia juga cukup signifikan, dengan lima provinsi termiskin berada di bagian timur Indonesia, dan tingkat kemiskinan mereka pada tahun 2016 rata-rata 18 persen lebih tinggi daripada rata-rata lima provinsi yang lebih kaya (OECD 2019c). Ketimpangan masyarakat dan wilayah ini kemungkinan akan meningkat akibat krisis COVID-19.

Perekonomian Indonesia masih didominasi oleh sektor informal besar yang menyumbang sekitar 70% dari lapangan kerja nasional dan lebih dari 90% dari total bisnis (OECD, 2018b). Walaupun produktivitas tenaga kerja Indonesia berada di atas rata-rata ASEAN,[4] luasnya sektor informal menyebabkan pekerjaan berkualitas rendah dan produktivitas yang lebih rendah. Pekerja informal (dan keluarganya) seringkali terjebak dalam "kelompok terlupakan" dari cakupan perlindungan sosial, di mana mereka tidak memenuhi syarat untuk mendapatkan bantuan sosial untuk masyarakat miskin, tetapi tidak pula masuk dalam skema iuran ketenagakerjaan.

Sementara penduduk lansia Indonesia diprediksikan akan tumbuh pesat, kelompok masyarakat muda akan menyajikan sebuah peluang. Separuh penduduk Indonesia berusia di bawah 30 tahun dan bonus demografis masih akan mendorong pertumbuhan ekonomi. Sejak 2002, Indonesia telah melakukan reformasi besar sistem pendidikan nasional. Angka belanja negara Indonesia untuk sektor pendidikan pun terus meningkat seiring waktu (dari 2,8% PDB pada tahun 2010 menjadi 3,6% pada tahun 2015, menurut UNESCO) dan kini setara dengan pasar negara berkembang lainnya seperti Malaysia, Afrika Selatan, dan Thailand. Indonesia hampir memenuhi capaian universal tingkat tamat sekolah dasar masyarakatnya (OECD, 2018a).

Terlepas dari pencapaian dalam hal cakupan ini, kualitas pendidikan yang rendah di Indonesia masih menjadi sorotan karena menghambat pertumbuhan di Indonesia. Banyak siswa di Indonesia yang masih kekurangan keterampilan dasar. Hasil PISA OECD 2018 menempatkan Indonesia hampir di posisi

---

[4] Produktivitas tenaga kerja (PDB per pekerja) di Indonesia adalah USD 26.000 pada tahun 2017, di bawah Singapura (USD 142.300), Malaysia (USD 60.000) dan rata-rata ASEAN6 (USD 30.600), tetapi di atas Filipina (USD 20.600) dan rata-rata ASEAN (USD 25.000) (APO, 2019)

terendah dengan angka yang menurun dibandingkan tahun 2015 (OECD, 2019b). Pelajar Indonesia berusia 15 tahun berada pada peringkat 10 terbawah dari 79 negara yang diuji dalam Matematika, Membaca, dan Sains. Banyak dari guru yang memiliki kualifikasi buruk dan tingkat ketidakhadiran yang tinggi. Tingkat pengangguran pekerja terampil menengah dan tinggi berusia 20-29 tahun nilainya 6 persen lebih tinggi daripada pekerja berketerampilan rendah. Hal ini sebagian besar diakibatkan oleh rendahnya kualitas pendidikan (OECD, 2016; OECD/ADB, 2015). Hal ini akan berujung pada pekerjaan informal, karena pekerja tidak memiliki keterampilan untuk pekerjaan sektor formal dengan gaji lebih tinggi, yang juga didorong oleh peraturan ketenagakerjaan yang relatif ketat. Dalam konteks ini, pemerintah baru-baru ini mengeluarkan UU Omnibus Cipta Lapangan Kerja, yang antara lain bertujuan untuk memperkenalkan lebih banyak fleksibilitas di pasar tenaga kerja. Namun, implementasi dan hasil konkritnya masih belum jelas. Amatlah penting untuk melihat dampak sosial dari operasi bisnis dalam konteks UU Omnibus baru tentang Cipta Lapangan Kerja (lihat di bawah).

Memperbaiki iklim usaha merupakan agenda utama pemerintah

Indonesia telah berupaya menjadikan sektor swasta, baik domestik maupun asing, sebagai mesin pertumbuhan dan pembangunan berkelanjutan. Pemerintah telah aktif memperbaiki iklim usaha sejak akhir 1990-an, dan semakin meningkat sejak masa pemerintahan Presiden Widodo. Pada tahun 2000-an, upaya ini difokuskan utamanya pada perubahan legislatif. Jumlah undang-undang baru meningkat pesat di seluruh bidang ekonomi, termasuk investasi. Undang-Undang Investasi 2007 menyatukan undang-undang investasi asing dan domestik yang sebelumnya berbeda dan meningkatkan transparansi kerangka kebijakan investasi Indonesia, termasuk dengan memperjelas sektor-sektor yang memang tertutup bagi investor asing atau domestik (OECD, 2010).

Baru-baru ini, sejak terpilihnya kembali Presiden Widodo pada tahun 2019, ada dorongan yang lebih besar untuk perbaikan iklim usaha, karena penyederhanaan peraturan dan de-birokratisasi telah diterapkan pada lima prioritas utama kabinet yang baru dibentuk. Menyadari tingginya biaya administrasi yang mengurangi produktivitas dan membuka jalan untuk korupsi dan informalitas, pemerintah pun memprakarsai reformasi perizinan usaha dan fasilitasi investasi yang bertujuan untuk memudahkan proses mendirikan dan menjalankan perusahaan. Beberapa langkah kemudian diterapkan untuk meningkatkan transparansi, menyederhanakan perizinan, dan memfasilitasi proses untuk mendirikan perusahaan.

Pembentukan pusat layanan terpadu satu pintu regional (PTSP), yang diikuti pengenalan sistem *Online Single Submission* (OSS) merupakan langkah-langkah yang tepat untuk meningkatkan proses perizinan usaha di seluruh wilayah Indonesia. Pemerintah juga perlu melakukan penyempurnaan regulasi terkait persaingan usaha, termasuk melalui Komisi Pengawas Persaingan Usaha (KPPU). Pada tahun 2019, KPPU berfokus pada reformasi hukum acara, mempermudah pemberitahuan transaksi merger dan akuisisi, serta peningkatan perlindungan hukum bagi UKM. Sebagai hasil dari peningkatan ini, Indonesia pun menempati peringkat ke-73 dari 190 perekonomian dunia pada indikator Kemudahan Berusaha Bank Dunia pada tahun 2020. Akan tetapi, posisi Indonesia dalam kategori Mendirikan Usaha masih tetap jauh lebih rendah, namun, yaitu pada peringkat 140.

Pada bulan Oktober 2020, DPR RI memberlakukan UU Omnibus Cipta Lapangan Kerja yang bertujuan merampingkan kerangka regulasi investasi saat ini dan mencakup langkah-langkah utama yang tampaknya bertujuan menghapus hambatan dan persyaratan terhadap FDI, memusatkan dan menyederhanakan izin usaha dan prosedur pengadaan lahan, yang secara signifikan mereformasi pasar tenaga kerja dan melonggarkan peraturan lingkungan tertentu di Indonesia. Undang-undang yang mencabut 76 undang-undang dan lebih dari 1000 pasal sebelumnya itu dianggap penting oleh pemerintah untuk meningkatkan daya saing ekonomi, merevitalisasi sektor manufaktur, dan pada akhirnya membuka jalan bagi Indonesia untuk menghindari apa yang disebut 'jebakan pendapatan menengah' (*middle-income trap*).

Walaupun masih terlalu dini untuk melihat dampak menyeluruh dari undang-undang sebelum disahkan, undang-undang ini mencakup reformasi ramah bisnis yang signifikan seperti meliberalisasi FDI dan mempermudah proses mendirikan dan menjalankan usaha. Meskipun demikian, hal ini juga menuai kritik dari kelompok lingkungan dan sosial tentang potensi dampaknya terhadap lingkungan dan pasar tenaga kerja, termasuk kekhawatiran tentang bagaimana izin lingkungan akan diatur serta sejauh mana deregulasi akan berdampak terhadap kondisi kerja dan pembayaran upah. Selain lembaga swadaya masyarakat dan serikat pekerja, beberapa investor kelembagaan juga meminta pemerintah untuk mendukung konservasi hutan dan lahan gambut; menjunjung tinggi hak asasi manusia dan hak atas tanah masyarakat adat; mengadakan konsultasi yang tepat dengan kelompok lingkungan dan masyarakat sipil serta investor tentang UU ini dan implementasinya; dan mengambil pendekatan jangka panjang untuk pemulihan dari pandemi.

Pemerintah berupaya untuk mengatasi kesenjangan infrastruktur yang menghambat perbaikan iklim usaha

Kesenjangan infrastruktur tetap menjadi tantangan pembangunan utama di Indonesia dan masih menempati urutan teratas dalam agenda pemerintah. Menurut RPJMN sebelumnya (2015-19), kebutuhan infrastruktur setara dengan 7% dari PDB setiap tahunnya. Indonesia berada di peringkat 72 dari 141 negara dalam hal pembangunan infrastruktur dalam Laporan Daya Saing Global *World Economic Forum* (WEF) 2019, atau berada di belakang negara-negara ASEAN lainnya termasuk Singapura (1), Malaysia (35) dan Thailand (71) (WEF, 2019). Indeks ini menunjukkan kesenjangan besar dalam berbagai jenis infrastruktur: konektivitas jalan sangat buruk (peringkat 109) dan begitu pula infrastruktur utilitas (peringkat 89). Di sisi lain, infrastruktur transportasi udara memiliki kinerja yang baik (peringkat ke-5 dalam hal konektivitas bandara), meskipun kapasitas di kedua bandara utama tersebut telah dimanfaatkan sepenuhnya. Akses listrik masih terkendala dan kesenjangan juga masih terlihat pada fasilitas pengolahan limbah, air, sanitasi, dan saluran pembuangan.

Pemerintah menyadari pentingnya kualitas dan kuantitas infrastruktur dalam mendorong pertumbuhan yang inklusif. Target yang ditetapkan untuk periode 2020-24 meliputi infrastruktur air minum, fasilitas sanitasi, serta infrastruktur untuk mendukung pembangunan ekonomi (jalan tol, jalan raya, jembatan) dan peningkatan konektivitas. Di Jakarta, peningkatan infrastruktur dilakukan untuk mengurangi kemacetan dan tingkat polusi, seperti peresmian jalur MRT pertama pada Maret 2019.

Walaupun pemerintah telah menempatkan perbaikan iklim usaha sebagai prioritas utamanya, sektor swasta belum berperan penting dalam mengisi kesenjangan infrastruktur (OECD, 2018a, 2019a). Investasi infrastruktur sangat bergantung pada pembiayaan pemerintah, dengan total investasi infrastruktur pemerintah sebesar 55% pada tahun 2015, sementara kontribusi sektor swasta turun menjadi 9% selama periode 2011-15 (OECD, 2019a).

Selain itu, meskipun BUMN beroperasi di hampir seluruh sektor ekonomi - mulai dari manufaktur dan konstruksi hingga pertanian dan keuangan - mereka memainkan peran yang sangat penting dalam infrastruktur, terutama transportasi (OECD, 2018a). BUMN yang terdaftar mewakili hampir seperempat dari kapitalisasi pasar ekuitas. BUMN telah terpukul oleh pandemi dan program Pemulihan Ekonomi Nasional pun diberikan dengan meliputi suntikan modal baru bagi beberapa BUMN, termasuk BUMN di bidang infrastruktur, untuk menghindari gagal bayar kewajiban utang-utangnya.

Seiring upaya Indonesia mengatasi kesenjangan infrastruktur, penting juga untuk mempertimbangkan kemungkinan dampak negatif lingkungan dan sosial dari proyek-proyek dalam perhitungan risiko, dan bukan hanya pada tingkat risiko keuangan. Prinsip dan standar perilaku bisnis yang bertanggung jawab juga memiliki keterkaitan dengan hal ini.

Meskipun terjadi penurunan laju deforestasi baru-baru ini, polusi dan deforestasi masih mengancam kelestarian lingkungan

Sebagai negara terpadat dan perekonomian terbesar di Asia Tenggara, Indonesia menghadapi tantangan kompleks dalam meningkatkan kondisi kehidupan bagi penduduknya yang terus bertambah serta mengatasi tekanan lingkungan yang, jika dibiarkan, dapat menghalangi pertumbuhan dan pembangunan (OECD, 2019a). Indonesia menghadapi tantangan lingkungan yang serius terkait dengan polusi udara dan air, pengelolaan limbah, perubahan iklim, hilangnya keanekaragaman hayati, dan menipisnya sumber daya alam, yang diakibatkan oleh perkembangan ekonomi yang cepat, urbanisasi, dan meningkatnya permintaan komoditas global. Walaupun investasi swasta - baik domestik maupun asing - dalam beberapa kasus, dapat menjadi sumber masalah pencemaran, terutama jika dilakukan tanpa uji tuntas, ia juga dapat menjadi sarana yang penting menuju transisi ekonomi rendah karbon dan hemat energi. Dalam konteks ini, penting untuk mempertimbangkan dampak lingkungan dari operasi bisnis dalam konteks UU Omnibus yang baru tentang Cipta Lapangan Kerja.

Walaupun laju deforestasi telah melambat sejak 2015 di Indonesia, pembakaran lahan gambut secara intensif masih terus digunakan untuk membuka sebagian besar kawasan hutan, termasuk untuk perkebunan kelapa sawit, industri pulp dan kertas, serta kayu. Hal ini menyebabkan hilangnya tutupan hutan Indonesia secara drastis, turun sebesar 7% antara tahun 2005 dan 2015, sebuah kasus kehilangan hutan tertinggi kedua di dunia setelah Brasil (OECD, 2019a). Moratorium konsesi baru untuk perkebunan dan penebangan hutan primer dan lahan gambut telah diberlakukan sejak 2011, tetapi para ahli menganggap bahwa hal itu belum sepenuhnya efektif (Austin et al., 2017; Busch et al., 2015). Pada 2018, Presiden menandatangani moratorium tiga tahun atas izin baru perkebunan kelapa sawit. Baru-baru ini, pandemi COVID-19 telah memperburuk deforestasi di Indonesia, karena pembatasan sosial tidak memungkinkan pemantauan dan pengelolaan hutan secara aktif. Diperkirakan 1.300 kilometer persegi hutan hilang pada Maret 2020, meningkat 130% dibandingkan dengan rata-rata bulan Maret 2017-19 (WWF, 2020).

Indonesia merupakan salah satu dari sepuluh penghasil gas rumah kaca terbesar di dunia dan emisi yang dihasilkannya terus meningkat (OECD, 2019a). Pemerintah memiliki target memainkan peran penting dalam mengatasi perubahan iklim. Dalam kaitannya dengan hal ini, rencana lima tahunan saat ini (2020-24) telah menetapkan target untuk emisi gas rumah kaca: 29% pengurangan tanpa syarat dan 41% pengurangan dengan besaran emisi baseline dengan dukungan internasional pada tahun 2030. Transportasi, terutama transportasi darat, dan pembangkit listrik tenaga batu bara adalah penyebab utama lonjakan emisi (Yudha, 2017). Jumlah kendaraan yang beredar meningkat hampir tiga kali lipat selama tahun 2005-15, sementara Jakarta menjadi kota ketiga paling padat di dunia (OECD 2019a). Deforestasi yang cepat juga memperburuk emisi gas rumah kaca, karena sektor penggunaan lahan menyumbang sekitar setengah dari total emisi Indonesia selama dekade terakhir.

Sampah plastik laut juga meningkat tajam. Indonesia merupakan penyumbang terbesar kedua pencemaran plastik di laut, dan 70% terumbu karangnya (18% dari total dunia) berada dalam kondisi sedang (35%) atau buruk (35%) (OECD, 2019a). Selain itu, tingginya konsentrasi penduduk dan kegiatan ekonomi di pulau Jawa (sekitar 56% penduduk dan 7% luas daratan) juga menimbulkan tantangan lingkungan dan infrastruktur. Pengambilan air bawah tanah yang berlebihan di Jakarta menyebabkan penurunan tanah dan meningkatkan risiko banjir; kemacetan lalu lintas dan polusi udara di Jakarta termasuk yang terburuk di dunia (OECD, 2019a). Hal inilah yang mendorong pemerintah untuk memulai proyek ambisius pemindahan ibu kota dari Jakarta ke Kalimantan.

FDI telah memainkan peran penting di Indonesia tetapi masih dapat berkontribusi terhadap pembangunan berkelanjutan

Selain menyediakan sumber pembiayaan, FDI dapat memberikan manfaat signifikan bagi negara tempatnya berkontribusi. Ia dapat meningkatkan produktivitas, mendukung integrasi dalam rantai nilai global (GVC), menciptakan pekerjaan yang layak, berkontribusi terhadap pengembangan sumber daya manusia dan penyebaran teknologi yang lebih bersih, dan menghadirkan praktik kerja yang inklusif gender. Menyadari peran khusus yang dimainkan oleh investasi asing dalam pembangunan ekonomi, pemerintah Indonesia semakin berupaya menarik FDI untuk menanggapi kebutuhan negara yang paling mendesak dalam hal pengangguran, kesenjangan wilayah, infrastruktur, pengembangan sumber daya manusia, dan transformasi ekonomi.

Indonesia berpotensi menjadi tujuan utama FDI di ASEAN, tetapi reformasi iklim investasi akan membuatnya lebih kompetitif

FDI sebagai bagian dari PDB di Indonesia mengalami fluktuasi dari waktu ke waktu, mencerminkan perubahan kondisi domestik dan eksternal. Sejak 2004, FDI sebagai bagian dari PDB terus tumbuh secara signifikan, walaupun belakangan ini menurun. Sebagai negara dengan ekonomi terbesar di kawasan, Indonesia telah lama menjadi tujuan FDI yang cukup penting di ASEAN, namun sumbangan yang diterimanya dalam aliran masuk FDI di kawasan ini telah menurun dalam beberapa tahun terakhir (Gambar 1.3). Ketidakpastian global yang meningkat telah berujung pada menurunnya aliran masuk FDI. Karena pandemi COVID-19 dan krisis ekonomi global yang diakibatkannya, aliran FDI diperkirakan akan terus menurun selama tahun 2020. Arus ekuitas lintas batas di Indonesia telah turun secara drastis selama tahun 2020 dibandingkan tahun 2019, karena perusahaan telah menunda beberapa kesepakatan merger dan akuisisi (M&A) dan proyek greenfield seiring meningkatnya ketidakpastian.

Gambar 1.3. FDI sebagai penyumbang PDB dan secara keseluruhan di ASEAN

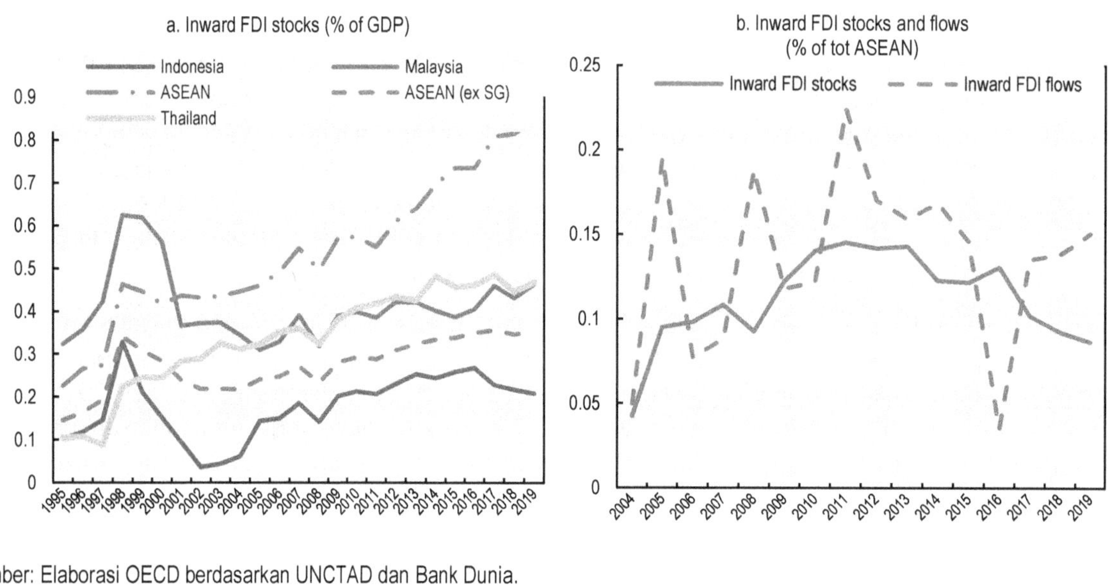

Sumber: Elaborasi OECD berdasarkan UNCTAD dan Bank Dunia.

Bagian terbesar dari FDI selama 2010-19 dialokasikan untuk manufaktur, meskipun pangsanya menurun dan sektor jasa menerima arus investasi yang semakin meningkat (Gambar 1.4). Sektor primer juga menarik banyak FDI karena kekayaan sumber daya alam yang ada di Indonesia. Proyek FDI Greenfield banyak tersalurkan ke bidang manufaktur, sementara kesepakatan M&A terutama dilakukan di sektor primer dan jasa. Sebagian besar FDI ke Indonesia berasal dari Singapura dan Jepang. Namun, investasi dari Singapura kemungkinan akan meningkat karena perusahaan multinasional asing, termasuk dari negara-negara OECD, dapat memilih untuk berinvestasi melalui afiliasi mereka di Singapura.

Gambar 1.4. Arus FDI berdasarkan sektor

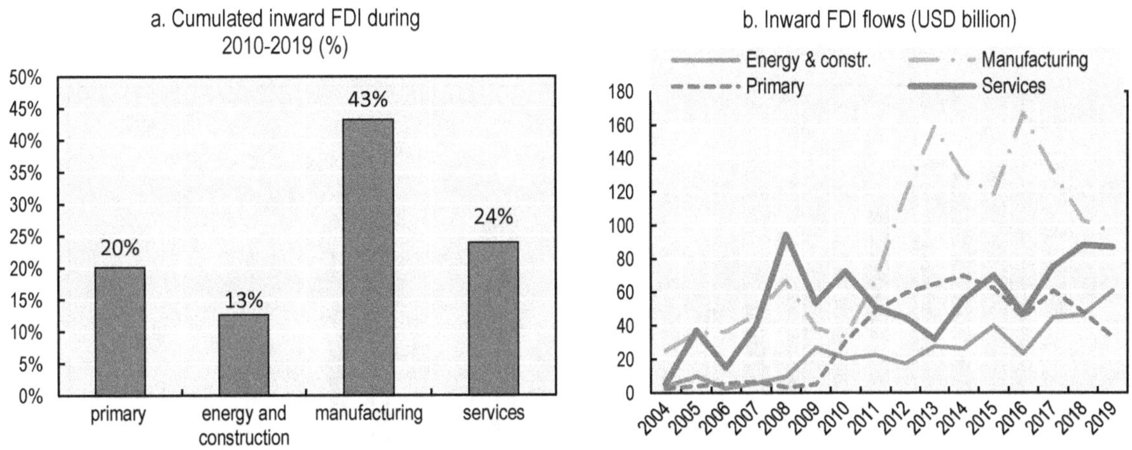

Catatan: Minyak dan gas, perbankan dan jasa keuangan non-bank tidak termasuk.
Sumber: Elaborasi OECD berdasarkan data Badan Koordinasi Penanaman Modal Indonesia (BKPM).

FDI berkontribusi terhadap pembangunan berkelanjutan tetapi dampaknya masih dapat ditingkatkan

Kajian Kebijakan Investasi OECD Indonesia pertama yang disusun pada tahun 2010 menunjukkan bahwa FDI memainkan peran utama dalam meningkatkan lapangan kerja dan produktivitas dan dalam menghasilkan ekspor di Indonesia sebelum masa krisis keuangan global. Dengan demikian, FDI dapat memberikan kontribusi penting bagi pemulihan Indonesia yang berkelanjutan dan inklusif pasca pandemi COVID-19 yang mengakibatkan krisis sosial dan ekonomi. Prioritas pembangunan jangka panjang untuk membangun ekonomi yang lebih tangguh dan berkelanjutan meliputi upaya meningkatkan produktivitas dan inovasi; meningkatkan keterampilan; menciptakan lebih banyak pekerjaan yang lebih baik; meningkatkan paritas gender; dan transisi menuju ekonomi rendah karbon dan hemat energi.

Kajian Kebijakan Investasi OECD Indonesia kedua ini menemukan bahwa perusahaan asing secara langsung telah berkontribusi pada beberapa tujuan pembangunan berkelanjutan di Indonesia. Perusahaan-perusahaan ini lebih produktif, memiliki rasio kerja lebih tinggi, dan membayar upah lebih tinggi daripada perusahaan Indonesia. Mereka juga mengekspor lebih banyak bagian dari produksinya dan menghasilkan efek berganda yang penting bagi perekonomian domestik Indonesia.

Meskipun perusahaan asing biasanya berpartisipasi dalam rantai nilai global (GVC), Indonesia kurang terintegrasi dalam GVC dibandingkan negara lain di kawasan. Indonesia memiliki orientasi ekspor yang lebih rendah dan bagian yang lebih rendah dari nilai tambah asing dalam ekspor bruto, dan perusahaan asing memberikan kontribusi yang lebih sedikit terhadap nilai tambah domestik dibandingkan negara lain. Namun demikian, tingkat partisipasi GVC Indonesia setara dengan negara-negara lain dengan pasar domestik yang besar, seperti India, Cina, dan Amerika Serikat, atau negara yang kaya akan sumber daya alam seperti Australia. Selain itu, perusahaan asing di Indonesia memberikan kontribusi yang lebih kecil terhadap ekspor dan impor bruto dibandingkan dengan negara-negara lain di kawasan (Gambar 1.5). Hal ini disebabkan fakta bahwa Indonesia menarik banyak FDI berbasis sumber daya dan pencarian pasar, bukan FDI yang berorientasi ekspor.

Gambar 1.5. Perusahaan asing di Indonesia berkontribusi lebih sedikit terhadap perdagangan internasional

Ekspor dan impor afiliasi asing (% dari total), 2016

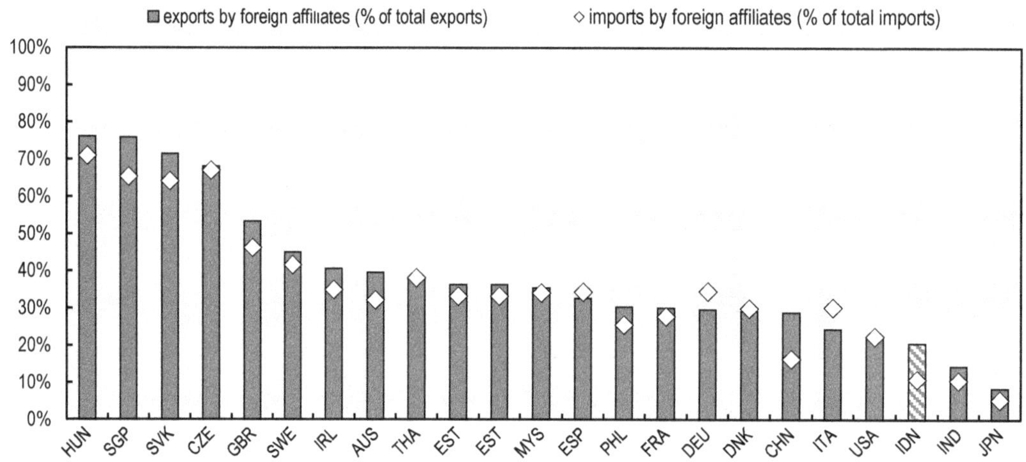

Sumber: Database OECD APMN.

FDI mendukung peningkatan produktivitas dalam perekonomian. Investasi terkonsentrasi pada sektor yang relatif lebih produktif, yaitu pertambangan, energi, jasa transportasi, dan kimia. Di banyak sektor, perusahaan asing lebih produktif dan lebih banyak berinvestasi dalam penelitian dan inovasi (litbang) atau untuk memperkenalkan produk baru atau inovasi proses dibandingkan perusahaan domestik (Gambar 1.6). Meskipun hal ini menegaskan kontribusi langsung FDI terhadap pembangunan berkelanjutan, hal ini juga menunjukkan adanya kesenjangan dalam kapabilitas domestik, yang mengurangi kemungkinan transfer teknologi dari perusahaan asing ke domestik dan limpahan produktivitas yang positif. Di sisi lain, hubungan hubungan antara perusahaan asing dan domestik juga cukup signifikan. Walaupun keterkaitan yang teramati dari Indonesia pada umumnya berasal dari persyaratan konten lokal di berbagai sektor, termasuk pertambangan, peralatan transportasi dan elektronik, hal ini menunjukkan tingginya potensi limpahan produktivitas.

Gambar 1.6. Manufaktur asing lebih inovatif di sebagian besar sektor di Indonesia

Apakah pabrik asing lebih cenderung berinvestasi pada litbang (R&D) atau memperkenalkan inovasi produk/proses dibandingkan pabrik domestik? ya> 0; tidak <0

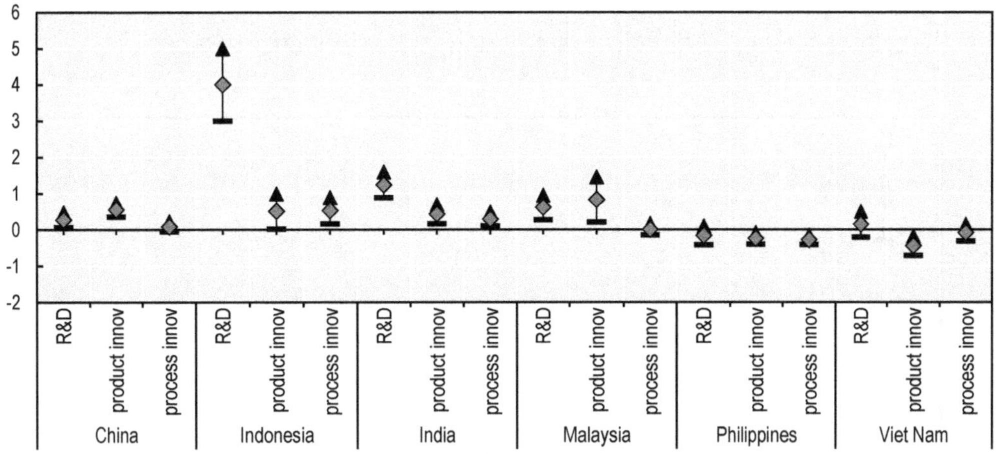

Catatan: Lihat Bab 2 untuk penjelasan tentang metodologi. Data untuk Indonesia mengacu pada tahun 2015.
Source: Elaborasi OECD berdasarkan Survei Perusahaan Bank Dunia.

FDI memengaruhi hasil pasar tenaga kerja yang berbeda dengan cara yang berlainan. FDI terkonsentrasi di sektor-sektor dengan upah yang relatif lebih tinggi (pertambangan, energi, jasa transportasi), tetapi dengan tingkat partisipasi perempuan yang lebih rendah. Di kebanyakan sektor, perusahaan asing membayar gaji lebih tinggi daripada perusahaan domestik (Gambar 1.7). Perusahaan-perusahaan ini juga lebih inklusif gender, karena mereka mempekerjakan lebih banyak pekerja perempuan dan lebih mungkin dikelola atau dimiliki oleh perempuan. Perusahaan asing dan domestik mempekerjakan tingkat tenaga kerja terampil yang sebanding dan melaporkan kesulitan yang kurang lebih sama dalam mempekerjakan tenaga kerja berkualitas.

Gambar 1.7. Perusahaan asing membayar upah lebih tinggi daripada perusahaan domestik

Apakah perusahaan asing membayar upah lebih tinggi daripada perusahaan domestik? Ya> 0, tidak <0

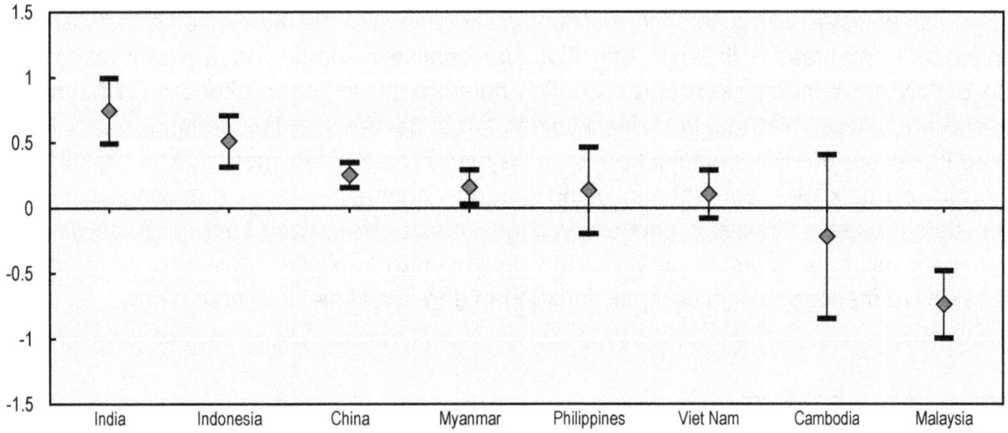

Catatan: Lihat Bab 2 untuk penjelasan tentang metodologi. Data Indonesia mengacu pada 2015 dan mencakup sektor manufaktur.
Sumber: Elaborasi OECD berdasarkan Survei Perusahaan Bank Dunia.

FDI juga berkontribusi pada target lingkungan Indonesia dengan cara yang kontras. Investor asing cenderung mencari di sektor-sektor yang lebih banyak menghasilkan polusi dalam hal emisi CO_2, tetapi lebih hemat energi daripada perusahaan domestik (Gambar 1.8). Sementara porsi FDI dalam energi terbarukan masih relatif rendah, arus masuk infrastruktur energi bersih meningkat pesat.

Gambar 1.8. Perusahaan asing lebih hemat energi daripada perusahaan domestik

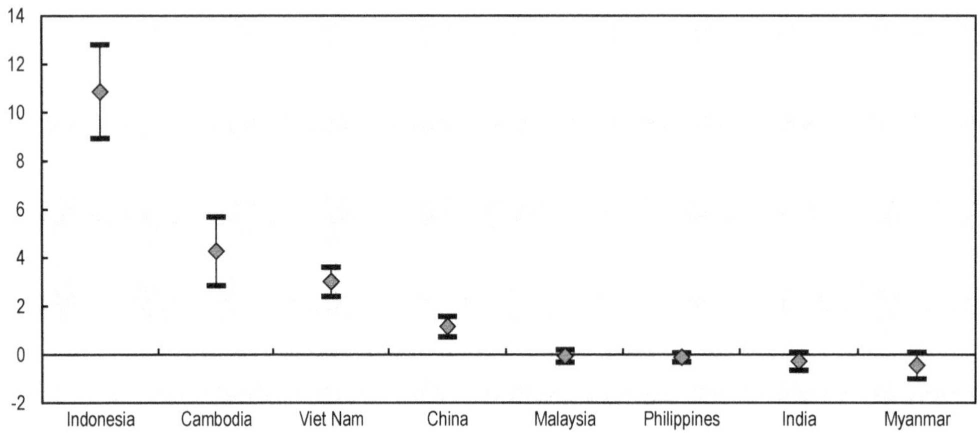

Catatan: Lihat Bab 2 untuk penjelasan tentang metodologi dan data. Efisiensi energi: penjualan berbanding tagihan listrik dan bahan bakar.
Sumber: OECD berdasarkan Survei Perusahaan Bank Dunia.

Temuan utama dan rekomendasi untuk memperbaiki iklim investasi Indonesia

Kemajuan ekonomi dan sosial yang cukup besar dan stabil telah dicapai dalam beberapa tahun terakhir. Hal ini menjadi dasar bagi langkah-langkah lebih lanjut untuk mendorong reformasi iklim investasi guna mendukung target pembangunan nasional Indonesia yang ambisius dan untuk mencapai pemulihan ekonomi yang tangguh selepas pandemi COVID-19. Namun, kebijakan ini belum menunjukkan niat untuk menetapkan peran yang jelas bagi FDI dalam ambisi pembangunan ekonomi, sosial, dan lingkungan di Indonesia, dan menjadikannya tujuan yang menarik bagi investor setelah pandemi. Ini adalah hal serupa yang dialami sektor swasta dalam upayanya berkontribusi untuk tujuan pembangunan berkelanjutan.

Banyak faktor berbeda yang memengaruhi pilihan kebijakan. Di satu sisi, ada keinginan untuk melindungi ekonomi lokal dari investasi asing, tetapi di sisi lain ada keinginan untuk melakukan reformasi besar-besar untuk mendapatkan manfaat lebih lanjut dari FDI. Nasionalisme sumber daya masih lazim dalam opini publik, dan BUMN terus memainkan peran penting dalam pembangunan ekonomi.[5] Upaya pemerintah dalam transparansi, supremasi hukum, dan kualitas lembaga memanglah penting, tetapi kesemuanya belum cukup konsisten untuk meningkatkan kepercayaan investor dan memastikan praktik bisnis yang bertanggung jawab baik oleh perusahaan asing maupun domestik. Peran dan tanggung jawab lintas kementerian dalam masalah investasi cenderung tidak jelas dan terkadang kurang terkoordinasi. Dimensi desentralisasi semakin mempersulit pelaksanaan penyusunan kebijakan investasi yang konsisten dan efisien, serta upaya menanggulangi dampak lingkungan dan sosial dari kegiatan bisnis.

[5] Nasionalisme sumber daya mengacu pada sikap nasionalis pemerintah terhadap sumber daya alam, terutama pertambangan, yang diterjemahkan ke dalam langkah-langkah kebijakan yang mengarah pada kontrol negara yang lebih besar atas ekstraksi sumber daya dan peningkatan pembatasan investasi asing. Nasionalisme sumber daya sangat terlihat di Indonesia selama periode ledakan komoditas global dari tahun 2000 hingga 2014 (Warburton, 2017)

Berdasarkan versi terbaru dari *Kerangka Kerja Kebijakan untuk Investasi*, *Kajian Kebijakan Investasi di Indonesia* OECD yang kedua ini telah mengidentifikasi beberapa area potensial untuk reformasi guna membangun iklim investasi yang sehat dan transparan guna mendukung pemulihan yang tangguh selepas pandemi COVID-19. Bagian selanjutnya merangkum temuan dan penilaian tiap bab kebijakan berikutnya dari *Kajian* ini. Berbagai pilihan kebijakan yang ada memadukan langkah-langkah konkret yang dapat dilaksanakan dengan relatif cepat dan rekomendasi yang lebih aspiratif, yang menuntut perubahan dalam pola kerja pemerintah. Beberapa langkah hanya dapat dilaksanakan dalam jangka waktu yang panjang, sementara pemerintah sudah mempertimbangkan langkah lainnya. Tujuannya adalah untuk memberikan daftar pilihan kebijakan yang dapat dipertimbangkan oleh pemerintah Indonesia dalam mereformasi iklim investasi.

Pendekatan Indonesia terhadap FDI perlu lebih terbuka

Indonesia memiliki sejumlah karakteristik yang menjadikannya tujuan FDI yang banyak dicari: pasar konsumen terbesar di Asia Tenggara di salah satu kawasan dengan pertumbuhan tercepat di dunia, sumber daya alam yang melimpah, dan tenaga kerja yang besar dan relatif muda. Namun, Asia Tenggara tidak pernah benar-benar menjadi lokasi terdepan bagi FDI, walaupun Asia Tenggara semakin memainkan peran penting sebagai tujuan investasi global. Investor asing ragu berurusan dengan lingkungan bisnis Indonesia yang rumit, setidaknya karena masih adanya hambatan terhadap FDI dan persyaratan masuk. Ketegangan perdagangan Tiongkok-AS baru-baru ini, yang menyebabkan relokasi beberapa investasi berorientasi ekspor keluar dari Tiongkok, sekali lagi menarik perhatian pada tantangan Indonesia dalam menarik FDI meskipun baru-baru ini beberapa pabrik telah mengumumkan rencana untuk merelokasi produksinya ke Indonesia (JETRO, 2020 ; Nomura, 2019; Jakarta Post, 2020a, 2020b). Situasi ini memicu reaksi keras dari Presiden Joko Widodo, yang memanggil anggota kabinetnya atas kegagalan negara untuk menangkap 'peluang yang menguntungkan' dari relokasi tersebut (Jakarta Globe, 2019; Katadata, 2019).[6]

Meningkatkan investasi asing dan kemudahan berbisnis menjadi prioritas utama pemerintahan saat ini. UU Omnibus Cipta Lapangan Kerja yang disahkan pada Oktober 2020 bertujuan untuk merampingkan dan mencabut puluhan regulasi yang tumpang tindih dan dianggap menghambat investasi dan penciptaan lapangan kerja. Undang-undang tersebut disahkan meskipun ada tentangan keras dari serikat pekerja, pemerintah daerah dan masyarakat sipil, yang menyatakan keprihatinan atas amandemen undang-undang tersebut terhadap Undang-Undang Ketenagakerjaan tahun 2003, resentralisasi kekuasaan administratif di tangan eksekutif dan kurangnya audiensi publik. UU ini disahkan sebagai langkah mencabut pembatasan dan ketentuan yang diberlakukan terhadap FDI, memusatkan dan merampingkan perizinan bisnis dan prosedur pengadaan lahan, termasuk dengan mengadopsi pendekatan perizinan usaha berbasis risiko dan menjadikannya proses yang lebih transparan dan sepenuhnya daring, serta secara signifikan mereformasi pasar tenaga kerja Indonesia. Menerapkan paket reformasi hukum 'all-in-one' seperti ini memang tidaklah mudah, dan mungkin tidak semua isinya benar-benar sesuai yang diharapkan (lihat Bab 5) walaupun banyak desakan untuk merevisi kerangka peraturan FDI yang ada selepas pandemi ke depan.

Seiring waktu, Indonesia telah meliberalisasi regulasi investasi asingnya secara signifikan, walaupun Indonesia masih menjadi salah satu negara yang paling membatasi FDI sebagaimana diukur oleh *Indeks Pembatasan Peraturan FDI* OECD, dengan banyaknya sektor primer dan jasa yang sebagian masih

[6] Dalam tanggapannya, pemerintah berencana membentuk satuan tugas antar kementerian khusus untuk menangani realokasi investasi, sesuai dengan Instruksi Presiden (Inpres) Nomor 7 Tahun 2019 tentang Percepatan Kemudahan Berbisnis. BKPM sudah mulai memprioritaskan rencana realokasi investasi 40 perusahaan asing (dengan proyeksi potensi 300 perusahaan) di Tiongkok yang berasal dari Amerika Serikat (AS) dan Jepang. Menurut pemerintah, tugas satuan tugas ini adalah (1) mendeteksi perusahaan yang akan direlokasi dalam waktu dekat; (2) mencari tahu fasilitas yang disediakan oleh negara saingan, dan (3) membuat dan mengambil keputusan untuk negosiasi.

tertutup bagi investor asing (mis. Pertanian, perikanan, minyak & gas, listrik, konstruksi, perhotelan, distribusi, transportasi, asuransi telekomunikasi, dan jasa keuangan lainnya). Selain pembatasan permodalan asing di berbagai sektor, Indonesia juga masih memiliki banyak kebijakan diskriminatif yang berlaku di banyak lapisan, seperti persyaratan modal minimum yang lebih tinggi untuk perusahaan penanaman modal asing, persyaratan ketat untuk mempekerjakan orang asing di posisi manajemen atas, pembatasan pembukaan cabang dan akses lahan bagi badan hukum asing dan perlakuan istimewa yang diberikan kepada badan usaha milik Indonesia dalam pengadaan publik. Indonesia juga memberlakukan persyaratan konten lokal secara ekstensif, yang menambah rintangan dalam melakukan investasi asing di Indonesia. Masih harus dilihat bagaimana UU Omnibus Cipta Lapangan Kerja yang baru-baru ini disahkan akan mengubah situasi ini.

Selain mengalihkan potensi FDI dari Indonesia dan merampas sumber modal dan valuta asing yang relatif lebih stabil untuk mendanai defisit transaksi berjalan struktural daripada yang disediakan oleh investasi portofolio, pembatasan ini juga dapat menahan potensi perolehan produktivitas ekonomi secara luas. (OECD, 2018c; Duggan et al., 2013; Rouzet dan Spinelli, 2016). Seperti yang dapat dilihat pada Bab 3, industri manufaktur di Indonesia termasuk yang paling terpengaruh di seluruh dunia oleh pembatasan FDI di sektor jasa. Dengan membatasi persaingan dan daya saing, khususnya di sektor jasa, akses industri hilir dan konsumen terhadap layanan kelas dunia pun menjadi terhambat. Dalam konteks modern regional yang semakin intensif dan GVC, kebijakan FDI tidak dapat lagi memperlakukan jasa dan manufaktur secara terpisah.

Selain alasan yang sifatnya mendasar ini, memanfaatkan FDI dengan lebih baik lagi juga menjadi lebih penting untuk pemulihan ekonomi pasca pandemi, yang diproyeksikan akan sangat melemahkan pertumbuhan PDB riil Indonesia (lihat Gambar 1.1). Dengan karakteristik umumnya yang lebih besar serta lebih beragam dan produktif secara geografis, perusahaan milik asing secara keseluruhan lebih tahan terhadap krisis. Oleh karena itu, mereka berpotensi menjadi aset untuk mendorong pemulihan lebih awal atau lebih cepat. Selain itu, di masa ketika arus keluar modal portofolio mencapai rekor tertingginya dari pasar negara berkembang seperti saat ini, FDI dapat membantu meringankan tekanan pembiayaan yang mungkin terjadi pada defisit neraca berjalan Indonesia, yang diproyeksikan akan melebar sekali lagi karena lesunya ekspor pariwisata dan pasar komoditas.

Perombakan menyeluruh atas regulasi FDI Indonesia mungkin tidaklah mudah, tetapi hanya paket reformasi yang berani dan komprehensiflah yang akan memungkinkan Indonesia dapat secara signifikan mengurangi hambatan FDI dan meningkatkan daya tariknya sebagai tujuan investasi. Dari enam skenario reformasi FDI yang disimulasikan menggunakan *Indeks Pembatasan Peraturan FDI* OECD, yang dapat mengantarkan Indonesia sedikit lebih dekat kepada keterbukaan sesuai level OECD hanyalah penghapusan seluruh pembatasan kepemilikan saham asing sektor tertentu dan pembatasan lainnya yang masih berlaku. Dampak dari liberalisasi FDI secara substansial dapat sangat besar (Mistura dan Roulet, 2019). Saham inward FDI Indonesia, misalnya, dapat menjadi 25% hingga 85% lebih tinggi jika tingkat pembatasan FDI turun ke tingkat persentil ke-50 dan ke-25 dari *Indeks Pembatasan Peraturan FDI* OECD, dan faktor lainnya tetap sama. Hambatan yang besar terhadap FDI juga menyiratkan bahwa reformasi yang meringankan biaya mendirikan usaha mungkin belum memberikan hasil yang diharapkan.

Sementara regulasi FDI perlu ditinjau kembali, UU Omnibus Cipta Lapangan Kerja juga perlu memastikan agar pencapaian di masa lalu dipertahankan. Transparansi kerangka kebijakan investasi Indonesia kini membaik seiring disahkannya, sesuai dengan Undang-Undang tahun 2007 tentang Penanaman Modal, pendekatan 'daftar negatif' untuk mendata sektor-sektor yang masih tertutup atau sudah terbuka dengan prasyarat tertentu bagi investor asing atau domestik. Pergeseran menuju 'daftar positif', seperti yang terkadang diberitakan oleh media, akan menunjukkan kemunduran terhadap transparansi dan upaya yang sedang berlangsung dan di masa depan dalam mempertahankan lingkungan bisnis yang terbuka jika diterapkan secara teknis. Walau demikian, pemerintah mengakui selama masa penyusunan kajian ini bahwa pendekatan 'daftar negatif' akan terus digunakan untuk mengatur akses pasar. Dengan demikian, yang perlu diperbaiki adalah pengaturan kelembagaan dan prosedur perumusannya. Transparansi yang lebih baik dan dukungan teknis, serta konsultasi yang lebih inklusif dan pengaturan kelembagaan dapat membantu memperluas diskusi dan pertimbangan pendukung berbasis informasi terkait hal ini.

Kemerosotan ekonomi global saat ini mungkin justru mendukung upaya reformasi. Laju reformasi FDI Indonesia selama ini utamanya didorong oleh krisis. Jika bukan karena situasi yang ada saat ini, perspektif masa lalu tentang reformasi liberalisasi FDI dapat menyiratkan akan adanya peningkatan dalam aktivitas FDI. Namun, saat ini, bahkan mempertahankan FDI yang ada pun mungkin akan sulit mengingat perkiraan dampak negatif pandemi terhadap aktivitas FDI global (lihat Bab 2). ASEAN sebagai kawasan kemungkinan akan tetap berada pada posisi yang baik untuk bersaing mendapatkan investasi, yang tentunya juga menguntungkan Indonesia. Namun, tanpa adanya reformasi, Indonesia masih relatif tidak akan diuntungkan dan peluang untuk menarik FDI yang dibutuhkan selepas pandemi nanti mungkin masih kecil.

Rekomendasi kebijakan utama

- Mengingat banyaknya daftar kegiatan Indonesia yang dibatasi untuk investasi asing: lakukan penilaian dampak peraturan secara komprehensif dari pembatasan yang ada pada FDI, termasuk penilaian potensi alternatif, kebijakan non-diskriminatif jika diperlukan, dan lakukan penilaian terhadap pengawasan pemangku kepentingan yang memadai untuk mengidentifikasi prioritas area untuk reformasi dan menyajikan informasi untuk penyusunan kebijakan dalam konteks reformasi UU Omnibus Cipta Lapangan Kerja dan aturan pelaksanaannya.
- Dalam mengedepankan reformasi FDI, pertimbangkan untuk memprioritaskan liberalisasi lebih lanjut FDI di sektor jasa karena implikasinya yang luas terhadap produktivitas ekonomi. Dalam konteks GVC saat ini dan intensifikasi 'tambah jasa/*servicification*' pada aktivitas manufaktur, pembatasan FDI di sektor jasa akhirnya turut mendiskriminasi produsen dan konsumen manufaktur domestik, yang mungkin harus membayar harga yang relatif lebih tinggi untuk input layanan yang disesuaikan kualitasnya. Reformasi yang menyertai peraturan layanan di dalam negeri harus sejalan dengan liberalisasi FDI agar dapat menghasilkan manfaat yang maksimal.
- Cabut persyaratan diskriminatif terhadap investor asing dalam regulasi horizontal guna mendukung peningkatan daya saing dan efisiensi serta memastikan kesetaraan kesempatan bagi semua investor di Indonesia. Dalam kaitannya dengan hal ini:
    - Selaraskan persyaratan modal minimum umum untuk perusahaan penanaman modal asing dengan persyaratan modal untuk penanam modal dalam negeri. Kebijakan modal minimum yang diskriminatif saat ini sangat ketat bagi investor dalam kegiatan yang tidak terlalu padat modal. Di seluruh dunia, di mana persyaratan modal minimum masih berlaku, sifatnya sudah tidak diskriminatif. Pada tahun 2012, hanya delapan negara dari 98 negara yang dinilai dalam *Investing Across Borders* Bank Dunia yang memberlakukan persyaratan modal minimum yang diskriminatif - dan itu pun masih jauh lebih rendah daripada yang diberlakukan terhadap investor asing di Indonesia (sekitar 17 kali lebih rendah untuk rata-rata wilayah perekonomian OECD). Hal ini terjadi bahkan di berbagai negara dengan tingkat pendapatan per kapita yang jauh lebih besar daripada di Indonesia.
    - Dorong pengadaan barang dan jasa yang lebih setara bagi investor asing langsung dengan menghilangkan perlakuan istimewa yang diberikan kepada entitas milik Indonesia, terutama dalam pengadaan jasa. Perlakuan preferensial terhadap perusahaan dalam negeri memang lazim, tetapi diskriminasi terhadap perusahaan milik asing yang didirikan di wilayah pengadaan memang jarang ditemukan. Terkait kebijakan diskriminatif lainnya, hal ini dapat menghambat persaingan dan daya saing di pasar yang terkena imbas dan dapat menaikkan biaya barang dan jasa yang diadakan oleh pemerintah.

- Pertimbangkan kembali persyaratan konten lokal untuk mengembangkan industri lokal dan mendukung investor dalam negeri. Persyaratan konten lokal yang ketat di beberapa sektor justru menambah kendala dalam melakukan investasi asing di Indonesia. Pemberlakuan persyaratan konten lokal yang sebetulnya sulit dipenuhi akan membatasi persaingan dan potensi keuntungan jangka pendek pada industri yang ditargetkan dan dapat menguras kegiatan ekonomi lainnya. Guna mencapai tujuan tersebut, kebijakan horizontal yang menjawab defisiensi iklim bisnis dan regulasi, hambatan perdagangan dan investasi, kebijakan inovasi, dan pembangunan infrastruktur, dapat menjadi alternatif dari kebijakan konten lokal yang tidak terlalu menimbulkan efek ekonomi negatif terhadap output, ekspor, dan lapangan pekerjaan.
  - Teruskan dan tingkatkan pendekatan 'daftar negatif' Indonesia yang saat ini berlaku untuk mengatur akses pasar dan perlakuan yang sesuai dengan investasi asing dalam reformasi UU Omnibus. Pendekatan semacam ini dapat memberikan kejelasan dan jaminan yang lebih besar bagi investor dibandingkan pendekatan alternatif 'daftar positif' yang terkadang disebutkan dalam konteks reformasi yang tengah berlangsung. Investor seringkali menyatakan ketidakpuasannya terhadap laju liberalisasi dalam beberapa tahun terakhir dan mempertanyakan fungsi proses revisi 'daftar negatif' dalam mendorong liberalisasi, walaupun proses ini kemungkinan akan lebih menantang untuk usulan alternatif 'daftar positif'. Yang dapat dipertimbangkan dalam hal ini adalah perbaikan pengaturan kelembagaan dan prosedur revisi rutin dari 'daftar negatif' tersebut. Dalam kaitannya dengan hal ini:
- Terus berikan izin bagi investasi asing tanpa diskriminasi kecuali ditetapkan dalam 'daftar negatif' terpisah yang menunjukkan daftar lengkap (tanpa potongan dan pengecualian) dari aktivitas yang tertutup untuk investasi swasta (asing atau domestik), aktivitas yang hanya tertutup untuk investor asing, dan aktivitas di mana investasi asing diizinkan dengan prasyarat yang diskriminatif. Daftar ini haruslah bersifat jelas dan ringkas, yang menjelaskan setiap syarat yang diberlakukan dengan jelas dan, jika diperlukan, menjelaskan ketentuan mendasar dari peraturan perundang-undangan terkait. Perlu pula untuk melihat referensi yang spesifik untuk klasifikasi industri standar internasional (selain juga Klasifikasi Baku Lapangan Usaha Indonesia (KBLI) yang saat ini berlaku) sebagai rujukan dokumen yang akurat tentang kegiatan yang tertutup atau terbatas. Seperti yang saat ini terjadi, ia harus terus ditetapkan melalui regulasi tingkat eksekutif untuk kemudahan revisi dari waktu ke waktu. Ia juga harus segera diperbarui setiap kali undang-undang terkait yang mendasarinya disahkan atau diubah untuk memastikan setiap pembatasan dan persyaratan baru atau yang diubah tidak dapat diberlakukan sebelum terindikasi dengan benar dalam 'daftar negatif'.
- Memperkuat proses untuk menilai dan merevisi 'daftar negatif' secara rutin termasuk dengan berkonsultasi secara lebih efektif dan sistematis dengan pemangku kepentingan terkait, lebih mengandalkan penilaian teknis oleh lembaga independen yang memenuhi syarat dan mempublikasikan dokumen terkait yang mendukung dilakukannya musyawarah. Keterlibatan yang lebih luas dari para pemangku kepentingan terkait, serta lebih banyak transparansi dan masukan teknis untuk perumusan 'daftar negatif' akan membantu memperluas diskusi dan musyawarah pendukung berbasis informasi dan memfasilitasi dialog dengan pemangku kepentingan, hingga pada akhirnya berkontribusi terhadap peningkatan proses penyusunan kebijakan.

Perlindungan investasi dan penyelesaian sengketa di Indonesia telah membaik tetapi masih memerlukan lebih banyak reformasi untuk membangun kepercayaan investor

Aturan yang membatasi pembentukan dan pengoperasian bisnis di Indonesia merupakan bagian penting dari kerangka hukum yang lebih luas yang memengaruhi investor. Perlindungan hak milik, hak kontrak, dan jaminan hukum lainnya, serta penegakan hukum yang efisien dan mekanisme penyelesaian sengketa, juga menjadi elemen yang tidak kalah pentingnya.

Hukum di Indonesia memberikan sejumlah perlindungan inti bagi investor yang berkaitan dengan non-diskriminasi, pengambilalihan (ekspropriasi), dan bebas biaya transfer dana. Sebagian besar mekanisme ini ditemukan dalam UU Penanaman Modal (UU No. 25 Tahun 2007) dan tidak banyak berubah dalam beberapa tahun terakhir. Perlindungan ini umumnya sejalan dengan ketentuan serupa yang ditemukan dalam undang-undang investasi regional lainnya dan memberikan hak yang jelas yang seharusnya membangun kepercayaan investor asalkan mekanisme penegakan hukum juga dipastikan kuat. Beberapa perbaikan dapat dilakukan secara bertahap untuk semain mendekati praktik internasional yang baik, termasuk spesifikasi lebih lanjut dari ketentuan tentang ekspropriasi.

Klarifikasi juga dapat memperbaiki kerangka hukum yang ada untuk melindungi kekayaan intelektual dan hak kepemilikan tanah investor yang sifatnya komprehensif dalam banyak hal. Pemerintah tidak melakukan banyak pembaruan terhadap undang-undang pertanahan di Indonesia dalam beberapa dekade terakhir. Walaupun warna asing kini dapat memiliki tanah, hak-hak ini relatif terbatas dan keterkaitan antara undang-undang tanah formal dan hak atas tanah adat masih tetap rumit dan tergantung pada interpretasi. Inisiatif untuk mempercepat pengurusan kepemilikan lahan dan penggunaan database elektronik untuk administrasi lahan telah membuahkan hasil awal yang menjanjikan tetapi dibutuhkan momentum berkelanjutan agar perubahan ini dapat bertahan dalam jangka panjang. Investor juga melaporkan adanya masalah regulasi terkait hak kekayaan intelektual, terutama yang berkaitan dengan kriteria paten yang penuh pembatasan, walaupun pada dasarnya undang-undang ini dikembangkan dengan baik, telah direvisi secara berkala, dan mematuhi standar internasional di lima bidang inti: merek dagang , paten, desain industri, hak cipta, dan rahasia dagang. Akan tetapim masih ada masalah ditemukan dalam implementasinya. Pembajakan dan pemalsuan daring tersebar luas, dan upaya untuk menerapkan dan menegakkan hukum sangatlah minim atau tidak konsisten di beberapa bidang. Pemerintah saat ini tengah mengupayakan berbagai inisiatif berbeda untuk mengatasi masalah yang telah menjadi rahasia umum ini.

Dalam hal penyelesaian sengketa, pengadilan Indonesia memiliki catatan yang masuk akal terkait supremasi hukum dan penegakan kontrak jika dibandingkan dengan kawasan perekonomian serupa. Meskipun telah ada reformasi yang baik untuk membentuk peradilan yang independen dan meningkatkan layanan pengadilan, sebagian pemangku kepentingan masih prihatin dengan kurangnya perlakuan yang transparan dan adil dalam sistem peradilan di Indonesia. Efektivitas pengadilan terhambat oleh pandangan negatif yang sudah lama ada. Karena itu, banyak perusahaan lebih memilih untuk menggunakan penyelesaian sengketa alternatif di luar pengadilan untuk menyelesaikan sengketanya. UU No. 30 Tahun 1999 tentang Arbitrase dan Alternatif Penyelesaian Sengketa menjadi kerangka yang kokoh untuk mendukung arbitrase di Indonesia dan pada praktiknya sudah bekerja dengan cukup baik. Pemerintah tidak sedang mempertimbangkan usulan reformasi besar di bidang ini, tetapi ada baiknya jika beberapa ketentuan dari undang-undang ini diperbaiki guna meningkatkan kepastian hukum.

Bidang lain yang menarik perhatian dari tingkat pusat adalah perlindungan data dan keamanan siber, pemberantasan korupsi, dan reformasi sektor publik. Pemerintah telah mengambil langkah besar untuk menjadikan keamanan siber sebagai prioritas kebijakan nasional. Badan keamanan siber nasional didirikan pada tahun 2017 dan pemerintah pun terus meningkatkan keterlibatan internasionalnya terkait isu ini, namun masih belum ada kerangka peraturan yang menyeluruh di Indonesia untuk keamanan siber atau perlindungan data. Pemberantasan korupsi di tiap lapisan masyarakat juga menjadi prioritas utama selama bertahun-tahun. KPK telah memainkan peran utama dalam membangun kesadaran dan kepercayaan publik dengan hasil yang cukup memuaskan, termasuk penghukuman para pejabat tinggi pemerintah. Berbagai reformasi sektor publik yang diperkenalkan dalam beberapa tahun terakhir untuk meningkatkan transparansi, memangkas birokrasi, dan mendorong keterlibatan publik dalam siklus kebijakan juga berkontribusi dalam memperkuat integritas publik. Namun, korupsi sudah sangat mengakar dan hanya dapat diatasi dalam jangka panjang, dan hal ini pun diakui dan diupayakan oleh pemerintah.

Pemerintah juga telah banyak merevisi kebijakan perjanjian investasi dalam beberapa tahun terakhir. Perjanjian investasi Indonesia memberikan perlindungan kepada investor asing tertentu baik secara independen maupun bersamaan dengan perlindungan yang diatur berdasarkan hukum untuk semua investor. Investor dalam negeri umumnya tidak tercakup dalam perjanjian ini. Indonesia memiliki 37 perjanjian investasi yang berlaku saat ini. Seperti perjanjian investasi yang ditandatangani oleh banyak negara lain, perjanjian ini biasanya melindungi investasi yang dilakukan oleh investor yang dilindungi perjanjian dari ekspropriasi dan diskriminasi. Ketentuan yang mensyaratkan "perlakuan yang adil dan setara" (FET) juga berlaku umum dan menetapkan batasan yang tidak boleh dilanggar pemerintah. Walaupun ada pengecualian tertentu yang cukup signifikan, perjanjian investasi sering kali menegakkan ketentuan ini melalui akses kepada mekanisme penyelesaian sengketa investor-negara (ISDS) yang memungkinkan akses investor yang dilindungi terhadap arbitrase internasional yang tidak memihak yang memberikan ganti rugi uang dalam upaya untuk mendepolitisasi sengketa dimaksud.

Perlindungan investasi yang diberikan berdasarkan perjanjian investasi dapat memainkan peran penting dalam mendorong iklim regulasi yang sehat untuk investasi. Ekspropriasi atau diskriminasi oleh pemerintah memang masih terjadi. Investor memerlukan jaminan bahwa setiap sengketa dengan pemerintah akan ditangani secara adil dan cepat, terutama di negara-negara di mana investor memiliki kekhawatiran tentang keandalan dan independensi pengadilan. Pengakuan pemerintah tentang hambatan kebijakan dapat memberi investor kepastian dan prediktabilitas yang lebih besar, menurunkan risiko yang tidak berdasar, dan biaya modal. Perjanjian investasi juga sering diusung sebagai metode untuk menarik FDI sebagai tujuan penting bagi banyak pemerintah negara. Terlepas dari penelitian yang ada, masih sulit untuk menunjukkan bukti kuat tentang dampak terkait hal ini (Pohl, 2018). Beberapa studi menunjukkan bahwa perjanjian atau instrumen yang mengurangi hambatan dan pembatasan investasi asing berdampak lebih besar pada aliran FDI daripada perjanjian investasi bilateral (BIT) yang hanya berfokus pada perlindungan pasca-pembentukan (Mistura et al., 2019). Asumsi-asumsi ini terus dikaji oleh naskah akademik yang berkembang tentang tujuan perjanjian investasi dan bagaimana pencapaiannya.

Kajian menyeluruh pemerintah atas perjanjian investasinya pada tahun 2014-16 menyebabkan penghentian setidaknya 23 perjanjian investasi yang lebih lama. Tetapi seperti banyak negara lain, Indonesia masih memiliki sejumlah besar perjanjian investasi lama yang berlaku dengan perlindungan investasi yang tidak jelas yang dapat menimbulkan konsekuensi yang tidak diinginkan. Banyak negara, termasuk Indonesia, telah banyak merevisi kebijakan perjanjian investasinya dalam beberapa tahun terakhir sebagai tanggapan atas keprihatinan ini serta meningkatnya pertanyaan publik tentang keseimbangan yang tepat antara perlindungan investasi dan hak berdaulat untuk mengatur berdasarkan kepentingan umum, serta biaya serta hasil ISDS. Pemerintah sangat menyadari tantangan yang masih ada ini. Pemerintah mengambil peran utama dalam diskusi multilateral tentang reformasi ISDS pada Kelompok Kerja III UNCITRAL dan memperbarui model perjanjian investasi sesuai dengan praktik perjanjian yang tengah berkembang. Pengalaman dengan pandemi COVID-19 kemudian dapat menentukan cara pemerintah memandang ketentuan atau interpretasi dalam perjanjian-perjanjian utama dan bagaimana pemerintah menilai keseimbangan yang tepat dalam perjanjian investasi.

Terlepas dari potensi manfaat penandatanganan perjanjian investasi internasional, perjanjian-perjanjian tersebut tidak boleh dianggap sebagai pengganti perbaikan iklim bisnis domestik jangka panjang. Setiap pendekatan aktif untuk membuat perjanjian internasional harus disertai dengan langkah-langkah untuk meningkatkan kapasitas, efisiensi, dan kemandirian sistem pengadilan dalam negeri, kualitas kerangka hukum, dan kekuatan lembaga nasional yang bertanggung jawab melaksanakan dan menegakkan undang-undang.

Rekomendasi kebijakan utama untuk kerangka hukum di Indonesia

- Ubah Pasal 7 Undang-Undang Investasi agar menjelaskan hak investor atas perlindungan dari ekspropriasi yang melanggar hukum dan hak pemerintah untuk mengatur. Hal-hal yang perlu diklarifikasi meliputi apakah investor dilindungi dari ekspropriasi tidak langsung, pengecualian untuk melindungi hak pemerintah mengatur demi kepentingan umum, dan metodologi valuasi untuk menentukan nilai pasar dari properti yang diekspropriasi. Langkah ini memang tidak mendesak, tetapi pemerintah perlu mencari saat yang tepat untuk melakukan perbaikan secara bertahap untuk aspek ini dan aspek lain dari Undang-Undang Penanaman Modal.
- Pertimbangkan untuk memperbarui dan memodernisasi hukum pertanahan yang ada. Kebijakan pertanahan adalah salah satu dari sedikit faktor yang memengaruhi investor dimana pemerintah belum memberlakukan undang-undang baru secara signifikan dalam beberapa dekade terakhir. Sistem tenurial lahan yang ada utamanya didasarkan pada undang-undang yang diberlakukan pada tahun 1960. Undang-undang baru dapat menjelaskan kategori hak tenurial lahan yang ada dan mengurangi konflik antara hukum adat dan hukum formal. Layanan administrasi pertanahan yang efisien juga perlu berjalan seiring dengan hak hukum yang jelas. Pemerintah juga harus mengalokasikan dana yang cukup, kapasitas kelembagaan, dan dukungan politik untuk mengkonsolidasikan keberhasilan awal inisiatif yang sedang berlangsung dalam mencapai pendaftaran lahan universal, meningkatkan kualitas data lahan, dan memperluas solusi digital dan aksesibilitas daring untuk administrasi pertanahan.
- Terus prioritaskan upaya untuk memperbaiki regulasi hak kekayaan intelektual (HKI), terutama langkah-langkah penegakannya. Investor terus melaporkan keprihatinan dengan meluasnya pembajakan dan pemalsuan daring, masalah akses pasar jangka panjang untuk sektor padat KI, kurangnya iktikad pendaftaran merek asing oleh perusahaan lokal dan kriteria paten yang penuh pembatasan yang membuat perlindungan paten yang efektif menjadi hal yang sulit. Pemerintah sangat menyadari kekhawatiran ini dan tengah menyusun langkah untuk mengatasinya. Perbaikan dalam implementasi dan langkah-langkah penegakan KI akan turut membangun kepercayaan investor secara keseluruhan di bidang ini.
- Pikirkan kembali pendekatan yang ada untuk mereformasi sistem pengadilan. Pemerintah dan Mahkamah Agung telah mengambil langkah besar untuk memastikan independensi peradilan, membentuk pengadilan dan kehakiman khusus, membangun sistem bantuan hukum, serta memperluas layanan e-court. Cara berpikir yang berani mungkin diperlukan untuk membongkar persepsi negatif tentang efektivitas pengadilan dan merevitalisasi lembaga inti peradilan. Pemerintah dapat mempertimbangkan untuk melakukan peninjauan menyeluruh terhadap aturan acara perdata yang ada, mendesain ulang sistem penunjukan pengadilan untuk memastikan integritas dan mendorong Mahkamah Agung untuk mengusulkan, melalui konsultasi dengan organisasi masyarakat sipil dan pemangku kepentingan lainnya, inisiatif yang lebih luas untuk mengedepankan transparansi dan pengawasan publik yang lebih baik terhadap fungsi pengadilan.
- Lakukan kajian atas kemungkinan merevisi UU No.30 Tahun 1999 tentang Arbitrase dan Alternatif Penyelesaian Sengketa. Akan lebih baik bagi pemerintah untuk mempertimbangkan keputusan pengadilan dan pengalaman pengguna berdasarkan undang-undang ini selama dua dekade terakhir untuk menilai manfaat dari kemungkinan merevisi UU untuk meningkatkan kepastian hukum, pengalaman pengguna, dan daya tarik arbitrase di Indonesia. Hal-hal yang masih dapat diklarifikasi meliputi ruang lingkup hukum untuk arbitrase internasional yang dilakukan di Indonesia, apakah sengketa kontrak yang melibatkan klaim berdasarkan perbuatan melawan hukum atau penipuan dapat diarbitrase, serta dasar kebijakan publik menolak penegakan putusan arbitrase berdasarkan Pasal 66 dari UU ini.

- Menjamin perlindungan data dan keamanan siber sebagai prioritas kebijakan nasional. Sebuah undang-undang komprehensif yang mengacu pada praktik terbaik internasional perlu dibuat dan diterapkan secara efektif di bidang ini. Seperti halnya undang-undang yang lain, pemerintah perlu berkonsultasi secara luas tentang rancangan undang-undang ini dan mendorong masukan dari kalangan bisnis dan organisasi masyarakat sipil. Pemerintah juga harus memperhitungkan banyak pekerjaan tambahan setelah undang-undang diberlakukan untuk meningkatkan kesadaran di antara sektor swasta dan pengguna lain, dan mengembangkan mekanisme keamanan yang efektif dan untuk menangani pencurian data.
- Ciptakan momentum untuk membangun budaya integritas di sektor publik dan di seluruh lapisan masyarakat. Dari berbagai inisiatif lainnya, KPK telah membuat terobosan besar dalam kepedulian terhadap korupsi melalui beberapa hasil yang memuaskan, yang menjadikan lembaga ini sebagai simbol penting dari komitmen pemerintah dalam memerangi korupsi. Pemerintah harus terus mengalokasikan sumber daya yang cukup untuk KPK dan lembaga antikorupsi lainnya dan dengan penuh semangat mempertahankan independensi mereka.

Rekomendasi kebijakan utama untuk kebijakan perjanjian investasi

- Terus kaji kembali dan perbarui prioritas terkait kebijakan perjanjian investasi. Bagian penting yang perlu dikaji ulang adalah cara pemerintah mengevaluasi keseimbangan yang tepat antara perlindungan investor dan hak pemerintah untuk mengatur, dan bagaimana mencapai keseimbangan tersebut dalam praktiknya. Model perjanjian bilateral investasi (BIT) Indonesia, yang saat ini tengah diperbarui oleh pemerintah, harus mencerminkan penilaian pemerintah tentang keseimbangan yang sesuai dan menyajikan informasi bagi negosiasi-negosiasi perjanjian investasi baru. Akan lebih sulit bagi pemerintah untuk memperbarui perjanjian yang ada guna menunjukkan prioritas saat ini. Tergantung pada apakah para pihak ingin mengklarifikasi tujuan awal atau merevisi ketentuan, akan lebih memungkinkan untuk mengklarifikasi bahasa melalui interpretasi bersama yang disepakati dengan mitra perjanjian. Jika yang diinginkan adalah revisi, bukan klarifikasi tujuan awal, maka yang diperlukan adalah revisi perjanjian. Dalam beberapa kasus, penggantian perjanjian investasi yang lama, jika disepakati, mungkin lebih cocok dilakukan.
- Terus berpartisipasi secara aktif dalam diskusi antar-pemerintah tentang reformasi perjanjian investasi di OECD dan di UNCITRAL. Banyak pemerintah, termasuk yang menjadi eksportir modal besar, telah merevisi kebijakannya dalam beberapa tahun terakhir guna melindungi ruang kebijakan atau untuk memastikan bahwa perjanjian investasi mereka menghasilkan insentif yang diinginkan. Pertimbangan reformasi dan diskusi kebijakan tentang ketentuan yang sering diberlakukan seperti FET sangatlah penting dalam kebijakan perjanjian investasi saat ini. Isu yang mengemuka seperti kemungkinan peran perjanjian perdagangan dan investasi dalam mendorong perilaku bisnis yang bertanggung jawab serta isu tentang perjanjian dan pembangunan berkelanjutan juga perlu mendapat perhatian dan pertimbangan yang cermat.
- Lakukan analisis kesenjangan antara hukum domestik Indonesia dan kewajibannya berdasarkan perjanjian investasi terkait perlindungan investasi. Terdapat perbedaan antara UU Penanaman Modal dan perjanjian investasi Indonesia di beberapa bidang. Mengetahui perbedaan-perbedaan ini dan menilai potensi dampaknya akan memungkinkan para pembuat kebijakan untuk memastikan bahwa perjanjian investasi Indonesia sejalan dengan prioritas di dalam negeri.
- Terus kembangkan mekanisme pencegahan sengketa dan manajemen kasus ISDS. Apapun pendekatan yang diadopsi pemerintah terhadap perjanjian investasi internasional, perlu ada langkah pendukung guna memastikan agar perjanjian sejalan dengan prioritas dalam negeri dan mengurangi risiko sengketa yang mengarah pada arbitrase internasional. Pemerintah harus terus berpartisipasi secara aktif dalam tugas-tigas Kelompok Kerja III UNCITRAL, OECD, dan forum multilateral lainnya dalam hal ini. Pemerintah juga dapat mempertimbangkan cara-cara untuk meningkatkan kesadaran dan kerja sama antar kementerian dalam kebijakan perjanjian investasi

pemerintah dan arti penting kewajiban perjanjian investasi terhadap fungsi sehari-hari dari lembaga-lembaga terkait. Mengembangkan petunjuk tertulis atau buku panduan untuk lembaga terkait tentang topik-topik ini dapat mendorong kesinambungan pengetahuan kelembagaan mengingat rotasi karyawan yang terjadi seiring waktu.

Mengedepankan perilaku bisnis yang bertanggung jawab dapat mendukung suksesnya strategi dalam menarik FDI dan mendorong iklim investasi yang lebih sehat dan berkelanjutan

Mendorong dan memfasilitasi perilaku bisnis yang bertanggung jawab (RBC) adalah kepentingan utama para pembuat kebijakan yang ingin menarik dan mempertahankan investasi dan memastikan bahwa aktivitas bisnis berkontribusi pada penciptaan nilai yang lebih luas dan pembangunan berkelanjutan. RBC adalah hal yang lazim diharapkan di seluruh rantai nilai global dan mengacu pada harapan bahwa semua bisnis - terlepas dari status hukum, ukuran, struktur kepemilikan, atau sektornya – dapat menghindari dan mengatasi konsekuensi negatif dari aktivitas operasionalnya, serta berkontribusi terhadap pembangunan berkelanjutan di tempat mereka beroperasi. RBC merupakan pintu masuk bagi perusahaan mana pun yang ingin berkontribusi pada Tujuan Pembangunan Berkelanjutan (SDGs) atau untuk mencapai hasil ekonomi dan keberlanjutan tertentu.

Krisis COVID-19 telah mengungkap kerentanan yang cukup signifikan dalam operasi perusahaan di rantai nilai global, termasuk dalam kaitannya dengan kesiapsiagaan bencana serta kelangsungan dan ketahanan rantai pasokan. Bukti yang ada menunjukkan bahwa perusahaan yang bertanggung jawab lebih mampu dalam merespon situasi. Kaca mata RBC dapat membantu mereka mengambil keputusan yang lebih seimbang, sambil memastikan agar risiko sampingan terhadap manusia, Bumi, dan masyarakat tidak tercipta atau semakin menghilangkan stabilitas rantai pasokan di masa mendatang.

Indonesia sudah sejak lama mengedepankan tanggung jawab sosial perusahaan (CSR) dan merupakan salah satu negara pertama yang mengintegrasikan CSR dan filantropi perusahaan ke dalam kerangka hukumnya dalam satu dekade terakhir. Upaya baru-baru ini telah berusaha untuk berkembang lebih ke arah RBC, terutama dalam keuangan dan bisnis berkelanjutan serta hak asasi manusia. Hal lain yang juga menjadi ambisi Indonesia adalah mewujudkan transparansi informasi *Beneficial Ownership*. Kegiatan terkait RBC di Indonesia juga telah dilakukan oleh pihak swasta dan masyarakat sipil.

Kegiatan-kegiatan di bawah ini positif dan perlu didorong. Namun, pendekatan yang lebih strategis dan terpadu untuk mengedepankan implementasi RBC lintas sektor oleh pemerintah juga mungkin diperlukan, terutama mengingat dampak sosial yang berat dari COVID-19 terhadap sektor manufaktur Indonesia dan tingginya biaya lingkungan yang ditimbulkan oleh pertumbuhan sejauh ini. Standar RBC internasional, yang mensyaratkan tanggung jawab di seluruh rantai pasokan, dapat memberikan kerangka yang bermanfaat guna mencari solusi mengurangi dampak terburuk COVID-19 dalam jangka pendek serta membantu pemangku kepentingan menghindari pengambilan keputusan secara sepihak yang berbahaya. Dalam jangka menengah dan panjang, membandingkan upaya keberlanjutan dengan standar RBC internasional dapat menghasilkan kejelasan di pasar serta mendorong perdagangan dan investasi.

Kajian ini menyarankan arah kebijakan yang berani di mana RBC dapat turut memastikan strategi industri yang kini berjalan lebih kuat dan sesuai dengan tujuan ekonomi global saat ini; mengarahkan ulang diskusi seputar operasi bisnis yang ada di sektor-sektor berisiko tinggi; membantu mengarahkan sektor keuangan kepada keuangan berkelanjutan; memberi sinyal kepada pasar dengan mengarahkan BUMN pada RBC dan memastikan pertumbuhan ke depan tidak memperburuk tantangan yang ada; memberi contoh di sektor struktural utama seperti infrastruktur; dan memerangi korupsi dan mendorong integritas.

Rekomendasi kebijakan utama untuk perilaku bisnis yang bertanggung jawab

- Mengedepankan RBC dan mengkomunikasikan secara jelas kepada pelaku usaha dan investor tentang harapan pemerintah terhadap RBC dalam konteks kebijakan utama nasional seperti Rencana Induk Pembangunan Industri Nasional 2015-2035 dan upaya memajukan SDGs (khususnya tindak lanjut Kajian Nasional Sukarela 2019 dan aksi Tim Koordinasi Nasional Pelaksanaan SDGs).
- Dorong sosialisasi secara luas dan penerapan perangkat dan instrumen RBC praktis, seperti panduan uji tuntas OECD yang dirancang untuk mendukung dunia usaha. Dukung dan berikan fasilitasi industri kolaboratif dan inisiatif pemangku kepentingan dalam RBC.
- Integrasikan rujukan yang eksplisit dan ekspektasi tentang uji tuntas RBC dalam strategi *Making Indonesia 4.0* (termasuk yang terkait dengan implementasi tujuan sektoral) dan dorong keselarasan industri dengan praktik global melalui inisiatif nasional lintas sektoral untuk meningkatkan standar keberlanjutan.
- Pastikan bahwa aturan pelaksanaan untuk UU Omnibus Cipta Lapangan Kerja mencakup pertimbangan dampak lingkungan dan sosial dari operasi bisnis dan bahwa penyederhanaan prosedur administratif tidak mengorbankan perlindungan tenaga kerja dan lingkungan serta arah pembangunan yang inklusif dan berkelanjutan. Pertimbangkan uji tuntas RBC sebagai prosedur operasi standar (SOP) untuk hal ini. Konsultasi yang luas dengan berbagai pemangku kepentingan di tingkat pusat dan daerah, termasuk serikat pekerja, masyarakat sipil, pemangku kepentingan yang terkena dampak, dan akademisi selain komunitas bisnis, perlu dilakukan secara dini, sistemik, bermakna, dan transparan.
- Prioriaskan perilaku RBC di sektor-sektor utama, terutama sektor pertanian, pertambangan, serta garmen dan alas kaki. Pertimbangkan untuk melakukan penilaian keselarasan antara standar Minyak Sawit Berkelanjutan Indonesia dengan *Panduan OECD-FAO untuk Rantai Pasokan Pertanian yang Bertanggung Jawab*.
- Percepat upaya untuk mengedepankan lingkungan, sosial, dan tata kelola pemerintahan (ESG) dan RBC di sektor keuangan yang sejalan dengan standar internasional. Lakukan penilaian khusus sejauh mana hambatan yang ada dalam upaya mengintegrasikan faktor-faktor ini ke dalam pasar, terutama dalam hal jangka panjang dan kualitas pelaporan dan kerangka penilaian.
- Kejar pengembangan *Rencana Aksi Nasional Bisnis dan Hak Asasi Manusia* yang sejalan dengan praktik terbaik internasional dan dengan keterlibatan dan konsultasi antar kementerian. Pastikan bahwa cakupan rencana cukup luas untuk meliputi isu-isu terkait RBC yang paling relevan. Pastikan proses tersebut mendukung konsultasi yang luas dengan para pemangku kepentingan.
- Arahkan BUMN untuk membangun dan melakukan uji tuntas RBC, lalu umumkan ekspektasi ini kepada masyarakat dan tetapkan mekanisme tindak lanjutnya.
- Berikan contoh dan pastikan integrasi RBC dalam tujuan strategis Infrastruktur dan Konektivitas Indo-Pasifik. Uji tuntas RBC harus menjadi dasar dan titik masuk bagi bisnis yang ingin berpartisipasi dalam upaya ini.
- Perkuat implementasi Konvensi PBB Menentang Korupsi dan kesesuaian dengan Konvensi OECD tentang pemberantasan Suap Pejabat Publik Asing dalam Transaksi Bisnis Internasional dengan mengkriminalisasi tindakan menyuap pejabat publik asing dan tuntut pertanggungjawaban perusahaan atas pelanggaran korupsi.

Promosi dan fasilitasi investasi merupakan komponen kunci pemulihan Indonesia dari krisis COVID-19 yang perlu ditingkatkan

Kebijakan mendukung dan memfasilitasi investasi, termasuk insentif pajak yang dirancang dengan baik untuk investasi, dapat berkontribusi pada daya saing suatu negara dengan menarik investor yang berkualitas dan inovatif dan dengan mempermudah bisnis untuk membangun atau memperluas wilayah operasionalnya. Inisiatif semacam ini sangat penting untuk menanggapi krisis yang dipicu oleh pandemi COVID-19, yang menimbulkan tantangan signifikan bagi lembaga pemerintah. Kontraksi ekonomi, penurunan FDI, tekanan pada anggaran negara dan kebutuhan untuk mencapai tujuan pembangunan berkelanjutan hanyalah beberapa area yang akan berdampak pada lembaga yang bertugas mempromosikan dan memfasilitasi investasi di Indonesia. Langkah-langkah promosi dan fasilitasi investasi bukan saja dapat mendukung pemulihan yang berkelanjutan dengan menciptakan perekonomian yang menarik, tetapi juga membantu memastikan bahwa investasi asing mendukung tujuan pembangunan nasional dan menghasilkan limpahan positif melalui pengembangan daerah yang masih tertinggal, kerja sama dengan perusahaan lokal, dan transfer keahlian. Namun, penting agar insentif pajak investasi digunakan dengan hati-hati karena meningkatnya tekanan terhadap anggaran negara. Upaya promosi dan fasilitasi investasi juga harus melengkapi - dan bukan menggantikan - langkah-langkah untuk memastikan kerangka kebijakan investasi yang baik.

Dalam kerangka kelembagaan Indonesia yang mengatur penanaman modal, Badan Koordinasi Penanaman Modal (BKPM) menjadi lembaga pelaksana pemerintah dalam hal promosi, fasilitasi dan regulasi penanaman modal. BKPM adalah lembaga besar dengan sejumlah besar wewenang, lebih besar daripada kebanyakan lembaga promosi investasi lainnya di seluruh dunia. Karakteristik berorientasi peraturan dan kebijakan telah menjadi pola pikir dan orientasi strategis lembaga ini selama beberapa dekade terakhir, dan telah berperan dalam meningkatkan lingkungan yang ramah bisnis di Indonesia, termasuk untuk FDI.

BKPM bertujuan untuk memainkan peran koordinasi dalam lanskap kelembagaan yang berlapis dan terbagi-bagi, di mana berbagai entitas publik memiliki suara dalam kebijakan investasi atau pelaksanaannya. Peran dan tugas yang berbeda antar aktor pemerintah ini terkadang dapat saling melengkapi tetapi juga dapat tumpang tindih atau tidak konsisten satu sama lain. Kompleksitas di tingkat pusat ini masih ditambah pula peran penting yang dimainkan oleh pemerintah daerah dalam promosi dan fasilitasi investasi.

Memperbaiki lingkungan bisnis telah menjadi prioritas utama Presiden RI sejak menjabat pada tahun 2014, lalu lebih ditekankan lagi di awal masa jabatan keduanya. Menyadari bahwa biaya administrasi yang tinggi telah menurunkan produktivitas dan membuka jalan untuk korupsi dan informalitas, pemerintah pun memprakarsai reformasi perizinan usaha dan fasilitasi investasi yang bertujuan untuk meningkatkan transparansi, merampingkan perizinan, dan menciptakan mekanisme untuk memudahkan proses mendirikan bisnis. Salah satu reformasi baru-baru ini adalah OSS, sistem perizinan bisnis daring yang dimaksudkan agar proses perizinan lebih efisien dan transparan.

Namun demikian, pada praktiknya, investor masih banyak mengandalkan prosedur dan persyaratan yang tidak dapat diproses oleh OSS sehingga menghambat efisiensi sistem. Selain itu, OSS, sebagai pengganti sistem yang dibuat hanya beberapa tahun sebelumnya dan masih banyak digunakan di kota dan kabupaten tertentu, bukannya berjalan tanpa masalah dan penolakan di tingkat daerah. Karena itu, pemerintah berupaya untuk lebih membakukan proses perizinan dengan memberikan kewenangan yang lebih besar kepada BKPM. Secara paralel, pemerintah telah menyiapkan dua UU omnibus - satu tentang penciptaan lapangan kerja dan yang lainnya tentang perpajakan - yang berupaya untuk memodernisasi kerangka regulasi. UU Omnibus Cipta Lapangan Kerja, yang disahkan pada 5 Oktober 2020, berupaya untuk mempermudah dan menyelaraskan proses perizinan usaha dengan mengubah undang-undang yang terkait dengan beragam sektor ekonomi dan membatasi peran pemerintah daerah.

Implementasinya yang efektif dari UU masih belum dilihat. Di masa depan, pemerintah dapat mempertimbangkan untuk menerapkan urutan reformasi terbalik: dimulai dengan menilai berbagai peraturan yang ada dan beban terhadap bisnis, kemudian memangkas perizinan dan persyaratan administratif yang tidak perlu, dan menyelesaikannya dengan menerapkan mekanisme daring terbaik untuk memulai bisnis.

Reformasi ini terjadi di lingkungan di mana konsultasi dengan pemangku kepentingan sangatlah penting. Sementara BKPM mengambil perannya sebagai perantara antara pemerintah dan sektor swasta dengan sangat serius dan menyelenggarakan konsultasi bisnis secara teratur, tantangan utamanya terletak pada menyamakan pandangan yang terkadang bertentangan tentang hal-hal terkait investasi di antara banyak pemain pasar.

Dalam hal tujuan daya tarik FDI, pemerintah secara progresif telah mengambil sikap yang lebih proaktif dalam mempromosikan investasi selama beberapa tahun terakhir, tetapi masih kurang dibandingkan beberapa negara lain. Melalui BKPM, pemerintah secara sejajar telah mengembangkan strategi dengan sektor prioritas berdasarkan beberapa kriteria yang ditetapkan dengan baik, tetapi fokusnya masih terlalu luas bagi kegiatan pembangkit investasi BKPM untuk dapat berdampak dan terukur. Sebagian besar upaya BKPM masih didedikasikan untuk membangun citra, sedangkan aktivitas penargetan dan daya tarik yang lebih spesifik lebih diperlukan, seperti dalam kasus badan penanaman modal negara lain yang lebih modern dan lengkap yang berupaya mencapai tujuan serupa. Karena arus proyek FDI baru kemungkinan besar akan turun karena pandemi, strategi penentuan prioritas yang efektif untuk promosi investasi menjadi faktor penting kesuksesan dalam upaya pemulihan pemerintah.

Reformasi perpajakan adalah pilar lain dari strategi Indonesia dalam meningkatkan iklim investasi dan mempromosikan Indonesia sebagai tujuan investasi yang menarik. Dalam beberapa tahun terakhir, perubahan signifikan telah diperkenalkan melalui pengkajian bertahap dan perluasan insentif pajak Indonesia. Reformasi perpajakan yang lebih luas juga direncanakan dalam UU Omnibus Perpajakan. Respons kebijakan terhadap krisis ekonomi COVID-19 mempercepat beberapa reformasi yang direncanakan berdasarkan undang-undang untuk memberikan keringanan pajak kepada bisnis yang terkena dampak.

Insentif pajak di Indonesia termasuk yang paling meringankan di kawasan. Potensi insentif pajak untuk menarik investasi, menciptakan lapangan kerja, memperoleh pengetahuan, keterampilan dan teknologi, dan mendorong pertumbuhan ekonomi harus dipertimbangkan terhadap biaya yang dihasilkan dalam hal kompleksitas pajak, netralitas, dan pendapatan yang hilang. Di Indonesia, insentif pajak untuk investasi sudah lama menjadi inti dari strategi memperbaiki lingkungan bisnis, tetapi ada beberapa perubahan besar yang diperkenalkan sejak 2018 dalam rancangan dan kegiatan yang ditargetkan.

Insentif berbasis biaya baru diperkenalkan untuk mempromosikan sektor padat karya dan kegiatan dengan limpahan sosio-ekonomi, seperti litbang dan pelatihan kejuruan, yang merupakan perkembangan positif. Pada saat yang sama, insentif yang ada sebelumnya juga diperluas untuk mencakup sektor prioritas baru di bawah skema pembebasan pajak dan tunjangan investasi. Ekspansi berturut-turut dari sektor-sektor prioritas (dalam apa yang disebut kebijakan industri perintis dan industri tertentu) membuat tujuan kebijakan yang dimaksud menjadi kurang jelas. Misalnya, tunjangan investasi sebesar 30% diperluas kepada sektor tambahan dan seluruh proyek investasi baru (alih-alih dibatasi untuk perusahaan yang baru terdaftar), sehingga menciptakan persaingan yang tidak setara di antara perusahaan yang diberi insentif dan yang tidak.

Skema insentif pajak yang lebih luas masih menjadi isu kompleks dengan banyaknya insentif dan kepadatan kerangka hukum saat ini. Dalam beberapa kasus, regulasi yang ada justru tumpang tindih. Insentif pajak di Indonesia diperkenalkan melalui berbagai instrumen hukum, termasuk undang-undang dan peraturan. Kesemuanya dapat diubah dengan peraturan lebih lanjut, seperti dimasukannya persyaratan tambahan, yang mengubah persyaratan sebelumnya lalu menyulitkan investor untuk memiliki gambaran lengkap tentang bagaimana insentif akan diterapkan. Meskipun peraturan terkait tersedia daring, terjemahan bahasa Inggris yang resmi tidaklah selalu tersedia, sehingga kerap menimbulkan ketidakpastian lainnya. Namun demikian, banyak upaya telah dilakukan untuk meningkatkan transparansi dan menyampaikan insentif dengan lebih jelas. Panduan untuk investor memberikan gambaran umum yang cukup baik tetapi belum sepenuhnya menjelaskan sebagian rincian dan kompleksitas dari regulasi yang ada.

Rekomendasi kebijakan utama untuk promosi dan fasilitasi investasi

- Pastikan bahwa peran kepemimpinan BKPM dalam promosi dan fasilitasi investasi diakui secara luas, dan lembaga ini memiliki sarana untuk mengoordinasikan dialog antara semua pihak. Walaupun kini ada perkembangan yang menarik ketika tanggung jawab perizinan semakin terintegrasi ke dalam lembaga ini, peran pastinya dalam pemerintahan terkadang masih belum jelas.
- Selesaikan pembahasan yang tengah berlangsung dalam kabinet tentang status BKPM, putuskan apakah BKPM akan sepenuhnya dinaikkan setingkat kementerian atau tetap sebagai badan pelaksana. Pilihan pertama akan memungkinkannya untuk lebih memenuhi peran koordinasi dan mendorong reformasi kebijakan. Jika opsi kedua yang dipilih, pertimbangkan untuk memberikan lembaga ini lebih banyak otonomi, mengurangi jumlah wewenang, dan memberikan lebih banyak tanggung jawab kepada Komite Investasinya. Komite ini dapat ditingkatkan menjadi dewan, untuk menyelaraskannya dengan praktik internasional IPA yang baik, dan harus mencakup perwakilan bisnis dari seluruh unsur kegiatan ekonomi serta perwakilan akademisi dan masyarakat sipil.
- Mengingat cepatnya reformasi yang sedang berlangsung untuk memfasilitasi investasi, terutama pembentukan OSS dan UU Omnibus Cipta Lapangan Kerja, pastikan bahwa pejabat di pemerintah pusat dan daerah memiliki sumber daya, kapasitas, dan informasi yang cukup dan memadai untuk melaksanakan peraturan baru dengan benar dan beradaptasi dengan perangkat yang baru. Ini akan membantu mengatasi tantangan operasional OSS dan menjadikannya lebih efisien. Implementasi dan dampak reformasinya juga dapat dikaji untuk memahami apakah langkah-langkah ini telah mencapai tujuannya.
- Sajikan aturan dan pedoman yang jelas kepada investor tentang penggunaan OSS dan pertimbangkan untuk membangun pusat layanan informasi. Aturan pelaksanaan UU Omnibus Cipta Lapangan Kerja yang terkait dengan perizinan usaha dan perubahan OSS yang akan datang juga perlu dikomunikasikan dengan baik sebelumnya. Pastikan bahwa peningkatan prediktabilitas dan transparansi dalam prosedur investasi - termasuk untuk mengurangi risiko korupsi – akan terus mendorong reformasi fasilitasi investasi yang tengah berlangsung dan yang akan datang.
- Lanjutkan perampingan izin usaha dan prosedur administratif yang berlebihan dan terlalu membebani guna mewujudkan lingkungan bisnis yang sehat bagi calon investor maupun yang sudah ada. Dalam melakukannya, pastikan bahwa hal itu tidak mengorbankan perlindungan buruh dan lingkungan, yang penting untuk mencapai pertumbuhan yang inklusif dan berkelanjutan. Sehubungan dengan hal tersebut, meski penyusunan UU Omnibus Cipta Lapangan Kerja bertujuan untuk mempermudah proses berbisnis, reformasi hendaknya tidak hanya sebatas amandemen undang-undang sektoral, tetapi fokus pada identifikasi secara sistematis regulasi bisnis yang bisa dihapuskan dan yang tetap berlaku.
- Pastikan bahwa upaya reformasi iklim investasi yang sedang berlangsung, termasuk aturan pelaksanaan UU Omnibus Cipta Lapangan Kerja, disertai dengan konsultasi pemangku kepentingan dan kampanye komunikasi yang luas dan bermakna. Libatkan seluruh pemangku kepentingan yang terkait, termasuk komunitas bisnis, masyarakat sipil, dan akademisi, secara lebih sistematis dan sedini mungkin dalam rancangan kebijakan, meskipun terkadang ada pandangan yang bertentangan, untuk mewujudkan dialog yang konstruktif dan menciptakan prinsip saling mempercayai. Lakukan komunikasi dengan berbagai kalangan bisnis dan pastikan seluruh spektrum pemangku kepentingan benar-benar diikutsertakan. Pastikan agar konsultasi

tetap transparan dan informasi tentang bagaimana masukan dari pemangku kepentingan digunakan terbuka bagi masyarakat umum.

- Dalam konteks layanan lanjutan, BKPM dapat memperkuat program matchmakingnya sehingga mendorong terciptanya hubungan antara pihak asing dan perusahaan dalam negeri. Selain layanan matchmaking, program ini dapat mencakup persiapan database pemasok, yang di satu sisi dapat mengurangi biaya transaksi perusahaan asing dan, di sisi lain, dapat membantu memberikan peluang bagi perusahaan lokal. Koordinasi yang lebih besar dengan inisiatif serupa di seluruh lini pemerintahan dapat menghindari tumpang tindih dan memperkuat implementasi dan pemantauan yang efisien atas program penghubungan.
- Dalam hal upaya promosi investasi, terus kurangi kampanye membangun citra yang mahal dan ganti dengan pendekatan yang lebih terfokus. BKPM dapat memprioritaskan langkah-langkah menarik minat FDI yang lebih baik untuk melengkapi peningkatan yang tengah berlangsung untuk memfasilitasi masuknya investasi. Daya tarik FDI yang proaktif harus berfokus pada sektor dan proyek yang ditargetkan, yang mendukung tujuan pembangunan berkelanjutan dan pemulihan yang inklusif dan tangguh selepas pandemi. Fokus harus ditempatkan pada industri yang kinerja investasi asingnya terbukti lebih tinggi daripada investasi domestik dalam hal produktivitas dan inovasi, peningkatan upah dan keterampilan, dan pelestarian lingkungan.

Rekomendasi kebijakan utama terkait insentif pajak untuk investasi

- Perhatikan pengaruh reformasi perpajakan pada basis pajak Indonesia. Pendapatan pajak yang lebih rendah dapat membatasi belanja pemerintah untuk infrastruktur dan layanan sosial, yang pada gilirannya dapat menghambat kemajuan dalam memperbaiki lingkungan bisnis dalam jangka panjang.
- Terus peralihan menuju insentif pajak berbasis biaya. Insentif pajak baru yang diperkenalkan sejak 2018 semuanya telah berbasis biaya, tetapi insentif berbasis laba (pembebasan pajak) tetap ada atau diperluas ke industri lainnya. Pemerintah dapat mempertimbangkan untuk membatasi insentif berbasis laba pada investasi prioritas tinggi. Dalam jangka menengah, setelah pemulihan dari krisis COVID-19 menguat, pertimbangkan untuk mengurangi jumlah industri perintis (*pioneer industries*) yang dipromosikan.
- Tentukan dengan lebih jelas tujuan kebijakan untuk tunjangan investasi 30% untuk industri tertentu. Pemerintah dapat mempertimbangkan untuk mengkomunikasikan tujuan utama kebijakan ini dengan lebih jelas dan apa perbedaannya dari insentif berbasis sektor lainnya (misalnya, insentif industri perintis). Restrukturisasi terbaru dari insentif telah semakin memperluas industri yang memenuhi syarat untuk insentif pajak ini, yang berisiko menciptakan peluang yang tidak berimbang bagi industry yang tidak dipromosikan.
- Selaraskan aturan tentang insentif pajak dalam undang-undang perpajakan terkait. Di Indonesia, insentif pajak disebutkan dan diatur melalui berbagai instrumen hukum: undang-undang, peraturan pemerintah, Peraturan Menteri Keuangan, dan Peraturan BKPM. Keselarasan aturan tentang insentif pajak dapat meningkatkan transparansi dan mengurangi tumpang tindih kebijakan.
- Berikan akses kepad aaturan pelaksanaan bagi investor asing. BKPM dapat mempertimbangkan untuk membuat panduan tambahan yang mendetail tentang bagaimana insentif diterapkan, yang menjelaskan perbedaan antara regulasi insentif yang berbeda. Terjemahan resmi dari semua peraturan dan daftar segmen bisnis terkait (yang meliputi kode industri dari industri yang memenuhi syarat untuk tiap insentif) juga dapat meningkatkan transparansi.
- Perkenalkan kebijakan *sunset clause* tentang insentif pajak untuk mendorong tinjauan kebijakan secara teratur. Hal ini dapat membantu mengidentifikasi prioritas sektor baru serta insentif yang tidak lagi diperlukan.

- Terus lakukan dan terbitkan laporan pengeluaran pajak tahunan dan perluas analisisnya sehingga meliputi insentif pajak baru dan pendapatan pajak yang hilang di zona ekonomi khusus (KEK).
- Terus ikuti dialog regional dan internasional tentang perpajakan. Forum regional memberikan ruang diskusi tentang persaingan pajak yang berpotensi merugikan, serta forum untuk berbagi informasi tentang contoh-contoh praktik baik dari kawasan lain. Dialog regional dan kerja sama perpajakan akan menjadi semakin penting dalam konteks COVID-19, sebagai langkah untuk menghindari sengketa pajak yang dapat merugikan pemulihan ekonomi.

Desentralisasi hadir dengan peluang dan tantangan terhadap iklim investasi dan pembangunan daerah

Indonesia telah memulai reformasi desentralisasinya sejak 1998, yang telah membentuk peta pembangunan daerah dan lokasi investasi di seluruh penjuru negeri. Desentralisasi dipandang sebagai pendukung bagi proses demokratisasi dan tanggapan atas pendekatan terpusat yang inheren dari pemerintah sebelumnya di negara dengan 17.000 pulau dan keragaman budaya dan bahasa yang kaya ini, serta ketimpangan pusat dan daerah yang mencolok. Pemerintah daerah diberi tanggung jawab besar untuk menyediakan layanan publik dan membentuk kebijakan ekonomi, termasuk kebijakan investasi, bersama dengan transfer anggaran yang cukup besar.

Dua dekade setelah kebijakan ini diberlakukan, desentralisasi masih menjadi agenda kebijakan yang belum selesai. Setelah pengalihan kewenangan besar-besaran pada tahun 2000-an, Indonesia berjuang untuk menemukan keseimbangan yang tepat dalam pembagian tanggung jawab kebijakan investasi di berbagai tingkatan pemerintahan. Untuk menyederhanakan lingkungan investasi yang terlalu kompleks dan mengurangi ketidakpastian hukum dan peraturan, pemerintah pusat telah memberlakukan langkah-langkah kebijakan berturut-turut yang mengalihkan kewenangan dari pusat kepada pemerintah daerah. Dalam prosesnya, pemerintah pusat telah beberapa kali menyesuaikan kerangka hukum pemerintahan daerah melalui kebijakan desentralisasi dan resentralisasi yang berganti-ganti.

Pelimpahan tanggung jawab yang terburu-buru telah membuat pemerintah daerah mengelola wilayahnya masing-masing tanpa disertai keterampilan, kapasitas teknis, sumber daya, dan pengawasan yang diperlukan (OECD, 2016). Hasilnya, desentralisasi tidak banyak mengurangi ketimpangan daerah yang masih tetap tinggi di seluruh Indonesia. Kesenjangan daerah dalam konsentrasi kegiatan ekonomi telah menjadi ciri lama ekonomi Indonesia dan, hingga batas tertentu, lebih tinggi dibandingkan negara berkembang lainnya. Perbaikan di beberapa bidang kebijakan telah dilakukan, tetapi kemampuan pemerintah daerah untuk menghasilkan barang public dan menghasilkan pertumbuhan yang inklusif dan mendorong produktivitas tidaklah selalu memuaskan, bahkan dengan meningkatnya transfer dari pemerintah pusat ke daerah. Pandemi COVID-19, dan krisis yang diakibatkannya, dapat semakin memperburuk ketimpangan daerah yang ada.

Kesenjangan antar daerah di tingkat pendidikan, infrastruktur, kesehatan dan pemerintahan telah berkurang tetapi masih tinggi dan membebani kemampuan daerah-daerah tertinggal untuk menarik investasi di luar ekstraksi komoditas. Setelah beberapa dekade terkonsentrasi di pulau Jawa, peningkatan yang teramati dalam tingkat investasi oleh pulau-pulau lain sebagian didorong oleh eksploitasi sumber daya alam oleh pihak asing. Kesetaraan belum menjangkau semua daerah, termasuk di perkotaan dengan sumber daya manusia dan aktivitas wirausaha yang relatif tinggi. Daerah-daerah tertinggal dengan sumber daya terbatas, yang seringkali berada di kawasan pinggiran, masih kurang menarik minat investasi setelah otonomi daerah.

Pemerintah daerah memiliki kewenangan untuk mengembangkan dan melaksanakan peraturan (perda) terkait penanaman modalnya masing-masing, sesuai dengan peraturan nasional yang lebih tinggi. Pendirian pusat pelayanan terpadu satu pintu (PTSP) di daerah, yang diikuti pengenalan sistem OSS, merupakan langkah-langkah yang tepat untuk memperbaiki proses perizinan usaha di seluruh wilayah Indonesia. Tantangan regulasi, teknis, dan tata kelola masih menghambat efektivitas inisiatif ini, tetapi menciptakan ruang untuk regulasi yang dirancang oleh pemerintah daerah. Tidak semua lembaga lokal yang bertugas memberikan izin terkait standar lingkungan atau tata guna lahan bekerja sama dengan PTSP, dengan alasan pelibatan investor asing diberlakukan oleh pemerintah pusat. Selain itu, pemerintah daerah juga belum tentu memiliki kapasitas untuk memberikan izin semacam ini dan lebih rentan terhadap korupsi.

Peraturan yang tumpang tindih, atau bahkan bertentangan dengan kebijakan investasi, merupakan tantangan lain di balik pembagian kewenangan yang tidak jelas antara pemerintah pusat dan daerah. Sebagai contoh, beberapa daerah menetapkan peraturannya sendiri untuk membatasi investasi asing dalam kegiatan tertentu. Selama dua tahun terakhir, ada dorongan kuat untuk perbaikan iklim usaha melalui resentralisasi penyusunan kebijakan investasi. Beberapa langkah reformasi, seperti UU Omnibus Cipta Lapangan Kerja, awalnya ditunda untuk berfokus pada respons terhadap pandemi COVID-19. Undang-undang yang akhirnya disahkan pada Oktober 2020 itu berupaya menyelaraskan peraturan pusat dan daerah serta mempermudah proses investasi. Jika undang-undang tersebut dimaksudkan untuk mengurangi tingkat ketidakpastian hukum dengan menarik kewenangan pengaturan dari daerah, pemerintah harus memastikan bahwa pelaksanaan di tingkat daerah benar-benar berjalan, karena pengurangan kewenangan yang diusulkan sangat mungkin ditolak melalui sistem peradilan. Untuk menghindari hal tersebut, sangat penting untuk memiliki mekanisme konsultasi antisipatif yang solid untuk memastikan bahwa pandangan pemerintah daerah turut dipertimbangkan.

Alasan sentralisasi penyusunan kebijakan investasi dan perizinan usaha antara lain karena daerah terpencil dan tertinggal tidak selalu memiliki kapasitas kelembagaan dan teknis terkait hal ini. Lembaga daerah mungkin memiliki posisi yang tepat untuk menilai peluang dan risiko bisnis, dan setidaknya harus memiliki peran yang jelas dalam proses ini, bahkan jika pada akhirnya proses pengambilan keputusan dikembalikan ke pusat. Peningkatan kapasitas daerah secara bertahap dapat menjadi pendekatan yang lebih berkelanjutan dalam jangka panjang, dan pendekatan yang mengedepankan tanggung jawab bersama di seluruh tingkatan pemerintahan, alih-alih tata kelola dari atas ke bawah. Pada saat yang sama, tingkat pemerintahan yang lebih tinggi juga tidak memiliki modal yang diperlukan untuk membatasi penyusunan peraturan dan ketidakselarasan informasi antara pemerintah daerah dan investor, serta menghindari kemungkinan perlombaan menuju titik nadir dalam standar lingkungan atau keberlanjutan lainnya di seluruh wilayah Indonesia.

Salah satu prioritas pemerintah pusat dan daerah adalah memperkuat upaya masing-masing dalam menciptakan lingkungan investasi yang dapat diprediksi yang mendukung pemulihan ekonomi yang tangguh, berkelanjutan, dan inklusif selepas pandemi COVID-19. Upaya-upaya ini sangat dibutuhkan di wilayah yang kurang berkembang dan lebih miskin di pelosok nusantara, di mana tingkat ketidakpastian yang lebih tinggi dapat menunda investasi yang sangat dibutuhkan dalam pembangunan infrastruktur dan sumber daya manusia. Pandemi telah menunjukkan bahwa layanan lanjutan menjadi sangat penting di tengah tingginya ketidakpastian, dan lembaga investasi daerah memiliki posisi yang tepat untuk memberikan dukungan khusus dan terarah kepada investor lama. Dari sisi regulasi, ketidakpastian tentang konten 'daftar negatif' (DNI) dan pembatasan terkait investasi asing di sektor-sektor seperti transportasi laut dapat menunda atau menghambat proyek asing baru di bidang infrastruktur.

Prioritas lain di seluruh tingkat pemerintahan adalah mendorong pembangunan daerah dengan menarik investasi yang lebih beragam, canggih, dan berkelanjutan. Badan-badan investasi daerah perlu meningkatkan perangkat promosi investasinya melalui koordinasi dengan badan promosi investasi pusat, BKPM, dan kantor pusat promosi investasi internasional di luar negeri. Kebijakan berbasis zona sebelumnya untuk menarik perusahaan asing yang mengarahkan produktivitas ke daerah yang masih tertinggal tidak memiliki dampak konklusif. Program Kawasan Ekonomi Khusus diadakan untuk mengatasi kekurangan sebelumnya dengan melibatkan pemerintah daerah dalam proses pengambilan keputusan dan pemberian insentif nonfiskal. Insentif fiskal terdiri dari pembebasan pajak dan tunjangan pajak investasi. Sementara itu, insentif nonfiskal lebih disarankan guna menjamin persaingan yang adil antara perusahaan yang ada di dalam dan di luar zona.

Rekomendasi kebijakan utama

- Pemerintah pusat dapat lebih memperjelas tanggung jawab kebijakan investasi yang dialihkan ke berbagai tingkat pemerintahan untuk mengurangi duplikasi dan tumpang tindih. Tanggung jawab harus seimbang di seluruh tingkat pemerintahanan, memiliki anggaran yang cukup, eksplisit, dipahami bersama, dan jelas untuk tiap pemegang kepentingan. Pembagian tanggung jawab sangatlah penting ketika kewenangan dibagi-bagi, seperti dalam kasus promosi dan fasilitasi investasi. Penerapan UU Omnibus Cipta Kerja dapat menjadi peluang untuk memperjelas tanggung jawab ini. Tingkat pemerintahan yang lebih tinggi harus memastikan bahwa pandangan pemerintah daerah diakomodasi melalui mekanisme konsultasi inklusif.
- Pemerintah di tingkat yang lebih tinggi harus terus membangun kapasitas kelembagaan terkait investasi, terutama PTSP dan lembaga teknis yang memberikan izin operasional. Mereka perlu menilai tantangan kapasitas di daerah secara teratur dan memprioritaskan yang paling membutuhkan (misalnya daerah miskin dan terpencil). Pemerintah pusat harus memastikan bahwa PTSP dapat menjalankan OSS secara efektif dan mereka dapat menerbitkan sebagian besar, jika tidak semua, izin investasi.
- Proses resentralisasi tanggung jawab investasi harus sejalan dengan peningkatan kapasitas badan-badan daerah dan pembagian tanggung jawab lintas tingkat pemerintahan. Reformasi resentralisasi yang sedang berlangsung harus memberikan pemerintah tingkat posisi hukum untuk membatasi penyusunan peraturan dan asimetri informasi antara pemerintah daerah dan investor, dan memastikan bahwa standar lingkungan nasional atau keberlanjutan lainnya benar-benar dipatuhi di seluruh wilayah Indonesia.
- Badan-badan investasi daerah dapat berupaya untuk meningkatkan fungsi-fungsi investasi inti mereka, melalui koordinasi yang erat dengan BKPM. Badan-badan daerah dapat mengambil peran yang lebih proaktif dalam mempromosikan investasi asing dan menyesuaikan perangkat promosinya untuk fokus pada investasi yang relevan di wilayahnya masing-masing, melalui koordinasi dengan kantor BKPM di luar negeri. Mengumpulkan informasi komparatif di wilayah pesaing asing juga bermanfaat dalam menyempurnakan perangkat promosi investasi lokal seperti kegiatan untuk menarik investasi. Untuk mengurangi ketidakpastian yang ditimbulkan oleh pandemi COVID-19, lembaga daerah juga dapat memperkuat layanan lanjutan untuk menanggapi permintaan investor yang ada.
- Badan-badan investasi daerah dapat memperkuat kerja sama mereka dengan badan lokal lainnya seperti layanan pengembangan bisnis untuk lebih menyelaraskan produksi pemasok lokal dengan kebutuhan perusahaan asing. Pemerintah pusat dan daerah juga dapat mendukung penguatan daya serap perusahaan lokal dengan menyosialisasikan layanan pengembangan bisnis dan memfasilitasi prosedur untuk mendapatkan dukungan yang diperlukan.
- Masukkan tujuan-tujuan investasi dari kebijakan berbasis zona ke dalam strategi promosi investasi dan pembangunan daerah. Lakukan uji coba di KEK dengan insentif regulasi non-pajak yang berbeda. Insentif berbasis biaya seperti tunjangan pajak investasi harus lebih diutamakan daripada pembebasan pajak. Untuk lebih merampingkan kebijakan berbasis zona, hentikan secara bertahan penggunaan tipe zona yang belum mencapai target-targetnya, atau ubah menjadi KEK.
- Dorong kebijakan pembangunan daerah yang mengurangi ketimpangan infrastruktur, meningkatkan kualitas pemerintahan daerah, dan pendidikan:
    - Dampak insentif tingkat perusahaan yang baru-baru ini diperkenalkan untuk pengembangan keterampilan perlu dipantau untuk menilai dampaknya.
    - Mengingat tingginya relevansi transportasi laut untuk konektivitas antarpulau di Indonesia, pemerintah pusat dapat mengkaji apabila pelonggaran pembatasan di sektor ini dapat membantu menarik proyek asing yang mendukung konektivitas antar pulau.

- Tingkatkan jumlah kantor regional KPK di provinsi-provinsi, terutama di daerah-daerah dengan sektor usaha yang berisiko tinggi korupsi.

- Pemerintah pusat dapat mengembangkan indikator lingkungan investasi ke provinsi pembanding, memberikan bantuan teknis jika diperlukan dan memantau dampak reformasi. Sistem pemantauan kinerja dari lingkungan investasi yang terdesentralisasi haruslah sederhana, dengan sejumlah indikator standar yang wajar. Pemerintah di tingkat yang lebih tinggi harus dapat memantau kinerja pemerintah daerah di bawah mereka.

Referensi

Asian Development Bank (ADB) (2019), *Policies to support the development of Indonesia's manufacturing sector during 2020-2024*, A Joint ADB-BAPPENAS Report, January 2019, Manila.

ADB (2019b), *Asian Development Outlook 2019: Strengthening Disaster Resilience*, Manila. https://www.adb.org/sites/default/files/publication/492711/ado2019.pdf.

Asian Productivity Organization (APO) (2019), *APO Productivity Databook* 2019, Tokyo. https://www.apo-tokyo.org/publications/wp-content/uploads/sites/5/APO-Productivity-Databook-2019_light.pdf

Austin et al. (2017), *Shifting patterns of oil palm driven deforestation in Indonesia and implications for zero-deforestation commitments*, Land Use Policy (2017), Elsevier, http://dx.doi.org/10.1016/j.gloenvcha.2017.08.002.

Busch Jet al. (2015), "Reductions in emissions from deforestation from Indonesia's moratorium on new oil palm, timber, and logging concessions" in Proceedings of the National Academy of Sciences 112, 1328–33.

Duggan, V., Rahardja, S. and Varela, G. (2013), "Service sector reform and manufacturing productivity", World Bank Policy Research Working Paper 6349, The World Bank: Washington DC.

Hill, H. (2018), "Asia's Third Giant: A Survey of the Indonesian Economy" in Economic Record, Vol. 94, No. 307, pp. 469-499.

López González, J., et al. (2019), "Participation and benefits of SMEs in GVCs in Southeast Asia", *OECD Trade Policy Papers*, No. 231, OECD Publishing, Paris, https://doi.org/10.1787/3f5f2618-en.

Lewis (2020), "Structural changes to stay on a strong development path in Indonesia", forthcoming

Mistura, F. and Roulet, C. (2019), "The Determinants of Foreign Direct Investment: Do Statutory Restrictions Matter?", OECD Working Papers on International Investment, No. 2019/01, OECD Publishing, Paris.

OECD (2020a), *OECD Economic Outlook, Interim Report September 2020*, OECD Publishing, Paris, https://doi.org/10.1787/34ffc900-en.

OECD (2020b), *COVID-19 Crisis in Indonesia*, Note by the Secretariat, External Relations Committee, Paris.

OECD (2020c), *Foreign direct investment flows in the time of COVID-19*. https://read.oecd-ilibrary.org/view/?ref=132_132646-g8as4msdp9&title=Foreign-direct-investment-flows-in-the-time-of-COVID-19

OECD (2019a), *OECD Green Growth Policy Review of Indonesia 2019*, OECD Environmental Performance Reviews, OECD Publishing, Paris, https://doi.org/10.1787/1eee39bc-en.

OECD (2019b), *PISA 2018 Results (Volume I): What Students Know and Can Do*, PISA, OECD Publishing, Paris, https://doi.org/10.1787/5f07c754-en.

OECD (2019c), *Social Protection System Review of Indonesia*, OECD Development Pathways, OECD

Publishing, Paris, https://doi.org/10.1787/788e9d71-en.

OECD (2018a), *OECD Economic Surveys: Indonesia 2018*, OECD Publishing, Paris, https://doi.org/10.1787/eco_surveys-idn-2018-en.

OECD (2018b), *SME and Entrepreneurship Policy in Indonesia 2018*, OECD Studies on SMEs and Entrepreneurship, OECD Publishing, Paris, https://doi.org/10.1787/9789264306264-en.

OECD (2018c), "*OECD Investment Policy Reviews: Southeast Asia*", https://www.oecd.org/daf/inv/investment-policy/Southeast-Asia-Investment-Policy-Review-2018.pdf.

OECD (2016), *OECD Economic Surveys: Indonesia 2016*, OECD Publishing, Paris, https://doi.org/10.1787/eco_surveys-idn-2016-en.

OECD (2010), *OECD Investment Policy Reviews: Indonesia 2010*, OECD Publishing, Paris, https://doi.org/10.1787/9789264087019-en.

OECD/ADB (2015), *Education in Indonesia: Rising to the Challenge*, Reviews of National Policies for Education, OECD Publishing, Paris, https://doi.org/10.1787/9789264230750-en.

Pohl, J. (2018), "Societal benefits and costs of International Investment Agreements: A critical review of aspects and available empirical evidence", *OECD Working Papers on International Investment*, No. 2018/01, OECD Publishing, Paris, https://doi.org/10.1787/e5f85c3d-en.

Rouzet, D. and F. Spinelli (2016-11-09), "Services Trade Restrictiveness, Mark-Ups and Competition", *OECD Trade Policy Papers*, No. 194, OECD Publishing, Paris

Warburton, Eve (2017), *Resource nationalism in Indonesia: Ownership structures and sectoral variation in mining and palm oil*, Journal of East Asian Studies, 17, pp.285-312, 10.1017/jea.2017.13.

WEF (2019), *The Global Competitiveness Report 2019*, Geneva.

World Bank (2017), *Indonesia Economic Quarterly: Decentralization That Delivers*, December 2017, Jakarta.

World Bank (2019a), *Indonesia Economic Quarterly: Investing in People,* December 2019, Jakarta.

World Bank (2019b), *Aspiring Indonesia: Expanding the Middle Class*, Washington.

WWF (2020), *Mehr Wald geht durch Corona verloren*, WWF Blog, 21 May 2020, https://blog.wwf.de/wald-corona/?_ga=2.191480681.232588903.1590074315-1039827102.1590074315&_gac=1.225442152.1590074315.Cj0KCQjwzZj2BRDVARIsABs3l9KYLYW7DJ-84K-sdx0sDJY69EZh37S104nIwYCPVCrWdVGSVGSARTgaAqs5EALw_wcB

Yudha, S. (2017), "Air Pollution and its Implications for Indonesia: Challenges and Imperatives for Change", presentation at Air Quality Asia High-Level Session, 20 April, http://pubdocs.worldbank.org/en/183201496935944434/200417-AirQualityAsia-Air-Pollution.pdf.

2. Tren dan dampak FDI di Indonesia

Bab ini membahas evolusi penanaman modal asing (FDI) di Indonesia selama dua dekade terakhir, pembagian sektor, dan sumbernya. Di dalamnya, dijelaskan pula bagaimana FDI berkontribusi pada prioritas utama pembangunan berkelanjutan, yaitu integrasi rantai nilai global, produktivitas, upah, keterampilan, kesetaraan gender, dan transformasi menuju ekonomi hijau. Kinerja Indonesia dinilai terhadap sekelompok negara pembanding.

Kesimpulan dan arahan kebijakan

Kajian Kebijakan Investasi OECD Indonesia pertama yang dilakukan pada tahun 2010 menunjukkan bahwa, pada tahun-tahun sebelum krisis keuangan global, FDI memainkan peran utama dalam meningkatkan lapangan kerja dan produktivitas serta dalam menghasilkan ekspor di Indonesia. Hal ini menunjukkan bahwa FDI, di samping investasi dalam negeri, dapat memberikan kontribusi penting bagi pemulihan Indonesia yang berkelanjutan dan inklusif pasca pandemi COVID-19 yang mengakibatkan krisis sosial dan ekonomi. Selain menyediakan sumber permodalan, FDI dapat memberikan manfaat yang signifikan bagi negara tuan rumah. Ia dapat meningkatkan produktivitas; mendukung integrasi rantai nilai global (GVC); menciptakan pekerjaan yang lebih layak; berkontribusi pada pengembangan sumber daya manusia dan penggunaan teknologi yang lebih bersih; dan mewujudkan lebih banyak praktik kerja yang inklusif gender. Indonesia terus meningkatkan target pembangunan berkelanjutan dalam perencanaan pembangunan nasional dan daerah. Prioritas pembangunan jangka panjang untuk membangun ekonomi yang lebih tangguh dan berkelanjutan mencakup peningkatan produktivitas dan inovasi; meningkatkan keterampilan; menciptakan pekerjaan yang lebih banyak dan lebih baik; meningkatkan paritas gender; dan transisi menuju ekonomi rendah karbon dan hemat energi.

Investasi Asing Langsung (FDI) sebagai bagian dari Produk Domestik Bruto (PDB) di Indonesia mengalami fluktuasi dari waktu ke waktu, mencerminkan perubahan kondisi kebijakan dalam negeri. Sejak 2004, FDI sebagai bagian dari PDB telah tumbuh secara signifikan tetapi baru-baru ini menurun. Indonesia telah lama menjadi tujuan utama FDI di ASEAN, tetapi bagiannya dalam aliran masuk FDI di kawasan ini telah menurun dalam beberapa tahun terakhir. Meningkatnya ketidakpastian global telah berkontribusi menurunnya aliran masuk FDI. Karena pandemi COVID-19 dan krisis ekonomi global yang mengikutinya, FDI diperkirakan akan terus menurun dalam beberapa bulan mendatang. Arus ekuitas lintas batas di Indonesia telah turun drastic selama tahun 2020 dibandingkan dengan 2019, karena perusahaan telah menunda beberapa kesepakatan merger dan akuisisi (M&A) dan proyek greenfield seiring meningkatnya ketidakpastian.

Bagian terbesar dari FDI selama 2010-19 teralokasikan pada sektor manufaktur, meskipun pangsanya menurun karena sektor jasa mengalami peningkatan arus masuk. Sektor primer juga menarik banyak FDI karena kekayaan sumber daya alam di Indonesia. Proyek FDI Greenfield banyak diterima di bidang manufaktur, sementara kesepakatan M&A utamanya dilakukan sektor primer dan jasa. Sebagian besar FDI ke Indonesia berasal dari Singapura dan Jepang. Investasi dari Singapura masih akan meningkat mengingat kecenderungan beberapa perusahaan multinasional asing yang akan berinvestasi melalui afiliasinya di Singapura.

Perusahaan asing secara langsung berkontribusi pada beberapa tujuan pembangunan berkelanjutan di Indonesia. Mereka lebih produktif, memiliki rasio kerja lebih tinggi, dan membayar upah lebih tinggi dibandingkan perusahaan Indonesia. Selain itu, mereka juga mengekspor lebih banyak hasil produksinya. Perusahaan asing juga menghasilkan efek pengganda yang penting bagi perekonomian dalam negeri. Sebagai contoh, peningkatan 1% dalam penjualan luar negeri terbukti meningkatkan total biaya untuk upah dan gaji sebesar 0,4% melalui penciptaan lapangan kerja baru. Tambahan pendapatan tenaga kerja ini pada gilirannya diharapkan dapat memberikan efek pengganda yang positif bagi perekonomian melalui dampaknya terhadap konsumsi dalam negeri.

Perusahaan asing lebih memilih untuk ikut dalam GVC, tetapi Indonesia tampaknya kurang terintegrasi dalam GVC dibandingkan negara lain di kawasan. Indonesia memiliki orientasi ekspor yang lebih rendah dan bagian yang lebih rendah dari nilai tambah asing dalam ekspor brutonya, dan perusahaan asing pun menyumbangkan lebih sedikit nilai tambah dalam negeri dibandingkan perusahaan sejenis di negara lain. Namun demikian, tingkat partisipasi GVC-nya sama dengan negara-negara lain dengan pasar domestikk yang besar, seperti India, China, dan Amerika Serikat, atau negara kaya sumber daya alam seperti Australia. Perusahaan asing di Indonesia juga berkontribusi lebih sedikit pada ekspor dan impor bruto dibandingkan negara-negara lain di kawasan ini karena Indonesia menarik banyak FDI yang berorientasi sumber daya dan pencarian pasar, bukan yang berorientasi ekspor.

FDI mendukung peningkatan produktivitas dalam perekonomian dengan terkonsentrasi pada sektor-sektor yang relatif lebih produktif, yaitu pertambangan, energi, jasa transportasi, dan bahan kimia. Di sebagian besar sektor, perusahaan asing lebih produktif dan lebih banyak berinvestasi dalam penelitian dan pengembangan (litbang) dan inovasi. Meskipun premi kinerja luar negeri ini menegaskan pentingnya kontribusi langsung FDI terhadap pembangunan berkelanjutan, ia juga menunjukkan adanya kesenjangan dalam kapabilitas dalam negeri, yang mengurangi peluang transfer teknologi dari perusahaan asing ke perusahaan domestik dan limpahan produktivitas yang positif. Hubungan bisnis antara perusahaan asing dan domestik cukup signifikan, menunjukkan tingginya potensi limpahan produktivitas. Pada tahun 2016, barang setengah jadi yang dipasok di dalam negeri oleh perusahaan asing menyumbang 36% dari produksi mereka. Besarnya hubungan domestik yang teramati di Indonesia juga disebabkan oleh persyaratan konten lokal di berbagai sektor, termasuk pertambangan, peralatan transportasi, dan elektronik. FDI memengaruhi hasil pasar tenaga kerja yang berbeda dengan cara yang berlawanan. Ia terkonsentrasi di sektor-sektor dengan upah yang relatif lebih tinggi (pertambangan, energi, jasa transportasi), tetapi dengan tingkat partisipasi perempuan yang lebih rendah. Di sebagian besar sektor, perusahaan asing membayar gaji lebih tinggi dan lebih inklusif gender daripada perusahaan domestik: mereka mempekerjakan lebih banyak pekerja perempuan dan lebih mungkin dikelola atau dimiliki oleh perempuan. Perusahaan asing dan domestik memiliki tenaga kerja dengan tingkat keterampilan yang setara. Keduanya juga melaporkan kesulitan yang sama dalam mempekerjakan tenaga kerja berkualitas, terutama yang berkaitan dengan TI, kemahiran bahasa asing, dan keterampilan teknis.

Terakhir, FDI berkontribusi pada target lingkungan Indonesia dengan cara yang berlawanan pula. Investor asing cenderung mencari sektor-sektor yang lebih menghasilkan polusi dalam hal emisi CO2, tetapi lebih hemat energi daripada perusahaan domestik. Sementara porsi FDI dalam energi terbarukan masih relatif rendah, arus masuk untuk infrastruktur energi bersih justru meningkat pesat.

Arahan kebijakan utama

Beberapa arah kebijakan telah dirumuskan berdasarkan hasil yang disajikan dalam bab ini. Seluruhnya akan dibahas lebih lanjut pada bab lain dari kajian ini.

- Dengan adanya pandemi COVID-19 dan kekacauan ekonomi yang diakibatkannya, aliran FDI diperkirakan akan terus menurun pada tahun 2020. Kebijakan untuk mempertahankan investasi akan memainkan peran kunci dalam fase pemulihan dalam meminimalkan biaya ekonomi dan sosial, seperti hilangnya pekerjaan dan penerimaan pajak (Bab 6 dan 7). Selain itu, penghapusan hambatan terhadap FDI yang masih ada dan menciptakan kondisi yang menjamin keadilan bagi perusahaan domestik dan asing (Bab 3) akan menjadi kunci dalam menarik investor dan meningkatkan limpahan FDI yang positif.
- Pangsa FDI di bidang manufaktur telah menurun dalam beberapa tahun terakhir. Di antara kendala lainnya, perusahaan manufaktur asing melaporkan kesulitan dalam menemukan pekerja dengan keterampilan yang dibutuhkan. Untuk meningkatkan daya tarik Indonesia sebagai lokasi manufaktur bagi investor asing membutuhkan tindakan di berbagai bidang, termasuk dengan mengatasi inefisiensi dan kekakuan di pasar tenaga kerja, meningkatkan kualitas sistem pendidikan, dan liberalisasi layanan FDI (Bab 3).
- FDI sangat terkonsentrasi dalam hal sumber asalnya: sebagian besar FDI di Indonesia berasal dari Asia, dimana lebih dari dua per tiganya berasal dari Singapura dan Jepang. Walaupun ada bukti bahwa beberapa perusahaan multinasional OECD dan UE berinvestasi di Indonesia melalui kantor cabangnya di Singapura, ketergantungan pada FDI dari sekelompok kecil investor akan meningkatkan paparan Indonesia terhadap perubahan kondisi makroekonomi di negara-negara

tersebut. Oleh karena itu, menargetkan FDI dari negara lain, terutama dari kawasan lain, sangatlah penting untuk mengurangi kerentanan Indonesia terhadap guncangan eksternal (Bab 6).

- Afiliasi dari perusahaan asing yang didirikan di Indonesia cenderung mengungguli perusahaan domestik: mereka lebih produktif, menghabiskan lebih banyak uang untuk litbang, dan lebih banyak berinovasi. Sementara premi kinerja luar negeri teramati di banyak negara lain, premi yang besar teramati di Indonesia, terutama di beberapa sektor (misalnya mineral non-logam, makanan, dan bahan kimia). Kesenjangan yang teramati antara perusahaan domestik dan asing dapat menunjukkan kurangnya kemampuan domestik. Akibatnya, perusahaan domestik mungkin tidak memiliki kapasitas untuk mendapatkan manfaat dari keberadaan perusahaan asing, seperti melalui pemanfaatan teknologi asing. Meningkatkan kemampuan perusahaan domestik membutuhkan upaya kebijakan di berbagai bidang, termasuk meningkatkan pengembangan sumber daya manusia, mendorong penelitian dan inovasi, dan keterlibatan dalam perilaku bisnis yang bertanggung jawab (Bab 5).
- Perusahaan asing di Indonesia beroperasi pada sektor-sektor yang didominasi laki-laki, tetapi masih lebih inklusif gender daripada perusahaan domestik. Secara khusus, perusahaan-perusahaan ini mempekerjakan lebih banyak perempuan, dan lebih mungkin dikelola atau dimiliki oleh perempuan. Menutup kesenjangan gender dapat membawa manfaat yang signifikan bagi Indonesia, dan hasilnya menunjukkan bahwa negara tersebut dapat memanfaatkan FDI untuk mempromosikan hasil yang lebih inklusif gender di pasar tenaga kerja. Bab 5 membahas praktik perilaku bisnis yang bertanggung jawab terkait dengan kesetaraan gender di Indonesia.
- FDI beroperasi pula pada sektor-sektor yang menghasilkan lebih banyak CO2, tetapi perusahaan asing lebih hemat energi daripada perusahaan domestik. Selain itu, pangsa FDI Indonesia dalam energi terbarukan juga tumbuh pesat. Hasil penelitian menunjukkan bahwa terdapat potensi untuk meningkatkan kinerja lingkungan perusahaan Indonesia, misalnya dengan mendorong penggunaan secara luas teknologi bersih yang dibawa oleh perusahaan asing. Praktik bisnis yang bertanggung jawab dari perusahaan multinasional asing di Indonesia dalam kaitannya dengan lingkungan dibahas di Bab 5. Temuan ini juga menunjukkan bahwa Indonesia dapat memperoleh manfaat dalam hal pengurangan dampak lingkungan dengan menarik FDI di berbagai sektor yang lebih luas dengan mencabut pembatasan FDI (Bab 3).

FDI dapat mendukung agenda pembangunan berkelanjutan Indonesia

Kajian Kebijakan Investasi OECD Indonesia pertama yang dirilis pada tahun 2010 menunjukkan bahwa FDI sejak lama hanya berkontribusi sedikit terhadap pembentukan modal tetap bruto. Ia juga menunjukkan bahwa investasi, baik domestik maupun asing, tidak cukup untuk memenuhi kebutuhan pembangunan nasional. Pada saat yang sama, kajian juga menyoroti bahwa FDI di Indonesia memainkan peran utama dalam meningkatkan lapangan kerja dan produktivitas dan dalam menghasilkan ekspor, terutama pada tahun-tahun sebelum krisis keuangan global tahun 2008 (OECD, 2010).

Pandemi COVID-19 kemungkinan akan menimbulkan dampak ekonomi dan sosial yang cukup panjang dan disruptif di banyak negara, termasuk Indonesia. Seiring kondisi ekonomi dan sosial yang memburuk dengan cepat, Pemerintah Indonesia diharapkan dapat lebih meningkatkan upayanya dalam mendukung pemulihan ekonomi yang berkelanjutan dan inklusif selepas pandemi dan krisis ekonomi yang diakibatkannya. Pengalaman Indonesia pada tahun-tahun sebelum krisis keuangan global menunjukkan bahwa FDI dapat memberikan kontribusi penting pasca pandemi COVID-19.

Selain menyediakan sumber pembiayaan, FDI dapat memberikan manfaat besar bagi negara tujuannya. Investasi ini dapat meningkatkan produktivitas, yang pada akhirnya mengarah pada peningkatan standar hidup; mendukung integrasi GVC; menciptakan lapangan pekerjaan; berkontribusi pada pengembangan sumber daya manusia dan penyebaran teknologi baru. FDI juga dapat mendukung tujuan sosial dan lingkungan, misalnya dengan membawa praktik kerja yang lebih inklusif gender di negara tujuan dan dengan meningkatkan penghematan energi melalui penyebaran teknologi yang lebih ramah lingkungan.

Dampak FDI mungkin bersifat langsung atau tidak langsung. Dampak langsung berasal dari operasi perusahaan asing di luar negeri, sedangkan dampak tidak langsung (atau limpahan) timbul dari interaksi perusahaan asing dengan perusahaan dalam negeri.[7] Namun, pengaruh FDI dalam mendorong pertumbuhan yang berkelanjutan dan inklusif tidak secara otomatis positif. FDI memengaruhi segmen penduduk dan wilayah yang berbeda secara tidak merata dan, dengan demikian, dapat memperburuk pendapatan dan kesenjangan daerah.[8] Kebijakan dan kelembagaan dalam negeri sangat penting untuk mengambil manfaat FDI sekaligus membatasi potensi dampak buruknya.

Indonesia telah menjadi salah satu negara Asia pertama yang memasukkan target pembangunan berkelanjutan, atau Tujuan Pembangunan Berkelanjutan (SDGs) dalam perencanaan pembangunan nasional dan daerah (Republik Indonesia, 2019a). Sementara dalam jangka pendek, pemerintah dapat mengubah arah prioritas kebijakannya dalam menanggapi krisis COVID-19, tujuan utama yang tercermin dalam perencanaan pembangunan strategis saat ini tetaplah penting untuk membangun perekonomian yang lebih tangguh dan berkelanjutan. Prioritas ini termasuk meningkatkan produktivitas dan inovasi; memperkuat keterampilan; menciptakan lapangan pekerjaan yang lebih banyak dan lebih baik; meningkatkan paritas gender; dan transisi ke ekonomi rendah karbon dan hemat energi.

Meningkatkan produktivitas

Tren terbaru dalam produktivitas tenaga kerja menunjukkan bahwa Indonesia tertinggal dari kebanyakan negara di kawasan. Perkiraan OECD menunjukkan bahwa, bahkan pada industri yang beragam pun, seperti industri pada karya seperti tekstil dan garmen dan padat modal seperti mineral non-logam, produktivitas tenaga kerja Indonesia masih di bawah rata-rata negara lain di kawasan (Gambar 2.1). Kinerja produktivitas perusahaan Indonesia yang buruk adalah salah satu alasan di balik hilangnya daya saing negara di pasar global (ADB, 2019a, 2019b; Bank Dunia, 2018).

Meningkatkan produktivitas dan daya saing di pasar global merupakan salah satu agenda utama pembangunan berkelanjutan di Indonesia. Rencana Pembangunan Jangka Menengah Nasional 2015-2019 (Republik Indonesia, 2019a) menetapkan sembilan prinsip pedoman tindakan pemerintah untuk mendukung agenda pembangunan berkelanjutan di Indonesia. Meningkatkan produktivitas dan daya saing di pasar internasional adalah salah satu prinsip panduan tersebut. Inisiatif 'Making Indonesia 4.0' (Republik Indonesia, 2019b), dirancang untuk merevitalisasi sektor manufaktur melalui penyebaran teknologi generasi ke-4 (kecerdasan buatan, pembelajaran mesin, robotika, dan sebagainya), meliputi target ekspor, produktivitas dan inovasi secara eksplisit. Strategi tersebut bertujuan untuk mengembalikan tingkat ekspor bersih industri menjadi 10%; menggandakan tingkat produktivitas tenaga kerja dibandingkan biaya tenaga kerja; dan mengalokasikan 2% dari PDB untuk litbang dan bidang inovasi teknologi. Untuk mencapai target yang ambisius tersebut, pemerintah telah merumuskan sepuluh strategi prioritas nasional. Salah satu fokusnya adalah menarik FDI untuk menutup kesenjangan teknologi dan mendorong transfer teknologi kepada perusahaan lokal.[9]

---

[7] Istilah 'afiliasi perusahaan asing', 'afiliasi asing' dan 'perusahaan asing' digunakan secara bergantian dalam bab ini.

[8] Bab 7 mengkaji FDI di berbagai daerah dan berfokus pada dimensi daerah dari kebijakan investasi di Indonesia

[9] Strategi ini difokuskan pada lima sektor manufaktur perintis, yaitu makanan dan minuman, tekstil dan pakaian jadi, otomotif, elektronik, dan bahan kimia.

Gambar 2.1. Indonesia kurang kompetitif dibandingkan beberapa negara lain di kawasan dalam berbagai sektor

Produktivitas tenaga kerja (dalam milyar USD)

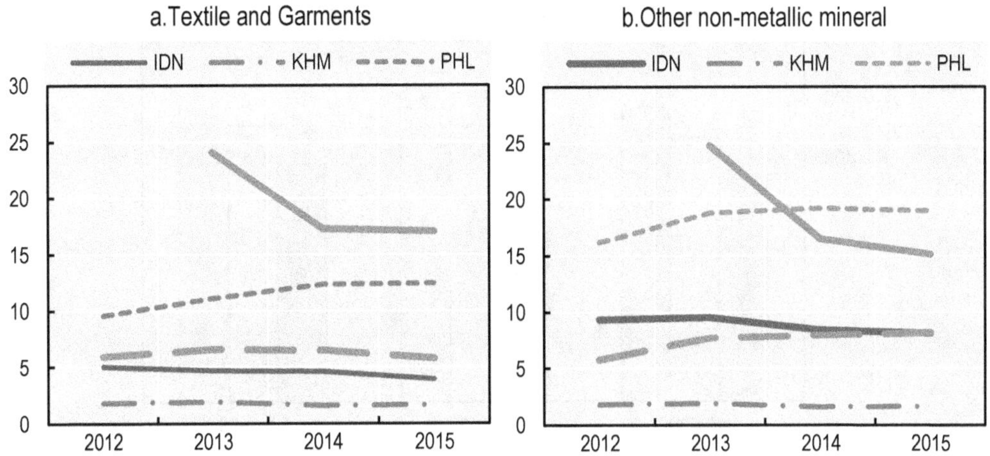

Catatan: Produktivitas tenaga kerja: nilai tambah per karyawan
Sumber: Elaborasi OECD berdasarkan Tabel Input-Output OECD dan ILO.

Bukti yang ada menunjukkan bahwa, selain dari investasi dalam negeri, FDI dapat mendukung Indonesia dalam mencapai target produktivitasnya. Perusahaan asing menghasilkan nilai tambah dan pekerjaan, dan oleh karena itu secara langsung berkontribusi pada keseluruhan produktivitas dalam negeri. Mereka juga dapat memengaruhi produktivitas melalui limpahannya pada perusahaan domestik. Hubungan bisnis dengan perusahaan asing merupakan saluran utama limpahan FDI, karena mereka memfasilitasi transfer teknologi dan keterampilan serta membantu bisnis domestik memasuki rantai nilai global. Limpahan FDI yang positif lebih mungkin terjadi ketika kemampuan perusahaan domestik hampir menyamai kemampuan perusahaan asing. Pada saat yang sama, FDI dapat berdampak negatif pada produktivitas domestik. FDI dapat membuat perusahaan lokal terdesak, misalnya dengan meningkatkan persaingan untuk mendapatkan masukan atau keterampilan lokal. Dengan demikian, limpahan FDI bisa jadi tidak merata di seluruh perusahaan domestik, dan berpotensi berdampak negatif pada produktivitas domestik.

Menciptakan pekerjaan yang lebih layak, meningkatkan keterampilan, dan meningkatkan kesetaraan gender

Indonesia menghadapi beberapa tantangan pasar tenaga kerja, termasuk terbatasnya kesempatan kerja yang layak, kualitas angkatan kerja yang buruk, dan segmentasi pasar tenaga kerja. Estimasi terbaru oleh OECD menunjukkan bahwa sekitar setengah dari semua karyawan yang menjadi tanggungan dan 70% dari semua pekerja di Indonesia bekerja di bidang pekerjaan informal (OECD, 2018). Pekerjaan ini cenderung dikaitkan dengan upah rendah dan kondisi kerja yang buruk. Kelangkaan keterampilan, terutama para profesional dan manajer berketerampilan tinggi, menjadi perhatian utama bagi bisnis (ADB, 2016). Kurangnya keterampilan yang memadai di pasar kerja sejalan dengan kebutuhan untuk meningkatkan kualitas sistem pendidikan dalam negeri. Menurut *Program for International Student Assessment* (PISA) OECD, siswa Indonesia mendapat nilai lebih rendah dari rata-rata OECD dan banyak negara lain di kawasan ini dalam hal membaca, matematika, dan sains (Gambar 2.2). Perempuan Indonesia juga masih belum berpartisipasi secara merata di pasar tenaga kerja. Perempuan cenderung terkonsentrasi di bidang perekonomian informal, mendapatkan upah lebih rendah, dan menghadapi kondisi kerja yang lebih buruk (ILO, 2020).

Gambar 2.2. Pelajar Indonesia berkinerja buruk di bawah negara lain di kawasan dan OECD di seluruh area penilaian PISA

Nilai rata-rata siswa dalam membaca, matematika, dan sains

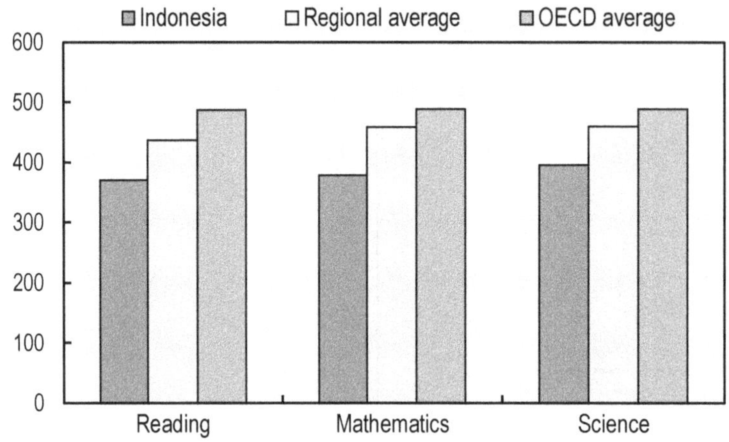

Catatan: Rata-rata kawasan didasarkan pada Tiongkok, Singapura, Malaysia, Thailand, Indonesia, dan Filipina.
Sumber: OECD, Database PISA 2018

Rencana Pembangunan Jangka Menengah 2015-19 memadukan tujuan dan kebijakan untuk memperluas kesempatan kerja yang layak dan perlindungan sosial bagi pekerja dalam kategori rentan, seperti pekerja informal, penyandang disabilitas, dan lanjut usia. Rencana tersebut juga mencakup sejumlah langkah untuk meningkatkan kualitas sumber daya manusia melalui peningkatan akses dan kualitas pendidikan tinggi dan pelatihan kejuruan. Di dalamnya juga terdapat tujuan untuk meningkatkan peran dan keterwakilan perempuan dalam kehidupan politik dan ekonomi. Peningkatan kualitas sumber daya manusia merupakan salah satu dari sepuluh prioritas yang terdapat dalam 'Making Indonesia 4.0' untuk mempercepat pembangunan sektor manufaktur. Strategi tersebut menyatakan bahwa Indonesia akan bekerja sama dengan pelaku industri dan pemerintah asing dalam meningkatkan kualitas pusat pelatihan dan mengembangkan keterampilan yang sesuai dengan kebutuhan dunia usaha.

Beberapa studi menunjukkan bahwa Indonesia dapat memanfaatkan FDI untuk mengatasi kendala utama pasar tenaga kerja. Penggunaan investasi asing atau pengambilalihan perusahaan domestik oleh investor asing menyebabkan perubahan dalam permintaan tenaga kerja lokal, sehingga memengaruhi pekerjaan, upah, dan komposisi angkatan kerja di dalam negeri (misalnya keseimbangan gender atau intensitas keterampilan). Perusahaan asing dapat memengaruhi hasil pasar tenaga kerja secara langsung, misalnya dengan membayar gaji kepada karyawan lokal, atau secara tidak langsung melalui limpahan pada perusahaan domestik. Sebagai contoh, perusahaan asing dapat bersaing dengan perusahaan domestik untuk mendapatkan tenaga kerja di pasar tenaga kerja lokal, yang pada gilirannya menghasilkan tingkat upah yang lebih tinggi.

Transisi menuju ekonomi rendah karbon dan hemat energi

Indonesia menghadapi tantangan lingkungan yang semakin meningkat terkait dengan pesatnya urbanisasi dan pertumbuhan ekonomi. Ke depannya, Indonesia diprediksi akan semakin terpengaruh oleh perubahan iklim yang berimplikasi besar terhadap keselamatan dan kemakmuran masyarakatnya. Indonesia adalah salah satu penghasil emisi gas rumah kaca terbesar di dunia. Hingga 60% dari total emisi yang dihasilkan Indonesia, dan terus meningkat, berasal dari deforestasi, kerusakan hutan, dan konversi lahan gambut (panel a, Gambar 2.3). Permintaan energi juga meningkat, didorong oleh permintaan yang kuat untuk layanan transportasi dan meningkatnya pendapatan dalam negeri. Meningkatnya permintaan energi menimbulkan tantangan tambahan bagi penanggulangan perubahan iklim. Oleh karena itu, transisi energi dari bahan bakar fosil ke energi terbarukan menjadi sangat penting untuk menekan emisi. Estimasi terkini dari Badan Energi Internasional (IEA) menunjukkan bahwa pangsa sumber energi terbarukan Indonesia seperti tenaga air, panas bumi, matahari, dan angin (tidak termasuk biofuel dan limbah) dalam total pasokan energi primer masih tetap rendah (panel b).

Gambar 2.3. Emisi gas rumah kaca meningkat, sementara pangsa energi terbarukan tetap rendah

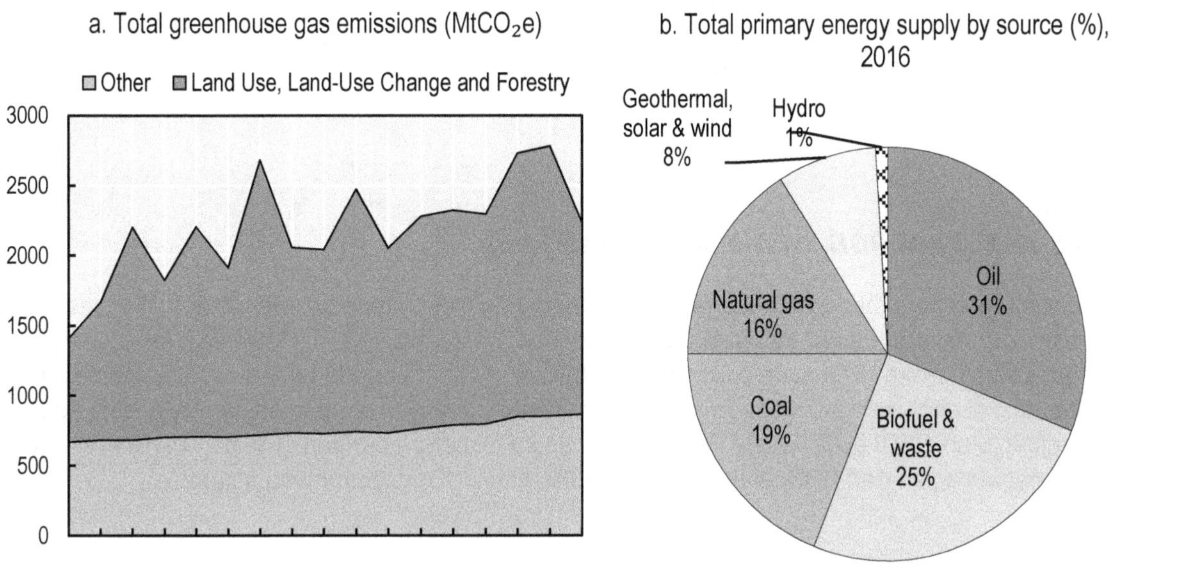

Catatan: Total emisi gas rumah kaca termasuk penggunaan lahan, alih guna lahan, dan kehutanan; panel b: Pasokan energi primer didefinisikan sebagai produksi energi ditambah impor energi, dikurangi ekspor energi, dikurangi bunker internasional, kemudian plus atau minus perubahan stok.

Sumber: Elaborasi OECD berdasarkan Climate Watch (panel a) dan IEA World Energy Statistics and Balance: Extended world energy balance (panel b)

Janji iklim Indonesia ("kontribusi yang ditentukan secara nasional", atau NDC) menargetkan pengurangan emisi sebesar 29-41% pada tahun 2030, dibandingkan dengan "bisnis seperti biasa" (*business as usual*).[10] Tingkat tertinggi dari rentang ini, bergantung pada dukungan dari kerja sama internasional, mensyaratkan emisi pada tahun 2030 yang tetap atau berada di bawah tingkat saat ini. Manfaat dalam hal pertumbuhan PDB tambahan dari kedua skenario diperkirakan cukup besar (Kementerian PPN/Bappenas, 2019). Transisi energi dari bahan bakar fosil ke energi terbarukan juga merupakan pilar utama rencana Indonesia untuk mendekarbonisasi kegiatan ekonominya. Kebijakan Energi Nasional (KEN) yang dicanangkan pemerintah pada 2014 (Peraturan Pemerintah No. 79 tahun 2014) menetapkan target energi terbarukan sebesar 23% pada tahun 2025.[11]

Bukti yang berkembang menunjukkan bahwa FDI mungkin memiliki dampak lingkungan yang cukup besar di negara tujuan investasi. Ini dapat memengaruhi jejak karbon suatu negara melalui berbagai sarana: memperluas *skala* kegiatan ekonomi, mengubah *komposisi struktural* kegiatan ekonomi, dan dengan

[10] Persetujuan Paris mensyaratkan masing-masing pihak untuk mempersiapkan, mengomunikasikan, dan menetapkan kontribusi yang ditentukan secara nasional (NDC) yang ingin dicapai

[11] Biomassa dikeluarkan dari target energi terbarukan sebesar 23%

membawa *teknik produksi baru.*[12] Efek skala diprediksikan akan meningkatkan emisi CO2, karena peningkatan skala ekonomi berarti meningkatnya produksi dan, pada gilirannya, meningkatnya emisi. Sebaliknya, efek 'teknik baru' sering menghasilkan pengurangan emisi dengan membantu menyebarkan teknologi yang lebih bersih atau hemat energi. Efek komposisi mengacu pada perubahan struktur industri yang didorong oleh FDI, dan dampaknya terhadap emisi bervariasi berdasarkan jenis dan tingkat spesialisasi suatu negara. Dampak netto (bersih) FDI terhadap emisi CO2 bergantung pada beberapa faktor, termasuk tahapan pengembangan dan konteks kebijakan. Dalam kondisi pasar yang tepat, FDI juga dapat berkontribusi dalam mengurangi emisi dengan mendanai infrastruktur terbarukan. Perusahaan asing memainkan peran penting dalam penyebaran teknologi energi terbarukan lintas batas. Investasi dalam energi terbarukan sangat penting dalam konteks mitigasi emisi CO2, terutama di negara-negara berkembang di mana permintaan energi berkembang pesat.

Tren FDI

Bagian FDI dari PDB akhir-akhir ini telah turun

Selama dua dekade terakhir, FDI sebagai bagian dari PDB di Indonesia mengalami fluktuasi yang mencerminkan perubahan kondisi kebijakan domestik (panel a, Gambar 2.4). Reformasi kebijakan besar telah menghasilkan lonjakan FDI pada pertengahan 1990-an. Dalam periode tersebut, sejumlah besar FDI yang berorientasi ekspor mengalir kepada sektor manufaktur padat karya, menjadikan Indonesia sebagai salah satu tujuan utama FDI di kawasan. Pada tahun 1995, FDI setara dengan 10% dari PDB. Pada tahun 1998, FDI sebagai bagian dari PDB telah mencapai 33%, titik tertinggi sepanjang sejarah.

Gambar 2.4. FDI sebagai bagian dari GDP dan di ASEAN secara keseluruhan telah menurun

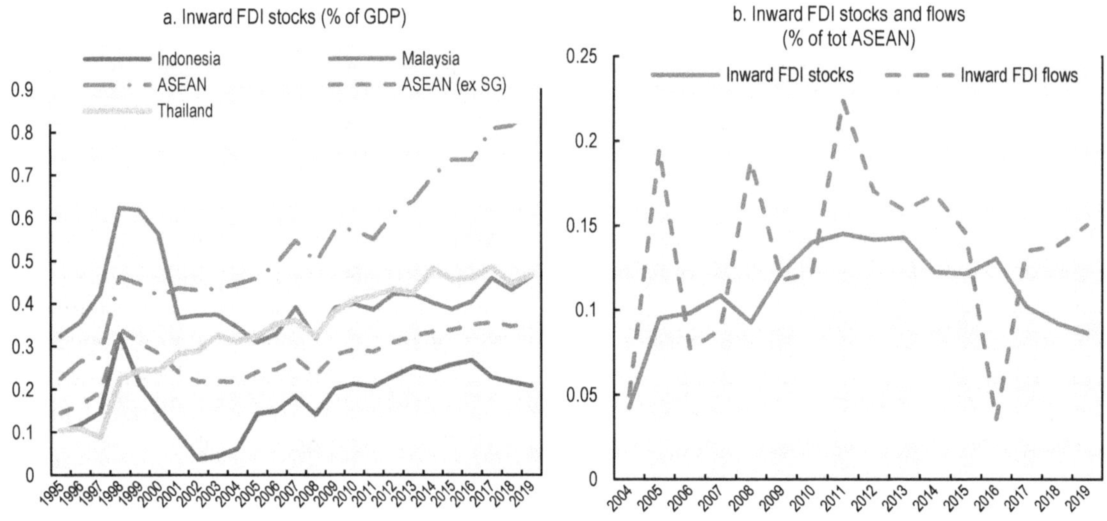

Sumber: Elaborasi OECD berdasarkan UNCTAD dan Bank Dunia.

Indonesia terhantam keras krisis keuangan Asia tahun 1997-98, yang menyebabkan arus keluar FDI secara besar-besaran. FDI sebagai bagian dari PDB turun drastis selama periode ini, hingga mencapai

[12] Istilah skala, komposisi dan efek teknik pertama kali digunakan oleh Grossman dan Krueger (1991) dalam penelitian mereka tentang dampak lingkungan dari liberalisasi perdagangan dalam konteks NAFTA, yang kemudian diterapkan pada FDI (Gill, 2018; Pazienza, 2015; He, 2008, 2006)

4% pada tahun 2003. Pemulihan ekonomi Indonesia lebih lambat dibandingkan negara lain di kawasan ini, yang juga dikarenakan faktor instabilitas politik. FDI sebagai bagian dari PDB mulai meningkat setelah tahun 2004, didorong oleh beberapa reformasi liberalisasi yang diberlakukan pemerintah dalam rangka memenuhi persyaratan pinjaman IMF dan memfasilitasi restrukturisasi sektor korporasi. Akibatnya, kepemilikan saham asing meningkat pada banyak perusahaan domestik yang mengalami kesulitan keuangan pasca krisis (OECD, 2010). Antara 2004 dan 2007, FDI sebagai bagian dari PDB meningkat tiga kali lipat, dari 6% menjadi 18%.

Selama krisis keuangan global tahun 2008-09, arus masuk secara umum tetap kuat berdasarkan standar sepanjang sejarah dan dibandingkan dengan penurunan FDI di negara-negara OECD (OECD, 2010). FDI sebagai bagian dari PDB turun pada tahun 2008, namun pulih dengan tajam pada tahun 2009. Sejak 2016, FDI sebagai bagian dari PDB telah menurun, sebagian karena penjualan M&A lintas batas yang lamban dan divestasi yang cukup tinggi oleh perusahaan multinasional asing (UNCTAD, 2017). Ketidakpastian global yang meningkat seperti ketegangan perdagangan dan proteksionisme, perlambatan ekonomi Tiongkok, dan pengetatan kebijakan moneter AS (dan dampaknya terhadap pergeseran modal dari negara dengan suku bunga rendah ke negara dengan suku bunga tinggi) telah berkontribusi pada menurunnya aliran masuk FDI. Pada saat yang sama, terdapat beberapa bukti bahwa Indonesia mungkin telah diuntungkan dari ketegangan perdagangan AS-China. Analisis terbaru menunjukkan bahwa perang dagang AS-Tiongkok kemungkinan besar telah berkontribusi pada perdagangan dan efek pengalihan FDI, di mana perusahaan yang beroperasi di Tiongkok merelokasi kegiatannya dari Tiongkok, terutama ke negara-negara tetangga di Asia Tenggara, termasuk di Indonesia (Bank Dunia, 2020). Karena pandemi COVID-19 dan krisis ekonomi global yang diakibatkannya, aliran FDI diperkirakan masih akan merosot di tahun 2020. Data terbaru menunjukkan bahwa, pada kuartal pertama tahun 2020 saja, aliran ekuitas di Indonesia dan di ASEAN turun cukup tajam dibandingkan triwulan pertama tahun 2019 (Kotak 2.1). Ini karena perusahaan telah menunda beberapa kesepakatan M&A dan proyek greenfield sebagai tanggapan atas meningkatnya ketidakpastian ekonomi (OECD, 2020).

Sebagai perekonomian terbesar di kawasan, Indonesia telah lama menjadi tujuan utama FDI di kawasan. Namun, dalam beberapa tahun terakhir, pangsa Indonesia dalam aliran FDI ke ASEAN telah menurun (panel b, Gambar 2.4). Hal ini turut disebabkan oleh semakin pentingnya negara-negara ASEAN yang kurang berkembang, yaitu Kamboja, Laos, Myanmar, dan Vietnam (CLMV), sebagai tujuan FDI di kawasan. Perusahaan asing semakin banyak berinvestasi di CLMV karena tertarik oleh biaya tenaga kerja yang kompetitif dan investasi yang semakin terbuka dan regulasi perdagangan di negara-negara dimaksud.

Kotak 2.1. Dampak pandemi COVID-19 terhadap FDI di Indonesia

Secara global, aliran FDI diperkirakan akan anjlok karena pandemi COVID-19 dan gejolak ekonomi yang diakibatkannya. Proyeksi OECD menunjukkan bahwa bahkan di bawah skenario yang paling optimis sekalipun, aliran FDI global kemungkinan akan turun setidaknya 30 persen pada tahun 2020 dibandingkan dengan 2019 sebelum kembali ke tingkat sebelum krisis pada akhir tahun 2021 (OECD, 2020). Penurunan FDI diperkirakan lebih tajam di negara berkembang dan baru berkembang karena sektor-sektor yang terkena dampak pandemi memiliki porsi yang lebih besar dari FDI. Sementara efek langsung pada FDI akan berasal dari penurunan pendapatan yang diinvestasikan kembali, arus modal ekuitas juga akan terpengaruh karena perusahaan akan menunda sebagian kesepakatan M&A dan proyek greenfield (OECD, 2020).

Data M&A lintas batas dari database Refinitiv menunjukkan penurunan yang signifikan pada kesepakatan yang telah diselesaikan pada kuartal pertama tahun 2020 di Indonesia dan ASEAN secara keseluruhan (Gambar 2.5). Di Indonesia, nilai M&A lintas batas turun 92% dibandingkan kuartal pertama tahun 2019. Penurunan tajam juga terlihat di ASEAN, di mana nilai kesepakatan M&A lintas batas turun 85% dibandingkan dengan kuartal pertama tahun 2019. 2019. Di Indonesia, penurunan yang signifikan juga teramati pada kuartal kedua dan ketiga tahun 2020, sementara kesepakatan M&A yang terselesaikan pada kuartal keempat lebih tinggi.

Gambar 2.5. Nilai kesepakatan M&A yang terselesaikan, 2017-2020

juta USD

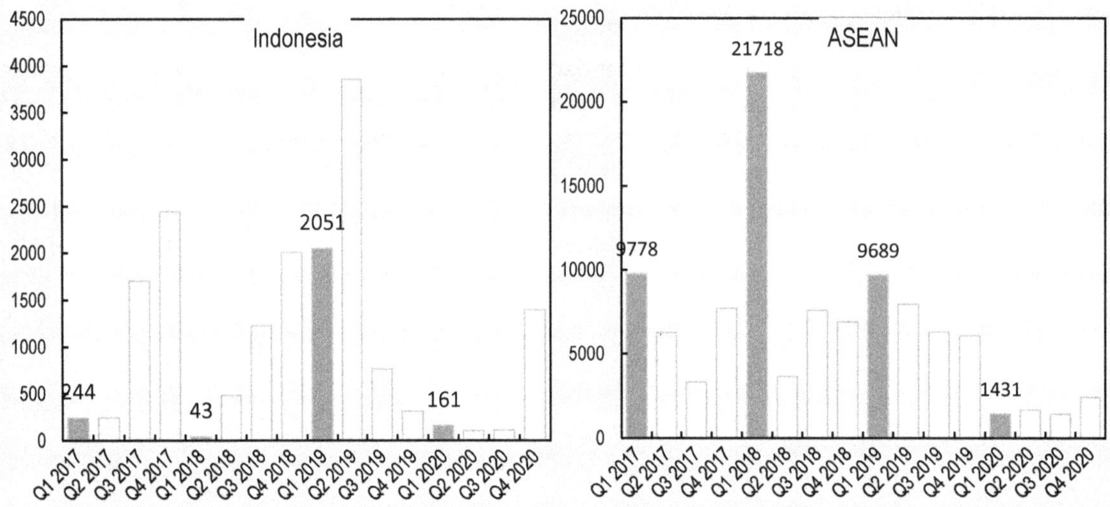

Sumber: OECD berdasarkan database M&A Refinitiv

Data terbaru tentang FDI greenfield dari database fDi Markets Financial Times memberikan bukti lebih lanjut bahwa investor lebih enggan untuk mencari peluang investasi baru karena situasi pandemi. Di Indonesia, nilai komitmen FDI greenfield pada kuartal pertama tahun 2020 turun sebesar 28% dibandingkan tahun 2019 dan sebesar 41% dibandingkan tahun 2018 (Gambar 2.6). Penurunan tajam juga terlihat pada kuartal ketiga tahun 2020 dibandingkan dengan 2019.[13] Sama halnya, komitmen FDI ASEAN pada kuartal pertama tahun 2020 turun sebesar 31% dibandingkan tahun 2019 dan 47% dibandingkan dengan 2018. Perincian sektoral investasi greenfield menunjukkan bahwa di Indonesia sektor infrastruktur (konstruksi, energi, dan infrastruktur TIK) dan jasa mengalami penurunan terbesar.

Sebaliknya, proyek-proyek yang diumumkan di bidang manufaktur meningkat pesat dibandingkan tahun 2019. Tren serupa juga teramati di ASEAN secara keseluruhan.

Gambar2.6. Nilai investasi greenfield yang diumumkan berdasarkan sektor, 2018-2020

Belanja modal diumumkan, juta USD

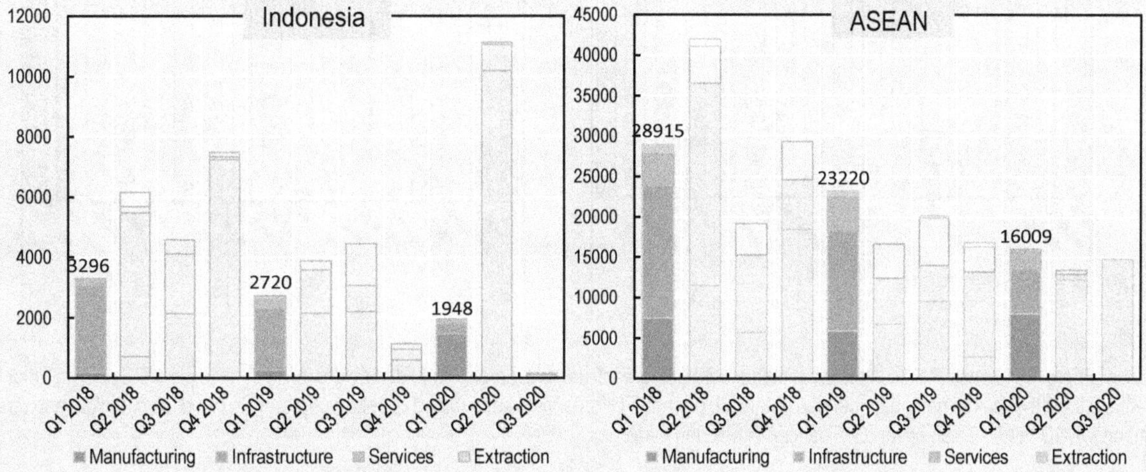

Catatan: Infrastruktur termasuk konstruksi, energi dan infrastruktur TIK.
Sumber: OECD berdasarkan Financial Times fDi Markets (2020).

Investasi Greenfield mendominasi sektor manufaktur, sementara kesepakatan M&A banyak ditemukan pada sektor primer dan jasa

Investasi Greenfield dan M&A lintas batas adalah dua mode masuk yang penting bagi investor asing.[14] Basis data pasar fDi *Financial Times* menyediakan proyek greenfield lintas batas, sementara Dealogic mengumpulkan data tentang kesepakatan M&A lintas batas. Data FDI Greenfield tidak mencakup sektor pertanian; oleh karena itu, porsi proyek greenfield di sektor primer hanya mencakup investasi di sektor pertambangan. Data FDI Greenfield juga tidak mencakup sektor energi dan konstruksi, oleh karena itu kedua sektor ini tidak masuk dalam analisis.

Sebagian besar investasi greenfield di Indonesia ditujukan untuk sektor manufaktur (panel a, Gambar 2.7). Pangsa manufaktur Indonesia dalam total FDI greenfield adalah yang tertinggi kedua di kawasan (56%) setelah Thailand (64%), dan serupa dengan kawasan perekonomian lain termasuk Amerika Serikat (67%), Tiongkok (62%), dan Jerman (62%). Pangsa FDI greenfield di sektor primer juga signifikan (24%). Pangsa Indonesia adalah yang terbesar ketiga di kawasan, mengingat melimpahnya sumber daya alam yang ada, setelah Brunei Darussalam (63%) dan Myanmar (45%). Karena Indonesia menarik banyak perusahaan multinasional asing di bidang pertanian, khususnya di bidang tanaman pangan dan perkebunan, porsi investasi greenfield di sektor primer sepertinya tidak mencerminkan angka yang sebenarnya.

[13] Nilai tinggi yang diamati pada Kuartal 2 2020 dijelaskan oleh satu proyek FDI yang diumumkan di sektor kimia oleh sebuah perusahaan Tiongkok.

[14] Investasi Greenfield melibatkan penciptaan aset baru di bawah kendali perusahaan asing, sementara kesepakatan M&A terdiri dari pengalihan aset yang ada dari perusahaan lokal.

Gambar 2.7. FDI Greenfield terkonsentrasi pada sektor manufaktur, sementara kesepakatan M&A mendominasi sektor primer dan jasa

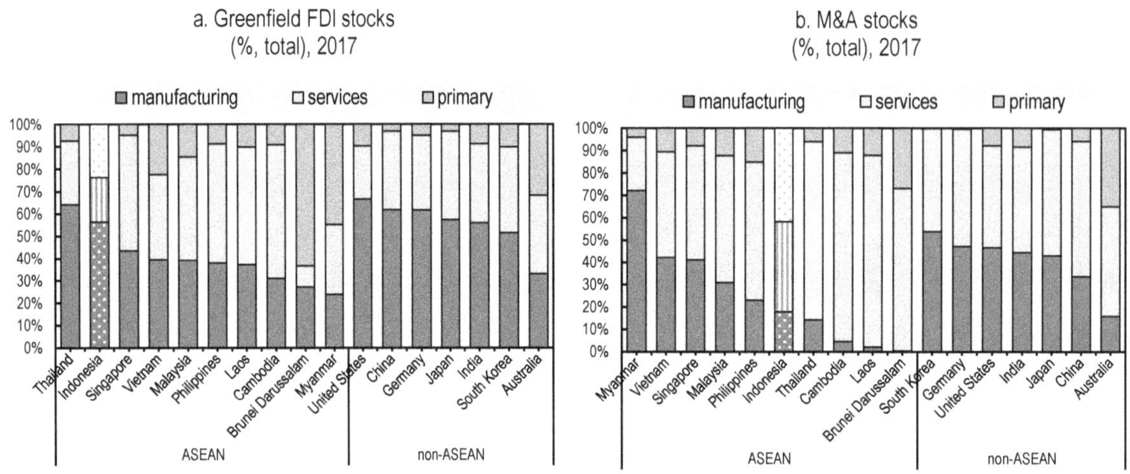

Catatan: Energi dan konstruksi tidak tercakup dalam data FDI greenfield, oleh karena itu kedua sektor ini tidak ditampilkan. Selain itu, data FDI greenfield tidak mencakup pertanian; dengan demikian, pangsa FDI greenfield sebenarnya di sektor primer mungkin di atas angka yang tersaji.
Sumber: OECD berdasarkan pasar fDi Financial Times dan Dealogic.

Kesepakatan M&A asing terkonsentrasi utamanya pada sektor primer dan jasa. Porsi kontrak M&A Indonesia di sektor primer adalah yang tertinggi di kawasan (42%) dan setara dengan negara-negara kaya sumber daya lain seperti Australia (35%). Pada sektor primer, sebagian besar kesepakatan M&A ada pada sektor pertambangan (60%), meskipun kontrak M&A di bidang pertanian menyumbang bagian yang cukup tinggi (40%). Sejumlah besar kesepakatan M&A juga ada dalam sektor jasa (40%), tetapi bagiannya adalah salah satu yang terendah di kawasan. Terakhir, pangsa kesepakatan M&A Indonesia di bidang manufaktur tidak terlalu besar (18%). Sementara itu, walaupun pangsa kesepakatan M&A di bidang manufaktur termasuk rendah dibandingkan kebanyakan negara ASEAN, pangsa Indonesia masih di bawah rata-rata kawasan.

FDI Manufaktur menyumbang bagian terbesar tetapi jumlahnya menurun

Data FDI dari Badan Koordinasi Penanaman Modal (BKPM) digunakan untuk menganalisis perubahan struktur distribusi FDI dari waktu ke waktu.[15] Statistik FDI BKPM berbeda dari sumber statistik domestik lainnya seperti Bank Indonesia, dengan mengecualikan sektor minyak dan gas dan jasa keuangan, dengan menyimpang dari definisi FDI standar, dan dengan kemungkinan dimasukkannya beberapa kontribusi ekuitas domestik (Kotak 2.2).

Menurut data FDI BKPM, distribusi sektoral FDI di Indonesia didominasi oleh manufaktur (panel a, Gambar 2.8). Sekitar 44% dari seluruh investasi asing yang dicatat oleh BKPM selama 2009-18 berada di bidang manufaktur, 24% bidang jasa, 20% sektor primer, dan 12% di energi dan konstruksi. Karena investasi pada sektor minyak dan gas dan keuangan tidak dicatat oleh BKPM, pangsa sektor primer dan jasa kemungkinan nilainya lebih besar dari perkiraan.

Distribusi struktural FDI di Indonesia telah banyak berubah seiring waktu. Hingga 1980-an, FDI banyak ditemukan dalam kegiatan ekstraktif dan energi. Sejak awal tahun 2000-an, aliran FDI di sektor manufaktur meningkat secara pesat sebagai hasil dari investasi greenfield yang tinggi pada logam, bahan kimia, kendaraan bermotor, dan industri pangan (panel b, Gambar 2.8). Namun, baru-baru ini aliran FDI di bidang

[15] Sebaran FDI antar wilayah dianalisis di Bab 7, yang berfokus pada dimensi kebijakan investasi di tingkat lokal

manufaktur turun, yang mencerminkan hilangnya daya saing sektor manufaktur Indonesia dibandingkan negara-negara lain di kawasan (ADB, 2019a dan 2019b; Bank Dunia, 2018). Arus FDI di sektor primer juga meningkat pesat sejak 2009. Selain kegiatan ekstraktif, peningkatan FDI juga tersalur ke sektor pertanian, terutama tanaman pangan dan perkebunan. Di dalam subsektor perkebunan, minyak sawit adalah industri terpenting bagi FDI, dengan didorong permintaan dunia akan minyak sawit mentah yang terus meningkat. Namun, sejak 2014, aliran FDI di sektor primer telah menurun. Penurunan ini terutama didorong oleh sektor pertambangan, di mana investasi telah menurun karena larangan ekspor bijih besi yang diberlakukan sejak 2014. Sektor energi juga menarik bagian FDI yang semakin besar, sedangkan konstruksi tetap menjadi sektor yang relatif terbatas bagi investor asing. Terakhir, FDI dalam sektor jasa relatif kurang terwakili di Indonesia, meskipun negara ini telah menarik pangsa yang semakin tinggi. Sektor transportasi, penyimpanan, dan komunikasi mewakili sebagian besar pertumbuhan FDI dalam sektor jasa selama satu dekade terakhir. Baru-baru ini, perhotelan dan real estat juga memainkan peranan yang cukup penting.

Gambar 2.8. Manufaktur menyumbang 44% dari FDI, tetapi pangsanya menurun

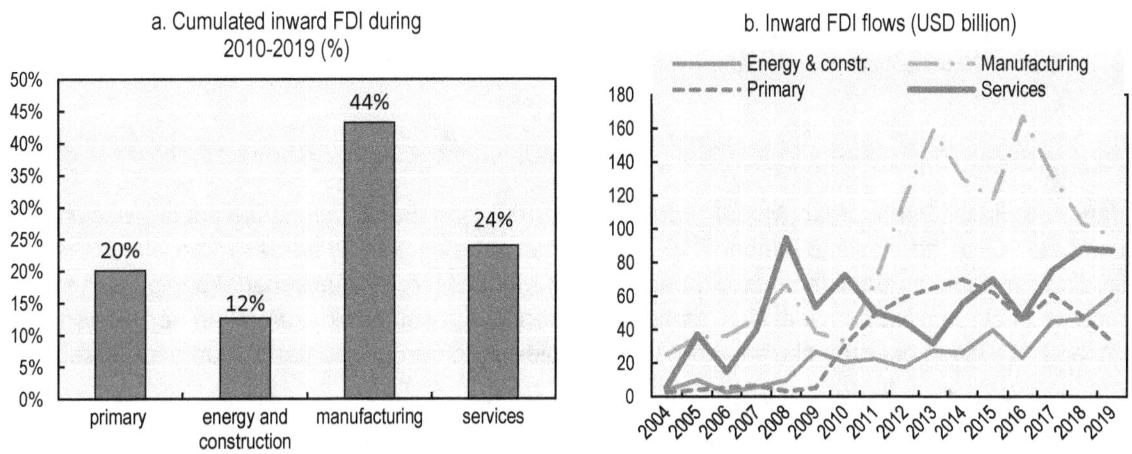

Catatan: Minyak dan gas, perbankan, dan jasa keuangan non-bank tidak termasuk.
Sumber: Elaborasi OECD berdasarkan Badan Koordinasi Penanaman Modal (BKPM)

Pengamatan lebih dalam pada sebaran sektoral FDI pada 2010-19 menunjukkan bahwa, pada sektor manufaktur, empat industri utama teratas adalah bahan kimia (8%), logam (8%), makanan (7%), dan kendaraan bermotor (6%). Data menunjukkan bahwa aliran FDI meningkat di semua lini manufaktur. Dalam sektor jasa, transportasi, penyimpanan dan komunikasi (11%), dan real estat (7%) merupakan target utama. Arus FDI di sektor transportasi, yang meningkat pesat selama gelombang privatisasi pasca krisis Asia, telah menurun. Sebaliknya, sektor penting seperti real estat dan perhotelan meningkat. Pertambangan (14%) menerima sebagian besar FDI di sektor primer. Arus FDI pada pertanian menyumbang porsi yang lebih kecil (6%), tetapi telah meningkat selama dekade terakhir.

Gambar 2.9. Pertambangan, transportasi, energi, dan bahan kimia merupakan target utama FDI

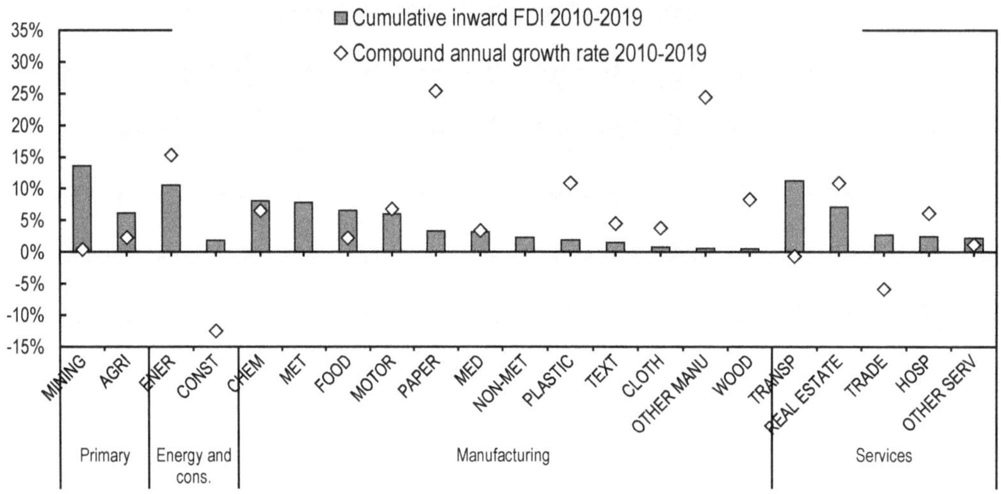

Catatan: Minyak dan gas, perbankan, dan jasa keuangan non-bank tidak termasuk.
Sumber: Elaborasi OECD berdasarkan Badan Koordinasi Penanaman Modal (BKPM)

Kotak 2.2. Statistik FDI: BKPM vs Bank Indonesia

Badan Koordinasi Penanaman Modal Indonesia (BKPM) dan Bank Indonesia adalah dua sumber utama data FDI di Indonesia. (Gambar 2.10). BKPM mencatat angka FDI berdasarkan izin usaha yang diterbitkan, sedangkan Bank Indonesia mencatat arus modal internasional sebagai bagian dari statistik neraca pembayaran. Namun demikian, statistik FDI dari kedua sumber ini sangatlah berbeda (panel a Gambar 2.10). Ada beberapa alasan yang dapat menjelaskan perbedaan dari kedua data tersebut:

- **Definisi FDI:** BKPM mengklasifikasikan seluruh realisasi investasi yang dibuat menjadi perusahaan PMA (perusahaan penanaman modal asing) sebagai FDI, termasuk yang di bawah 10% dan joint venture dengan mitra lokal.[16] Akibatnya, angka FDI BKPM dapat mencakup beberapa kontribusi ekuitas dari perusahaan domestik dan investasi yang dibiayai dari sumber domestik. Praktik ini cenderung meningkatkan angka FDI BKPM. FDI Bank Indonesia mengikuti standar kategorisasi FDI dari investasi ekuitas, laba ditahan, dan aliran modal lainnya.
- • **Cakupan sektoral:** BKPM mencatat proyek PMA berdasarkan izin usaha yang diterbitkan. Karena izin untuk perusahaan di bidang minyak dan gas serta jasa keuangan dikeluarkan oleh badan pemerintah lain, sektor ini tidak tercakup dalam statistik BKPM. Sebaliknya, data FDI dari Bank Indonesia mencakup semua sektor ekonomi, meskipun tidak terbagi secara mendetail. Perbedaan cakupan sektoral menjelaskan mengapa pangsa FDI di sektor primer dan jasa tidak terwakili sepenuhnya oleh data BKPM (panel b, Gambar 2.10).
- **Divestasi ekuitas asing:** Modifikasi kepemilikan saham asing pada perusahaan PMA tidak dicatat dalam statistik FDI BKPM. Hal ini menjelaskan mengapa data BKPM tidak menunjukkan penurunan tajam di tahun 2016, tidak seperti data FDI Bank Indonesia yang mencatat divestasi besar-besaran oleh investor asing (panel a).

[16] Berdasarkan klasifikasi BKPM, joint venture antara dua perusahaan dari negara yang berbeda dianggap berasal dari perusahaan, dan dengan itu dari negara, dengan saham yang tertinggi

Gambar 2.10. Statistik FDI dari BKPM sangat berbeda dengan statistik Bank Indonesia

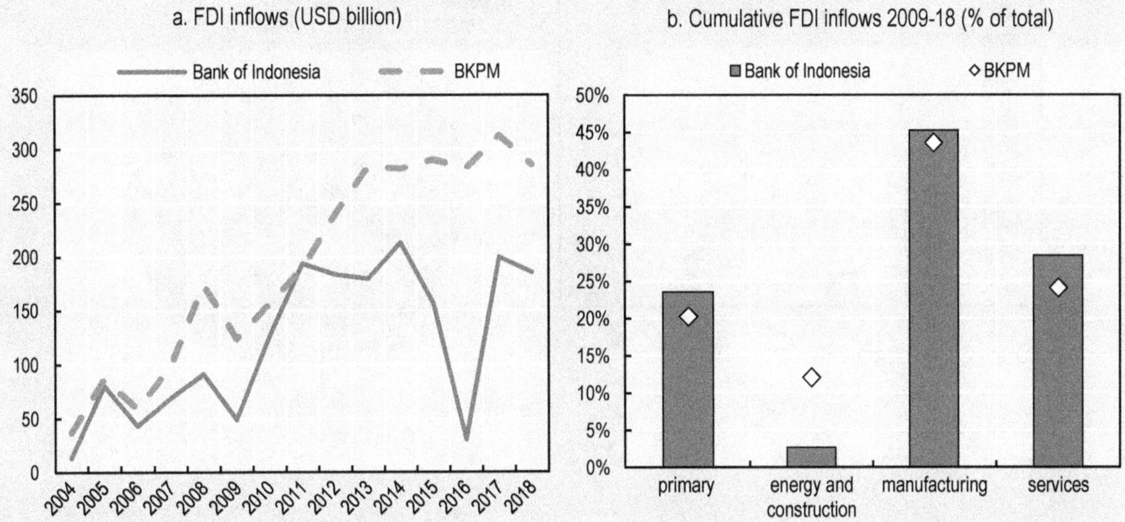

Sumber: Elaborasi OECD berdasarkan BKPM dan Bank Indonesia

Sebagian besar FDI ke Indonesia berasal dari Singapura dan Jepang

Menurut statistik FDI Bank Indonesia, aliran FDI ke Indonesia sebagian besar berasal dari Asia (panel a, Gambar 2.11). 52% dari total aliran FDI yang diterima dari tahun 2010 hingga 2019 berasal dari negara ASEAN lainnya. Dari negara Asia lainnya, Jepang merupakan investor terbesar (30%). Sebagian besar FDI lainnya juga berasal dari Uni Eropa (6%), terutama dari Inggris dan Luksemburg, Tiongkok (5%), dan Hong Kong (China) (3,5%).

Data tersebut juga menunjukkan jumlah divestasi yang cukup besar, sesuai dengan 6% dari total aliran masuk FDI selama periode ini. Divestasi dilaporkan oleh perusahaan multinasional asing dari Amerika Serikat, Jerman, Italia, dan Swedia. Sekitar 95% dari investasi ASEAN ke Indonesia berasal dari Singapura (panel b). Malaysia menyumbang sekitar 2%, sedangkan negara ASEAN lainnya menyumbang 3% sisanya. Akan tetapi, nilai FDI dari Singapura kemungkinan lebih dari yang sebenarnya, karena perusahaan multinasional asing, termasuk dari negara-negara non-ASEAN, dapat memilih untuk berinvestasi melalui afiliasinya di Singapura (OECD, 2010).

Perbandingan aliran FDI ke Indonesia dari negara-negara OECD yang diberikan oleh Bank Indonesia dengan yang dilaporkan oleh negara-negara OECD menunjukkan perbedaan yang signifikan di antara keduanya (panel a, Gambar 2.12). FDI yang dilaporkan oleh negara-negara OECD cenderung lebih tinggi. Hal ini sesuai dengan beberapa perusahaan multinasional OECD yang berinvestasi di Indonesia melalui Singapura (OECD, 2010). Selama periode 2009-18, FDI yang dilaporkan oleh negara-negara OECD melebihi dari Bank Indonesia sebesar 8% (panel b). Tingkat perbedaan yang jauh lebih tinggi yaitu 50% teramati dari FDI yang dilaporkan oleh negara-negara UE dan yang dicatat oleh Bank Indonesia.

Gambar 2.11. Sebagian besar FDI ke Indonesia berasal dari Singapura dan Jepang

Arus masuk FDI masuk kumulatif (2010-2019)

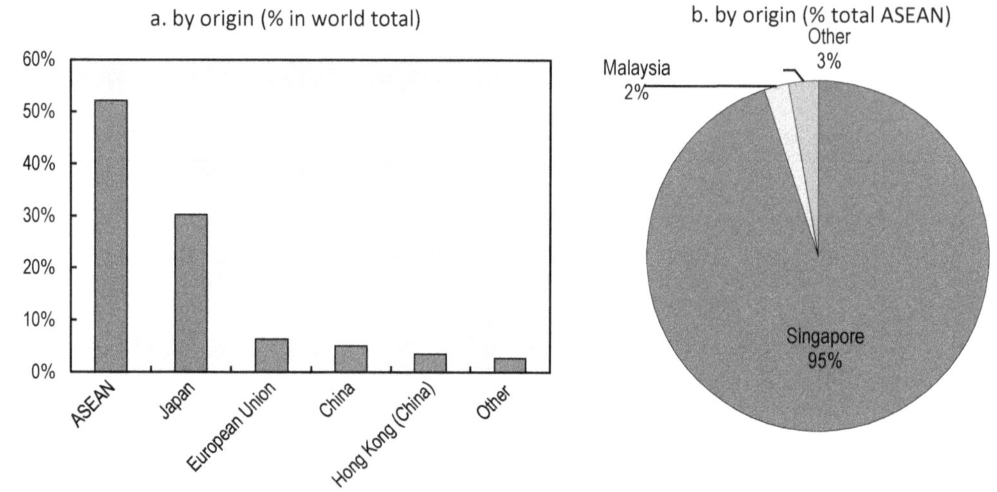

Sumber: Elaborasi OECD berdasarkan Bank Indonesia.

Gambar 2.12. FDI dari negara-negara OECD dan Uni Eropa lebih besar dari sebenarnya

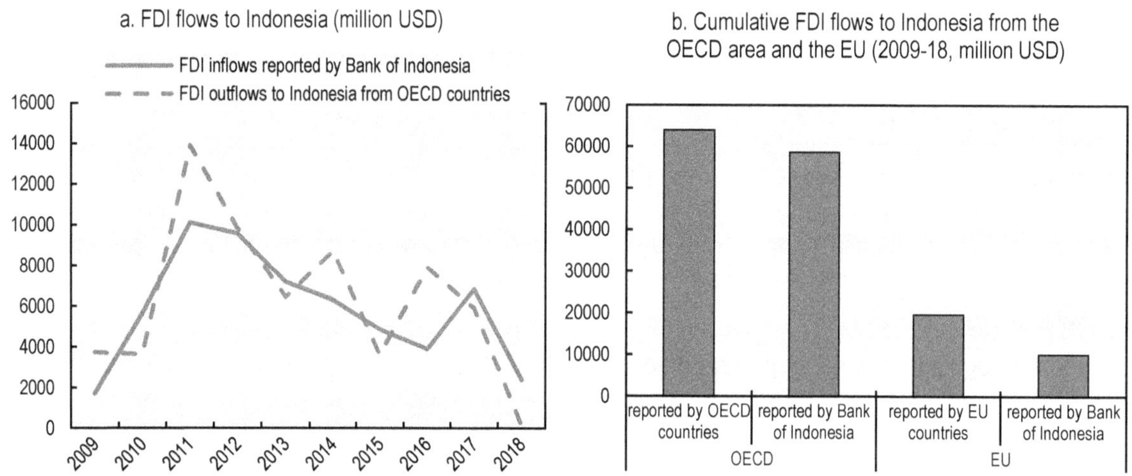

Catatan: Agregat untuk UE yang dilaporkan oleh negara UE dan BI didasarkan pada 13 negara anggota UE, yaitu Austria, Belgia, Denmark, Finlandia, Prancis, Jerman, Yunani, Irlandia, Italia, Luksemburg, Belanda, Swedia, dan Inggris .
Sumber: Elaborasi OECD berdasarkan statistik FDI OECD dan Bank Indonesia

Kualitas FDI

Dengan menggunakan berbagai sumber data, termasuk indikator kualitas FDI OECD yang baru (Kotak 2.3), bagian ini membahas bagaimana FDI berkontribusi pada beberapa aspek pembangunan berkelanjutan di Indonesia. Bagian pertama memberikan beberapa wawasan tentang kontribusi langsung perusahaan asing terhadap hasil pembangunan berkelanjutan (misalnya produktivitas, upah) di Indonesia lalu menyoroti kontribusi perusahaan asing terhadap integrasi GVC. Bagian ketiga berfokus pada hubungan antara FDI dan produktivitas, lalu menganalisis potensi limpahan produktivitas melalui hubungan bisnis dan kesenjangan kapabilitas antara perusahaan domestik dan asing. Bagian keempat membahas hubungan antara FDI dan hasil pasar tenaga kerja yang dipilih, yaitu upah, keterampilan dan kesetaraan gender. Bagian terakhir melihat kontribusi FDI terhadap proses menuju ekonomi hijau.

Kotak 2.3. Indikator kualitas FDI OECD

Indikator Kualitas FDI OECD menjelaskan bagaimana FDI berkaitan dengan aspek tertentu dari pembangunan berkelanjutan di negara tujuan investasi. Penilaian mendalam terhadap semua 17 SDG, dan masing-masing targetnya, dilakukan untuk mengidentifikasi keseluruhan lingkup Kualitas FDI - yaitu, area di mana FDI dapat berkontribusi untuk mencapai SDG. Penilaian ini juga mempertimbangkan sejauh mana potensi FDI untuk memajukan SDGs tercermin dalam *Kerangka Kebijakan Investasi* (PFI) OECD, termasuk kerangka dan pedoman terkait, seperti *Panduan OECD tentang Perusahaan Multinasional* dan *Panduan Kebijakan OECD untuk Investasi dalam Infrastruktur Energi Bersih*.

Indikator Kualitas FDI saat ini berfokus pada lima klaster; **produktivitas dan inovasi, lapangan kerja dan kualitas pekerjaan, keterampilan, kesetaraan gender, dan jejak karbon**. Klaster ini telah dipilih melalui konsultasi dengan berbagai pemangku kepentingan Jaringan Kebijakan Kualitas FDI, yang mencakup pembuat kebijakan, sektor swasta, masyarakat sipil, organisasi internasional, dan akademisi. Untuk masing-masing dari lima klaster, sejumlah hasil berbeda terlihat dan digunakan untuk menghasilkan indikator yang mengaitkannya dengan FDI atau aktivitas perusahaan multinasional asing, memungkinkan perbandingan baik di dalam maupun di seluruh klaster guna mengidentifikasi hal yang harus dikorbankan (*trade-off*) dari keberlanjutan.

Dengan mempertimbangkan konteks khusus negara, pembuat kebijakan dapat menggunakan Indikator Kualitas FDI untuk menilai bagaimana FDI dapat mendukung tujuan kebijakan nasional, di mana tantangannya, dan di bidang apa tindakan kebijakan diperlukan. Indikator juga memungkinkan perbandingan dan tolok ukur lintas negara terhadap negara lain di kawasan atau kelompok pendapatan yang, dengan mempertimbangkan konteks di dalam negeri, dapat menunjukkan praktik yang baik dan menghasilkan keputusan kebijakan berbasis bukti.

Sumber: OECD (2019), Indikator Kualitas FDI: Mengukur dampak pembangunan berkelanjutan dari investasi, OECD Publishing, Paris, http://www.oecd.org/investment/fdi-qualities-indicators.htm.

Perusahaan asing menghasilkan efek ekonomi langsung yang signifikan

Perusahaan asing berkontribusi langsung pada beberapa hasil pembangunan berkelanjutan di negara tujuan investasi. Mereka menghasilkan output dan pekerjaan, membayar gaji dan menambah ekspor dan impor bruto. Statistik berdasarkan Survei Perusahaan Bank Dunia di Indonesia memberikan pencerahan tentang kontribusi langsung afiliasi perusahaan asing yang didirikan di Indonesia. Data berdasarkan sampel 761 perusahaan domestik dan 96 perusahaan asing menunjukkan bahwa perusahaan asing yang didirikan di Indonesia mengungguli perusahaan dalam negeri (Tabel 2.1). Afiliasi asing rata-rata lebih besar: mereka melaporkan penjualan 15 kali lebih tinggi dan mempekerjakan hampir 4 kali lebih banyak pekerja. Mereka juga membayar upah yang lebih tinggi, seperti yang ditunjukkan oleh biaya tenaga kerja (tahunan) yang lebih tinggi. Namun, mereka mempekerjakan bagian tenaga kerja terampil yang lebih rendah: rata-rata 78% pekerja mereka terampil, sedangkan perusahaan domestik adalah 84%. Terakhir, perusahaan asing 7 kali lebih produktif dan lebih berorientasi ekspor daripada perusahaan domestik, seperti yang ditunjukkan oleh intensitas ekspor mereka yang lebih tinggi.

Premi asing ini berlaku bahkan dalam perbandingan perusahaan dengan ukuran dan sektor yang sama. Analisis empiris tambahan yang dilakukan pada sampel yang sama dari perusahaan domestik dan asing menunjukkan bahwa kepemilikan asing secara signifikan dan positif terkait dengan produktivitas tenaga kerja, intensitas ekspor, dan efisiensi energi terlepas dari ukuran perusahaan dan sektor kegiatan (Panel a, Gambar 2.13). Secara khusus, kepemilikan asing dikaitkan dengan produktivitas yang lebih tinggi (perusahaan asing hampir 6 kali lebih produktif daripada perusahaan domestik) dan intensitas ekspor yang lebih tinggi (intensitas ekspor perusahaan asing hampir 5 kali lebih tinggi dari perusahaan domestik). Namun demikian, kepemilikan asing tidak berpengaruh signifikan terhadap pangsa pekerja terampil, yang berpotensi menunjukkan bahwa ukuran perusahaan dan faktor-faktor spesifik sektor lebih relevan untuk menjelaskan perbedaan intensitas keterampilan antara perusahaan domestik dan asing. Temuan ini sejalan dengan prediksi dari landasan teori: karena biaya hangus (*sunk cost*) berinvestasi di luar negeri, perusahaan asing lebih produktif dan lebih besar daripada perusahaan domestik murni (Melitz, 2003; Helpman et al. 2004). Bukti premi kinerja luar negeri juga ditemukan dalam berbagai studi empiris, termasuk di Indonesia (Kotak 2.4).

Tabel 2.1. Afiliasi asing mengungguli perusahaan Indonesia

Perbedaan antara manufaktur asing dan domestik di Indonesia, statistik komparatif

	Manufaktur (2015)	
	Domestik	Asing
Penjualan (dalam juta USD)	338	5 260
Jumlah pekerja	134	494
Biaya tenaga kerja rata-rata tahunan (dalam juta USD)	22.1	41.4
Pekerja terampil (% total jumlah pekerja)	84%	78%
Produktivitas tenaga kerja (dalam juta USD)	808	5710
Intensitas ekspor (%)	6%	25%

Catatan: Produktivitas tenaga kerja: nilai tambah per karyawan; Intensitas ekspor: bagian produksi yang diekspor; Biaya tenaga kerja tahunan: upah, gaji, bonus, dan pembayaran jaminan sosial. Sampel meliputi 761 perusahaan dalam negeri dan 96 perusahaan asing.
Sumber: Elaborasi OECD berdasarkan Survei Perusahaan Bank Dunia.

Gambar 2.13. Perusahaan asing memiliki dampak positif terhadap kinerja perusahaan dan menghasilkan dampak pengganda terhadap perekonomian

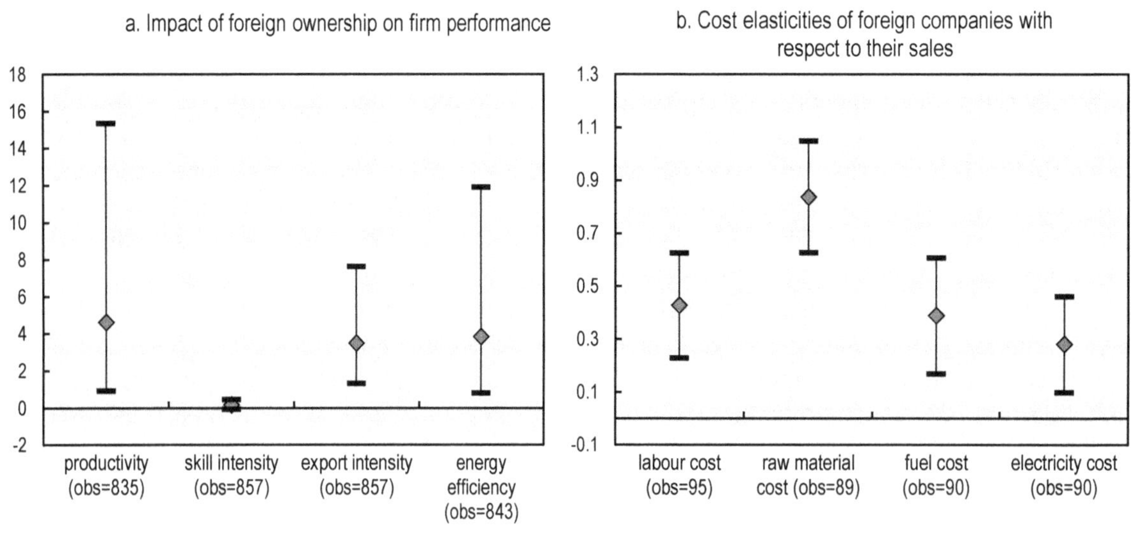

Catatan: Gambar menunjukkan persentase dampak yang diperkirakan dari model regresi dan interval kepercayaan sebesar 95% dari keduanya. Model panel a menilai dampak kepemilikan asing terhadap kinerja perusahaan, sedangkan model panel b mengukur elastisitas biaya perusahaan asing sehubungan dengan penjualan mereka. Variabel dependen (misalnya produktivitas) dan penjualan luar negeri juga termasuk dalam logaritma. Kepemilikan asing adalah variabel dummy yang mengambil nilai 1 jika investor langsung memiliki saham 10% atau lebih dari saham biasa atau hak suara dan 0 sebaliknya. Semua regresi mengendalikan ukuran perusahaan dan efek tetap sektor.
Sumber: Elaborasi OECD berdasarkan Survei Perusahaan Bank Dunia.

Analisis berdasarkan sampel yang sama dari perusahaan domestik dan asing menunjukkan bahwa di Indonesia efek pengganda afiliasi asing terhadap perekonomian domestik cukup signifikan. Hasilnya menunjukkan bahwa kenaikan 1% dalam penjualan luar negeri menyebabkan kenaikan upah dan gaji sebesar 0,4% (biaya tenaga kerja) (Panel b, Gambar 2.13). Ini berarti bahwa jika penjualan luar negeri meningkat sebesar USD 100.000, dan faktor-faktor lainnya dianggap tetap, total biaya untuk upah dan gaji meningkat USD 40.000. Dengan kata lain, perluasan aktivitas bisnis asing (didapat dari peningkatan penjualan luar negeri) akan membutuhkan penggunaan input tenaga kerja tambahan, sehingga menyebabkan peningkatan total upah dan gaji yang dibayarkan oleh perusahaan. Pendapatan tenaga kerja tambahan ini kemudian dapat diterjemahkan menjadi agregat konsumsi yang lebih tinggi, menghasilkan efek berganda pada ekonomi domestik. Hasilnya juga menunjukkan efek serupa pada elemen lain dalam rantai pasokan. Misalnya, peningkatan 1% dalam penjualan luar negeri menyebabkan peningkatan 0,8% dalam pengeluaran bahan baku, 0,4% dalam pengeluaran untuk bahan bakar dan 0,3% untuk pengeluaran listrik. Hasil yang sebanding ditemukan pada studi tentang dampak FDI yang berasal dari Amerika Serikat terhadap perekonomian Indonesia (Ernst & Young, 2013).

Kotak 2.4. Studi yang membandingkan kinerja perusahaan asing dan domestik di Indonesia

Beberapa studi membandingkan kinerja pabrik asing dan domestik di Indonesia. Mereka berbeda dalam hal variabel kinerja yang dianalisis (seperti produktivitas, upah), cakupan waktu, dan metodologi. Semua studi menyimpulkan bahwa perusahaan asing memiliki premi kinerja dibandingkan perusahaan domestik, terlepas dari variabel kinerja yang diteliti. Ringkasan studi tersebut, berdasarkan Lipsey dan Sjöholm (2010), disajikan di bawah ini.

Penelitian	Tahun	Variabel Kinerja	Hasil
Arnold and Javorcik (2005)	1983-1996	TFP	Kepemilikan asing mengarah pada peningkatan produktivitas yang tinggi di pabrik yang diakuisisi. Peningkatan tersebut terlihat pada tahun akuisisi dan berlanjut pada periode-periode berikutnya.
Okamoto and Sjöholm (2005)	1990-95	TFP	Pertumbuhan TFP lebih tinggi di perusahaan asing daripada di perusahaan domestik.
Takii and Ramstetter (2005)	1975-2001	Produktivitas tenaga kerja	Afiliasi asing lebih produktif daripada perusahaan lokal, bahkan setelah mengendalikan faktor-faktor khusus pabrik.
Takii (2004)	1995	Produktivitas tenaga kerja TFP	Pabrik asing memiliki produktivitas yang tinggi. Pabrik yang sepenuhnya dimiliki asing cenderung memiliki produktivitas yang lebih tinggi, sedangkan pabrik baru milik asing cenderung memiliki tingkat produktivitas yang relatif rendah.
Sjöholm and Takii (2008)	1990-2000	Ekspor	Pabrik asing jauh lebih mungkin untuk mulai mengekspor daripada pabrik yang sepenuhnya dimiliki pihak dalam negeri.
Sjöholm (2003)	1996	Ekspor	Perusahaan asing cenderung lebih banyak mengekspor daripada perusahaan domestik.
Ramstetter (1999)	1990; 1992; 1994	Intensitas ekspor	Perusahaan asing memiliki intensitas ekspor yang tinggi.
Lipsey, Sjöholm, and Sun (2010)	1975-2005	Pertumbuhan tenaga kerja	Perusahaan asing memiliki pertumbuhan lapangan kerja yang tinggi.
Lipsey and Sjöholm (2006)	1975-1999	Upah	Perusahaan asing membayar upah yang tinggi.
Lipsey and Sjöholm (2004)	1996	Upah	Perusahaan asing membayar upah yang tinggi.

Sumber: Lipsey and Sjöholm (2010).

Perusahaan asing lebih memilih integrasi GVC di Indonesia

Kehadiran perusahaan asing yang lebih besar dalam suatu perekonomian cenderung dikaitkan dengan orientasi ekspor yang lebih tinggi dan integrasi yang lebih besar dalam GVC. Partisipasi dalam GVC dapat membawa beberapa manfaat, seperti transfer teknologi, peningkatan keterampilan, dan inovasi, yang pada gilirannya dapat meningkatkan efisiensi dan daya saing perusahaan domestik. Dari data OECD TiVA dan database APMN analitis dapat digunakan untuk menganalisis kontribusi perusahaan asing terhadap ekspor dan partisipasi GVC di Indonesia dan negara-negara pembanding lainnya (lihat Kotak 2.5).

Kotak 2.2. Data dan definisi

Bagian ini mengandalkan tiga indikator untuk mempelajari kontribusi afiliasi asing terhadap integrasi GVC di Indonesia dan negara pembanding lainnya. Indikator (1) dan (2) berasal dari database OECD Trade in Value Added (TiVA), sedangkan indikator (3) berasal dari database Analytical Activities of PMN (APMN).

1. **Nilai tambah domestik dalam permintaan final luar negeri (% dari total nilai tambah dalam negeri).** Indikator tersebut menunjukkan berapa banyak nilai tambah domestik yang dimasukkan, melalui ekspor final langsung dan ekspor tidak langsung dari produk antara melalui negara lain, atas permintaan konsumen akhir luar negeri. Indikator mengukur orientasi ekspor sebuah negara. Nilai yang lebih tinggi berarti orientasi ekspor yang lebih tinggi.
2. **Nilai tambah asing (%ekspor bruto).** Indikator ini menunjukkan nilai impor barang dan jasa setengah jadi yang terkandung dalam ekspor suatu negara. Ia menilai sejauh mana negara bergantung pada impor untuk ekspornya atau, dengan kata lain, partisipasi GVC terbaliknya. Semakin tinggi pangsa nilai tambah yang terkandung dalam ekspor, semakin terintegrasi suatu negara dalam GVC.
3. **Nilai tambah yang dihasilkan oleh perusahaan asing (%total nilai tambah dalam negeri):** Indikator ini mengukur kontribusi perusahaan asing terhadap total nilai tambah yang diproduksi di dalam negeri.

Ketiga indikator di atas cenderung bergerak ke arah yang sama, seperti yang ditunjukkan pada Gambar 2.14, yang berarti semakin besar kehadiran perusahaan asing dalam perekonomian dikaitkan dengan orientasi ekspor yang lebih tinggi dan integrasi yang lebih besar dalam GVC. Ini menunjukkan bahwa perusahaan asing dapat memfasilitasi integrasi suatu negara ke dalam GVC.

Data menunjukkan bahwa Indonesia memiliki orientasi ekspor yang lebih rendah dibandingkan negara lain di kawasan (Gambar 2.14). Pangsa nilai tambah dalam negeri dalam permintaan akhir luar negeri (garis biru) lebih kecil di Indonesia dibandingkan, misalnya, di Singapura, Thailand, Malaysia, dan Filipina. Hal tersebut juga menunjukkan bahwa Indonesia kurang terintegrasi dalam GVC, yang ditunjukkan oleh pangsa nilai tambah asingnya dalam ekspor bruto (lingkaran abu-abu), dibandingkan negara-negara lain di kawasan. Kontribusi perusahaan asing terhadap nilai tambah (segitiga putih) juga lebih rendah dibandingkan negara lain dari kawasan, seperti Singapura, Thailand, Malaysia, dan Filipina.

Gambar 2.14. Indonesia kurang terintegrasi dalam GVC dibandingkan negara lain di kawasan

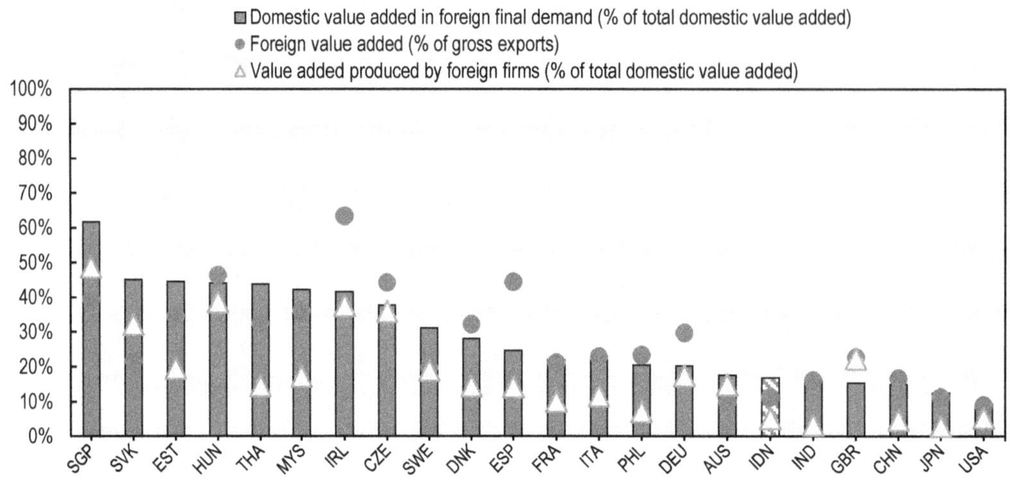

Sumber: Database Perdagangan OECD dalam Nilai Tambah(TiVA) dan APMN OECD, data tahun 2016.

Secara keseluruhan, Indonesia tampaknya kurang terintegrasi dalam GVC dibandingkan negara-negara lain di kawasan, meskipun tingkat partisipasi GVC-nya setara dengan negara-negara besar lainnya, seperti India, Tiongkok, dan Amerika Serikat. Negara-negara dengan pasar domestik yang besar cenderung lebih sedikit mengimpor karena mereka dapat mengandalkan lebih banyak produk perantara domestik. Rendahnya partisipasi Indonesia dalam GVC juga mencerminkan komposisi ceruk ekspornya. Karena sumber daya alamnya yang melimpah (seperti batu bara, tembaga, minyak), aktivitas perdagangan internasional Indonesia cenderung lebih didasarkan pada komponen hulu dalam rantai nilai.

Kontribusi perusahaan asing terhadap ekspor dan impor bruto menunjukkan peran lain yang dimainkan oleh FDI dalam integrasi GVC suatu negara (Gambar 2.15). Di Indonesia, ekspor oleh perusahaan asing mencapai 20% dari total ekspornya. Impor oleh perusahaan asing mewakili 10% dari total impor. Angka ini masih lebih rendah daripada negara-negara lain di kawasan seperti Singapura, Thailand, Malaysia, dan Filipina, tetapi setara dengan negara-negara besar lainnya termasuk India dan Tiongkok. Hal ini karena Indonesia menarik banyak FDI yang mencari sumber daya dan pasar, bukan FDI yang berorientasi ekspor. Bahkan, perusahaan multinasional (PMN) kerap memilih berinvestasi di Indonesia untuk mengekstraksi sumber daya alam atau memenuhi permintaan pasar domestik yang besar. Bahkan FDI manufaktur lebih berorientasi untuk melayani pasar domestik daripada pasar global, seperti yang ditunjukkan oleh studi terbaru oleh Bank Dunia (2018).

Gambar 2.15. Perusahaan asing di Indonesia berkontribusi lebih sedikit pada perdagangan internasional

Ekspor dan impor afiliasi asing (% total), 2016

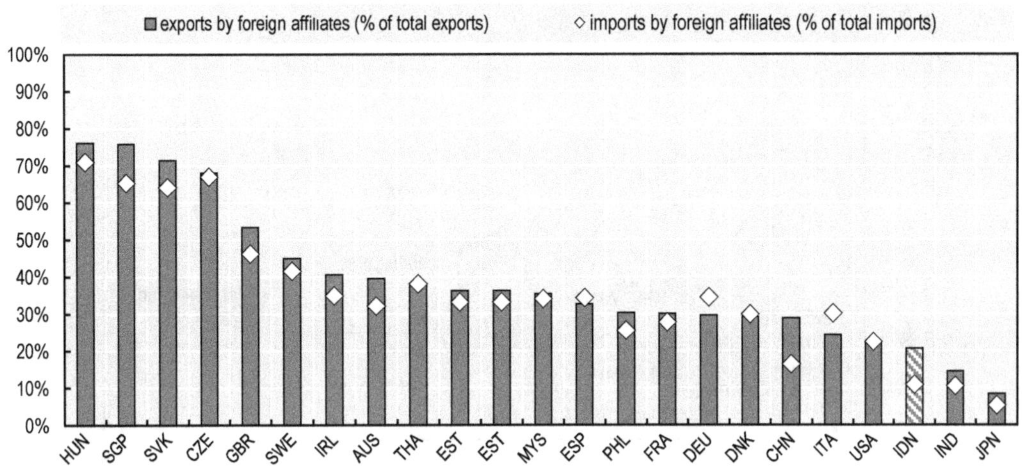

Sumber: Database APMN OECD

FDI mendukung peningkatan produktivitas dalam perekonomian

Bagian ini membahas apakah FDI mendukung pergeseran ekonomi ke sektor yang lebih (atau kurang) produktif. Sementara data yang tersedia tidak memungkinkan untuk menguraikan antara dampak langsung FDI dan limpahan pada produktivitas perusahaan domestik, beberapa indikator menjelaskan korelasi antara FDI dan produktivitas di tingkat sektoral dan evolusi hubungan FDI-produktivitas dari waktu ke waktu.[17] Bagian ini juga menganalisis potensi limpahan produktivitas. Penelitian menunjukkan bahwa tingkat limpahan dipengaruhi oleh beberapa faktor, termasuk 'kedekatan' dengan perusahaan asing, seperti melalui hubungan bisnis dan kesenjangan kemampuan antara perusahaan dalam dan luar negeri. Bagian ini mengkaji sejauh mana hubungan antara perusahaan asing dan domestik dan kesenjangan kapasitas (diukur dengan produktivitas dibandingkan kesenjangan inovasi) antara perusahaan asing dan domestik.

FDI lebih banyak di sektor-sektor yang lebih produktif

Merencanakan FDI dari BKPM terhadap estimasi produktivitas berdasarkan tabel input-output OECD menunjukkan korelasi yang positif: FDI terkonsentrasi di sektor-sektor yang pekerjanya rata-rata lebih produktif (Gambar 2.16). Sektor padat PMA dengan produktivitas relatif lebih tinggi mencakup banyak sektor padat modal, seperti pertambangan, energi, jasa transportasi dan bahan kimia, tetapi juga di beberapa sektor padat karya yang relatif lebih produktif seperti pangan.

[17] Identifikasi efek langsung dan limpahan FDI pada produktivitas domestik memerlukan kumpulan data yang besar di tingkat perusahaan, baik perusahaan asing maupun domestik, yang belum tersedia dalam penelitian ini.

Gambar 2.16. FDI banyak terdapat pada sektor-sektor yang lebih produktif

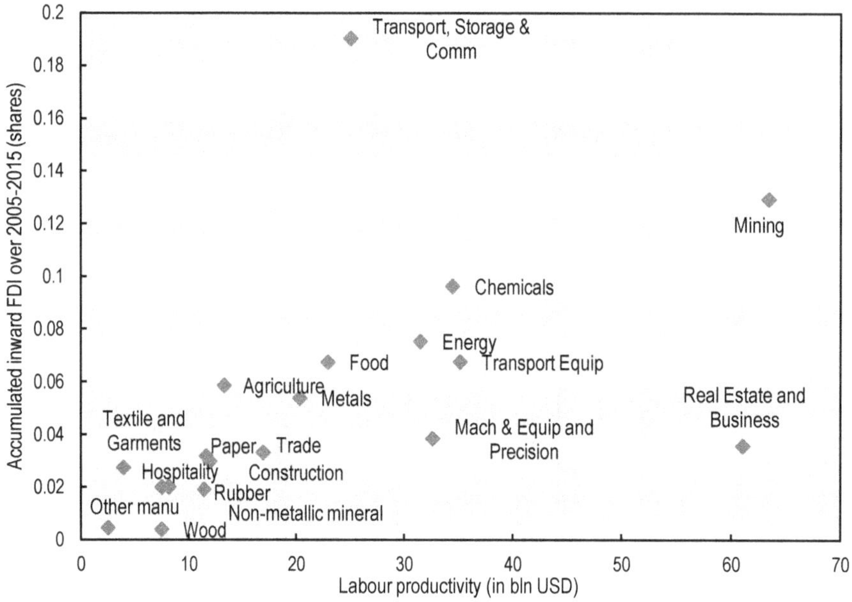

Catatan: Minyak dan gas, perbankan, dan jasa keuangan non-bank tidak termasuk. Produktivitas tenaga kerja: nilai tambah per karyawan.
Sumber: Elaborasi OECD berdasarkan tabel Badan Koordinasi Penanaman Modal (BKPM) dan tabel Input-Output OECD.

Indikator lain berdasarkan data greenfield FDI dari fDi Markets membandingkan Indonesia dengan negara lain di kawasan. Hasilnya menunjukkan hubungan positif antara FDI dan produktivitas di Indonesia (panel a, Gambar 2.17). Hubungan positif tersebut dijelaskan oleh semakin tingginya konsentrasi greenfield FDI pada sektor yang relatif lebih produktif yaitu pertambangan, logam, bahan kimia, alat angkut, dan pangan. Korelasi positif antara FDI greenfield dan produktivitas juga teramati di negara tetangga lainnya seperti Vietnam dan Thailand. Di Vietnam, bagian besar dari FDI greenfield ditemukan pada sektor pertambangan, real estat, dan kegiatan bisnis, yang relatif lebih produktif daripada sektor dengan proyek greenfield yang lebih sedikit. Sama halnya, di Thailand, sektor yang padat FDI memiliki tingkat produksi yang lebih tinggi. Sektor-sektor ini adalah mesin dan peralatan, transportasi, dan keuangan. Sebaliknya, FDI tersalur ke sektor kurang produktif di Filipina (makanan) dan Kamboja (tekstil dan garmen, dan perhotelan).

Melihat evolusi indikator di atas dari waktu ke waktu menunjukkan bahwa beberapa negara Asia, termasuk Indonesia, mengalami penurunan hubungan FDI-produktivitas selama tahun 2011-15, karena nilai indikatornya menurun selama periode tersebut (panel b, Gambar 2.17). Untuk menjelaskan faktor pendorong penurunan ini, analisis kemudian membagi tingkat pertumbuhan indikator menjadi dua komponen. Secara khusus, perubahan indikator dapat didorong oleh (i) variasi pangsa FDI di sektor yang lebih produktif; atau (ii) perubahan dalam produktivitas sektor yang menerima sebagian besar FDI.

Pembagian lebih lanjut laju pertumbuhan dari indikator tersebut menunjukkan bahwa di Indonesia, sekitar 58% penurunan disebabkan oleh perubahan produktivitas tenaga kerja di sektor padat PMA. Secara spesifik, produktivitas menurun pada sektor-sektor yang menerima FDI dalam jumlah besar. Sektor-sektor tersebut adalah pertambangan, logam, real estat, dan kegiatan bisnis, dimana produktivitasnya menurun drastis selama 2011-15. Perubahan komposisi FDI dari sektor yang lebih produktif (pertambangan, mesin & peralatan, kertas) ke sektor kurang produktif (produk logam non-mineral, karet) adalah yang menghasilkan sisa 42% dari perubahan tingkat pertumbuhan. Artinya, selama periode 2011-15, FDI semakin masuk ke sektor-sektor yang kurang produktif.

Gambar 2.17. Di Indonesia, hubungan positif antara FDI dan produktivitas menurun antara tahun 2011 dan 2015

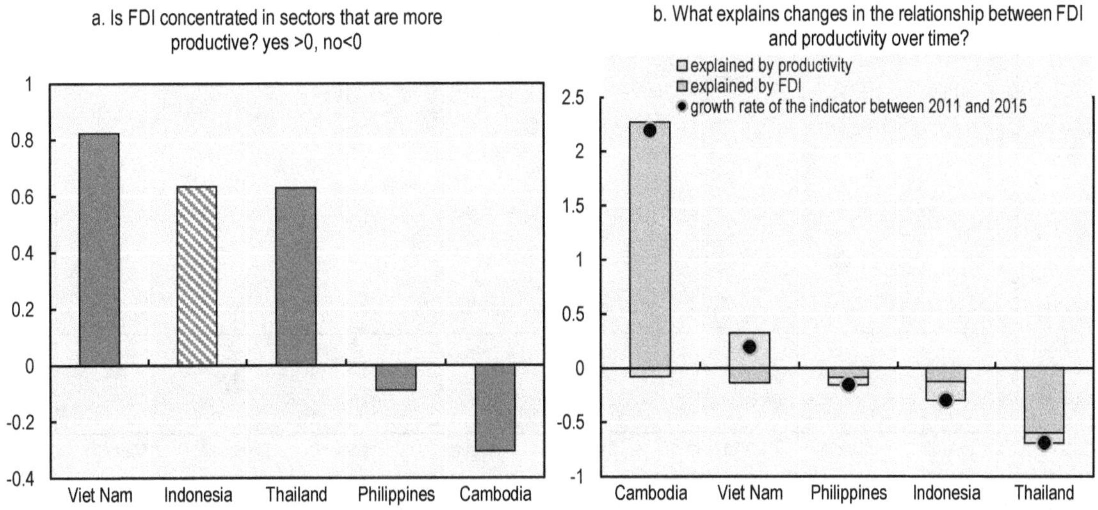

Catatan: Bagan menunjukkan indikator kualitas FDI Tipe 2 dan penurunannya dari waktu ke waktu. Lihat Lampiran A untuk penjelasan tentang metodologi. Data FDI Greenfield tidak mencakup pertanian, energi, konstruksi, dan perdagangan.
Sumber: Elaborasi OECD berdasarkan Pasar fDi Financial Times

Perusahaan Indonesia mungkin tidak memiliki kapasitas untuk mendapatkan manfaat dari limpahan positif FDI

Limpahan produktivitas positif dari FDI ke perusahaan domestik tidak otomatis dan mungkin tidak terwujud sama sekali (Smeets, 2008). Faktor kunci yang memungkinkan terjadinya limpahan FDI adalah kemampuan perusahaan domestik untuk menyerap dan menggunakan pengetahuan dari perusahaan asing. Kapasitas daya serap seringkali diukur dalam kaitannya dengan kesenjangan kinerja antara perusahaan asing dan domestik, termasuk dalam kaitannya dengan perbedaan dalam produktivitas tenaga kerja dan kegiatan inovasi.

Sebuah indikator membandingkan produktivitas tenaga kerja perusahaan asing dengan produktivitas perusahaan domestik di bidang manufaktur. Indikator tersebut menunjukkan sejauh mana perusahaan asing memiliki premi atau kesenjangan produktivitas dibandingkan dengan perusahaan domestik, dan apakah perbedaan ini signifikan secara statistik. Hasilnya menunjukkan bahwa produsen asing di Indonesia rata-rata lebih produktif daripada perusahaan dalam negeri (Gambar 2.18). Perusahaan asing memiliki premi produktivitas tenaga kerja yang signifikan secara statistik di atas perusahaan domestik juga di beberapa negara lain di kawasan termasuk India, Tiongkok, dan Vietnam. Hasilnya tidak signifikan secara statistik di Filipina, Vietnam, dan Kamboja, sedangkan premi terbalik yang menguntungkan perusahaan domestik teramati di Malaysia.

Jika diamati secara cermat pada data untuk Indonesia, terlihat bahwa premi produktivitas asing ada di semua sektor kecuali kayu (Gambar 2.19). Besaran premi asing sangat bervariasi di berbagai sektor: dalam mineral non-logam, perusahaan asing hampir 15 kali lebih produktif daripada perusahaan dalam negeri, sedangkan dalam produksi kulit perusahaan asing hampir tiga kali lebih produktif.

Gambar 2.7. Di Indonesia, perusahaan asing menikmati premi produktivitas yang cukup tinggi

Apakah pabrik asing lebih produktif daripada pabrik dalam negeri? ya > 0; tidak < 0

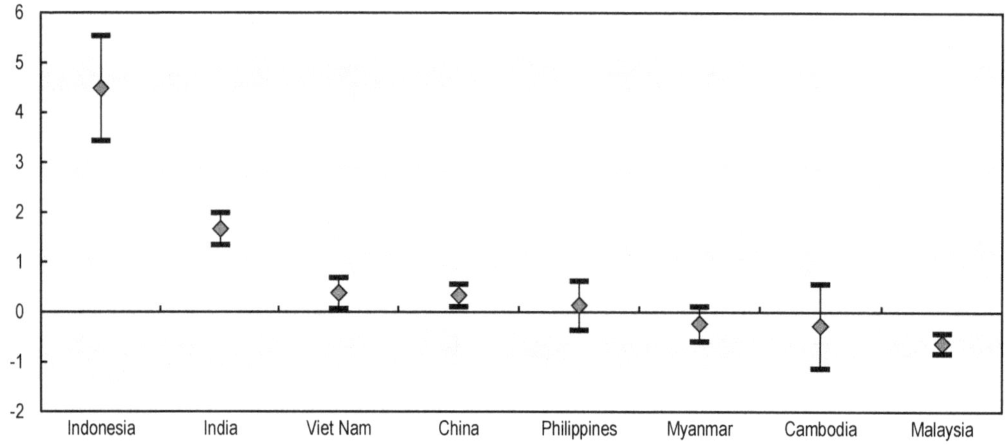

Catatan: Bagan menunjukkan indikator kualitas FDI Tipe 1. Lihat Lampiran A untuk penjelasan tentang metodologi. Produktivitas tenaga kerja: nilai tambah per karyawan. Data untuk Indonesia mengacu pada 2015.
Sumber: Elaborasi OECD berdasarkan Survei Perusahaan Bank Dunia

Gambar 2.8. Premi asing berbeda-beda di berbagai bidang

Apakah pabrik asing lebih produktif daripada pabrik domestik? ya> 0; tidak <0

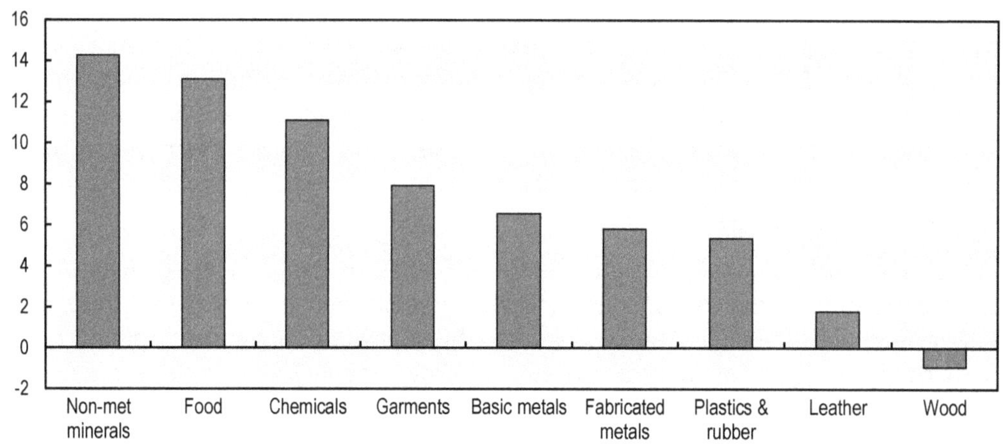

Catatan: Bagan menunjukkan indikator kualitas FDI Tipe 1. Lihat Lampiran A untuk penjelasan tentang metodologi. Produktivitas tenaga kerja: nilai tambah per karyawan. Data untuk Indonesia mengacu pada 2015.
Sumber: Elaborasi OECD berdasarkan Survei Perusahaan Bank Dunia

Data juga menunjukkan bahwa di Indonesia produsen asing cenderung lebih terlibat dalam litbang atau memperkenalkan produk baru atau inovasi proses dibandingkan pesaing domestik mereka (Gambar 2.20). Perusahaan asing juga lebih banyak terlibat dalam litbang dan lebih banyak berinovasi di negara-negara tetangga seperti Tiongkok, India, dan Malaysia. Untuk produktivitas, premi luar negeri terlihat di sebagian besar sektor manufaktur, meskipun dengan intensitas yang berbeda-beda (Gambar 2.21). Sebagai contoh, dalam mineral non-logam, perusahaan asing 25 kali lebih mungkin berinvestasi dalam litbang daripada perusahaan domestik lainnya, sedangkan dalam fabrikasi logam kemungkinan perusahaan asing berinvestasi dalam litbang hanya satu kali lebih tinggi.

Gambar 2.20. Manufaktur asing lebih inovatif di sebagian besar sektor di Indonesia

Apakah pabrik asing lebih banyak berinvestasi dalam litbang atau memperkenalkan inovasi produk/proses daripada pabrik domestik? ya> 0; tidak <0

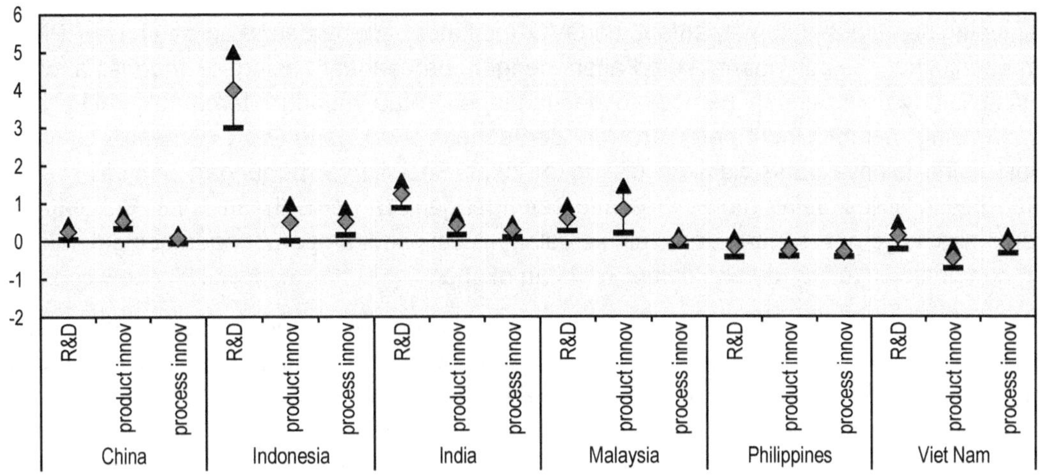

Catatan: Bagan menunjukkan indikator kualitas FDI Tipe 1. Lihat Lampiran A untuk penjelasan tentang metodologi. Data untuk Indonesia mengacu pada 2015.
Sumber: Elaborasi OECD berdasarkan Survei Perusahaan Bank Dunia

Gambar 2.21. Premi inovasi asing sangat berbeda-beda di semua sektor

Apakah pabrik asing cenderung lebih berinvestasi dalam litbang atau memperkenalkan inovasi produk/proses daripada perusahaan domestik? ya> 0; tidak <0

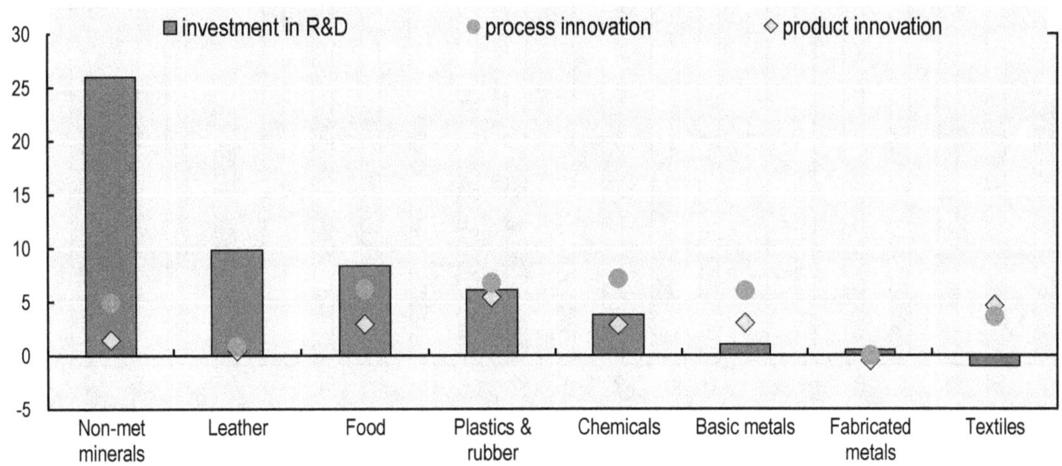

Catatan: Bagan menunjukkan indikator kualitas FDI Tipe 1. Lihat Lampiran A untuk penjelasan tentang metodologi. Data untuk Indonesia mengacu pada 2015.
Sumber: Elaborasi OECD berdasarkan Survei Perusahaan Bank Dunia

Secara keseluruhan, hasil menunjukkan bahwa perusahaan Indonesia mungkin kurang mampu untuk mendapatkan manfaat dari keberadaan perusahaan asing. Meskipun perusahaan asing cenderung lebih produktif dan inovatif daripada perusahaan domestik di banyak negara, premi asing tampaknya sangat besar di Indonesia. Selain itu, beberapa sektor (misalnya mineral non-logam) dapat lebih terpengaruh dibandingkan yang lain karena kurangnya daya serap domestik.

Hubungan bisnis dengan perusahaan asing cukup signifikan

Hubungan bisnis antara perusahaan asing dan domestik merupakan saluran penting limpahan produktivitas. Hubungan dengan perusahaan asing dapat membantu perusahaan domestik memperoleh teknologi, pengetahuan, dan keterampilan baru; meningkatkan praktik manajemen; memperluas pasar untuk penjualan dan input; dan memanfaatkan GVC. Indikator baru berdasarkan database APMN Analitis OECD menunjukkan sejauh mana keterkaitan dengan perusahaan asing di Indonesia dan negara pembanding lainnya. Hubungan pembelian dalam negeri (atau mundur) terbentuk ketika afiliasi dari perusahaan asing membeli input perantara dari perusahaan lokal, yaitu PMN domestik, UKM domestik, dan afiliasi asing lainnya yang didirikan di tingkat lokal. Sebaliknya, hubungan penjualan (atau maju) didapatkan ketika afiliasi asing menjual barang setengah jadi ke perusahaan lokal. Hubungan jual beli mendorong masuknya perusahaan domestik ke dalam rantai pasokan perusahaan asing dan keterlibatan langsung dan tidak langsung mereka dalam kegiatan ekspor.

Data menunjukkan bahwa di Indonesia keterkaitan mundur domestik dengan perusahaan asing cukup signifikan (Gambar 2.22). Pada tahun 2016, input perantara yang bersumber dari dalam negeri oleh afiliasi asing menyumbang 36% dari output mereka. Selain itu, sumber domestik dari afiliasi asing lebih menguntungkan perusahaan Indonesia: 34% input yang bersumber dari dalam negeri dibeli dari perusahaan dalam negeri, yang 24% diantaranya dari UKM dalam negeri, 10% dari PMN dalam negeri, dan 2% dari afiliasi asing lainnya yang didirikan di tingkat lokal.

Gambar 2.9. Afiliasi asing didirikan dengan sumber lokal terutama dari perusahaan Indonesia

Struktur sumber afiliasi asing (% total output), 2016

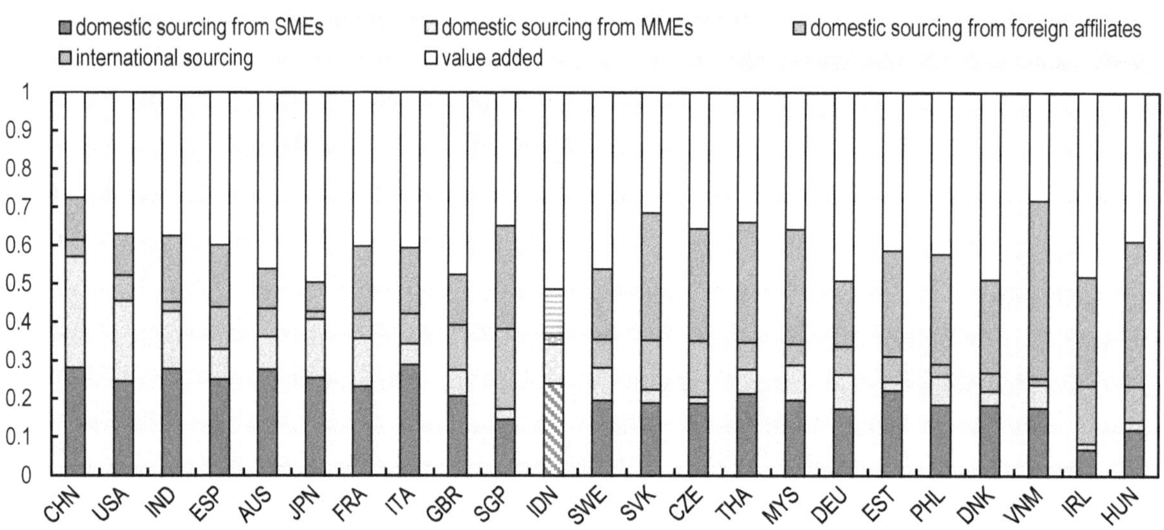

Catatan: UKM: usaha kecil dan menengah; UKM adalah perusahaan yang memiliki kurang dari 200 karyawan. PMNs: perusahaan multinasional.
Sumber: database APMN Analytical OECD

Pangsa input yang dibeli di dalam negeri lebih tinggi di Indonesia daripada di negara-negara tetangga lainnya, yaitu Thailand, Malaysia, Filipina, dan Vietnam, tetapi setara dengan negara-negara lain dengan pasar domestik yang besar untuk barang-barang setengah jadi seperti Tiongkok, Amerika Serikat, Jepang, dan India. Selain pasar domestik yang besar untuk input, persyaratan konten lokal di berbagai sektor dengan kehadiran penting PMN asing, seperti pertambangan, energi, peralatan transportasi, elektronik, dan sebagainya juga menjelaskan bagian signifikan dari hubungan mundur yang teramati di Indonesia.[18]

Namun, hubungan bisnis yang berkembang dalam konteks kebijakan persyaratan konten lokal dapat merugikan daya saing industri dalam negeri. Persyaratan konten lokal dapat meningkatkan biaya produksi bagi investor asing (OECD, 2017). Khususnya di industri yang tidak memiliki sisi pasokan dalam negeri yang mampu memenuhi kebutuhan produksi perusahaan asing, kebijakan ini dapat meningkatkan harga dan dengan demikian mengurangi daya saing industri yang ditargetkan, sehingga menimbulkan dampak negatif ke seluruh aspek perekonomian (Stone et al. , 2015).

Data juga menunjukkan bahwa hubungan maju domestik dengan afiliasi asing cukup besar (Gambar 2.23). Pada tahun 2016, pangsa produk setengah jadi dalam total output yang dijual oleh afiliasi asing di pasar Indonesia mendekati 34%. Produk serupa juga dijual oleh afiliasi asing di Singapura dan Malaysia, sementara tingkat hubungan maju lebih rendah di negara-negara lain di kawasan seperti India, Vietnam, Filipina, dan Thailand. Seperti halnya kasus hubungan mundur, ukuran ekonomi suatu negara tampaknya juga penting untuk hubungan maju: negara-negara dengan pasar domestik yang lebih besar seperti Jepang, Italia, dan Amerika Serikat ditandai oleh hubungan maju domestik yang lebih penting dengan afiliasi luar negeri (Gambar 1.23). Selain itu, 32% produk setengah jadi dibeli oleh perusahaan Indonesia (23% oleh UKM Indonesia dan 9% oleh PMN Indonesia), sedangkan 2% sisanya dibeli oleh afiliasi lain dari perusahaan asing yang berlokasi di Indonesia.

Gambar 2.23. Output produk setengah jadi afiliasi asing yang dijual di dalam negeri kebanyakan dibeli oleh perusahaan-perusahaan Indonesia

Pemanfaatan output afiliasi asing, 2016

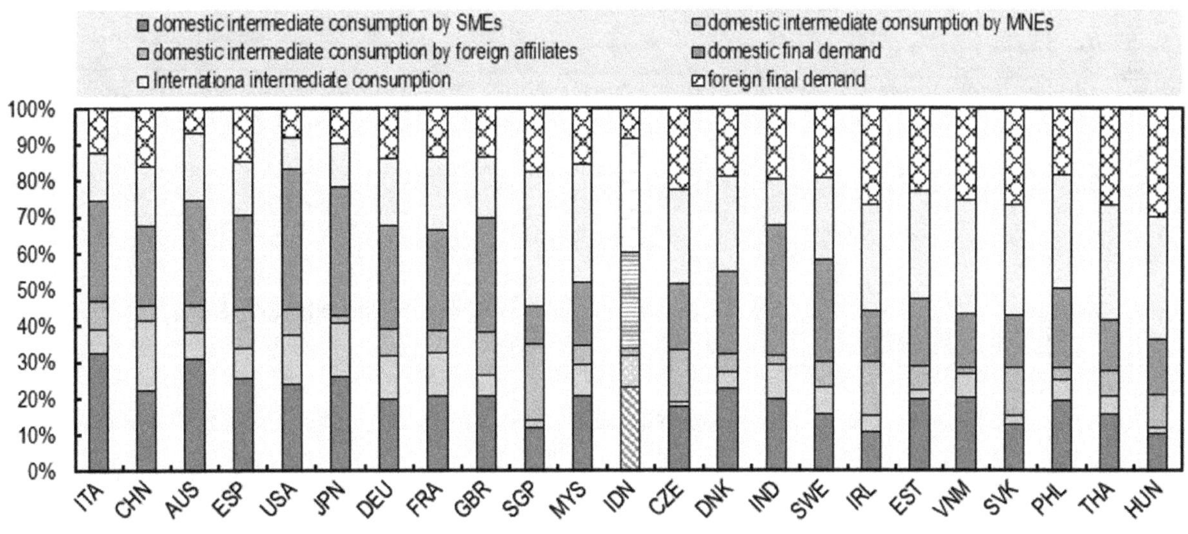

Catatan: UKM: usaha kecil dan menengah; UKM adalah perusahaan yang memiliki kurang dari 200 karyawan. PMNs: perusahaan multinasional.
Sumber: database APMN Analytical OECD

FDI memiliki efek beragam pada hasil pasar tenaga kerja

Bagian ini membahas hubungan antara FDI dan tiga hasil pasar tenaga kerja di Indonesia dan negara pembanding lainnya, yaitu upah, keterampilan, dan beberapa aspek kesetaraan gender. Karena

[18] Sebagai contoh, lihat Arnold dan Javorcik (2009), Guadalupe et al. (2012), Criscuolo dan Martin (2009) dan Bandick et al. (2014).

keterbatasan data, analisis tidak dapat menguraikan efek langsung dan limpahan FDI, tetapi lebih memberikan indikasi tentang bagaimana FDI berkorelasi dengan hasil di atas. Secara khusus, bagian ini menunjukkan apakah FDI mendukung perluasan sektor-sektor dengan upah yang lebih tinggi (atau lebih rendah). Ia juga mengkaji perbedaan antara perusahaan asing dan domestik dalam kaitannya dengan upah dan keterampilan. Terakhir, ia meneliti apakah FDI lebih banyak ditemukan di sektor-sektor dengan tenaga kerja perempuan yang lebih tinggi (atau lebih rendah) dan mencari perbedaan sistematis dalam praktik kesetaraan gender antara perusahaan asing dan domestik.

Perusahaan asing beroperasi di sektor-sektor dengan upah lebih tinggi dan membayar karyawan mereka lebih banyak

Data menunjukkan bahwa FDI terkonsentrasi di sektor-sektor dengan upah yang relatif lebih tinggi, dengan pengecualian yang mencolok pada manufaktur dan real estat serta kegiatan bisnis (Gambar 2.24). Manufaktur menarik sebagian besar FDI tetapi memiliki upah rata-rata lebih rendah daripada sektor lainnya. Sebaliknya, real estat dan aktivitas bisnis menerima lebih sedikit FDI tetapi memiliki upah yang relatif lebih tinggi. Umumnya, temuan tersebut sejalan dengan produktivitas; sektor yang menerima lebih banyak FDI cenderung lebih produktif dan membayar upah lebih tinggi (Gambar 2.16). Hal ini tidak mengherankan mengingat produktivitas dan upah cenderung berkembang secara beriringan.

Gambar 2.10. FDI masuk ke sektor-sektor dengan upah yang relatif lebih tinggi

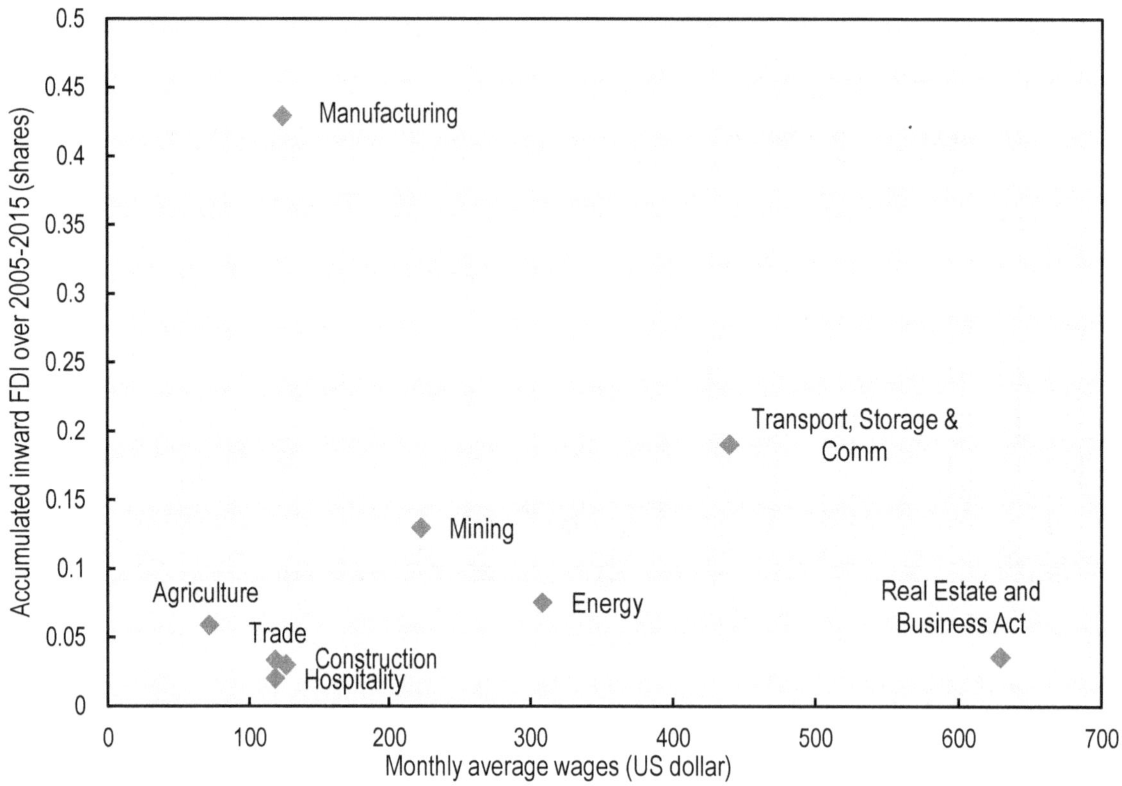

Catatan: Minyak dan gas, perbankan, dan jasa keuangan non-bank tidak termasuk.
Sumber: Elaborasi OECD berdasarkan Badan Koordinasi Penanaman Modal (BKPM) dan ILO

Hasil tersebut juga menunjukkan bahwa di Indonesia, perusahaan asing membayar rata-rata upah yang lebih tinggi daripada perusahaan dalam negeri (Gambar 2.25). Indikator positif (dan signifikan secara statistik) juga terlihat di India, Tiongkok, dan Myanmar. Perbedaan upah antara kedua kelompok perusahaan mencerminkan premi-premi produktivitas yang teramati di negara-negara tersebut (Gambar 2.18). Indikator serupa juga terlihat di tingkat sektoral untuk Indonesia. Selain plastik & karet, perusahaan asing membayar upah lebih baik daripada perusahaan dalam negeri di semua sektor (Gambar 2.26).[19] Oleh karena itu, wajar jika sektor-sektor dengan premi produktivitas luar negeri yang relatif lebih tinggi, yaitu mineral non-logam, makanan dan bahan kimia, juga merupakan sektor-sektor dengan premi upah luar negeri yang lebih tinggi (Gambar 2.19). Ini semakin mendukung bukti adanya hubungan yang kuat antara produktivitas dan upah.

Gambar 2.25. Di Indonesia, perusahaan asing membayar upah lebih tinggi daripada perusahaan dalam negeri

Apakah perusahaan asing membayar upah lebih tinggi daripada perusahaan domestik? Ya> 0, tidak <0

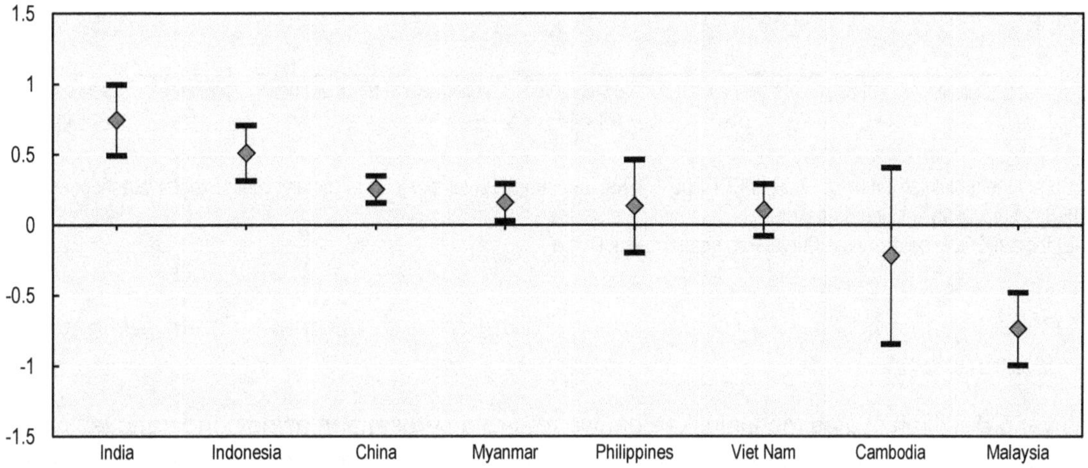

Catatan: Bagan menunjukkan indikator Kualitas FDI Tipe 1. Lihat Lampiran A untuk penjelasan tentang metodologi. Data Indonesia mengacu pada 2015 dan mencakup sektor manufaktur.
Sumber: Elaborasi OECD berdasarkan Survei Perusahaan Bank Dunia

[19] Persyaratan konten lokal adalah target kuantitatif untuk prosedur sumber atau pengadaan lokal yang memberikan preferensi kepada pemasok dalam negeri dalam industri tertentu

Gambar 2.26. Premi upah asing lebih tinggi pada bahan kimia, makanan, kulit, dan mineral non-logam

Apakah perusahaan asing membayar upah lebih tinggi daripada perusahaan domestik? Ya> 0, tidak <0

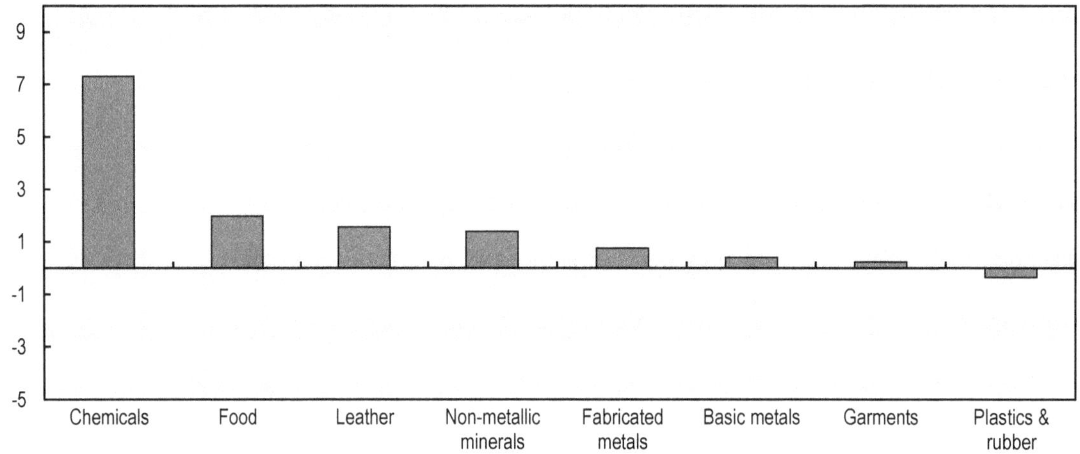

Catatan: Bagan menunjukkan indikator Kualitas FDI Tipe 1. Lihat Lampiran A untuk penjelasan tentang metodologi. Data Indonesia mengacu pada 2015 dan mencakup sektor manufaktur.
Sumber: Elaborasi OECD berdasarkan Survei Perusahaan Bank Dunia

Perusahaan asing dan domestik tidak berbeda secara sistematis dalam hal intensitas keterampilan

Analisis yang disajikan di atas menunjukkan bahwa rata-rata perusahaan asing cenderung lebih produktif dan membayar upah lebih tinggi. Dalam literatur ekonomi, premi upah-produktivitas ini dijelaskan oleh fakta bahwa perusahaan asing cenderung memiliki akses terhadap teknologi, input, dan modal manusia yang lebih baik (OECD, 2019). Untuk alasan yang sama, perusahaan asing juga dianggap mempekerjakan lebih banyak pekerja terampil dibandingkan dengan perusahaan domestik.

Di Indonesia, perusahaan asing secara rata-rata memiliki pangsa pekerja terampil yang lebih rendah daripada perusahaan domestik meskipun indikatornya tidak signifikan secara statistik, yang berarti variasi intensitas keterampilan antara kedua kelompok perusahaan tersebut tidak sistematis (Gambar 2.27). Hasil ini sejalan dengan temuan empiris yang disajikan di atas: perusahaan asing dan domestik dengan ukuran yang sebanding dan dalam sektor kegiatan yang sama cenderung mempekerjakan pekerja terampil dengan jumlah yang kurang lebih sama (panel a, Gambar 2.13).

Gambar 2.27. Di Indonesia, variasi intensitas keterampilan antara perusahaan asing dan domestik tidak sistematis

Apakah perusahaan asing mempekerjakan lebih banyak pekerja terampil? ya> 0, tidak <0

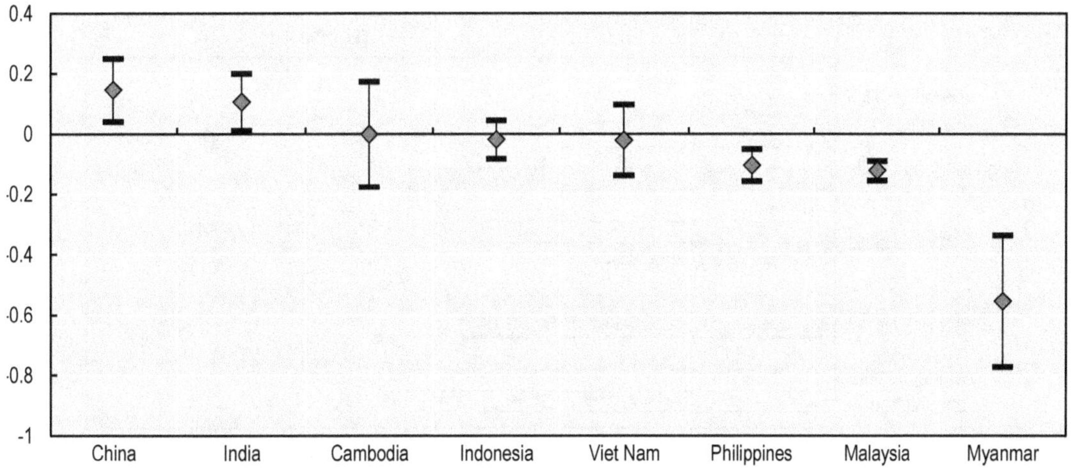

Catatan: Bagan menunjukkan indikator kualitas FDI Tipe 1. Lihat Lampiran A untuk penjelasan tentang metodologi. Data Indonesia mengacu pada 2015 dan mencakup sektor manufaktur.
Sumber: Elaborasi OECD berdasarkan Survei Perusahaan Bank Dunia

Selain itu, perusahaan domestik dan asing di Indonesia melaporkan kesulitan yang sama dalam menemukan pekerja dengan keterampilan yang dibutuhkan. Menurut jawaban yang diberikan oleh 120 perusahaan domestik dan 23 perusahaan asing dalam Survei Perusahaan Bank Dunia di Indonesia (2015), tiga keterampilan yang paling sulit ditemukan di pasar tenaga kerja lokal adalah i) keterampilan manajerial, ii) keterampilan bahasa asing, dan iii) keterampilan teknis (Gambar 2.28). Meskipun data yang tersedia tidak memungkinkan untuk menelaah bagaimana perusahaan mengatasi masalah perekrutan (misalnya dengan meningkatkan gaji) dan bagaimana hal ini dapat memengaruhi kinerja mereka, kurangnya keterampilan cenderung meningkatkan biaya dan menurunkan produktivitas, setidaknya dalam jangka pendek. Kesenjangan keterampilan tenaga kerja dalam disiplin ilmu inti (misalnya teknik) dan kurangnya kesiapan tenaga kerja digarisbawahi sebagai fokus utama dalam Studi Persepsi Investor terbaru untuk Indonesia (Arise Plus-Indonesia, 2020), yang menganalisis jawaban yang diberikan oleh 84 eksekutif perusahaan internasional dengan pengalaman atau minat terhadap Indonesia. Berdasarkan studi tersebut, defisit keterampilan ini memengaruhi banyak sektor, mulai dari infrastruktur dan transportasi, hingga bahan kimia dan energi, hingga pariwisata dan agribisnis. Masalah-masalah ini bahkan lebih menantang bagi investor yang beroperasi di kawasan yang lebih terpencil di Indonesia.

Gambar 2.28. Perusahaan asing dan domestik menghadapi kesulitan yang sama dalam mencari tenaga kerja terampil

Persentase perusahaan dengan kesulitan menemukan pekerja terampil, berdasarkan kepemilikan dan jenis keterampilan

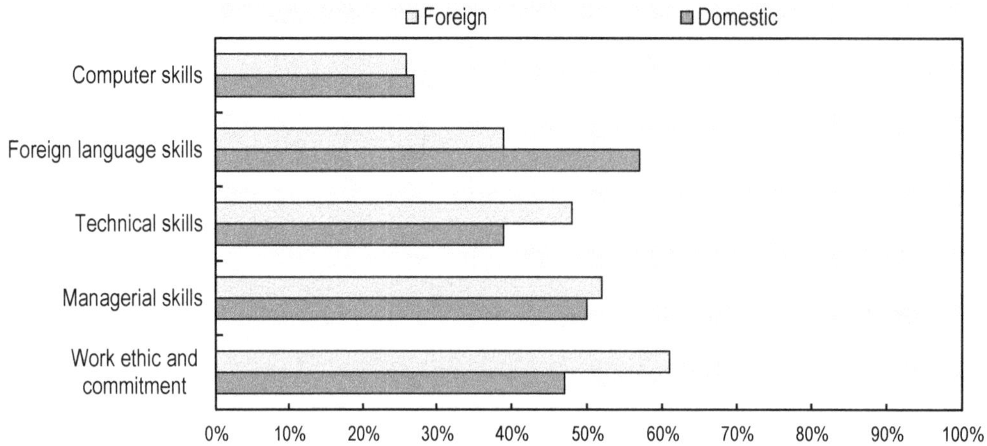

Catatan: Persentase dihitung menggunakan jumlah total perusahaan asing dan domestik. Sampelnya meliputi 120 perusahaan domestik dan 23 perusahaan asing.
Sumber: Elaborasi OECD berdasarkan Survei Perusahaan Bank Dunia

Perusahaan asing beroperasi di sektor yang didominasi laki-laki tetapi lebih inklusif gender

Indikator utama ketimpangan gender di pasar tenaga kerja adalah pangsa tenaga kerja perempuan (dependen). Plotting data ini terhadap FDI di tingkat sektoral menunjukkan hubungan negatif untuk Indonesia (Gambar 2.29).

Gambar 2.29. Investor asing terkonsentrasi di sektor yang didominasi laki-laki

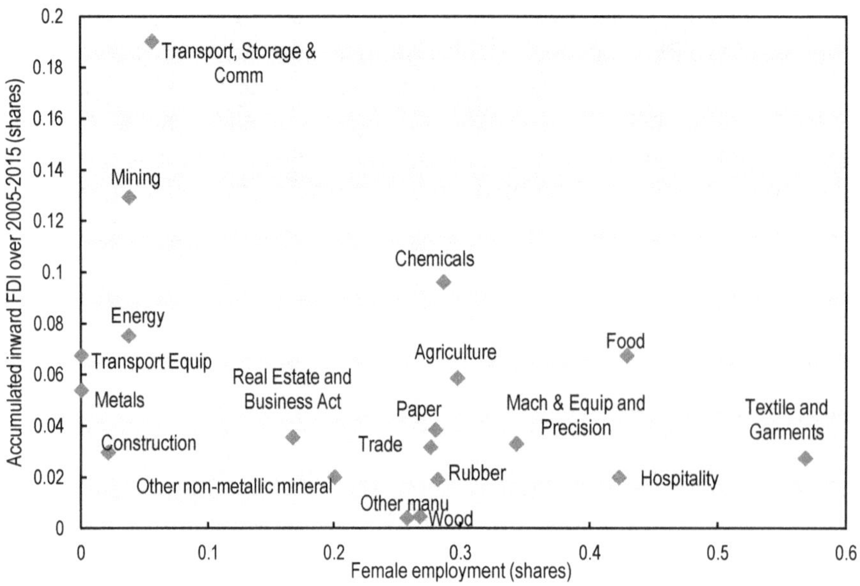

Catatan: Minyak dan gas, perbankan, dan jasa keuangan non-bank tidak termasuk.

Sumber: Elaborasi OECD berdasarkan Badan Koordinasi Penanaman Modal (BKPM) dan ILO.

Hubungan negatif ini dijelaskan oleh konsentrasi FDI yang lebih tinggi di sektor yang biasanya didominasi laki-laki, terutama transportasi, penyimpanan dan komunikasi, serta energi. Seperti yang diharapkan, pertambangan juga memainkan peran penting, sebagai sektor dengan investasi asing yang cukup besar dan lebih sedikit pekerjaan bagi perempuan. Sebaliknya, sektor-sektor dengan jumlah perempuan yang besar, seperti tekstil dan makanan, menerima FDI yang relatif lebih sedikit. Hasilnya sejalan dengan bukti yang ada: hubungan negatif antara FDI dan pangsa pekerjaan perempuan sering teramati, khususnya di negara-negara pada tahap industrialisasi tinggi (OECD, 2019).

Untuk membandingkan hasil gender dari pabrik asing dan domestik di Indonesia dan negara-negara lain di kawasan, ada tiga indikator yang disajikan: pangsa pekerja perempuan; bagian perusahaan dengan manajer level atas perempuan; dan bagian perusahaan dengan pemilik perempuan (Gambar 2.30). Hasil untuk Indonesia menunjukkan bahwa perusahaan asing lebih inklusif gender daripada perusahaan domestik: mereka mempekerjakan lebih banyak pekerja perempuan dan lebih mungkin dikelola dan dimiliki oleh perempuan. Temuan ini lebih beragam di negara pembanding lainnya. Secara khusus, perusahaan asing di mana-mana lebih cenderung memiliki manajer level atas perempuan, tetapi hasilnya sangat bervariasi di berbagai negara dalam kaitannya dengan hasil gender lainnya.

Gambar 2.30. Di Indonesia, perusahaan asing lebih inklusif gender daripada perusahaan domestik

Apakah perusahaan asing lebih inklusif gender daripada perusahaan domestik? ya> 0, tidak <0

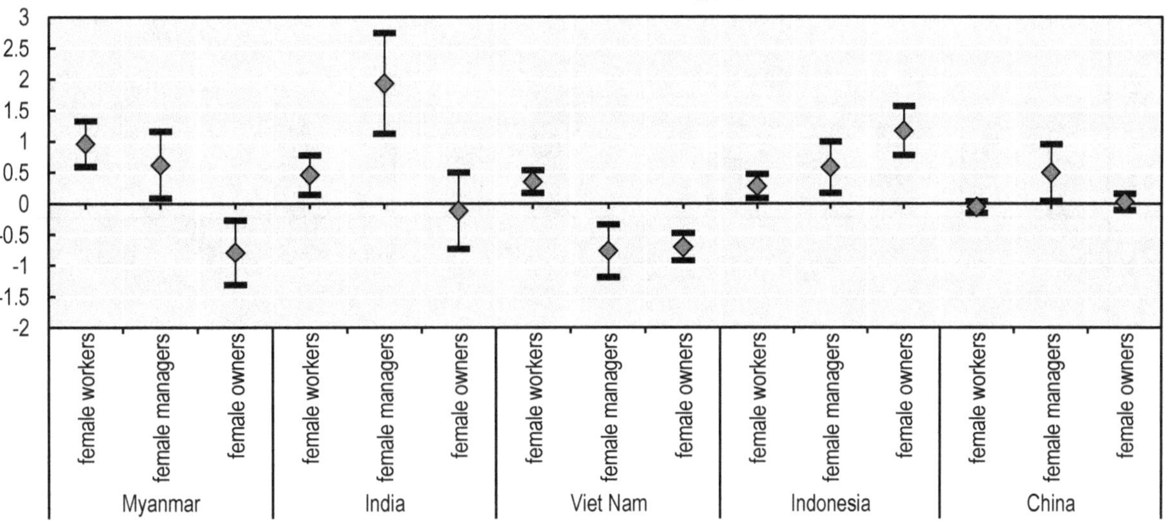

Catatan: Bagan menunjukkan indikator kualitas FDI Tipe 1 dan interval kepercayaan 95% yang menyertainya. Lihat Lampiran A untuk penjelasan tentang metodologi. Data untuk Indonesia mengacu pada 2015. Pekerja perempuan: pangsa pekerja perempuan dalam total pekerja produksi; manajer perempuan: bagian perusahaan dengan manajer perempuan; pemilik wanita: bagian perusahaan dengan pemilik wanita.
Sumber: Elaborasi OECD berdasarkan Survei Perusahaan Bank Dunia

FDI memengaruhi target lingkungan dengan cara yang kontras

Bagian ini menganalisis kontribusi FDI terhadap pencapaian ekonomi hijau di Indonesia dan negara-negara pembanding. Ini mengkaji apakah FDI tersalur ke sektor-sektor yang menghasilkan lebih banyak (atau lebih sedikit) emisi CO2. Bagian ini juga menunjukkan apakah perusahaan asing menggunakan lebih banyak teknologi hemat energi dan, konsekuensinya, lebih hemat energi daripada perusahaan domestik.

Terakhir, bagian ini menganalisis jangkauan dan evolusi FDI dalam energi terbarukan di Indonesia dan negara-negara lain di kawasan sekitarnya.

FDI masuk ke sektor yang lebih menghasilkan polusi, tetapi perusahaan asing lebih hemat energi

Sebuah indikator meneliti apakah proyek FDI greenfield banyak ditemukan di sektor-sektor yang menghasilkan emisi CO2 yang lebih tinggi (atau lebih rendah) per unit output, dibandingkan perekonomian secara keseluruhan (Gambar 2.31).[20] Indikator tersebut menunjukkan bahwa FDI di Indonesia terkonsentrasi di sektor yang relatif lebih menghasilkan polusi dalam hal emisi CO2. Sebaliknya, di negara tetangga, FDI terlihat di sektor yang lebih bersih. Hasilnya tidak mengherankan karena Indonesia adalah negara yang kaya sumber daya dan menarik sejumlah besar FDI dalam bidang ekstraksi dan transformasi energi (misalnya batu bara, minyak, gas alam), yang merupakan kegiatan yang sangat berpolusi. Faktanya, hasil serupa ditemukan pada negara kaya sumber daya lainnya seperti Norwegia, Peru, dan Australia.

Gambar 2.31. Di Indonesia, FDI tersalurkan ke sektor-sektor yang lebih menghasilkan polusi

Apakah FDI greenfield terkonsentrasi pada kegiatan yang lebih bersih? (ya jika nilai> 0; tidak jika nilai <0)

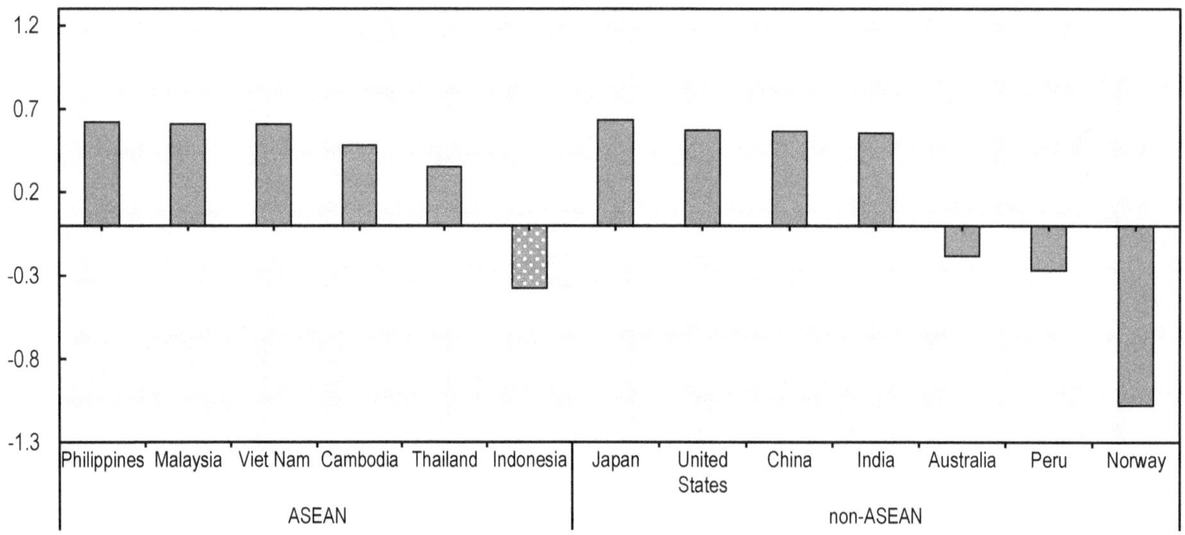

Catatan: Bagan menunjukkan indikator kualitas FDI Tipe 2. Lihat Lampiran A untuk penjelasan tentang metodologi.
Sumber: OECD berdasarkan database fDi Markets Financial Times; Tabel Input-Output OECD; Statistik Energi Dunia Badan Energi Internasional; Database Emisi CO2 Badan Energi Internasional

Sementara indikator di atas dapat menunjukkan skala dan pengaruh komposisi FDI terhadap perekonomian, indikator lain juga menunjukkan apakah investor asing meningkatkan efisiensi energi di negara tujuan investasi dengan menghadirkan teknologi yang lebih bersih (Gambar 2.32). Indikator ini membandingkan penjualan dengan biaya listrik dan bahan bakar antara perusahaan asing dan domestik

[20] Indikator hanya menangkap emisi CO2 langsung, sementara indikator tidak menangkap emisi yang terkait dengan penggunaan listrik dan pemanas.

di bidang manufaktur. Karena perusahaan asing dan domestik menggunakan tarif dasar listrik dan bahan bakar yang sama, indikator tersebut menunjukkan jumlah output yang dijual per unit listrik dan bahan bakar yang dikonsumsi, yang berfungsi sebagai proxy untuk efisiensi energi. Bagi Indonesia, Kamboja, Vietnam, dan Tiongkok, indikatornya positif dan signifikan secara statistik. Ini berarti bahwa rata-rata perusahaan asing lebih hemat energi daripada perusahaan domestik.

Gambar 2.32. Di Indonesia, perusahaan asing lebih hemat energi daripada perusahaan dalam negeri

Apakah perusahaan asing lebih hemat energi daripada perusahaan domestik? (Ya jika nilai> 0; tidak jika nilai <0)

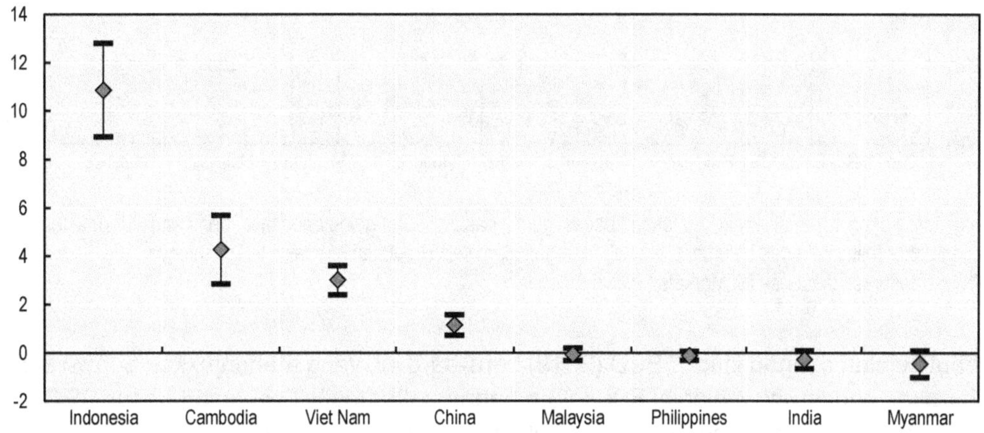

Catatan: Gambar menunjukkan indikator Kualitas FDI Tipe 1 dan interval kepercayaan 95% yang menyertainya. Lihat Lampiran A untuk penjelasan tentang metodologi dan data. Efisiensi energi: penjualan terhadap tarif dasar listrik dan bahan bakar.
Sumber: OECD berdasarkan Survei Perusahaan Bank Dunia

FDI dalam energi terbarukan relatif rendah tetapi terus tumbuh

Meskipun efisiensi energi sangat penting dalam menanggulangi perubahan iklim dalam jangka panjang, penggunaan energi terbarukan adalah kunci untuk memenuhi permintaan energi yang terus meningkat dan menurunkan emisi dalam jangka pendek (OECD, 2019). Berdasarkan statistik FDI greenfield, di Indonesia dan di sebagian besar negara tetangga di kawasan, investasi bahan bakar fosil jauh melebihi investasi di bidang energi terbarukan (Gambar 2.33). Dengan sedikit pengecualian, di kebanyakan negara, FDI dalam energi terbarukan masih kalah jauh oleh investasi dalam bahan bakar fosil sebanyak enam kali lipat atau lebih.

Gambar 2.33. Investasi bahan bakar fosil mendominasi investasi dalam energi terbarukan

FDI Greenfield di sektor energi berdasarkan jenis (bagian dari total FDI Greenfield)

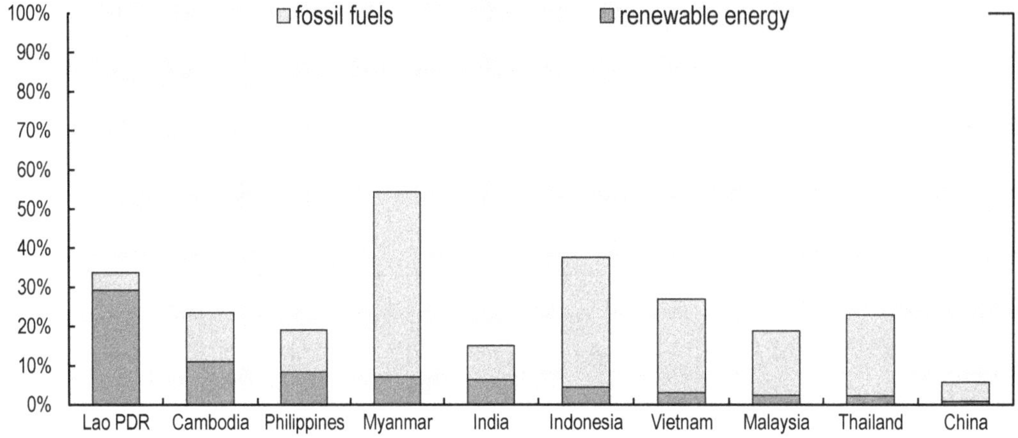

Catatan: Energi terbarukan meliputi angin, matahari, panas bumi, pasang surut/gelombang/laut, pembangkit listrik tenaga air kecil, dan biomassa; bahan bakar fosil terdiri dari batu bara, minyak, dan gas alam serta kegiatan ekstraksi terkait lainnya.
Sumber: OECD berdasarkan database fDi Markets Financial Times

Hasil tersebut sejalan dengan studi OECD (2019) baru-baru ini, yang menunjukkan bahwa stok FDI dalam energi terbarukan cenderung melebihi FDI dalam bahan bakar fosil di sebagian besar OECD dan banyak negara berkembang, sedangkan hal yang sebaliknya umumnya teramati di negara-negara kurang berkembang. Menurut studi tersebut, hal ini disebabkan oleh persyaratan teknologi yang lebih maju terkait energi terbarukan dan kurangnya kemampuan domestik untuk berinvestasi dalam teknologi energi terbarukan. Faktor-faktor lain mungkin juga berperan seperti struktur dan tingkat liberalisasi pasar energi, ketersediaan sumber daya alam, dan letak geografis suatu negara, serta faktor ekonomi dan politik lainnya. Hasilnya bagi Indonesia, misalnya, kemungkinan besar juga didorong oleh fakta bahwa negara ini kaya akan bahan bakar fosil, dan karenanya menarik banyak investasi di sektor-sektor tersebut.

Hasil pengamatan aliran FDI menunjukkan bahwa tren ini berubah dengan cepat di kawasan. Pada tahun 2004, aliran FDI dalam energi terbarukan yang masuk ke kawasan (tidak termasuk Tiongkok dan India) kurang dari 3% dari total aliran FDI (Gambar 2.34). Pada 2017, pangsa FDI dalam energi terbarukan mendekati 10%. Di tingkat nasional, kinerja tiap negara berbeda-beda. Di Indonesia, aliran FDI dalam energi terbarukan meningkat tiga kali lipat, dari kurang dari 1% pada tahun 2004 menjadi 5% pada tahun 2017 (Kotak 2.6 memberikan gambaran tentang Program Pembiayaan Energi Bersih dan Mobilisasi Investasi OECD di Indonesia, yang bertujuan untuk menarik investasi dalam energi terbarukan dan efisiensi energi). Tren serupa juga teramati di Laos, Kamboja, Myanmar, dan Thailand.

Gambar 2.34. Pangsa aliran FDI dalam energi terbarukan meningkat pesat

Arus FDI Greenfield dalam energi terbarukan: 2004, 2008 dan 2017 (bagian dari total arus FDI greenfield)

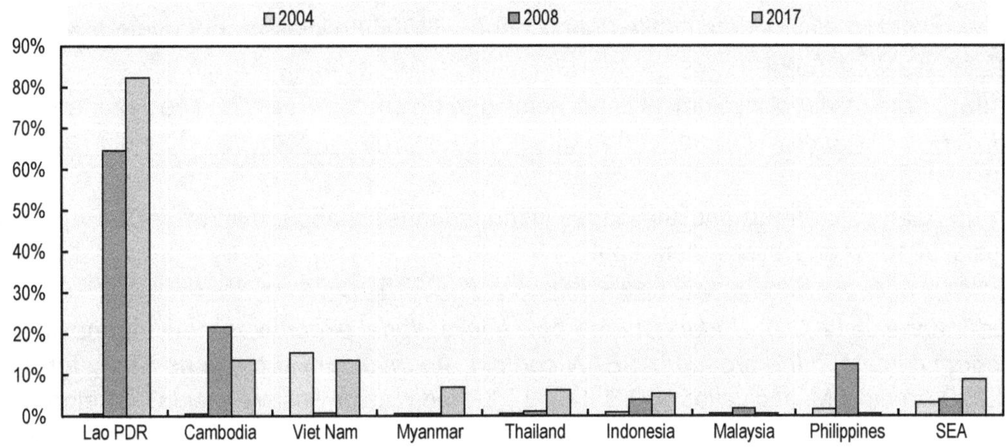

Catatan: Energi terbarukan meliputi angin, matahari, panas bumi, pasang surut/gelombang/laut, pembangkit listrik tenaga air kecil, dan biomassa.

Sumber: OECD berdasarkan database fDi Markets Financial Times

Kotak 2.6. Program Pembiayaan Energi Bersih dan Mobilisasi Investasi OECD di Indonesia

Untuk mewujudkan potensi energi bersih Indonesia, diperlukan peningkatan yang belum pernah terjadi sebelumnya di tingkat investasi untuk proyek-proyek efisiensi energi dan energi terbarukan. Meskipun terdapat potensi besar di semua sektor penggunaan akhir, efisiensi energi di Indonesia sebagian besar masih belum dimanfaatkan. Pada saat yang sama, pengembangan listrik terbarukan masih pada tahap yang sangat awal dari penerapan karena banyak hambatan - termasuk akses jaringan, struktur tarif yang tidak menarik di area tertentu, risiko pembatasan, kurangnya kapasitas pengembang proyek yang lebih kecil untuk menyiapkan studi kelayakan yang menguntungkan, dan akses penggunaan lahan - telah mengakibatkan relatif rendahnya proyek-proyek siap investasi.

Pada tahun 2019, OECD meluncurkan kerja sama periode tahunan dengan Pemerintah Indonesia untuk mendukung upaya Indonesia dalam mempercepat pengembangan dan peningkatan investasi di bidang energi bersih. Program Investasi Energi Bersih dan Mobilisasi Pembiayaan OECD mendukung Indonesia dan negara berkembang lainnya dalam memperkuat kerangka kebijakan energi bersih untuk membuka pembiayaan dan investasi dalam energi terbarukan dan efisiensi energi.

Program ini dibangun dari pengalaman OECD yang luas dalam membantu suatu negara memperkuat dan menyelaraskan kerangka kebijakan; membangun jalur-jalur yang kuat untuk proyek-proyek menguntungkan; dan memobilisasi investor kelembagaan untuk energi bersih dan investasi infrastruktur yang berkelanjutan. Guna mencapai tujuannya, Program CEFIM bermaksud untuk menciptakan kolaborasi yang berdampak di antara pemangku kepentingan domestik dan internasional terkait dengan tujuan untuk secara kolektif mengidentifikasi dan menjalankan solusi kebijakan utama dalam rangka mempercepat investasi energi bersih di Indonesia.

Referensi

ADB (2019a), "Policies to support the development of Indonesia's manufacturing sector during 2020-2014". A joint ADB- BAPPENAS Report, 2019 Asian Development Bank, https://www.adb.org/sites/default/ files/publication/481506/policies-manufacturing-sector-indonesia-2020-2014.pdf

ADB (2019b), "Foreign direct investment is not coming to Indonesia. Really?", The Jakarta Post, https://www.adb.org/news/op-ed/foreign-direct-investment-not-coming-indonesia-really-edimon-ginting

ADB (2016), "Analysis of trends and challenges in the Indonesian labour market", ADB Papers on Indonesia, 2016 Asian Development Bank, https://www.adb.org/sites/default/files/publication/182935/ino-paper-16-2016.pdf

Arise Plus-Indonesia (2020), *Understanding how international executives view Indonesia's investment climate in the broader ASEAN context: An Investor Perceptions Study for Indonesia*, April 2020.Arnold J.M. and Javorcik B.S. (2009), "Gifted Kids or Pushy Parents? Foreign Direct Investment and Plant Productivity in Indonesia" in Journal of International Economics, 79(1), 42-53.

Cadestin, C., et al. (2019), "Multinational enterprises in domestic value chains", OECD Science, Technology and Industry Policy Papers, No. 63, OECD Publishing, Paris, https://doi.org/10.1787/9abfa931-en.

Ernst & Young (2013), "The Impact of US Foreign Direct Investment on the Indonesian Economy", https://www.amcham.or.id/images/documents/pdf/The%20Impact%20of%20US%20FDI%20on%20the%20Indonesian%20Economy_FINAL.pdf

Helpman, E., Marc J. Melitz, and Stephen R. Yeaple, (2004), "Export Versus FDI with Heterogeneous Firms." American Economic Review, 94 (1): 300-316.

ILO (2020), "World Employment and Social Outlook - Trends 2020", Geneva: ILO, 2020, https://www.ilo.org/wcmsp5/groups/public/---dgreports/---dcomm/---publ/documents/publication/wcms_734455.pdf

ILO (2017), "World Employment Social Outlook", https://www.ilo.org/wcmsp5/groups/public/---dgreports/---dcomm/documents/briefingnote/wcms_558033.pdf

Indonesia's Ministry of Development Planning (2019), "Low Carbon Development: A Paradigm Shift Towards a Green Economy in Indonesia", https://www.greengrowthknowledge.org/sites/default/files/downloads/policy-database/indonesia_lowcarbon_development_full%20report.pdf

Lipsey, R.E. and Sjöholm, F. (2010), "FDI and Growth in East Asia: Lessons for Indonesia", IFN Working Paper No. 852

Lipsey, R.E. and Sjöholm, F. (2006), "Foreign Firms and Indonesian Manufacturing Wages: An Analysis with Panel Data", Economic Development and Cultural Change 55(1): 201-221

Lipsey, R.E. and Sjöholm, F. (2004), "Foreign Direct Investment, Education, and Wages in Indonesian Manufacturing", Journal of Development Economics 73: 415-422.

Lipsey, R.E., Sjöholm, F. and Sun, J. (2010), "Foreign Ownership and Employment Growth in Indonesian Manufacturing", NBER Working Paper No. 15936.

OECD (2020), "Foreign direct investment flows in the time of COVID-19", https://read.oecd-ilibrary.org/view/?ref=132_132646-g8as4msdp9&title=Foreign-direct-investment-flows-in-the-time-of-COVID-19

OECD (2017), "OECD Investment Policy Reviews: Lao PDR, OECD Investment Policy Reviews", OECD Publishing, Paris, https://doi.org/10.1787/9789264276055-en.

OECD (2010), "OECD Investment Policy Reviews: Indonesia 2010, OECD Investment Policy Reviews", OECD Publishing, Paris, https://doi.org/10.1787/9789264087019-en.

Okamoto, Y. and Sjöholm, F. (2005), "FDI and the Dynamics of Productivity in Indonesian Manufacturing", Journal of Development Studies 41(1): 160-182.

Ramstetter, E.D. (1999), "Trade Propensities and Foreign Ownership Shares in Indonesian Manufacturing", Bulletin of Indonesian Economic Studies 35: 45-66.

Republic of Indonesia (2019a), Indonesia's Ministry of Development Planning, "National Medium Term Development Plan 2015-2019", http://extwprlegs1.fao.org/docs/pdf/ins183392.pdf

Republic of Indonesia (2019b), Indonesia's Ministry of Industry, "Making Indonesia 4.0", https://www.kemenperin.go.id/download/18384

Republic of Indonesia (2017), Minister of National Development Planning, "Low Carbon Development Initiative (LCDI)", https://www.un-page.org/files/public/indonesia_lowcarbon_development_full_report.pdf

Takii, S. (2004), "Productivity Differentials between Local and Foreign Plants in Indonesian Manufacturing, 1995", World Development 32: 1957-1969.

Takii, S. and Ramstetter, E.D. (2005), "Multinational Presence and Labour Productivity Differentials in Indonesian Manufacturing", 1975-2001, Bulletin of Indonesian Economic Studies 41: 221-242.

Sjöholm, F. (2003), "Which Indonesian Firms Exports? The Importance of Foreign Networks", Papers in Regional Science 82: 333-350.

Sjöholm, F. and Takii, S. (2008), "Foreign Networks and Exports: Results from Indonesian Panel Data", Developing Economies 46(4): 428-446.

UNCTAD (2017), "World Investment Report 2017", Geneva.

World Bank (2020), "Indonesia Economic Prospects: The Long Road to Recovery", https://reliefweb.int/sites/reliefweb.int/files/resources/Indonesia-Economic-Prospects-The-Long-Road-to-Recovery.pdf

World Bank (2019), "Strengthening the Disaster Resilience of Indonesian Cities – A policy note". https://reliefweb.int/sites/reliefweb.int/files/resources/Strengthening-the-Disaster-Resilience-of-Indonesian-Cities-A-Policy-Note.pdf

World Bank (2018), "Indonesian Economic Quarterly, Strengthening competitiveness", Washington, D.C.: World Bank Group.

World Bank (2012), "Export competitiveness in Indonesia's manufacturing sector". Indonesia PREM policy note; no. 2. Washington, DC: World Bank.

Annex 2.A. Metodologi penghitungan indikator Tipe 1 dan 2

Bab ini menggunakan dua jenis indikator Kualitas FDI (lihat Kotak 2.3). Metodologi pembentukannya tersaji di bawah ini.

Indikator Tipe 1

Indikator tipe 1 mengukur kinerja perusahaan asing dibandingkan perusahaan domestik untuk hasil tertentu (misalnya produktivitas). Dibutuhkan nilai positif jika perusahaan asing memiliki hasil yang lebih tinggi daripada perusahaan domestik, secara rata-rata, dan sebaliknya. Indikator dihasilkan sebagai perbedaan proporsional antara hasil rata-rata perusahaan asing dan hasil rata-rata perusahaan domestik:

$$Tipe\ 1 = (\bar{Y}_F - \bar{Y}_D)/\ \bar{Y}_D$$

dengan $\bar{Y}_F$ adalah hasil rata-rata perusahaan asing dan $\bar{Y}_D$ adalah hasil rata-rata perusahaan domestik, dan rata-rata penduduk dihitung menggunakan robot survei.

Indikator Tipe 2

Indikator tipe 2 menunjukkan apakah FDI terkonsentrasi di sektor-sektor dengan hasil pembangunan berkelanjutan yang lebih tinggi atau lebih rendah, sambil mengontrol ukuran ekonomi setiap sektor. Jenis indikator ini membandingkan dua rata-rata tertimbang sektor. Rata-rata tertimbang pertama (hasil "pembobotan FDI") adalah fungsi dari PDB dan FDI tingkat sektor. Rata-rata tertimbang kedua (hasil "baseline") hanya menggunakan bagian PDB tingkat sektor sebagai bobot. Indikator dibangun sebagai perbedaan proporsional antara hasil pembobotan FDI dan baseline:

$$Tipe\ 2 = \frac{\sum_s \omega_s Y_s - \sum_s \delta_s Y_s}{\sum_s \delta_s Y_s},$$

$$\omega_s = \frac{1}{\sum_s \frac{FDI_s}{FDI_{TOT}} \frac{GDP_s}{GDP_{TOT}}} \left(\frac{FDI_s}{FDI_{TOT}} \frac{GDP_s}{GDP_{TOT}} \right),$$

$$\delta_s = \left(\frac{GDP_s}{GDP_{TOT}} \right)$$

dimana Y_s adalah hasil rata-rata dari sektor *s*; ω_s adalah bobot yang sesuai dengan sektor *s* yang dibangun menggunakan produk dari bagian PDB dan bagian FDI dari sektor *s*; δ_s adalah pangsa PDB sektor *s*. Indikator mengambil nilai positif jika hasil pembobotan FDI lebih tinggi dari baseline; dan sebaliknya. Tingkat pertumbuhan indikator Tipe 2 selanjutnya dapat diuraikan menjadi dua faktor untuk menilai bagaimana hubungan antara FDI dan hasil tertentu berubah dari waktu ke waktu. Penguraian ini menunjukkan sejauh mana indikator berubah (1) sebagai akibat dari perubahan hasil (misalnya produktivitas tenaga kerja) di sektor-sektor yang menerima sebagian besar FDI, atau (2) sebagai akibat dari pergeseran FDI ke sektor-sektor yang berbeda hasil.

Secara matematis, ini menunjukkan adanya indikator Tipe 2 (Y) yang sangat berbeda dalam kaitannya dengan FDI (FDI) dan hasil yang dianalisis (OUT).

$$Y = F(FDI, OUT)$$

$$dY = F_{FDI} dFDI + F_{OUT} dOUT$$

di mana F_i sesuai dengan turunan parsial dari *Y* terhadap variabel *i* = {FDI, OUT}. Persamaan tersebut kemudian dibagi dengan *Y* dan setiap perubahan diubah menjadi tingkat pertumbuhan:

$$\frac{dY}{Y} = \left(\frac{F_{FDI} FDI}{Y}\right)\frac{dFDI}{FDI} + \left(\frac{F_{OUT} OUT}{Y}\right)\frac{dOUT}{OUT} = \beta\frac{dFDI}{FDI} + \gamma\frac{dOUT}{OUT}$$

di mana β mengukur perubahan dalam indikator Tipe 2 yang dijelaskan oleh FDI, dan γ menunjukkan variasi dalam indikator Tipe 2 yang dijelaskan oleh variabel hasil.

3 Mengkaji ulang regulasi FDI di Indonesia

Bab ini berfokus pada hambatan masuk dan operasional investor asing di Indonesia. Di dalamnya dijelaskan mengapa mengurangi hambatan dan memfasilitasi operasional bagi investor asing penting artinya bagi Indonesia di dalam rantai nilai global. Bab ini menganalisis regulasi di Indonesia bagi investor asing dibandingkan dengan negara-negara lain di kawasan dan pengalaman di seluruh dunia, serta mengidentifikasi sejumlah opsi kebijakan untuk dipertimbangkan oleh pemerintah guna meningkatkan daya tarik Indonesia terhadap investasi langsung asing.

Kesimpulan dan rekomendasi utama

Investor asing ragu berurusan dengan lingkungan bisnis Indonesia yang rumit, setidaknya karena masih adanya hambatan terhadap FDI dan persyaratan masuk. Ketegangan perdagangan Tiongkok-AS baru-baru ini, yang menyebabkan relokasi beberapa investasi berorientasi ekspor keluar dari Tiongkok, sekali lagi menarik perhatian pada tantangan Indonesia dalam menarik FDI meskipun baru-baru ini beberapa pabrik telah mengumumkan rencana untuk merelokasi produksinya ke Indonesia

Indonesia memiliki sejumlah karakteristik yang menjadikannya tujuan PMA yang banyak dicari. Namun, Indonesia tidak pernah benar-benar menjadi tujuan utama FDI (lihat bagian selanjutnya dan Bab 2 tentang tren dan dampak FDI). Investor asing ragu berurusan dengan lingkungan bisnis Indonesia yang rumit, setidaknya karena masih adanya hambatan terhadap FDI dan persyaratan masuk. Selain itu, juga karena masih kuatnya minat politik untuk ' nasionalisme ekonomi dan sumber daya', peran yang kuat dari perusahaan milik negara (BUMN) dalam perekonomian dan birokrasi yang berat serta proses pengambilan keputusan guna memperoleh persetujuan, perizinan yang diperlukan dari lembaga berwenang di tiap tingkat pemerintahan (lihat Bab 6 tentang mendorong dan memfasilitasi investasi), yang seringkali menghambat masuknya sebagian investor (Bank Dunia / IFC, 2019).

Ketegangan perdagangan Tiongkok-AS baru-baru ini, yang menyebabkan relokasi beberapa investasi berorientasi ekspor keluar dari Tiongkok, sekali lagi menyoroti hambatan Indonesia dalam menarik FDI, meskipun baru-baru ini beberapa pabrik telah mengumumkan rencananya untuk merelokasi produksinya ke Indonesia (JETRO, 2020; Nomura, 2019; Jakarta Post, 2020a, 2020b). Situasi ini memicu reaksi keras dari Presiden Joko Widodo, yang memanggil anggota kabinetnya atas kegagalan negara untuk turut 'mengambil manfaat' dari relokasi tersebut (Jakarta Globe, 2019; Katadata, 2019).

Meningkatkan investasi asing dan kemudahan berbisnis menjadi prioritas utama pemerintahan saat ini, yang pada awal tahun 2020 menyerahkan RUU Omnibus Cipta Lapangan Kerja kepada DPR yang bertujuan untuk merampingkan dan mencabut puluhan regulasi yang tumpang tindih yang dianggap menghambat investasi dan penciptaan lapangan kerja. Dari sekian isu yang dibahas, undang-undang ini berupaya untuk mencabut pembatasan dan ketentuan yang ditempatkan pada FDI, memusatkan dan merampingkan perizinan usaha dan prosedur pengadaan lahan, termasuk dengan mengadopsi pendekatan berbasis risiko untuk perizinan usaha dan menjadikannya proses yang lebih transparan dan sepenuhnya daring (lihat Bab 6 untuk pembahasan langkah-langkah fasilitasi investasi) dan mewujudkan mereformasi pasar tenaga kerja Indonesia secara besar-besaran.

Ditambah dengan UU Omnibus Perpajakan yang akan datang, pemerintah menganggap penting untuk memperkuat daya saing ekonomi dan merevitalisasi sektor manufaktur Indonesia, yang terus menyusut lebih dari 10 persen PDB selama satu setengah dekade terakhir. Namun demikian, undang-undang ini disahkan pada Oktober 2020 terlepas dari tentangan kuat dari serikat buruh, pemerintah daerah, dan masyarakat sipil, yang menyatakan keprihatinan atas revisi undang-undang tersebut terhadap UU Ketenagakerjaan tahun 2003, resentralisasi kekuasaan administratif di tangan eksekutif dan kurangnya audiensi publik. Menerapkan paket reformasi hukum '*all-in-one*' seperti ini memang tidak mudah, dan mungkin memang tidak semua isinya benar-benar sesuai yang diharapkan (lihat juga Bab 5), walaupun ada alasan yang kuat untuk merevisi regulasi FDI pasca pandemi COVID-19.

Seiring waktu, Indonesia telah banyak meliberalisasi regulasi investasi asingnya, tetapi masih menjadi salah satu negara yang paling membatasi FDI seperti yang diukur oleh *Indeks Pembatasan Peraturan FDI* OECD, dengan banyak sektor primer dan jasa masih sebagian tertutup bagi investor asing (misalnya pertanian, perikanan, minyak & gas, listrik, konstruksi, perhotelan, distribusi, transportasi, asuransi telekomunikasi dan jasa keuangan lainnya). Di luar pembatasan permodalan asing khusus sektor yang luas ini, Indonesia juga masih memberlakukan banyak kebijakan diskriminatif di berbagai papan, seperti persyaratan modal minimum yang lebih tinggi untuk perusahaan penanaman modal asing, persyaratan ketat untuk mempekerjakan warga asing di posisi manajemen kunci, pembatasan pembukaan cabang dan akses lahan oleh badan hukum asing, dan perlakuan istimewa yang diberikan kepada BUMN Indonesia dalam pengadaan publik. Indonesia juga memberlakukan persyaratan konten lokal secara ekstensif, yang semakin menambah hambatan dalam melakukan investasi asing di Indonesia.

Selain menghambat masuknya potensi FDI dan merampas sumber modal dan devisa Indonesia yang relatif lebih stabil untuk mendanai defisit transaksi berjalan strukturalnya dibandingkan dengan investasi portofolio, pembatasan ini berpotensi menahan potensi keuntungan produktivitas di seluruh unsur perekonomian (OECD, 2019a, 2015; Duggan et al., 2013; Rouzet dan Spinelli, 2016). Seperti yang ditunjukkan di bawah ini, pabrik asal Indonesia termasuk yang paling terpengaruh di seluruh dunia oleh pembatasan FDI di sektor jasa. Hal ini semakin mendesak mengingat tingkat deindustrialisasi ('prematur'), yang mungkin sangat membebani tujuan Indonesia untuk menjadi perekonomian berpenghasilan tinggi dalam jangka menengah (Rodrik, 2015). Dalam konteks modern rantai nilai regional dan global yang semakin intensif (GVC), kebijakan FDI tidak dapat lagi memperlakukan sektor jasa dan manufaktur secara terpisah.

Perombakan menyeluruh atas regulasi FDI Indonesia mungkin bukanlah hal yang mudah, tetapi hanya paket reformasi yang berani dan komprehensiflah yang dapat memungkinkan Indonesia untuk mengurangi hambatan FDI secara signifikan dan meningkatkan daya tarik sebagai tujuan investasi. Dari enam skenario hipotetis reformasi FDI yang disimulasikan menggunakan OECD FDI Regulatory Restrictiveness Index, hanya penghapusan batasan kepemilikan saham asing di seluruh sektor saja, dan unsur pembatasan lain dianggap konstan, yang dapat membawa Indonesia untuk jauh lebih mendekati tingkat keterbukaan OECD. Liberalisasi FDI secara besar-besaran dapat membawa dampak sangat besar (Mistura dan Roulet, 2019). Saham masuk FDI Indonesia, misalnya, dapat menjadi 25% hingga 85% lebih tinggi jika pembatasan FDI diturunkan hingga persentil ke-50 dan ke-25 dari Indeks *Pembatasan Peraturan FDI OECD*, variabel lainnya dianggap konstan. Hambatan ketat terhadap FDI juga membuat hambatan bisnis lainnya, dan reformasi yang diupayakan, menjadi kurang relevan karena mungkin tidak membawa manfaat yang diinginkan.

Walaupun peninjauan ulang regulasi FDI memang diperlukan, UU Omnibus Cipta Lapangan Kerja juga perlu menjamin bahwa capaian yang bagus dipertahankan. Transparansi kerangka kebijakan investasi Indonesia semakin meningkat dengan diadopsinya pendekatan 'daftar negatif' untuk mendata sektor yang masih tertutup atau terbuka dengan persyaratan tertentu bagi investor asing atau domestik, sesuai dengan Undang-Undang tahun 2007 tentang Penanaman Modal. Pergeseran menuju 'daftar positif', seperti yang terkadang dilaporkan oleh media, akan menjadi kemunduran terhadap transparansi dan upaya yang tengah berlangsung dan di masa depan dalam mempertahankan lingkungan bisnis yang terbuka jika diterapkan secara teknis. Walaupun begitu, pemerintah telah menyatakan pada saat kajian ini dibuat bahwa pendekatan 'daftar negatif' akan terus digunakan untuk pengaturan akses pasar. Dengan demikian, yang dapat diperbaiki adalah pengaturan kelembagaan dan prosedur perumusannya. Transparansi yang lebih luas dan dukungan teknis, serta konsultasi yang lebih inklusif dan peran kelembagaan dapat memperluas landasan informasi yang mendukung diskusi dan pembahasan terkait hal ini.

Skenario penurunan ekonomi global yang diumumkan - OECD (2020a) memproyeksikan kontraksi sebesar 4,5% dari perekonomian global pada tahun 2020 - mungkin justru dapat mendorong reformasi ke depan. Laju reformasi FDI Indonesia selama ini seringkali dibentuk oleh krisis. Jika bukan karena situasi pandemi saat ini, perspektif masa lalu tentang reformasi liberalisasi FDI dapat memberikan gambaran tentang kemungkinan peningkatan aktivitas FDI. Namun, hal ini mungkin terbukti sangat sulit kali ini. Bahkan untuk mempertahankan FDI yang ada saja mungkin sulit mengingat dampak negatif pandemi terhadap aktivitas FDI global (lihat Bab 2).[21] ASEAN sebagai kawasan kemungkinan akan tetap berada

---

[21] Skenario ini tidak mempertimbangkan perubahan mendasar dalam perilaku perusahaan terkait strategi FDI ke depannya. Dalam jangka panjang, sebagian pihak memprediksikan FDI di seluruh dunia menjadi lebih langka karena ketika perusahaan dan kebijakan pemerintah beralih ke strategi reshoring atau nearshoring sebagai solusi atas

pada posisi yang baik untuk bersaing mendapatkan investasi, yang juga dapat menguntungkan Indonesia. Namun, tanpa reformasi, Indonesia tetap berada pada posisi yang relatif tidak diuntungkan dan peluang menarik FDI yang dibutuhkan pasca pandemi mungkin menjadi kecil.

Rekomendasi kebijakan utama

- Mengingat daftar panjang kegiatan di Indonesia yang tertutup bagi investasi asing: lakukan penilaian dampak peraturan yang komprehensif dari pembatasan yang berlaku terhadap FDI, termasuk penilaian kebijakan alternatif yang non-diskriminatif jika diperlukan, dan lakukan penilaian terhadap pengawasan pemangku kepentingan yang memadai untuk mengidentifikasi bidang prioritas untuk mereformasi dan menyediakan informasi bagi pembuatan kebijakan dalam rangka reformasi omnibus cipta lapangan kerja dan aturan pelaksanaan yang menyertainya.
- Dalam mengedepankan reformasi FDI, pertimbangkan untuk memprioritaskan liberalisasi FDI lebih luas di sektor jasa mengingat implikasi produktivitasnya dalam seluruh sektor perekonomian. Dalam konteks GVC saat ini dan intensifikasi 'servisifikasi' sektor manufaktur, pembatasan terhadap FDI di sektor jasa pada akhirnya akan mendiskriminasi produsen dan konsumen manufaktur domestik, yang mungkin harus membayar harga mahal untuk input layanan yang telah disesuaikan kualitasnya. Reformasi dalam peraturan terkait layanan di dalam negeri harus sejalan dengan liberalisasi FDI agar dapat membawa manfaat secara maksimal.
- Hapuskan persyaratan diskriminatif terhadap investor asing langsung dalam regulasi horizontal guna mendukung peningkatan daya saing dan efisiensi serta memastikan kesetaraan bagi semua investor di Indonesia. Dalam kaitannya dengan hal ini:
    - Selaraskan persyaratan modal minimum umum untuk perusahaan penanaman modal asing dengan persyaratan modal untuk penanam modal dalam negeri. Kebijakan modal minimum yang diskriminatif saat ini sangat ketat terhadap investor dalam kegiatan yang tidak terlalu padat modal. Di seluruh dunia, di mana persyaratan modal minimum masih berlaku, persyaratan ini jarang sekali diskriminatif. Pada tahun 2012 hanya delapan negara dari 98 negara yang dinilai dalam *Investing Across Borders* Bank Dunia yang memberlakukan persyaratan modal minimum yang diskriminatif, dan ini pun masih jauh lebih rendah daripada yang diminta dari investor asing di Indonesia (sekitar 17 kali lebih rendah untuk rata-rata ekonomi OECD). Hal ini terjadi bahkan di berbagai negara dengan tingkat pendapatan per kapita yang jauh lebih besar daripada di Indonesia.
    - Dorong pengadaan publik yang lebih setara bagi investor asing langsung dengan menghilangkan perlakuan istimewa yang diberikan kepada badan usaha milik Indonesia, terutama dalam pengadaan jasa. Perlakuan preferensial terhadap perusahaan dalam negeri dalam pengadaan publik memanglah lazim, tetapi diskriminasi terhadap perusahaan milik asing yang didirikan di negara tempat pengadaan berada memang tidak biasa. Selain itu, langkah-langkah diskriminatif lainnya juga dapat menghambat daya saing dan persaingan di pasar yang terkena dampak dan dapat menaikkan biaya barang dan jasa yang dilakukan pemerintah.
    - Pertimbangkan kembali penggunaan persyaratan konten lokal untuk mengembangkan industri lokal dan mendukung investor dalam negeri. Persyaratan konten lokal yang ketat di beberapa sektor semakin menambah kendala dalam melakukan investasi asing di Indonesia. Upaya keras untuk memenuhi persyaratan konten lokal dapat menghambat persaingan, sementara potensi keuntungan jangka pendek di industri yang ditargetkan dapat menjadi penguras bagi unsur ekonomi lainnya. Guna menanggulangi hal ini, kebijakan horizontal yang menjawab

---

disrupsi rantai nilai di masa depan. Di sisi lain, peningkatan diversifikasi dan off-shoring mungkin menjadi sumber ketahanan rantai pasokan yang lebih andal, agar tidak menyimpan 'semua telur ke dalam satu keranjang'.

defisiensi iklim bisnis dan peraturan, hambatan perdagangan dan investasi, kebijakan inovasi, dan pembangunan infrastruktur, dapat menjadi alternatif terhadap kebijakan konten lokal dan memiliki efek ekonomi yang tidak senegatif persyaratan tersebut terhadap output, ekspor, dan lapangan pekerjaan.

- Pertahankan dan tingkatkan pendekatan 'daftar negatif' Indonesia yang ada saat ini untuk mengatur akses pasar dan perlakuan yang sesuai dengan investasi asing dalam reformasi UU Omnibus yang tengah berjalan. Pendekatan ini akan memberikan kejelasan dan jaminan yang lebih kuat bagi investor dibandingkan pendekatan alternatif 'daftar positif' yang terkadang disebutkan dalam konteks reformasi yang sedang berlangsung. Investor terkadang menyatakan ketidakpuasannya dengan laju liberalisasi dalam beberapa tahun terakhir dan mempertanyakan efektivitas revisi 'daftar negatif' dalam mendorong liberalisasi, tetapi hal ini kemungkinan akan lebih menantang dengan penggunaan alternatifnya, yaitu 'daftar positif'. Yang dapat diperbaiki adalah pengaturan kelembagaan dan prosedur untuk merevisi 'daftar negatif' secara berkala. Dalam kaitannya dengan hal ini:
    - Terus berikan izin bagi investasi asing tanpa diskriminasi kecuali ditetapkan sebagai yang 'dibatasi' dalam daftar negatif terpisah yang menunjukkan daftar lengkap (tanpa potongan dan pengecualian) dari aktivitas yang tertutup untuk investasi swasta (asing atau domestik), aktivitas yang hanya tertutup untuk investor asing, dan aktivitas yang memberikan izin kepada investasi asing dengan syarat diskriminatif. Daftar tersebut harus jelas dan ringkas, yang menjelaskan setiap syarat yang diberlakukan dengan jelas dan, jika diperlukan, menjelaskan ketentuan mendasar yang relevan dalam undang-undang dan peraturan di tingkat nasional. Acuan yang spesifik pada klasifikasi industri standar internasional (selain dari Klasifikasi Baku Lapangan Usaha Indonesia (KBLI) yang saat ini berlaku) untuk data akurat tentang kegiatan yang tertutup maupun terbatas juga direkomendasikan. Seperti yang saat ini berlaku, ini harus terus ditetapkan sebagai peraturan seleval peraturan pemerintah agar mudah direvisi sewaktu-waktu. Ia juga harus segera diperbarui setiap kali undang-undang yang mendasarinya disahkan atau direvisi guna memastikan agar pembatasan dan ketentuan baru atau yang telah direvisi tidak serta merta berlaku sampai benar-benar disebutkan dalam 'daftar negatif'.
    - Perkuat proses untuk menilai dan merevisi 'daftar negatif' secara berkala termasuk dengan berkonsultasi secara lebih luas dan sistematis dengan pemangku kepentingan terkait, dengan lebih mengandalkan penilaian teknis oleh lembaga independen yang memenuhi syarat dan dengan menerbitkan dokumen terkait yang mendukung proses musyawarah. Keterlibatan yang lebih luas dari para pemangku kepentingan terkait, serta transparansi yang lebih baik dan masukan teknis untuk perumusan 'daftar negatif' akan membantu memperluas diskusi dan musyawarah pendukung yang berdasarkan informasi dan memfasilitasi dialog dengan para pihak yang berkepentingan, yang pada akhirnya berkontribusi terhadap proses penyusunan kebijakan yang lebih baik.

Mengapa hambatan terhadap FDI penting bagi Indonesia?

Indonesia telah lama menjadi tujuan investasi asing yang cukup menantang. Indonesia memiliki sejumlah karakteristik yang menjadikannya tujuan menarik bagi PMA: pasar konsumen terbesar di Asia Tenggara di salah satu kawasan dengan pertumbuhan tercepat di dunia, sumber daya alam yang melimpah dan tenaga kerja yang besar dan relatif muda, selain keunggulan lainnya. Namun, Indonesia tidak pernah benar-benar menjadi tujuan utama FDI, terutama mengingat semakin pentingnya kawasan Asia Tenggara sebagai tujuan investasi dunia (Tabel 3.1). Untuk perekonomian terbesar ke-16 di dunia pada tahun 2018 dan yang masih 2,5 kali lebih banyak penduduknya daripada negara ASEAN terbesar kedua, sungguh mengejutkan bahwa negara ini termasuk di antara 3 penerima FDI ASEAN teratas dalam nilai dolar murni hanya dalam dua periode selama tiga dekade terakhir. (1990-1995 dan 2016-2018). Jika dibandingkan, kinerja Indonesia termasuk lemah, tetapi secara keseluruhan meningkat sejak pertengahan 2000-an, sama dengan kinerjanya secara keseluruhan.

Tabel 3.1. Kinerja komparatif Indonesia dalam menarik FDI, 1995-2018

(Peringkat dunia dalam tanda kurung)

FDI inflows (% of world total)	1990-1995	1996-2000	2001-2005	2006-2010	2011-2015	2016-18
Brunei Darussalam	0.1 (90)	0.2 (63)	0.2 (61)	0.1 (125)	0.1 (116)	0.1 (122)
Cambodia	0.1 (98)	0.1 (86)	0.1 (120)	0.1 (98)	0.2 (73)	0.2 (58)
Indonesia	**1.1 (19)**	0.5 (38)	-0.2 (190)	0.4 (50)	0.6 (37)	**1.3 (19)**
Lao PDR	0.1 (114)	0.1 (116)	0.1 (167)	0.1 (135)	0.1 (121)	0.1 (80)
Malaysia	2.4 (13)	0.9 (21)	0.5 (40)	0.5 (45)	0.8 (27)	0.7 (32)
Myanmar	0.1 (66)	0.1 (64)	0.1 (81)	0.2 (80)	0.1 (93)	0.3 (49)
Philippines	0.5 (37)	0.3 (47)	0.2 (70)	0.2 (69)	0.3 (54)	0.5 (35)
Singapore	2.8 (9)	2 (13)	2.3 (13)	2.4 (13)	3.8 (7)	5 (5)
Thailand	1 (23)	0.7 (28)	0.8 (27)	0.7 (33)	0.5 (40)	0.5 (36)
Viet Nam	0.5 (40)	0.4 (44)	0.3 (58)	0.5 (41)	0.6 (35)	1 (22)
FDI inflows (% of GDP)	**1990-1995**	**1996-2000**	**2001-2005**	**2006-2010**	**2011-2015**	**2016-18**
Brunei Darussalam	2.4 (57)	11.9 (13)	15 (12)	2.8 (124)	3.5 (85)	2.1 (110)
Cambodia	2.7 (52)	6.4 (36)	3.5 (79)	9.5 (38)	12.2 (19)	12.6 (12)
Indonesia	1.3 (90)	0.1 (177)	1.1 (144)	1.5 (157)	2.2 (114)	1.6 (126)
Lao PDR	2.5 (56)	4.4 (56)	0.9 (162)	4.7 (82)	4.7 (62)	7.7 (27)
Malaysia	7.7 (12)	5.3 (47)	2.6 (107)	3.2 (113)	3.5 (83)	3.1 (79)
Myanmar	2.9 (45)	6.9 (32)	5.5 (46)	4.8 (80)	2 (119)	5.4 (42)
Philippines	1.7 (70)	2 (114)	1.1 (146)	1.5 (160)	1.3 (157)	2.4 (100)
Singapore	9.6 (8)	14.4 (9)	15.2 (11)	17.9 (11)	19.4 (10)	23.2 (8)
Thailand	1.5 (76)	3.6 (73)	3.6 (77)	3.3 (109)	1.8 (127)	1.4 (132)
Viet Nam	7.5 (14)	6.7 (34)	3.7 (73)	7.3 (50)	5.5 (53)	6.3 (37)
FDI inflows per capita (USD million)	**1990-1995**	**1996-2000**	**2001-2005**	**2006-2010**	**2011-2015**	**2016-18**
Brunei Darussalam	410.8 (14)	2026.3 (11)	3046.2 (8)	983.7 (37)	1524.8 (19)	626.9 (36)
Cambodia	7.5 (128)	18.9 (124)	13.8 (142)	66.1 (125)	123.6 (110)	174.1 (86)
Indonesia	12.4 (106)	4.7 (155)	14.2 (139)	33.6 (145)	76 (129)	58.5 (121)
Lao PDR	8.4 (122)	14.9 (129)	3.4 (175)	39.9 (139)	87.4 (125)	190.2 (84)
Malaysia	259.2 (24)	219.7 (50)	119.7 (77)	238.9 (86)	367.8 (61)	304.4 (64)
Myanmar	4.4 (135)	11.4 (138)	11.5 (145)	32.2 (146)	23.1 (163)	68 (115)
Philippines	16.7 (97)	21.4 (121)	11.4 (147)	23.5 (157)	33.3 (148)	70.2 (114)
Singapore	1930.8 (3)	3562.4 (4)	3701.3 (6)	6924.2 (6)	10783.5 (6)	13269.1 (4)
Thailand	32.4 (80)	75.3 (77)	85.1 (91)	136.2 (109)	107 (113)	90.7 (106)
Viet Nam	15 (102)	23.1 (117)	18.7 (134)	79.5 (118)	99.9 (118)	147.2 (90)

Catatan: Sel yang disorot menunjukkan posisi Indonesia di antara 3 pemain teratas di ASEAN.
Sumber: Statistik FDI UNCTAD.

Sebagian besar pertumbuhan masuk FDI yang teramati baru-baru ini, terutama sejak 2010, dapat dijelaskan oleh pertumbuhan FDI secara global (Gambar 3.1). Faktor daya saing Indonesia dalam menarik FDI, yang diukur sebagai selisih antara perubahan nilai FDI sebenarnya dan ekspektasi perubahan pada nilai FDI jika FDI di tiap industri tumbuh sama dengan tingkat pertumbuhan FDI industri dunia, sebenarnya negatif selama periode 2010- 2018, yang berarti hilangnya daya saing di pasar FDI dunia. Pada dasarnya, jika daya saing Indonesia bertahan selama periode tersebut dan faktor-faktor lain tetap konstan, pangsanya di pasar FDI dunia akan tetap konstan dari waktu ke waktu. Namun, FDI global dalam industri yang memegang bagian terbesar dari nilai FDI Indonesia tumbuh lebih cepat daripada di Indonesia. Contoh kasusnya adalah sektor manufaktur dan jasa.

Gambar 3.1. Penguraian analisis Shift-Share pertumbuhan nilai masuk FDI di Indonesia, 2010-18

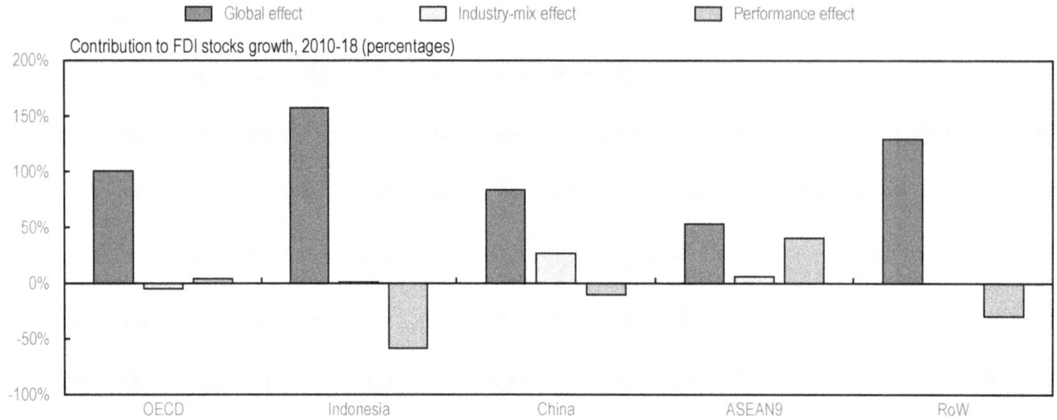

Catatan: lihat Lampiran 3.A. Catatan Teknis.
Sumber: uraian penulis, dari berbagai sumber data (lihat Lampiran 3.A. Catatan Teknis).

Investasi berbasis lokasi dalam industri ekstraktif dan kegiatan pertanian, dan dengan nilai yang lebih kecil, investasi yang berorientasi dalam negeri, seperti dalam kegiatan konstruksi, bernasib lebih baik, tetapi ini tidak memungkinkan Indonesia untuk mengkompensasi hilangnya pangsa pasarnya dari FDI total di seluruh dunia. Secara khusus, dan berlawanan dengan tren peningkatan yang teramati di negara-negara anggota ASEAN lainnya secara keseluruhan, Indonesia tampaknya gagal menarik jenis investasi yang lebih mencari efisiensi. Hal ini sebagian dicontohkan oleh tren penurunan yang diamati dalam merger lintas batas vertikal dan akuisisi perusahaan Indonesia sebagai bagian dari seluruh kesepakatan lintas batas yang menargetkan Indonesia (Gambar 3.2, panel a) dan perusahaan ASEAN (Gambar 3.2, panel b). Walaupun proyek investasi seringkali ditujukan untuk layanan yang bermacam-macam, investasi pada sektor-sektor yang bertujuan efisiensi cenderung lebih berorientasi ekspor dan biasanya mengungguli FDI yang berorientasi domestik dalam sejumlah hasil pembangunan utama, seperti produktivitas tenaga kerja dan upah, kapasitas inovasi, dan modal yang diinvestasikan (Bank Dunia, 2019), meskipun terkadang hal ini tidak serta merta menghasilkan hubungan dan limpahan yang lebih tinggi terhadap perekonomian dalam negeri.

Gambar 3.2. Tren FDI horizontal dan vertikal di Indonesia: 1997-2017

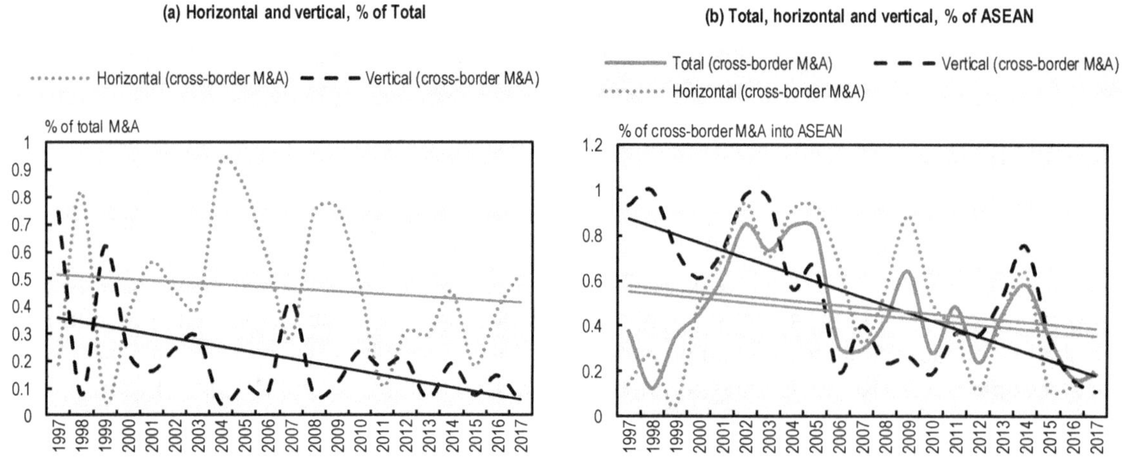

Catatan: lihat Lampiran 3.A. Catatan Teknis.
Sumber: elaborasi penulis, berdasarkan data Merger & Akuisisi Dealogic.

Penerimaan FDI yang mencari efisiensi juga memberikan sinyal kualitas lingkungan bisnis karena para investor ini juga semakin bebas bergerak. Mereka biasanya lebih peka terhadap kondisi iklim investasi karena mereka berusaha untuk mengeksplorasi skala ekonomi tingkat pabrik, seperti penghematan biaya faktor, selain juga integrasi vertikal dan peluang berbasis lokasi lainnya yang terkait dengan akses pasar dan distribusi geografis, pengaturan kelembagaan, dan kebijakan ekonomi yang memungkinkan perusahaan untuk merasionalisasi struktur operasionalnya. Namun, merealisasikan peluang ini bergantung pada besarnya biaya yang timbul dari fragmentasi rantai nilai, seperti biaya perdagangan internasional dan kerugian efisiensi teknis. Semakin efisien koordinasi dan lingkungan bisnis (misalnya dalam hal memperoleh lisensi dan izin, perdagangan lintas batas, pembayaran pajak, pemberlakuan kontrak, dll.), semakin tinggi pula laba relatifnya, dan semakin tinggi daya saing lokasi dan daya tarik bagi investor.[22]

Investor asing telah lama berhati-hati dengan lingkungan bisnis Indonesia yang rumit, setidaknya karena masih adanya hambatan dan persyaratan masuk terhadap FDI yang dibahas pada bagian berikutnya, seperti pembatasan kepemilikan saham asing dan persyaratan konten lokal, yang mungkin menghambat upaya mereka untuk beroperasi secara efisien. Selain itu, mereka juga prihatin dengan birokrasi yang berat dan proses pengambilan keputusan untuk memperoleh persetujuan, lisensi, dan izin yang diperlukan dari otoritas di seluruh tingkat pemerintahan (lihat Bab 4, Bab 6, dan Bab 7) yang, diikuti pula dengan peran dominan BUMN di bidang ekonomi dan masih kuatnya dorongan politik untuk mengedepankan 'nasionalisasi ekonomi dan sumber daya' (lihat Bab 1), semakin menutup pintu masuk bagi sebagian investor.

Ketegangan perdagangan Tiongkok-AS baru-baru ini, yang berdampak pada relokasi beberapa investasi berorientasi ekspor keluar dari Tiongkok, sekali lagi menyoroti tantangan yang masih dihadapi Indonesia dalam menarik FDI. Wacana yang berkembang dan para analis tampaknya sama-sama menunjukkan bahwa investor yang direlokasi kebanyakan mengabaikan Indonesia dan memilih negara lain di kawasan, seperti Vietnam, Thailand, dan Malaysia (JETRO, 2020, Nomura, 2019), walaupun baru-baru ini beberapa pabrik telah mengumumkan rencananya untuk merelokasi produksinya ke Indonesia (Jakarta Post, 2020a, 2020b). Situasi ini memicu reaksi keras dari Presiden Joko Widodo, yang memanggil anggota kabinetnya atas kegagalan negara untuk menangkap 'peluang yang menguntungkan' dari relokasi tersebut (Jakarta Globe, 2019; Katadata, 2019).[23]

---

[22] Kondisi iklim investasi juga memainkan peran dalam keputusan FDI horizontal, walaupun perannya lebih kecil. FDI horizontal (yang berorientasi melayani pasar negara tujuan investasi) biasanya dikaitkan dengan skala ekonomi tingkat perusahaan. Oleh karena itu, produksi dapat lebih mudah diduplikasi di pasar negara bersangkutan karena keuntungan dari akses pasar dan peningkatan laba terhadap aset skala tingkat perusahaan lebih tinggi daripada skala ekonomi yang hilang di tingkat pabrik. Kondisi iklim investasi memainkan peran penting utamanya terkait FDI horizontal yang tujuannya melayani pasar regional. Dalam kasus ini, sama halnya dengan FDI yang berorientasikan efisiensi, investor cenderung mencari lokasi yang paling efisien untuk melayani pasar regional, memanfaatkan kombinasi faktor-faktor yang memungkinkan rasionalisasi operasionalnya, termasuk faktor produksi, pengaturan budaya dan kelembagaan, struktur pasar, dan kebijakan ekonomi yang ditawarkan lokasi tertentu.

[23] Dalam tanggapannya, pemerintah berencana membentuk satuan tugas antar kementerian khusus untuk menangani realokasi investasi, sesuai dengan Instruksi Presiden (Inpres) Nomor 7 Tahun 2019 tentang Percepatan Kemudahan Berbisnis. BKPM sudah mulai memprioritaskan rencana realokasi investasi 40 perusahaan asing (dengan proyeksi potensi 300 perusahaan) di Tiongkok yang berasal dari Amerika Serikat (AS) dan Jepang. Menurut pemerintah, tugas satuan tugas ini adalah (1) mendeteksi perusahaan yang akan direlokasi dalam waktu dekat; (2) mencari tahu fasilitas yang disediakan oleh negara saingan, dan (3) membuat dan mengambil keputusan untuk negosiasi.

Box 3.1. Rantai nilai global dan FDI

Hambatan terhadap FDI dapat semakin membatasi perkembangan GVC di Indonesia

GVC telah menjadi pendorong penting bagi produktivitas dan pertumbuhan ekonomi lintas negara, baik di negara maju maupun berkembang (OECD, 2015b; Bank Dunia, 2019; Kowalski et al., 2015). Fragmentasi internasional yang meningkat atas proses produksi yang terkait dengan GVC dapat dilihat pada semakin meningkatnya perdagangan barang dan jasa setengah jadi dalam beberapa dekade terakhir. Akhir-akhir ini, lebih dari 70% impor jasa dunia diperkirakan merupakan jasa setengah jadi, dan lebih dari 50% impor manufaktur dunia merupakan barang setengah jadi (OECD, 2013). Lebih dari sebelumnya, saat ini daya saing yang kuat dan kemampuan negara sangat bergantung bukan saja pada kapasitas untuk mengakses input kualitas kelas dunia yang lebih murah dan lebih terdiferensiasi, tetapi juga kapasitas untuk mengekspor. Dengan kata lain, negara-negara di dunia kini mengimpor agar dapat berhasil mengekspor.

Perusahaan multinasional (PMN) memainkan peran sentral dalam GVC, dengan sebagian besar perdagangan lintas batas terjadi dalam jaringan afiliasi (Gambar 3.3). UNCTAD (2013) memperkirakan bahwa PMN menyumbang sekitar 80% dari perdagangan global barang dan jasa, sekitar 42% di antaranya adalah perdagangan intra-perusahaan (Gambar 3.3, Panel B). Cadestin et al. (2019) memperkirakan tingkat keikutsertaan yang lebih rendah tetapi tetap penting: kira-kira setengah dari perdagangan internasional. Oleh karena itu, FDI merupakan saluran penting yang memungkinkan integrasi antarnegara dan meraih keuntungan dari GVC (Gambar 3.3, Panel A). PMN dan afiliasi asingnya biasanya hanya merupakan sebagian kecil dari keseluruhan perusahaan tetapi memainkan peran yang jauh lebih besar dalam hal hasil, karena mereka biasanya terlibat dalam industri yang lebih padat modal dan skala (Gambar 3.3, Panel C; OECD, 2013 dan 2019). Mereka biasanya menghasilkan sebagian besar ekspor dan nilai tambah, dan sementara bagian dari nilai tambah yang dihasilkan kembali ke negara investor, sisanya tetap tinggal di negara tujuan investasi dalam bentuk kompensasi tenaga kerja, pajak, dan reinvestasi.

Tergantung dari seberapa kuat mereka terintegrasi ke dalam perekonomian suatu negara, PMN juga menjadi sumber akses ke pasar internasional dan teknologi baru bagi pemasok dan pembeli di dalam negeri, termasuk UKM, selain juga berkontribusi terhadap limpahan pengetahuan terhadap rantai nilai domestik. Setiap USD 1 dari penjualan tambahan oleh afiliasi asing rata-rata menghasilkan USD 0,62 tambahan bagi perekonomian domestik di mana mereka berada (Cadestin et al., 2019).

Gambar 3.3. Pentingnya FDI dalam rantai nilai global

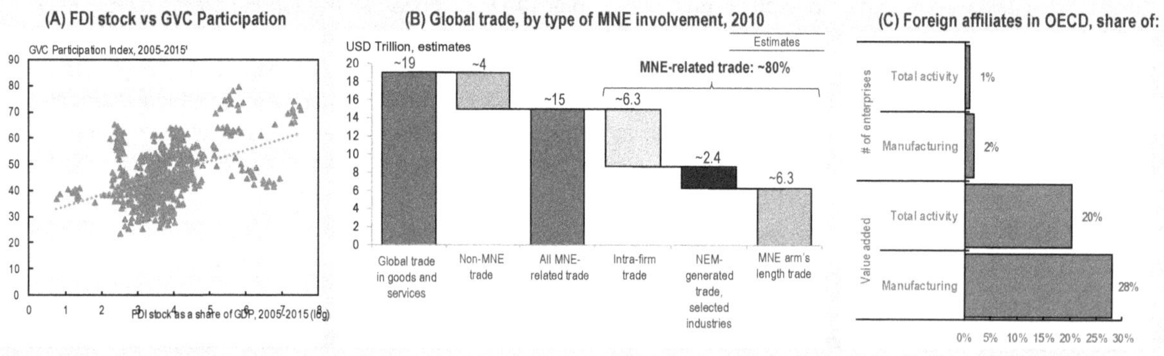

Catatan: [1]Indeks partisipasi GVC mengacu pada pangsa input asing (partisipasi mundur) dan input yang diproduksi dalam negeri yang digunakan dalam ekspor negara ketiga (partisipasi maju) dalam ekspor bruto suatu negara. Lihat Koopman et al. (2010) untuk informasi lebih lanjut.

Sumber: OECD (2014); Statistik UNCTAD; UNCTAD (2013) dan OECD APMN Statistics (data untuk 2014).

Kinerja sektor jasa memegang peranan penting dalam konteks ini. Sektor ini menjadi saluran penting untuk menghasilkan nilai tambah dalam konteks GVC. Di seluruh dunia, sementara pangsa jasa dalam ekspor bruto relatif kecil, kegiatan sektor jasa menyumbang hampir setengah dari input nilai tambah untuk ekspor (De Backer dan Miroudot, 2013). Di ASEAN, terlepas dari peningkatan baru-baru ini, nilai tambah jasa yang terkandung dalam ekspor, baik yang dipasok secara lokal atau diimpor, masih tetap lemah (38% tidak termasuk Singapura) dibandingkan dengan rata-rata OECD (54%). Di Indonesia, pangsa jasa yang dinilai tambah dalam ekspor bruto mencapai 36% pada tahun 2016 (Gambar 3.4, Panel A).

Selain itu, sektor jasa memainkan peran yang semakin penting dalam menghasilkan nilai tambah dalam aktivitas manufaktur, baik sebagai input untuk produksi barang manufaktur atau aktivitas jasa perusahaan di dalam perusahaan, serta digabungkan dengan konsumsi jadi (Miroudot dan Cadestin, 2017). "Servisifikasi" aktivitas manufaktur ini jelas terlihat pada uraian nilai tambah yang terkandung dalam ekspor manufaktur (Gambar 3.4 Panel B). Di perekonomian OECD misalnya, input jasa menyumbang sekitar 33% dari nilai tambah yang tertanam dalam ekspor manufaktur, dan dengan penyediaan jasa secara internal pada perusahaan manufaktur, pangsa jasa dalam ekspor manufaktur meningkat hingga 50% (Miroudot dan Cadestin , 2017). Di ASEAN (tidak termasuk Singapura) dan Indonesia, pangsa nilai tambah jasa yang tertanam dalam ekspor manufaktur (tidak termasuk jasa dalam negeri) masing-masing sebesar 26% dan 23%. Di ekonomi OECD, sekitar 90% dari nilai tambah jasa tertanam dihasilkan di dalam negeri. Di Indonesia: sekitar 75% diproduksi di dalam negeri oleh perusahaan milik Indonesia atau asing yang didirikan di Indonesia, sedangkan sisanya diimpor. Angka ini sangat tinggi dibandingkan dengan AMS lainnya dan pada prinsipnya dapat dijelaskan oleh ekspor Indonesia yang sebagian besar didorong oleh industri berbasis sumber daya alam, seperti produk makanan dan bahan kimia dan mineral, yang menggunakan bahan mentah Indonesia serta jasa distribusi dan transportasi domestik di seluruh mata rantai.

Gambar 3.4. Bagian jasa ekspor dan ekspor manufaktur yang bernilai tambah jasa

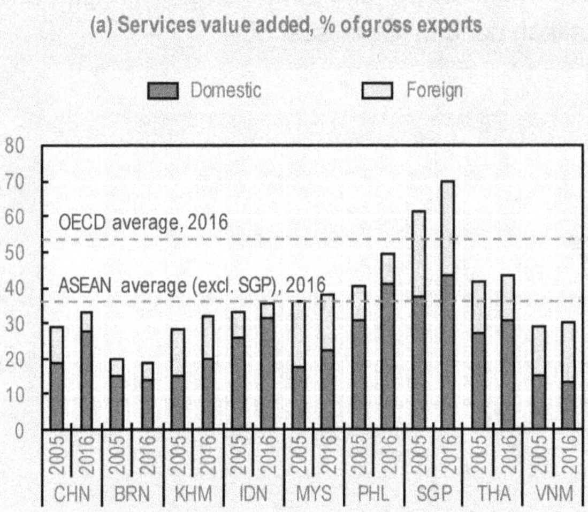

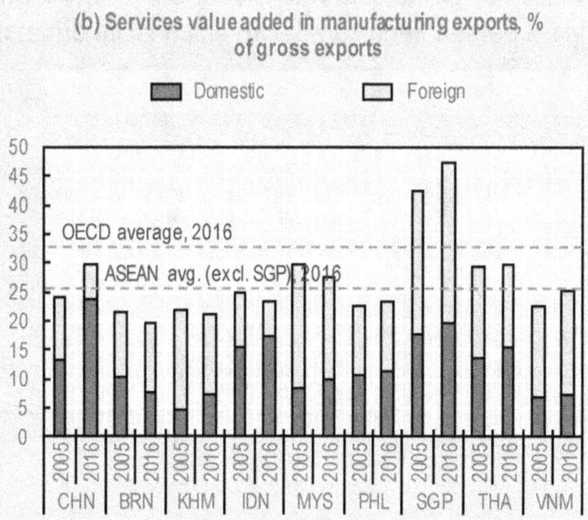

Catatan: Domestik mengacu pada bagian dari nilai tambah yang diproduksi di dalam negeri baik oleh penyedia jasa milik lokal atau afiliasi asing di negara tersebut. Asing mengacu pada bagian nilai tambah yang diimpor dari penyedia jasa yang berada di luar negeri. Industri jasa meliputi konstruksi, grosir, dan eceran, hotel dan restoran, transportasi dan komunikasi, keuangan, real estat dan layanan bisnis serta layanan publik, yaitu ISIC Revisi ke-4 Divisi 41 hingga 98.
Sumber: database OECD TiVA.

Tanpa lingkungan bisnis yang lebih kondusif bagi investor asing, Indonesia mungkin akan kehilangan peluang pengembangan yang terkait dengan rantai nilai global (Box 3.1). GVC telah menjadi pendorong penting bagi produktivitas dan pertumbuhan ekonomi lintas negara, baik di negara maju maupun berkembang (OECD, 2015b; Bank Dunia, 2019; Kowalski et al., 2015); dan sektor jasa, yang sebagian besar masih membatasi FDI di Indonesia, memainkan peran penting dalam konteks ini karena sektor ini memberikan kontribusi nilai tambah yang signifikan dalam konteks GVC. Oleh karena itu, sejauh mana negara dapat mewujudkan kondisi yang diperlukan agar jaringan produksi global dapat beroperasi secara efisien pada setiap tahap rantai produksi, termasuk dalam kaitannya dengan akses ke input layanan kelas dunia, merupakan penentu utama keberhasilan negara tersebut untuk masuk ke dalam dan meningkatkan kualitasnya dalam GVC.

Pembatasan FDI di sektor jasa dalam konteks ini dapat menghalangi integrasi dan pengembangan GVC dengan menghambat pengembangan layanan kompetitif dan aktivitas manufaktur hilir. Hambatan hukum terhadap FDI (seperti pembatasan modal asing serta mekanisme seleksi dan pemberian izin yang diskriminatif) bukan hanya hanya memiliki efek negatif yang cukup besar terhadap kemampuan suatu negara untuk menarik FDI (Mistura dan Roulet, 2019; Fournier, 2015; Nicoletti et al., 2003). Pembatasan FDI di sektor jasa juga berpengaruh negatif terhadap konsumen dan sektor manufaktur. Peraturan terkait jasa yang menghambat biasanya membuka peluang bagi penyedia jasa untuk melambungkan harga lebih tinggi di sebagian besar sektor jasa, sehingga memengaruhi aktivitas hilir dan konsumen di tingkat akhir (Rouzet dan Spinelli, 2016).

Hal ini memiliki implikasi yang luas terhadap produktivitas ekonomi mengingat semakin pentingnya jasa sebagai input dalam industri manufaktur hilir (Kotak 3.2). Tulisan OECD (2019a) sebelumnya menunjukkan bahwa perusahaan manufaktur ASEAN di industri yang sangat bergantung pada jasa, seperti industri mesin dan peralatan transportasi, akan sangat diuntungkan dari liberalisasi layanan FDI yang lebih luas. Manfaat produktivitas tersebut lebih besar untuk UKM dan perusahaan yang berorientasi pasar domestik dan dimiliki dalam negeri daripada untuk perusahaan besar, berorientasi ekspor, dan milik asing. Reformasi sektor jasa juga dapat menghasilkan keuntungan ekonomi yang cukup tinggi dalam jangka panjang. IMF (2018) memperkirakan bahwa potensi keuntungan PDB riil jangka panjang Indonesia dari penurunan hambatan dagang dan FDI ke rata-rata global akan bernilai sekitar 10% dalam jangka menengah hingga panjang. Hampir 6 persen kenaikan dalam estimasi ini dapat dikaitkan dengan liberalisasi FDI.

Kotak 3.2. Reformasi jasa akan meningkatkan produktivitas manufaktur

Hasil penelitian terbaru telah menunjukkan hubungan yang jelas antara reformasi jasa dan pertumbuhan produktivitas dalam perekonomian secara keseluruhan, dan secara khusus di bidang manufaktur (Rendah, 2016). Sebuah studi terhadap 15 negara OECD menggambarkan bahwa regulasi hulu yang anti-persaingan di sektor jasa dan non-manufaktur ternyata mengekang pertumbuhan produktivitas multi-faktor di sektor hilir antara 1985 dan 2007 (Bourlès et al., 2010). Sebuah studi baru-baru ini di Laos menegaskan bahwa liberalisasi jasa menguntungkan pembangunan ekonomi lintas sektor ekonomi, tidak hanya dalam jasa (Isono dan Ishido, 2016).

Berfokus pada manufaktur, Duggan et al. (2013) menggunakan Indeks FDI OECD untuk menilai efek pembatasan FDI dalam sektor jasa terhadap produktivitas manufaktur perusahaan Indonesia dan menemukan bahwa liberalisasi FDI sektor jasa menyumbang 8% dari peningkatan yang diamati dalam total faktor produktivitas (TFP) pabrikan Indonesia dari 1997 hingga 2009. Shepotylo dan Vakhitov (2015) menganalisis dampak liberalisasi jasa terhadap produktivitas manufaktur di Ukraina selama 2001-07 dan menemukan bahwa satu simpangan baku dalam liberalisasi jasa dapat dikaitkan dengan peningkatan 9% dalam TFP perusahaan manufaktur. Penulis juga menemukan bahwa pengaruh liberalisasi jasa juga lebih kuat terhadap perusahaan domestik dan kecil. Arnold dkk. (2012) menemukan bahwa reformasi kebijakan India di bidang perbankan, telekomunikasi, asuransi, dan layanan transportasi secara keseluruhan memiliki pengaruh besar dan positif terhadap produktivitas perusahaan manufaktur India dari 1993 hingga 2005. Baik perusahaan asing maupun domestik mendapat manfaat dari reformasi jasa, tetapi pengaruhnya lebih kuat terhadap perusahaan milik asing. Kenaikan satu simpangan baku dalam liberalisasi jasa menghasilkan peningkatan produktivitas masing-masing sekitar 12% dan 13% untuk perusahaan manufaktur dalam dan luar negeri. Terkait hal itu, Berulava (2011) menemukan bahwa liberalisasi di bidang telekomunikasi, ketenagalistrikan, transportasi, distribusi air, dan perbankan mendorong perluasan kegiatan ekspor manufaktur di 29 negara berkembang dari tahun 2002 ke 2009.

Temuan ini didukung oleh penelitian terbaru yang menyatakan bahwa efek pembatasan di layanan hulu bergantung pada kualitas kelembagaan (Beverelli et al., 2015). Dengan menggunakan data tingkat sektor dalam kumpulan data panel dari 58 negara yang mencakup seluruh tahap pembangunan ekonomi, studi ini menemukan bahwa negara-negara dengan tata kelola ekonomi yang lebih baik mendapatkan lebih banyak keuntungan dari kebijakan jasa yang terbuka. Artinya, lembaga yang lebih berkualitas menarik penyedia jasa yang lebih produktif dan mendukung tingkat kinerja layanan yang lebih tinggi, yang kemudian memengaruhi sektor manufaktur hilir.

Sejumlah studi juga menunjukkan hubungan positif antara FDI di bidang jasa dan produktivitas manufaktur. Arnold dkk. (2011) menggambarkan bahwa peningkatan partisipasi asing dalam jasa telah meningkatkan produktivitas manufaktur di Republik Ceko dari tahun 1998 hingga 2003. Satu simpangan baku kehadiran pihak asing dalam jasa dikaitkan dengan peningkatan sekitar 8% dalam produktivitas perusahaan manufaktur Ceko yang mengandalkan input jasa. Fernandes dan Paunov (2012) melakukan studi serupa tentang efek FDI di sektor jasa terhadap produktivitas perusahaan manufaktur Chile antara 1995 dan 2004. Satu peningkatan simpangan baku dalam FDI jasa akan meningkatkan TFP perusahaan Chile sebesar 3%, dan hubungan maju dari FDI dalam sektor jasa menjelaskan 7% dari peningkatan yang teramati dalam TFP perusahaan manufaktur Chili selama periode tersebut. Forlani (2012) menemukan bahwa meningkatnya persaingan dalam jasa jaringan di Prancis telah meningkatkan produktivitas perusahaan manufaktur.

Sumber: direproduksi dari OECD (2019a).

Dengan membatasi kemampuan Indonesia untuk menarik lebih banyak FDI, pembatasan juga berdampak pada pembiayaan defisit neraca berjalan Indonesia yang teramati baru-baru ini (Gambar 3.5). Sejak tahun 2012, transaksi berjalan menunjukkan neraca negatif rata-rata setara dengan 2,5% dari PDB, utamanya disebabkan oleh memburuknya neraca perdagangan barang Indonesia. Neraca dasar juga menjadi negatif sejak saat itu karena FDI belum cukup untuk menutup defisit neraca berjalan, yang berarti Indonesia menjadi lebih bergantung pada investasi dalam negeri yang lebih tidak stabil dalam menutup defisit neraca berjalannya. Terkait hal ini, pembalikan tajam investasi dalam negeri di negara-negara berkembang pasca wabah COVID-19, ditambah perkiraan perlambatan FDI di seluruh dunia (OECD, 2020a; 2020b; 2020c), mungkin akan menjadi tantangan lebih besar bagi Indonesia, meskipun tekanan pembiayaan mungkin sedikit berkurang dengan defisit transaksi berjalan berdasarkan proyeksi Bank Dunia (2020a).

Gambar 3.5. Struktur pembiayaan transaksi berjalan Indonesia (% dari PDB)

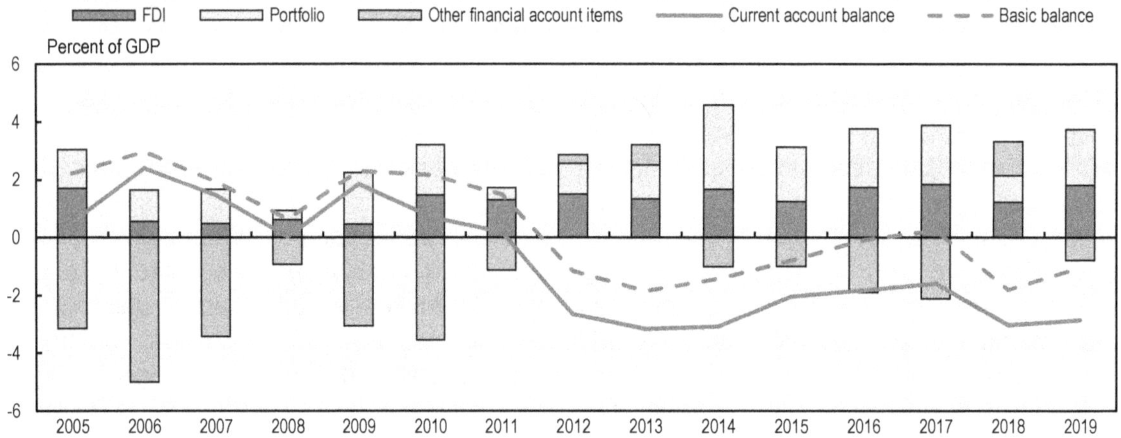

Catatan: Neraca dasar mengacu pada jumlah neraca transaksi berjalan dan FDI bersih.
Sumber: Database Dana Moneter Internasional, Neraca Pembayaran dan Outlook Ekonomi Dunia (Oktober 2019).

Secara keseluruhan, walaupun pembatasan mungkin tidak menghalangi masuknya sebagian investasi, pembatasan tersebut dapat memengaruhi karakteristik FDI yang masuk ke Indonesia. Persyaratan usaha patungan (*joint venture*), misalnya, mempersyaratkan adanya mitra lokal dengan kapasitas dan keterampilan yang memadai serta mengawal dari penggunaan teknologi yang tidak semestinya oleh mitra dan pesaing. Terkadang hal ini pada akhirnya dapat mengurangi potensi surplus proyek dengan mendorong penggunaan sumber daya lokal yang tidak efisien atau dengan hanya membatasi potensi limpahannya dibandingkan dengan kasus yang tidak memberlakukan syarat. Investor asing dapat memilih untuk menerapkan teknologi dan teknik produksi yang lebih lama jika teknologi terkini dalam industri internasional ketika dihadapkan pada pembatasan permodalan asing atau persyaratan usaha patungan (Moran, Graham dan Blomström, 2005).

Semua kemungkinan implikasi dari hambatan terhadap FDI yang dibahas di atas semakin mendukung pentingnya menimbang secara teratur manfaat dibandingkan biaya, serta dalam konteks dan keadaan negara. Hak pemerintah untuk memilih investor tertentu dibandingkan yang lain untuk mencapai tujuan sosial, ekonomi, atau lingkungan adalah hal yang wajar, tetapi kebijakan apa pun yang mendiskriminasi satu kelompok investor akan memiliki implikasi terhadap biaya. Dengan demikian, tindakan diskriminatif terhadap investor asing hanya dapat melayani kepentingan publik yang lebih luas sejauh kemungkinan biaya yang ada dari FDI yang hilang dan potensi keuntungan efisiensi yang dapat dikompensasikan oleh manfaat sosial dan ekonomi yang lebih luas. Untuk itu, pertimbangan ini perlu terus dikaji ulang untuk menentukan apabila tujuan awalnya tetap valid dan ruang lingkupnya tetap proporsional dengan tujuan kepentingan umum, sehingga potensi biaya dapat dipastikan tidak lebih besar dari yang dibutuhkan (OECD, 2015a).

Terlepas dari liberalisasi yang cukup penting di masa lalu, regulasi investasi asing di masih Indonesia masih saran pembatasan

Dilihat dari perspektif yang luas, Indonesia telah meliberalisasi pembatasan terhadap investasi internasionalnya secara signifikan dan berkala, meskipun lajunya lebih lambat dan akhir-akhir ini disertai sedikit kemunduran (Gambar 3.6). Namun, Indonesia masih cukup membatasi akses FDI berdasarkan Indeks Pembatasan Regulasi FDI OECD (Gambar 3.7; Kotak 3.3). Pemerintah di seluruh dunia pun dalam satu cara atau lainnya memberlakukan diskriminasi kepada sebagian investornya, baik disadari atau tidak. Akan tetapi, regulasi yang membatasi akses FDI yang teramati di Indonesia jauh lebih ketat dari kebanyakan negara lainnya dan bahkan lebih tinggi daripada beberapa negara tetangganya di kawasan ASEAN, seperti Thailand, Malaysia, dan Vietnam.

Gambar 3.6. Indeks Pembatasan Regulasi FDI OECD: perspektif historis, 1985-2019

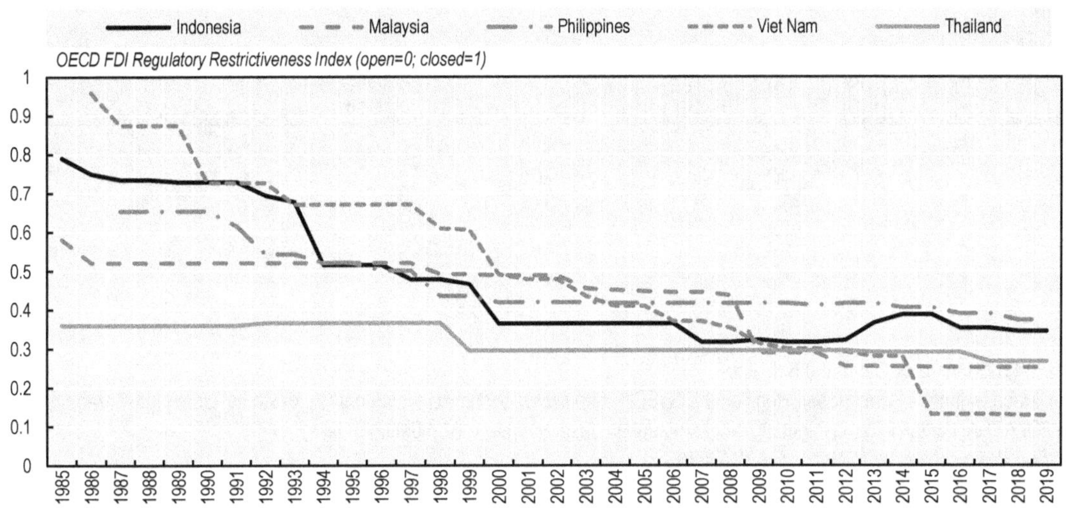

Catatan: *Indeks Pembatasan Regulasi FDI OECD* hanya meliputi aturan-aturan yang mendiskriminasi investor asing (seperti batasan permodalan asing, prosedur seleksi & persetujuan, pembatasan personel asing di level atas, dan kebijakan operasional lainnya). Aspek penting lainnya dari iklim investasi (seperti penerapan peraturan dan monopoli negara, perlakuan istimewa kepada investor berorientasi ekspor dan regulasi KEK) tidak ikut dipertimbangkan. Data mencerminkan peraturan yang menghambat pada akhir Desember. Silakan lihat Kalinova et al. (2010) untuk informasi lebih lanjut tentang metodologi.
Sumber: Penjelasan penulis berdasarkan metodologi Indeks Pembatasan Regulasi FDI OECD, http://www.oecd.org/investment/fdiindex.htm.

Daftar negatif investasi (DNI) saat ini yang mulai diberlakukan Mei 2016 hanya sedikit mendorong regulasi FDI Indonesia setingkat lebih dekat menuju tingkat keterbukaan internasional dan regional, walaupun memang memegang peranan kunci dalam menunjukkan kembali niat Indonesia untuk menarik investasi asing. Daftar ini mendata sejumlah bidang usaha yang tertutup untuk investasi dan yang terbuka dengan persyaratan, termasuk yang berkaitan dengan batas kepemilikan asing, persyaratan lokasi, persyaratan perizinan khusus, bisnis yang dicadangkan untuk 100% kepemilikan domestik (Indonesia) dan di mana ambang kepemilikan asing yang lebih tinggi berlaku untuk Investor ASEAN. Kebijakan ini diterapkan pada saat yang penting karena daftar negatif sebelumnya yang dikeluarkan pada tahun 2014 menunjukkan sentimen pemerintah yang tanpa kepastian terhadap investasi asing.

Terlepas dari liberalisasi yang sudah ada, daftar tahun 2014 secara keseluruhan membalikkan pencapaian yang ada sebelumnya dengan membatasi investasi asing di beberapa sektor utama, seperti pertambangan. Sementara itu, negara lain dan pesaing utama di kawasan terus membuka perekonomiannya terhadap investor asing dan menjadikan Indonesia kurang menarik sebagai tujuan investasi. Dengan demikian, daftar tahun 2016 merupakan terobosan penting karena menunjukkan lagi sikap yang lebih positif terhadap investasi asing, terutama dengan mencabut batas kepemilikan asing di 45 lini bisnis (seperti jalan tol, kegiatan pariwisata, dan e-commerce) dan meringankan pembatasan modal asing di beberapa sektor jasa utama lainnya (misalnya pergudangan, distribusi, dan transportasi).

Gambar 3.7. Indeks Pembatasan Regulasi FDI OECD, 2019

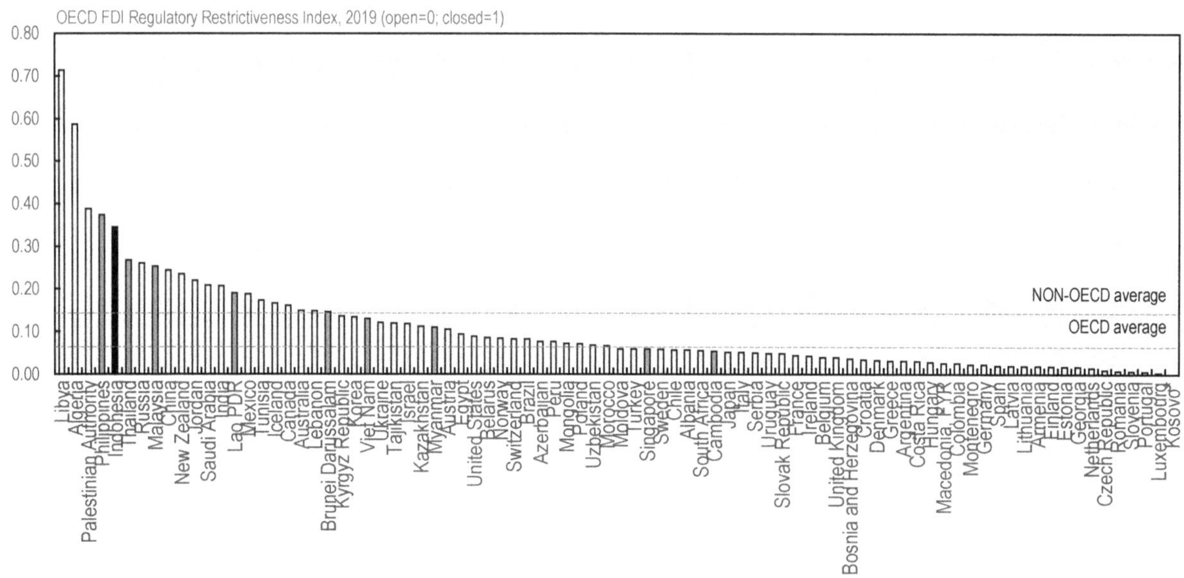

Catatan: Lihat catatan untuk Gambar 3.6 di atas.

Sumber: Database Indeks Pembatasan Regulasi FDI OECD, http://www.oecd.org/investment/fdiindex.htm; Lihat juga Database Pembatasan Regulasi FDI ASEAN untuk informasi tentang langkah-langkah dasar yang tercakup dalam Indeks, https://qdd.oecd.org/subject.aspx?Subject=ASEAN_INDEX.

Namun, daftar tersebut masih membatasi keterlibatan modal asing dan melarang investasi asing sepenuhnya baik dalam berbagai kegiatan yang mencakup pertanian, perikanan, pertambangan dan penggalian, manufaktur, pembangkit listrik, konstruksi, distribusi, perbankan, asuransi, dan jasa keuangan lainnya, hotel dan restoran, media, telekomunikasi dan sektor transportasi. Selain itu, banyak pula kegiatan yang dialokasikan khusus untuk usaha mikro, kecil, dan menengah (UMKM) milik dalam negeri.

Kotak 3.3. Menghitung Indeks Pembatasan Regulasi FDI OECD

Meliputi sekitar 80 negara, *Indeks Pembatasan Regulasi FDI* OECD berupaya untuk mengukur pembatasan aturan FDI di suatu negara. Ini bukan ukuran yang berdiri sendiri dari iklim investasi suatu negara, karena tidak mencakup banyak aspek lain dari kerangka regulasi investasi yang dapat mempengaruhi iklim FDI, tetapi tidak pula menunjukkan implementasi sebenarnya dari pembatasan secara resmi. Walaupun demikian, aturan terkait FDI merupakan faktor penentu dari daya tarik suatu negara bagi investor asing. Sementara itu, Indeks yang digunakan bersama-sama dengan indikator lain yang mengukur berbagai aspek iklim FDI, berfungsi untuk menilai kebijakan investasi internasional suatu negara dan menjelaskan kinerja yang berbeda-beda dari setiap negara dalam menarik FDI.

Indeks FDI mencakup 22 sektor, termasuk pertanian, pertambangan, pembangkit listrik, manufaktur, dan jasa utama (transportasi, konstruksi, distribusi, komunikasi, real estat, jasa keuangan, dan profesional). Batasan dievaluasi pada skala 0 (terbuka) hingga 1 (tertutup). Indeks batasan keseluruhan adalah rata-rata dari skor di tiap sektor. Untuk penjelasan rinci tentang metodologi penilaian, silakan lihat kertas kerja teknis oleh Kalinova et al. (2010).

Di setiap sektor, penilaian dilakukan berdasarkan unsur-unsur berikut ini:

- tingkat kepemilikan modal asing yang diizinkan,
- prosedur seleksi/persetujuan yang diterapkan untuk investasi langsung asing masuk;
- pembatasan personel asing di level atas; dan
- pembatasan lain, seperti kepemilikan tanah, organisasi perusahaan (pembukaan cabang).

Langkah-langkah yang dipertimbangkan oleh Indeks terbatas pada hambatan regulasi terhadap FDI yang biasanya tercermin dalam instrumen resmi OECD tentang investasi atau yang disebutkan dalam *Kajian Kebijakan Investasi* OECD dan laporan pemantauan tahunan. *Indeks FDI* tidak menilai prosedur penegakan dan implementasi yang sebenarnya. Sifat diskriminatif dari kebijakan yang ada, yaitu ketika hanya berlaku bagi investor asing, adalah kriteria utama untuk menilai suatu ukuran. Kepemilikan negara dan monopoli negara, sepanjang tidak diskriminatif terhadap orang asing, tidak dinilai. Perlakuan istimewa untuk zona ekonomi khusus dan investor berorientasi ekspor juga tidak diperhitungkan dalam skor *Indeks FDI*. Yang juga tidak dinilai adalah perlakuan khusus kepada satu kelompok investor sebagai konsekuensi dari perlakuan istimewa berdasarkan perjanjian internasional.

Oleh karena itu, niat pemerintah untuk merevisi secara besar-besaran regulasi FDI Indonesia dalam konteks reformasi UU Omnibus tentang penciptaan lapangan kerja merupakan langkah yang tepat waktu dan disambut baik untuk meningkatkan daya tarik Indonesia terhadap investor asing. Liberalisasi FDI secara signifikan yang terakhir terjadi sudah sangat lama, pada awal 1990-an dan awal 2000-an, yang didorong oleh krisis ekonomi yang menandai era tersebut (Kotak 3.4). Hal ini memungkinkan Indonesia untuk sedikit mengejar ketertinggalannya dalam hal keterbukaan terhadap FDI dari beberapa rekan regionalnya pada tahun 2000-an, tetapi daya saing relatifnya menurun sejak saat itu karena negara lain terus maju dengan reformasi yang lebih intensif.

Kotak 3.4. Perspektif historis reformasi FDI di Indonesia

Reformasi FDI Indonesia selama ini selalu dipengaruhi oleh krisis dan tekanan eksternal, bukan dari niat politik dan dukungan untuk kebijakan investasi yang lebih terbuka. Pada akhir 1990-an dan awal 2000-an, liberalisasi FDI, terutama di sektor perbankan dan untuk akuisisi perusahaan lokal, dipertimbangkan sebagai langkah pemulihan ekonomi dari Krisis Keuangan Asia. Akan tetapi, dari perspektif jangka yang lebih panjang, krisis hanya berperan dalam mempercepat proses yang memang sudah berjalan. Pada pertengahan 1990-an, meningkatnya persaingan dengan Tiongkok dalam mendapatkan FDI, diikuti penurunan tajam FDI Jepang di Indonesia, memberikan tekanan yang cukup besar kepada pemerintah Indonesia untuk meningkatkan upaya liberalisasi FDI yang telah dimulai hampir satu dekade sebelumnya, ketika kebutuhan valuta asing dan modal meningkat seiring menurunnya pendapatan minyak dan apresiasi yen (sebagian besar utang luar negeri Indonesia dalam mata uang yen) (OECD, 1999; Conklin dan Lecraw, 1997).

Tidak seperti beberapa negara lainnya di kawasan seperti Malaysia dan Thailand, baru pada pertengahan 1980-an Indonesia menyadari potensi peran FDI dalam pembangunan ekonominya dan mulai menerapkan sikap kebijakan yang lebih terbuka secara konsisten terhadap investasi asing. Sebelumnya, upaya awal untuk menciptakan lingkungan yang lebih kondusif bagi FDI diambil pada akhir tahun 1960-an dengan berlakunya Undang-Undang Penanaman Modal Asing yang pertama (1967), menyusul krisis ekonomi yang mendalam yang melanda Indonesia selama dekade tersebut. Namun hal ini dengan cepat berbalik pada 1970-an dan awal 1980-an ketika pemerintah, yang didorong oleh meningkatnya pendapatan minyak, beralih lagi kepada kebijakan yang lebih berorientasi ke dalam dan memberlakukan persyaratan yang semakin ketat terhadap investasi masuk.

Kemudian, pada tahun 1980-an, ketika kondisi ekonomi kembali memburuk, pemerintah mulai memikirkan secara lebih mendalam tentang potensi peran FDI bagi pembangunan ekonomi Indonesia dan menetapkan kebijakan yang lebih bersahabat bagi investasi asing. Mulai tahun 1986, pembatasan kepemilikan asing untuk investasi berorientasi ekspor pertama kali dilonggarkan dan prosedur perizinan investasi dipermudah untuk menarik modal asing. Berbagai paket kebijakan lain yang membuka perekonomian Indonesia terhadap FDI diterapkan pada tahun-tahun berikutnya, yang berpuncak pada tahun 1994 dengan paket liberalisasi paling signifikan yang pernah dilakukan Indonesia.[24] Ini menandai perubahan besar dalam orientasi kebijakan FDI pemerintah (OECD, 1999; Conklin dan Lecraw, 1997).

Saat ini, meski belum keluar dari krisis global yang tengah berlangsung, reformasi FDI Indonesia kemungkinan besar akan dipengaruhi oleh tantangan konteks ekonomi global. Waktu akan menunjukkan apa dampak pandemi terhadap industri dan strategi serta perilaku FDI perusahaan ke depan. Beberapa orang melihat FDI akan menjadi lebih langka karena semakin banyak perusahaan dan kebijakan pemerintah akan beralih kepada strategi *re-shoring* atau *near-shoring* sebagai solusi kemungkinan gangguan rantai nilai di masa depan. Yang lain melihat *off-shoring* lebih lanjut dan FDI sebagai peluang yang lebih besar untuk diversifikasi dan ketahanan rantai pasokan, dengan menghindari agar 'telur tidak disimpan semua dalam satu keranjang'. Ada bukti yang mendukung langkah *off-shoring* berdasarkan gangguan terhadap rantai pasokan di masa lampau yang timbul dari bencana alam (Miroudot, 2020). Apa

[24] Dari berbagai sektor, FDI hingga 100% diberikan kepada sektor-sektor yang diizinkan tanpa persyaratan sebelumnya (seperti kepemilikan minimal 5% saham Indonesia pada saat investasi dan divestasi kepada kepemilikan asing minoritas dalam waktu 20 tahun; berorientasi ekspor dan/atau padat karya, berlokasi di Kawasan Ekonomi Batam atau di Kawasan Timur Indonesia, di atas USD50 juta), memungkinkan sebagian kepemilikan saham asing di berbagai sektor yang sebelumnya ditutup, seperti telekomunikasi, transportasi, media, dan listrik (Conklin dan Lecraw, 1997).

pun kasusnya, perlambatan ekonomi global akan membebani kemampuan perusahaan untuk mengejar proyek FDI dalam waktu dekat.

Saat ini, lebih dari sebelumnya, reformasi FDI harus dibuat menarik demi meningkatkan, atau bahkan mempertahankan, daya tarik Indonesia terhadap FDI pada saat-saat seperti ini. OECD (2020a) memproyeksikan kontraksi 4,5% ekonomi global pada tahun 2020 dan perkiraan (2020c) aliran FDI global akan turun lebih dari 30% pada tahun 2020 bahkan di bawah skenario paling optimis sekalipun demi suksesnya kebijakan kesehatan publik dan langkah-langkah dukungan ekonomi yang diambil oleh pemerintah dalam mengatasi pandemi COVID-19 dan resesi yang diakibatkannya (lihat Bab 2). Di masa lalu, FDI secara umum merespon positif upaya liberalisasi Indonesia (OECD, 2010). Akan tetapi kali ini hal ini mungkin sulit dilakukan mengingat skala dan besarnya krisis yang tengah terjadi. Mempertahankan FDI yang ada saja cukup menjadi tantangan. Namun, tanpa reformasi, Indonesia akan tetap berada pada posisi yang relatif tidak menguntungkan, dan peluang menarik FDI yang dibutuhkan dengan cepat untuk pemulihan pasca pandemi pun bisa jadi kecil.

Tindakan diskriminatif terhadap investor asing akan merugikan konsumen dalam negeri, serta perusahaan di industri hilir

Sektor manufaktur telah diliberalisasi secara luas, tetapi banyak sektor primer dan jasa yang masih tertutup bagi investor asing, sehingga menahan potensi perolehan produktivitas ekonomi secara luas (Gambar 3.8). Pembatasan yang diterapkan seringkali melebihi rata-rata negara ASEAN. Di sektor primer, tingkat pembatasan yang relatif tinggi tersebut sebagian besar disebabkan oleh larangan langsung terhadap penanaman modal asing dalam kegiatan penangkapan ikan komersial di perairan Indonesia dan laut lepas, serta pembatasan penanaman modal asing pada kegiatan minyak & gas dan pada pertambangan, di mana investor asing juga menghadapi kewajiban divestasi dan pembatasan kepemilikan yang lebih atau kurang ketat, tergantung dari dilakukannya kegiatan pemrosesan atau pemurnian, atau keduanya.

Gambar 3.8. Indeks Pembatasan Regulasi FDI OECD, berdasarkan sektor: Indonesia vs. ASEAN vs. OECD, 2019

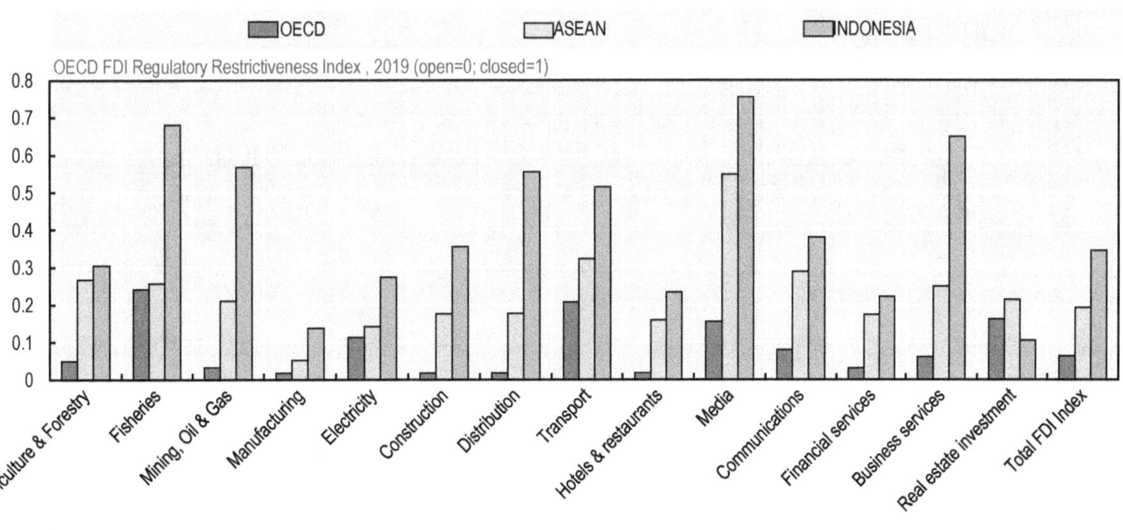

Catatan: Lihat catatan untuk Gambar 3.6 di atas.

Sumber: Database Indeks Pembatasan Regulasi FDI OECD, http://www.oecd.org/investment/fdiindex.htm; Lihat juga Database Pembatasan Peraturan FDI ASEAN untuk informasi tentang langkah-langkah mendasar yang tercakup dalam Indeks, https://qdd.oecd.org/subject.aspx?Subject=ASEAN_INDEX.

Liberalisasi jasa biasanya tertinggal di belakang manufaktur hampir di mana-mana, termasuk di negara-negara OECD, karena mendapatkan tentangan dari kelompok kepentingan domestik. Namun dengan melindungi penyedia jasa domestik dari persaingan luar negeri, Indonesia secara implisit telah lebih memilih penyedia jasa lokal daripada konsumen domestik dan perusahaan manufaktur yang semakin mengandalkan input jasa untuk kegiatannya. Sebagaimana dibahas pada bagian di atas, pembatasan FDI, bahkan sebagian sekalipun, akan membebankan biaya tambahan pada masuknya FDI dan membuat sektor jasa secara keseluruhan menjadi kurang efisien dengan membatasi persaingan dan kemampuan bersaing, yang berarti harga input menjadi lebih tinggi terhadap aktivitas hilir dan konsumen akhir.

Industri manufaktur di Indonesia termasuk yang paling terpengaruh di seluruh dunia oleh pembatasan FDI di sektor jasa (Gambar 3.9). Ini karena pabrik lokal sangat bergantung pada input dari sektor jasa dalam negeri yang relatif lebih terisolasi dari persaingan luar negeri dibandingkan negara lainnya. Mempertahankan tingkat pembatasan yang tinggi di sektor jasa membebankan biaya yang cukup besar pada sektor manufaktur. Sejalan dengan bukti yang ada dari negara lain, Duggan et al. (2013) memperkirakan bahwa sekitar 8% dari peningkatan yang teramati dari total faktor produktivitas pabrik Indonesia selama periode 1997-2009 dapat dijelaskan dengan pelonggaran pembatasan FDI dalam sektor jasa selama periode tersebut.

Hal ini semakin mendesak mengingat tingkat deindustrialisasi ('prematur'), yang terus menyusut lebih dari 10 persen sebagai bagian dari PDB selama satu setengah dekade terakhir, dan yang mungkin sangat membebani ambisi Indonesia untuk menjadi perekonomian berpenghasilan tinggi dalam jangka menengah (Rodrik, 2015). Penurunan daya saing utamanya terlihat pada pasar ekspor, yang telah menyaksikan total ekspor barang dan jasa turun setengah menjadi 20% dari PDB sejak tahun 2000, yang sebagian besar disebabkan oleh penurunan ekspor manufaktur (Bank Dunia, 2018).

Gambar 3.9. Pembatasan FDI pada sektor jasa berdampak pada aktivitas manufaktur, 2019

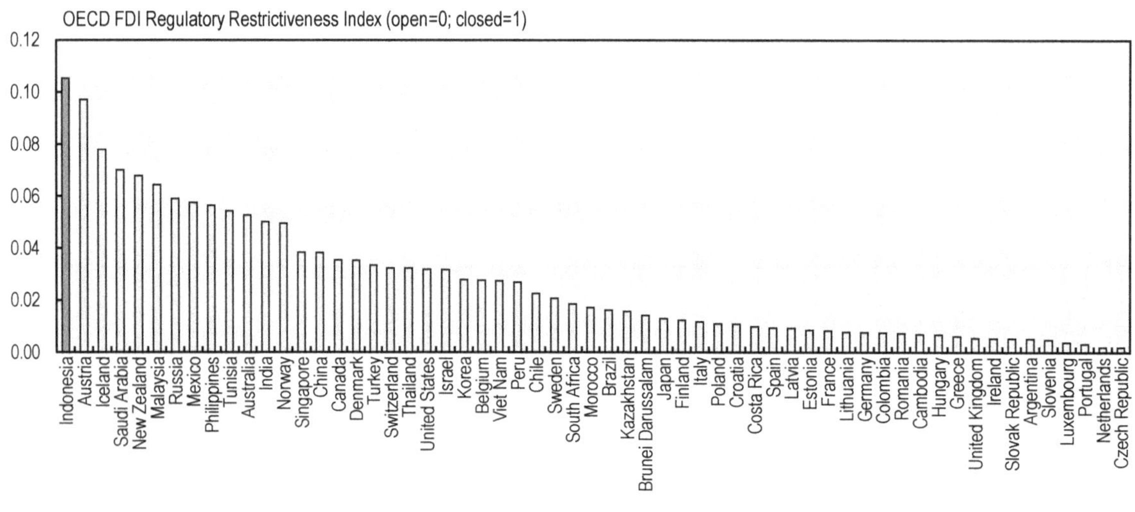

Catatan: lihat Catatan Teknis . Sumber: penjelasan penulis berdasarkan Indeks Pembatasan Regulasi FDI OECD, OECD Input-Output Tables 8 Edition.

Hambatan untuk masuk hanyalah sebagian dari cerita di sektor jasa. Pengembangan layanan yang efisien bergantung pada kebijakan yang menghilangkan diskriminasi dan hambatan untuk masuk dan memungkinkan persaingan yang lebih besar dan tekanan kontestasi, seperti pada kebijakan yang mendorong iklim regulasi yang efisien di dalam negeri bagi semua perusahaan di sektor ini. Analisis yang lebih terperinci tentang rezim peraturan dalam negeri di bidang jasa tidak dibahas dalam kajian ini karena sektor jasa cukup beragam dan kajiannya akan membutuhkan pendekatan yang lebih spesifik terhadap industri. Namun, perlu dicatat bahwa Indonesia masih memiliki rezim peraturan yang cukup ketat di sektor jasa secara keseluruhan, termasuk di luar hambatan terhadap akses pasar (Gambar 3.10). Di hampir semua 22 sektor jasa yang dinilai oleh Indeks Pembatasan Perdagangan Jasa OECD, Indonesia terlihat lebih ketat daripada rata-rata negara OECD dan non-OECD yang diamati. Selain pembatasan investasi asing yang sangat dominan, tingkat pembatasan yang diamati dalam dimensi kebijakan di dalam negeri lainnya yang penting untuk pengembangan layanan, seperti kebijakan terkait pergerakan orang, hambatan terhadap persaingan, transparansi regulasi, dan tindakan diskriminatif lainnya yang memengaruhi kemudahan berbisnis, juga cukup besar.

Selain itu, dengan semakin banyaknya jasa yang diperdagangkan secara daring, sebagai tren yang cenderung menonjol dalam konteks pasca COVID-19, hambatan regulasi di sektor-sektor seperti telekomunikasi berisiko menghalau potensi keuntungan dari digitalisasi di masa mendatang. Seperti yang digambarkan dalam Indeks Pembatasan Perdagangan Layanan Digital OECD yang baru, hambatan regulasi terhadap jasa yang dioperasikan secara digital semakin meningkat trennya di banyak negara dalam beberapa tahun terakhir dan, meskipun tidak demikian untuk Indonesia, negara ini masih menjadi slaah satu yang memiliki aturan paling ketat untuk perdagangan jasa digital di antara negara yang diamati dalam Indeks (Ferencz, 2019). Hambatan tersebut dapat menghambat inovasi dan menciptakan hambatan untuk kemungkinan efek limpahan ke layanan lain, seperti bisnis atau layanan audio-visual. Infrastruktur adalah tulang punggung informasi, komunikasi, dan teknologi juga merupakan input inti dari manajemen logistik modern dan GVC (seperti kemampuan untuk melacak dan menelusuri pengiriman, yang sangat penting untuk produksi tepat waktu), sama seperti infrastruktur lain seperti transportasi dan pergudangan. Dengan demikian, reformasi yang menyertai peraturan jasa di dalam negeri harus sejalan dengan liberalisasi FDI agar membawa manfaat secara maksimal.

Gambar 3.10. Indeks Pembatasan Perdagangan Jasa OECD, berdasarkan sektor dan area kebijakan, 2019

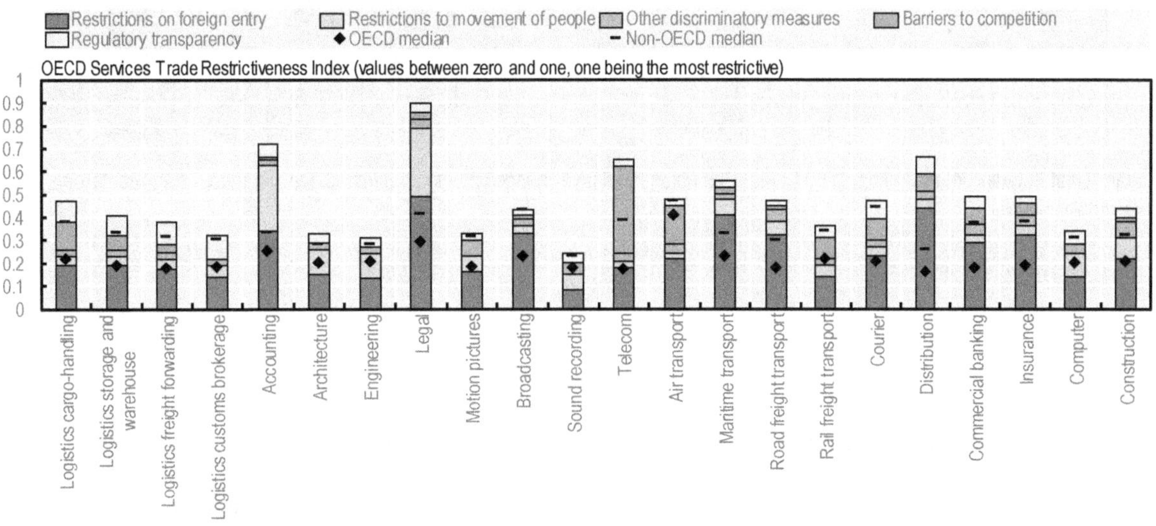

Catatan: Indeks STRI mengambil nilai antara nol dan satu, dengan angka satu sebagai yang paling ketat. Indeksnya dihitung berdasarkan database regulasi STRI yang berisikan informasi regulasi dari 37 Anggota OECD, Brasil, Tiongkok, Kosta Rika, India, Indonesia, Malaysia, Rusia, Afrika Selatan, dan Thailand. Database STRI mencatat langkah-langkah berdasarkan Negara Paling Disukai. Perjanjian perdagangan preferensial tidak diperhitungkan. Transportasi udara dan angkutan jalan hanya meliputi pembangunan komersial (dan pergerakan orang yang menyertainya).

Sumber: Indeks Pembatasan Perdagangan Layanan OECD, http://oe.cd/stri.

Pembatasan modal asing adalah jenis hambatan paling umum terhadap FDI, tetapi kebijakan operasional lainnya juga sangat signifikan di Indonesia

Sebagaimana di kebanyakan negara, pembatasan modal asing adalah jenis hambatan paling umum untuk FDI di Indonesia (Gambar 3.11), yang mencerminkan meratanya kebijakan ini di berbagai sektor dan ketatnya aturan yang ada terkait partisipasi asing yang diizinkan.[25] Hal ini utamanya terjadi di sektor primer dan jasa yang lebih sarat akan batasan kepemilikan saham asing. Di bidang manufaktur, pembatasan modal asing ada tetapi terbatas dan secara keseluruhan lebih rendah daripada rata-rata negara di ASEAN. Indonesia juga tidak memberlakukan proses seleksi dan persetujuan investasi yang diskriminatif secara horizontal atau khusus di sektor tertentu dalam menerima investor asing, seperti yang terkadang terjadi di ASEAN dan beberapa negara OECD.[26]

Gambar 3.11. Indeks Pembatasan Regulasi FDI OECD, berdasarkan jenis pembatasan, 2019

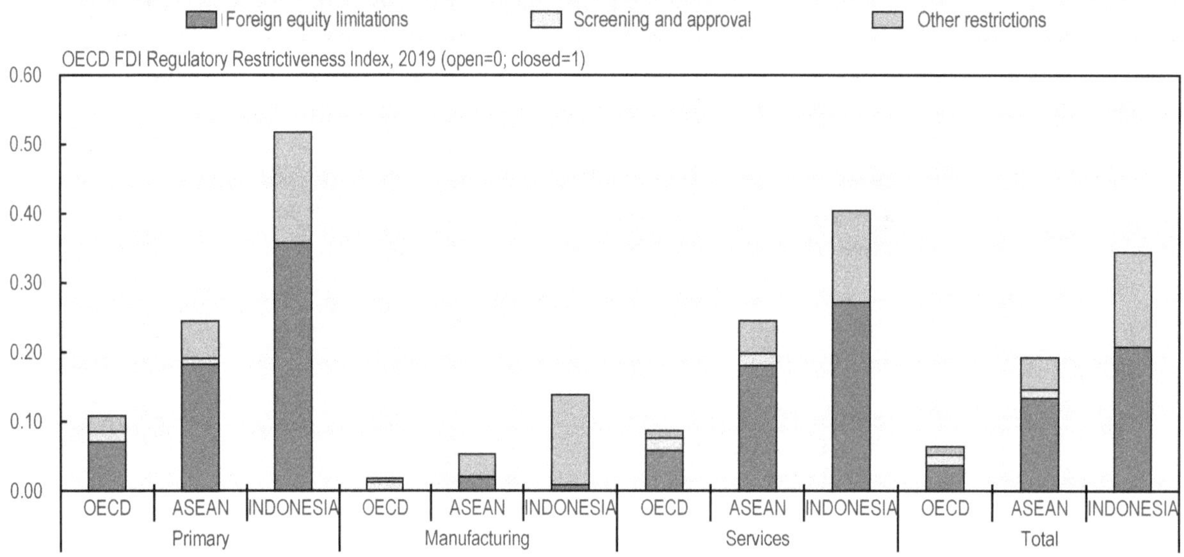

Catatan: Lihat catatan untuk Gambar 3.6 di atas. Pembatasan lainnya mengelompokkan pembatasan personel asing utama dan tindakan operasional lainnya.

[25] Pembatasan kepemilikan saham asing dianggap sebagai hambatan yang lebih penting bagi FDI dalam Indeks Pembatasan Regulasi FDI OECD daripada pembatasan lain yang dicakup oleh indikator, seperti mekanisme persetujuan investasi asing, pembatasan pekerjaan personel asing di level utama, dan pembatasan operasional lainnya. Dengan demikian, ia memiliki bobot lebih tinggi dalam metodologi Indeks, yang turut menjelaskan mengapa pembatasan modal asing cenderung mendominasi dalam hal hambatan terhadap FDI di Indonesia dan negara lain (lihat Kalinova et al., 2010 untuk informasi lebih lanjut tentang metodologi). Namun, sejauh mana kasus ini terjadi secara agregat utamanya didorong oleh cakupan penerapannya, baik lintas sektor maupun dalam sektor. Pada kasus lintas sektor, ini ditentukan oleh seberapa lazim pembatasan modal asing di 22 sektor yang tercakup dalam Indeks. Pada kasus dalam sektor, seberapa ketat pembatasan ini. Metodologi Indeks membedakan tiga ambang terkait hal ini, yaitu: ketika investor asing sepenuhnya dilarang berinvestasi di sektor ini, atau mereka hanya diizinkan untuk memiliki partisipasi minoritas dalam perusahaan yang beroperasi di sektor tersebut, atau mereka hanya dibatasi untuk mendirikan perusahaan yang sepenuhnya dimiliki sendiri.

[26] Seleksi dan persetujuan investasi asing dan kebijakan lain yang secara eksklusif disusun berdasarkan alasan keamanan nasional tidak dipertimbangkan dalam Indeks Pembatasan Regulasi FDI OECD.

Sumber: Database Indeks Pembatasan Peraturan FDI OECD, http://www.oecd.org/investment/fdiindex.htm; Lihat juga Database Pembatasan Peraturan FDI ASEAN untuk informasi tentang langkah-langkah mendasar yang tercakup dalam Indeks, https://qdd.oecd.org/subject.aspx?Subject=ASEAN_INDEX.

Ciri menonjol lainnya dari regulasi FDI Indonesia adalah kebijakan diskriminatifnya tentang persyaratan modal minimum untuk perusahaan penanaman modal asing (PT PMA, Perusahaan Terbatas Penanaman Modal Asing). Terkecuali untuk investasi pada perbankan dan minyak & gas, Indonesia tidak mengizinkan pembukaan cabang lokal oleh investor asing. Semua investasi harus dilakukan melalui perusahaan berbadan hukum lokal dalam bentuk perseroan terbatas (PT) dengan kepemilikan saham asing (PMA). Kecuali ditentukan lain oleh undang-undang tertentu, perusahaan PT milik Indonesia harus memiliki modal dasar minimum Rp50 juta, setidaknya 25% di antaranya harus ditempatkan dan disetor penuh sesuai dengan Undang-Undang Nomor 40 Tahun 2007 tentang Perseroan Terbatas. PT PMA, pada gilirannya, harus berinvestasi setidaknya Rp10 miliar, tidak termasuk tanah dan bangunan, dengan Rp2,5 miliar (25%) harus ditempatkan dan disetor penuh oleh pemegang saham untuk memulai bisnis, menurut Peraturan BKPM Nomor 1 Tahun 2020 tentang pedoman dan tata cara perizinan dan fasilitas penanaman modal.

Jumlah ini nilainya 200 kali jumlah modal minimum yang diminta dari investor domestik, dan berlaku di atas batasan modal asing yang berlaku, yang kemudian membatasi partisipasi asing pada usaha yang lebih besar di sektor-sektor ini. Hal ini juga menghalangi partisipasi asing dalam bidang usaha yang diperuntukkan bagi Usaha Mikro, Kecil, dan Menengah (UMKM) karena ambang batas maksimum untuk dianggap sebagai usaha menengah berdasarkan Undang-Undang Nomor 20 Tahun 2008 tentang UMKM adalah Rp 10 miliar, belum termasuk tanah dan bangunan yang digunakan oleh badan usaha, atau memiliki pendapatan hingga Rp50 miliar per tahun.

Penggunaan persyaratan modal minimum yang diskriminatif lebih banyak ditemukan di Asia Timur dan jarang ditemukan di belahan dunia lainnya. Berdasarkan database *Investing across Borders* Bank Dunia (tahun terakhir yang tersedia adalah 2012), hanya delapan negara (dari 98) yang membedakan antara investor asing dan domestik, empat di antaranya berada di kawasan Asia Timur dan Pasifik (Gambar 3.12, panel a). Penggunaan persyaratan modal minimum untuk kegiatan bisnis umum[27], baik diskriminatif maupun tidak, telah menurun drastis dalam dekade terakhir. Menurut Bank Dunia (2014), 39 negara menghilangkan persyaratan modal dalam tujuh tahun sebelumnya, dan banyak negara lainnya bahkan tidak pernah memilikinya. Meskipun demikian, persyaratan modal minimum yang non-diskriminatif merupakan sebuah realitas di banyak negara. Dari 190 negara yang termasuk dalam *Doing Business 2020* Bank Dunia, 56 negara masih mensyaratkan modal minimum yang harus dibayarkan oleh investor untuk mendaftarkan usahanya (Bank Dunia, 2020b).

Jika persyaratan modal minimum masih berlaku pun, jumlah yang dipersyaratkan biasanya jauh lebih rendah daripada yang diminta dari investor asing di Indonesia. Ini terjadi bahkan di berbagai negara dengan tingkat pendapatan per kapita yang jauh lebih besar daripada Indonesia (Gambar 3.12, panel b). Persyaratan modal disetor minimum yang tidak kurang dari Rp 2,5 miliar bagi pihak asing untuk beroperasi di Indonesia menjadikan negara ini pemain yang berbeda dari yang lain.

[27] "Berapa persyaratan modal minimum? Ini adalah modal saham yang harus disimpan oleh pemegang saham sebelum membuka usahanya. Pada indikator memulai bisnis *Doing Business*, modal minimum yang disetor biasanya jumlah yang perlu disetor pengusaha di bank komersial atau dengan notaris ketika, atau tidak lama setelah, perusahaan didirikan, bahkan jika jumlah yang disetorkan dapat segera ditarik setelah perusahaan didirikan "(Bank Dunia, 2014)

Gambar 3.12. Kebijakan persyaratan modal minimum Indonesia dalam perbandingan internasional

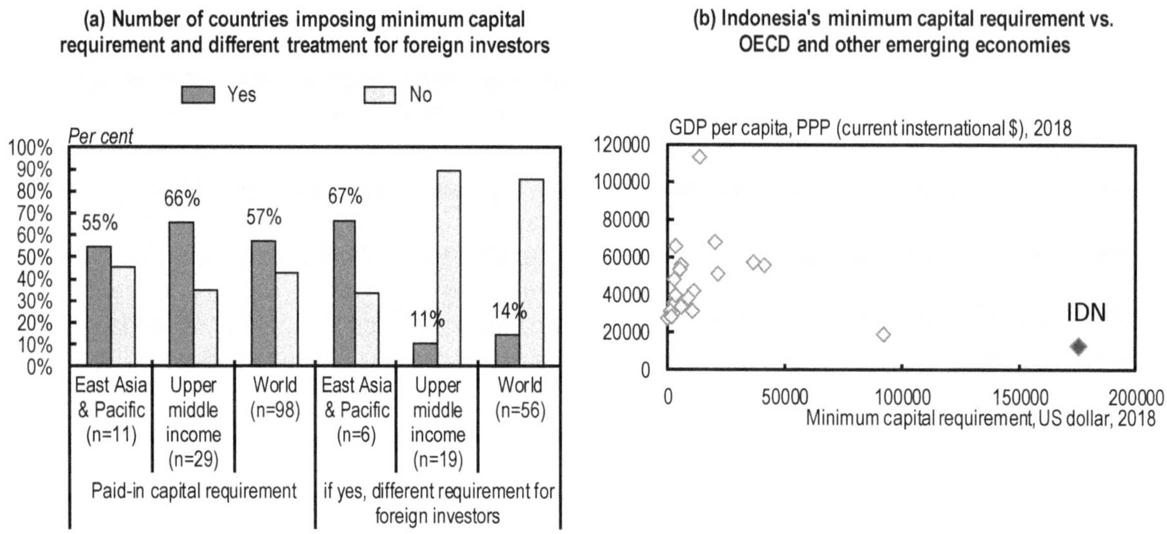

Catatan: Data pada Gambar 3.12, panel b mengacu pada kebutuhan modal minimum perseroan terbatas dan dikonversi dengan nilai tukar rata-rata tahunan 2018. Selain Indonesia, angka tersebut mencakup 25 OECD lainnya dan negara berkembang besar yang menerapkan persyaratan modal minimum untuk pendirian perseroan terbatas seperti yang dilaporkan dalam database Pembatasan Perdagangan Jasa OECD.
Sumber: database *Investing Across Borders* Bank Dunia (Panel a); Database Pembatasan Perdagangan Jasa OECD, Statistik Keuangan Internasional IMF dan Indikator Pembangunan Dunia Bank Dunia (Panel b).

Pembatasan lain yang berkontribusi pada tingginya skor Indonesia di seluruh sektor seperti yang teramati pada Gambar 3.11 adalah sistem yang relatif ketat dalam mempekerjakan orang asing di posisi manajemen kunci. Perlu dicatat bahwa kebijakan yang tercakup dalam *Indeks Pembatasan Regulasi FDI* OECD tidak mencakup kuota umum tenaga kerja asing dan pembatasan lain yang tidak secara khusus memengaruhi kapasitas investor asing untuk menempatkan orang asing di posisi puncak eksekutif. Kebijakan yang diambil terkait hal ini juga seharusnya tidak perlu diskriminatif dan berlaku sama terhadap perusahaan asing dan dalam negeri. Kebijakan ini dianggap lebih memberatkan investor asing dan, dengan demikian, diperlakukan sebagai pembatasan dalam *Indeks FDI*.

Meskipun relatif tidak penting dalam *Indeks FDI*, pembatasan tersebut relatif lebih menonjol dalam skor keseluruhan Indonesia karena lingkup ekonomi dari penerapan kebijakan di Indonesia. Meskipun tidak jarang negara memberlakukan batasan umum tenaga kerja asing di berbagai sektor, hal ini biasanya tidak memengaruhi wewenang investor asing untuk mencalonkan warga negara asing pada posisi eksekutif level atas. Peraturan di Indonesia mewajibkan perusahaan untuk mendapatkan persetujuan pemerintah sebelum mempekerjakan karyawan asing pada posisi apa pun, termasuk sebagai Direktur atau Komisaris, kecuali orang yang ditunjuk juga merupakan pemegang saham perusahaan. Dalam hal ini, perusahaan dibebaskan dari kewajiban mengajukan persetujuan rencana penempatan ekspatriat (dikenal sebagai RPTKA, Rencana Penempatan Tenaga Kerja Asing) untuk tujuan tersebut.[28] Selain itu, orang asing tidak diizinkan memegang posisi eksekutif level atas tertentu, termasuk Direktur Sumber Daya Manusia dan 'Chief Executive Officer' yang terlepas dari istilahnya tidak mengacu pada Direktur Utama, tetapi lebih kepada Kepala Kantor bidang kepegawaian dan administrasi. Walaupun kebijakan semacam ini tidak akan 'menggagalkan kesepakatan', ia tetap saja menambah rumitnya birokrasi perizinan bisnis yang teramati di Indonesia hingga saat ini.

[28] Sesuai Perpres Nomor 20 Tahun 2018 tentang Penempatan Tenaga Kerja Asing dan Peraturan Menteri Tenaga Kerja Nomor 10 Tahun 2018 tentang Tata Cara Pendayagunaan Tenaga Kerja Asing.

Undang-undang pengadaan barang dan jasa publik juga mendiskriminasi investor asing. Indonesia memberikan perlakuan istimewa kepada pemasok jasa yang mayoritas dimiliki pengusaha Indonesia dalam pengadaan publik dan aturan tentang pengadaan barang publik lebih menguntungkan perusahaan-perusahaan yang bermitra dengan UMKM Indonesia, yang menerapkan standar kerja, kesehatan & keselamatan lingkungan, dan memiliki sertifikat kualitas manajemen, selain memenuhi ambang batas komponen domestik tingkat dalam hal input barang dan jasa.[29] Perlakuan istimewa terhadap perusahaan dalam negeri dalam pengadaan publik secara luas teramati di banyak negara, tetapi diskriminasi terhadap perusahaan milik asing yang sudah berdiri memang tidaklah biasa. Sementara itu, tindakan diskriminatif berbasis kebangsaan lainnya dapat menghambat persaingan dan kontestasi di pasar yang terkena dampak dan dapat menaikkan biaya barang dan jasa yang diadakan oleh pemerintah.

Persyaratan konten lokal yang ketat di beberapa sektor menambah rintangan dalam mengundang investasi asing di Indonesia

Data dari database Global Trade Alert menunjukkan bahwa Indonesia adalah negara ke-7 di dunia dengan jumlah persyaratan sumber lokal tertinggi yang diberlakukan sejak November 2008 dan berlaku pada akhir 2018. Kebijakan ini berlaku selain untuk pembatasan modal asing yang dibahas di atas dan mencakup berbagai kelompok barang (Tabel 3.2) dengan cara yang dalam beberapa kasus cukup menghambat. Penjelasan singkat tentang kebijakan-kebijakan yang berlaku dapat dilihat pada Lampiran Tabel 3.B.1. Walaupun persyaratan konten lokal mungkin tidak mendiskriminasi perusahaan asing yang didirikan di Indonesia, dan di mana kebijakan tersebut tidak dianggap sebagai pembatasan FDI berdasarkan *Indeks Pembatasan Regulasi FDI* OECD, persyaratan tersebut mungkin masih tetap menghalangi FDI dengan menetapkan persyaratan lokal yang sulit dicapai dan menghalau persaingan dari impor, yang akhirnya berimplikasi terhadap tingginya biaya produksi, dan akhirnya terhadap tingginya harga bagi industri hilir dan konsumen. Oleh karena itu, potensi keuntungan jangka pendek dalam industri yang ditargetkan dapat menjadi penguras di seluruh aspek perekonomian. Biaya atas investasi yang hilang boleh jadi tidak tergantikan oleh hasil pembangunan daerah yang lebih baik, jika ada, seperti peningkatan lapangan kerja, investasi, dan transfer teknologi.

Literatur tentang efek potensial dari persyaratan konten lokal sangat luas, dan meskipun mungkin terdapat situasi di mana kebijakan ini berpotensi meningkatkan kesejahteraan domestik tergantung pada karakteristik pasar (misalnya potensi pembelajaran dan limpahan teknologi, skala ekonomi, dll.), Bukti keseluruhan menunjukkan cenderung mengarah pada alokasi sumber daya yang kurang optimal (Stone et al., 2015; OECD, 2019b; Deringer et al., 2018). Ada beberapa bukti yang menunjukkan bahwa hal ini mungkin terjadi di Indonesia. Kebijakan konten lokal tampaknya berdampak negatif tidak hanya pada investasi asing di Indonesia tetapi juga investasi dalam negeri (Bank Dunia, 2017). Selain menunjukkan bahwa investor menghadapi kesulitan dalam memenuhi beberapa persyaratan, hal tersebut menunjukkan

[29] Untuk dapat dikategorikan sebagai Perusahaan Jasa Rumah Tangga, mayoritas saham harus dimiliki oleh warga negara Indonesia dan dua pertiga pengurusnya harus WNI. Jika tidak ada pemasok jasa dalam negeri yang berpartisipasi dalam pengadaan, pemasok jasa nasional (dengan setidaknya 10% saham dimiliki oleh orang Indonesia) akan dipertimbangkan. Jika ini tidak tersedia, pemasok jasa asing diizinkan dalam proses pengadaan. Perusahaan Jasa Dalam Negeri diperbolehkan bekerja sama dengan Perusahaan Jasa Luar Negeri dalam bentuk konsorsium atau *joint venture* atau mensubkontrakkan sebagian pekerjaannya kepada perusahaan jasa asing, tetapi konsorsium tersebut harus dipimpin oleh Perusahaan Jasa Dalam Negeri khusus untuk jasa konstruksi pantai dan setidaknya 50% dari pelaksanaan pekerjaan dengan nilai kontrak perlu dilakukan oleh perusahaan jasa domestik. Khusus untuk jasa konstruksi lepas pantai, Perusahaan Jasa Domestik wajib melakukan setidaknya 30% pekerjaan dari keseluruhan. Untuk informasi lebih lanjut, lihat Peraturan Kementerian Perindustrian Nomor 02/M-IND/PER/1/2014 tentang Pedoman Penyempurnaan Penggunaan Produk Dalam Negeri dalam Pengadaan Barang dan Jasa Pemerintah.

bahwa langkah-langkah tersebut memiliki efek crowd-in yang terbatas dan berpotensi gagal untuk mendorong limpahan teknologi lebih lanjut ke pihak domestik. Negara (2016) juga menemukan bahwa kebijakan konten lokal di Indonesia dapat mempengaruhi kinerja industri dan daya saing.

The literature on the potential effects of local content requirements is extensive, and while there may be situations where these policies could potentially increase domestic welfare depending on market characteristics (e.g. potential learning and technological spillovers, economies of scale etc.), the overall evidence suggest that they tend to lead to suboptimal allocation of resources (Stone et al., 2015; OECD, 2019b; Deringer et al., 2018). There is some evidence indicating that this may be the case in Indonesia. Local content policies seem to be negatively affecting not only foreign investments in Indonesia but also domestic investments (World Bank, 2017). Besides indicating that investors face difficulties in meeting some of the requirements, it suggests that such measures have had a limited crowd-in effect and have potentially failed to spur further technology spillover to domestic parties. Negara (2016) also finds that local content policies in Indonesia may adversely affect industrial performance and thus competitiveness.

Dalam mencapai tujuan tersebut, kebijakan horizontal yang menangani defisiensi lingkungan bisnis dan peraturan, hambatan perdagangan dan investasi, kebijakan inovasi, dan pembangunan infrastruktur, dapat menawarkan alternatif untuk kebijakan konten lokal dan memiliki efek ekonomi yang kurang negatif pada output, industri ekspor dan pekerjaan (OECD, 2019b).

In pursuing such objectives, horizontal policies addressing deficiencies of the business and regulatory environment, trade and investment barriers, innovation policy, and infrastructure development, can offer an alternative to local content policies and have less negative economy-wide effects on output, exporting industries and jobs (OECD, 2019b).

Tabel 3.2. Grup produk yang dipengaruhi oleh persyaratan sumber lokal di Indonesia

Table 3.1. Product groups affected by local sourcing requirements in Indonesia

Klasifikasi Produk Pusat PBB v2.1: kelompok produk 3 digit UN Central Product Classification v2.1: 3-digit product groups
Mesin komputasi dan suku cadang serta aksesorinya Suku cadang untuk barang dari kelas 4721 hingga 4733 [TV, radio dan peralatan telepon] dan 4822 [radar dan peralatan radio] Kendaraan bermotor, trailer dan semi-trailer; bagian dan aksesorinya Peralatan transportasi lainnya dan bagiannya Mesin pertanian atau kehutanan dan bagiannya Mesin untuk pertambangan, penggalian dan konstruksi, dan bagiannya Computing machinery and parts and accessories thereof
Parts for the goods of classes 4721 to 4733 [TV, radio and telephone equipment] and 4822 [radar and radio apparatus]
Motor vehicles, trailers and semi-trailers; parts and accessories thereof
Other transport equipment and parts thereof
Agricultural or forestry machinery and parts thereof
Machinery for mining, quarrying and construction, and parts thereof
Pemancar televisi dan radio; televisi, video dan kamera digital; pesawat telepon Produk farmasi Layanan perdagangan ritel toko khusus Layanan akomodasi bagi pengunjung Jasa akomodasi lain untuk pengunjung dan lain-lain Senjata dan amunisi serta bagiannya Television and radio transmitters; television, video and digital cameras; telephone sets
Pharmaceutical products
Specialised store retail trade services
Accommodation services for visitors
Other accommodation services for visitors and others

Weapons and ammunition and parts thereof
Layanan penyajian makanan Layanan penyajian minuman Layanan telekomunikasi internet Peralatan medis dan bedah serta peralatan ortopedi Layanan perdagangan ritel toko non-khusus Food serving services
Beverage serving services
Internet telecommunications services
Medical and surgical equipment and orthopaedic appliances
Non-specialised store retail trade services

Catatan: Daftar sektor mencerminkan persyaratan sumber lokal yang diberlakukan sejak November 2018 dan masih berlaku hingga akhir 2018. Kelas produk 4721 hingga 4733 termasuk dalam grup produk berikut: 472 - Pemancar televisi dan radio; televisi, video dan kamera digital; pesawat telepon; 473 *receiver* siaran radio dan televisi; alat perekam dan reproduksi suara dan video; mikrofon, loudspeaker, amplifier, dll. Kelas produk 4822 merujuk pada: Peralatan radar, peralatan bantuan navigasi radio dan peralatan remote control radio.
Sumber: Global Trade Alert, https://www.globaltradealert.org/.

UU Omnibus Cipta Lapangan Kerja: masalah akses pasar yang perlu dipertimbangkan

Indonesia telah aktif memperbaiki iklim bisnisnya baik bagi investor asing maupun domestik sejak awal 1990-an. Sejak saat itu, berbagai paket reformasi ekonomi berupaya menjadikan sektor swasta sebagai mesin pertumbuhan dan pembangunan berkelanjutan. Liberalisasi ekonomi dan FDI memainkan peran penting di masa-masa awal. Pada tahun 2000-an, upaya difokuskan terutama pada perubahan legislatif yang memperbaiki keseluruhan iklim regulasi dan kelembagaan di semua bidang ekonomi. Di bidang penanaman modal, UU Penanaman Modal 2007 menjadi tonggak penting. UU ini menyatukan undang-undang investasi asing dan domestik yang sebelumnya berbeda dan meningkatkan transparansi kerangka kebijakan investasi di Indonesia, termasuk dengan memperjelas sektor mana yang ditutup atau sebagian terbuka bagi investor asing dan domestik (OECD, 2010).

Sejak periode pertama pemerintahan saat ini, telah ada upaya untuk terus memperbaiki iklim bisnis, terutama dalam hal memangkas birokrasi. Menyadari bahwa tingginya biaya administrasi telah menurunkan produktivitas dan membuka celah untuk korupsi dan informalitas, pemerintah memprakarsai reformasi perizinan usaha dan fasilitasi investasi untuk memudahkan proses memulai dan menjalankan perusahaan. Untuk ini, kebijakan yang bertujuan untuk meningkatkan transparansi, merampingkan perizinan, dan memfasilitasi proses untuk memulai sebuah perusahaan pun akhirnya dijalankan.

Pada awal tahun 2020, pemerintah mengajukan dua rancangan UU omnibus tentang perpajakan dan penciptaan lapangan kerja kepada DPR RI, yang dapat menjadi tonggak penting baru dalam proses reformasi iklim bisnis. UU Omnibus Cipta Lapangan Kerja membawa kembali isu liberalisasi ekonomi dan FDI ke pusat reformasi iklim investasi, termasuk langkah-langkah utama untuk mencabut pembatasan dan ketentuan yang ditempatkan pada FDI, sambil terus melanjutkan reformasi untuk memusatkan dan merampingkan perizinan usaha dan prosedur pembebasan lahan, serta mereformasi pasar tenaga kerja Indonesia secara besar-besaran.

Meskipun ada tentangan kuat dari serikat pekerja, pemerintah daerah, dan masyarakat sipil, yang menyatakan keprihatinan atas usulan revisi UU Ketenagakerjaan Tahun 2003, resentralisasi kekuasaan administratif di tangan eksekutif, kurangnya konsultasi publik dan regulasi perlindungan lingkungan, UU Omnibus Cipta Lapangan Kerja akhirnya disahkan pada Oktober 2020. Melaksanakan paket reformasi hukum '*all-in-one*' seperti ini memang tidaklah mudah, dan mungkin tidak semua isinya benar-benar seperti yang diharapkan, walaupun ada alasan kuat untuk mempertimbangkan kembali rezim peraturan FDI Indonesia seperti yang terlihat di atas.

Selain karena alasan yang lebih mendasar, memanfaatkan arus FDI yang lebih besar dibandingkan sebelumnya kini juga semakin penting bagi pemulihan ekonomi pasca pandemi, yang diproyeksikan akan secara signifikan melemahkan pertumbuhan PDB riil Indonesia dari di atas 5% yang diamati dalam beberapa tahun terakhir hingga -3,3% pada tahun 2020 seperti yang diproyeksikan oleh OECD (2020a). Biasanya lebih besar dan lebih beragam secara geografis dan produktif, perusahaan milik asing secara keseluruhan lebih tahan terhadap krisis (Alfaro dan Chen, 2012; Desai et al., 2008). Oleh karena itu, mereka berpotensi menjadi aset untuk memulai kembali pemulihan lebih awal atau lebih cepat. Selain itu, pada saat arus keluar modal portofolio tertinggi dari pasar negara berkembang (OECD, 2020b), FDI dapat membantu meringankan segala kemungkinan tekanan pembiayaan pada defisit neraca berjalan Indonesia, yang diproyeksikan akan melebar sekali lagi dengan lesunya ekspor pariwisata dan pasar komoditas (Bank Dunia, 2020a).

Skenario penurunan ekonomi global yang diumumkan - OECD (2020a) memproyeksikan kontraksi 4,5% perekonomian global pada tahun 2020 - mungkin mendukung reformasi ke depan. Laju reformasi FDI Indonesia sejak lama dibentuk utamanya oleh krisis, bukan didorong oleh kepemimpinan politik yang kuat dengan dukungan dari pihak di dalam negeri untuk kebijakan investasi yang lebih terbuka.[30] Kali ini berbeda karena UU Omnibus Cipta Lapangan Kerja tampaknya tidak bermula dari krisis ekonomi yang parah atau faktor eksternal. Namun demikian, seiring penurunan global yang menyebar dan membebani perekonomian Indonesia, proses reformasi mungkin akan sangat dipengaruhi oleh situasi krisis, seperti pada masa reformasi sebelumnya.

Jika bukan karena situasi unik saat ini, perspektif masa lalu tentang reformasi liberalisasi FDI dapat memberikan gambaran tentang peluang peningkatan aktivitas FDI. Di masa lalu, FDI secara umum merespon positif peluang dan kondisi pasar yang meningkat sebagai hasil dari upaya liberalisasi Indonesia (OECD, 2010). Namun, saat ini hal ini mungkin sangat sulit untuk dilakukan. Mempertahankan FDI yang ada pun mungkin menjadi hal yang sulit. Dampak pandemi terhadap arus FDI secara global, khususnya di negara berkembang, diproyeksikan cukup parah, dengan aliran FDI global diproyeksikan turun lebih dari 30% pada tahun 2020 bahkan di bawah skenario yang paling optimis (lihat Bab 2). ASEAN sebagai kawasan kemungkinan akan tetap berada pada posisi yang baik dalam bersaing mendapatkan investasi yang mencari peluang diversifikasi pasca pandemi, dan ini dapat menguntungkan Indonesia. Namun, tanpa reformasi, Indonesia tidak akan diuntungkan, dan kemungkinan menarik FDI yang semakin dibutuhkan pasca pandemi pun mungkin kecil.

Reformasi yang ambisius diperlukan untuk membawa Indonesia semakin dekat pada tingkat keterbukaan FDI di ASEAN

Perombakan menyeluruh atas regulasi FDI di Indonesia mungkin tidak mudah dicapai, tetapi hanya paket reformasi yang berani dan komprehensif saja yang akan memungkinkan Indonesia menurunkan hambatan FDI-nya secara signifikan serta meningkatkan daya tariknya sebagai tujuan investasi. Hambatan yang

[30] Upaya awal untuk menciptakan lingkungan yang lebih menguntungkan bagi FDI terjadi pada akhir 1960-an, menyusul krisis ekonomi yang mendalam yang melanda Indonesia selama dekade tersebut, dengan berlakunya Undang-Undang Penanaman Modal Asing tahun 1967. Namun tidak seperti beberapa negara lainnya di kawasan seperti Malaysia dan Thailand, Indonesia baru menyadari potensi peran FDI dalam pembangunan ekonomi di tahap selanjutnya. Baru pada pertengahan 1980-an, ketika kebutuhan valuta asing dan modal meningkat dengan menurunnya pendapatan minyak dan apresiasi yen (sebagian besar utang luar negeri Indonesia dalam mata uang yen), Indonesia mulai mengambil sikap yang lebih terbuka terhadap investasi asing (OECD, 1999; Lecraw, 1997). Kebijakan yang diterapkan mulai tahun 1986 menandai pergeseran penting dari orientasi kebijakan berwawasan ke dalam era 1970-an, yang telah memperparah sikap terhadap investasi masuk. Pembatasan kepemilikan asing untuk investasi berorientasi ekspor pertama kali dilonggarkan dan prosedur perizinan investasi dipermudah untuk menarik modal asing. Gelombang liberalisasi FDI ini semakin intensif pada awal 1990-an, dan sekali lagi pasca Krisis Keuangan Asia 1997.

ketat terhadap FDI juga menghasilkan hambatan lainnya terhadap dunia bisnis, dan membuat reformasi Gambar 3.13 di bawah ini merupakan hasil rangkuman dari cara rezim peraturan FDI di Indonesia dibandingkan dengan negara lain jika beberapa skenario reformasi hipotetis ingin dicapai Omnibus tentang Penciptaan Lapangan Kerja yang kini berlaku. Enam reformasi kebijakan kini tengah dipertimbangkan pelaksanaannya, yang mengacu pada *Indeks Pembatasan* OECD:

Rezim 1 - penghapusan perlakuan diskriminatif terhadap investor asing dalam hal persyaratan modal minimum untuk menjalankan bisnis di Indonesia

Rezim 2 - pelonggaran pembatasan kepemilikan saham asing dengan (1) mengizinkan investor asing untuk memegang saham minoritas dalam kegiatan bisnis yang tertutup bagi investasi asing; dan (2) mengizinkan investor asing untuk memegang kepemilikan mayoritas dalam aktivitas bisnis di mana mereka hanya diperbolehkan untuk memegang saham minoritas

Rezim 3 - kombinasi dari rezim 1 dan 2

Rezim 4 - pelonggaran pembatasan kepemilikan saham asing dengan mengurangi pembatasan modal ke tingkat rata-rata ASEAN di sektor-sektor di mana Indonesia lebih ketat, faktor lainnya tetap konstan

Rezim 5 - pelonggaran pembatasan kepemilikan saham asing dengan mengurangi pembatasan modal ke tingkat rata-rata non-OECD di sektor-sektor di mana Indonesia lebih ketat, faktor lainnya ap konstan

Rezim 6 - menghilangkan semua pembatasan kepemilikan saham asing, faktor lainnya dianggap konstan

UU Omnibus Cipta Lapangan Kerja: simulasi reformasi rezim peraturan FDI Indonesia

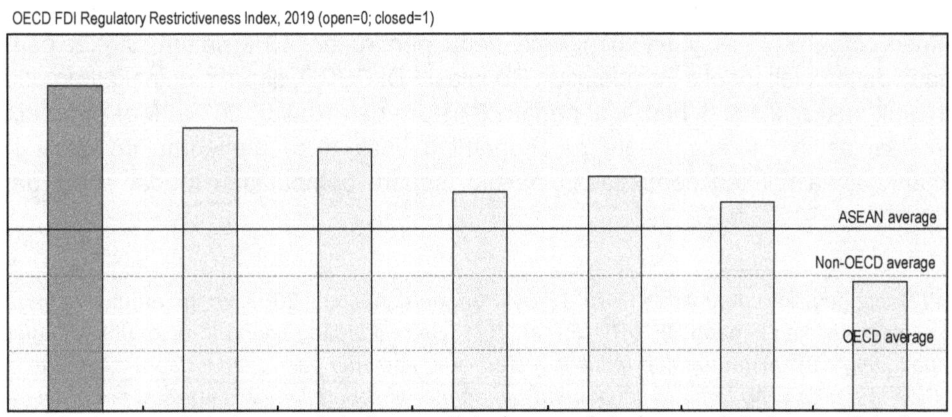

Catatan: Lihat catatan untuk Gambar 3.6 di atas.
Sumber: elaborasi penulis berdasarkan Indeks Pembatasan Regulasi FDI OECD, http://www.oecd.org/investment/fdiindex.htm.

Seperti yang dapat dilihat pada Gambar 3.13 di atas, hanya beberapa reformasi besar terhadap kebijakan kepemilikan saham asing dan/atau kebijakan horizontal yang sifatnya spesifik sektor, seperti yang dicontohkan dalam skenario reformasi hipotetis, yang dapat membawa Indonesia semakin dekat menuju tingkat keterbukaan rata-rata di tingkat internasional. Dari semua skenario simulasi, hanya penghapusan sepenuhnya pembatasan kepemilikan saham asing (rezim 6) yang sejalan dengan pembacaan UU

Omnibus Cipta Lapangan Kerja yang akan mengarah pada rezim aturan FDI yang lebih terbuka daripada rata-rata perekonomian non-OECD, termasuk *Indeks Pembatasan Regulasi FDI OECD*.[31]

Hal ini mensyaratkan UU Omnibus Cipta Lapangan Kerja untuk menghapus rekam jejak Indonesia yang terkesan setengah hati dalam mereformasi rezim FDI-nya dalam beberapa tahun terakhir. Seperti yang telah ditunjukkan sebelumnya, meskipun ada perbaikan lain pada iklim bisnis, hanya ada kemajuan sedikit saja dalam liberalisasi FDI sejak tahun 2000-an. Nasionalisme ekonomi dan sumber daya masih banyak terdengar di kalangan masyarakat dan kekuatan politik yang mendukung perlindungan segmen ekonomi lokal tertentu dari persaingan asing telah berhasil melawan suara yang mendukung reformasi FDI yang lebih jauh.

Secara keseluruhan, Indonesia belum menunjukkan niat yang jelas untuk menempatkan FDI sebagai pusat pembangunan ekonomi, sosial, dan lingkungan di Indonesia. Pada awalnya, UU Omnibus Cipta Lapangan Kerja memiliki ambisi untuk melakukan hal itu, namun sejauh mana keberhasilannya akan sangat bergantung pada seberapa besar yang akan dapat dicapai pada akhirnya. Dan tantangannya tidaklah mudah.

Dampak dari reformasi FDI secara substansial bisa sangat besar

Hak pemerintah untuk memihak sebagian investor dibandingkan yang lainnya guna mencapai tujuan sosial, ekonomi, atau lingkungan memanglah hal yang lazim, tetapi setiap kebijakan yang mendiskriminasi satu kelompok investor tentu akan berdampak terhadap biaya. Tindakan diskriminatif hanya dapat melayani kepentingan publik yang lebih luas sejauh potensi biaya yang kemudian muncul dapat tergantikan oleh manfaat sosial dan ekonomi yang lebih luas. Untuk alasan ini, kebijakan ini perlu terus dievaluasi untuk menentukan apakah niat awalnya tetap relevan, diikuti dengan evaluasi biaya dan manfaat, termasuk penilaian proporsionalitas kebijakan untuk memastikan kebijakan ini tidaklah berlebihan dalam menanggulangi masalah tertentu (OECD, 2015a).

Seperti yang telah disinggung di awal bab ini, biaya yang mungkin muncul dapat dikaitkan dengan kebijakan diskriminatif terhadap FDI dalam kajian ilmiah, terutama dalam hal investasi yang hilang dan potensi keuntungan efisiensi. Dalam hal investasi, penelitian OECD baru-baru ini memperkirakan bahwa pemberlakuan reformasi FDI yang mengarah pada penurunan 10% dalam tingkat pembatasan FDI, sebagaimana diukur oleh Indeks Pembatasan Regulasi FDI OECD, dapat meningkatkan rata-rata nilai FDI bilateral masuk sekitar 2,1% di berbagai negara (Mistura dan Roulet, 2019). Meskipun diketahui bahwa ketika investasi asing dilarang, suatu perekonomian tidak akan menerima investasi jenis ini, bukti menunjukkan bahwa bahkan pembatasan parsial, seperti pembatasan modal asing dan mekanisme

---

[31] Pasal 84 (2) mengusulkan perubahan Pasal 12 UU Penanaman Modal 2007, yang berbunyi sebagai berikut sesuai dengan teks yang diajukan kepada DPR RI: "*Pasal 12 (1) Semua bidang usaha terbuka untuk kegiatan penanaman modal, kecuali yang dinyatakan tertutup untuk investasi atau kegiatan yang hanya dapat dilakukan oleh Pemerintah Pusat. (2) Bidang usaha yang tertutup untuk penanaman modal sebagaimana dimaksud pada ayat (1) meliputi: [...] [daftar 6 kegiatan yang disediakan]. (3) Ketentuan lebih lanjut mengenai persyaratan penanaman modal sebagaimana dimaksud pada ayat (1) dan ayat (2) diatur dengan Peraturan Presiden.*" Naskah sebelumnya memberikan kepada "sektor bisnis atau jenis bisnis yang dinyatakan tertutup dan terbuka dengan persyaratan", yang ditetapkan dan direvisi dengan Peraturan Presiden berikutnya. Perpres yang terakhir adalah Perpres No. 44 tahun 2016. Saat ini, dalam RUU Omnibus sudah memasukkan daftar bidang usaha yang ditutup untuk penanaman modal, baik asing maupun dalam negeri, dan tidak lagi mengatur bidang usaha atau jenis usaha yang terbuka dengan persyaratan, dan dengan demikian dapat diartikan tidak memungkinkan lagi adanya perlakuan diskriminatif terhadap investor asing terkait dengan kondisi akses pasar. Selain itu, Pasal 84 (3) juga mengusulkan penghapusan kewajiban sebelumnya bagi pemerintah untuk mendirikan bidang usaha yang dikhususkan bagi usaha mikro, kecil, menengah dan koperasi, serta bidang usaha yang terbuka untuk usaha besar dengan syarat bekerja sama dengan usaha mikro, kecil, dan menengah, dan koperasi (Pasal 13 (1) UU Penanaman Modal 2007).

seleksi dan persetujuan yang diskriminatif sekalipun dapat berdampak besar terhadap FDI (Mistura dan Roulet, 2019; Fournier, 2015; Nicoletti dkk., 2003).

Di Indonesia, simulasi ilustratif menggunakan elastisitas langsung parsial rata-rata yang diperoleh dalam Mistura dan Roulet (2019) menunjukkan bahwa jika Indonesia mengurangi pembatasan hingga persentil ke-50 dan ke-25 dari *Indeks FDI*, nilai masuk FDI masing-masing bisa menjadi 25% hingga 85 % lebih tinggi (Gambar 3.14).

Gambar 3.14. Efek Simulasi Liberalisasi FDI: mengurangi pembatasan Indonesia ke tingkat persentil ke-50 dan ke-25 dari Indeks Pembatasan Regulasi FDI OECD

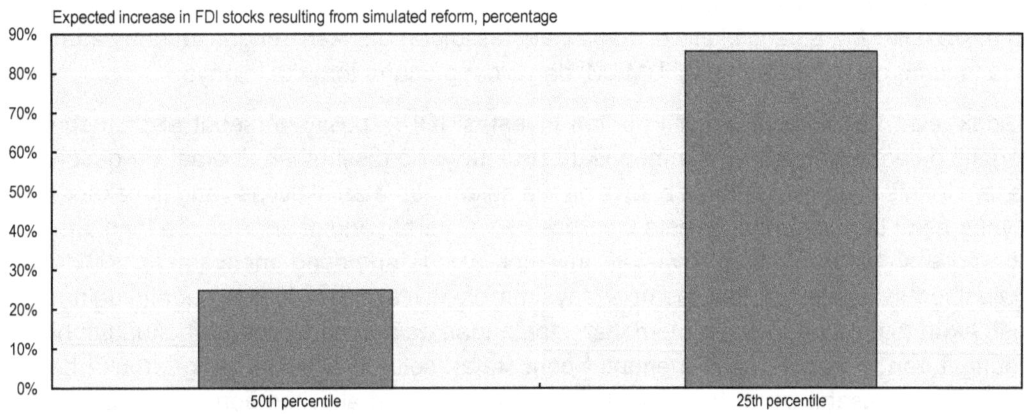

Catatan: Simulasi ini didasarkan pada rata-rata elastisitas langsung sebagian dari FDI terhadap batasan regulasi yang diperkirakan melalui model gravitasi yang diperbesar dari posisi FDI ke dalam bilateral menggunakan penaksir kemungkinan pseudo-maksimum poisson. Variabel gravitasi tipikal dan serangkaian faktor kebijakan dan non-kebijakan lainnya juga disertakan (jarak, kedekatan, keberadaan bahasa yang sama, ikatan kolonial, ukuran pasar, tingkat pertumbuhan PDB riil, nilai tukar riil, kesamaan dalam ukuran dan faktor pendukung sumber daya, keterbukaan perdagangan, kekayaan sumber daya alam, kematangan kelembagaan, pembatasan FDI, partisipasi dalam kawasan perdagangan bebas, pajak perusahaan), serta negara tujuan dan negara asal serta pengaruh waktu tetap. Regresi tersebut mencakup hubungan FDI bilateral antara 60 negara selama periode 1997-2012.
Sumber: elaborasi penulis berdasarkan estimasi baseline Mistura and Roulet (2019).

Efeknya ternyata lebih besar untuk FDI di sektor jasa, yang mencerminkan lebih tingginya pembatasan di sektor-sektor ini. Tetapi bahkan FDI di sektor manufaktur pun, yang sebagian besar terbuka terhadap FDI, juga dipengaruhi secara negatif oleh pembatasan pada kegiatan sektor jasa (Mistura dan Roulet, 2019). Seperti yang telah dibahas sebelumnya, hal ini dapat memiliki implikasi produktivitas ekonomi secara luas mengingat semakin pentingnya input jasa terhadap sektor ekonomi lain dan konsumen akhir.

Menjaga 'pencapaian' UU Penanaman Modal 2007

Walaupun mengkaji ulang rezim FDI penting nilainya, UU Omnibus Cipta Lapangan Kerja juga perlu memastikan agar pencapaian yang sudah ada tetap terjaga. Kepastian kebijakan ekonomi di Indonesia meningkat secara pesat di bidang investasi dengan disahkannya Undang-Undang Penanaman Modal pada tahun 2007 (OECD, 2010). Undang-undang penting ini mencakup investasi dalam dan luar negeri dan menetapkan perlakuan nasional untuk investasi asing, memetakan peluang yang lebih merata bagi semua investor (lihat Bab 4 tentang perlindungan investasi dan penyelesaian sengketa).

Hal ini juga meningkatkan transparansi kerangka kebijakan investasi di Indonesia, khususnya dengan diberlakukannya pendekatan 'daftar negatif' untuk memperjelas sektor mana yang ditutup atau dibuka dengan persyaratan tertentu bagi investor asing atau domestik. Hingga saat ini, terdapat empat Peraturan Presiden yang mengatur tentang daftar kegiatan usaha yang memberlakukan pembatasan penanaman modal, yang paling baru yaitu Perpres Nomor 44 tahun 2016. Daftar ini secara keseluruhan telah meningkatkan transparansi, termasuk dengan ditetapkannya sistem klasifikasi industri standar untuk daftar kegiatan, seperti Klasifikasi Baku Lapangan Usaha Indonesia (KBLI) atau *International Standard for Industrial Classifications* (ISIC). Ini semua adalah pencapaian kunci yang perlu dipertahankan dalam reformasi berkelanjutan yang diperkenalkan oleh UU Omnibus tentang Penciptaan Lapangan Kerja.

Hingga Agustus 2020, masih terdapat ketidakpastian apakah pendekatan 'daftar negatif' sebelumnya akan terus digunakan untuk mengatur kondisi akses pasar bagi investor asing pasca reformasi Omnibus saat ini. Berdasarkan konsultasi dengan Kantor Sekretaris Kabinet, pemerintah bermaksud untuk menyusun kembali daftar investasi negatif menjadi Daftar Prioritas Penanaman Modal (DPI) 'positif' melalui revisi Peraturan Presiden Nomor 44 Tahun 2016 dengan bidang usaha meliputi: (1) bidang usaha tertutup; (2) bidang usaha yang diperuntukkan bagi kegiatan pemerintah; dan (3) bidang usaha yang terbuka, meliputi: bidang usaha prioritas; bidang usaha di mana penanam modal harus bermitra dengan usaha menengah, kecil, dan mikro (UMKM); bidang bisnis di mana investasi diperbolehkan dengan tunduk pada persyaratan; bidang usaha yang diperuntukkan bagi UMKM, dan bidang usaha terbuka lainnya.

Namun, tidak jelas bagaimana Daftar Prioritas Investasi (DPI) 'positif' tersebut akan menyimpang dari 'daftar negatif' dalam istilah teknis jika mengikuti struktur yang disebutkan di atas. Pergeseran ke 'daftar positif' secara teknis akan menyiratkan bahwa hanya sektor dan/atau aktivitas yang dimaksud dalam daftar tersebut yang akan terbuka untuk investasi berdasarkan syarat yang ditentukan, sedangkan berbagai hal lainnya berpotensi terlarang bagi investor. Investor asing terkadang menyatakan ketidakpuasannya dengan laju liberalisasi saat ini dan mempertanyakan efektivitas revisi 'daftar negatif' dalam mendorong liberalisasi. Akan tetapi, cukup wajar memahami tantangan dalam menerapkan lingkungan bisnis terbuka dengan pengaturan ini karena akan menuntut pencatatan seluruh aktivitas yang terbuka bagi investasi, yang membutuhkan usaha besar untuk tidak mengesampingkan aktivitas apa pun secara tidak sengaja dan menghindari ketidakpastian terkait dari definisi cakupan yang luas. Untuk itu, pendekatan 'daftar negatif' sebetulnya lebih efisien dan dapat diprediksi untuk tujuan ini, karena semua kegiatan dianggap dibuka tanpa syarat, kecuali untuk beberapa yang disebutkan dan terdaftar dalam peraturan.

Walau demikian, pemerintah mengakui selama proses penyusunan kajian ini bahwa pendekatan 'daftar negatif' akan terus digunakan untuk pengaturan akses pasar. Dengan demikian, perbaikan yang dapat dipertimbangkan adalah pengaturan kelembagaan dan prosedur perumusan daftar tersebut ke depan. Kementerian Koordinator Bidang Kemaritiman dan Penanaman Modal sejak tahun 2019 berwenang melakukan pemantauan, evaluasi, dan penyelesaian permasalahan yang timbul dari pelaksanaan kegiatan penanaman modal pada bidang usaha dalam daftar.[32] Peraturan Presiden No.76 tahun 2007 tentang Kriteria dan Persyaratan Penyusunan Bidang Usaha Tertutup dan Terbuka Bersyarat di bidang Penanaman Modal memberikan beberapa pedoman tentang tata cara penyusunan daftar tersebut. Daftar ini perlu dievaluasi dan disempurnakan secara berkala sesuai dengan perkembangan ekonomi dan kepentingan nasional berdasarkan kajian, temuan, dan rekomendasi investor. Menteri atau pimpinan lembaga terkait merekomendasikan lini bisnis yang tertutup dan terbuka bersyarat disertai alasan yang mendukung kepada Menteri Koordinator Bidang Kemaritiman dan Penanaman Modal. Rekomendasi mengacu pada kriteria dan pertimbangan yang diatur dalam Peraturan Presiden untuk menempatkan persyaratan atau menentukan kegiatan tertentu yang tertutup bagi investor asing atau domestik. Kementerian Koordinator Bidang Kemaritiman dan Investasi kemudian membentuk tim untuk menilai, merumuskan, mengevaluasi, dan menyusun daftar tersebut.

Proses penilaian dan perumusan daftar sektor yang akan dibuka atau dibatasi kemungkinan besar dapat memperoleh manfaat dari transparansi dan dukungan teknis yang lebih besar. Prosedur yang ada saat ini tidak menyebutkan aturan pembentukan tim yang akan menilai dan merumuskan kebijakan.

[32] Berdasarkan Peraturan Presiden Nomor 92 tahun 2019, peran dan fungsi koordinasi, sinkronisasi, dan pengendalian investasi telah dialihkan dari Kementerian Koordinator Bidang Perekonomian (CMEA) menjadi Kementerian Koordinator Bidang Kemaritiman dan Investasi. Kementerian ini pada tahun 2019 juga mengemban tanggung jawab untuk mengawasi BKPM.

Mempertimbangkan potensi dampak dari pembatasan terhadap sektor lain di luar sektor yang diterapkan, penting untuk melibatkan unsur lintas kementerian dalam tim ini, seperti perwakilan dari kamar dagang asing dan domestik, serikat buruh, masyarakat sipil, dan konsumen. Representasi yang lebih seimbang dapat membantu memperluas basis informasi yang mendukung diskusi dan musyawarah.

Rekomendasi oleh kementerian terkait juga dapat dilengkapi dengan penilaian yang lebih teknis tentang implikasi dari kebijakan yang diusulkan oleh lembaga independen yang memenuhi syarat, seperti akademisi dan lembaga penelitian, konsultan sektor swasta dan organisasi internasional, atau setidaknya oleh unit teknis yang berkualifikasi dari unsur pemerintah. Tidak jelas sejauh mana praktik penilaian teknis telah disiapkan untuk mendukung musyawarah oleh kementerian-kementerian terkait. Jika memang ada, ini belum diungkapkan kepada publik. Sampai saat ini, konsultasi publik dengan pemangku kepentingan mengenai hal-hal terkait juga masih terbatas. Transparansi yang lebih besar pada perumusan 'daftar negatif' akan memfasilitasi dialog dengan para pemangku kepentingan yang tertarik dan membantu untuk berkontribusi dalam penyusunan kebijakan yang lebih baik.

Instruksi Presiden Nomor 7 Tahun 2017[33] dan Peraturan Sekretaris Kabinet Nomor 1 Tahun 2018[34] memberikan arahan kepada kementerian dan lembaga pemerintah untuk merumuskan kebijakan yang strategis, berdampak luas bagi masyarakat, dan berskala nasional. Penerapan pedoman tersebut dalam perumusan kebijakan FDI sudah menjadi langkah untuk menerapkan penilaian dampak peraturan yang tepat dari pembatasan yang ada terhadap FDI, termasuk penilaian kebijakan alternatif yang non-diskriminatif jika memang diperlukan. Pemerintah mempertimbangkan berbagai hal seperti perlunya melakukan konsultasi publik, mitigasi risiko, dan hal-hal lain seperti mempertimbangkan alternatif selain dengan regulasi. Menurut pihak yang berwenang, pelaksanaan perumusan kebijakan berdasarkan Inpres dan Peraturan Sekretaris Kabinet masih menghadapi kendala: ada yang menganggapnya terlalu memperpanjang siklus perumusan kebijakan dan masih ada ruang untuk menyederhanakan prosedur perumusan kebijakan. Namun demikian, pembinaan tersebut merupakan langkah awal yang penting untuk memperbaiki proses pembuatan kebijakan di Indonesia dan penerapannya dalam konteks reformasi FDI tentunya sangat diperlukan.

Referensi

Alfaro, L.and M.Chen (2012), “Surviving the Global Financial Crisis: Foreign Ownership and Establishment Performance,” *American Economic Journal: Economic Policy*, 4(3): 30-55.

Arnold, J.M., B.S. Javorcik and A. Mattoo (2011), “Does services liberalisation benefit manufacturing firms? Evidence from the Czech Republic”, *Journal of* International Economics, Vol. 85, Issue 1, September, pp. 136-146.

Arnold, J.M., B.S. Javorcik, M. Lipscomb and A. Mattoo (2012), “Services reform and manufacturing performance: evidence from India”, World Bank Policy Research Paper, No. 5948, January.

Berulava, G. (2011), “Services inputs and export performance of manufacturing firms in transition economies”, EERC Working Paper Series No. 11/17E.

Beverelli, C, Fiorini, M and B. Hoekman (2015), “Services Trade Restrictiveness and Manufacturing Productivity: The Role of Institutions”, *CEPR Discussion Paper No. 10834*, London.

Bourlès, R., et al. (2010), "Do Product Market Regulations in Upstream Sectors Curb Productivity Growth?: Panel Data Evidence for OECD Countries", *OECD Economics Department Working Papers*,

[33] Instruksi Presiden Nomor 7 Tahun 2017 tentang Pengambilan, Pengawasan, dan Pengendalian Pelaksanaan Kebijakan di Tingkat Kementerian Negara dan Lembaga Pemerintah.

[34] Peraturan Sekretaris Kabinet Nomor 1 Tahun 2018 tentang Pedoman Penyusunan, Pelaksanaan, dan Tindak Lanjut Hasil Sidang Kabinet.

No. 791, OECD Publishing, Paris, https://doi.org/10.1787/5kmbm6s9kbkf-en.

Cadestin, C., et al. (2019), "Multinational enterprises in domestic value chains", OECD Science, Technology and Industry Policy Papers, No. 63, OECD Publishing, Paris, https://doi.org/10.1787/9abfa931-en.

Conklin, D. and Don Lecraw (1997), Foreign ownership restrictions and liberalization reforms, Aldershot: Ashgate.

De Backer, K. and S. Miroudot (2013), "Mapping Global Value Chains", OECD Trade Policy Papers, No. 159, OECD Publishing, Paris, https://doi.org/10.1787/5k3v1trgnbr4-en.

Deringer, H., Erixon, F, Lamprecht, P. and Erik van der Marel (2018), "The Economic Impact of Local Content Requirements: A Case Study of Heavy Vehicles", ECIPE Occasional Paper No. 1/2018, Brussels.

Desai, Mihir, C. Fritz Foley, and Kristin J. Forbes (2008), "Financial Constraints and Growth: Multinational and Local Firm Responses to Currency Depreciation," Review of Financial Studies,21 (6):2857-88.

Duggan, V., Rahardja, S. and Varela, G. (2013), "Service sector reform and manufacturing productivity", World Bank Policy Research Working Paper 6349, The World Bank: Washington DC.

Ferencz, J. (2019), "The OECD Digital Services Trade Restrictiveness Index", OECD Trade Policy Papers, No. 221, OECD Publishing, Paris, https://doi.org/10.1787/16ed2d78-en.

Fernandes, A.M. and C. Paunov (2011), "Foreign direct investment in services and manufacturing productivity: evidence for Chile", Journal of Development Economics, Vol. 97, Issue 2, March, pp. 305-321.

Forlani, Emmanuele (2012), "Competition in Services and Efficiency of Manufacturing Firms: Does Liberalization Matter?", LICOS Discussion Papers 31112, LICOS - Centre for Institutions and Economic Performance, KU Leuven.

Fournier, J. (2015), "The negative effect of regulatory divergence on foreign direct investment", OECD Economics Department Working Papers, No. 1268, OECD Publishing, Paris, https://doi.org/10.1787/5jrqgvg0dw27-en.

IMF (2020), World Economic Outlook – April 2020: The Great Lockdown, Washington, DC, April.

IMF (2019), 2019 Article IV Consultation, Staff Report", IMF Country Report No. 19/250, Washington, DC, July.

IMF (2018), "The Evolving Role of Trade in Asia: Opening a New Chapter", Regional Economic Outlook: Asia and Pacific Background Paper No. 2, Washington, DC, October.

Isono, I. and H. Ishido (2016), "Service liberalization in Lao", IDE-JETRO Discussion Paper 559, March.

Jakarta Globe (2019), "Indonesia Needs Reforms to Attract Foreign Investment, Survive Coming Global Recession: World Bank", website article, September 9. https://jakartaglobe.id/context/indonesia-needs-reforms-to-attract-foreign-investment-survive-coming-global-recession-world-bank/ (accessed on: 5 May 2020).

Jakarta Post (2020a), "Taiwanese audio firm leaves China, builds factory in W. Java", website article, July 22. Available at: https://www.thejakartapost.com/news/2020/07/21/taiwanese-audio-firm-leaves-china-builds-factory-in-w-java.html (accessed on 15 September 2020).

Jakarta Post (2020b), "Seven companies to relocate facilities to Indonesia, invest $850m", website article, June 30, https://www.thejakartapost.com/news/2020/06/30/seven-companies-to-relocate-facilities-to-indonesia-invest-850m.html (accessed on 15 September 2020).

JETRO (2020), "FY 2019 Survey on the International Operations of Japanese Firms - JETRO Overseas Business Survey", Japan External Trade Organization, February 27.

Kalinova, B., A. Palerm and S. Thomsen (2010), "OECD's FDI Restrictiveness Index: 2010 Update",

OECD Working Papers on International Investment, No. 2010/03, OECD Publishing, Paris, https://doi.org/10.1787/5km91p02zj7g-en.

Katadata (2019), "World Bank Research on Investment Frustrates Jokowi", September 9, https://en.katadata.co.id/in-depth/2019/09/09/world-bank-research-on-investment-frustrates-jokowi/0 (accessed on: 5 May 2020).

Kian Wie Thee (2009), "Indonesia's two deep economic crises: the mid-1960s and late-1990s", Journal of the Asia Pacific Economy, 14:1, 49-60.

Koopman, R., W. Powers, Z. Wang and S.-J. Wei (2010). "Give credit to where credit is due: tracing value added in global production chains", NBER Working Papers Series 16426, September 2010.

Kowalski, P., et al. (2015), "Participation of Developing Countries in Global Value Chains: Implications for Trade and Trade-Related Policies", OECD Trade Policy Papers, No. 179, OECD Publishing, Paris, https://doi.org/10.1787/5js33lfw0xxn-en.

Lecraw, D. (1997), "[Chapter 10] Indonesia: the critical role of government", in (Eds.) Dunning, J. and Rajneesh Narula, "Foreign Direct Investment and Governments: Catalysts for economic restructuring", Routledge, United Kingdom.

Low, Patrick (2016), "Rethinking Services in a Changing World", E15 Expert Group on Services – Policy Options Paper, E15Initiative. Geneva: International Centre for Trade and Sustainable Development (ICTSD) and World Economic Forum.

Miroudot, S. and C. Cadestin (2017), "Services In Global Value Chains: From Inputs to Value-Creating Activities", OECD Trade Policy Papers, No. 197, OECD Publishing, Paris, https://doi.org/10.1787/465f0d8b-en.

Miroudot, Sébastien (2020), "Resilience versus robustness in global value chains: Some policy implications", in (eds.) Baldwin, R.E. and Evenett, S. J. (2020), "COVID-19 and Trade Policy: Why Turning Inward Won't Work", Centre for Economic Policy Research Press, London.

Mistura, F. and S. Thomsen (2017), "Foreign Investment Review Mechanisms: Considerations for Revising the OECD FDI Regulatory Restrictiveness Index", Note by the Secretariat, OECD Investment Committee, Paris [not published].

Mistura, F. and C. Roulet (2019), "The determinants of Foreign Direct Investment: Do statutory restrictions matter?", OECD Working Papers on International Investment, No. 2019/01, OECD Publishing, Paris, https://doi.org/10.1787/641507ce-en.

Negara, S. D. (2016), "The Impact of Local Content Requirements on the Indonesian Manufacturing Industry", ISEAS Economics Working Paper No. 2016-4, October.

Nicoletti, G., et al. (2003), "Policies and International Integration: Influences on Trade and Foreign Direct Investment", OECD Economics Department Working Papers, No. 359, OECD Publishing, Paris, https://doi.org/10.1787/062321126487.

Nomura (2019), "US-China trade diversion: Who benefits?", Nomura, June 2019.

OECD (2020a), OECD Economic Outlook, Interim Report September 2020, OECD Publishing, Paris, https://doi.org/10.1787/34ffc900-en.

OECD (2020b), "COVID-19 and Global Capital Flows", July 3, http://www.oecd.org/coronavirus/policy-responses/covid-19-and-global-capital-flows-2dc69002/

OECD (2020c), "Foreign direct investment flows in the time of COVID-19", May 4, https://www.oecd.org/coronavirus/policy-responses/foreign-direct-investment-flows-in-the-time-of-covid-19-a2fa20c4/

OECD (2019a), OECD Investment Policy Reviews: Southeast Asia, February https://www.oecd.org/daf/inv/investment-policy/oecd-investment-policy-review-southeast-asia.htm

OECD (2019b), "Local content requirements", OECD Trade Policy Brief, February, https://issuu.com/oecd.publishing/docs/local_content_requirements.

OECD (2015a), Policy Framework for Investment, 2015 Edition, OECD Publishing, Paris, https://doi.org/10.1787/9789264208667-en.

OECD (2015b), The Future of Productivity, OECD Publishing, Paris, https://doi.org/10.1787/9789264248533-en.

OECD (2014), Southeast Asia Investment Policy Perspectives, December, https://www.oecd.org/daf/inv/investment-policy/se-asia-investment-policy-perspectives.htm

OECD (2013), OECD Science, Technology and Industry Scoreboard 2013: Innovation for Growth, OECD Publishing, Paris, https://doi.org/10.1787/sti_scoreboard-2013-en.

OECD (2011), "The Impact of Trade Liberalisation on Jobs and Growth: Technical Note", OECD Trade Policy Papers, No. 107, OECD Publishing, Paris, https://doi.org/10.1787/5kgj4jfj1nq2-en.

OECD (2010), OECD Investment Policy Reviews: Indonesia 2010, OECD Investment Policy Reviews, OECD Publishing, Paris, https://doi.org/10.1787/9789264087019-en.

OECD (1999), Foreign Direct Investment and Recovery in Southeast Asia, OECD Publishing, Paris, https://doi.org/10.1787/9789264174207-en.

Rodrik, Dani (2015), "Premature deindustrialization", NBER Working Paper No. 20935, February.

Rouzet, D. and F. Spinelli (2016), "Services Trade Restrictiveness, Mark-Ups and Competition", OECD Trade Policy Papers, No. 194, OECD Publishing, Paris, https://doi.org/10.1787/5jln7dlm3931-en.

Shepotylo and Vakhitov (2015), "Services liberalisation and productivity of manufacturing firms: Evidence from Ukraine", Economics of Transition, Volume 23, Issue 1 January 2015.

Stone, S., J. Messent and D. Flaig (2015), "Emerging Policy Issues: Localisation Barriers to Trade", OECD Trade Policy Papers, No. 180, OECD Publishing, Paris, https://doi.org/10.1787/5js1m6v5qd5j-en.

Taglioni, D. and Winkler, D. (2014), "Making Global Values Chains Work for Development", World Bank Economic Premise No 143, May.

UNCTAD (2013), World Investment Report 2013: Global Value Chains: Investment and Trade for Development, United Nations: Geneva and New York.

World Bank (2020a), "East Asia and Pacific in the Time of COVID-19", East Asia and Pacific Economic Update (April), World Bank: Washington, DC.

World Bank (2020b), Doing Business 2020, World Bank: Washington, DC.

World Bank (2019), World Development Report 2020: Trading for Development in the Age of Global Value Chains, World Bank: Washington, DC.

World Bank (2017), Policy Note: What Drives Foreign Direct Investment in Indonesia?, August.

World Bank (2014), Why are minimum capital requirements a concern for entrepreneurs?, World Bank Doing Business 2014, World Bank: Washington, DC.

World Bank/IFC (2019), Creating Markets In Indonesia: Unlocking The Dynamism Of The Indonesian Private Sector – A Country Private Sector Diagnostic, October, World Bank: Washington, DC.

Annex 3.A. Catatan Teknis

Uraian shift-share pertumbuhan nilai FDI masuk di Indonesia, 2010-18

Penilaian di atas didasarkan pada analisis shift-share tradisional (lihat WTO (2009) untuk penjelasan) sebagai berikut: $\Delta I_j = rI_j' + \sum_i(ri - r)I_j' + \sum_i(ri_j - ri)I_j'$, dimana untuk tiap negara atau pengelompokan *j*, ΔIj adalah selisih nilai FDI masuk antara tahun 2010 dan 2018; *Ij'* adalah nilai FDI masuk tahun 2010; *r* adalah tingkat pertumbuhan nilai FDI masuk dunia pada periode 2010-18; *ri* adalah tingkat pertumbuhan nilai FDI masuk industri *i* pada periode yang sama dan *rij* adalah tingkat pertumbuhan negara atau pengelompokan *j*'s nilai FDI masuk industri *i* pada periode tersebut.

Karena terbatasnya ketersediaan data terpilah dan data yang dapat dibandingkan tentang nilai FDI per sektor di berbagai negara atau kelompok, analisis dibatasi pada industri berikut: pertanian, kehutanan dan perikanan; pertambangan dan penggalian; manufaktur; konstruksi; dan lainnya (sisa). Nilai FDI sektoral diperkirakan sebagai berikut:

- China: Nilai FDI per industri diperkirakan menggunakan total Posisi Investasi Internasional yang dilaporkan oleh Administrasi Valuta Asing Negara, disesuaikan dengan pangsa arus masuk FDI per sektor selama 2005-10 (untuk 2010) dan 2005-18 (untuk 2018) sebagaimana dilaporkan oleh Biro Statistik Nasional;
- OECD: Nilai FDI per industri didasarkan pada total posisi FDI dalam perekonomian OECD yang dilaporkan dalam database statistik FDI OECD, disesuaikan dengan pangsa posisi FDI per sektor berdasarkan data yang tersedia;
- Indonesia: perkiraan FDI industri didasarkan pada total data IIP dari Bank Indonesia, disesuaikan dengan pangsa arus masuk kumulatif per sektor selama 2004-2010 (untuk 2010) dan 1990-2018 (untuk 2018) seperti yang dilaporkan oleh Bank Indonesia. Tren serupa, meskipun besarannya lebih tinggi, diperoleh dengan menggunakan arus masuk kumulatif per sektor selama 1990-2010 (untuk 2010) dan 1990-2018 (untuk 2018) seperti yang dilaporkan oleh BKPM [tidak dilaporkan];
- ASEAN9 (tidak termasuk Indonesia): perkiraan didasarkan pada total nilai FDI di ASEAN9 seperti yang dilaporkan dalam database statistik FDI UNCTAD, disesuaikan dengan pangsa arus masuk kumulatif per sektor selama 2005-10 (untuk 2010) dan 2012-18 (untuk 2018) sebagaimana dilaporkan dalam database Statistik FDI Sekretariat ASEAN;
- Dunia: perkiraan didasarkan pada total posisi FDI dunia yang dilaporkan oleh OECD, disesuaikan dengan pangsa posisi FDI per sektor di OECD, Indonesia, Tiongkok, dan ASEAN9 secara keseluruhan;
- Negara lainnya di dunia: diperkirakan sebagai sisa perkiraan Dunia dikurangi OECD, Indonesia, Tiongkok, dan ASEAN9.

Tren FDI horizontal dan vertikal di Indonesia: 1997-2017

Estimasi FDI horizontal dan vertikal didapatkan dengan metodologi Alfaro (2007) yang sedikit disesuaikan:

- FDI Horizontal: transaksi M&A lintas batas diklasifikasikan sebagai FDI horizontal jika Kode SIC Utama pihak target dan pengakuisisi sama. Tergantung dari jenis sub kegiatan industri, yang digunakan adalah pengelompokan tingkat 2 atau 3 digit.
- FDI Vertikal: transaksi M&A lintas batas diklasifikasikan sebagai FDI vertikal jika Kode SIC Utama pihak target dan pengakuisisi (4 digit) ditemukan terkait secara vertikal sesuai dengan metodologi

Alfaro (2007) dengan sebagian penyesuaian. Dengan menggunakan Tabel Persyaratan Total Industri-per-Industri BEA Amerika Serikat (2012, terbaru), hubungan industri vertikal (masing-masing hulu dan hilir) ditemukan jika pengakuisisi atau pangsa industri target dari total output industri langsung dan tidak langsung yang terkait dengan produksi satu dolar output industri referensi (industri pengakuisisi atau perusahaan target) sama dengan atau lebih tinggi dari 1,6%. Alfaro (2007) menggunakan tingkat ambang batas statis 0,05.

  - Tingkat ambang relatif yang digunakan sedikit lebih mencakup berbagai aspek dibandingkan tingkat statis Alfaro: ia menangkap jumlah hubungan satu arah (hulu atau hilir) yang kira-kira sama per industri (pengamatan maksimum adalah 14 berbanding 13 dengan menggunakan tingkat ambang batas Alfaro), tetapi memperluas total jumlah pasangan industri vertikal yang diidentifikasi dari 1638 menjadi 2286. Untuk perkiraan, kode industri BEA dikaitkan dengan Kode SIC Primer 4 digit target dan pengakuisisi menggunakan matriks korespondensi yang tersedia di situs web BEA. Penggunaan struktur Input-Output AS alih-alih tabel I-O di masing-masing negara adalah karena tingkat disagregasi data BEA yang tak tertandingi, dan kemungkinan hubungan industri AS relatif lebih mencakup berbagai aspek mengingat ukuran dan kemajuan perekonomian AS.

- FDI lain/diversifikasi: transaksi yang tidak memenuhi syarat sebagai FDI horizontal atau vertikal (masing-masing 50% dan 18% dari total nilai transaksi di Indonesia pada tahun 1997-2017) disebut sebagai 'FDI lain/diversifikasi' (tidak dilaporkan untuk ditunjukkan).
- Dataset yang digunakan dalam pengukuran terdiri dari 32.846 kesepakatan M&A lintas batas yang terlaksana dari tahun 1997 hingga 2017, yang menghasilkan kepemilikan oleh perusahaan pengakuisisi utama setidaknya 10% saham perusahaan yang diakuisisi setelah transaksi, seperti yang dilaporkan dalam database Merger & Akuisisi Dealogic.

Pembatasan FDI sektor jasa berdampak pada aktivitas manufaktur

Terpaparnya sektor manufaktur terhadap pembatasan FDI sektor jasa dihitung dari rata-rata tertimbang *Indeks Pembatasan Regulasi FDI OECD* di sembilan sektor jasa (konstruksi, transportasi, telekomunikasi, listrik, distribusi grosir dan eceran, keuangan, dan jasa bisnis), di mana bobot didapat dari bagian masing-masing sektor dalam total biaya input sektor manufaktur. Persamaannya adalah: $rest_{s,c} = \sum_j^J (w_{s,c,j} * Index_{j,c})$, di mana *rest* adalah rata-rata tertimbang indeks pembatasan FDI yang dihadapi sektor manufaktur di negara *c; w* adalah pangsa sektor jasa domestik *j* dalam total input sektor manufaktur *s* di negara *c* berdasarkan data Tabel Input-Output OECD 2015 (terbaru); dan *Indeks* adalah *Indeks Pembatasan Regulasi FDI OECD* sektor jasa *j* di negara *c*.

Annex 3.B. Beberapa contoh persyaratan konten lokal di Indonesia

Lampiran Tabel 3.B.1. Persyaratan konten lokal di Indonesia

Tanggal Pengumuman	Lingkup	Deskripsi	Kewenangan hukum	Tanggal pemberlakuan
2019-08-08	Perpres 2019 untuk memajukan industri kendaraan listrik lokal	Persyaratan konten lokal minimum untuk dapat mengakses insentif fiskal dan nonfiskal untuk produksi kendaraan listrik di Indonesia: minimal 35% untuk kendaraan roda empat atau lebih dan minimal 40% untuk kendaraan roda dua atau tiga. Tingkat konten lokal akan dinaikkan hingga masing-masing mencapai 80% pada tahun 2030 dan 2026.	Peraturan Presiden No.55 tahun 2019 yang mendorong industri kendaraan listrik lokal	12-08-2019
2018-08-15	Persyaratan biokomponen lokal dalam solar	PP No.66 tahun 2018 memperkenalkan persyaratan untuk solar yang dijual di dalam negeri agar mengandung minimal komponen bio 20% (disebut "campuran biodiesel B20"). Seperti yang tertuang dalam bagian pendahuluan peraturan, hal ini dimaksudkan untuk menumbuhkan industri kelapa sawit lokal.	Peraturan Presiden No.66 tahun 2018 memberlakukan persyaratan biokomponen lokal untuk penjualan solar	01-09-2018
2017-02-27	Rencana aksi untuk mendorong industri farmasi dan peralatan medis dalam negeri	Peraturan memuat ketentuan bahwa industri farmasi dan alat kesehatan harus mengutamakan penggunaan bahan baku lokal. Perpres ini juga mengatur bahwa penyediaan barang farmasi dan alat kesehatan oleh pemerintah atau swasta untuk kebutuhan masyarakat harus mengutamakan barang yang menggunakan bahan baku lokal. Tidak ada aturan yang jelas berapa persentase persyaratan konten lokal yang akan ditetapkan. Namun, terdapat beberapa indikasi dalam lampiran peraturan tersebut: misalnya pada tahap penelitian dan pengembangan, kandungannya minimal 25%. Dalam proses produksi, kandungannya minimal 35%. Lebih lanjut, peraturan tersebut juga menyebutkan rencana penurunan pangsa pasar impor saat ini dari 94% menjadi 45% pada tahun 2035.	Peraturan Menteri Kesehatan No.17 tahun 2017 menetapkan rencana aksi guna mendorong industri farmasi dan peralatan medis lokal	28-02-2017
2017-02-07	Peluang investasi terbatas untuk Televisi Protokol Internet	Penyedia IPTV harus menyediakan Set-Top-Box Protokol Internet dengan persyaratan konten lokal minimum 20%, dengan jumlah yang meningkat hingga 50% dalam waktu 5 tahun sejak mulai beroperasi di Indonesia. Selanjutnya, operator IPTV harus menyediakan sekurang-kurangnya 10% konten dalam negeri selama layanan penyiarannya, 30% selama layanan multimedia, dan "jumlah Penyedia Konten Independen dalam negeri yang berkontribusi pada pelaksanaan layanan IPTV paling sedikit 10% (sepuluh persen) dari jumlah penyedia Konten dalam Perpustakaan Konten Penyelenggara dan secara bertahap meningkat menjadi 50% (lima puluh Persen) dalam waktu 5 (lima) tahun."	Peraturan Kementerian Komunikasi dan Informatika No.6 tahun 2017 tentang Televisi Protokol Internet	07-02-2017

Tanggal Pengumuman	Lingkup	Deskripsi	Kewenangan hukum	Tanggal pemberlakuan
2016-07-27	Persyaratan pelokalan yang diperbarui untuk ponsel cerdas & tablet	Kementerian Komunikasi dan Informatika mengumumkan peraturan yang mewajibkan perangkat telekomunikasi 4G (smartphone dan tablet) memenuhi persyaratan konten lokal sebesar 30%. Sementara itu, "stasiun basis", mis. modem nirkabel yang menggunakan jaringan 4G LTE harus memiliki persyaratan konten lokal sebesar 40%. Persyaratan konten lokal berlaku untuk perangkat keras dan perangkat lunak, seperti aplikasi telepon. Produsen memiliki opsi untuk melokalkan perangkat lunak alih-alih komponen perangkat keras perangkat. Sebagai contoh, dengan skema ini, membuat sejumlah aplikasi dan game populer dapat mengurangi pelokalan perangkat keras yang diperlukan hingga 10% dan desain serta pelokalan firmware hingga 20%. Peraturan ini juga menawarkan pengurangan batasan pelokalan tergantung pada besarnya investasi asing. Jika investasi bernilai minimal Rp1 triliun (sekitar USD 77 juta), persyaratan pelokalan dicabut sepenuhnya.	Peraturan Menteri Perindustrian No.65 tahun 2016 menetapkan skema lebih lanjut terkait persyaratan lokalisasi	01-01-2017
2015-09-30	Skema promosi konten lokal melalui tarif impor barang, mesin, dan bahan yang digunakan dalam konstruksi	Guna mendukung industri konstruksi Indonesia, pemerintah memperluas pembebasan tarif impor kepada industri konstruksi. Pembebasan tidak mencakup jasa apa pun dan mensyaratkan setiap perusahaan agar menggunakan setidaknya 30% mesin dan bahan yang bersumber lokal.	Peraturan Menteri Keuangan No.188/PMK.010/2015 memperluas pembebasan tarif impor untuk industri konstruksi	30-09-2015
2015-03-23	Persyaratan pelokalan yang diperluas untuk industri otomotif Extended localisation requirements for the automotive industry	Peraturan ini menetapkan persyaratan lokalisasi lebih lanjut dalam industri otomotif. Jika sebelumnya pabrikan mobil diharuskan melakukan empat tahap perakitan di Indonesia, ketentuan baru mensyaratkan agar seluruh proses perakitan dilakukan di dalam negeri.	Peraturan Menteri Perindustrian No.34/M-IND/PER/3/2015 tentang Industri Kendaraan Bermotor.	23-09-2016
2013-12-12	Persyaratan konten lokal untuk pasar tradisional, toko modern & pusat perbelanjaan	Pusat perbelanjaan diharuskan menyediakan "*counter image*" di lantai khusus yang hanya diperuntukkan bagi produk dalam negeri. Pasar tradisional, pusat perbelanjaan, dan toko modern diharuskan memasok 80% produknya dengan produk domestik. Pengecualian diberikan kepada kategori ritel berikut: (1) Produk yang mensyaratkan keseragaman produksi dan sumber dari rantai pasokan global; (2) Memiliki merek yang terkenal di dunia (produk premium) dan belum memiliki basis produksi di Indonesia; atau (3) Produk dari negara tertentu yang dijual untuk memenuhi kebutuhan WNA asal negara tersebut yang tinggal di Indonesia.' Toko yang dikecualikan diharapkan secara bertahap meningkatkan penjualan barang serupa yang diproduksi di dalam negeri dan melaporkan pelaksanaannya kepada Menteri melalui Direktur Jenderal Perdagangan Dalam Negeri.	Peraturan Menteri Perdagangan No.70/M-DAG/PER/12/2013 tentang Pasar Tradisional, Pusat Perbelanjaan, dan Toko Modern.	12-06-2014/17-09-2016
2013-02-11	Persyaratan konten lokal dalam waralaba makanan & minuman	Di antara batasan lain seperti maksimal 250 toko waralaba, peraturan ini juga mencakup persyaratan kandungan lokal minimal 80% pada bahan baku dan peralatan bisnis yang digunakan oleh pemilik waralaba serta penerima waralaba. Menurut Pasal 7 (2), Kementerian Perdagangan dapat memberikan pengecualian kepada persyaratan kandungan lokal ini 'setelah	Peraturan Menteri Perdagangan No.07/M-DAG/2/2013 tentang Usaha Waralaba pada Industri Makanan & Minuman.	11-02-2013

Tanggal Pengumuman	Lingkup	Deskripsi	Kewenangan hukum	Tanggal pemberlakuan
		mempertimbangkan rekomendasi dari Tim Penilai'.		
2009-01-19	Pembatasan lokalisasi di sektor telekomunikasi	Peraturan ini mensyaratkan alat dan perangkat yang digunakan untuk layanan pita lebar nirkabel yang menggunakan pita frekuensi radio 2,3 GHz dan 3,3 GHz agar memenuhi Tingkat Komponen Dalam Negeri minimal 30% untuk stasiun pelanggan dan 40% untuk stasiun basis (base station). Persyaratan pelokalan ini berangsur dinaikkan menjadi 50% dalam kurun lima tahun.	Peraturan Menteri Komunikasi dan Informatika No.07/PER/M.KOMINFO/01/2009 menetapkan pembatasan pelokalan di sektor telekomunikasi	19-01-2009

Source*:* Global Trade Alert, https://www.globaltradealert.org/.

4 Perlindungan Penanaman Modal dan Penyelesaian Sengketa

Bab ini membahas kerangka hukum perlindungan investasi dan penyelesaian sengketa yang berlaku bagi penanam modal di Indonesia. Bab menyoroti beberapa isu penting mengenai kebijakan investasi menurut hukum Indonesia dan perjanjian investasi Indonesia—prinsip nondiskriminasi, perlindungan terhadap hak kepemilikan penanam modal, dan mekanisme penyelesaian perselisihan investasi. Selain itu, bab ini juga mengangkat pendekatan kebijakan baru dari pemerintah mengenai perlindungan data dan keamanan siber, penanggulangan korupsi, dan reformasi sektor publik. Diuraikan pula pencapaian, tantangan yang masih harus diatasi, dan rekomendasi. Dalam hal perjanjian kebijakan investasi, bab ini menyajikan gambaran umum mengenai perjanjian investasi yang dimiliki Indonesia, menganalisis ketentuan utama tentang perlindungan dan penyelesaian perselisihan penanam modal vs. negara, dan mengidentifikasi beberapa area potensi reformasi kebijakan.

Ringkasan dan Rekomendasi Utama

Peraturan yang menimbulkan pembatasan terhadap pembentukan dan kegiatan berusaha di Indonesia, sebagaimana diulas pada Bab 3, merupakan bagian penting dari kerangka hukum secara luas yang berpengaruh pada penanam modal. Di samping itu, hal-hal yang tak kalah penting adalah perlindungan terhadap hak kepemilikan, hak kontraktual, dan jaminan hukum lain, serta penegakan peraturan dan mekanisme penyelesaian perselisihan yang efisien.

Hukum Indonesia mengandung sejumlah perlindungan utama bagi penanam modal, yaitu yang berkaitan dengan perlakuan yang sama, pengambilalihan, dan transfer dana. Sebagian besar ketentuan terkait hal-hal ini dimuat di dalam UU 25/2007 tentang Penanaman Modal (UU Penanaman Modal) tanpa perubahan signifikan dalam tahun-tahun terakhir. Secara umum, ketiga hal ini sejalan dengan ketentuan serupa dalam hukum penanaman modal negara lain sekawasan. Ketentuan yang ada juga memberikan kejelasan hak penanam modal secara hukum; sepanjang mekanisme penegakan hak turut dipandang sama baiknya, ketentuan ini selayaknya mampu menumbuhkan kepercayaan penanam modal. Terdapat potensi perbaikan terhadap ketentuan yang sudah ada untuk meningkatkan keselarasannya dengan praktik baik pada tingkat internasional, termasuk memberikan ketentuan yang lebih spesifik mengenai pengambilalihan.

Penjabaran yang lebih lengkap juga dapat memperbaiki kerangka hukum yang sudah ada mengenai perlindungan hak kekayaan intelektual penanam modal dan hak atas tanah, yang sudah komprehensif dalam banyak aspek. Hukum pertanahan yang ada telah berusia beberapa puluh tahun dan pemerintah Indonesia belum melakukan pembaruan signifikan. Meskipun pihak asing kini dapat memiliki tanah, hak mereka masih relatif terbatas. Lebih jauh, hukum tanah formal dan hukum adat memiliki hubungan yang rumit dan bergantung pada interpretasi hukum. Inisiatif pemerintah untuk mempercepat registrasi tanah dan menggunakan basis data elektronik bagi proses ini telah menunjukkan hasil menjanjikan. Akan tetapi, dibutuhkan upaya lebih jauh agar momentum perubahan dapat dipertahankan dan perbaikan bersifat jangka panjang. Isu lain yang dilaporkan penanam modal adalah kerangka hukum untuk hak kekayaan intelektual (HAKI), khususnya kriteria kelayakan paten yang ketat. Namun demikian, pada prinsipnya hukum terkait HAKI dan paten telah dirumuskan dengan baik, diperbarui dari waktu ke waktu melalui proses amandemen, dan sesuai dengan standar internasional untuk lima bidang utama: merek dagang, paten, desain industri, hak cipta, dan rahasia dagang. Akan tetapi, masih ditemukan masalah di lapangan. Pembajakan di dunia maya dan pemalsuan masih marak terjadi, sementara upaya penegakan hukum masih lemah atau tidak konsisten. Pemerintah telah menerapkan berbagai prakarsa untuk mengatasi celah-celah ini.

Dalam hal penyelesaian perselisihan, pengadilan Indonesia memiliki catatan yang cukup baik terkait supremasi hukum dan penegakan kontrak dibandingkan negara lain dengan karakteristik serupa. Reformasi penting untuk menciptakan peradilan yang independen dan meningkatkan mutu layanan pengadilan telah dilakukan, meski pemangku kepentingan masih menyebutkan isu kurangnya transparansi dan perlakuan yang adil dalam sistem pengadilan Indonesia. Keefektifan pengadilan juga dihambat oleh persepsi negatif terhadap pengadilan. Sebab itulah, tidak sedikit perusahaan yang lebih memilih menggunakan alternatif penyelesaian sengketa dibandingkan litigasi. UU 30/1999 tentang Arbitrase dan Alternatif Penyelesaian Sengketa memberikan kerangka yang baik bagi praktik arbitrase di Indonesia dan sejauh ini penerapannya cukup berhasil. Pemerintah Indonesia belum berencana melakukan revisi besar terhadap dasar hukum ini, tetapi beberapa ketentuan dapat dipertimbangkan untuk diubah dalam rangka meningkatkan kejelasan hukum.

Hal lain yang menjadi perhatian pejabat tinggi pemerintah adalah perlindungan data dan keamanan siber, penanggulangan korupsi, dan reformasi sektor publik. Pemerintah telah mencapai kemajuan penting dalam upayanya menempatkan keamanan siber sebagai agenda prioritas kebijakan nasional. Pada tahun 2017, Indonesia membentuk Badan Siber dan Sandi Negara (BSSN) dan meningkatkan kiprah internasionalnya, tetapi belum ada kerangka hukum nasional yang memayungi isu keamanan siber ataupun perlindungan data. Dalam hal antikorupsi, penanggulangan korupsi di berbagai tingkat masyarakat telah bertahun-tahun menjadi prioritas penting. Komisi Pemberantasan Korupsi (KPK) memainkan peran penting dalam membangun kesadaran dan kepercayaan publik, serta telah menunjukkan kinerja mengesankan. Pelbagai reformasi sektor publik yang dilakukan dalam beberapa tahun terakhir turut memperkuat integritas sektor ini, yaitu melalui perbaikan transparansi, perampingan birokrasi, dan pelibatan masyarakat dalam siklus kebijakan. Namun, isu korupsi adalah isu yang mengakar dan bisa jadi hanya dapat diatasi dalam jangka panjang—hal ini pun sudah diakui dan terus diupayakan oleh pemerintah.

Lebih jauh, pemerintah telah secara substansial merevisi kebijakan perjanjian penanaman modalnya dalam beberapa tahun terakhir. Perjanjian penanaman modal Indonesia memberikan perlindungan kepada penanam modal asing tertentu; perlindungan ini dapat bersifat tambahan atau terpisah dari ketentuan yang sudah ada di dalam hukum nasional dan berlaku untuk semua penanam modal. Penanam modal dalam negeri umumnya tidak tercakup dalam perjanjian-perjanjian itu. Saat ini, Indonesia adalah pihak dalam 37 perjanjian penanaman modal yang sedang berlaku. Sama halnya dengan perjanjian investasi yang ditandatangani negara lain, perjanjian yang ditandatangani Indonesia juga melindungi penanaman modal asing (PMA) oleh investor yang dicakup oleh perjanjian dari pengambilalihan dan diskriminasi. Ketentuan "perlakuan yang adil dan layak" juga merupakan ketentuan yang lazim dimasukkan dalam perjanjian investasi; ketentuan ini memberikan batas minimum bagi perlakuan pemerintah terhadap penanam modal. Ketentuan-ketentuan ini umumnya ditegakkan melalui akses kepada mekanisme penyelesaian perselisihan antara penanam modal dan negara (ISDS), meskipun terdapat beberapa kasus yang menggunakan mekanisme berbeda. ISDS memungkinkan penanam modal di dalam perjanjian menempuh proses arbitrase internasional yang tidak memihak dan berwenang memberikan putusan ganti rugi secara moneter. Tujuan digunakannya mekanisme ini adalah menghapuskan unsur politik perselisihan yang melibatkan suatu negara.

Perlindungan investasi menurut perjanjian penanaman modal tersebut dapat berperan penting menciptakan iklim regulasi yang sehat bagi investasi. Pengambilalihan atau diskriminasi oleh pemerintah selalu dapat terjadi. Sebab itu, penanam modal memerlukan kepastian bahwa perselisihan apa pun yang dialaminya dengan suatu pemerintah akan diselesaikan dengan adil dan cepat, khususnya di negara-negara dengan tingkat kepercayaan investor yang rendah terhadap keandalan dan independensi pengadilan di negara itu. Dengan suatu pemerintah mengakui keterbatasan yang memang ada dalam kebijakannya, penanam modal pun dapat diberikan kepastian dan prediktabilitas yang lebih tinggi, sehingga risiko dan biaya modal dapat diturunkan. Perjanjian penanaman modal juga sering disebut sebagai metode menarik PMA, yang merupakan target penting bagi banyak pemerintahan. Korelasi antara kedua hal ini telah banyak diteliti, namun belum ditemukan bukti-bukti pendukung yang kuat (Pohl, 2018). Beberapa literatur menyatakan bahwa perjanjian atau instrumen yang mengurangi hambatan dan pembatasan PMA berdampak lebih besar terhadap aliran investasi langsung luar negeri dibandingkan perjanjian bilateral yang berfokus hanya pada perlindungan pada fase setelah investasi beroperasi atau post-establishment (Mistura dkk., 2019). Asumsi-asumsi ini masih terus dipelajari oleh berbagai penelitian empiris tentang tujuan perjanjian investasi dan pencapaiannya.

Di Indonesia, tinjauan komprehensif yang dilakukan oleh pemerintah terhadap perjanjian investasinya pada periode 2014-2016 menghasilkan penghentian setidaknya 23 perjanjian yang telah berlaku sejak lama. Namun, seperti dialami negara lain, masih banyak perjanjian investasi lain di Indonesia yang berlaku dengan ketentuan yang kurang spesifik dan berpotensi menimbulkan konsekuensi yang tidak disengaja. Banyak negara, termasuk Indonesia, telah merevisi kebijakan perjanjian investasinya secara signifikan dalam beberapa tahun terakhir untuk merespons risiko itu. Di samping itu, masyarakat pun mempertanyakan keseimbangan antara perlindungan investasi dengan hak negara untuk melakukan pengaturan atas nama masyarakat, serta biaya dan hasil ISDS. Pemerintah mengetahui semua tantangan ini dan tengah memainkan peran penting dalam diskusi multilateral mengenai reformasi ISDS sebagai bagian dari Kelompok Kerja III UNCITRAL. Pemerintah juga tengah memperbarui model perjanjian investasinya mengikuti praktik-praktik baru perumusan perjanjian investasi. Pandemi COVID-19 saat ini bisa jadi memengaruhi pandangan pemerintah terhadap ketentuan utama ataupun interpretasi ketentuan dalam perjanjian serta terhadap keseimbangan dalam perjanjian investasi.

Perjanjian investasi internasional sudah tentu memiliki potensi manfaat. Namun, instrumen ini sebaiknya tidak dipandang sebagai pengganti upaya jangka panjang untuk memperbaiki lingkungan usaha dalam negeri. Kegiatan apa pun terkait perjanjian internasional perlu diikuti dengan langkah-langkah untuk meningkatkan kapasitas, efisiensi, dan independensi sistem pengadilan dalam negeri, mutu kerangka hukum nasional, dan kemampuan lembaga nasional yang diberikan mandat untuk melaksanakan kerangka hukum itu.

Rekomendasi kebijakan utama untuk kerangka hukum dalam negeri

- Mengamandemen Pasal 7 UU Penanaman Modal untuk memberikan ketentuan lebih jauh tentang hak penanam modal dilindungi dari pengambilalihan yang tidak sah dan otonomi pemerintah untuk mengatur. Beberapa hal yang membutuhkan penjelasan adalah perlindungan kepada penanam modal dari pengambilalihan secara tidak langsung, pengecualian terhadap perlindungan hak pemerintah mengurus sendiri urusan pemerintahan dan kepentingan masyarakat, dan metodologi valuasi untuk menentukan harga pasar aset yang diambil alih. Hal ini tidak secara khusus mendesak, namun dapat dipertimbangkan pemerintah untuk disempurnakan secara bertahap bersama dengan ketentuan lain dalam UU Penanaman Modal.
- Mempertimbangkan memperbarui dan memodernisasi hukum agraria. Kebijakan agraria adalah satu dari sedikit faktor pendorong investasi yang belum mengalami pembaruan dalam beberapa puluh tahun terakhir. Sistem yang berlaku saat ini utamanya mengacu kepada UU Agraria tahun 1960. Hukum baru dapat memberikan kejelasan tentang kategori hak penguasaan tanah dan meminimalkan konflik antara hukum formal dengan hukum adat. Administrasi pertanahan yang efisien tidak bisa dilepaskan dari hak-hak hukum yang jelas. Pemerintah juga perlu mengalokasikan anggaran yang cukup, kapasitas lembaga, dan dukungan politik untuk meneruskan inisiatif sertifikasi tanah secara lengkap, memperbaiki mutu data tanah, dan memperluas solusi digital serta kemudahan akses daring bagi sistem administrasi pertanahan.
- Terus memprioritaskan upaya menyempurnakan rezim HAKI, terutama langkah penegakannya. Penanam modal melaporkan isu seperti maraknya pembajakan di dunia maya dan pemalsuan, akses pasar untuk sektor yang mengandalkan HAKI, pendaftaran merek dagang asing oleh perusahaan domestik dengan itikad buruk, dan kriteria kelayakan paten yang menghambat yang membuat perlindungan efektif terhadap hak paten justru sulit. Pemerintah mengetahui isu-isu ini dan telah menyusun langkah untuk mengatasinya. Perbaikan implementasi dan penegakan HAKI akan membantu membangun kepercayaan penanam modal terhadap bidang ini.
- Meninjau kembali pendekatan yang saat ini digunakan untuk mereformasi sistem pengadilan. Pemerintah dan Mahkamah Agung (MA) telah melakukan langkah penting untuk memastikan independensi sistem peradilan, membentuk pengadilan khusus dan menunjuk hakim-hakim terkait, membangun sistem bantuan hukum, dan memperluas ketersediaan layanan pengadilan elektronik. Bisa jadi dibutuhkan dobrakan mengubah persepsi negatif terhadap keefektifan pengadilan dan revitalisasi lembaga-lembaga kunci. Selain itu, pemerintah mungkin ingin mempertimbangkan pelaksanaan tinjauan mendalam terhadap aturan hukum acara perdata yang berlaku saat ini, merancang ulang sistem penunjukan petugas peradilan untuk memastikan integritas mereka, dan mendorong MA untuk mengusulkan inisiatif lain yang lebih luas dalam rangka meningkatkan transparansi dan pengawasan publik terhadap fungsi pengadilan. Hal ini dapat dilakukan melalui konsultasi dengan organisasi masyarakat sipil dan pemangku kepentingan lain.
- Mengevaluasi kemungkinan mengandemen UU 30/1999 tentang Arbitrase dan Alternatif Penyelesaian Sengketa. Pemerintah dapat mengumpulkan putusan pengadilan dan pengalaman

para pihak yang menggunakan dasar hukum ini selama dua dasawarsa terakhir. Tujuannya adalah menilai kebutuhan amandemen, pengalaman para pihak yang bersengketa, dan faktor yang membuat arbitrase di Indonesia menarik. Beberapa hal yang secara khusus mungkin perlu dikaji adalah cakupan undang-undang dibandingkan arbitrase internasional yang dilaksanakan di Indonesia; kemungkinan membawa sengketa kontrak yang melibatkan gugatan berdasarkan perbuatan melawan hukum (tort) atau penipuan ke ranah arbitrase; dan dasar kebijakan publik jika pelaksanaan putusan arbitrase ditolak berdasarkan Pasal 66 dari UU 30/1999.

- Mempertahankan isu perlindungan data dan keamanan siber sebagai isu prioritas dalam kebijakan nasional. Hukum komprehensif yang mengacu kepada praktik baik internasional perlu disusun dan dilaksanakan dengan efektif. Sejalan dengan pembentukan hukum lain, draf peraturan di bidang ini perlu dikonsultasikan secara luas dengan dunia usaha dan masyarakat sipil. Di samping perumusan peraturan, pemerintah juga perlu memperhitungkan sosialisasi peraturan kepada pelaku usaha dan pihak-pihak lain dan membangun mekanisme yang efektif untuk menangani pelanggaran keamanan dan data.
- Menjaga momentum membangun budaya integritas di sektor publik dan di seluruh tingkat masyarakat. Di antara semua inisiatif yang ada, KPK adalah lembaga yang berhasil menjawab kekhawatiran terkait korupsi dengan memperlihatkan kiprah yang mengesankan. KPK pun menjadikan dirinya simbol komitmen pemerintah untuk melawan korupsi. Pemerintah perlu terus memberikan sumber daya yang cukup kepada KPK dan lembaga antikorupsi lain serta membela independensi lembaga-lembaga ini dengan sungguh-sungguh.

Rekomendasi kebijakan utama untuk kebijakan perjanjian penanaman modal

- Melanjutkan proses evaluasi dan memperbarui prioritas terkait kebijakan perjanjian investasi. Isu penting untuk diperhatikan adalah keseimbangan yang sesuai antara perlindungan kepada penanam modal dengan perlindungan hak otonomi pemerintah, serta cara mempertahankan keseimbangan ini secara praktis. Format Perjanjian Investasi Bilateral (Bilateral Investment Treaty, BIT) milik Indonesia, yang sedang diperbarui, perlu mencerminkan sikap terbaru pemerintah tentang keseimbangan tadi dan menjadi dasar bagi negosiasi perjanjian investasi baru. Memperbarui perjanjian yang sudah ada agar lebih sesuai dengan prioritas pemerintah saat ini adalah langkah yang tidak mudah. Bergantung pada keinginan para pihak—mengklarifikasi maksud perjanjian atau merevisi ketentuan—isi perjanjian bisa diperjelas melalui interpretasi yang disepakati bersama dengan mitra perjanjian. Jika maksud perjanjian hendak diperbaiki, dan bukan hanya diklarifikasi, maka dibutuhkan amandemen perjanjian. Dalam beberapa kasus, dan sepanjang disepakati, Indonesia juga dapat mengganti BIT lama dengan mitra yang sama. Hal ini tampaknya merupakan langkah yang dilakukan Indonesia untuk BIT terbarunya dengan Singapura.
- investasi pada tingkat OECD dan UNCITRAL. Banyak pemerintah, termasuk penanam modal besar, yang telah mengubah kebijakannya secara substansial dalam tahun-tahun terakhir untuk melindungi kebijakan atau memastikan agar perjanjian bisa menimbulkan insentif investasi yang diharapkan. Perubahan dan diskusi kebijakan tentang beberapa ketentuan yang sering dipergunakan, seperti FET, merupakan hal-hal penting dalam kebijakan perjanjian investasi saat ini. Ada pula isu-isu baru, seperti peran perjanjian perdagangan dan penanaman modal dalam menumbuhkan perilaku usaha yang bertanggung jawab. Diskusi tentang perjanjian investasi dan pembangunan berkelanjutan juga perlu diperhatikan dan dipertimbangkan dengan cermat.
- Melakukan analisis kesenjangan antara hukum nasional Indonesia dan kewajiban Indonesia menurut perjanjian penanaman modal terkait perlindungan investasi. Dalam beberapa hal, perbedaan itu ada. Mengidentifikasi perbedaan dan menganalisis potensi dampaknya dapat membantu pembuat kebijakan memastikan perjanjian investasi Indonesia sejalan dengan prioritas nasional.

- Melanjutkan pengembangan mekanisme pencegahan ISDS dan pengelolaan perkara. Apa pun pendekatan yang dipilih pemerintah terhadap perjanjian internasional, langkah-langkah pendukung bisa membantu memastikan agar isi perjanjian sesuai dengan prioritas nasional dan meminimalkan risiko sengketa dibawa ke ranah arbitrase internasional. Pemerintah perlu terus berpartisipasi aktif dalam Kelompok Kerja III UNCITRAL, OECD, dan forum multilateral lain berkenaan dengan topik ini. Pemerintah juga dapat mempertimbangkan cara-cara menyosialisasikan dan menjalin hubungan antar-kementerian terkait kebijakan perjanjian investasi serta pengaruh kewajiban yang timbul karena perjanjian terhadap fungsi sehari-hari kementerian/lembaga (K/L) teknis. Produksi materi tertulis, seperti petunjuk teknis dan buku saku, untuk K/L teknis tentang perjanjian investasi juga dapat membantu menjaga kesinambungan pengetahuan antar dan di dalam lembaga, mengingat rotasi dan mutasi petugas dapat terjadi sewaktu-waktu.

Perlindungan terhadap penanam modal menurut UU Penanaman Modal

Hukum Indonesia memberikan perlindungan utama kepada penanam modal terkait dengan pengambilalihan, perlakuan yang sama (nondiskriminasi), dan transfer dana. Ketentuan-ketentuan ini belum berubah sejak OECD melakukan Tinjauan Kebijakan Penanaman Modal (2010). Sebagian besarnya dimuat di dalam UU 25/2007 tentang Penanaman Modal (UU Penanaman Modal) yang telah ditunjang dengan peraturan pelaksana dari berbagai lembaga pemerintah, termasuk BKPM. Secara umum, ketiga hal ini sejalan dengan ketentuan serupa dalam hukum penanaman modal negara lain sekawasan. Ketentuan yang ada juga memberikan kejelasan hak penanam modal secara hukum; sepanjang mekanisme penegakan hak turut dipandang sama baiknya, ketentuan ini selayaknya mampu menumbuhkan kepercayaan penanam modal. Pemerintah mengusulkan sejumlah amandemen terkait liberalisasi penanaman modal sebagai bagian dari UU omnibus tentang Cipta Kerja, tetapi tidak satu pun usulan berpengaruh pada perlindungan investasi.

Seperti negara-negara lain, prinsip perlakuan setara antara penanam modal asing dan dalam negeri pun termaktub di dalam hukum nasional Indonesia. UU Penanaman Modal menyebutkan sepuluh asas dan tujuan penanaman modal (Pasal 3), termasuk kepastian hukum melalui supremasi hukum, transparansi, dan perlakuan sama bagi penanam modal asing dan dalam negeri. Dalam merancang kebijakan penanaman modal, pemerintah "memberi perlakuan yang sama bagi penanam modal dalam negeri dan penanam modal asing dengan tetap memperhatikan kepentingan nasional" (Pasal 4(2)). Pasal 6 secara tegas memberikan jaminan "perlakuan yang sama kepada semua penanam modal yang berasal dari negara mana pun yang melakukan kegiatan penanaman modal di Indonesia sesuai dengan ketentuan peraturan perundang-undangan." Pasa-pasal ini menunjukkan komitmen Indonesia memberikan kesetaraan berusaha kepada semua penanam modal sekaligus memberikan indikasi positif mengenai kebijakan penanaman modal yang terbuka dengan tidak mengurangi kewenangan pemerintah menggunakan haknya untuk melaksanakan kebijakan tertentu yang dikecualikan dari prinsip kesetaraan ini.

Meski prinsip nondiskriminasi telah dijamin secara formal oleh undang-undang, beberapa pemangku kepentingan mengangkat isu diskriminasi secara de facto terhadap penanam modal asing yang dikaitkan dengan proteksionisme ekonomi (EuroCham, 2019b; US Department of State, 2019). Menurut para pemangku kepentingan ini, sikap nasionalisme dalam hal perekonomian dan keinginan mencapai swasembada sering tampak dalam negosiasi, kebijakan, peraturan, dan perundang-undangan serta dengan cara yang dianggap menurunkan nilai investor oleh para penanam modal. Hal-hal ini, antara lain, persyaratan tingkat konten dalam negeri (TKDN), unsur kepemilikan oleh pemegang saham Indonesia, dan persyaratan membangun sarana produksi atau pengolahan di Indonesia. Kekuatan politik yang mendukung agar sektor tertentu dalam perekonomian nasional dilindungi dari persaingan dengan pemain asing sejauh ini mampu menangkal dukungan terhadap reformasi PMA yang lebih dalam (lihat pembahasan Bab 3). Beberapa operator asing yang terlibat dalam proyek sumber daya alam (SDA) di Indonesia melaporkan kemunculan wacana yang mengusulkan perusahaan dalam negeri tidak perlu membayar harga pasar yang berlaku atas sumber daya alam domestik. Hal ini pun dikhawatirkan berdampak negatif terhadap penanam modal asing yang sudah beroperasi di sektor SDA (US Department of State, 2019).

Perlindungan penting lain bagi penanam modal adalah jaminan bebas dari nasionalisasi atau pengambilalihan sebagaimana tercantum pada Pasal 7 UU Penanaman Modal. Pasal ini mewajibkan pemerintah membayar kompensasi dalam hal pengambilalihan dan nilai yang dibayarkan adalah berdasarkan harga pasar. Sesuai kesepakatan para pihak, perselisihan tentang valuasi aset yang diambil alih dapat diselesaikan melalui arbitrase ataupun melalui pengadilan. Ketentuan ini telah menyebutkan prinsip dasar perlindungan untuk penanam modal dari pengambilalihan kepemilikan (expropriation), namun tergolong sederhana dibandingkan dengan rezim yang diberlakukan Indonesia terhadap beberapa penanam modal asing melalui perjanjian investasi maupun rezim pengambilalihan kepemilikan menurut hukum investasi negara lain. Satu contoh adalah perjanjian ekonomi komprehensif Indonesia-Australia (IA-CEPA) yang mulai berlaku Juli 2020; IA-CEPA mengandung ketentuan yang terperinci mengenai pengambilalihan kepemilikan, termasuk lampiran berisi interpretasi ketentuan. Hal semacam ini memberikan rujukan bagi amandemen Pasal 7 UU 25/2007 agar lebih spesifik. Beberapa hal yang mungkin dapat dijabarkan lebih jauh adalah:

- kejelasan perlindungan terhadap penanam modal asing dari pengambilalihan tidak langsung, yaitu dalam bentuk tindakan pemerintah yang berakibat setara dengan pengambilalihan secara langsung tanpa pengalihan kepemilikan secara resmi atau penyitaan terang-terangan; jika terdapat perlindungan, apa definisi 'pengambilalihan tidak langsung' dan apakah berlaku pengecualian (mis. tindakan berdasarkan hukum, yang tidak diskriminatif, dan untuk kepentingan sah masyarakat);
- pengecualian secara umum, seperti hak pemerintah melakukan nasionalisasi atau pengambilalihan aset untuk kepentingan masyarakat dalam situasi tertentu;
- metodologi valuasi untuk menetapkan nilai pasar, termasuk tanggal valuasi; apakah ada faktor tertentu yang perlu diperhitungkan dalam menetapkan nilai, seperti perilaku investor, alasan pengambilalihan, atau keuntungan yang didapatkan investor selama masa penanaman modalnya;
- apakah kompensasi pengambilalihan meliputi bunga dan, jika ya, bagaimana bunga dihitung; dan
- pembedaan antara pengambilalihan dengan hak kompensasi dan tanpa hak kompensasi, jika diperlukan, untuk memberikan ruang kebijakan kepada pemerintah dalam melaksanakan kebijakan publik tanpa terhambat kewajiban membayar ganti rugi kepada semua penanam modal.

Selain pengambilalihan dan nondiskriminasi, UU Penanaman Modal juga menjamin hak penanam modal untuk melakukan transfer dan repatriasi dana dalam valuta asing yang terkait dengan kegiatan investasinya, termasuk keuntungan, bunga bank, dividen, dan hasil penjualan aset (Pasal 8). Repatriasi dana harus dilaporkan dan dikenai kewajiban pembayaran pajak, royalti, dan pendapatan pemerintah lainnya dari penanaman modal. Pemerintah dan pengadilan setempat dapat menunda hak repatriasi jika terdapat kewajiban pembayaran yang belum diselesaikan penanam modal (Pasal 9). Selain itu, peraturan yang diterbitkan beberapa tahun belakangan oleh Bank Indonesia (BI) memberlakukan persyaratan pelaporan khusus untuk perusahaan nonbank di Indonesia yang meminjam dana dari bank asing dan dalam valuta asing; BI juga mewajibkan penggunaan mata uang rupiah untuk transaksi di dalam wilayah Indonesia dengan pengecualian terbatas, terutama transaksi komersial internasional.1

Perlindungan yang diberikan oleh UU Penanaman Modal disertai dengan kewajiban-kewajiban lain bagi investor. Penanam modal harus sejauh mungkin mendahulukan tenaga kerja dalam negeri untuk memenuhi kebutuhan tenaga kerjanya, meskipun warga negara asing (WNA) dibutuhkan untuk keahlian tertentu atau posisi manajemen (Pasal 8). Penanam modal juga harus memberikan pelatihan bagi tenaga kerja setempat dan memungkinkan alih teknologi antara tenaga asing dan Indonesia—Bab 2 dan Bab 3 membahas latar belakang ketentuan ini. Selain itu, penanam modal wajib menerapkan tata kelola perusahaan yang baik dan melaksanakan tanggung jawab sosial dan lingkungan (TJSL), memenuhi persyaratan pelaporan tertentu, menghormati budaya dan tradisi usaha setempat, dan patuh pada peraturan dan perundang-undangan yang berlaku atas sektor usahanya (Pasal 15). UU Penanaman modal juga menyebutkan secara umum tanggung jawab investor terhadap kelestarian lingkungan, iklim persaingan usaha yang sehat, dan hak-hak tenaga kerja (Pasal 16). Lebih jauh, undang-undang ini merujuk kewajiban pemulihan lingkungan yang dicantumkan di dalam peraturan perundang-undangan sektoral untuk industri tambang dan ekstraktif (Pasal 17). Kewajiban serupa juga dapat ditemukan di dalam hukum penanaman modal negara ASEAN lain (mis. lihat UU Penanaman Modal Myanmar No. 40/2016, Pasal 65-72). Pelaksanaan ketentuan lingkungan mungkin masih menantang dan dipertanyakan efisiensinya oleh sebagian pihak. Namun, ketentuan-ketentuan ini menandai komitmen Indonesia dalam mendorong perilaku berusaha yang bertanggung jawab dan memberikan dasar yang baik bagi pemerintah untuk melanjutkan upayanya di bidang ini (lihat Bab 5 tentang perilaku berusaha yang bertanggung jawab).

Terdapat kemajuan signifikan dalam perbaikan sistem administrasi pertanahan, namun peraturan kepemilikan lahan perlu diperjelas

Bagi penanam modal di banyak negara, termasuk Indonesia, kepastian hak atas lahan dan sistem administrasi pertanahan yang efisien dan andal mutlak dibutuhkan. Untuk itu, diperlukan kerangka hukum yang jelas dalam hal pengadaan, pendaftaran, dan pelepasan hak atas tanah serta tata ruang yang proaktif di semua tingkat pemerintahan.

Peraturan Kepemilikan Lahan

Tinjauan Kebijakan Penanaman Modal yang pertama oleh OECD (2010) menyebutkan kebijakan agraria sebagai salah satu dari sedikit hal, yang penting bagi iklim investasi, yang tidak kunjung diperbarui selama beberapa dasawarsa—meskipun ada beberapa peraturan yang kemudian diterbitkan. Situasi ini belum berubah secara signifikan. Rancangan undang-undang agraria yang baru sudah disiapkan sejak 2010, namun pemerintah belum mengesahkan legislasi baru tentang agraria dan hak lain atas tanah sejak Tinjauan pertama tadi. Pemerintah mungkin perlu menggalang dukungan baru dari kalangan pemimpin di pemerintahan untuk mengonsolidasikan dan memperjelas sistem hak tanah bagi penanam modal, yang saat ini masih mengacu kepada undang-undang yang diberlakukan tahun 1960.

Terdapat dua dasar hukum utama terkait kepemilikan lahan di Indonesia: Undang-Undang Dasar (UUD) 1945 dan UU 5/1960 tentang Peraturan Dasar Pokok-Pokok Agraria (UU Agraria). UUD 1945 mengakui hak negara untuk menetapkan hak atas tanah. UU Agraria membagi semua tanah ke dalam tanah negara dan tanah bersertifikat yang hanya dapat dimiliki oleh warga negara Indonesia (WNI). Undang-undang ini menggolongkan beberapa jenis hak atas tanah, termasuk hak milik, hak guna-usaha, hak guna-bangunan, hak pakai, dan hak membuka tanah. Dari jenis-jenis ini, yang berlaku paling luas adalah hak milik; hak ini hanya diberikan kepada WNI, BUMN, perusahaan pemerintah, dan lembaga keagamaan dan sosial yang diakui oleh Badan Pertanahan Nasional (BPN). BPN bertanggung jawab atas semua urusan terkait UU Agraria, kecuali lahan di sektor kehutanan dan pertambangan.

Sementara itu, kepemilikan tanah oleh WNA baru diperbolehkan melalui Peraturan Pemerintah (PP) No. 41/1996 yang diberlakukan tahun 1996. Peraturan ini memberikan hak baru bagi WNA yang berdomisili di Indonesia untuk memiliki hunian dalam bentuk rumah susun (apartemen atau kondominium), atau strata title. PP 41/1996 juga mengizinkan WNA menjadi pemegang izin menggunakan atau mengembangkan tanah dengan negara sebagai penguasa akhir atas tanah. Izin-izin ini adalah Hak Guna Bangunan (HGB, hak membangun yang berlaku hingga 50 tahun) dan Hak Pakai (berlaku hingga 70 tahun). Kedua izin yang bersifat sekunder ini hanya dapat diberikan atas tanah-tanah milik negara. WNA yang ingin memiliki tanah pribadi harus bernegosiasi terlebih dahulu dengan pemilik tanah agar sang pemilik bersedia menyerahkan kembali haknya kepada negara. Pada tahun 2015, terbit PP 103/2015 yang memperbarui peraturan lama. PP 103/2015 memperkenalkan prasyarat memiliki hunian bagi WNA berupa izin tinggal, menghapuskan batasan jumlah izin atas tanah yang bisa dimiliki dalam satu waktu oleh WNA, dan memperjelas hak-hak WNI yang menikah dengan WNA. Pasal 144 UU Cipta Kerja yang disahkan DPR RI pada Oktober 2020 mempertegas hak WNA ini. Ada pula hak guna usaha (HGU) yang dapat diberikan kepada WNA dengan jumlah 95 tahun menurut hukum Indonesia. Namun, struktur kepemilikan kuasa (proxy), dengan WNI memiliki lahan atas nama WNA, adalah ilegal.

Rezim hukum tentang kepemilikan tanah memang secara bertahap berkembang menjadi lebih transparan dan liberal. Namun, masih terdapat isu-isu yang harus diselesaikan. Sebagian besarnya bersumber dari sistem hak tanah yang kompleks dalam UU Agraria, yang ingin menggabungkan hak tanah dalam era kolonial Belanda, hukum adat, dan sistem baru hak tanah ke dalam satu rezim hukum sebagai rezim yang masih berlaku hingga kini. Pasal 22 UU Penanaman Modal menunjukkan komitmen pemerintah untuk menyederhanakan prosedur pengadaan lahan bagi penanam modal. Namun, pada praktiknya, langkah ini belum banyak menimbulkan perubahan. Kerumitan UU Agraria menciptakan masalah demi masalah dalam hal konsistensi interpretasi hukum. Hukum adat dinyatakan sebagai sumber hukum agraria, namun secara bersamaan harus tunduk pada semua batasan menurut hukum agraria formal (Pasa 5 UU Agraria). Pada kenyataannya, pelaksanaan rezim Agraria tidak selalu berhasil menyelesaikan ketidakpastian akibat tumpang tindih hukum adat, dengan berbagai variasinya di seluruh Indonesia, dengan hukum formal yang baru. Sekelompok pemangku kepentingan secara terus menerus mendesak pemerintah Indonesia untuk merancang undang-undang agraria yang baru untuk memberikan kepastian jenis-jenis hak tanah dan mengurangi konflik antara hukum adat dengan hukum formal (USAID, 2013, 2019). Ada pula yang menyebutkan bahwa mekanisme tata kelola tanah untuk melindungi kepentingan masyarakat—termasuk pengumuman publik atas hak tanah, partisipasi masyarakat, perlindungan terhadap kepentingan penghuni lahan, dan pemeriksaan teliti terhadap bukti-bukti untuk melindungi hak-hak ini—sering kali diabaikan.

Sertifikat dan administrasi pertanahan

Dalam rangka memberikan kepastian hak atas tanah, administrasi pertanahan harus mudah diakses, andal, dan transparan. Jika dilaksanakan dengan benar, registrasi hak tanah bisa meningkatkan terjaminnya hak karena memberikan catatan yang jelas tentang hak tanah orang-perorangan maupun kolektif. Dengan demikian, pengalihan hak atas tanah dapat berjalan dengan baik dan penanam modal pun punya peluang memproses secara hukum pelanggaran atas izin lahan yang mereka miliki.

Dijelaskan di dalam Tinjauan Kebijakan Penanaman Modal OECD (2010) bahwa sistem administrasi pertanahan yang terpecah-pecah dan tidak komprehensif sudah sejak lama menghambat manajemen dan tata kelola lahan dan SDA di Indonesia. Pemerintah sendiri telah mengambil langkah-langkah penting untuk memperbaiki sistem ini. Sejak tahun 1997, pemilik tanah diwajibkan mendaftarkan kepemilikannya. PP 24/1997 tentang Pendaftaran Tanah mengidentifikasi cara-cara mempercepat pendaftaran tanah, meningkatkan kepastian hukum, dan melaksanakan program sosialisasi publik tentang peraturan perundang-undangan terkait tanah dan pendaftarannya. Pada tahun 2006, dalam rangka mempercepat penyelesaian sengketa tanah, pemerintah menambah satu kedeputian di dalam struktur BPN, yaitu Deputi Bidang Pengkajian dan Penanganan Sengketa dan Konflik Pertanahan.

Saat ini, hanya 35% dari seluruh lahan di Indonesia yang terdaftar—sebagian besar terdapat di kota-kota. Data terbaru memperkirakan terdapat sekitar 126 juta bidang tanah di Indonesia; 42 juta di antaranya didaftarkan antara tahun 1960 dan 2016. Statistik BPN pada situs lembaga, dan yang diperbarui secara teratur, menunjukkan bahwa per Mei 2020 total luas tanah yang bersertifikat adalah setara dengan 40 juta hektare dan ada hampir 68 juta sertifikat tanah yang sudah diterbitkan. Jumlah sertifikat tanah yang terbit setiap tahun meningkat—suatu fenomena yang menjanjikan. Antara tahun 2010 dan 2016, BPN mendaftarkan satu hingga dua juta kepemilikan tanah per tahun. Sejak 2018, angka ini naik ke lebih dari delapan juta sertifikat per tahun.

Namun, masih terdapat kendala dalam hal waktu dan jumlah prosedur yang harus dilalui untuk mendapatkan sertifikat tanah. Indikator Kemudahan Berusaha tahun 2020 menempatkan Indonesia di peringkat 106 dari 190 negara dalam hal pendaftaran tanah, yang artinya perbaikan yang berkelanjutan dan berjangka panjang masih diperlukan. Di sisi lain, skor didapatkan berdasarkan pengalaman pelaku usaha di Jakarta dan Surabaya, sehingga bisa jadi tidak merepresentasikan Indonesia. Di samping waktu yang diperlukan untuk mendaftarkan sertifikat tanah (28 hari di Jakarta dan 40 hari di Surabaya), kedua ibu kota provinsi ini berada di bawah rata-rata negara Asia Timur & Pasifik dalam hal jumlah prosedur, biaya pendaftaran, dan mutu administrasi pertanahan. Sementara itu, menurut Laporan Daya Saing Global 2019 dari Forum Ekonomi Dunia, kualitas administrasi pertanahan Indonesia menduduki peringkat 76 dari 141 negara.

Terdapat isu lain yang berkaitan dengan waktu, sumber daya, dan data yang diperlukan untuk mendaftarkan sebidang tanah di Indonesia. Dalam setahun, BPN saat ini mampu mendata sekitar satu juta bidang tanah (yang sebelumnya tidak terdaftar). Sebuah kajian tahun 2019 dari Kementerian Agraria dan Tata Ruang/BPN (Kementerian ATR/BPN) memperkirakan bahwa, dengan kapasitas itu, akan dibutuhkan 85 tahun untuk mencatatkan semua bidang tanah yang belum terdaftar (Wibowo, 2019). Kualitas data merupakan permasalahan lain. Dari 42 juta bidang tanah yang sudah terdaftar hingga saat ini, laporan kajian yang sama memperkirakan hanya 20 juta yang sudah diverifikasi oleh surveyor berizin dan diplot dengan benar. Hal-hal ini turut menyebabkan sulitnya mengakses data tanah dan data spasial yang bisa diandalkan pada tingkat daerah sebagai tingkat pemerintahan yang melaksanakan sebagian besar fungsi perencanaan tata ruang dan pendaftaran tanah di bawah sistem pemerintahan desentralisasi. Pada gilirannya, tantangan ini dapat menghambat investasi infrastruktur dan menyebabkan rendanya kejelasan serta transparansi dalam pengambilan keputusan, tata ruang, dan alokasi sumber daya (World Bank, 2018b).

Pemangku kepentingan juga menyebutkan isu lain berkaitan dengan kecenderungan sengketa lahan antara kelompok masyarakat setempat dengan pengguna lahan berskala besar, khususnya dalam hal lingkungan (lihat Bab 5 tentang perilaku berusaha yang bertanggung jawab); ketidakjelasan peraturan dan perundang-perundangan yang mendasari pekerjaan dinas pertanahan di tingkat provinsi, khususnya dalam hal penyelesaian konflik lahan (lihat Bab 7 tentang dimensi lokal dalam kebijakan penanaman modal); kenaikan harga tanah dan efek spekulasi terhadap pengadaan tanah, termasuk dalam usulan untuk merelokasi ibu kota Indonesia ke Kalimantan Timur; kerugian pemilik tanah di daerah yang terancam tersusir akibat pengaturan kepemilikan lahan yang tidak jelas dan tumpang tindih sertifikat tanah di beberapa daerah; serta dampak konversi guna lahan, ekspansi industri, dan deforestasi yang jauh lebih besar terhadap perempuan dibandingkan lelaki (World Bank, 2018b).

Pemerintah mengetahui pelbagai isu tersebut dan berupaya mengatasinya. Dalam satu dasawarsa terakhir, terdapat banyak inisiatif yang diprioritaskan untuk mendata semua bidang tanah yang ada. UU Informasi Geospasial tahun 2011 dan proyek Kebijakan Satu Peta (KSP) bertujuan membentuk satu pangkalan data geospasial (berisi data topografi, guna lahan, dan penguasaan lahan) dan Infrastruktur Data Spasial Nasional sebagai basis pengambilan keputusan bagi otoritas pertanahan (lihat Bab 7 tentang dimensi lokal dalam kebijakan penanaman modal untuk informasi lebih jauh tentang KSP). Upaya mempercepat penerbitan sertifikat tanah kembali dipacu melalui penerbitan Peraturan Menteri ATR/Kepala BPN No. 12 tahun 2017 tentang Percepatan Pendaftaran Tanah Secara Sistematis Lengkap (PTSL). Program ini didukung oleh pemimpin tertinggi pemerintahan. Berdasarkan Instruksi Presiden (Inpres) 2/2018, Presiden Jokowi meminta semua K/L terkait untuk mengambil langkah-langkah yang dibutuhkan untuk mewujudkan PTSL pada 2025. Hasil-hasil menjanjikan tampak sejak 2018; sertifikat diterbitkan untuk 8-10 juta bidang tanah per tahun. Hal ini menunjukkan bahwa PTSL dapat dicapai jika momentum itu dapat dipertahankan. Terdapat perkembangan positif lain terkait pendanaan. Pemerintah Indonesia berhasil mendapatkan pendanaan sebesar USD 200 juta antara tahun 2018 dan 2023 dari Bank Dunia untuk proyek ini (World Bank, 2018b). Semua langkah yang bisa diambil untuk memperbaiki mutu data yang dimasukkan ke dalam Sistem Administrasi Pertanahan Elektronik selama proyek ini berlangsung perlu didorong. Secara khusus, pemerintah perlu mendorong BPN untuk menjajaki solusi digital dan akses daring yang dapat meningkatkan transparansi informasi pertanahan, termasuk pengembangan aplikasi berbasis web untuk mencatat dan menerbitkan informasi pertanahan secara daring serta peningkatan efisiensi pengumpulan data.

UU Cipta Kerja, yang disahkan DPR RI pada Oktober 2020, bertujuan menyederhanakan sebagian prosedur administrasi pertanahan dan menetapkan kembali peran pemerintah pusat dalam kebijakan pertanahan. Bab VIII dari undang-undang ini mengandemen beberapa undang-undang yang sudah ada dalam rangka memudahkan persyaratan pengadaan tanah dengan luas kecil, memperjelas prosedur ganti rugi dalam pengadaan tanah untuk kepentingan umum, dan menguatkan perlindungan bagi tanah yang ditetapkan sebagai tanah pertanian berkelanjutan. UU Cipta Kerja juga menginginkan peran pemerintah pusat yang lebih menonjol dalam kebijakan pertanahan; UU ini membentuk Bank Tanah, yang berada di bawah pengawasan pemerintah pusat, untuk mengelola dan mendistribusikan lahan milik negara. Bank Tanah juga disebutkan memilik fungsi yang luas dalam perencanaan, perolehan, pengadaan, pemanfaatan, dan pendistribusian tanah (Pasal 125). Terdapat aturan ketat dalam UU Cipta Kerja yang bertujuan mencegah kepemilikan lahan menganggur, atau lahan yang dibiarkan tidak dimanfaatkan atau dibudidayakan selama minimal dua tahun; kepemilikan lahan ini dapat secara otomatis beralih kembali ke Bank Tanah (Pasal 180). Lebih jauh, UU Cipta Kerja memberikan kewenangan baru pemerintah pusat untuk menetapkan kebijakan perencanaan tata ruang dan persetujuan izin lingkungan baru (Pasal 13-20), serta memudahkan persyaratan izin lingkungan untuk beberapa jenis proyek penanaman modal. Dampak berbagai perubahan hukum ini terhadap penanam modal secara nyata masih harus diamati. BPN perlu mengambil segala upaya yang dibutuhkan untuk memastikan perubahan, setelah dilaksanakan pada masa mendatang, bisa menghasilkan perbaikan berkesinambungan dan berjangka panjang bagi penanam modal saat harus berurusan dengan otoritas administrasi pertanahan.

Dibutuhkan langkah lebih jauh untuk meningkatkan perlindungan dan penegakan terhadap HAKI

Keberadaan rezim yang efektif bagi pendaftaran, perlindungan, dan penegakan hak kekayaan intelektual (HAKI) adalah hal penting bagi banyak penanam modal. Sistem HAKI yang baik memotivasi penanam modal untuk berinvestasi dalam penelitian dan pengembangan (litbang) produk dan proses kerja yang inovatif. Dengan adanya HAKI, penanam modal akan lebih percaya diri dalam berbagi teknologi baru, sebagai contoh melalui ventura bersama (joint venture, JV) dan license. Cara ini dapat mendorong menyebarluaskan inovasi yang terbukti berhasil di dan antarnegara, serta berkontribusi meningkatkan produktivitas dan pertumbuhan. Pada saat yang sama, HAKI memberikan pemegangnya hak eksklusif untuk memasarkan hasil inovasi mereka selama beberapa waktu. Dengan demikian, perlindungan yang diberikan kepada KI perlu menyeimbangkan antara kebutuhan membina inovasi dengan kepentingan masyarakat terhadap produk tertentu, seperti produk farmasi dengan harga terjangkau.

Indonesia sudah memiliki kerangka hukum perlindungan HAKI yang relatif komprehensif dan secara umum sejalan dengan standar internasional, setidaknya pada lima bidang: merek, paten, desain industri, hak cipta, dan rahasia dagang. Hukum mengenai tiga dari lima bidang ini telah mengalami revisi sejak Tinjauan Kebijakan Penanaman Modal OECD (2010): UU 19/2002 tentang Hak Cipta (direvisi 2014); UU 13/2016 tentang Paten (direvisi 2018 dan 2020); dan UU 20/206 tentang Merek dan Indikasi Geografis (direvisi 2018 dan 2020).

Pada tingkat internasional, Indonesia sudah menjadi bagian dari Organisasi Kekayaan Intelektual Dunia (WIPO) sejak tahun 1979 dan Organisasi Perdagangan Dunia (WTO) sejak 1995. Indonesia adalah peserta aktif dalam Dewan WTO untuk Aspek-Aspek KI Terkait Perdagangan (Dewan TRIPS) dan telah menandatangani beberapa perjanjian penting terkait KI yang diprakarsai WIPO.2

Meskipun Indonesia telah memiliki kerangka hukum perlindungan HAKI yang relatif baik, masih terdapat sejumlah isu terkait keefektifan penegakan perlindungan dan implementasi peraturan yang lemah atau tidak konsisten. Penanam modal dan pemangku kepentingan lain terus menerus menyebutkan pelanggaran HAKI sebagai masalah utama di banyak negara ASEAN, termasuk Indonesia (European Commission, 2020; EuroCham, 2019a; US Department of State, 2019; USTR, 2020b; IPR SME Helpdesk, 2016). Isu yang paling utama dilaporkan oleh para pemangku kepentingan adalah pembajakan di dunia maya dan pemalsuan barang yang marak, isu berkepanjangan berupa akses pasar bagi beberapa sektor yang paling membutuhkan HAKI, tingginya angka pendaftaran merek asing oleh perusahaan lokal dengan dilandasi itikad buruk, dan kriteria kelayakan paten yang sangat ketat sehingga perlindungan paten menjadi menantang bagi penanam modal. USTR mendorong pemerintah untuk "mengembangkan dan mendanai secara penuh upaya penegakan KI dengan gencar dan terkoordinasi, yang meliputi sanksi pelanggaran KI yang efektif membuat jera baik di pasar fisik maupun daring" (USTR, 2020b). Sebagian besar isu ini telah disebutkan sebagai isu dan tantangan yang dihadapi pemerintah di dalam Tinjauan Kebijakan Penanaman Modal OECD (2010).

Permasalahan di atas juga dapat dikatakan tercermin dalam peringat internasional Indonesia di bidang KI. Indonesia menduduki peringkat 51 dari 141 negara dalam Laporan Daya Saing Global 2019 dari Forum Ekonomi Dunia; 85 dari 129 negara dalam Indeks Inovasi Global 2019 yang disusun WIPO, INSEAD, dan Cornell University; dan 46 dari 53 negara yang dianalisis di dalam Indeks KI Internasional dari US Chamber. Penilaian yang terakhir ini membandingkan kerangka KI di negara-negara yang disurvei berdasarkan 45 indikator. Indonesia juga masih merupakan negara "Prioritas 2" menurut laporan HAKI tahunan Komisi Eropa terhadap negara-negara ketiga—hal ini didasarkan pada kemajuan terbatas yang dicapai pemerintah Indonesia dalam mengatasi isu perlindungan dan penegakan HAKI secara sistematis, sebagaimana disebutkan di dalam laporan (European Commission, 2020). Selain itu, Indonesia disebut di dalam "Daftar Pengamatan Prioritas" (Priority Watch List) USTR dalam Laporan Khusus 301 tahun 2020 (USTR, 2020b). Laporan tahunan ini mengidentifikasi negara yang menurut USTR tidak memberikan perlindungan HAKI yang cukup dan efektif atau tidak memberikan akses pasar yang adil dan setara kepada penanam modal yang bersandar pada perlindungan KI. Baru-baru ini, USTR kembali menyampaikan isu-isu yang dijumpainya kepada pemerintah Indonesia dalam proses tinjauan yang sedang berjalan terhadap preferensi dagang yang diberikan AS kepada Indonesia (USTR, 2020a).

Untuk mengatasi kekurangan-kekurangan yang sudah sangat dikenal tersebut, pemerintah Indonesia telah mengambil berbagai langkah. Pemangku kepentingan di Eropa dan AS mencatat perkembangan positif terkait upaya Indonesia mengatasi pembajakan di dunia maya, seperti identifikasi situs pelanggar dalam Daftar Situs Pelanggar (Infringing Website List, European Commission, 2020; USTR, 2020b). Inisiatif mendorong platform perantara dan jaringan pengiklan untuk menghindari penempatan materi iklan pada situs yang melanggar hak cipta pada skala komersial. Dalam beberapa tahun terakhir, pemerintah Indonesia juga telah menerbitkan perintah blokir terhadap 480 situs pelanggar hak cipta. Pada saat yang sama, Kementerian Keuangan RI menerbitkan sejumlah peraturan yang menegaskan mandatnya dalam melaksanakan penegakan hukum di perbatasan terhadap barang bajakan dan hasil pemalsuan. Direktorat Jenderal Kekayaan Intelektual (DJKI) melaporkan jumlah penyidik dan stafnya bertambah secara teratur, sehingga meningkatkan kapasitas penyidikan hingga dua kali lipat dari 16 perkara pada tahun 2017 ke 36 perkara pada tahun 2018. Pemangku kepentingan juga menyambut keputusan Indonesia pada tahun 2017 untuk mengikuti Protokol Madrid mengenai Pendaftaran Merek dan peraturan pelaksananya yang diterbitkan tahun 2018; langkah ini membuat rezim merek di Indonesia semakin sesuai dengan standar internasional.

UU Cipta Kerja yang disahkan DPR RI pada Oktober 2020 ada langkah terbaru pemerintah untuk memperbaiki kerangka hukum atas beberapa bidang tertentu. UU Cipta Kerja mengandemen UU 20/2016 tentang Merek dan Indikasi Geografis serta mengatur kriteria pendaftaran merek yang lebih ketat untuk menangkal pendaftaran merek asing oleh perusahaan lokal dengan itikad buruk (Pasal 108). Undang-undang ini juga mengandemen UU 13/2016 tentang Paten; melalui UU Cipta kerja, cakupan objek lisensi-wajib paten dibatasi dan waktu menunggu keputusan atas paten sederhana dipersingkat (Pasal 107). Dibutuhkan waktu untuk menilai keberhasilan amandemen ini dalam menjawab permasalahan yang dialami pemangku kepentingan—terutama terkait peraturan lisensi-wajib yang tercantum di dalam Peraturan Menteri Hukum dan HAM No. 39/2018 tentang Tata Cara Pemberian Lisensi-Wajib Paten.

Lepas dari langkah-langkah baik di atas, perbaikan lebih jauh tetap diperlukan. Pemerintah perlu terus memprioritaskan upaya menguatkan sistem perlindungan dan penegakan HAKI sebagai bagian penting dari tujuan pemerintah untuk menciptakan iklim investasi yang lebih baik. Komitmen terhadap HAKI dalam persetujuan perdagangan dan investasi, seperti Kemitraan Ekonomi Komprehensif Regional (RCEP) yang sedang dijajaki, dapat menjadi kendaraan menggalang kemauan politik untuk memperbaiki kerangka hukum dalam negeri. Pemangku kepentingan juga selalu mendorong pemerintah untuk memperbaiki kerja sama bidang penindakan antar-K/L serta meningkatkan sumber daya dan kapasitas untuk menyidik pelanggaran HAKI. Selain itu, pemerintah perlu menyusun peta jalan untuk mengimplementasikan komitmen internasional lain, seperti Hukum Jenewa atas Kesepakatan Den Haag tentang Pendaftaran Desain Industri Internasional dan Konvensi Internasional tahun 1991 tentang Perlindungan Varietas Tanaman Baru. Pemerintah Indonesia juga perlu melihat kembali rekomendasi studi OECD yang terbit tahun 2014 tentang penguatan inovasi dan pertumbuhan nasional melalui rezim HAKI Indonesia—dokumen yang masih relevan hingga saat ini (Kotak 4.1.).

Kotak 4.1. Memperbaiki rezim HAKI Indonesia dalam konteks kontribusi kepada inovasi dan pertumbuhan ekonomi

Dalam studi yang terbit tahun 2014 berjudul "National Intellectual Property Systems, Innovation and Economic Development" (Sistem Kekayaan Intelektual Nasional, Inovasi, dan Pertumbuhan Ekonomi), OECD menganalisis peran sistem KI nasional terhadap pertumbuhan sosial ekonomi negara-negara berkembang, khususnya dalam hal dampak sistem terhadap inovasi. Studi ini menyajikan kerangka kerja untuk mengidentifikasi mekanisme utama yang memungkinkan sistem KI mendukung inovasi dan tujuan pembangunan negara berkembang. Laporan ini menyajikan studi kasus Indonesia untuk mengenali kekuatan dan kelemahan sistem KI dari segi kontribusi sistem terhadap kinerja inovasi secara nasional. Studi merupakan bagian dari Proyek Platform Kebijakan Inovasi OECD-Bank Dunia---sebuah situs interaktif tempat publik dapat mengakses data terbuka, informasi, dan kesempatan mempelajari kebijakan inovasi bersama-sama.

Terdapat lima rekomendasi kebijakan konkret yang diajukan oleh studi di atas untuk pembuat kebijakan Indonesia dan upaya mereka menguatkan inovasi dan pertumbuhan nasional melalui KI:

- Upaya menstandardisasi dan mengotomasi prosedur agar permohonan KI dapat diproses dengan lebih efisien perlu menjadi prioritas; proses yang terlalu lama membuat pendaftaran KI tidak menarik. Langkah kebijakan juga perlu diambil untuk menghindari potensi tersingkirnya UMKM dan pelaku usaha lain di wilayah terpencil.
- Perlu ada kebijakan yang mendorong pemanfaatan KI oleh pemain nasional, seperti program kesadaran KI dan pengembangan kapasitas. Skema insentif dari hasil suatu temuan perlu memotivasi peneliti, yaitu dengan mengapresiasi penemu yang produktif membuat temuan yang dikomersialisasi dengan kegunaan tinggi untuk industri. Untuk itu, diperlukan kejelasan hukum terkait lisensi atas KI yang ditunjang pendanaan publik.
- Menyambut jenis "baru" KI, seperti kearifan lokal, sumber-sumber genetika, tradisi setempat dan indikasi geografis, yang menarik bagi Indonesia. Namun, agar dapat berperan dalam sistem inovasi, maka hal-hal ini perlu diterapkan untuk menghasilkan nilai. Kebijakan KI Indonesia perlu mengambil langkah lebih jauh untuk mendukung komersialisasi.
- Untuk mewujudkan semua sasaran tersebut, kebijakan KI Indonesia perlu lebih koheren dan melibatkan berbagai pemain di dalam sistem tata kelola inovasi nasional.

Sumber: OECD (2014), National Intellectual Property Systems, Innovation and Economic Development with perspectives on Colombia and Indonesia, OECD Publishing, Paris, https://doi.org/10.1787/9789264204485-en.

Reformasi bertahap telah memperbaiki sistem pengadilan, tetapi dibutuhkan langkah berani untuk menjawab isu-isu lama

Kemampuan menyusun dan melaksanakan kontrak serta menyelesaikan perselisihan secara efisien adalah hal-hal penting untuk memastikan pasar berjalan dengan baik. Prosedur penegakan kontrak yang efektif meningkatkan prediktabilitas hubungan komersial, yaitu memberikan keyakinan kepada penanam modal bahwa hak-haknya suatu perjanjian akan ditegakkan oleh pengadilan setempat. Namun, jika prosedur itu terlalu dibebani birokrasi dan kompleks atau jika perselisihan kontrak tidak bisa diselesaikan dengan cepat dan efektif secara biaya, perusahaan-perusahaan pun bisa menjadi akan membatasi kegiatan usahanya. Ketidakpastian mengenai penegakan hak dan kewajiban secara hukum meningkatkan biaya modal, sehingga melemahkan daya saing suatu perusahaan dan menurunkan penanaman modal. Hal ini juga dapat mendorong korupsi dalam sistem pengadilan.

Saat ini, kerangka kerja ajudikasi sengketa perdata di Indonesia masih mengalami sejumlah permasalahan signifikan. Sebagian di antaranya telah diidentifikasi sejak Tinjauan Kebijakan Penanaman Modal OECD (OECD, 2010). Inisiatif pemerintah dalam dua dekade terakhir telah memperlihatkan kemajuan. Melalui reformasi "satu atap" yang diluncurkan pada 1999 dan dilaksanakan pada tahun 2004, peradilan independen di bawah kepemimpinan Mahkamah Agung kembali dihadirkan. Langkah-langkah reformasi yang telah diambil membebaskan lembaga peradilan dari intervensi politik Kementerian Hukum dan HAM yang sangat kental di bawah pemerintahan Orde Baru. Akan tetapi, sejak itu, reformasi berjalan tidak secara menyeluruh, melainkan cenderung setahap demi setahap. Perubahan pun menemui resistensi. Sebagian pemangku kepentingan masih memandang sistem pengadilan sebagai sistem yang mahal, membebani, korup, dan didominasi oleh kolusi (US Department of State, 2020; AustCham, 2020; EuroCham, 2019b; Overseas Development Institute, 2016). Beberapa penanam modal asing juga menyebutkan isu kelangkaan transparansi dan perlakuan yang adil di ruang-ruang pengadilan Indonesia—hakim tidak mengikuti preseden hukum dan banyak peraturan perundang-undangan yang dapat diinterpretasikan secara berbeda-beda (US Department of State, 2020).

Beberapa indikator global menyebutkan kelemahan dalam sistem peradilan. Dalam Indeks Supremasi Hukum edisi tahun 2020 dari World Justice Project, misalnya, Indonesia berada di peringkat ke-59 dari 126 negara. Meskipun Indonesia menduduki posisi ke-5 dari 30 negara-negara berpendapatan rendah-menengah dalam indeks yang sama, kinerja Indonesia untuk indikator sistem peradilan pidana adalah di bawah skor median kelompok. Dibandingkan dengan 15 negara lain di kawasan Asia Timur & Pasifik, Indonesia dinilai berkinerja rendah pada tiga indikator: peradilan perdata, peradilan pidana, dan ketiadaan korupsi. Dalam hal ketiadaan korupsi, hanya Kamboja yang berkinerja lebih rendah dibandingkan Indonesia di kalangan negara-negara di kawasan itu (peringkat 127 dari 128 negara). Indikator-indikator dalam laporan Doing Business 2020 dari Bank Dunia juga menunjukkan permasalahan dalam keefektifan mekanisme penegakan kontrak di Indonesia; Indonesia pun berada di posisi ke-139 dari 190 negara yang disurvei (dengan data dari Jakarta dan Surabaya). Dalam laporan Bank Dunia itu, Indonesia menampilkan skor yang baik pada beberapa indikator lain (lihat Bab 6 tentang promosi dan fasilitasi penanaman modal). Akan tetapi, penegakan kontrak melalui pengadilan diberikan predikat 'sedang' (on average), karena menelan biaya sekitar 70% dari nilai klaim—atau 1,5 kali lebih tinggi dari rata-rata kawasan (47,2%). Proses hukum pun membutuhkan sekitar 14 bulan untuk diselesaikan dan kualitas proses hukum mendekati skor median 25 negara di kawasan Asia Timur & Pasifik.3

Pemerintah menyadari berbagai permasalahan tersebut dan berupaya mengatasinya. Rencana Pembangunan Jangka Panjang Nasional (RPJPN, 2005-2025) (UU 17/2002), Rencana Pembangunan Jangka Menengah Nasional (RPJMN, 2015-2019), dan RPJMN 2020-2024 menyebutkan pentingnya membangun sistem peradilan pidana dan perdata yang efisien, efektif, dan akuntabel bagi para pencari keadilan; dengan tingkat korupsi yang rendah, dan diisi aparat penegak hukum yang profesional, berintegritas, dan independen. Perbaikan sistem hukum secara khusus dihubungkan dengan tantangan pembangunan perekonomian Indonesia di dalam dokumen-dokumen pembangunan; pemerintah mengakui bahwa penanam modal dan sektor swasta tidak bisa beroperas tanpa kepastian hukum dan peraturan. Untuk mewujudkan kepastian itu, dinyatakan tiga sasaran: perbaikan transparansi, akuntabilitas, dan proses penegakan hukum; perbaikan efektivitas pencegahan dan pemberantasan korupsi; dan penghormatan, perlindungan, dan pemenuhan HAM.

Penunjukan hakim dan pengadilan khusus berkontribusi memperbaiki beberapa layanan pengadilan. MA membentuk setidaknya enam pengadilan khusus dengan hakim yang terlatih di bidangnya masing-masing: Pengadilan Tindak Pidana Korupsi, Pengadilan Niaga, Pengadilan Hubungan Industrial, Pengadilan Perikanan, dan Pengadilan Pajak. Sejumlah besar pengadilan lain juga dibentuk di bawah pengawasan MA dan Mahkamah Konstitusi (MK), termasuk pengadilan banding (34), pengadilan umum (330), pengadilan tata usaha negara/PTUN (26), pengadilan agama (343), dan pengadilan militer yang bersifat ad hoc. Pada tahun 2019, dibentuk pengadilan untuk gugatan sederhana dengan nilai di bawah Rp500 miliar. Sejumlah penanam modal pernah mengajukan perkara ke PTUN dengan gugatan terkait pencabutan izin dan keputusan lain dari pemerintah. Perselisihan lisensi yang melibatkan penanam modal juga pernah diadili di pengadilan umum; beberapa kasus bahkan ditinjau oleh MA. Namun, sistem peradilan yang berbeda-beda ini, dengan yurisdiksi yang tumpang tindih, dapat menciptakan kerumitan bagi investor yang perlu mengandalkan sistem peradilan.

Langkah reformasi dan perbaikan lain telah dicapai dalam beberapa tahun terakhir. UU 16/2011 tentang Bantuan Hukum, bersama dengan peraturan pelaksananya, memberikan dasar hukum bagi bantuan yang didanai pemerintah. Ada pula berbagai peraturan dan surat edaran MA mengenai penyelesaian gugatan sederhana, sistem kamar peradilan khusus di bawah MA, dan format dokumen dan putusan pengadilan yang membantu meningkatkan efisiensi. MA juga telah memulai beberapa program peradilan elektronik untuk meningkatkan akses kepada putusan perkara, yaitu melalui basis data daring, dan menggencarkan penggunaan formulir elektronik untuk pengelolaan perkara. Jika dilaksanakan secara efektif, maka administrasi perkara secara elektronik sebagaimana diatur oleh Peraturan MA 3/2018 dan 1/2019 berpotensi menjadi dobrakan yang mampu mempersempit ruang korupsi, meningkatkan akurasi, menyingkat waktu pemrosesan perkara, dan meningkatkan akses kepada keadilan. Per Maret 2019, 36% pengadilan di seluruh yurisdiksi Indonesia telah mengadopsi sistem elektronik dan terdapat hampir 16.000 advokat yang sudah mendaftar ke layanan pengadilan elektronik (Australia-Indonesia Partnership for Justice, 2019). Dewan Etik di bawah MA bekerja sama dengan Komisi Yudisial (KY) untuk menyusun Kode Etik dan Pedoman Perilaku Hakim. Dewan ini telah memberikan sanksi terhadap banyak petugas pengadilan karena pelanggaran kode etik. Kontribusi pemangku kepentingan sangat signifikan terhadap pencapaian reformasi ini dan dalam menggalang tuntutan publik bagi tata kelola yang lebih baik—antara lain melalui kegiatan organisasi masyarakat sipil dan kemitraan dengan pemerintah asing, seperti Australia-Indonesia Partnership for Justice yang telah berjalan sejak tahun 2014.

Lepas dari perkembangan di atas, perubahan yang signifikan masih dibutuhkan. Cetak Biru Pembaruan Peradilan 2010-2035 yang diterbitkan tahun 2010—disusun dengan bantuan tim konsultan eksternal dan organisasi masyarakat sipil—menyebutkan beberapa pembaruan penting yang perlu terus didukung oleh pemerintah. Namun, sebagian pemangku kepentingan merasa pemerintah hanya akan dapat mengatasi isu sistemis yang masih menghambat sistem pengadilan, jika Indonesia siap menilik kembali lembaga-lembaga utama peradilan, peraturan, dan sikap di balik sistem (Crouch, 2019; Lev, 2004). Hal ini meliputi tinjauan menyeluruh terhadap hukum acara perdata yang ada, perbaikan terus-menerus terhadap sistem penunjukan hakim, dan inisiatif lain yang lebih luas untuk peningkatan transparansi dan pengawasan publik yang lebih besar terhadap fungsi pengadilan. Perbaikan edukasi hukum dan kesadaran masyarakat juga merupakan kunci keberhasilan reformasi hukum dan kelembagaan apa pun. Kedua hal ini mungkin merupakan satu-satunya cara untuk mengubah sikap yang begitu mengakar terhadap keadilan dan efisiensi dalam sistem peradilan Indonesia di kalangan generasi baru hakim, jaksa, pengacara, polisi, dan, dalam beberapa kasus, anggota parlemen. Upaya yang tengah dijalankan oleh Badan Perencanaan Pembangunan Nasional (Bappenas), Badan Pusat Statistik (BPS), dan konsorsium organisasi masyarakat sipil dan LSM untuk menyusun Indeks Akses Kepada Keadilan juga perlu didukung. Satu isu yang kemungkinan bertahan sebagai tantangan dalam rencana pembaruan peradilan adalah sumber daya dan keahlian teknis. Pemerintah perlu terus mencari peluang berkolaborasi dengan mitra internasional dalam proyek pembaruan peradilan dan menjaga hubungan dengan para donor, termasuk berbagai badan PBB, USAID, Komisi Eropa, dan pemerintahan Australia, Jepang, Belanda, dan Norwegia.

Banyak penanam modal yang tetap lebih memilih arbitrase dan APS dibandingkan litigasi

Persengketaan niaga dapat dialami penanam modal dengan mitra JV, pekerjanya, pemasok atau kontraktor lokal, ataupun dengan badan pemerintah. Cara termurah dan tercepat untuk menyelesaikan perselisihan adalah negosiasi atau mediasi. Namun, jika para pihak tidak bisa bersepakat secara kekeluargaan dengan cara-cara ini, maka tak ada pilihan selain membawa perkara ke pengadilan atau arbitrase. Arbitrase sendiri hanya dapat ditempuh atas kesepakatan para pihak yang sudah dituangkan di dalam perjanjian kerja atau setelah timbul perselisihan. Dalam perselisihan terjadi antara investor dengan pemerintah, Pasal 32 UU Penanaman Modal menyatakan investor bisa menempuh litigasi atau arbitrase. Bagi penanam modal dalam negeri, opsi standar adalah litigasi, sementara opsi standar bagi penanam modal asing adalah arbitrase internasional.

UU 30/1999 tentang Arbitrase dan Alternatif Penyelesaian Sengketa (UU Arbitrase) mengatur arbitrase dalam negeri dan internasional di Indonesia serta pelaksanaan putusan arbitrase asing sejalan dengan Konvensi New York tahun 1958 tentang Pengakuan dan Pelaksanaan Putusan Arbitrase Asing (Konvensi New York). Tidak seperti hukum arbitrase di banyak negara lain, UU Arbitrase Indonesia tidak mengacu kepada Hukum Contoh yang diterbitkan oleh UNICTRAL, Komisi PBB untuk Hukum Perniagaan Internasional, tahun 1985; hukum ini dirancang untuk membantu negara-negara mereformasi dan memperbarui hukum arbitrasenya. Namun begitu, UU Arbitrase sudah memberikan kerangka kerja yang komprehensif bagi arbitrase niaga. Undang-undang ini juga telah mengatur beberapa hal mendasar yang dapat ditemukan di dalam hukum arbitrase secara umum, yaitu mengenai dasar pembentukan badan arbitrase, peran pengadilan, prosedur arbitrase, dan pelaksanaan putusan arbitrase.

Para pemangku kepentingan melaporkan pengalaman yang relatif positif mengenai pelaksanaan UU Arbitrase. Pemerintah juga belum mempertimbangkan pembaruan signifikan pada saat ini. Namun, amandemen mungkin dapat dipertimbangkan untuk dilakukan pada waktu yang tepat pada masa mendatang dalam rangka memberikan kejelasan mengenai beberapa aspek. UU Arbitrase belum secara tegas menyatakan turut berlaku atas arbitrase internasional yang dilakukan di Indonesia, meskipun pada praktiknya pengadilan Indonesia menafsirkan bahwa UU Arbitrase mencakup arbitrase domestik dan internasional. Ketentuan lebih jelas tentang apakah sengketa kontrak, yang melibatkan gugatan perbuatan melawan hukum atau penipuan, dapat diselesaikan melalui arbitrase menurut Pasal 5 dapat membantu menghindari litigasi yang tidak diperlukan. Pemangku kepentingan juga melaporkan kesulitan melaksanakan putusan arbitrase asing atas debitur Indonesia (US Department of State, 2020). Selan itu, Pasal 66 tidak mencantumkan secara spesifik kondisi yang memungkinkan pengadilan menolak melaksanakan putusan arbitrase atas dasar "bertentangan dengan ketertiban umum." Pedoman atau klarifikasi akan membantu meminimalkan ketidakkonsistenan penafsiran hakim sekaligus mencegah debitur mengajukan pembelaan yang mengada-ada dalam rangka menunda pelaksanaan putusan melalui proses pengadilan yang mahal dan panjang. Lebih jauh, dapat dipertimbangkan juga penambahan ketentuan tentang pelaksanaan putusan arbitrase yang memberikan interim relief atua putusan sela ganti rugi, mengingat hal ini belum tercantum di dalam UU Arbitrase.

Proses arbitrase dan layanan alternatif penyelesaian sengketa dilaksanakan oleh beberapa badan lokal. Badan Arbitrase Nasional Indonesia (BANI), dibentuk tahun 1977, adalah lembaga arbitrase tertua dan yang paling sering digunakan di Indonesia. BANI berkantor pusat di Jakarta dan memiliki kantor-kantor daerah di Bandung, Denpasar, Medan, Pontianak, dan Batam. Hingga hari ini, BANI telah memproses 1.000 perkara dan memiliki 150 arbitrator dengan komposisi sama rata antara arbitrator Indonesia dan asing. Dalam beberapa tahun terakhir, beberapa lembaga arbitrase khusus telah dibentuk, seperti Badan Arbitrase Pasar Modal Indonesia (BAPMI), Badan Arbitrase Syariah Nasional (BASYARNAS), Badan Arbitrase dan Mediasi Hak Kekayaan Intelektual (BAMHKI), dan Badan Arbitrase Perdagangan Berjangka Komoditi (BAKTI). Sebagian besar badan ini menyediakan layanan mediasi dan konsiliasi di samping layanan yang disediakan Pusat Mediasi Nasional (PMN). Pada Agustus 2014, Kementerian Pekerjaan Umum membentuk Badan Arbitrase dan APS Konstruksi Indonesia (BADAPSKI), namun lembaga ini belum beroperasi. Lepas dari pertumbuhan badan arbitrase setempat, tak sedikit penanam modal asing yang lebih memilih menyelesaikan perselisihannya melalui lembaga-lembaga regional, seperti di Hong Kong (Tiongkok) dan Singapura.

Momentum perubahan perlu dipertahankan untuk memperbaiki iklim regulasi yang kondusif bagi perekonomian digital

Perekonomian digital Indonesia tercatat sebagai yang terbesar dan bertumbuh tercepat di kawasan dengan perkiraan nilai setara USD 40 miliar per 2019 (Bain & Company dkk., 2019; McKinsey & Company, 2018). Sejak meluncurkan paket stimulus ekonomi ke-14 pada tahun 2016, pemerintah telah melaksanakan berbagai inisiatif untuk mendorong potensi Indonesia sebagai perekonomian digital terdepan, termasuk menyusun Peta Jalan Sistem Perdagangan Nasional Berbasis Elektronik (SPNBE), meluncurkan Visi Digital 2020, meluncurkan program Beasiswa Bakat Digital, dan memperkenalkan strategi Indonesia 4.0 untuk penerapan teknologi baru di bidang manufaktur. Pidato Presiden Jokowi pada Indonesia Digital Economy Summit 2020 menegaskan aspirasi-aspirasi ini dan menyebutkan beberapa tantangan penting yang harus diatasi agar semua target dapat dicapai (Sekretariat Kabinet Republik Indonesia, 2020a, 2020b). Salah satu tantangan itu adalah mengembangkan dan melaksanakan kerangka regulasi yang komprehensif tentang keamanan siber dan perlindungan data.

Bersama dengan kerangka hukum yang kuat untuk HAKI, aspek regulasi digital juga dirasakan kian penting oleh semua penanam modal—tidak hanya perusahaan jasa digital dan teknologi baru. Tim Respons Insiden Siber (Indonesia Security Incident Response Team on Internet Infrastructure/id-SIRTII) mencatat lebih dari 207 juta serangan siber di Indonesia antara Januari dan Oktober 2018 (Detiklnet, 2018). Serangan yang menjadi perhatian publik meliputi ransomware WannaCry pada Mei 2017; pada serangan ini, peretas menahan data dan meminta uang tebusan kepada para korban di seluruh dunia, termasuk beberapa rumah sakit di Indonesia. Insiden keamanan digital memiliki konsekuensi ekonomi yang serius bagi penanam modal: operasi terhenti (mis. layanan terganggu atau sabotase), kerugian keuangan secara langsung, biaya litigasi, kerugian dari segi reputasi, kehilangan daya saing (mis. dalam hal pencurian rahasia dagang), dan kehilangan kepercayaan pelanggan, karyawan, pemegang saham, dan mitra kerja. Hal-hal ini semakin terasa bagi perusahaan digital dan teknologi baru. Para penanam modal harus mengembangkan sendiri sistem manajemen risiko dan strategi integritas data, tetapi pemerintah pun kian didorong untuk mendukung upaya investor di area ini dengan melakukan pemantauan dan perlindungan terhadap ancaman siber melalui lembaga-lembaganya (OECD, 2012, 2015, 2018a).

Pemerintah telah mengambil langkah-langkah penting untuk menjadikan keamanan siber sebagai prioritas nasional. Badan Siber dan Sandi Negara (BSSN) didirikan pada tahun 2017 berdasarkan Perpres 53/2017 (diamandemen oleh Perpres 133/2017). BSSN bertanggung jawab mengelola kerja sama nasional, regional, dan internasional untuk urusan keamanan siber serta atas pendanaan dan pengawasan kegiatan tim id-SIRTII yang dibentuk pada tahun 2010 berdasarkan Peraturan Menteri Komunikasi dan Informatika (Permen 16/PER/M.KOMINFO/10/2010). Tim id-SIRTII melaksanakan serangkaian kegiatan penindakan, termasuk pemantauan dan deteksi dini insiden kejahatan siber, menangani laporan kejahatan siber dari masyarakat, dan memantau bukti-bukti transaksi internet. Sementara itu, keamanan informasi rahasia pemerintah diawasi oleh Lembaga Sandi Negara (LSN); fungsi ini akan segera dialihkan kepada BSSN segera setelah BSSN beroperasi penuh. Unit-unit khusus kejahatan siber juga telah dibentuk di bawah Kementerian Pertahanan, Polri, dan TNI untuk mendukung operasi tertentu. Pemerintah Indonesia ikut serta dalam beberapa kerja sama bilateral dan multilateral, termasuk dengan mitra-mitra di ASEAN, UN Open-Ended Working Group untuk Perkembangan Bidang Informatika dalam Konteks Keamanan Internasional, dan dialog bilateral mengenai keamanan siber dengan Australia dan Rusia pada 2017.

Akan tetapi, hingga hari ini, belum ada payung hukum yang mengoordinasikan semua inisiatif ad hoc di atas. UU 11/2008 tentang Informasi dan Transaksi Elektronik, diamandemen menjadi UU 19/2016, dan PP 71/2019 tentang Penyelenggaraan Sistem dan Transaksi Elektronik yang saat ini berlaku tidak mengatasi isu-isu keamanan siber. BSSN memimpin upaya menuntaskan revisi rancangan undang-undang (RUU) Keamanan dan Ketahanan Siber pada akhir 2020. Pemerintah telah memasukkan RUU ini dalam Program Legislasi Nasional (Prolegnas) 2020, sementara DPR RI telah beberapa kali melakukan pembahasan terhadap draf-draf awal RUU sejak 2014. Revisi yang tengah berjalan akan mencerminkan diskusi dan komentari yang diterima dari konsultasi publik. Beberapa pemangku kepentingan mengingatkan bahwa dibutuhkan kejelasan tentang fungsi dan mekanisme kerja sama antarlembaga serta ketentuan yang memastikan HAM tetap dihormati; dibutuhkan pula peta jalan untuk membangun kapasitas kelembagaan yang sesuai dan pelibatan sektor swasta agar UU dapat dilaksanakan dengan efektif. BSSN juga sedang menyiapkan rancangan Perpres mengenai perlindungan terhadap infrastruktur informasi kritis nasional (IIKN) dan peraturan yang akan berdampak pada kewenangan audit keamanan serta persyaratan sistem manajemen keamanan informasi yang akan diberlakukan atas semua perusahaan yang beroperasi di Indonesia.

Di sisi lain, kemajuan regulasi privasi data pribadi berjalan lebih lambat. Terdapat beberapa peraturan perundang-undangan yang mengatur perlindungan data di sektor keuangan, kesehatan, dan telekomunikasi.4 Namun, tidak seperti 120 negara di seluruh dunia, termasuk di antaranya negara-negara ASEAN, Indonesia belum memiliki hukum perlindungan data dan privasi yang komprehensif. Perlindungan data pribadi dipandang semakin penting untuk memastikan keamanan data pribadi dan nonpribadi serta meningkatkan kepercayaan konsumen dan investor. Pemerintah menyerahkan RUU Perlindungan Data Pribadi kepada DPR RI pada Januari 2020, namun pembahasan terhambat oleh pandemi COVID-19. RUU ini utamanya mengacu kepada Regulasi Perlindungan Data Umum Uni Eropa.

Penanam modal dapat dipastikan akan menyambut pengesahan dan implementasi peraturan-peraturan baru serta ketentuan di bawah UU Cipta Kerja yang memberikan kejelasan tentang kewajiban investor untuk melakukan alih teknologi. Pemerintah perlu memprioritaskan upaya-upaya ini dan belajar dari praktik baik di seluruh dunia untuk memaksimalkan dampak implementasi peraturan. Pemerintah juga perlu, dengan konsisten, berinteraksi secara transparan dan aktif dengan pemangku kepentingan di sektor swasta untuk mengetahui dampak peraturan baru terhadap investor. Memiliki kerangka hukum keamanan siber dan privasi data merupakan langkah pertama yang penting. Namun, pemerintah juga perlu memperhitungkan kegiatan lain setelah peraturan disahkan, yaitu membangun kesadaran sektor swasta dan para pengguna sistem serta mengembangkan mekanisme efektif untuk menghadapi pelanggaran keamanan dan data. Semua upaya ini perlu dilakukan dengan visi meningkatkan kesejahteraan sosial ekonomi masyarakat, dan tidak berhenti pada penindakan kejahatan ataupun pemenuhan kebutuhan keamanan nasional.

Perjanjian perdagangan dan investasi adalah cara lain bagi pemerintah untuk meningkatkan koherensi hukum domestik yang memengaruhi penanam modal. Perjanjian dengan Australia, IA-CEPA, yang berlaku mulai Juli 2020 adalah contoh baik.5 IA-CEPA mencakup ketentuan yang mewajibkan para pihak menghilangkan hambatan lokalisasi data, melarang paksaan alih teknologi, membentuk mekanisme pengamanan privasi data, dan/atau menegakkan perlindungan konsumen daring. Terdapat pula ketentuan lain yang memberikan pengecualian umum bagi aturan nondiskriminasi atau pengecualian dari ISDS. Selain itu, IA-CEPA secara tegas mengakui nilai penting "membangun dan mempertahankan kemampuan entitas nasional yang bertanggung jawab atas respons insiden keamanan komputer, termasuk melalui pertukaran praktik-praktik terbaik; dan menggunakan mekanisme kolaborasi yang ada untuk bekerja sama dalam mengidentifikasi dan mengurangi dampak intrusi berbahaya atau penyebaran kode berbahaya yang mempengaruhi jaringan elektronik Para Pihak." (Pasal 13.3). Perjanjian perdagangan dan investasi yang dilakukan oleh negara-negara lain mewajibkan para pihak memperhatikan pedoman dan standar internasional dalam penyusunan hukum nasionalnya, sepreti Rekomendasi OECD tentang Pedoman Perlindungan Privasi dan Aliran Data Pribadi Lintas Negara (2013) dan Rekomendasi OECD tentang Manajemen Risiko Keamanan Digital untuk Kesejahteraan Ekonomi dan Sosial (2015).

Upaya berkelanjutan untuk mengatasi korupsi, merampingkan birokrasi, dan memperbaiki kerangka peraturan untuk penanam modal

Korupsi masih menjadi hambatan bagi penanam modal di Indonesia. Meskipun dua puluh tahun telah berlau sejak rezim Orde Baru berakhir—rezim yang dikaitkan dengan maraknya korupsi di kalangan pemimpin pemerintahan—citra negatif Indonesia di hadapan komunitas internasional dalam hal korupsi masih melekat. Beberapa contoh perkara besar meliputi putusan bersalah di Amerika Serikat, Inggris, dan Prancis yang berkaitan dengan suap untuk pejabat Indonesia dari perusahaan telekomunikasi multinasional, produsen maskapai multinasional, dan konsorsium investor asing yang ingin mendapatkan kontrak bernilai jutaan dolar untuk proyek pembangkit listrik (US Department of Justice, 2020, 2019; UK Serious Fraud Office, 2020). Di Indonesia, dalam beberapa tahun terkahir lembaga berwenang telah melakukan penuntutan terhadap pejabat-pejabat pemerintah dengan dakwaan menerima suap atau gratifikasi atas penerbitan izin atau pemberian kontrak kepada investor. Pada beberapa kasus, tersangka adalah hakim yang menerima suap atas putusan tertentu. Akan tetapi, jika proses hukum tidak mampu menanggulangi tindak pidana yang meluas ini, perusahaan yang menolak membayar suap akan kehilangan daya saingnya dibandingkan perusahaan lain, di sektor yang sama, yang bersedia melakukan hal itu.

Isu korupsi pun tercermin dari capaian Indonesia menurut indikator internasional. Indonesia menduduki posisi ke-85 dari 198 negara yang disurvei Transparency Internasional mengenai tingkat persepsi terhadap korupsi di sektor publik tahun 2019, yang hasilnya diterbitkan sebagai Indeks Persepsi Korupsi 2019. Transparency International Indonesia, cabang nasional Transparancy Internasional selaku organisasi masyarakat sipil, melakukan survei tahunan yang hasilnya menjadi dasar penilaian posisi Indonesia dalam indeks tadi. Indeks ini juga menjadi salah satu indikator utama dalam Strategi Nasional untuk Pencegahan dan Pemberantasan Korupsi Jangka Panjang (Stranas PPK) 2012-2025 dan dengan demikian menjadi salah satu indikator tata kelola terpenting yang dijadikan acuan oleh pembuat kebijakan dan pengambilan keputusan oleh sektor swasta. Transparency International melaporkan bahwa hampir 700 dari 1.000 warga Indonesia yang mengikuti survei tahun 2016 menyatakan tingkat korupsi menjadi lebih parah dalam 12 bulan terakhir (Transparency International, 2017). Di samping indeks ini, Indonesia berada di posisi ke-77 dari 141 negara berdasarkan indikator korupsi dalam Laporan Daya Saing Global 2019 dari Forum Ekonomi Dunia. Investor asing masih menyebutkan korupsi sebagai salah satu permasalahan terbesar dalam hal berusaha di Indonesia (US Department of State, 2020; AustCham, 2020; EuroCham, 2019b; Overseas Development Institute, 2016).

OECD Investment Policy Review yang pertama (2010) menyebutkan bahwa pemerintah telah menjadikan penanggulangan korupsi sebagai prioritas utama. RPJPN 2002-2025 (UU No. 17 tahun 2017) mengidentifikasi "penyalahgunaan kekuasaan dalam bentuk korupsi, kolusi, dan nepotisme" sebagai salah satu tantangan terpenting dalam reformasi birokrasi pemerintah. Tinjauan pertama itu menguraikan kebijakan, hukum, dan lembaga yang sudah dibentuk pemerintah per tahun 2010 untuk mempromosikan integritas pemerintah, menyidik dan menuntut tindak pidana korupsi, menggalang kesadaran masyarakat, dan secara terus menerus menilai dampak strategi anti korusi. Kemajuan signifikan dicapai sebagai hasil upaya-upaya ini. Laporan Transparency International menyebutkan 64% warga Indonesia yang mengikuti survei 2016 menyatakan pemerintah sudah melakukan langkah baik untuk melawan korupsi (Transparency International, 2017). Optimisme ini bisa jadi didorong oleh promosi pemerintahan terbuka, perbaikan kerja sama antarlembaga untuk mencegah korupsi, dan pemberdayaan petugas ombudsman untuk menyidik korupsi, termasuk di tingkat daerah.

Perkembangan terbaru menunjukkan situasi yang menjanjikan. Stranas PPK 2012-2025 memberikan kerangka kerja yang baik bagi kerja sama multi-pemangku kepentingan untuk pemantauan dan peningkatan integritas pemerintah dan masyarakat. Strategi ini mengakui penanggulangan korupsi sebagai komponen penting dalam membangun lingkungan investasi yang baik dan perilaku bisnis yang bertanggung jawab (lihat Bab 5 tentang perilaku bisnis yang bertanggung jawab). KPK memainkan peran penting membangun kesadaran dan kepercayaan publik dengan terus mengusut kasus-kasus korupsi meskipun harus menghadapi konsekuensi politik. Tak sedikit pengamat internasional yang memandang KPK sebagai contoh baik, khususnya karena lembaga ini tidak menghindari perkara sulit ataupun sensitif (OECD, 2015b). Kerja-kerja KPK dan pengadilan tindak pidana korupsi telah mengungkap banyak perkara besar dengan tingkat putusan bersalah yang mengesankan—antara 2003 dan 2018, KPK menuntut dan mencapai 100 persen putusan bersalah untuk 86 perkara suap dan gratifikasi terkait dengan pengadaan publik dan anggaran. Perpres No. 13 tahun 2018 dan Perpres No. 54 tahun 2018 mengesahkan Rencana Aksi Pencegahan Korupsi 2019-2020 (yang berfokus pada tiga area: perizinan, keuangan negara, dan reformasi penegakan hukum) serta memperkenalkan kewajiban baru bagi perusahaan Indonesia di sektor tertentu untuk melaporkan informasi kepemilikan manfaat (beneficial ownership) sebagai bagian upaya melawan korupsi dan penghindaran pajak. Informasi ini akan diterbitkan dalam bentuk basis data elektronik yang bisa diakses publik pada akhir 2020 dan diharapkan meningkatkan transparansi serta membantu organisasi masyarakat sipil dan pemangku kepentingan lain dalam memberikan masukan kebijakan. Inisiatif ini sejalan dengan Prinsip Keterbukaan Data untuk Antikorupsi G20 yang disahkan pada 2015.

Tantangan yang dihadapi pemerintah adalah mempertahankan momentum membangun budaya integritas di sektor publik dan seluruh tingkat masyarakat. Stranas PPK 2012-2025 mengakui bahwa "[k]orupsi masih bersifat masif dan sistematis". Mengungkap skema korupsi dan mengubah sikap yang telah mengakar di pemerintahan dan masyarakat bisa jadi meliputi keberanian mengambil posisi tegas terhadap elite petahana, baik di sektor publik maupun swasta. Hal ini tidak mudah dan mungkin perlu dilakukan secara bertahap. Untuk itu, pemerintah perlu terus mengalokasikan sumber daya yang cukup dan membela independensi KPK. Akan tetapi, undang-undang baru yang disahkan Oktober 2019 (UU 19/2019) menimbulkan pertanyaan tentang masa depan KPK (lihat juga pembahasan Bab 5 tentang perilaku bisnis yang bertanggung jawab). UU 19/2019, antara lain, memandatkan pembentukan komite pengawas KPK, mencabut kewenangan KPK untuk secara independen melakukan penyadapan terhadap tersangka korupsi, mengizinkan pemerintah menempatkan aparatur sipil negara di dalam KPK, dan mewajibkan KPK menghentikan penyidikan dan penuntutan atas perkara yang telah berjalan lebih dari dua tahun. Perlu waktu untuk melihat apakah perubahan ini akan berdampak terhadap efektivitas KPK; satu hal yang jelas, investor akan mengikuti perkembangan situasi ini—suatu penanda komitmen pemerintah untuk memberantas korupsi. Di samping KPK, pemerintah juga perlu mempertimbangkan menambah pendanaan dan kapasitas lembaga antikorupsi lain, seperti Polri dan Kejaksaan Agung (Kejagung), yang tidak memiliki sumber daya ataupun riwayat kerja setara KPK.

Lebih jauh, pemerintah perlu terus bermitra dengan rekan internasional, pelaku usaha setempat, dan organisasi masyarakat sipil dalam semua aspek siklus kebijakan antikorupsi (penetapan agenda, penyusunan kebijakan, pemantauan, evaluasi). Indonesia telah meratifikasi Konvensi Antikorupsi PBB pada September 2006 dan mengikut pertemuan Kelompok Kerja Antikorupsi OECD, tetapi belum mengaksesi Konvensi Anti-Penyuapan OECD. Pemerintah Indonesia, selaku penandatangan UNCAC dan anggota G20, telah memberlakukan sanksi pidana atas tindak penyuapan dalam lingkungan usaha internasional dan pertanggungjawaban pidana korporasi atas tindak pidana korupsi. Telah ada aksi yang sesuai dengan Prinsip Keterbukaan Data Antikorupsi G20, tetapi dibutuhkan aksi lain, terutama dalam hal aksesibilitas dataset register kelompok kepentingan, belanja pemerintah, pendanaan politik, data pemilihan, dan register pertanahan. Pembuat kebijakan di pemerintah dan KPK juga perlu meminta masukan dari organisasi masyarakat sipil, seperti Transparency International Indonesia dan Indonesia Corruption Watch, pada sepanjang siklus kebijakan dan, yang mungkin terpenting, adalah dalam penyidikan korupsi dan penetapan agenda reformasi hukum.

Pemerintah telah bermitra dengan OECD untuk menyusun rekomendasi reformasi sektor publik yang lebih luas, termasuk terkait dengan integritas publik (Kotak 3.2 di bawah). Sebagai salah satu anggota dan pendiri Open Government Partnership (OGP), dan anggota terdepan ASEAN, Indonesian berperan penting dalam menyebarluaskan prinsip dan praktik keterbukaan pemerintah. Saat ini, tingkat kepercayaan warga terhadap pemerintah di Indonesia adalah salah satu yang tertinggi dibandingkan negara-negara OECD dan negara mitra strategis lainnya (OECD, 2019), namun beberapa indikator menunjukkan bahwa korupsi dan efektivitas pemerintahan, dibandingkan negara-negara lain di ASEAN, merupakan dua hal yang perlu dibenahi (OECD, 2016b). Birokrasi pemerintah dan praktik bisnis yang tidak adil adalah dua isu yang paling mendesak bagi bisnis asing yang beroperasi di Indonesia (AustCham, 2020). Penanam modal juga menyebutkan isu bervariasinya tingkat pelibatan pemangku kepentingan dalam perumusan hukum, biaya birokrasi yang dikaitkan dengan layanan pemerintah dalam sistem desentralisasi, dan kurangnya koordinasi antara pemerintah pusat dan daerah, meskipun langkah-langkah reformasi sudah diambil per November 2017 untuk mengatasi masalah ini (US Department of State, 2019).

Pemerintah telah mengupayakan beberapa inisiatif untuk menjawab tantangan tersebut, sejalan dengan Nawacita 2019-2024, RPJMN dan RPJPN, Rencana Aksi Nasional (RAN) Keterbukaan Pemerintah 2018-2020, dan Peta Jalan Reformasi Birokrasi. Inisiatif itu, antara lain:

- membentuk mekanisme penanganan pengaduan terpusat untuk semua layanan pemerintah di bawah pengelolaan Kementerian Pendayagunaan Aparatur Negara dan Reformasi Birokrasi (Kementerian PAN-RB);
- mengidentifikasi peluang untuk menghapuskan beban yang tidak perlu dalam dunia usaha dengan pencabutan dan penyederhanaan peraturan;
- meningkatkan koordinasi antara K/L dalam proses pembuatan kebijakan;
- membentuk forum konsultasi publik untuk pegawai pemerintah dan organisasi masyarakat sipil berdiskusi dan berinteraksi;
- meluncurkan sistem perizinan berbasis web, Online Single Submission (OSS), pada Juli 2018; sistem diperbarui secara berkala untuk menyederhanakan dan mempercepat perizinan usaha;
- memperluas layanan e-government dan mewajibkan semua tingkat pemerintah untuk melaksanakan perangkat tata kelola berbasis daring (penganggaran, pengadaan, dan perencanaan secara elektronik) untuk meningkatkan efisiensi anggaran, transparansi, dan penyediaan layanan publik; dan
- langkah lain untuk meningkatkan akses, pengelolaan, dan mutu data yang dihimpun oleh berbagai K/L.

Bab 6 menguraikan beberapa inisiatif di atas, termasuk OSS, dan memberikan rekomendasi terkait. Studi OECD yang terbit tahun 2016 tentang tata kelola di Indonesia juga menyebutkan rekomendasi komprehensif untuk reformasi sektor publik (Kotak 4.2). Kini, tantangan yang dihadapi pemerintah adalah memastikan agar inisiatif-inisiatif baik di atas dapat mewujudkan layanan publik yang lebih baik di seluruh nusantara. Hal ini bisa jadi lebih mudah diucapkan ketimbang kenyataan. Skala dan kompleksitas reformasi peraturan dan perizinan tidak dapat diremehkan: pemerintah mengidentifikasi lebih dari 3.000 peraturan yang perlu dicabut dalam reformasi tahun 2016 dan 79 perundang-undangan dan 1.194 pasal yang diamandemen dalam UU Cipta Kerja.

Kotak 4.2. Rekomendasi OECD untuk memperkuat keterbukaan pemerintah Indonesia

Untuk mendukung upaya memperluas dan memperdalam dampak reformasi pemerintah, Indonesia meminta OECD melaksanakan Tinjauan Keterbukaan Pemerintah (*Open Government Review*, OG Review) untuk mengetahui pencapaian dan ruang perbaikan selanjutnya. Laporan OG Review yang terbit tahun 2016 adalah dokumen komprehensif berbasis data mengenai reformasi keterbukaan pemerintah di Indonesia dengan fokus pada koordinasi, pelibatan warga, integritas, pemerintahan digital, transparansi anggaran, dan inovasi di sektor publik.

Dalam temuan utamanya, OG Review menyatakan bahwa kerangka kebijakan dan hukum Indonesia adalah basis yang kuat bagi keterbukaan pemerintah, meski masih terdapat tantangan untuk memastikan agar berbagai inisiatif dilaksanakan secara tuntas dan efektif. Untuk membangun pemerintahan yang transparan dan partisipatif secara penuh, Indonesia perlu terus membangun pemahaman tentang nilai dan pentingnya reformasi keterbukaan pemerintah. Pemerintah juga perlu memastikan semua aparatnya memiliki kapasitas yang diperlukan untuk melaksanakan reformasi, baik di tingkat pusat maupun daerah. Agar berhasil, Indonesia akan perlu lebih mengandalkan sektor masyarakat sipilnya yang mapan dan mendorong pertumbuhan aktor-aktor non-pemerintah lain yang mampu memainkan peran positif dalam agenda keterbukaan pemerintah. Kaitan antara upaya reformasi dalam negeri dengan reformasi multilateral perlu didukung, seperti dengan Tujuan Pembangunan Berkelanjutan (TPB) dari PBB, untuk memastikan pelbagai inisiatif ini menjadi bagian penting dalam pembangunan nasional.

Rekomendasi lain yang diajukan oleh OG Review adalah, antara lain:

- Penguatan keterkaitan dan saling penegasan antara agenda pemerintah, termasuk Nawacita, RPJMN dan RPJPN, RAN OGP, dan agenda reformasi lain seperti Peta Jalan Reformasi Birokrasi;
- Perbaikan koordinasi horizontal (pemerintah pusat dan kementerian teknis) dan vertikal (antara pemerintah pusat dan daerah);
- Pembentukan kebijakan yang lebih terstruktur, konsisten, dan komprehensif untuk menyelaraskan keterbukaan pemerintahan dan pelibatan warga, termasuk memberikan kejelasan tentang partisipasi warga;
- Pelibatan berkelanjutan dari organisasi masyarakat sipil dalam seluruh siklus kebijakan antikorupsi, menjajaki cara menjadikan mekanisme pelaporan korupsi lebih efektif, dan memperbaiki perlindungan hukum bagi pelapor/whistleblower;
- Pengakuan data sebagai aset strategis; pengembangan kerangka tata kelola, infrastruktur, dan kapasitas lembaga untuk mendukung penggunaan strategis data dalam pengambilan keputusan, dan pembentukan ekosistem data keterbukaan pemerintah yang dinamis;
- Perbaikan kualitas dan volume data dan informasi yang tersedia untuk publik selama seluruh siklus anggaran; penguatan partisipasi publik dalam siklus penganggaran;
- Pendekatan yang terkoordinasi dalam rangka mengetahui dan mengatasi hambatan dalam reka cipta dan penyebaran inovasi di sektor publik; perlindungan bagi upaya inovasi dari perubahan dalam siklus kebjiakan, misalnya dengan membentuk struktur formal untuk memastikan koordinasi tetap berjalan di pemerintah pusat;
- Pembentukan hubungan antara upaya reformasi keterbukaan pemerintah dengan desain dan implementasi TPB.

Sumber: OECD (2016b), "Open Government in Indonesia", OECD Public Governance Reviews, OECD Publishing, Paris, https://doi.org/10.1787/9789264265905-en.

Perjanjian Penanaman Modal Indonesia

Indonesia adalah pihak dalam 36 perjanjian investasi yang berlaku saat ini, yaitu 26 perjanjian bilateral (BIT), dua perjanjian perdagangan dan investasi,6 enam perjanjian perdagangan dan investasi dalam konteks ASEAN, dan dua perjanjian investasi multilateral: Perjanjian Investasi Komprehensif ASEAN (ACIA) dan Perjanjian Investasi Organisasi Kerja Sama Islam (OKI) (lihat tabel ringkasan pada Lampiran 4.A.).

Di tingkat regional, sebagai anggota ASEAN, Indonesia adalah pihak dalam tujuh perjanjian investasi. ACIA adalah instrumen investasi dasar yang berlaku atas negara-negara anggota ASEAN. Masyarakat ASEAN juga telah menandatangani enam perjanjian tentang investasi dengan tiga negara lain (Perjanjian ASEAN+). Semua perjanjian ASEAN+ dengan Australia/Selandia Baru (2009), Korea (2009), Tiongkok (2009), India (2014), dan Hong Kong, Tiongkok (2017) mencantumkan perlindungan investasi. Pemerintah Indonesia sendiri belum meratifikasi perjanjian ASEAN+ dengan Tiongkok, India, atau Hong Kong (Tiongkok). Dengan demikian, ketiganya saat ini tidak berlaku di Indonesia, dan pelaksanaannya terbatas di negara-negara yang sudah meratifikasi perjanjian. Perjanjian perdagangan ASEAN+ dengan Jepang yang berlaku sejak 2008 awalnya tidak mencakup perlindungan penanaman modal atau ISDS, tetapi protokol amandemen yang ditandatangani pada Maret 2019 menambahkan elemen ISDS ke dalam perjanjian. Protokol amandemen berlaku per 1 Agustus 2020 atas Jepang, Laos, Myanmar, Singapura, Thailand, dan Vietnam—Indonesia, hingga Oktober 2020, belum menyelesaikan prosedur ratifikasi.

Pada tingkat global, Indonesia telah menandatangani dan meratifikasi dua perjanjian multilateral penting terkait pelaksanaan putusan arbitrase, termasuk dalam kasus ISDS menurut perjanjian investasi, yaitu Konvensi New York (tahun 1981) dan Konvensi Washington (tahun 1968). Indonesia juga merupakan pihak dalam perjanjian investasi OKI (1981) yang mencakup ketentuan perlindungan investor dan mengandung ISDS melalui arbitrase investor-negara. Sejak 2011, investor selaku penggugat telah menggunakan Perjanjian Investasi OKI dalam setidaknya dua belas sengketa ISDS7 (Indonesia sebagai tergugat dalam salah satu perkara), meskipun terdapat ketidakjelasan dalam persetujuan itu tentang mekanisme penunjukan lembaga berwenang. Pemerintah yang tergabung dalam OKI tengah membahas pengubahan arbitrase investor-negara di dalam perjanjian tadi.

Cakupan perjanjian atas saham PMA langsung inward dan *outward untuk Indonesia*

Indonesia memiliki perjanjian perlindungan investasi yang masih berlaku atas saham PMA langsung (FDI) yang bersifat *inward* (41%) dan *outward* (69%) (Bagan 4.1).[8] Tren FDI dibahas secara mendalam pada Bab 2. Untuk tujuan pembahasan bab ini, perlu disebutkan bahwa porsi saham FDI berfluktuasi dalam beberapa tahun terakhir seiring pergantian perjanjian investasi yang berlaku dan berakhir. Perjanjian Indonesia-Singapura di bawah kerangka ACIA (2009) mencakup porsi besar saham FDI *outward* (42%) dan saham FDI *inward* terbesar dibandingkan mitra perjanjian lain (18%). Hubungan ini tampaknya akan dicakup pula dalam dua perjanjian investasi lain—BIT Indonesia-Singapura (2018), yang ditandatangani pada Oktober 2018, diharapkan akan segera diratifikasi dan mulai berlaku.

Bagan 4.1. Perkiraan perkembangan cakupan saham FDI *inward* dan *outward* berdasarkan perjanjian penanaman modal yang saat ini berlaku

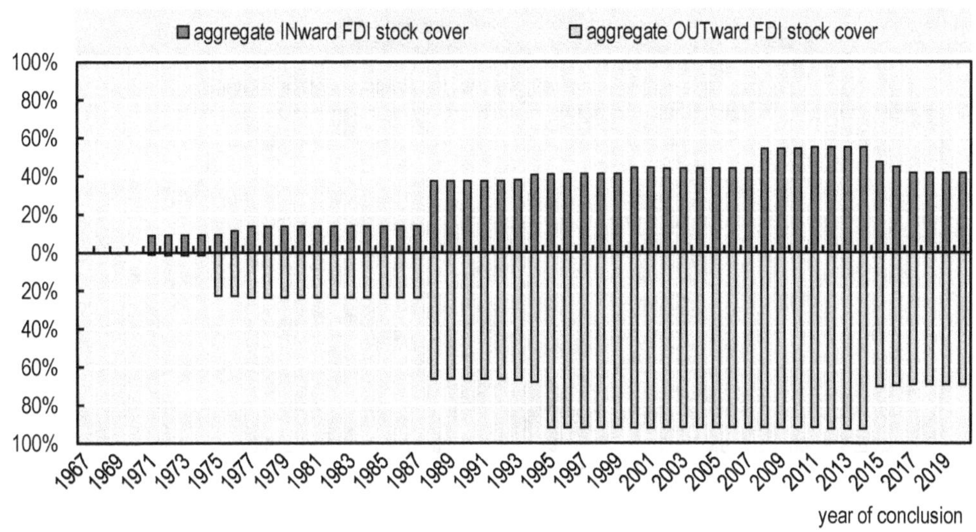

Catatan: Persen didasarkan pada kecocokan agregat dalam data FDI bilateral dan hubungan perjanjian per Oktober 2020.
Sumber: Analisis OECD berdasarkan data perjanjian investasi OECD. Data FDI diambil dari basis data FDI OECD dan Direct Investment Positions IMF yang mencerminkan stok FDI per 2018, dan bukan nilai historis.

Terdapat tiga lagi perjanjian—dengan Hong Kong (Tiongkok), Jepang, dan Belanda—yang menyumbang porsi aliran sahan FDI *inward* yang signifikan. Sebagian besar perjanjian investasi Indonesia yang berlaku saat ini sama sekali tidak menyumbang saham FDI (*inward* ataupun *outward*), atau hanya sangat sedikit. Fenomena ini juga dapat dilihat dari contoh perjanjian perdagangan negara-negara lain (Pohl, 2018). Saham FDI *inward* yang signifikan dari Bermuda, Kanada, Luksemburg, Seychelles, dan British Virgin Islands, misalnya, tidak dicakup di dalam perjanjian investasi.

Perkembangan Sejak Tinjauan Kebijakan Penanaman Modal OECD yang Pertama

Dalam sepuluh tahun terakhir sejak *Investment Policy Review* (OECD, 2010), Indonesia telah menandatangani enam perjanjian investasi: dua BIT dengan Serbia (2011) dan Singapura (2018); dua perjanjian perdagangan dan investasi ASEAN+ dengan India (2014) dan Hong Kong (Tiongkok) (2017); protokol amandemen perjanjian investasi ASEAN+ dengan Jepang pada 2019; dan Kemitraan Ekonomi Komprehensif Australia-Indonesia (2019) (IA-CEPA). Hanya IA-CEPA yang telah dirafitikasi oleh pemerintah dan mulai diberlakukan (per Juli 2020).

Dalam periode sepuluh tahun yang sama, pemerintah meratifikasi dan memberlakukan satu perjanjian yang sebelumnya tidak diratifikasi, yaitu BIT Indonesia-Qatar (2000). Total, terdapat 16 BIT yang ditandatangani tetapi belum diratifikasi sehingga belum berlaku. Bagan 4.2 menunjukkan lini waktu perjanjian investasi Indonesia.

Bagan 4.2. Perkembangan perjanjian investasi Indonesia (garis putus-putus untuk perjanjian yang sudah ditandatangani; garis biru gelap untuk perjanjian yang berlaku)

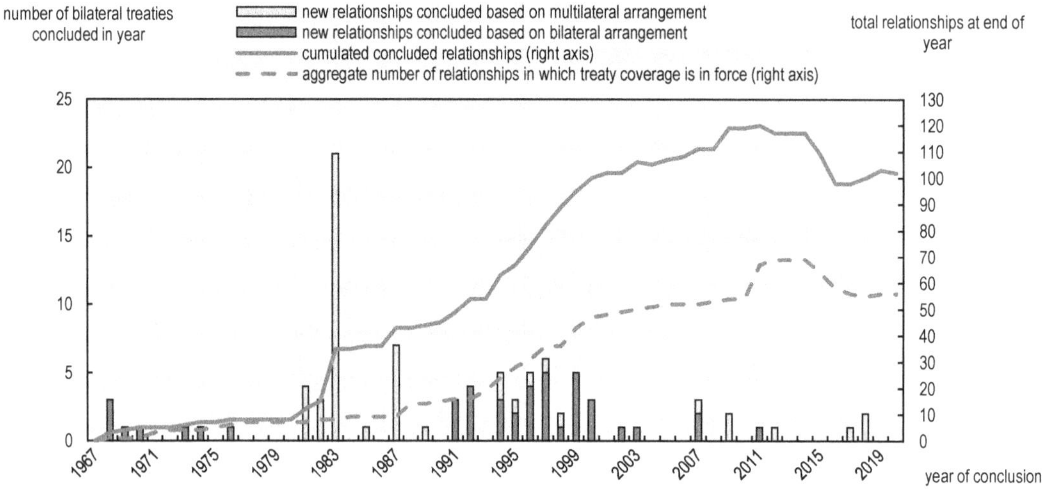

Sumber: Penghitungan OECD berdasarkan basis data perjanjian investasi OECD.

Pada Maret 2014, Kementerian Luar Negeri dan BKPM meninjau perjanjian investasi internasional (PII) Indonesia dengan tujuan "mengevaluasi dampak PII terhadap hak-hak Indonesia untuk mengatur urusannya sendiri dan mencapai sasaran-sasaran kebijakan publik serta memodernisasi PII agar menyertakan prinsip dan ketentuan yang menciptakan kesetaraan antara tujuan penanam modal asing dengan tujuan negara tuan rumah" (Pemerintah Indonesia, 2018). Pada evaluasi ini, pemerintah secara terbuka mengindikasikan bahwa perjanjian yang dimiliki Indonesia dianggap "usang" dan menyebutkan isu seputar cakupan perlindungan dan ISDS yang tidak spesifik (Amianti, 2015). Disebutkan juga bahwa "meskipun Indonesia secara umum masih meyakini fungsi PII [...], pemerintah juga berniat memodernisasi dan menegosiasikan kembali perjanjian-perjanjiannya untuk memberikan pemerintah ruang yang lebih luas melaksanakan pemerintahan untuk kepentingan masyarakat" (Kementerian Luar Negeri, 2015). Dalam pernyataan pers tahun 2015, Menteri Luar Negeri menyatakan bahwa tujuan evaluasi adalah "menciptakan rezim baru perjanjian investasi antara Indonesia dengan negara-negara lain (Menteri Luar Negeri, 2015). Pemerintah melakukan konsultasi secara luas selama evaluasi dan meminta masukan dari akademisi, pengacara arbitrase, organisasi non-pemerintah (LSM), organisasi antar-pemerintah, dan asosiasi usaha.

Proses evaluasi menyoroti tiga area kerja utama (Kementerian Luar Negeri, 2015). Penilaian komprehensif terhadap ketentuan tentang perlindungan investasi dan ISDS dilakukan untuk membandingkan cakupan dan rumusan ketentuan-ketentuan ini di naskah perjanjian investasi yang berbeda-beda. Untuk melaksanakan kegiatan ini, pemerintah membentuk satuan tugas (satgas) antar-kementerian di bawah koordinasi BKPM. Satgas ini juga bertanggung jawab memperbarui model perjanjian investasi Indonesia agar lebih mencerminkan prioritas-prioritas baru pemerintah. Hingga Mei 2020, naskah contoh perjanjian investasi belum disediakan untuk publik. Area yang ketiga adalah mengidentifikasi perjanjian yang bisa diperbolehkan tetap berlaku saat tiba pada tanggal berakhirnya menurut ketentuan validitasnya atau saat para pihak perlu ditanyakan mendekati tanggal habis berlaku.

Setelah evaluasi, antara tahun 2014 dan 2020, setidaknya 23 BIT dihentikan (lihat tabel rangkuman pada Lampiran 4.A.). Dampak langsung dari perkembangan ini terbatas. Sebagian besar perjanjian mengandung klausul yang menjamin bahwa perlindungan akan tetap berlaku, begitu pula ketentuan lain untuk penanam modal dengan masa investasi 10 hingga 15 tahun sejak tanggal berakhirnya perjanjian. Dengan demikian, menurut perjanjian yang baru-baru saja diakhiri, investor dengan investasi yang sedang berjalan di Indonesia masih dapat menggugat pemerintah terkait ISDS hingga habis masa berlaku klausul pasca-pengakhiran perjanjian, meskipun perjanjian sebelumnya tidak mencakup investasi baru yang dilakukan setelah pengakhiran berlaku efektif. Satu pengecualian adalah BIT Argentina-Indonesia (1995); dalam BIT ini, para pihak bersama-sama sepakat mengakhiri perjanjian, efektif per 19 Oktober 2016. Para pihak juga mengatur agar ketentuan-ketentuan investasi tidak lagi berlaku setelah perjanjian diakhiri.

Pemerintah saat ini sedang menegosiasikan atau mempertimbangkan perjanjian baru terkait penanaman modal. Kementerian Luar Negeri dan BKPM bertanggung jawab melakukan negosiasi perjanjian penanaman modal di bawah arahan Menteri Koordinator Bidang Perekonomian. Negosiasi mengenai perjanjian perdagangan dan investasi dilakukan bersama dengan Kementerian Perdagangan. Negosiasi dengan Uni Eropa mengenai perjanjian ekonomi komprehensif dimulai tahun 2016. Ronde negosiasi yang kesepuluh, dijadwalkan berlangsung pada Maret 2020, ditunda karena pandemi COVID-19. Negosiasi sejak 2012, yaitu antara negara-negara anggota ASEAN dan mitra ASEAN+ -- Australia, Tiongkok, India, Jepang, Korea dan Selandia Baru—tentang Kemitraan Ekonomi Komprehensif Regional (RCEP) telah menyertakan isu penanaman modal dan kemungkinan ISDS, tetapi hasil negosiasi belum jelas. Perjanjian perdagangan bilateral yang ditandangani tahun 2017 dengan Cile tidak mencantumkan bab tentang penanaman modal, tetapi para pihak setuju untuk melanjutkan negosiasi terkait potensi bab investasi pada masa mendatang. Pemerintah juga sedang menilai perlunya bergabung dengan Perjanjian Komprehensif dan Progresif untuk Kemitraan Trans-Pasifik (CPTPP, 2018); analisis mendalam terhadap kesenjangan perjanjian yang sudah dimiliki Indonesia dengan CPTPP diterbitkan tahun 2018 (World Bank, 2018a). Dalam pernyataan pers tahunan pada Januari 2020, Menteri Luar Negeri menyatakan bahwa pemerintah berniat menguatkan upaya diplomasi ekonomi pada tahun 2020 (Menteri Luar Negeri, 2020).

Penggunaan perjanjian: gugatan ISDS menurut perjanjian penanaman modal Indonesia

Indonesia telah memiliki beberapa pengalaman langsung mengajukan pembelaan terhadap gugatan investor dalam suatu prosedur formal yang menyangkut perjanjian investasi. Berdasarkan informasi publik, penanam modal asing pernah mengajukan setidaknya delapan gugatan terhadap Indonesia yang didasarkan pada perjanjian investasi.[9] Perkara yang pertama terjadi pada tahun 2004. Sebanyak tujuh perkara lain diajukan dalam kurun waktu lima tahun antara 2011 dan 2016. Terdapat enam gugatan yang menyangkut BIT dan dua menyangkut perjanjian multilateral: Perjanjian Investasi OKI tahun 1981 dan Perjanjian Investasi ASEAN tahun 1987. Hanya dua perjanjian ini (BIT Australia-Indonesia tahun 1992 dan Perjanjian OKI) yang masih berlaku hingga hari ini. Sengketa ISDS Indonesia utamanya berkenaan dengan penanaman modal sektor perbankan, pertambangan, konstruksi, dan pertanian. Beberapa sengketa yang lebih baru melibatkan gugatan terkait proyek minyak sawit dan oleokimia yang mangkrak, pengucuran dana talangan (bailout) dari pemerintah untuk bank lokal, penerapan pembatasan ekspor atas tembaga, dan dugaan intervensi pemerintah atas proyek-proyek pertambangan batubara.

Di samping gugatan berbasis perjanjian, terdapat setidaknya dua gugatan berbasis kontrak yang pernah diajukan terhadap Indonesia, yaitu terkait penanaman modal untuk proyek pengembangan hotel. 10

Per Oktober 2020, tidak diketahui terdapat gugatan berbasis perjanjian investasi yang diajukan penanam modal Indonesia yang beroperasi di luar negeri terhadap mitra-mitra perjanjian Indonesia.

Kebijakan Perjanjian Penanaman Modal Indonesia

Banyak dari perjanjian investasi Indonesia yang berlaku saat ini yang masih menampilkan unsur-unsur khas perjanjian penanaman modal pada masa lalu dan umum digunakan pada era 1990-an dan awal 2000-an. Di antara karakteristik itu adalah perumusan ketentuan kunci yang kurang spesifik dan perlindungan yang ekstensif terhadap penanam modal yang dicakup di dalam perjanjian. ACIA, perjanjian investasi ASEAN+ dan beberapa BIT Indonesia yang lebih baru menunjukkan pendekatan yang lebih spesifik pada beberapa area perjanjian. Akan tetapi, banyak dari BIT lama yang masih berlaku bersama dengan perjanjian-perjanjian baru, walaupun pemerintah sudah mengakhiri lebih dari 20 BIT lama sejak tahun 2014.

Situasi ini dapat menimbulkan berbagai konsekuensi negatif yang tidak disengaja bagi Indonesia, khususnya mengingat potensi cakupan gugatan ISDS di bawah perjanjian investasi model lama. Pembahasan berikut mengulas empat aspek utama yang berpotensi direformasi, yaitu cakupan dari tiga jenis perlindungan investor yang sering digunakan (FET, MFN, dan pengambilalihan tidak langsung), mekanisme penyelesaian sengketa, dan ISDS. Setelah itu, pembahasan diikuti dengan uraian beberapa aspek yang dapat diperbaiki sebagai bagian dari reformasi perjanjian penanaman modal.

Ketentuan "perlakuan adil dan setara" yang ambigu menimbulkan risiko dan potensi kerugian serta harus diatasi sejauh memungkinkan

Dari semua perjanjian investasi Indonesia yang saat ini berlaku, hanya satu yang tidak memiliki ketentuan yang mewajibkan Indonesia memberikan "perlakuan adil dan setara" (fair and equitable treatment, FET) kepada semua investor dan investasi yang dicakup oleh perjanjian.11 Sejak awal 2000-an, standar FET telah menjadi basis yang paling sering digunakan dalam gugatan ISDS. Sebagian besar ketentuan FET disepakati sebelum gugatan ISDS terkait standar perlakuan ini muncul. Mulai tahun 2000, terbentuk berbagai teori untuk penafsiran FET dari mahkamah-mahkamah arbitrase, seiring dengan peningkatan signifikan kasus ISDS. Informasi perkara sebagian kasus bersifat rahasia, namun diketahui bahwa investor di setidaknya empat dari delapan kasus ISDS yang dihadapi Indonesia menggunakan standar FET.

Sebagian besar ketentuan FET dalam perjanjian investasi tidak memberikan panduan yang spesifik mengenai perlakuan yang dapat dianggap sebagai adil dan setara. Mahkamah arbitrase yang menangani perkara ISDS berbasis perjanjian investasi memiliki pendekatan berbeda-beda dalam menafsirkan ketentuan FET yang terlalu "apa adanya" ini. Akibatnya, terjadi ketidakpastian dan biaya litigasi yang tinggi, baik bagi pemerintah maupun pengusaha. Selain itu, ada pula penafsiran FET yang jauh melampaui standar perlindungan bagi investor di beberapa negara maju. Pemerintah berbeda menanggapi perkembangan ini dengan caranya masing-masing, termasuk dengan membuat rumusan FET yang lebih khusus atau sempit, atau tidak memasukkan FET dalam perjanjian-perjanjian baru (Kotak 4.3). Beberapa pendekatan Indonesia terhadap FET dalam perjanjian-perjanjian yang sudah ada umumnya dapat dibandingkan dengan praktik perjanjian yang lebih luas.

Kotak 4.3. Pendekatan baru terhadap FET dan ISDS dengan gugatan FET

Negara-negara kini menjadi lebih aktif dalam mendefinisikan, membahas, atau mengecualikan kewajiban sejenis FET dalam perjanjian dan berkas ISDS. Ketidakpuasan terhadap dan ketidakpastian seputar FET dan cakupannya juga telah membuat beberapa pemerintah memutuskan untuk tidak memasukan FET dalam naskah perjanjian atau dari cakupan ISDS. Berikut adalah beberapa pendekatan yang patut diperhatikan.

Pendekatan MST-FET– pembatasan FET secara tegas hingga ke tingkat standar perlakuan minimum (minimum standard of treatment, MST) menurut hukum kebiasaan internasional. Pendekatan ini mulai sering digunakan oleh perjanjian-perjanjian baru, terutama yang melibatkan negara-negara benua Amerika dan Asia (Gaukrodger, 2017). Dalam hal CPTPP, selain menggunakan MST-FET, CPTPP juga menyebutkan bahwa penggugat harus membuktikan aturan MST-FET dengan menunjukkan praktik yang meluas di suatu negara dan melalui opini hukum (lihat Pasal 9.6 (3)-(5), Lampiran 9A). Bukti-bukti dari kedua hal ini jarang disediakan oleh penggugat atau arbitrator dalam perkara ISDS. Pendekatan ini telah digunakan oleh negara-negara lain (mis. untuk IA-CEPA, 2019, Pasal 14.7). Selanjutnya, para pihak dalam NAFTA mengubah lebih jauh pendekatan terhadap MST-FET dalam USMCA (lihat di bawah).

Pemberian definisi – yaitu menyebutkan apa yang dimaksud dengan FET atau memerikan unsur-unsurnya. Perjanjian-perjanjian baru yang dinegosiasikan Uni Eropa, Tiongkok, Prancis, dan Slovakia mengandung daftar unsur-unsur FET. Unsur-unsur yang diperinci bisa berbeda-beda, bergantung pada sifat daftar itu. Contoh unsur FET dalam suatu perjanjian adalah penyangkalan keadilan, kesewenang-wenangan yang tampak, pelanggaran mendasar terhadap prosedur, diskriminasi yang menyasar kelompok tertentu berdasarkan hal-hal yang tidak bisa dibenarkan, dan/atau perlakuan yang melecehkan terhadap investor. Pendekatan ini lebih mungkin menghasilkan konsep FET yang lebih luas dibandingkan MST-FET, terutama jika praktik negara dan opini hukum harus ditunjukkan untuk menetapkan aturan MST-FET.

Pengecualian FET dari ISDS, arbitrase penanaman modal, atau perjanjian. USMCA (pengganti NAFTA) yang baru-baru ini dituntaskan memasukkan ketentuan MST-FET tetapi secara umum mengecualikan FET dari cakupan ISDS (kecuali untuk sekelompok kecil kasus yang melibatkan kontrak tertentu dengan pemerintah) (Pasal 4.D.3). Di bawah USMCA, ISDS umumnya berlaku hanya atas gugatan pengambilalihan langsung dan diskriminasi setelah beroperasinya investasi (dan hanya berlaku untuk hubungan AS-Meksiko); untuk gugatan MST-FET, mekanisme yang tersedia hanyalah penyelesaian sengketa antarnegara (SSDS). Model BIT dari India tidak menyebutkan FET dan hanya menyebutkan unsur-unsur yang spesifik; model perjanjian Brazil dan perjanjian yang lebih baru juga mengecualikan FET.

Klarifikasi perlakuan yang dikecualikan dari FET. Ada pula perjanjian yang lebih baru yang menjelaskan jenis-jenis perlakuan terhadap investor yang dikecualikan dari FET. Perjanjian ini antara lain adalah perjanjian perdagangan bebas (FTA) Australia-Singapura yang direvisi tahun 2016, CPTPP yang ditandatangani pada Maret 2018, dan FTA Korea-Amerika Serikat yang direvisi tahun 2018. Beberapa perjanjian lain juga mengecualikan langkah pemerintah yang mungkin tidak sesuai dengan harapan investor terkait investasinya agar tidak dianggap pelanggaran FET. Australia baru-baru ini mengesahkan beberapa perjanjian yang menyebutkan bahwa pengubahan pada subsidi dan hibah pemerintah tidak dilindungi oleh ketentuan FET.*

* FTA Australia-Singapura (2003), revisi tahun 2016, Pasal 6(5); FTA Australia-Peru (2018), Pasal 8.6(5); BIT Australia-Uruguay BIT (2019), Pasal 4(5).

Beberapa perjanjian investasi Indonesia juga mengadopsi pendekatan FET yang lebih khusus atau sempit. Ketentuan FET di dalam ACIA dan semua perjanjian ASEAN+ menyebutkan bahwa FET mensyaratkan pihak dalam perjanjian "untuk tidak menyangkal keadilan dalam proses hukum ataupun tata usaha sesuai dengan prinsip-prinsip prosedur hukum yang berlaku", yang umumnya dipahami sebagai standar yang tinggi. Semua perjanjian itu, kecuali ACIA (2009) dan Perjanjian Investasi Tiongkok-ASEAN (2009) juga secara tegas membatasi FET sesuai standar hukum kebiasaan internasional mengenai perlakuan terhadap warga asing dan menjelaskan bahwa ketentuan ini tidak menimbulkan hak-hak tambahan yang substansial.12

Akan tetapi, catatan kaki pada ketentuan FET dalam Perjanjian Perdagangan Bebas ASEAN-Australia-Selandia Baru (2009) (AANZFTA) dan Perjanjian Investasi ASEAN-Hoong Kong (2018) mengecualikan aplikasi penjelasan tambahan ini jika menyangkut Indonesia. Perjanjian investasi yang paling baru disahkan Indonesia dengan Australia, IA-CEPA (2019), adalah satu-satunya perjanjian Indonesia yang secara jelas merujuk kepada MST-FET dan menjelaskan bahwa hal-hal yang tidak sesuai dengan ekspektasi investor terkait dengan investasinya tidak dapat dianggap sebagai pelanggaran FET.

Ketentuan FET dalam naskah perjanjian investasi lain yang dimiliki Indonesia menciptakan celah penafsiran yang luas oleh mahkamah arbitrase. Sebagian besar BIT Indonesia yang masih berlaku merujuk kepada FET yang "apa adanya" tanpa penjelasan lebih lanjut. Beberapa perjanjian bahkan mengandung penyebutan yang berbeda-beda terhadap FET "apa adanya" dalam perjanjian yang sama.13 Frekuensi tinggi kemunculan ketentuan FET yang "apa adanya" dan pendekatan yang berbeda-beda secara umum menciptakan ketidakpastian mengenai cakupan kewajiban FET serta risiko penafsiran yang luas oleh mahkamah arbitrase dalam perkara ISDS. Rumusan ketentuan FET yang lebih spesifik akan memberikan kejelasan untuk pemerintah, investor, dan arbitrator serta berpotensi turut menjaga hak pemerintah untuk mengatur dalam konteks perjanjian penanaman modal (Gaukrodger, 2017a, 2017b). Dalam beberapa situasi, kesepakatan atas peristilahan dan ungkapan yang digunakan dalam perjanjian mungkin diperlukan untuk mencerminkan niat pemerintah dan mencegah penafsiran yang tidak diinginkan. Atau, pemerintah mungkin dapat mencapai kejelasan lebih baik tentang cakupan FET dengan menyepakati penafsiran atas ketentuan-ketentuan di dalam perjanjian penanaman modal..14

Ketentuan perlakuan yang sama, **Most-Favoured Nation (MFN),** *dalam perjanjian investasi Indonesia mungkin menimbulkan konsekuensi yang tidak disengaja*

Tidak sedikit perjanjian penanaman modal Indonesia yang memasukkan klausul MFN. Sama seperti ketentuan perlakuan nasional, klausul MFN menetapkan standar relatif: klausul ini mewajibkan Indonesia untuk memperlakukan investasi yang dicakup di dalam perjanjian dengan cara yang minimal sama dengan investasi sebanding dari pengusaha negara ketiga. Serupa dengan ketentuan FE, sebagian besar kewajban MFN menurut perjanjian investasi Indonesia bersifat samar dan tidak memberikan arahan spesifik terkait penafsiran atau penerapannya. Pendekatan MFN yang lebih spesifik bisa memberikan kejelasan, baik bagi pemerintah, investor, maupun arbitrator (Kotak 4.4).

Kotak 4.4. Pendekatan terbaru terhadap ketentuan MFN dan ISDS dengan gugatan MFN

Kebijakan dan wacana kebijakan perjanjian investasi terkait MFN berpusat pada tiga isu utama berikut.

Klausul MFN dan treaty shopping. Mahkamah arbitrase untuk ISDS telah sering menafsirkan ketentuan MFN sebagai ketentuan yang memperbolehkan penggugat dalam ISDS melakukan "treaty shopping".15 Dengan penafsiran ini, penggugat bisa menggunakan ketentuan MFN untuk "mengimpor" ketentuan dari perjanjian investasi lain yang menurut penggugat lebih menguntungkan dibandingkan ketentuan yang berlaku atas perkaranya sendiri.16 Hal ini bisa menciptakan ketidakpastian dan melemahkan efek reformasi perjanjian investasi. Dalam hukum niaga, gugatan MFN biasanya berkisar pada perlakuan hukum domestik terhadap pelaku usaha dari negara lain. Namun, dalam ISDS, sebagian besar penggugat menggunakan MFN agar dapat mengakses klausul di dalam perjanjian berbeda.

Dalam perjanjian-perjanjian investasi yang lebih baru, beberapa pemerintah telah mengklarifikasi bahwa ketentuan MFN tidak dapat digunakan untuk tujuan treaty shopping. Ada pula yang membatasi treaty shopping pada ketentuan yang substantif di dalam perjanjian lain atau membatasi penerapan MFN pada situasi spesifik, yaitu ketika tindakan pemerintah telah diadopsi atau dipertahankan di bawah perjanjian dengan negara ketiga. Sebagai contoh adalah pasal 8.7(4) CETA, antara Kanada, UE, dan negara anggota UE. Pasal ini menyebutkan "kewajiban substantif dalam perjanjian penanaman modal internasional lain tidak dengan sendirinya merupakan 'perlakuan', sehingga tidak dapat disetarakan dengan pelanggaran [ketentuan MFN], tanoa langkah yang diambil atau dipertahankan oleh suatu Pihak sesuai dengan kewajiban itu." CETA juga melarang "treaty shopping" untuk ketentuan prosedural. Serupa dengan CETA, USMCA mengecualikan treaty shopping dari klausul MFN, baik untuk hal-hal substantif maupun prosedural (Pasal 14.D.3(1)(a)(i)(A), catatan 22): "Untuk tujuan ayat ini [...] "perlakuan" sebagaimana disebutkan dalam Pasal 14.5 (Most-Favored-Nation Treatment) mengecualikan ketentuan-ketentuan di dalam perjanjian perdagangan atau penanaman modal internasional lainnya yang menetapkan prosedur penyelesaian sengketa internasional atau memberlakukan kewajiban substantif".

Kriteria pembandingan dalam ketentuan MFN. Tema utama lain dan yang menjadi dasar tindakan pemerintah terkait ketentuan MFN adalah penentuan investasi atau penanam modal yang bisa diperbandingkan. Banyak perjanjian terdahulu yang tidak memberikan arahan spesifik, sehingga terbuka bagi penafsiran arbitrase dalam ISDS. Beberapa perjanjian yang lebih baru mensyaratkan "kemiripan kondisi" agar perbandingan dapat dilakukan. Terdapat penjelasan lebih lanjut mengenai hal ini. Sebagai contoh, untuk mengetahui apakah terdapat "kemiripan kondisi" maka harus dipertimbangkan apakah suatu perlakuan membedakan pengusaha atau investasi atas dasar kepentingan publik yang sah."

Daftar negatif, pengesampingan, atau syarat tertentu. Area pembahasan ketiga terkait MFN meliputi pengecualian atau pembatasan. Beberapa perjanjian yang lebih baru mencantumkan daftar negatif yang dikecualikan dari klausul MFN dalam bab penanaman modal. Dengan demikian, suatu daftar bisa jadi menyebutkan hal-hal yang dikecualikan dari MFN karena telah ada keuntungan lain yang diberikan melalui blok perdagangan, perjanjian internasional lain, atau skema hukum domestik tertentu.

* Lihat, misalnya, Perjanjian Amerika Serikat-Meksiko-Kanada/USMCA (2018), Pasal 14.5(4) ("For greater certainty, whether treatment is accorded in 'like circumstances' under this Article depends on the totality of the circumstances, including whether the relevant treatment distinguishes between investors or investments on the basis of legitimate public welfare objectives" [Untuk kejelasan lebih jauh, perlakuan dianggap sebagai "situasi yang mirip" sebagaimana dimaksud Pasal ini bergantung pada keseluruhan situasi, termasuk apakah perlakuan yang dimaksud membedakan antara penanam modal atau investasi atas dasar kemaslahatan publik); CPTPP (2018), "Note on

Interpretation of 'In Like Circumstances'", https://www.mfat.govt.nz/assets/Trans-Pacific-Partnership/Other-documents/Interpretation-of-In-Like-Circumstances.pdf (diakses pada 28 May 2020).

Indonesia telah mengalami secara langsung praktik treaty shopping melalui MFN di setidaknya satu perkara ISDS. Dalam perkara ini, mahkamah arbitrase mengizinkan penggugat menggunakan ketentuan MFN untuk merujuk kepada ketentuan FET di dalam perjanjian lain untuk merumuskan kewajiban Indonesia menurut Perjanjian Investasi OKI (1981)—satu-satunya perjanjian investasi Indonesia yang tidak mengandung ketentuan FET.17

Sebagian perjanjian investasi Indonesia mencantumkan spesifikasi atau pembatasan MFN yang sejalan dengan praktik dan wacana perjanjian masa kini. ACIA (2009), Perjanjian Investasi ASEAN-Tiongkok (2009), Perjanjian Investasi ASEAN-Hong Kong (2017) dan IA-CEPA (2019) menyebutkan bahwa perlakuan MFN tidak berlaku untuk ketentuan ISDS di dalam perjanjian lain. Namun demikian, IA-CEPA (2019) adalah satu-satunya perjanjian yang secara jelas mengantisipasi isu "impor" klausul substantif dari perjanjian lain dan tidak membiarkan isu ini diselesaikan oleh penafsiran di sidang arbitrase. Sebagian besar perjanjian investasi Indonesia mengecualikan keuntungan yang diberikan menurut kesepakatan tarif, ekonomi, dan mata uang; kesepakatan tentang perpajakan ganda, dan perjanjian investasi multilateral dari MFN. Kemitraan Ekonomi Indonesia-Jepang (EPA) (2007), Perjanjian Investasi ASEAN-Korea (2009), dan IA-CEPA (2019) adalah beberapa contoh kecil perjanjian Indonesia yang mencantumkan daftar negatif berisi sektor-sektor yang dikecualikan dari perlakuan MFN untuk penanaman modal. Hanya sedikit perjanjian Indonesia yang mewajibkan perlakuan MFN dinilai terhadap investasi yang sebanding—antara lain adalah Perjanjian Investasi OKI (1981), BIT Indonesia-Iran (1994), dan Kemitraan Ekonomi Indonesia-Jepang (2007)—namun tidak disebutkan bagaimana penilaian dapat dilaksanakan.

Terdapat sedikitnya empat perjanjian investasi Indonesia yang tidak mencantumkan ketentuan MFN: BIT dengan Tunisia (1992) dan Qatar (2000); AANZFTA (2009); dan Perjanjian Investasi ASEAN-India (2014). Beberapa pemerintah memutuskan menghapus ketentuan MFN dari naskah perjanjiannya untuk menghindari penafsiran yang tidak diinginkan oleh mahkamah arbitrase dalam perkara ISDS..18

Perjanjian Indonesia umumnya tidak mendefinisikan "pengambilalihan tidak langsung"

Semua perjanjian investasi Indonesia mengandung ketentuan yang melindungi suatu investasi dari pengambilalihan kepemilikan (expropriation) tanpa kompensasi. Umumnya, ketentuan ini merujuk kepada pengambilan aset investor secara langsung oleh pemerintah (pengambilalihan langsung) dan tindakan lain pemerintah dengan akibat yang bisa dipersamakan dengan pengambilalihan langsung tanpa proses formal atau penyitaan (secara luas disebut sebagai pengambilalihan tidak langsung. Setelah FET, inilah ketentuan yang paling sering digunakan sebagai dasar gugatan ISDS. Serupa dengan ketentuan FET dan MFN, ketentuan ini pun ambigu rumusannya di dalam perjanjian-perjanjian Indonesia dan contoh perjanjian investasi lain secara global, tanpa arahan penafsiran ataupun pelaksanaannya.

Beberapa pemerintah telah mulai menggunakan serangkaian cara untuk menjelaskan cakupan pengambilalihan tidak langsung di dalam naskah perjanjiannya. Contoh pertama pada lingkup global adalah Exchange of Letters on Expropriation pada FTA Singapura-Amerika Serikat (2003). Sejak tahun 2003, klarifikasi 'pengambilalihan tidak langsung' dapat dikelompokkan ke dalam empat kategori.

- **Defin**isi positif dari konsep "pengambilalihan tidak langsung" untuk menetapkan pemahaman para pihak dalam perjanjian terhadap cakupan konsep ini.19
- Definisi pengecualian yang berlaku untuk hal-hal yang memenuhi dua dari empat kriteria utama pengambilalihan langsung, yaitu langkah non-diskriminatif yang diambil pemerintah demi kepentingan publik. Beberapa pemerintah, misalnya, menyebutkan bahwa langkah regulasi tertentu tidak bisa dianggap pengambilalihan tidak langsung .20

- Uraian kondisi tertentu sebagai dasar penentuan terjadinya pengambilalihan tidak langsung. Beberapa pemerintah telah menyebutkan faktor-faktor yang perlu dipertimbangkan untuk menilai terjadinya pengambilalihan tidak langsung.21
- Ketentuan yang membatasi cakupan aset. Beberapa pemerintah secara tegas membatasi jenis-jenis aset yang bisa menjadi objek pengambilalihan tidak langsung. Dalam beberapa situasi, jenis-jenis aset ini berbeda dari aset "investasi" yang dirumuskan pada bagian-bagian lain perjanjian.22

Setidaknya satu pemerintah mengecualikan sama sekali ketentuan pengambilalihan tidak langsung dari perjanjian investasi yang disahkannya sejak 2015. Pengecualian dilakukan melalui rumusan ketentuan yang menimbulkannya. Namun, hingga Agustus 2020, pendekatan ini masih langka dan terbatas pada praktik perjanjian Brazil.

Dalam hal Indonesia, tidak satu pun BIT yang masih berlaku yang menjelaskan cakupan pengambilalihan tidak langsung, walaupun beberapa naskah perjanjian disertai dengan penjelasan. ACIA (2009) dan empat perjanjian ASEAN+ – dengan Jepang (diamandemen 2019); Australia/Selandia Baru (2009), India (2014), dan Hong Kong, Tiongkok (2017) – memiliki klarifikasi yang masing-masing sesuai dengan keempat kategori di atas.[23] IA-CEPA (2019) juga mengandung klarifikasi dalam keempat kategori tersebut.

Klarifikasi sangat berpotensi meningkatkan kejelasan mengenai cakupan pengambilalihan tidak langsung sekaligus meminimalkan interpretasi yang tidak diinginkan pada perkara ISDS. 'Pengambilalihan tidak langsung' juga mungkin masih terus muncul dalam wacana yang menyoal keseimbangan antara melindungi investasi dengan hak memerintah dalam perjanjian investasi, termasuk sebagai bagian dari diskusi yang masih terus berjalan dengan Komite Investasi OECD. Namun, dampak dari klarifikasi itu dapat bergantung pada cakupan ketentuan-ketentuan lain, seperti FET, dalam perjanjian yang sama. FET sendiri sering kali digunakan di dalam perkara ISDS sebagai dasar gugatan pengambilalihan tidak langsung. Selain itu, perlu waktu untuk menilai penafsiran arbitrator terhadap ketentuan pengambilalihan karena tidak banyak sengketa investor-pemerintah yang di bawah ke ranah arbitrase yang menyangkut perjanjian dengan ketentuan pengambilalihan. Lebih jauh, rumusan penjelasan ketentuan dapat berbeda-beda, seperti terlihat dari sampel perjanjian global dan dari perjanjian suatu negara. Perbedaan ini dapat berpengaruh kepada penafsiran arbitratror Perjanjian perdagangan dan investasi Indonesia, misalnya, membahas ketentuan yang restriktif terhadap aset yang dicakup dengan berbeda-beda.[24]

Ketentuan yang spesifik atau kejelasan tentang penyelesaian sengketa pengusaha-negara (ISDS) dalam perjanjian investasi Indonesia relatif minim

Banyak perjanjian investasi yang mengizinkan penanam modal asing, yang dicakup di dalam perjanjian, untuk menggugat negara tuan rumah dalam arbitrase penanam modal-negara. Mekanisme dapat diadakan di samping atau sebagai alternatif dari upaya ganti rugi dalam negeri. Saat ini, terdapat mahkamah arbitrase ad hoc yang menangani arbitrase penanam modal-negara. Mahkamah ini melakukan fungsi ajudikasi atas persengketaan dan menggunakan pendekatan yang bersumber dari arbitrase niaga internasional. Ketentuan ISDS ada dalam semua BIT Indonesia yang berlaku pada saat ini, Perjanjian Investasi OKI (1981), ACIA (2009), dan semua persetujuan ASEAN+.25

Dalam perjanjian yang lebih baru, ISDS diberikan penjelasan yang lebih spesifik. Beberapa perjanjian juga menggantikan arbitrase penanam modal-negara dengan sistem yang lebih menyerupai pengadilan. CPTPP dan CETA UE-Kanada adalah contoh perjanjian baru yang mengubah ketentuan arbitrase penanam modal-negara untuk mengurangi risiko terjadi konsekuensi yang tidak disengaja dari ISDS. Perjanjian-perjanjian ini memiliki kesamaan unsur, seperti batas waktu mengajukan gugatan, agar gugatan yang tidak memiliki dasar yang kuat punya kemungkinan untuk dibatalkan, persyaratan transparansi wajib, ketentuan partisipasi dari pihak yang tidak bersengketa, dan kemungkinan menafsirkan secara bersama-sama isi perjanjian oleh para pihak dan tafsiran bersifat mengikat di hadapan mahakamah arbitrase. USMCA juga mencantumkan pembaruan ketentuan arbitrase penanam modal-negara yang serupa, tetapi mempersempit gugatan ISDS ke hanya pengambilalihan langsung dan didiskriminasi setelah beroperasinya investasi (dan hanya atas hubungan Meksiko-Amerika Serikat). Untuk situasi lain, seperti gugatan MSN-FET, mekanisme penyelesaian yang tersedia hanya penyelesaian sengketa negara-negara (SSDS). Uni Eropa, yang mendukung konsep pengadilan untuk penanaman modal multilateral, memasukkan mekanisme menyerupai pengadilan untuk penyelesaian sengketa di dalam semua perjanjian perlindungan investasinya yang baru.26 Perjanjian yang dimiliki Brazil menghapus ISDS dan menunjuk lembaga nasional ("National Focal Points") untuk melakukan fungsi ombudsman, yaitu mengevaluasi aduan dari investor dan mengusulkan solusinya kepada Komite Gabungan, yang terdiri dari perwakilan pemerintah kedua negara.27 Menurut model ini, penyelesaian sengketa negara-negara juga dapat dilakukan, jika perlu. Afrika Selatan telah menghentikan BIT dengan negara-negara Eropa. Menurut hukum nasional, gugatan investor asing terhadap pemerintah harus diselesaikan oleh pengadilan dalam negeri dan arbitrase dapat disetujui berdasarkan situasi setiap perkara.

Perjanjian perdagangan dan penanaman modal bilateral Indonesia dengan Jepang dan Australia, serta tiga perjanjian ASEAN yang berlaku atas Indonesia, mengandung ISDS—ACIA, AANZFTA, dan perjanjian ASEAN-Korea. Terdapat penjelasan khusus tentang ISDS yang sejalan dengan praktik perjanjian masa kini, yang memperbarui arbitrase penanam modal-negara. Diketahui bahwa ketentua ISDS di dalam BIT Indonesia yang baru, dituntaskan tahun 2018 dengan Singapura dan dengan Uni Emirat Arab, akan mengandung beberapa unsur yang serupa. Akan tetapi, kedua BIT ini belum berlaku dan, hingga September 2020, naskah perjanjian masih bersifat rahasia.

Sebaliknya, sebagian besar BIT Indonesia yang masih berlaku hari mengandung ketentuan ISDS yang sangat longgar. Tidak sedikit perjanjian investasi Indonesia yang memberikan penggugat dan kuasa hukumnya kewenangan besar atas beberapa prosedur di samping kebebasan waktu pengajuan gugatan. Sebagai contoh, dalam ISDS, kewenangan penunjukan arbitrator dalam suatu perkara memainkan peran penting karena dapat memilih atau memengaruhi pilihan atas ketua mahkamah arbitrase yang terdiri dari tiga orang (Gaukrodger, 2018). Sejak NAFTA ditandatangani, banyak perjanjian lebih baru yang menetapkan satu saja penunjukan untuk semua perkara. Hanya satu perjanjian investasi Indonesia, yaitu BIT dengan Australia (1992), yang menghilangkan opsi ini dengan menetapkan satu forum arbitrase untuk sengketa penanam modal-negara. Dalam banyak perjanjian yang dimiliki Indonesia, penggugat dan kuasa hukumnya dapat memilih dari berbagai lembaga arbitrase ketika mengajukan gugatan. Dengan cara ini, mereka dapat memilih atau memengaruhi pilihan atas penunjukan dan memperparah persaingan antar lembaga arbitrase untuk mendapatkan perkara (Gaukrodger, 2018). Di bawah ACIA pun, penanam modal dapat memutuskan mengajukan gugatan ke pengadilan atau badan arbitrase di negara tuan rumah, ke salah satu dari empat forum arbitrase yang disebutkan di dalam perjanjian, "badan regional arbitrase mana pun di ASEAN", atau lembaga arbitrase mana pun yang disepakati oleh pihak-pihak yang bersengketa (Pasal 33(1)).

Kelompok Kerja III Komisi UNCITRAL tengah mengupayakan upaya pembaruan multilateral untuk ISDS. Masukan tertulis dari Indonesia menjelaskan isu-isu utama pemerintah dengan ISDS, antara lain gugatan yang dianggap mengada-ada, risiko gugatan menimbulkan halangan bagi negara untuk memberlakukan suatu peraturan atas dasar putusan arbitrase ("regulatory chill"), penafsiran arbitrase yang tidak konsisten, dan kredibilitas sistem arbitrase penanam modal-negara secara umum (Pemerintah Indonesia, 2018). Pemerintah Indonesia mendukung upaya pembaruan secara luas, termasuk pencantuman ketentuan yang melindungi hak pemerintah mengatur untuk kepentingan publik, mediasi wajib sebelum arbitrase, panduan bagi arbitrator untuk menilai klaim ganti rugi, dan ketentuan yang mewajibkan investor menggunakan semua upaya di dalam negara tujuan. Usulan pembaruan lain (belum diputuskan) meliputi pembaruan struktural (pembentukan pengadilan penanaman modal multilateral dengan hakim yang ditunjuk pemerintah atau mahkamah banding yang permanen) dan pembaruan bertahap, seperti pembenahan kode etik bagi arbitrator ataupun hakim.

Aspek lain yang berpotensi disertakan dalam pembaruan perjanjian investasi

Ketentuan perlindungan penanaman modal yang lebih jelas dan spesifik dapat menunjukkan niat pemerintah dan memastikan tersedianya ruang kebijakan bagi peraturan pemerintah

Uraian yang jelas terhadap ketentuan-ketentuan utama dalam perjanjian investasi sangat penting untuk menyeimbangkan perlindungan kepada investor dan hak pemerintah untuk mengatur. Dalam masukan tertulis kepada Kelompok Kerja III UNCITRAL dan setelah tinjauan perjanjian 2014-2015, pemerintah Indonesia menyatakan keinginan untuk memiliki "pendekatan yang lebih seimbang" terhadap BIT secara khusus dan untuk memodernisasi perjanjian investasi yang ada "agar menyertakan lebih banyak tindakan pengamanan baik dalam ketentuan substantif maupun ISDS" (Pemerintah Indonesia, 2018; Kementerian Luar Negeri, 2015). Kejelasan ketentuan perlu mencerminkan pilihan kebijakan Indonesia berdasarkan prioritas nasionalnya. Pembuat kebijakan perlu mempertimbangkan kelemahan dan keunggulan pilihan yang ada dan potensi dampaknya terhadap penanam modal asing dan domestik, kepentingan regulasi Indonesia, dan risiko gugatan dan kerugian terkait ISDS.

Terdapat teknik-teknik yang dapat digunakan pemerintah untuk memengaruhi keseimbangan antara hak mengatur dan perlindungan investor di dalam perjanjian investasi (Gaukrodger, 2017a). Teknik termudah adalah memilih untuk mencantumkan atau mengesampingkan ketentuan tertentu, untuk merumuskan ketentuan secara sempit atau luas, dan untuk merumuskan ketentuan secara spesifik atau ambigu. Beberapa ketentuan terpenting yang dimaksud sangat mungkin merupakan ketentuan yang paling sering dijadikan fokus dugaan pelanggaran dalam gugatan investor, seperti ketentuan FET.

Teknik lain yang dapat digunakan adalah memperjelas makna suatu ketentuan dengan menyepakati penafsiran bersama—hal ini bergantung pada apakah para pihak dalam suatu perjanjian ingin memperjelas maksud dan tujuannya terhadap suatu ketentuan, atau merevisi ketentuan itu. Jika yang diinginkan adalah revisi, maka mungkin dibutuhkan amandemen terhadap perjanjian. Namun, dalam beberapa tahun ke belakang, amandemen perjanjian relatif jarang dilakukan dan mungkin membutuhkan waktu dan sumber daya yang tidak sedikit untuk bernegosiasi dengan setiap pihak dalam perjanjian. Penggantian perjanjian lama melalui kesepakatan para pihak—yang tampaknya merupakan pendekatan yang diambil Indonesia terkait BIT terbarunya dengan Singapura—bisa menjadi pilihan yang tepat pada situasi tertentu.

Masa pandemi COVID-19 bisa jadi membuat pemerintah menimbang ulang keseimbangan yang dirasa sesuai antara memberikan perlindungan kepada investor dengan mempertahankan hak untuk mengatur. Langkah-langkah yang diambil pemerintah untuk melindungi masyarakat dan perekonomian rakyat selama pandemi akan berdampak pada perusahaan dan penanam modal. Perjanjian investasi perlu disusun dengan ketepatan yang cukup agar pemerintah tetap fleksibel dan dapat merespons krisis dengan efektif sekaligus mengambil langkah penting untuk bisa mengakses layanan barang dan jasa yang esensial. Pada titik ini, konsekuensi pandemi terhadap perumus perjanjian investasi mungkin terlalu dini untuk dapat dinilai, namun sangat mungkin bahwa krisis ini membuat pemerintah memikirkan ulang keseimbangan tadi—terutama di tengah krisis (OECD, 2020). Kesimbangan yang sama, antara perlindungan investasi dengan hak untuk mengatur dalam perjanjian investasi, pernah disampaikan beberapa pemerintahan dalam analisis dan diskusi di OECD (Gaukrodger, 2017a, 2017b).

Perjanjian penanaman modal bisa dijadikan alat untuk meliberalisasi rezim penanaman modal domestik

Ketentuan terkait liberalisasi adalah unsur yang lazim ada dalam perjanjian perdagangan internasional, tetapi jarang muncul di dalam BIT. Liberalisasi semakin sering dicantumkan di dalam bab investasi dari suatu perjanjian investasi dan perdagangan yang luas, seperti ACIA, ASEAN+, dan BIT Indonesia.

Perjanjian penanaman modal dapat digunakan untuk meliberalisasi kebijakan investasi, yaitu dengan memfasilitasi pembentukan investasi baru (Pohl, 2018). Hal ini dapat dicapai dengan memperluas cakupan standar perlakuan nasional (NT) dan MFN ke calon penanam modal (yaitu pada fase sebelum investasi beroperasi) atau dengan secara tegas melarang praktik yang menghalangi atau menghambat akses ke pasar.28

Terdapat dua BIT dan lima perjanjian perdagangan dan investasi yang berlaku saat ini di Indonesia yang memberikan perlakuan NT atau MFN, atau keduanya, terhadap investasi pada tahap pre-establishment.29 Seperti dalam perjanjian perdagangan, ketentuan-ketentuan ini tunduk pada SSDS; hanya dua perjanjian yang memungkinkan investor mengajukan gugatan ISDS.[30] Sebagian kewajiban akses ke pasar dalam kelima perjanjian itu disertai dengan ketentuan pengecualian dan pensyaratan (*reservations*) (Kotak 4.5). Ke depan, Indonesia mungkin ingin mempertimbangkan kesesuaian kewajiban liberalisasi dengan tujuan kebijakannya sebelum menandatangani perjanjian-perjanjian penanaman modal baru

Kotak 4.5. Daftar negatif dan positif untuk NT dan pengeculian MFN

Perlakuan nasional dan/atau most-favoured nation, baik pada fase pre- dan post-establishment, biasanya diberikan dengan pengecualian atau pensyaratan melalui salah satu dari dua pendekatan berikut.

Pendekatan Daftar negatif biasanya menyatakan bahwa MFN dan NT diberikan namun dengan pengecualian dan pensyaratan (daftar negatif) yang spesifik yang sering kali disebutkan secara terperinci di dalam lampiran perjanjian. Pasal 9 Perjanjian Investasi ASEAN-Korea, misalnya, menyatakan bahwa pemerintah dapat mengambil dan mempertahankan langkah kebijakan di sektor tertentu yang tidak sejalan dengan ketentuan MFN dan NT serta mengidentifikasi sektor-sektor dimaksud dalam Ketentuan Pensyaratan yang memberikan ruang penuh bagi kebijakan pemerintah.

Pendekatan daftar positif adalah pembatasan pemberlakuan ketentuan liberalisasi MFN dan NT pada sektor tertentu (daftar positif). Contoh daftar positif dapat dilihat pada Pasal 3(3) ACIA. Secara umum, pendekatan daftar negatif dipandang lebih kondusif bagi liberalisasi investasi, khususnya dalam jangka panjang, sebab bidang-bidang baru kegiatan ekonomi tidak akan dicakup dalam daftar negatif.

Pendekatan berbeda bagi gugatan reflective loss *dalam ISDS*

Indonesia perlu meneruskan upayanya di forum multilateral, seperti OECD dan UNCITRAL, untuk mengusulkan pendekatan tersendiri dalam merespons gugatan atas *reflective loss* yang ditanggung pemegang saham dalam ISDS. *Reflective loss* terjadi saat suatu perusahaan mengalami kerugian dan kerugian itu pada gilirannya dirasakan pula oleh pemegang saham—biasanya dalam bentuk penurunan nilai saham. Berbeda dari hukum domestik di banyak negara, banyak perjanjian investasi ditafsirkan memiliki ketentuan yang memperbolehkan gugatan ISDS diajukan oleh pemegang saham perusahaan, yang dicakup dalam perjanjian, atas dasar kerugian yang dialami perusahaan yang sahamnya mereka miliki.

Isu-isu ini telah sejak tahun 2013 didiskusikan oleh berbagai pemerintahan di forum OECD (OECD, 2016; Gaukrodger, 2014a, 2014b, 2013; Ringkasan FOI Roundtable ke-19, Oktober 2013, hlm. 12-19; Ringkasan FOI Roundtable ke-18, Maret 2013, hlm. 4-9). Forum Kelompok Kerja III UNCITRAL mengenai Pembaruan ISDS saat ini juga mempertimbangkan potensi pembaruan untuk isu tersebut, yang digarisbawahi dalam catatan baru dari Sekretariat UNCITRAL (UNCITRAL, 2019d). Atas permintaan Kelompok Kerja, diskusi ini dilakukan bersama-sama dengan OECD. Namun, tampaknya hanya pembaruan yang diinisiasi pemerintah yang akan efektif mengatasi isu di atas; pasalnya, pendekatan saat ini terhadap *reflective loss* dalam ISDS memberikan penggugat keuntungan besar dan meningkatkan jumlah kasus ISDS aktual dan potensial.

Peluang peran perjanjian investasi untuk menegakkan tanggung jawab investor

Komite Penanaman Modal OECD saat ini tengah mempelajari dampak perjanjian perdagangan dan investasi terhadap tanggung jawab pelaku usaha, termasuk dampak yang dihasilkan melalui ruang kebijakan pemerintah, ketentuan perjanjian yang menguatkan hukum domestik atau penegakannya, atau ketentuan yang secara langsung berkenaan dengan pelaku usaha—misalnya, ketentuan yang mengimbau kepatuhan terhadap standar RBC (Gaukrodger, 2020). Komite akan mempertimbangkan masukan yang diterima dalam konsultasi publik OECD mengenai topik ini pada Januari-Februari 2020.

Tidak ada BIT Indonesia yang berlaku saat ini yang merujuk secara tegas kepada pelaku usaha dan HAM, atau sasaran lain terkait RBC. Namun, hal ini dapat ditemukan pada perjanjian investasi dan perdagangan Indonesia. Sebagian perjanjian ini mengandung rumusan ketentuan yang menetapkan bahwa kebijakan lingkungan, yang berlaku atas semua pelaku usaha dan diambil untuk kepentingan umum, tidak dapat dipersamakan dengan pengambilalihan kepemilikan secara tidak langsung. Sementara itu, sebagian perjanjian lain mencantumkan rumusan ketentuan yang bertujuan menjaga ruang kebijakan pemerintah di bidang-bidang yang penting bagi RBC.31 Ada pula perjanjian yang menyebutkan dengan jelas bahwa, menurut para pihak dalam perjanjian, relaksasi peraturan lingkungan dan kesehatan untuk meningkatkan investasi adalah hal yang tidak pantas dilakukan;32 perjanjian yang menegaskan pentingnya mendorong perusahaan untuk menghormati norma-norma tanggung jawab sosialnya;33 dan perjanjian yang mengecualikan investasi yang berasal dari korupsi dari cakupan ISDS.34 Ketentuan-ketentuan ini bervariasi ruang lingkup dan keberlakuannya; sebagian mengikat para pihak hingga tingkat mahkamah arbitrase dalam kasus ISDS atau SDSS, sebagian lain tidak. Perjanjian Indonesia yang cukup baru, termasuk dengan Chile (2017), mengandung ketentuan mengenai kerja sama antar-pemerintah tentang isu terkait rantai nilai global, lingkungan, dan tenaga kerja.

Terdapat perjanjian investasi lain yang sudah selesai disusun dan mengandung kewajiban investor untuk menjunjung HAM serta memiliki sistem manajemen lingkungan;35 mengecualikan langkah-langkah pemerintah terkait ketentuan lingkungan dan ketenagakerjaan di dalam perjanjian dari ISDS;36 menyebutkan komitmen para pihak untuk menerapkan standar internasional terkait RBC;37 dan mengakui bahwa investasi harus berkontribusi kepada pertumbuhan ekonomi negara tuan rumah[38] (Gordon dkk., 2014). Sebagian perjanjian yang dimiliki Indonesia juga menyebutkan dengan tegas bahwa hanya investasi yang sejalan dengan peraturan dan perundang-undangan Indonesia yang akan dilindungi perjanjian itu (lihat, misalnya, BIT Indonesia-Denmark 2007, Pasal 1(1)). Ketentuan semacam ini bisa efektif mendorong investor untuk menghormati hukum setempat, yaitu dengan menjadikan kepatuhan hukum sebagai syarat untuk mengakses ketentuan perlindungan di dalam perjanjian.

Evaluasi tumpang tindih antara perjanjian penanaman modal

Indonesia memiliki dua atau lebih perjanjian investasi yang saat ini berlaku dengan sebelas negara—delapan dengan mitra di OKI (Iran, Yordania, Maroko, Qatar, Arab Saudi, Sudan, Suriah, dan Tunisia), dua mitra ASEAN+ (Australia dan Korea), dan satu mitra ASEAN (Thailand). Daftar ini berpotensi ditambah dengan Singapura dan Mozambik, jika pemerintah meratifikasi perjanjian-perjanjian yang ditandatangani dengan keduanya, masing-masing pada 2018 dan 2019. Negara-negara ASEAN dan ASEAN+ juga sedang menegosiasikan RCEP (lihat Bagan 4.3).

Bagan 4.3. Gambaran tumpang tindih hubungan perjanjian investasi Indonesia yang berlaku saat ini

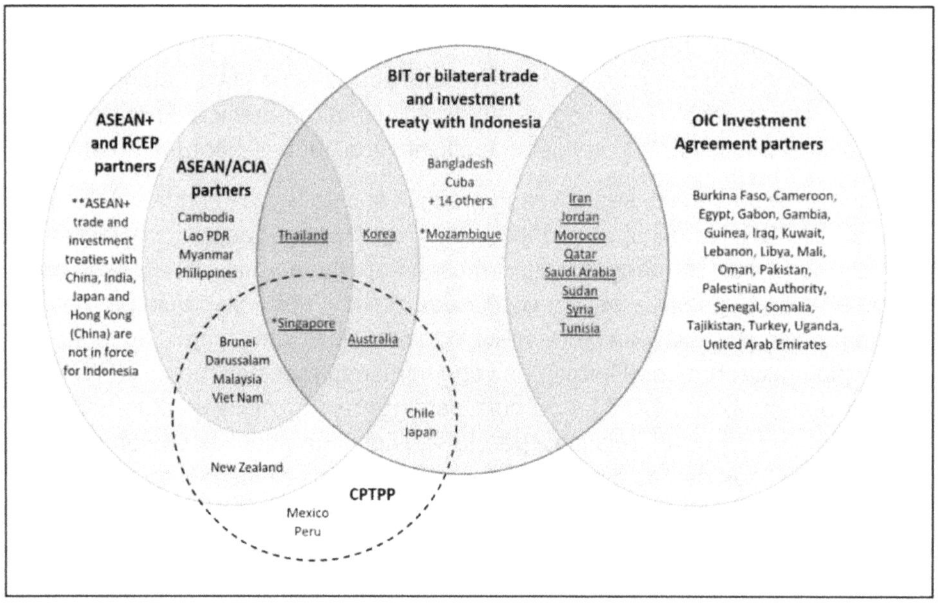

Catatan: Bagan ini menyertakan Para Pihak dalam CPTPP (2018), yaitu yang ditandai dengan lingkaran bergaris putus-putus, hanya untuk tujuan ilustrasi. Per Oktober 2020, Indonesia belum merupakan pihak CPTPP, walaupun pemerintah telah menyatakan minatnya untuk bergabung kelak. Negara yang digarisbawahi adalah negara dengan dua atau lebih perjanjian investasi yang sedang berlaku dengan Indonesia. Untuk bagan ini, negara-negara OKI yang dicantumkan hanyalah negara-negara yang telah menandatangani dan meratifikasi Perjanjian Penanaman Modal OKI (1981) berdasarkan informasi yang tersedia untuk publik.
*Jika Indonesia meratifikasi BIT Indonesia-Singapura (2018) dan Perjanjian Perdagangan Bebas Indonesia-Mozambik (2019), sebagaimana diharapkan dalam waktu dekat
Sumber: Sekretariat OECD berdasarkan data perjanjian investasi OECD.

Perjanjian investasi yang tumpang tindih, yang berlaku atas investasi oleh penanam modal dari negara yang sama, bisa menimbulkan isu kebijakan. Secara umum, Indonesia perlu berusaha meminimalkan kontradiksi dari kewajiban-kewajibannya yang timbul dari perjanjian internasional dengan negara-negara berbeda. Saat harus berurusan dengan pemerintah Indonesia atau dalam hal sengketa ISDS, investor dari negara yang memiliki dua atau lebih perjanjian yang masih berlaku dapat menggunakan ketentuan yang lebih menguntungkan baginya yang ada di dalam BIT Indonesia yang lebih lama. Hal ini berpotensi melemahkan upaya Indonesia memperbarui praktik perjanjiannya yang lebih baru, yaitu apabila investor dapat berkelit dari perjanjian investasi baru yang lebih spesifik dengan mengandalkan BIT lama yang masih berlaku.

Perbedaan lain yang signifikan antara BIT Indonesia, ACIA, dan perjanjian-perjanjian ASEAN+ juga tidak kondusif bagi tujuan negara-negara anggota ASEAN, yaitu menguatan peraturan bersama terkait perlindungan dan liberalisasi investasi tingkat regional. Meski baru-baru ini Indonesia mengakhiri BIT lama dengan Kamboja, Laos, Myanmar, dan Vietnam, BIT lama dengan Thailand masih berlaku di samping ACIA. Sementara itu, terdapat BIT baru yang sudah selesai disusun dengan Singapura, yang berpotensi berlaku dalam waktu dekat. Indonesia mungkin perlu mengajak mitra perjanjiannya meninjau kembali kewajiban internasional masing-masing dan kesesuaiannya dengan prioritas saat ini.

Memperjelas makna suatu ketentuan dengan menyepakati penafsiran bersama bisa menjadi opsi—hal ini bergantung pada apakah para pihak dalam suatu perjanjian ingin memperjelas maksud dan tujuannya terhadap suatu ketentuan, atau merevisi ketentuan itu. Jika yang diinginkan adalah revisi, maka mungkin dibutuhkan amandemen terhadap perjanjian. Dalam hal perjanjian yang baru, beberapa pemerintah menyertakan ketentuan mengenai penggantian perjanjian lama yang berlaku di antara para pihak dan pengaturan transisi (lihat, misalnya, USMCA, preambule, Lampiran 14-C, Pasal 34.1; CETA UE-Kanada, Pasal 30.8, Lampiran 30-A). Pemerintah lain telah bertukar aturan pendamping (side letters) dari perjanjian mereka yang baru untuk menggantikan atau memperjelas status perjanjian yang lama (lihat, misalnya, side letter Indonesia dan Australia pada Februari 2020 mengenai penggantian BIT dengan IA-CEPA dan side letter antara berbagai pihak dalam CPTPP).

Klausul Hubungan dengan Persetujuan yang Lain, seperti Pasal 1.3 IA-CEPA (2019), yang mencantumkan mekanisme konsultasi antarpihak apabila salah satu pihak menganggap perjanjian baru ini tidak konsisten dengan perjanjian yang sudah ada di antara keduanya, dapat membantu menjawab beberapa isu terkait tumpang tindih perjanjian. Namun, klausul itu tidak melarang investor yang dicakup dalam perjanjian untuk merujuk kepada ketentuan dalam BIT lama yang masih berlaku berdampingan dengan perjanjian yang baru.

Lepas dari isu-isu yang mungkin timbul akibat perjanjian yang tumpang tindih, sebagian pemerintah mungkin merasa perlu memberikan insentif atau garansi tambahan untuk mitra perjanjian tertentu dalam rangka menarik penanaman modal asing (PMA). Hal ini dapat terjadi antara lain karena pemerintah merasa investor dari negara tertentu tidak akan tertarik berinvestasi tanpa perjanjian; atau karena manfaat luas PMA dari negara-negara tertentu secara khusus sangat menguntungkan. Suatu pemerintahan juga mungkin menganggap bahwa ketentuan serupa dalam perjanjian yang berbeda-beda cenderung ditafsirkan dengan konsisten, meskipun rumusannya dapat berbeda-beda. Keseimbangan antara kepentingan nasional dan pertimbangan pemerintah tidak mudah dicapai dan dapat berubah sejalan dengan waktu.

Evaluasi tumpang tindih perjanjian penanaman modal dengan hukum domestik

Dalam beberapa hal, terjadi tumpang tindih dalam cakupan perlindungan dan kewajiban investor menurut hukum domestik Indonesia dan menurut perjanjian investasi Indonesia. Sebagian tumpang tindih ini tampaknya menimbulkan pendekatan yang tidak konsisten. UU Penanaman Modal tahun 2007 tidak memiliki ketentuan jaminan perlakuan sama dan FET untuk investasi setelah beroperasi sebagaimana halnya naskah perjanjian investasi Indonesia. Perlindungan dari pengambilalihan kepemilikan pun lebih sempit menurut hukum domestik dibandingkan banyak perjanjian investasi Indonesia. Dalam hal penyelesaian sengketa, banyak perjanjian investasi yang mewajibkan persetujuan pemerintah agar arbitrase penanam modal-negara dapat dilakukan; hal ini tidak ada dalam hukum domestik. Selain itu, kontrak penanaman modal yang ditandatangani pemerintah dengan investor tertentu dapat menciptakan hak dan kewajiban kontrak tambahan bagi investor tertentu.

Perbedaan antara hukum domestik dan ketentuan dalam perjanjian investasi tentang perlindungan terhadap penanam modal bisa menciptakan rezim hukum yang lebih bersahabat terhadap sekelompok investor tertentu dibandingkan investor lainnya berdasarkan asal negara mereka. Investor juga mungkin tergerak berinvestasi melalui perusahaannya yang dibentuk di salah satu negara mitra perjanjian Indonesia agar bisa mendapat keuntungan perlindungan dan/atau menggunakan ISDS berdasarkan perjanjian—apabila investor merasa isi perjanjian lebih menguntungkan dibandingkan mekanisme perlindungan atau opsi penyelesaian sengketa dalam hukum domestik. Dengan demikian, pemerintah mungkin dapat mempertimbangkan melakukan analisis kesenjangan antara hukum domestik tentang perlindungan terhadap penanam modal untuk mengetahui implikasi perbedaan ini dan memastikan agar rezim yang berbeda-beda tetap mencerminkan prioritas terkini pemerintah.

Membuat pendekatan untuk mencegah gugatan ISDS dan manajemen perkara ISDS

Indonesia mungkin ingin memprioritaskan membuat strategi untuk mencegah dan melakukan penyelesaian segera atas sengketa terkait investasi serta pendekatan Indonesia terhadap pengelolaan perkara ISDS. Pendekatan apa pun yang dimiliki pemerintah terhadap persetujuan investasi internasional, langkah-langkah lain dapat membantu memastikan kesesuaian perjanjian dengan prioritas nasional dan menurunkan risiko terjadi sengketa hingga ke ranah arbitrase internasional. Pemerintah Indonesia baru-baru ini mengusulkan bahwa Kelompok Kerja III UNCITRAL perlu mempertimbangkan pembaruan terkait dengan mediasi wajib pra-arbitrase untuk mencegah sengketa investasi agar tidak berkembang menjadi perkara hukum yang berbiaya mahal dan tidak perlu ditempuh (Pemerintah Indonesia, 2018).

Selain keikutsertaan dalam forum-forum antar-pemerintah mengenai topik di atas, ada langkah-langkah domestik lain yang dapat dipertimbangkan pemerintah Indonesia. Dalam hal mencegah persengketaan, Indonesia dapat mencoba menyosialisasikan kewajiban-kewajiban Indonesia menurut perjanjian investasi dan potensi dampak keputusan pemerintah terhadap hak-hak investor menurut perjanjian kepada K/L dan pemerintah daerah beserta lembaga-lembaga daerah. Materi semacam pedoman atau buku saku bisa menjadi alat penyebarluasan informasi yang berguna, sekaligus menjaga kesinambungan pengetahuan antar dan di dalam lembaga, mengingat rotasi dan mutasi petugas dapat terjadi sewaktu-waktu

Indonesia juga dapat mengambil contoh dari negara lain perihal kerangka kelembagaan untuk mencegah sengketa investasi. Di tingkat domestik, negara-negara seperti Kolombia dan Peru telah mengesahkan undang-undang dan kerangka peraturan yang komprehensif untuk mendorong deteksi dan penyelesaian dini perselisihan investasi (OECD, 2018b; Joubin-Bret, 2015). Negara lain, seperti Chile, memilih membentuk sistem pencegahan informal dengan lembaga sektoral bertugas secara langsung mengelola persengketaan dengan investor. Beberapa pemerintah mengaku mendapatkan hasil baik dengan membentuk komite antar-kementerian yang memberikan nasihat kepada lembaga teknis mengenai pengaduan investor, mengusulkan strategi reformasi kebijakan perjanjian investasi dan kerangka hukum domestik untuk perlindungan terhadap penanaman modal, dan mengawasi pembelaan pemerintah dalam perkara ISDS. Sebagaimana dinyatakan di atas, Brazil tidak memasukkan ISDS dalam perjanjian invetasinya; bersama mitra perjanjian, Brazil memilih menunjuk Focal Point atau ombudsman di setiap badan pemerintah untuk menangani pengaduan investor serta membentu Komite Gabungan yang terdiri dari perwakilan para pihak untuk mengawasi pelaksanaan perjanjian. Korea juga memiliki riwayat penyelesaian sengketa yang baik melalui lembaga Ombudsman Penanaman Modal Asing yang dibentuk pada 1999 (Nicolas, Thomsen dan Bang, 2013).

Pemerintah mungkin ingin mencari peluang berbagi dan belajar dari pengalamannya dengan ISDS dan pengalaman pemerintah lain dengan ISDS. Beberapa negara yang kerap terlibat sebagai tergugat dalam perkara ISDS—termasuk Argentina, Spanyol, Amerika Serikat, Kanada, dan Meksiko—kemudian menyusun tim khusus kuasa hukum pemerintah untuk memberikan nasihat terkait sengketa investasi dan kebijakan perjanjian investasi. Membangun keahlian secara internal untuk mengevaluasi gugatan investor dengan cermat sebelum timbul perselisihan hukum bisa menjadi langkah penting untuk mencegah proses hukum yang berbiaya mahal dan memakan waktu.

Pertimbangan prosedural: pengunduran diri dan negosiasi ulang perjanjian

Terdapat semakin banyak negara seperti Indonesia yang mencari peluang untuk menggantikan, memperbarui, atau mengundurkan diri dari perjanjian investasi yang tidak lagi mencerminkan prioritas pemerintah terkini. Namun, menegosiasikan ulang dan meninjau kembali suatu perjanjian butuh waktu, sementara opsi pengakhiran perjanjian mungkin tidak tersedia sewaktu-waktu karena dibatasi oleh ketentuan terkait masa berlaku perjanjian (Kotak 4.6). Pemerintah Indonesia telah menelaah beberapa isu terkait masa berlaku (Kementerian Luar Negeri, 2015).

Kotak 4.6. Rancangan ketentuan masa berlaku dalam perjanjian investasi

Berbeda dari sebagian besar perjanjian internasional, yang dapat dibatalkan dalam kurun waktu relatif singkat, perjanjian investasi biasanya memiliki klausul yang memperpanjang masa berlakunya selama periode yang signifikan. Tiga rancangan dapat ditemukan, sering kali bersama-sama di dalam satu perjanjian. Pertama, masa berlaku awal dalam sebagian besar perjanjian investasi adalah 10 tahun atau lebih sejak perjanjian mulai berlaku. Setelah periode itu, menurut banyak perjanjian, para pihak hanya dapat mengakhiri perjanjian pada kurun waktu yang spesifik—seringkali 10 tahun atau lebih. Selain itu, kewajiban menurut suatu perjanjian hampir selalu terus berlaku selama kurun tertentu setelah berakhir jangka waktu perjanjian (sunset period)—lagi-lagi, biasanya 10 tahun atau lebih. Dengan demikian, tidak sedikit perjanjian yang mengikat para pihak selama minimal 20 tahun atau, dalam kasus ekstrem, hingga 50 tahun.

Rancangan ketentuan dengan masa berlaku diperpanjang secara otomatis selama periode tertentu ada dalam sekitar 30% dari perjanjian secara global, namun tidak lagi sering dipakai dalam perjanjian yang lebih baru. Rancangan semacam ini cenderung mengikat negara-negara pihak, namun tanpa manfaat kepastian tambahan bagi investor. Bahkan, sebaliknya, perbedaan masa berlaku residual dari suatu perjanjian sulit diprediksi tanpa studi yang mendalam (lihat bagan di bawah).

Bagan 4.4. Beberapa pendekatan terhadap masa berlaku residual dari perjanjian

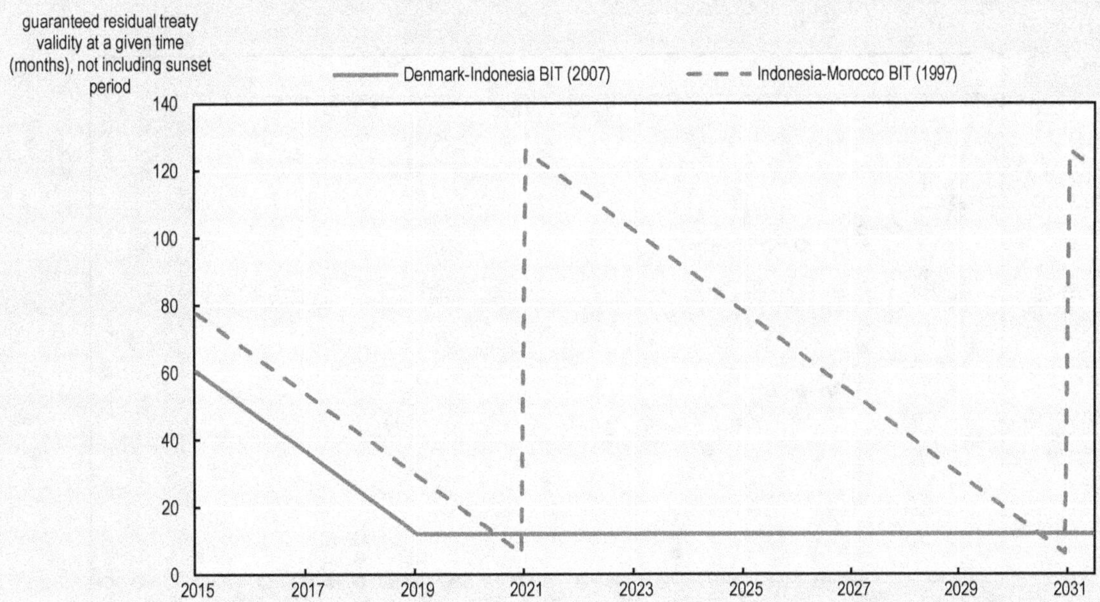

Catatan: Diadaptasi dari analisis OECD mengenai masa berlaku perjanjian investasi (Pohl, 2013).
Sumber: Penghitungan berdasarkan basis data perjanjian OECD.

Banyak dari perjanjian investasi Indonesia yang berlaku saat ini memiliki ketentuan masa berlaku yang diaplikasikan untuk menunda kemungkinan mundurnya salah satu pihak dari perjanjian. Sebagian besar perjanjian investasi Indonesia menyebutkan masa berlaku awal antara lima dan 15 tahun; delapan perjanjian tidak memiliki masa berlaku awla. Sebanyak 19 perjanjian yang berlaku saat ini memiliki ketentuan perpanjangan otomatis setelah habis periode berlaku awal; masing-masihg pihak pun dapat keluar dari perjanjian dalam kurun 6 atau 12 bulan (bergantung pada isi perjanjian) sejak tanggal berakhir periode perpanjangan. Perjanjian yang masa perpanjangannya tetap (fixed) perlu dipantau lebih ketat karena kesempatan pembaruan atau pengakhiran perjanjian secara sepihak terbatas. Dalam perjanjian ini, jika tidak ada pengakhiran pada kurun waktu yang disebutkan, maka perjanjian otomatis berlanjut selama periode waktu tertentu—yang artinya Indonesia akan kembali terikat selama 15 tahun berikutnya, menurut beberapa perjanjian, sebelum berkesempatan membatalkan perjanjian.

Apabila Indonesia mencoba mengakhiri secara sepihak sebagian atau semua perjanjiannya, hampir semua mitra perjanjian akan mencoba mengajukan periode survival selama minimal 10 tahun, bahkan lebih untuk beberapa kasus. Ketentuan ini bermaksud memberikan kepastian hukum kepada investor yang sering kali memiliki komitmen penanaman modal jangka panjang di negara tuan rumah. Situasi ini membuat pemerintah Indonesia rentan mengalami gugatan ISDS atas dasar pelanggaran kewajibannya jauh setelah tanggal pengakhiran perjanjian. Untuk mengilustrasikan potensi dampak klausul ini: per Oktober 2020, waktu paling cepat bagi Indonesia untuk secara sepihak mengundurkan diri dari semua perjanjian investasinya adalah tahun 2030 (sudah termasuk periode perpanjangan otomatis di beberapa perjanjian) dan efek pasca-pengakhiran dalam periode sunset bisa berlanjut hingga 2041, meskipun langkah-langkah persiapan dimulai sejak sekarang (Bagan 4.5). Mitra perjanjian mungkin dapat bersepakat untuk menggantikan atau keluar dar perjanjian terdahulu dengan pengaturan tertentu hingga ketentuan survival tidak berlaku, sebagaimana terjadi pada BIT Indonesia-Argentina (1995).

Bagan 4.5. **Proyeksi masa berlaku perjanjian-perjanjian investasi Indonesia**

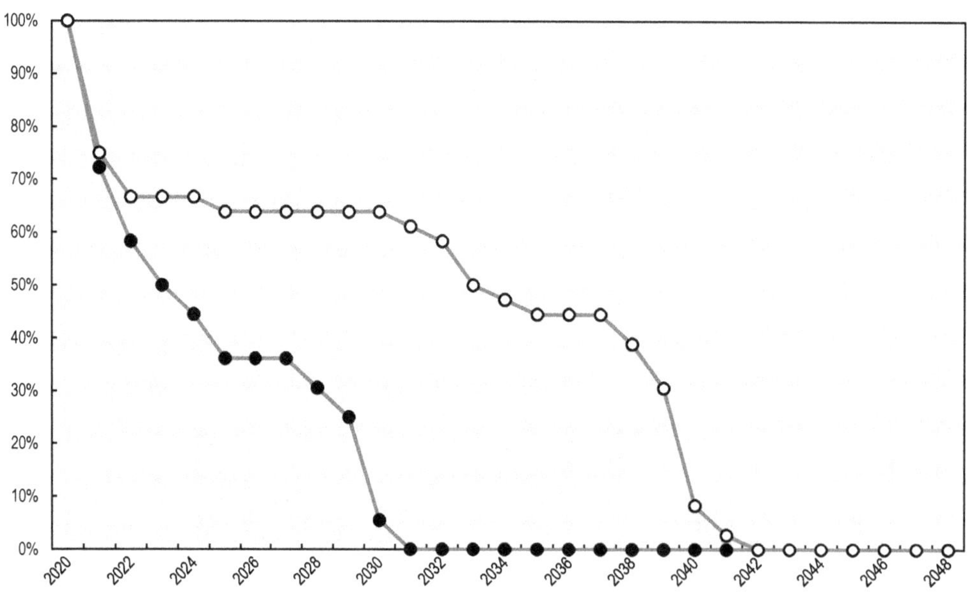

Catatan: Proyeksi dibuat berdasarkan skenario hipotetis berupa pengakhiran sepihak atas semua perjanjian sampel yang tersedia yang bisa dilakukan pada waktu tercepat sejak Oktober 2020.
Sumber: Penghitungan berdasarkan basis data perjanjian OECD.

Tindakan sepihak bukan satu-satunya opsi untuk memperbarui atau mengatasi perjanjian investasi yang lama, namun dampak ketentuan masa berlaku bisa berpengaruh pada amandemen perjanjian atau negosiasi kesepakatan pengakhiran dengan mitra perjanjian, terutama jika periode perpanjangan perjanjian sudah dekat. Dengan demikian, Indonesia mungkin ingin mempertimbangkan apakah rumusa ketentuan masa berlakunya saat ini sejalan dengan kepentingan Indonesia saat berdiskusi dengan mitra perjanjian. Pembaruan model BIT Indonesia bisa menjadi titik mula yang baik untuk menilai pendekatan pemerintah terhadap masa berlaku perjanjian penanaman modal.

Daftar Pustaka

Aisbett, E., M. Busse dan P. Nunnenkamp (2018), "Bilateral investment treaties as deterrents of host country discretion: the impact of investor-state disputes on foreign direct investment in developing countries", Review of World Economics, Springer, Berlin, Vol. 154/1, hlm. 119-155.

Alschner, W. (2014), "Regionalism and Overlap in Investment Treaty Law: Towards Consolidation or Contradiction?", Journal of International Economic Law, Volume 17/2, hlm. 271-298.

Armstrong, S. (2018), "The Impact of Investment Treaties and ISDS Provisions on FDI in Asia and Globally", in J. Chaisse dan L. Nottage (ed.), International Investment Treaties and Arbitration Across Asia, Brill Nijhoff, Leiden, hlm. 57-82.

Armstrong, S. P. and L. Nottage (2016), "The Impact of Investment Treaties and ISDS Provisions on Foreign Direct Investment: A Baseline Econometric Analysis", Sydney Law School Research Paper No. 16/74, 15 Agustus 2016.

AustCham (2020), "Australian Business in ASEAN Survey 2020", 12 Mei 2020, https://www.iabc.or.id/ (diakses pada 28 May 2020).

Australia-Indonesia Partnership for Justice (2019), "Mid-Term Review: Phase 2", 29 September 2019, https://www.dfat.gov.au/publications/aid/australia-indonesia-partnership-justice-phase-2-aipj2-independent-review (diakses pada 5 Juni 2020).

Australia-Indonesia Partnership for Justice (2019), "Mid-Term Review: Phase 2", 29 September 2019, https://www.dfat.gov.au/publications/aid/australia-indonesia-partnership-justice-phase-2-aipj2-independent-review (diakses pada 5 Juni 2020).

Australian Government (2010), "Bilateral and Regional Trade Agreements", Productivity Commission Research Report, Australian Government, Canberra, November 2010.

Bain & Company, Google and Tamasek (2019), "e-Conomy SEA 2019. Swipe up and to the right: Southeast Asia's $100 billion Internet economy", 3 Oktober 2019, https://www.bain.com/insights/e-conomy-sea-2019 (diakses pada 28 May 2020).

Batifort, S. and J. Benton Heath (2018), "The New Debate on the Interpretation of MFN Clauses in Investment Treaties: Putting the Brakes on Multilateralization", American Journal of International Law, Volume 111/4, American Society of International Law, Washington D.C., hlm. 873-913.

Bellak, C. (2015), "Economic Impact of Investment Agreements", University of Vienna, Department of Economics Working Paper No. 200, Agustus 2015.

Berger, A., M. Busse, P. Nunnenkamp and M. Roy (2013), "Do Trade and Investment Agreements Lead to More FDI? Accounting for Key Provisions Inside the Black Box", International Economics and Economic Policy, Vol. 10/2, Springer, Berlin, hlm. 247-275.

Berger, A., M. Busse, P. Nunnenkamp and M. Roy (2012), "Attracting FDI through BITs and RTAs: Does Treaty Content Matter?", in K. Sauvant and J. Reimer (eds.), FDI Perspectives: issues in international investment, 2nd edition, Vale Columbia Center on Sustainable International Investment, New York, hlm. 155-156.

Berger, A., M. Busse, P. Nunnenkamp and M. Roy (2011), "More stringent BITs, less ambiguous effects on FDI? Not a bit!", Economic Letters, Vol. 112/3, Elsevier, Amsterdam, hlm. 270-272.

Bonnitcha, J. (2017a), "Assessing the Impacts of Investment Treaties: Overview of the evidence", Report for the International Institute for Sustainable Development, Winnipeg, September 2017.

Bonnitcha, J. (2017b), "Investment Laws of ASEAN Countries: A Comparative Review", Report for the

International Institute for Sustainable Development, Winnipeg, December 2017.

Bonnitcha, J., L.N. Skovgaard and M. Waibel (2017), The Political Economy of the Investment Treaty Regime, Oxford University Press, Oxford.

Cabinet Secretariat, Office of Assistant to Deputy Cabinet Secretary for State Documents & Translation (2020a), "Digital Economy Must Create New Jobs: President Jokowi, 27 February 2020, https://setkab.go.id/en/digital-economy-must-create-new-jobs-president-jokowi/ (diakses pada 28 Mei 2020).

Sekretariat Kabinet,

Office of Assistant to Deputi Seskab bidang Naskah & Terjemahn(2020a), "Indonesia Must Lead Digital Economy Development, President Jokowi Says", 27 Februari 2020, https://setkab.go.id/en/indonesia-must-lead-digital-economy-development-president-jokowi-says/ (diakses pada 28 Mei 2020).

Chaisse, J. (2015), "The Treaty Shopping Practice: Corporate Structuring and Restructuring to Gain Access to Investment Treaties and Arbitration", Hastings Business Law Journal, Vol. 11/2, University of California, Oakland, hlm. 225-305.

Chaisse, J. and S. Hamanaka (2014), "The Investment Version of the Asian Noodle Bowl: The Proliferation of International Investment Agreements", ADB Working Paper Series on Regional Economic Integration, No. 128, April 2014.

Chi, M. (2018) "Sustainable development provisions in investment treaties: An empirical exploration of the sustainable development provisions in BITs of Asia-Pacific LDCs and LLDCs", Report for the United Nations Economic and Social Commission for Asia and the Pacific (UNESCAP), UNESCAP, Thailand.

CEPII (2016), Institutional Profiles Database 2016, Centre d'Études Prospectives et d'Informations Internationales, AFD and Directorate General of the Treasury (DG Trésor) of the Ministry of Finance, Paris, www.cepii.fr/institutions/en/ipd.asp.

Colen, L., D. Persyn and A. Guariso (2016), "Bilateral Investment Treaties and FDI: Does the Sector Matter?", World Development, Vol. 83, Elsevier, Amsterdam, hlm. 193-206.

Crockett, A. (2015), "Indonesia's Bilateral Investment Treaties: Between Generations?", ICSID Review, Vol. 30(2), Oxford University Press, Oxford, 437-448.

Crouch, M. (ed.) (2019), "The Politics of Court Reform: Judicial Change and Legal Culture in Indonesia", Cambridge University Press, Cambridge.

DetikInet (2018), "Indonesia Bombarded with 207 million Cyberattacks in 10 Months", 12 December 2018, https://inet.detik.com/security/d-4340493/indonesia-dibombardir-207-juta-serangan-siber-dalam-10-bulan (diakses pada 28 May 2020) (in Indonesian).

Donde, R. and Chaisse, J. (2017) "The Future of Investor-State Arbitration: Revising the Rules?", in J. Chaisse, T. Ishikawa dan S. Jusoh (eds.), Asia's Changing International Investment Regime: Sustainability, Regionalization, and Arbitration, Springer, Singapore.

EuroCham, the European Business Chamber of Commerce in Indonesia (2019a), "Position Paper 2019: Intellectual Property", Mei 2019, http://www.eurocham.id/publications (diakses pada 4 June 2020).

EuroCham, the European Business Chamber of Commerce in Indonesia (2019b), "Joint European Chambers' Business Confidence Index 2019: Indonesia", August 2019, http://www.eurocham.id/publications (diakses pada 4 Juni 2020).

European Commission (2020), "Report on the protection and enforcement of intellectual property rights in third countries", Commission Staff Working Document No. SWD(2019) 452 final, 8 January 2020, https://trade.ec.europa.eu/doclib/docs/2020/january/tradoc_158561.pdf (diakses pada 3 Juni 2020).

Gaukrodger, D. (2020), "Business Responsibilities and Investment Treaties", public consultation paper by the OECD Secretariat, 15 January 2020, available at http://www.oecd.org/daf/inv/investment-policy/Consultation-Paper-on-business-responsibilities-and-investment-treaties.pdf.

Gaukrodger, D. (2018), "Appointing Authorities and the Selection of Arbitrators in Investor-State Dispute Settlement: An Overview", OECD Consultation Paper, Maret 2018.

Gaukrodger (2017a), "The balance between investor protection and the right to regulate in investment treaties", OECD Working Papers on International Investment, No. 2017/02, OECD Publishing, Paris.

Gaukrodger, D. (2017b), "Addressing the balance of interests in investment treaties: The limitation of fair and equitable treatment provisions to the minimum standard of treatment under customary international law", OECD Working Papers on International Investment, No. 2017/03, OECD Publishing, Paris.

Gaukrodger, D. (2016), "The legal framework applicable to joint interpretive agreements of investment treaties", OECD Working Papers on International Investment, No. 2016/01, OECD Publishing, Paris.

Gaukrodger, D. (2014a), "Investment Treaties and Shareholder Claims for Reflective Loss: Insights from Advanced Systems of Corporate Law", OECD Working Papers on International Investment, No. 2014/02, OECD Publishing, Paris.

Gaukrodger, D. (2014b), "Investment Treaties and Shareholder Claims: Analysis of Treaty Practice", OECD Working Papers on International Investment, No. 2014/03, OECD Publishing, Paris.

Gaukrodger, D. (2013), "Investment treaties as corporate law: Shareholder claims and issues of consistency. A preliminary framework for policy analysis", OECD Working Papers on International Investment, No. 2013/3, OECD Publishing, Paris.

Gaukrodger, D. and K. Gordon (2012), "Investor-State Dispute Settlement: A Scoping Paper for the Investment Policy Community", OECD Working Papers on International Investment, No. 2012/03, OECD Publishing, Paris.

Gertz, G., S. Jandhyala and L.N.S. Poulsen (2018), "Legalization, diplomacy, and development: Do investment treaties de-politicize investment disputes?", World Development, Vol. 107, Elsevier, Amsterdam, hlm. 239-252.

Gordon, K. and J. Pohl (2015), "Investment Treaties over Time – Treaty Practice and Interpretation in a Changing World", OECD Working Papers on International Investment, No. 2015/02, OECD Publishing, Paris.

Gordon, K., J. Pohl and M. Bouchard (2014), "Investment Treaty Law, Sustainable Development and Responsible Business Conduct: A Fact Finding Survey", OECD Working Papers on International Investment, No. 2014/01, OECD Publishing, Paris.

Government of Canada (2018), "Public Consultations on a Possible Canada-ASEAN FTA", https://www.international.gc.ca/trade-commerce/trade-agreements-accords-commerciaux/agr-acc/asean-anase/public-consultations-publiques.aspx?lang=eng# (diakses pada 27 June 2019).

Pemerintah Republik Indonesia (2018), "ISDS Reform: a brief perspective from Indonesia", submitted to the UNCITRAL Secretariat for consideration by UNCITRAL Working Group III on ISDS Reform, 29 October 2018, reproduced by UNCITRAL in UN Document No. A/CN.9/WG.III/WP.156, 9 November 2018, https://undocs.org/en/A/CN.9/WG.III/WP.156 (diakses pada 25 Mei 2020).

IPR SME Helpdesk, South-East Asia, operated by the European Commission (2017), "Indonesia IP factsheet", updated as of August 2017, https://www.southeastasia-iprhelpdesk.eu/en/country-factsheets/indonesia-ip-factsheet (diakses pada 28 May 2020).

Joubin-Bret, A. (2015), "Establishing an International Advisory Centre on Investment Disputes? E15Initiative", Working Paper for the International Centre for Trade and Sustainable Development and the World Economic Forum.

Lev, D. (2004), "Comments on the Judicial Reform Program in Indonesia", speech prepared for the IMF's 2004 Seminar on Current Developments in Monetary and Financial Law, International Monetary Fund, Washington, D.C., 3 June 2004, https://www.imf.org/external/np/leg/sem/2004/cdmfl/eng/lev.pdf (diakses pada 5 June 2020).

McKinsey & Company (2018), "The digital archipelago: How online commerce is driving Indonesia's economic development", 28 August 2018, https://www.mckinsey.com/featured-insights/asia-pacific/the-digital-archipelago-how-online-commerce-is-driving-indonesias-economic-development (diakses pada 28 May 2020).

Menteri Luar Negeri (2015), Pernyataan Pers Tahunan 2015 oleh Menteri Luar Negeri Retno Marsudi, 7 Januari 2015, https://kemlu.go.id/portal/en/read/755/view/pernyataan-pers-tahunan-menteri-luar-negeri-ri-tahun-2015 (diakses pada 25 Mei2020).

Menteri Luar Negeri (2020), Pernyataan Pers Tahunan 2020 oleh Menteri Luar Negeri Retno Marsudi, 8 Januari 2020, https://kemlu.go.id/manama/id/news/4098/menteri-luar-negeri-ri-sampaikan-pernyataan-pers-tahunan-menteri-luar-negeri-tahun-2020 (diakses pada 25 Mei 2020).

Kementerian Luar Negeri RI (2015), "Indonesia's Perspective on Review of International Investment Agreements", publication by Abdulkadir Jailani, Director for Treaties of Economic, Social and Cultural Affairs, Ministry of Foreign Affairs, Republic of Indonesia, *South Centre Investment Policy Brief*, Juli 2015, https://www.southcentre.int/wp-content/uploads/2015/07/IPB1_Indonesia-Perspective-on-Review-of-Intl-Inv-Agreements_EN.pdf (diakses pada 20 May 2020).

Miroudot, S. dan D. Rigo (2019), "Preferential Trade Agreements and Multinational Production", European University Institute Working Paper, No. RSCAS 2019/14, Robert Schuman Centre for Advanced Studies, Global Governance Programme.

Mistura, F. dan Roulet, C. (2019), "The Determinants of Foreign Direct Investment: Do Statutory Restrictions Matter?", OECD Working Papers on International Investment, No. 2019/01, OECD Publishing, Paris.

Nicolas, F., S. Thomsen dan M. Bang (2013), "Lessons from Investment Policy Reform in Korea", OECD Working Papers on International Investment, No. 2013/02, OECD Publishing, Paris.

OECD (2010), OECD Investment Policy Reviews: Indonesia, OECD Publishing, Paris, https://www.oecd.org/investment/investmentfordevelopment/indonesia-investmentpolicyreview-oecd.htm.

OECD (2012), "Cybersecurity Policy Making at a Turning Point: analysing a new generation of national cybersecurity strategies for the internet economy", OECD Digital Economy Papers, No. 211, OECD Publishing, Paris.

OECD (2014), National Intellectual Property Systems, Innovation and Economic Development with perspectives on Colombia and Indonesia, OECD Publishing, Paris, https://doi.org/10.1787/9789264204485-en.

OECD (2015a), "Digital Security Risk Management for Economic and Social Prosperity: OECD Recommendation and Companion Document", OECD Digital Economy Policy Legal Instruments, OECD Publishing, Paris.

OECD (2015b), "Indonesia Policy Brief. Bribery and corruption: ensuring anti-corruption strategies are built to last", OECD Better Policies Series, March 2015, OECD Publishing, Paris.

OECD (2016a), "The impact of investment treaties on companies, shareholders and creditors", in OECD Business and Finance Outlook 2016, OECD Publishing, Paris, pp 223-253.

OECD (2016b), "Open Government in Indonesia", OECD Public Governance Reviews, OECD Publishing, Paris, https://doi.org/10.1787/9789264265905-en.

OECD (2018a), "Southeast Asia Going Digital: connecting SMEs", OECD, Paris, www.oecd.org/going-digital/southeast-asia-connecting-SMEs.pdf.

OECD (2018b), "OECD Investment Policy Reviews: South-East Asia", OECD Publishing, Paris, https://www.oecd.org/daf/inv/investment-policy/Southeast-Asia-Investment-Policy-Review-2018.pdf.

OECD (2019), "Government at a Glance 2019", OECD Publishing, Paris, https://doi.org/10.1787/8ccf5c38-en.

OECD (2020), "OECD investment policy responses to COVID-19", 17 April 2020, available at https://www.oecd.org/coronavirus/en/.

Overseas Development Institute (2016), "Civil society and justice reform in Indonesia: An evaluation of the Australia Indonesia Partnership for Justice", July 2016, https://www.refworld.org/pdfid/57922c234.pdf (diakses pada 5 June 2020).

Pohl, J. (2013), "Temporal Validity of International Investment Agreements: A Large Sample Survey of Treaty Provisions", OECD Working Papers on International Investment, No. 2013/04, OECD Publishing, Paris.

Pohl, J. (2018) "Societal benefits and costs of International Investment Agreements: A critical review of aspects and available empirical evidence", OECD Working Papers on International Investment, No. 2018/01, OECD Publishing, Paris.

Pohl, J., K. Mashigo dan A. Nohen (2012), "Dispute Settlement Provisions in International Investment Agreements: A Large Sample Survey", OECD Working Papers on International Investment, No. 2012/02, OECD Publishing, Paris.

Poulsen, L.N.S. (2010), "The Importance of BITs for Foreign Direct Investment and Political Risk Insurance: Revisiting the Evidence", in Yearbook on International Investment Law and Policy 2009/2010, Oxford University Press, New York, hlm. 539-574.

Poulsen, L.N.S. (2015), Bounded Rationality and Economic Diplomacy: The Politics of Investment Treaties in Developing Countries, Cambridge University Press, Cambridge.

Poulsen, L.N.S. and E. Aisbett (2016), "Diplomats Want Treaties: Diplomatic Agendas and Perks in the Investment Regime", Journal of International Dispute Settlement, Oxford University Press, Oxford, Vol. 7/1, hlm. 72-91.

Poulsen, L.N.S. and E. Aisbett (2013), "When the claim hits: Bilateral investment treaties and bounded rational learning", World Politics, Cambridge University Press, Cambridge, Vol. 65/2, pages 273-313.

Sally, R. (2007), "Thai Trade Policy: From Non-discriminatory Liberalisation to FTAs", The World Economy, Blackwell Publishing Ltd, Oxford, Vol. 30/10, hlm. 1594-1620.

Transparency International (2017), "People and Corruption: Asia Pacific. Global Corruption Barometer", February 2017, https://www.transparency.org/en/publications/people-and-corruption-asia-pacific-global-corruption-barometer (diakses pada 6 June 2020).

Transparency International (2019), "People's Experiences of Corruption: Implications for Business in South-East Asia", 29 November 2019, https://www.transparency.org/en/publications/people-and-corruption-asia-pacific-global-corruption-barometer (diakses pada 6 Juni 2020).

UK Serious Fraud Office (2020), "SFO enters into €991m Deferred Prosecution Agreement with Airbus as part of a €3.6bn global resolution", 31 January 2020, https://www.sfo.gov.uk/2020/01/31/sfo-enters-into-e991m-deferred-prosecution-agreement-with-airbus-as-part-of-a-e3-6bn-global-resolution/ (diakses pada 6 Juni 2020).

UNCITRAL Commission (2018), "Report of Working Group III (Investor-State Dispute Settlement Reform) on the work of its thirty-sixth session (Vienna, 29 October–2 November 2018)", Document No. A/CN.9/964.

UNCITRAL Commission (2019), "Working Group III: Investor-State Dispute Settlement Reform", https://uncitral.un.org/en/working_groups/3/investor-state (diakses pada 27 Juni 2019).

UNCITRAL Commission (2019), "Report of Working Group III (Investor-State Dispute Settlement Reform) on the work of its thirty-seventh session (New York, 1-5 April 2019)", Document No. A/CN.9/970.

UNCITRAL Commission (2019), "Possible reform of investor-State dispute settlement (ISDS): Shareholder claims and reflective loss. Note by the Secretariat", Document No. A/CN.9/WG.III/WP.170.

UNCTAD (2019), “Taking Stock of IIA Reform: Recent Developments”, IIA Issues Note No. 3 of 2019.

UNCTAD (2018), “Recent Developments in the International Investment Regime”, IIA Issues Note No. 1 of 2018.

UNIDIR, United Nations Institute for Disarmament Research (2020), “Cyber Policy Portal: Indonesia”, https://cyberpolicyportal.org/en/ (diakses pada 28 Mei 2020).

USAID (2013), “Property Rights & Resource Governance: Indonesia”, 2013, https://www.land-links.org/wp-content/uploads/2016/09/USAID_Land_Tenure_Indonesia_Profile_0.pdf (diakses pada 28 Mei 2020).

USAID (2019), “Indonesia Land Tenure and Property Rights Assessment”, October 2019, https://land-links.org/document/indonesia-land-tenure-and-property-rights-assessment/ (diakses pada 28 Mei 2020).

US Department of Justice (2019), “Ericsson Agrees to Pay Over $1 Billion to Resolve FCPA Case”, Press Release No. 19-1360, 18 Februari 2020, https://www.justice.gov/opa/pr/ericsson-agrees-pay-over-1-billion-resolve-fcpa-case (diakses pada 8 Junei 2020).

US Department of Justice (2020), “Former Alstom Executives and Marubeni Executive Charged with Bribing Indonesian Officials”, Press Release No. 20-196, 18 February 2020, https://www.justice.gov/opa/pr/former-alstom-executives-and-marubeni-executive-charged-bribing-indonesian-officials (diakses pada 8 Juni 2020).

US Department of State (2019), “2019 Investment Climate Statements: Indonesia”, 11 Juli 2019, https://www.state.gov/reports/2019-investment-climate-statements/indonesia/ (diakses pada 28 Mei 2020).

USTR, Office of the U.S. Trade Representative (2020a), Transcript of Special 301 Public Hearing, 26 Februari 2020, available at https://beta.regulations.gov/ (diakses pada 28 Mei 2020).

USTR, Office of the U.S. Trade Representative (2020b), “2020 Special 301 Report”, 29 April 2020, https://ustr.gov/sites/default/files/2020_Special_301_Report.pdf (diakses pada 27 Mei 2020).

Vidigal, G. and B. Stevens (2018), “Brazil’s New Model of Dispute Settlement for Investment: Return to the Past or Alternative for the Future?”, Journal of World Investment & Trade, Vol. 19/3, Brill Nijhoff, Leiden, hlm. 475-512.

Wibowo, H. Y. (2019), “Implementation of Complete Systematic Land Registration in Order to Modernize Indonesian Land Administration System”, paper presented by Head of Section, Ministry for Agrarian Affairs and Spatial Planning, Republic of Indonesia, at the International Federation of Surveyors (FIG) Working Week 2019, Hanoi, Vietnam, 22-26 April 2019, https://www.fig.net/resources/proceedings/fig_proceedings/fig2019/papers/ts01j/TS01J_wibowo_9931.pdf (diakses pada 4 Juni 2020).

World Bank (2018a), “Comparative Gap Analysis : Indonesia’s Current Obligations Under International Investment Agreements (IIAs) vs. The Obligations Under the Investment Chapter of the Trans Pacific Partnership Agreement (TPP)”, Report No. 124968, 31 Maet 2018, http://documents.worldbank.org/curated/en/202111540822026864/Comparative-Gap-Analysis-Indonesia-s-Current-Obligations-Under-International-Investment-Agreements-IIAs-vs-The-Obligations-Under-the-Investment-Chapter-of-the-Trans-Pacific-Partnership-Agreement-TPP (diakses pada 4 Juni 2020).

World Bank (2018b), “Combined Project Information Documents. Indonesia: Acceleration Program of Agrarian Reform and One Map Policy Implementation (P160661)”, Report No. PIDISDSA24078, 30 Mei 2018, https://projects.worldbank.org/en/projects-operations/project-detail/P160661 (diakses pada 4 Juni 2020).

World Bank (2020), “Indonesia – Investment Policy and Regulatory Review”, Working Paper No. 147468, 4 January 2020, The World Bank Group, http://documents.worldbank.org/curated/en/270481586324751733/Indonesia-2019-Investment-Policy-and-Regulatory-Review.

Yap, A. (2018), “Indonesia”, in L. Malintoppi and C. Tan (eds.), Investment Protection in Southeast Asia: A Country-By-Country Guide on Arbitration Laws and Bilateral Investment Treaties, Brill Nijhoff, Leiden, hlm. 107-160.

Annex 4.A. Ringkasan Perjanjian Penanaman Modal Indonesia

Tabel Lampiran 4.A.1. Perjanjian Penanaman Modal Bilateral – sedang berlaku

No	Mitra perjanjian	Tanggal ditandatangani	Tanggal berlaku
1.	Bangladesh	09/02/1998	22/04/1999
2.	Kuba	19/09/1997	29/09/1999
3.	Republic Ceko	17/09/1998	21/06/1999
4.	Denmark	22/01/2007	15/10/2009
5.	Finlandia	12/09/2006	02/08/2008
6.	Iran	22/06/2005	28/03/2009
7.	Yordania	12/11/1996	09/02/1999
8.	Korea	16/02/1991	10/03/1994
9.	Mauritius	05/03/1997	28/03/2000
10.	Mongolia	04/03/1997	13/04/1999
11.	Maroko	14/03/1997	20/03/2002
12.	Mozambik	26/03/1999	25/07/2000
13.	Polandia	07/10/1992	01/07/1993
14.	Qatar	18/04/2000	17/02/2018
15.	Federasi Rusia	06/09/2007	15/10/2009
16.	Saudi Arabia	15/09/2003	05/07/2004
17.	Sri Lanka	10/06/1996	21/07/1997
18.	Sudan	10/02/1998	17/08/2002
19.	Swedia	17/09/1992	18/02/1993
20.	Suriah	27/06/1997	20/02/1999
21.	Thailand	17/02/1998	30/10/1998 or 05/11/1988[39]
22.	Tunisia	13/05/1992	04/06/1993 or 12/09/1992
23.	Turkmenistan	02/06/1994	20/10/1999
24.	Ukraina	11/04/1996	22/06/1997
25.	Uzbekistan	27/08/1996	27/04/1997
26.	Venezuela	18/12/2000	23/03/2003

Tabel Lampiran 4.A.2. Perjanjian Penanaman Modal Bilateral – sudah diakhiri

No	Mitra perjanjian	Tanggal ditandatangani	Tanggal berlaku	Tanggal efektif pengakhiran	Jenis pengakhiran
1.	Argentina	07/11/1995	01/03/2001	19/10/2016	Kesepakatan bersama
2.	Australia	17/11/1992	29/07/1993	06/08/2020	Digantikan perjanjian baru
3.	Belgia	15/01/1970	17/06/1972	16/06/2002	Habis masa berlaku
4.	Bulgaria	13/09/2003	23/01/2005	25/01/2015	Diakhiri sepihak
5.	Kamboja	16/03/1999	21/09/2000	07/01/2016	Diakhiri sepihak
6.	Tiongkok	18/11/1994	01/04/1995	31/03/2015	Diakhiri sepihak
7.	Denmark	30/01/1968	02/07/1968	15/10/2009	Digantikan perjanjian baru
8.	Mesir	19/01/1994	29/11/1994	30/11/2014	Diakhiri sepihak
9.	Finlandia	13/03/1996	07/06/1997	02/08/2008	Digantikan perjanjian baru
10.	Prancis	14/06/1973	29/04/1975	25/04/2015	Diakhiri sepihak d
11.	Jerman	08/11/1968	19/04/1971	02/06/2007	Digantikan perjanjian baru
12.	Jerman	14/05/2003	02/06/2007	01/06/2017	Diakhiri sepihak oleh Indonesia
13.	Hongaria	20/05/1992	13/02/1996	12/02/2016	Diakhiri sepihak
14.	India	08/02/1999	22/01/2004	22/03/2017[40]	Diakhiri sepihak
15.	Italia	25/04/1991	25/06/1995	23/06/2015	Diakhiri sepihak
16.	Kyrgyzstan	19/07/1995	23/04/1997	18/02/2018	Diakhiri sepihak
17.	Laos PDR	18/10/1994	14/10/1995	13/10/2015	Diakhiri sepihak
18.	Malaysia	22/01/1994	27/10/1999	20/06/2015	Diakhiri sepihak
19.	Belanda	07/07/1968	17/07/1971	01/07/1995	Digantikan perjanjian baru
20.	Belanda	06/04/1994	01/07/1995	30/06/2015	Diakhiri sepihak
21.	Norwegia	26/11/1969	-	01/10/1994	Replaced by new treaty
22.	Norwegia	26/11/1991	01/10/1994	30/09/2004	Diakhiri sepihak
23.	Pakistan	08/03/1996	03/12/1996	02/12/2016	Diakhiri sepihak
24.	Romania[41]	27/06/1997	21/08/1999	07/01/2016	Diakhiri sepihak
25.	Singapura	28/08/1990	28/08/1990	20/06/2006	Digantikan perjanjian baru
26.	Singapura	16/02/2005	21/06/2006	20/06/2016	Diakhiri sepihak
27.	Slovakia	12/07/1994	01/03/1995	28/02/2015	Diakhiri sepihak
28.	Spanyol	30/05/1995	18/12/1996	11/11/2016[42]	Diakhiri sepihak
29.	Swiss	06/06/1974	09/04/1976	08/04/2016	Diakhiri sepihak
30.	Turki	25/02/1997	28/09/1998	07/01/2016	Diakhiri sepihak
31.	Inggris	27/04/1976	24/03/1977	23/03/2017	Diakhiri sepihak
32.	Vietnam	25/10/1991	03/04/1994	07/01/2016	Diakhiri sepihak

Tabel Lampiran 4.A.3. Perjanjian Penanaman Modal Bilateral – ditandantani, tetapi belum berlaku

No	Mitra perjanjian	Tanggal ditandatangani	Tanggal berlaku
1.	Aljazair	21/03/2000	-
2.	Cile	07/04/1999	-
3.	Kroasia	10/09/2002	-
4.	Republik Rakyat Demokratik Korea	21/02/2000	-
5.	Guyana	30/01/2008	-
6.	Jamaika	10/02/1999	-
7.	Libya	04/04/2009	-
8.	Filipina	12/11/2001	-
9.	Serbia	06/09/2011	-
10.	Singaura	11/10/2018	-
11.	Sudan	10/02/1998	-
12.	Suriname	28/10/1995	-
13.	Tajikistan	28/10/2003	-
14.	Turkmenistan	02/06/1994	-
15.	Yemen	20/02/1998	-
16.	Zimbabwe	08/02/1999	-

Tabel Lampiran 4.A.4. Perjanjian perdagangan yang mengandung ketentuan perlindungan terhadap penanaman modal, liberalisasi penanaman modal, dan/atau ISDS

No	Perjanjian	Tanggal ditadatangani Indonesia	Tanggal mulai berlaku	Tanggal mulai berlaku untuk Indonesia
1.	Perjanjian Perdagangan Bebas Indonesia-Mozambik	27/08/2019	-	-
2.	Persetujuan Kemitraan Ekonomi Komprehensif Indonesia-Australia-	04/03/2019	10/02/2020	05/07/2020
3.	Protokol Pertama untuk Persetujuan Kemitraan Ekonomi ASEAN-Jepang (termasuk ketentuan perlindungan bagi penanaman modal)	27/02/2019 (Jepang); Maret dan April 2019 (anggota ASEAN)	01/08/2020	-
4.	Perjanjian Penanaman Modal ASEAN-Hong Kong, China SAR	18/05/2018	17/06/2019	-
5.	Persetujuan Kemitraan Ekonomi Komprehensif Indonesia-Cile	15/12/2017	10/08/2019	10/08/2019
6.	Perjanjian Penanaman Modal ASEAN-India	12/11/2014	01/07/2015	-
7.	Perjanjian Penanaman Modal ASEAN-Tiongkok	15/08/2009	01/01/2010	-
8.	Perjanjian Penanaman Modal ASEAN-Korea	02/06/2009	01/09/2009	20/05/2010
9.	Perjanjian Perdagangan Bebas ASEAN-Australia-Selandia Baru	27/02/2009	01/01/2010	08/01/2012
10.	ASEAN Perjanjian Penanaman Modal Komprehensif (ACIA)	26/02/2009	24/02/2012	24/02/2012
11.	Persetujuan Kemitraan Ekonomi ASEAN-Jepang	28/03/2008	01/12/2008	-

12.	Persetujuan Kemitraan Ekonomi Indonesia-Jepang	20/08/2007	01/07/2008	01/07/2008
13.	Perjanjian Penanaman Modal ASEAN	15/12/1987	02/08/1988 (diakhiri dan digantikan dengan oleh ACIA pada 24/02/2012)	02/08/1988 (diakhiri dan digantikan dengan oleh ACIA pada 24/02/2012)
14.	Perjanjian Penanaman Modal Organisasi Kerja Sama Islam (OIC)	01/05/1983 (pertama kali ditandatangani oleh negara-negara lain pada 05/06/1981)	25/02/1988	25/02/1988

[1]Catatan

1 Lihat Peraturan Bank Indonesia (PBI) No. 16/21/PBI/2014 tentang Penerapan Prinsip Kehati-hatian Dalam Pengelolaan Utang Luar Negeri Korporasi Nonbank (PBI 16/21); PBI No. 16/22/PBI/2014 tentang Pelaporan Kegiatan Lalu Lintas Devisa dan Pelaporan Kegiatan Penerapan Prinsip Kehati-hatian Pengelolaan Utang Luar Negeri Korporasi Nonbank (amandemen) (PBI 16/22); Surat Edaran Bank Indonesia (SE BI) 17/18/DKEM tahun 2015 tentang Penerapan Prinsip Kehati-hatian Dalam Pengelolaan Utang Luar Negeri Korporasi Nonbank; dan PBI No. 17/3/PBI/2015 Kewajiban Penggunaan Rupiah di Wilayah Negara Kesatuan Republik Indonesia (PBI 17/2015).

2 Perjanjian-perjajian ini meliputi Konvensi Berne untuk Perlindungan Karya Sastra dan Seni (tahun 1997), Konvensi Paris untuk Perlindungan Hak Kekayaan Industri (tahun 1950), Perjanjian Kerja Sama Paten (tahun 1997), Perjanjian Hukum Merek Dagang (tahun 1994), Perjanjian Hak Cipta WIPO (tahun 1996), Perjanjian Pertunjukan dan Karya-Karya Fonogram WIPO (tahun 1996), Perjanjian Nairobi tentang Perlindungan Simbol Olimpiade (tahun 1981), Protokol Madrid tentang Pendaftaran Merek Internasional (tahun 2017), dan Perjanjian Marraksh untuk Memfasilitasi Akses atas Ciptaan yang Dipublikasi bagi Penyandang Tuna Netra, Gangguan Penglihatan, atau Disabilitas dalam Membaca Karya Cetak (tahun 2013).

3 Dimensi biaya dalam indikator penegakan kontrak merujuk kepada biaya rata-rata jasa pengadilan, jasa kuasa hukum (pada beberapa situasi, kuasa hukum wajib atau biasanya hadir) dan biaya penegakan aturan yang dinyatakan sebagai persen dari nilai gugatan. Waktu penyelesaian sengketa dihitung sejak penggugat memutuskan mengajukan gugatan ke pengadilan hingga pembayaran—termasuk hari-hari sidang dan masa tunggu di antaranya. Indeks proses yudisial mengukur keberadaan praktik baik dalam sistem pengadilan di empat area: struktur pengadilan dan proses sidang, pengelolaan perkara, otomasi pengadilan, dan alternatif penyelesaian sengketa. Untuk informasi lebih jauh tentang metodologi, silakan rujuk situs *Doing Business* dari Bank Dunia: https://www.doingbusiness.org/.

4 Peraturan Otoritas Jasa Keuangan (POJK) 1/POJK.07/2013, Pasal 31; Peraturan Bank Indonesia 18/40/PBI/2016, Pasal 25; UU 36/2009 tentang Kesehatan, Pasal 57; UU 36/1999 tentang Telekomunikasi, Pasal 40.

5 Untuk contoh lebih baru, liat CETA UE-Kanada, Pasal 13.15(2), 28.3(2); CPTPP, Bab 14; IA-CEPA, Bab 13, Pasal 17.2(3); USMCA, Bab 19, Pasal 32.8. Proposal UE pada Mei 2020 tentang modernisasi Perjanjian Piagam Energi (dapat diakses di https://trade.ec.europa.eu/doclib/docs/2020/may/tradoc_158754.pdf) menyertakan usulan untuk mengecualikan aturan perlakuan setara (*non-discriminatory*) dalam bidang "privasi dan perlindungan data" dari cakupan ketentuan pengambilalihan kepemilikan secara tidak langsung.

6 Persetujuan Kemitraan Ekonomi Indonesia-Jepang (2007); Persetujuan Kemitraan Ekonomi Komprehensif Indonesia-Australia (2019). Perjanjian perdagangan bilateral dengan Chile (2017) tidak memiliki bab tentang penanaman modal, tetapi para pihak sepakat meneruskan negosiasi terkait kemungkinan menambah bab ini pada masa mendatang. Perjanjian Kemitraan Ekonomi Komprehensif Indonesia-EFTA (2018) dan Persetujuan Perdagangan Preferensial Indonesia-Pakistan (2012) juga tidak memiliki ketentuan tentang penanaman modal. Naskah perjanjian perdagangan yang ditandangani Indonesia dan Mozambik pada Agustus 2019 belum tersedia untuk diakses publik per Mei 2020; belum diketahui apakah perjanjian ini meliputi komponen penanaman modal. Indonesia telah menandatangani beberapa perjanjian bilateral lain terkait kerja sama penanaman modal yang tidak memiliki ketentuan

perlindungan terhadap investasi atau ISDS. Perjanjian ini, antara lain, adalah Perjanjian Kemitraan Ekonomi Komprehensif Indonesia-EFTA (2018); berbagai perjanjian kerangka kerja, termasuk dengan Masyarakat Ekonomi Eropa (1980) dan beberapa mitra dagang ASEAN+; nota kesepahaman tentang kerja sama penanaman modal dan/atau promosi, termasuk dengan Australia, Arab Saudi, Belgia, Brazil, Ekuador, Filipina, Inggris, Korea, Malaysia, Maroko, Mongolia, Polandia, Portugal, Qatar, Rusia, Tiongkok, Turki, dan Uni Emirat Arab; perjanjian asuransi penanaman modal asing dengan Kanada (1973); dan persetujuan dukungan penanaman modal dengan Amerika Serikat (2010).

7 Hashem Al Mehdar (1), Mohamed Al Mehdar (2), Badr Al Mehdar (3) dan Betoul Al Mehdar (4) v Mesir (*ad hoc*, empat perkara terpisah diajukan tahun 2014); Hesham Talaat M. Al-Warraq v Republik Indonesia (*ad hoc*, UNCITRAL, putusan akhir dikeluarkan pada Desember 2014); Kontinental Conseil Ingénierie v. Republik Gabon (*ad hoc*, UNCITRAL, putusan akhir dikeluarkan pada 2017); D.S. Construction FZCO v Libya (*ad hoc*, UNCITRAL, gugatan diajukan Oktober 2016); Itisaluna Iraq LLC, Munir Sukhtian International Investment LLC, VTEL Holdings Ltd., VTEL Middle East and Africa Limited v Republik Iraq (Perkara ICSID No. ARB/17/10, putusan akhir dikeluarkan pada April 2020); Omar Bin Sulaiman v Kesultanan Oman (*ad hoc*, UNCITRAL, gugatan diajukan 2017); beIN Corporation v Kerajaan Arab Saudi (*ad hoc*, UNCITRAL, gugatan diajukan Oktober 2018); Trasta Energy Ltd v Libya (*ad hoc*, UNCITRAL, gugatan diajukan Januari 2019); Members of Gargour Family v Libya (*ad hoc*, mahkamah dibentuk akhir 2019); Navodaya Trading DMCC v Republik Gabon (*ad hoc*, UNCITRAL, gugatan diajukan 2018); Hilal Hussain Al-Tuwairqi dkk. v Pakistan (*ad hoc*, gugatan diajukan 2018, persidangan dimulai tahun 2019).

8 Cakupan ini dinilai berdasarkan data saham PMA langsung (2017 atau, jika data 2017 tidak tersedia, maka diambil data dari tahun-tahun sebelumnya dengan mengutamakan data dari tahun terbaru, berdasarkan data yang diterbitkan OECD dan IMF) dan perjanjian investasi yang berlaku pada September 2019. Untuk beberapa alasan, data saham PMA langsung yang dilaporkan bukan merupakan ukuran valid atas aset yang diuntungkan oleh ketentuan perlindungan berdasarkan perjanjian investasi (Pohl, 2018), sementara data yang tersedia tidak dapat digunakan untuk menentukan kepemilikan akhir atas aset. Namun, proporsi data saham PMA langsung dapat memberikan perkiraan kasar nilai saham yang dimiliki oleh negara penanam modal untuk menunjukkan unsur dan hasil kebijakan perjanjian investasi Indonesia di masa lalu.

9 Llihat Cemex Asia Holdings Ltd. v. Republik Indonesia (Perkara ICSID No. ARB/04/3); Rafat Ali Rizvi v. Republik Indonesia (Perkara ICSID No. ARB/11/13); Churchill Mining Plc dan Planet Mining Pty Ltd., dahulu ARB/12/14 v. Republik Indonesia (Perkara ICSID No. ARB/12/14 dan 12/40); Nusa Tenggara Partnership B.V. dan PT Newmont Nusa Tenggara v. Republik Indonesia (Perkara ICSID No. ARB/14/15); Oleovest Pte. Ltd. v. Republik Indonesia (Perkara ICSID No. ARB/16/26); Hesham Talaat M. Al-Warraq v. Republik Indonesia (*ad hoc*, UNCITRAL); Indian Metals & Ferro Alloys Ltd. v. Republik Indonesia (Perkara PCA No. 2015-40). Pembahasan ini hanya merujuk kepada gugatan yang diketahui. Menurut banyak perjanjian investasi Indonesia, penggugat bisa memilih aturan arbitrase yang merahasiakan isi gugatan. Pemerintah juga dapat memilih gugatan individual agar tetap rahasia. Angka gugatan ISDS yang sebenarnya terhadap Indonesia bisa jadi lebih tinggi jika memperhitungkan perkara yang masih menunggu proses penyelesaian dan informasinya bersifat rahasia. Tidak ada kasus ISDS yang diketahui melibatkan entitas Indonesia yang menjadi penanam modal di luar negeri. Namun, ada satu perkara arbitrase berbasis kontrak dengan pemerintah sebagai penggugat, yaitu Pemerintah Provinsi Kalimantan Timur, yang menggunakan Konvensi ICSID untuk menggugat perusahaan Australia dan Inggris selaku operator proyek pertambangan batu bara di Indonesia melalui perusahaan *joint venture*. Pemprov Kalimantan Timur kalah dalam gugatan ini. Lihat Pemerintah Provinsi Kalimantan Timur v. PT Kaltim Prima Coal, Rio Tinto plc, B.P. plc, Pacific ReSources Investments Limited, B.P. International Limited, Sangatta Holdings Limited dan Kalimantan Coal Limited (Perkara ICSID Case No. ARB/07/3), Putusan Mengenai Yurisdiksi, 28 Desember 2009.

10 Amco Asia Corporation dll. v. Republik Indonesia (Perkara ICSID No. ARB/81/1) (perkara pertama diajukan tahun 1981, diikuti dengan pengajuan ulang tahun 1987 setelah putusan arbitrase pada perkara pertama dibatalkan oleh komite *ad hoc* pembatalan ICSID tahun 1986).

11 Perjanjian Investasi OKI (1981) tidak memiliki ketentuan FET.

12 Meskipun naskah tidak tersedia secara publik pada saat laporan ini disusun, diketahui bahwa BIT Indonesia-Singapura (2018) akan memilik ketentuan FET yang serupa dengan perjanjian ASEAN+.

13 Contoh, BIT Indonesia dengan Bangladesh (1998), Kuba (1997), Yordania (1996), dan Korea (1991).

14 Gaukrodger, D. (2016) (mengulas hukum yang berlaku atas penafsiran bersama terhadap perjanjian investasi yang tidak memiliki ketentuan tegas mengenai isu ini); Gordon, K. dan Pohl, J. (2015). Untuk contoh baru penafsiran bersama, lihat Deklarasi Penafsiran Bersama antara Kolombia dan India (2018) terkait BIT Kolombia-India (2009).

15 *Treaty shopping* adalah istilah yang di dalam laporan ini digunakan utamanya untuk merujuk kepada kekuasaan pemilik manfaat dari suatu invetasi untuk memilih antara beberapa perjanjian investasi, atau beberapa ketentuan di dalam perjanjian yang berbeda-beda. Lihat penjelasan lebih jauh tentang *treaty shopping* di bawah ini.

16 Untuk diskusi lebih baru tentang ketidakpastian terkait penafsiran klausul MFN dalam ISDS, lihat Batifort, S. dan Benton Heath, J. (2018) "The New Debate on the Interpretation of MFN Clauses in Investment Treaties: Putting the Brakes on Multilateralization", American Journal of International Law, Volume 111, Issue 4 (Oktober 2017), hlm. 873-913.

17 Hesham Talaat M. Al-Warraq v Republik Indonesia (*ad hoc*, UNCITRAL), Putusan Akhir, 15 Desember 2014, ayat 540-555.

18 India menghapus MFN dari BIT model tahun 2015 sebagai tanggapan terhadap penafsiran ketentuan MFN yang menurut India terlalu luas dan tidak perlu oleh suatu mahkamah arbitrase. Dalam perkara White Industries, mahkamah arbitrase mengizinan investor untuk menggunakan klausul "langkah-langkah efektif" dari suatu perjanjian dengan pihak ketiga atas dasar klausul MFN dalam BIT India-Australia tanpa menyajikan penjelasan tentang pandangan mahkamah mengenai penerapan klausul MFN: White Industries Australia Limited v. Republik India, UNCITRAL, *ad hoc*, Putusan Akhir, 30 November 2011, ayat 11.2.1-11.2.9.

19 Lihat misalnya, IA-CEPA (2019), Lampiran 14-B: Pengambilalihan dan Kompensasi: "2. Pasal 14.11.1 pada Bab ini membahas dua situasi: (...) 2. situasi kedua adalah ketika tindakan atau serangkaian tindakan terkait yang dilakukan oleh suatu Pihak menyebabkan dampak yang setara dengan pengambilalihan langsung tanpa pengalihan hak pada akta secara formal atau penyitaan langsung."

20 Lihat, misalnya, USMCA (2018), Lampiran 14-B: "(b) *Non-discriminatory regulatory actions by a Party that are designed and applied to protect legitimate public welfare objectives, such as health, safety and the environment, do not constitute indirect expropriations, except in rare circumstances*". (Langkah regulasi yang berlaku sama untuk sama oleh suatu Pihak yang dirancang dan diterapkan dengan tujuan melindungi kepentingan umum yang sah, seperti dalam bidang kesehatan, keselamatan, dan lingkungan hidup, tidak dapat dianggal sebagai pengambilalihan tidak langsung, kecuali pada situasi tertentu yang sangat langka.)

21 Lihat, misalnya, CETA UE-Kanada (2016), Lampiran 8-A: "*2. The determination of whether a measure or series of measures of a Party, in a specific fact situation, constitutes an indirect expropriation requires a case-by-case, fact-based inquiry that takes into consideration, among other factors: (a) the economic*

impact of the measure or series of measures, although the sole fact that a measure or series of measures of a Party has an adverse effect on the economic value of an investment does not establish that an indirect expropriation has occurred; (b) the duration of the measure or series of measures of a Party; (c) the extent to which the measure or series of measures interferes with distinct, reasonable investment-backed expectations; and (d) the character of the measure or series of measures, notably their object, context and intent". (Untuk menentukan apakah suatu tindakan atau serangkaian tindakan yang dilakukan suatu Pihak, dalam situasi fakta khusus, merupakan pengambilalihan tidak langsung, maka diperlukan penyelidikan kasus per kasus dan berdasarkan fakta yang menimbang, di antaranya: (a) dampak ekonomi tindakan atau serangkaian tindakan itu, walaupun fakta bahwa suatu tindakan atau serangkaian tindakan yang dilakukan oleh satu Pihak berdampak buruk terhadap nilai ekonomi suatu penanaman modal tidak serta merta menentukan bahwa pengambilalihan tidak langsung telah terjadi; (b) jangka waktu tindakan atau serangkaian tindakan oleh suatu Pihak; (c) derajat tindakan atau serangkaian tindakan itu dalam mengganggu ekspektasi berbasis investasi yang wajar dan jelas; dan (d) sifat tindakan atau serangkaian tindakan itu, khususnya tujuannya, konteks, dan niat.)

22 Lihat, misalnya, IA-CEPA (2019), Lampiran 14-B: Pengambilalihan dan Kompensasi: "1. Tindakan atau serangkaian tindakan terkait oleh satu Pihak tidak dapat berarti pengambilalihan kecuali tindakan itu mengganggu hak milik berwujud dan tidak berwujud atau kepentingan hak milik dalam penanaman modal yang dilindungi."

23 Perjanjian Investasi ASEAN-Korea (2009), yang telah berlaku bagi Indonesia sejak 2010, tidak memiliki klarifikasi ini, meskipun para pihak sepakat untuk melanjutkan negosiasi terkait lampiran tambahan tentang pengambilalihan dan kompensasi (lihat Pasal 27 dari perjanjian).

24 Sebagai contoh, protokol pertama ASEAN-Jepang EPA (diamendemen 2019) dan IA-CEPA (2019) menyebutkan bahwa pengambilalihan tidak langsung terjadi hanya jika "tindakan atau serangkaian tindakan terkait oleh satu Pihak ... kecuali tindakan itu mengganggu hak milik berwujud dan tidak berwujud atau kepentingan hak milik dalam penanaman modal yang dilindungi" (penekanan ditambahkan), sementara Perjanjian Penanaman Modal ASEAN-India (2014) hanya menyebutkan gangguan terhadap "*tangible and intangible property right*" (hak milik berwujud dan tidak berwujud)..

25 Para pihak dalam Perjanjian Penanaman Modal ASEAN-Hong Kong (Tiongkok) (AHKIA) belum menyepakati mekanisme ISDS, tetapi telah menjadwalkan pembahasan topik ini sebagai bagian dari Program Kerja Berkelanjutan menurut perjanjian. Lihat AHKIA, Pasal 20..

26 Liat CETA UE-Kanada (2016); Perjanjian Perlindungan Penanaman Modal UE-Singapura (2018); Perjanjian UE-Meksiko (2018); Perjanjian Perlindungan Penanaman Modal UE-Vietnam (2019).

27 Lihat, misalnya, FTA Brazil-Cile (2018), Pasal 15; BIT Brazil-Angola (2015), Pasal 15.

28 Lihat, misalnya, CETA UE-Kanada (2016), Pasal 8.4; FTA UE-Vietnam (2018), Pasal 8.4.

29 BIT Indonesia-Finlandia (2006), Pasal 3(1), 3(2); BIT Indonesia-Denmark (2007), Pasal 3(1), 3(2); EPA Indonesia-Jepang (2007), Pasal 58(g), 59, 60; ACIA (2009), Pasal 3(3), 5, 6; Perjanjian Investasi ASEAN-Korea (2009), Pasal 3, 4; AANZFTA (2009), Bab 11, Pasal 4; IA-CEPA (2019), Pasal 14.5.

30 EPA Jepang-Indonesia (2007); IA-CEPA (2019). ACIA, AANZFTA, dan Perjanjian Penanaman Modal ASEAN-Korea mengecualikan NT dan MFN *pre-establishment* dari cakupan ketentuan ISDS; dalam perjanjian-perjanjian ini, gugatan hanya dapat diajukan penanam modal terkait kehilangan atau kerugian yang ditanggung "*with respect to the management, conduct, operation or sale or other disposition*" (berkaitan dengan pengelolaan, tindakan, operasi, atau penjualan atau disposisi lain) dari penanaman modal yang dicakup dalam perjanjian (bandingkan *admission* atau *establishment*): lihat ACIA, Pasal 32(a);

Perjanjian Penanaman Modal ASEAN-Korea, Pasal 18(1); AANZFTA, Bab 11, Pasal 20(a). BIT Indonesia dengan Denmark dan Finlandia dapat dikatakan mengecualikan gugatan *pre-establishment* dengan membatasi cakupan sengketa ISDS menjadi hanya sengketa yang "*arising directly from an investment*" (timbul secara langsung dari suatu investasi), yaitu pada fase beroperasinya investasi (*post-establishment*).

31 Lihat, misalnya, AANZFTA (2009); ACIA (2009), Pasal 17 dan Lampiran 2; Perjanjian Penanaman Modal ASEAN-Korea (2009), Pasal 20; IA-CEPA (2019), Pasal 14.6, 14.16 dan Lampiran 14-B.

32 EPA Indonesia-Jepang (2007), Pasal 74.

33 IA-CEPA(2019), Pasal 14.17.

34 IA-CEPA(2019), Pasal 14.21.

35 BIT Maroko-Nigeria (2016), Pasal 18.

36 Lihat, misalnya, BIT Belgia/Luksemburg-Kolombia (2009), Pasal VII(5) dan VIII(4).

37 Lihat, misalnya, FTA Cile-Amerika Serikat (2003), Pasal 18.1. Perjanjian perdagangan antara Indonesia dan negara-negara EFTA yang ditandatangani pada 2018 mengacu kepada Agenda Pembangunan Berkelanjutan 2030 dari PBB.

38 Lihat, misalnya. China-Peru FTA (2009), yang menyebutkan dalam prembule bahwa Negara Pihak "*RECOGNIZE that this Agreement should be implemented with a view toward raising the standard of living, creating new employment opportunities, reducing poverty and* [...]". (MENGAKUI bahwa Perjanjian ini harus dilaksanakan dengan mengingat tujuan mengangkat derajat kehidupan, menciptakan kesempatan kerja baru, menurunkan angka kemiskinan, dan [...].)

39 Terdapat perbedaan antara tanggal yang tercantum di dalam basis data perjanjian Kementerian Luar Negeri Ri (30/10/1998) dengan tanggal yang tercantum pada basis data Kementerian Luar Negeri Thailand (05/11/1988).

40 Tanggal pengakhiran BIT Indonesia-India dilaporkan sebagai 7 April 2016 di beberapa situs pihak ketiga. Departemen Perekonomian India menyatakan bahwa tanggal pengakhiran adalah 22 Maret 2017 (https://dea.gov.in/bipa?page=2, diakses pada 11 May 2020).

41 BIT Romania-Indonesia BIT (1997) diamendemen melalui protokol tambahan yang ditandatangani kedua pihak di Bukares pada 7 Desember 2005..

42 Basis data pihak ketiga menyebutkan tanggal pengakhiran BIT Indonesia-Spanyol, yaitu antara 11 November 2016 atau 18 Desember 2016.

5 Mempromosikan dan mendukung perilaku bisnis bertanggungjawab

Bab ini berfokus pada bagaimana mempromosikan dan mendukung perilaku bisnis yang bertanggungjawab di Indonesia sebagai bagian langkah-langkah pemulihan COVID-19 yang dapat berujung pada keberhasilan yang lebih jauh lagi dan strategis untuk mempromosikan iklim investasi yang lebih baik dan berkesinambungan, peningkatan pada rantai pasokan global, mendorong kontribusi sektor swasta ke dalam Tujuan Pembangunan Berkelanjutan, dan di saat bersamaan juga melindungi sumber daya Indonesia untuk masa depan.

Rangkuman

Mempromosikan dan mendukung perilaku bisnis bertanggungjawab (RBC) merupakan kepentingan utama para pembuat kebijakan yang berkeinginan untuk menarik dan menjaga investasi dan memastikan bahwa kegiatan bisnis berkontribusi terhadap penciptaan nilai yang lebih luas serta pembangunan yang berkelanjutan. Pengharapan perilaku bisnis bertanggungjawab ini adalah lazim di seluruh rantai pasokan global dan mengacu kepada pengharapan bahwa semua usaha – tanpa memandang status hukum, ukuran, struktur kepemilikan atau sektornya – menghindari dan mengatasi konsekuensi negatif dari kegiatan operasionalnya, dan di saat bersamaan berkontribusi untuk pembangunan berkelanjutan di mana mereka beroperasi. RBC adalah titik masuk untuk perusahaan mana pun juga yang ingin berkontribusi untuk Tujuan Pembangunan Berkelanjutan (SDG) atau untuk mewujudkan tujuan-tujuan ekonomi yang spesifik dan berkelanjutan.

Krisis COVID-19 telah mengekspos kerentanan-kerentanan yang nyata pada kegiatan operasional perusahaan di rantai-rantai pasok global, termasuk yang terkait dengan kesiapsiagaan bencana dan kesinambungan serta ketahanan rantai pasokan. Bukti telah menunjukkan bahwa perusahaan-perusahaan yang bertanggungjawab telah dapat merespons dengan lebih baik. Lensa RBC dapat membantu mereka untuk membuat keputusan yang lebih seimbang, sementara juga memastikan bahwa risiko lebih lanjut kepada manusia, planet dan masyarakat tidak diciptakan atau tidak berkontribusi dalam membuat ketidakstabilan terhadap rantai-rantai pasokan yang ada di bawahnya.

Indonesia secara historis telah mempromosikan tanggung jawab sosial perusahaan (CSR) dan merupakan salah satu negara pertama yang mengintegrasikan CSR dan kedermawanan perusahaan ke dalam sebuah kerangka kerja hukum selama dekade sebelumnya. Belakangan ini upaya telah dilakukan untuk mengembangkannya menuju RBC, terutama di bidang keuangan dan usaha berkelanjutan serta hak-hak asasi manusia. Sebuah upaya juga dapat dicatat terkait ambisi Indonesia untuk memperkenalkan transparansi akan informasi tentang pemilik manfaat ((beneficial ownership). Kegiatan-kegiatan terkait RBC di Indonesia juga telah dilakukan oleh sektor swasta dan masyarakat madani.

Kegiatan-kegiatan ini positif dan hendaknya didorong; akan tetapi, sebuah pendekatan yang lebih strategis dan koheren untuk mempromosikan penerapan RBC lintas sektor oleh pemerintah mungkin diperlukan, khususnya melihat dampak sosial COVID-19 yang berat terhadap sektor manufaktur Indonesia dan biaya lingkungan hidup yang tinggi yang ditimbulkan oleh pertumbuhan selama ini. Standar-standar RBC internasional, yang berbicara tentang tanggung jawab di sepanjang rantai pasok secara keseluruhan, dapat memberikan sebuah kerangka kerja yang berguna untuk mendapatkan solusi untuk memitigasi dampak-dampak terburuk COVID-19 di jangka pendek dan membantu para pemangku kepentingan untuk menghindari pengambilan keputusan sepihak yang berbahaya. Untuk jangka menengah dan panjang, membandingkan upaya-upaya berkelanjutan dengan standar-standar RBC dan berdampak pada kejelasan yang lebih baik di pasar dan mempromosikan perdagangan dan investasi.

Majalah *Review* menyarankan sebuah arah kebijakan yang berani di mana RBC dapat membantu strategi industri yang berkelanjutan menjadi lebih kuat dan sesuai dengan tujuan untuk ekonomi global sekarang ini; membingkai ulang pembicaraan tentang operasional usaha yang sekarang ada di sektor-sektor yang berisiko tinggi; membantu mengorientasikan ulang sektor keuangan ke arah pembiayaan yang berkelanjutan; memberikan sinyal ke pasar dengan mengarahkan BUMN ke RBC dan memastikan pertumbuhan di masa depan tidak memperburuk tantangan yang ada sekarang ini; memimpin dengan memberi contoh di sektor-sektor struktural kunci seperti infrastruktur; dan memerangi korupsi serta mempromosikan integritas.

Rekomendasi kebijakan utama tentang perilaku bisnis bertanggungjawab

- Promosikan RBC dan komunikasikan dengan jelas kepada pihak bisnis dan investor tentang pengharapan pemerintah terkait RBC di dalam konteks kebijakan utama nasional seperti misalnya

Rencana Induk Pembangunan Industri Nasional (RIPIN) 2015-2035 serta upaya-upaya untuk mempromosikan SDG (khususnya upaya tindak lanjut dari *Voluntary National Review* 2019 dan aksi oleh Tim Koordinasi Nasional SDG).

- Promosikan sosialisasi dan pelaksanaan alat serta instrumen praktis RBC, seperti misalnya paduan uji tuntas OECD yang dirancang untuk mendukung dunia usaha. Dukung dan fasilitasi industri kolaboratif dan inisiatif pemangku kepentingan terkait RBC.
- Integrasikan referensi dan pengharapan uji tuntas RBC ke dalam strategi *Making Indonesia 4.0* (termasuk yang terkait dengan pelaksanaan tujuan-tujuan sektoral) dan promosikan keselarasan industri dengan praktik global melalui inisiatif nasional lintas sektor untuk meningkatkan standar-standar keberlanjutan.
- Pastikan bahwa pelaksanaan UU Omnibus tentang Cipta Kerja mengikutsertakan pertimbangan mendasar dari dampak lingkungan serta sosial kegiatan operasional bisnis dan bahwa penyederhanaan prosedur administrasi tidak mengorbankan perlindungan tenaga kerja dan lingkungan hidup dan jalur pembangunan yang inklusi dan berkelanjutan. Pertimbangkan untuk menjadikan uji tuntas RBC sebagai sebuah prosedur operasional standar di dalam konteks ini. Konsultasi secara luas dengan berbagai pemangku kepentingan di tingkat pusat dan daerah, termasuk dengan serikat-serikat pekerja, masyarakat madani, pemangku kepentingan yang terdampak, serta akademisi selain juga dengan komunitas bisnis, hendaknya dilakukan sejak dini, sistemik, bermakna dan transparan.
- Prioritaskan aksi terkait RBC di sektor-sektor kunci, utamanya di sektor-sektor dan alas kaki. Pertimbangkan untuk melakukan penilaian keselarasan standar Kelapa Sawit Berkelanjutan Indonesia dengan Petunjuk untuk Rantai Pasok Pertanian yang Bertanggungjawab OECD-FAO *(OECD-FAO Guidance for Responsible Agricultural Supply Chains).*
- Percepat upaya untuk mempromosikan pertimbangan-pertimbangan lingkungan hidup, sosial dan tata kelola (ESG) dan RBC ke dalam sektor keuangan yang selaras dengan standar-standar internasional. Nilai secara khusus sejauh mana hambatan untuk mengintegrasikan faktor-faktor ini ke pasar, khususnya ketika berhubungan dengan jangka panjang dan mutu pelaporan serta kerangka kerja penilaian.
- Upayakan pengembangan Rencana Aksi Nasional mengenai Bisnis dan HAM yang selaras dengan praktik terbaik internasional dan dilakukan dengan keterlibatan dan konsultasi antar kementerian dan lembaga. Pastikan cakupan rencana tersebut cukup luas untuk memasukkan permasalahan-permasalahan terkait RBC yang paling relevan. Pastikan bahwa proses mendukung adanya konsultasi yang luas dengan para pemangku kepentingan.
- Arahkan BUMN untuk membentuk dan melakukan uji tuntas RBC, memberitahukan pengharapan-pengharapan tersebut kepada publik dan membentuk mekanisme untuk tindak lanjutnya.
- Pimpin dengan memberi contoh dan pastikan integrasi RBC ke dalam tujuan-tujuan strategis Infrastruktur dan Konektivitas Indo-Pasifik berprofil tinggi. Uji tuntas RBC hendaknya menjadi dasar dan titik masuk untuk dunia usaha yang ingin berpartisipasi di dalam upaya kegiatan ini.
- Perkuat pelaksanaan Konvensi PBB Anti Korupsi dan penyelarasan yang lebih dekat dengan Konvensi OECD tentang Pemberantasan Suap terhadap Pejabat Publik Asing dalam Transaksi Bisnis Internasional dengan menjadikan tindakan suap pejabat publik asing sebagai tindakan kriminal dan memberlakukan tanggung jawab perusahaan untuk pelanggaran berupa suap.

Cakupan dan pentingnya perilaku bisnis bertanggungjawab

Mempromosikan dan mendukung RBC merupakan kepentingan utama para pembuat kebijakan yang berkeinginan untuk menarik dan menjaga investasi yang bermutu dan memastikan bahwa kegiatan bisnis di dalam perekonomiannya berkontribusi terhadap penciptaan nilai yang lebih luas serta pembangunan yang berkelanjutan. Pengharapan RBC adalah lazim di seluruh rantai pasokan global dan semakin meningkat di dalam persetujuan-persetujuan perdagangan dan investasi internasional serta pada strategi, perundang-undangan dan regulasi pembangunan nasional. Hal ini juga menegaskan instrumen utama internasional untuk RBC – terutama Pedoman OECD untuk Perusahaan Multinasional (Pedoman OECD), Prinsip-Prinsip Panduan PBB tentang Bisnis dan HAM (Prinsip Panduan PBB), dan Deklarasi Tripartit ILO tentang Prinsip-Prinsip mengenai Perusahaan Multinasional dan Kebijakan Sosial – yang selaras dan saling melengkapi satu sama lain (lihat OECD/OHCHR/ILO, 2019).

RBC berpusat pada pengharapan bahwa semua bisnis – tanpa memandang status hukum, ukuran, struktur kepemilikan atau sektornya – menghindari dan mengatasi konsekuensi negatif dari kegiatan operasionalnya, dan di saat bersamaan berkontribusi untuk pembangunan berkelanjutan di mana mereka beroperasi. Ini berarti mengintegrasikan dan mempertimbangkan permasalahan-permasalahan lingkungan hidup dan sosial di dalam kegiatan bisnis intinya, termasuk di sepanjang rantai pasok dan hubungan bisnisnya. Sebuah unsur kunci dari RBC adalah uji tuntas berbasis risiko – sebuah proses di mana bisnis mengidentifikasi, mencegah dan memitigasi dampak nyata mereka dan berpotensi negatif dan bertanggungjawab atas bagaimana dampak tersebut kemudian ditangani. Banyak perusahaan juga menemukan bahwa bisnis yang bertanggungjawab adalah bisnis yang baik, lebih dari sekedar memastikan penghargaan atas HAM dan ketaatan terhadap perundang-undangan dan peraturan yang berlaku. Memahami, menangani dan menghindari hal-hal berisiko terhadap operasional bisnis dengan cara yang menyeluruh – artinya, lebih dari sekedar risiko keuangan – sering dapat berujung kepada munculnya keunggulan persaingan.

Istilah tanggung jawab sosial perusahaan (corporate social responsibility – CSR) secara historis telah digunakan untuk menggambarkan interaksi antara bisnis dan masyarakat. Selama beberapa tahun terakhir, CSR semakin sering digunakan bersama dengan RBC serta bisnis dan HAM (business and human rights – BHR), yaitu untuk menyoroti bahwa permasalahan lingkungan hidup dan sosial bukan masalah tambahan, tapi merupakan permasalahan inti, dari operasional bisnis. Konsep-konsep ini hendaknya tidak dipahami sebagai setara dengan kedermawanan.

Dari risiko menuju ketahanan: RBC dan COVID-19

Krisis COVID-19 telah menyebabkan gangguan yang besar terhadap rantai pasok global dan mengekspos kerentanan-kerentanan yang nyata pada kegiatan operasional perusahaan, termasuk yang terkait dengan kesiapsiagaan bencana dan kesinambungan serta ketahanan rantai pasokan. Selain dari dampak kesehatan, keseluruhan rantai pasok telah berhenti dan membuat jutaan perusahaan dan pekerja menghadapi risiko ekonomi (OECD, 2020a). Krisis ini juga telah meningkatkan kerentanan dari populasi mereka yang sudah rentan seperti misalnya para pekerja migran (IOM, 2020).

Standar dan alat RBC dapat membantu pemerintah dan perusahaan untuk mengambil keputusan yang menyeimbangkan permasalahan lingkungan hidup, sosial dan tata kelola di saat krisis, sementara juga memastikan bahwa risiko lebih lanjut kepada manusia, planet dan masyarakat tidak diciptakan – atau tidak berkontribusi dalam membuat ketidakstabilan terhadap rantai-rantai pasokan yang ada di bawahnya (misal, meningkatnya pekerja paksa atau pekerja anak di sektor-sektor strategis tertentu). Rencana pemulihan COVID-19 akan menempatkan pemerintah pada posisi yang khususnya strategis untuk mengarahkan ekonomi menuju penciptaan nilai jangka panjang (termasuk pengurangan emisi gas rumah kaca, keterampilan dan tunjangan bagi pekerja dan kesiapsiagaan bencana). Pemerintah-pemerintah hendaknya mempertimbangkan di dalam kebijakan pemulihan mereka akan banyaknya perusahaan yang mungkin tidak ingin berkomitmen atas keinginan mereka sendiri terhadap pendekatan RBC sebagai bagian respons mereka terhadap COVID-19, yang mungkin disebabkan karena kurangnya insentif, kapasitas, sumber daya atau juga pengetahuan. Hal ini khususnya akan lebih banyak lagi terjadi di dalam konteks di mana kesadaran akan RBC masih rendah. Dukungan pemerintah untuk pendekatan RBC akan sangat penting untuk memastikan adanya koherensi antara kebijakan mereka sendiri dengan respons mereka terhadap krisis ini serta pengharapan mereka tentang bagaimana bisnis hendaknya bertindak, termasuk sebagai bagian dari kebijakan-kebijakan perindustrian. Pemerintah hendaknya memastikan bahwa langkah-langkah mereka tidak lebih memperparah dampak negatif dari krisis ini, tapi justru memberi insentif kepada perusahaan-perusahaan untuk memitigasi potensi-potensi bahaya dan memaksimalkan dampak positif dari respons mereka.

Bagi dunia usaha, RBC hendaknya tidak dilihat sebagai beban tambahan yang menggantikan fokus pada keberlanjutan usaha, tapi lebih sebagai sebuah orientasi strategis yang dapat mendorong sebuah respons krisis yang lebih sistemik dan dinamis, mengurangi posisi 'lakukan saja sendiri – go-at-it-alone' (Barry, 2020), dan membawa manfaat jangka pendek dan panjang bagi perusahaan karena ini yang merancang respons krisisnya. Sebagai contoh, membuat rencana kontingensi bersama para pekerja dan pemasok mungkin lebih masuk akal secara komersial dari pada harus membayar biaya pelepasan jumlah tenaga kerja yang besar yang memerlukan waktu bertahun-tahun untuk membangun dan melatih mereka. Lebih jauh lagi, informasi dari uji tuntas rantai pasok (misal, asal usul bahan mentah, dan data lainnya yang bisa dilacak) ketika kemudian diiriskan dengan risiko-risiko terkait dengan COVID-19 (seperti misanya tingkat penyebaran, pembatasan oleh pemerintah dan gangguan terkait dalam hal produksi dan saluran-saluran distribusi) dapat digunakan untuk memahami kerentanan jangka pendek dan menengah pada rantai pasok, dan mendukung rencana berkelanjutan untuk mengelola gangguan-gangguan tersebut. Terutamanya, hal ini juga dapat berkontribusi terhadap kesiapsiagaan dan ketahanan bencana secara keseluruhan, yang khususnya berguna jika mengingat risiko-risiko gangguan karena perubahan iklim.

Indonesia memiliki sejarah di dalam mempromosikan tanggung jawab sosial di dalam operasional bisnis

Indonesia merupakan salah satu negara pertama yang mengintegrasikan pengharapan-pengharapan tanggung jawab sosial perusahaan dan kedermawanan perusahaan ke dalam kerangka kerja hukumnya selama dekade sebelumnya. CSR dimandatkan di dalam beberapa UU sejak tahun 2000-an, terutama UU tentang Perseroan Terbatas di tahun 2007 (UU No. 40 Tahun 2007), yang mewajibkan hal ini bagi perusahaan-perusahaan yang beroperasi di sektor sumber daya alam, serta juga di UU tentang Penanaman Modal (UU. No. 25 Tahun 2007) dan UU tentang Penambangan Mineral dan Batu Bara (UU No. 4 Tahun 2009) (OECD, 2010). Walau upaya-upaya ini mungkin telah dibatasi oleh tantangan-tantangan pada pelaksanaannya dan terkadang pandangan yang bertentangan tentang efisiensinya, ini merupakan sebuah tradisi penting yang masih terus berlanjut di bidang tematik tertentu pada beberapa tahun belakangan ini dan memberikan dasar yang baik untuk upaya berkelanjutan pemerintah terkait RBC.

Belum lama ini, pada Oktober 2019, Menteri Hukum dan HAM mengumumkan keinginan untuk mengembangkan sebuah Rencana Aksi Nasional mengenai Bisnis dan HAM (RAN), yang berfokus pada perkebunan, pertambangan dan pariwisata (JP, 2019). Ini melanjutkan upaya sebelumnya di tahun 2017 Komite Nasional HAM dan Lembaga Studi dan Advokasi Masyarakat (ELSAM), yang menyerahkan serangkaian rekomendasi kepada pihak pemerintah di berbagai bidang terkait dengan bisnis dan HAM (lihat FIHRRST, 2017) sebagai bagian dari upaya untuk mempromosikan pengembangan dan peluncuran RAN tersebut.

Pengembangan RAN tersebut merupakan sebuah kesempatan penting untuk mendorong koherensi antara kementerian/lembaga pemerintah di saat yang merupakan titik kritis dalam jalur lintasan pembangunan Indonesia. Negara-negara ASEAN tetangga Indonesia juga telah mengambil tindakan dalam hal ini. Sebagai contoh, pada tanggal 29 Oktober 2019, Thailand menjadi negara Asia pertama yang mengadopsi sebuah *Rencana Aksi mengenai Bisnis dan HAM (2019-2022)* yang berdiri sendiri. Dengan langkah tersebut, Thailand bergabung dengan 22 negara lainnya yang telah mengembangkan sebuah RAN terkait RBC atau Bisnis dan HAM yang berdiri sendiri, mengikuti rekomendasi yang dikeluarkan PBB untuk melakukan hal ini sebagai bagian dari tanggung jawab negara untuk mensosialisasikan dan melaksanakan Prinsip-Prinsip Panduan PBB.

Mengingat luasnya perekonomian Indonesia, maka memastikan agar RAN tersebut mencakup berbagai bidang-bidang kebijakan RBC menjadi hal yang sangat relevan. Cakupan RAN sendiri bervariasi dari satu negara ke negara lainnya. Ada yang melakukan lebih dari sekedar tema bisnis dan HAM dan mengikutsertakan lingkungan hidup (sebagai contoh Perancis dan Italia) atau RBC secara umumnya dan anti korupsi, seperti di Amerika Serikat.

Indonesia juga menjadi ujung tombak dari upaya-upaya penting lainnya. Yang terutama adalah menjadi pemimpin sejak awal di dalam mempromosikan keuangan berkelanjutan. Otoritas Jasa Keuangan (OJK) meluncurkan sebuah Peta Jalan Keuangan Berkelanjutan pada Desember 2014 ketika upaya-upaya untuk mempromosikan keuangan yang berkelanjutan masih pada tahap pertumbuhan secara global. Lembaga-lembaga keuangan memainkan peran penting di dalam mendorong keberlanjutan dengan mengarahkan keuangan menuju langkah-langkah yang mewujudkan SDG dan transisi menuju ekonomi rendah karbon. Pada tahun 2017, OJK mengeluarkan peraturan baru, yang mulai berlaku di tahun 2019, yang mewajibkan diserahkannya sebuah rencana tahunan tentang pelaksanaan keuangan berkelanjutan sebagai bagian dari laporan berkelanjutan. Upaya-upaya untuk melibatkan sektor keuangan secara keseluruhan menunjukkan visi yang penting di dalam negara terkait dengan keberlanjutan dan itu pantas untuk dipuji. Sektor swasta juga telah mendukung upaya-upaya ini. Sebagai contoh, Inisiatif Keuangan Berkelanjutan Indonesian (IKBI) diluncurkan di tahun 2018 dan mengatur sebuah kemitraan antara WWF Indonesia dan dengan delapan perbankan nasional yang memiliki akumulatif aset hingga 46% dari total aset perbankan yang ada (WWF, 2018).

Selain itu, OJK mengeluarkan peraturan tentang penerbitan Surat Utang Hijau (*green bond*) yang memungkinkan yang mengeluarkannya menawarkan surat hutang yang memenuhi kriteria keberlanjutan dan memberikan insentif kepada penerbitnya terkait dengan hal ini (misal, pemotongan biaya laporan pendaftaran surat hutang hijau). Sebagai tambahan, OJK juga telah berkoordinasi dengan kementerian / lembaga lainnya terkait dengan inisiatif ini (misal, Bursa Saham Indonesia memberikan pemotongan biaya pendaftaran tahunan untuk surat hutan hijau ini).

Upaya penting lainnya oleh pemerintah adalah mempromosikan SDG. Indonesia telah menjalani dua kajian sukarela nasional (Voluntary National Reviews – VNR) pada tahun 2017 dan 2019, yang melihat pencapaian Indonesia di dalam melaksanakan SDG, yang dikoordinasikan oleh Kementerian Perencanaan Pembangunan Nasional / Bappenas dan didukung oleh Kementerian Luar Negeri dan Tim Koordinasi Nasional SDG. VNR tahun 2019 merangkum upaya-upaya oleh berbagai pelaku dan mencatat bahwa kedermawanan dan CSR di Indonesia terus tumbuh. Kajian ini juga merangkum tantangan-tantangan kunci bagi negara yang menghambat perkembangan sosial.

Pentingnya peran sektor swasta di dalam melaksanakan dan membiayai SDG serta dalam berbagai hal untuk pelaksanaan SDG (misal, Kerja sama Pemerintah dan Badan Usaha atau keuangan campuran) secara eksplisit diakui oleh Agenda 2030 (lihat UN A/RES/70/1 yang menghimbau "semua dunia usaha untuk menerapkan kreativitas dan inovasi mereka untuk memecahkan tantangan-tantangan pembangunan yang berkelanjutan"). Sejumlah SDG mengacu kepada pola produksi yang bertanggungjawab, pertumbuhan ekonomi yang inklusi dan berkelanjutan, lapangan kerja dan pekerjaan yang layak untuk semua. Perjanjian Paris tentang perubahan iklim juga menggarisbawahi peran penting dunia usaha di dalam mengatasi perubahan iklim, termasuk melalui pengurangan emisi gas rumah kaca dan meningkatkan kinerja lingkungan hidupnya. Menerapkan prinsip-prinsip dan standar-standar RBC dapat membantu perusahaan-perusahaan menjalankan SDG dan memastikan dampak terpenting mereka diprioritaskan (untuk informasi lebih lanjut, lihat OECD, 2019a).

Terlepas dari inisiatif-inisiatif oleh pemerintah, kegiatan-kegiatan terkait RBC di Indonesia juga telah dilakukan oleh sektor swasta dan masyarakat madani. Indonesia Business Links (IBL) telah beroperasi sejak 1999 untuk mempromosikan praktik-praktik bisnis yang lebih baik di dalam negara dan menerapkan sejumlah inisiatif-inisiatif terkait RBC. Termasuk di dalamnya upaya-upaya penting terkait dengan integritas bisnis, yang diterapkan di tingkat daerah di enam provinsi dan akan memasukkan petunjuk lebih lanjut tentang mendorong anti korupsi. IBL juga mempromosikan konsep-konsep ekonomi hijau, menjadikan pengadopsian oleh Bappenas sebagai sasarannya, serta menciptakan platform kedermawanan untuk SDG. Juga terdapat komitmen-komitmen kebijakan sektoral atau tematis, seperti Program *Better Work* ILO/IFC, di mana dengannya Indonesia berkeinginan untuk meningkatkan kondisi kerja dan menghormati hak-hak buruh para pekerja, dan mendorong daya saing usaha sandang Indonesia. Indonesia juga telah mendukung sejumlah inisiatif internasional yang mempromosikan tanggung jawab di dalam kegiatan operasional bisnis (Kotak 5.1).

Kotak 5.1. Dukungan Indonesia untuk Keberlanjutan inisiatif ekonomi global

Indonesia juga telah mendukung upaya mempromosikan keberlanjutan di dalam agenda ekonomi global, terutama mendukung upaya-upaya yang ada di G20. G20 telah mengakui dalam beberapa pernyataannya akan peran kritis RBC di dalam investasi dan rantai pasok global. Di bawah kepemimpinan G20 Cina di tahun 2016, para menteri perdagangan G20 meneguhkan kembali tekad mereka untuk "mempromosikan pertumbuhan perdagangan dan investasi yang inklusi, kuat dan berkelanjutan" dan sepakat akan Prinsip-Prinsip Pengarah G20 tentang Pembuatan Kebijakan Investasi Global. Prinsip tersebut menyatakan bahwa "kebijakan investasi hendaknya mempromosikan dan memfasilitasi kepatuhan investor terhadap praktik-praktik terbaik internasional dan instrumen-instrumen perilaku bisnis bertanggungjawab serta tata kelola perusahaan yang berlaku" (G20, 2016a). Para pemimpin G20 juga mengakui di dalam komunike tahunan mereka akan "peran penting bisnis yang inklusi di dalam pembangunan" (G20, 2016b). Ini kemudian diikuti dengan komitmen lebih lanjut di tahun 2017 di bawah kepemimpinan Jerman untuk memperkukuh "penerapan standar-standar ketenagakerjaan, sosial dan lingkungan hidup serta HAM yang sejalan dengan kerangka kerja yang diakui secara internasional", termasuk Pedoman OECD (G20, 2017a). Indonesia juga mendukung Rencana Aksi Iklim dan Energi untuk Pertumbuhan dari pertemuan G20 di Hamburg tahun 2017, yang menyoroti perlunya untuk menyelaraskan alur finansial (baik dari lembaga publik mau pun swasta) untuk mempromosikan tujuan-tujuan lingkungan hidup dan mewujudkan tujuan-tujuan SDG. (G20, 2017b).

Arah yang serupa juga dapat dilihat di tingkat regional. Sebagai contoh, sebagai respons terhadap meningkatnya permintaan dari dunia usaha, masyarakat madani dan pemangku kepentingan lainnya untuk mengambil langkah-langkah yang lebih strategis dan menekankan tanggung jawab perusahaan akan dampak ekonomi, sosial dan lingkungan hidup, maka referensi-referensi CSR dan konsep-konsep RBC telah dimasukkan ke dalam Cetak Biru Komunitas Ekonomi ASEAN, Cetak Biru Komunitas Sosial Budaya ASEAN, dan Cetak Biru Politik Keamanan ASEAN 2025 (untuk informasi lebih lanjut tentang upaya-upaya regional, silakan lihat OECD, 2019b).

COVID-19 telah menempatkan Indonesia pada titik kritis di dalam perkembangan ekonomi dan sosialnya

Kegiatan-kegiatan disebut di atas adalah positif dan perlu untuk didorong; akan tetapi, pendekatan yang lebih strategis dan koheren untuk mempromosikan penerapan RBC di lintas sektor oleh pihak pemerintah mungkin diperlukan, khususnya mengingat dampak berat secara sosial dari COVID-19 terhadap sektor manufaktur dan tingginya biaya lingkungan hidup yang diakibatkan pertumbuhan selama ini (lihat OECD, 2019c). Diperlukan adanya penyelarasan kebijakan-kebijakan sektoral yang lebih baik terhadap keberlanjutan sosial dan lingkungan hidup. Keselarasan dengan prinsip-prinsip dan standar-stanmdar

RBC dalam hal ini dapat memberikan sinyal kepada para investor internasional, serta menjadi alat praktik dan jembatan antara apa yang dilakukan sektor swasta dan apa yang menjadi tujuan-tujuan strategis keberlanjutan pemerintah.

Mari lihat sektor manufaktur Indonesia. Industri garmen dan alas kaki khususnya telah melaporkan bahwa 80% angkatan kerjanya (2,1 juta pekerja, sebagian besar perempuan) tidak lagi bekerja per Mei 2020 (Fairwear, 2020a). Untuk keseluruhan sektor-sektor ekonomi, Kementerian Ketenagakerjaan melaporkan bahwa telah terjadi kehilangan pekerjaan dalam jumlah 3 juta sejak pertengahan Maret (Fairwear, 2020a). Konsekuensi yang segera dan serius kepada jutaan pekerja ini telah mengekspos kerentanan-kerentanan utama bagi operasional perusahaan, rantai pasoknya, serta kegagalan pengusaha dan pemerintah di dalam memastikan agar para pekerja garmen diberikan upah yang memenuhi kebutuhan mereka. Dampak krisis ini yang menghancurkan perekonomian dalam jangka pendek juga menimbulkan pertanyaan tentang kelayakan untuk kembali ke normal setelah masa puncak pandemi tersebut, sementara dampak jangka panjangnya terhadap pola konsumen, struktur dan kelangsungan berbagai model bisnis, prioritas para investor serta dampak lingkungan hidup dan sosial-ekonomi terhadap sektor tersebut masih sulit untuk dinilai. Sebagai contoh, asosiasi-asosiasi bisnis di Indonesia sudah memproyeksikan bahwa hingga 70% perusahaan-perusahaan tekstil akan tutup secara permanen dikarenakan COVID-19 (JP, 2020a). Mengingat industri tekstil, sandang dan alas kaki di Indonesia merupakan industri prioritas di dalam Rencana Induk Pembangunan Industri Nasional (RIPIN) 2015-2035, maka dampaknya adalah serius.

Terdapat kebutuhan mendesak untuk memperkuat jaring pengaman sosial untuk memastikan sumber pendapatan dan perlindungan pekerja, dan melakukan investasi kemitraan rantai pasok yang saling menguntungkan untuk jangka panjang, mengurangi dampak sektor terhadap lingkungan hidup, dan mengembangkan kapasitas untuk mempersiapkan diri terhadap kemungkinan gangguan di masa depan. Terkait dengan hal ini, para pembeli masih belum memenuhi kewajiban mereka untuk memastikan model harga untuk mereka bertanggungjawab atas upah, tunjangan dan investasi bagi pekerjaan yang layak, yang juga memperhitungkan jaminan sosial serta menghormati hak-hak kebebasan berserikat serta perundingan bersama. Menggunakan pendekatan RBC memberikan peluang untuk belajar dari krisis ini dan membangun kembali sektor berdasarkan hubungan rantai pasok yang adil dan lebih kolaboratif dan melakukan adaptasi model-model bisnis yang akan tahan terhadap guncangan-guncangan ekonomi dan lingkungan hidup di masa mendatang (lihat Lovell, 2020).

Standar-standar internasional RBC, seperti *Pedoman Uji Kelayakan OECD untuk Rantai Pasok Bertanggungjawab di Sektor Garmen dan Alas Kaki*, yang mengatur tanggung jawab di keseluruhan rantai pasok, memberikan sebuah kerangka kerja yang berguna untuk mendapatkan solusi di dalam memitigasi dampak-dampak terburuk jangka pendek dan membantu para pembeli dan pemasok menghindari pengambilan keputusan sepihak yang berbahaya. Di saat pihak pemerintah dan dunia usaha sedang merencanakan fase pemulihan, penerapan lensa RBC dapat membantu mengatasi kerentanan-kerentanan ini untuk menciptakan rantai nilai yang lebih berketahanan, yang melindungi para pekerja dan lingkungan hidup.

Untuk lintas rantai pasok global, dunia usaha dan para pemangku kepentingannya telah bersatu untuk mengklarifikasi pengharapan-pengharapan mereka dan di dalam beberapa hal, sudah membuat komitmen juga. Contohnya, Jaringan Tekstil Berkelanjutan Regional Sustainable Textile of Asian Region (STAR) Network, sebuah jaringan manufaktur Asia, telah mengeluarkan pernyataan bersama yang menetapkan pengharapan-pengharapan para pembeli (STAR, 2020). Sebuah inisiatif dari tiga belas pemangku kepentingan di sektor ini juga telah mengeluarkan sebuah pertanyaan yang menjabarkan prioritas-prioritas bersama mereka untuk sektor tersebut (Fairwear, 2020b). Sebuah himbauan aksi global, yang memasukkan serangkaian prioritas dan komitmen, telah dinegosiasikan antara Organisasi Pengusaha Internasional (IOE), Konfederasi Serikat Pekerja Internasional (ITUC) dan IndustriALL Global Union, bersama dengan Organisasi Perburuhan Internasional (ILO) sebagai mitra teknisnya, dan sekarang telah secara resmi didukung lebih dari 60 perusahaan dan organisasi (ILO, 2020).

Beberapa negara tetangga Indonesia juga sedang melakukan pendekatan strategis di sektor ini. Sebagai contoh, Vietnam telah mengeluarkan strategi untuk tekstil, garmen dan alas kaki yang secara eksplisit mengintegrasikan pengharapan-pengharapan RBC (yang dibandingkan berdasarkan standar-standar internasional) dan menyoroti RBC sebagai sebuah respons strategis untuk pelaksanaan SDG dan untuk mengatasi risiko-risiko sosial dan lingkungan hidup di sektor ini.

Krisis ini juga telah memfokuskan perhatian kepada hubungan antara kegiatan bisnis dan menurunnya keanekaragaman hayati, degradasi sumber daya alam dan kontribusinya terhadap perubahan iklim, yang juga mengancam masa depan rantai pasok. Untuk jangka pendek, sektor ini telah merasakan pengurangan produksi dan transportasi dan berkurangnya polusi udara, tapi terdapat kekhawatiran bahwa ketika industri ini dimulai kembali maka akan dengan mudah menjadikan tingkat emisi lebih tinggi dari saat sebelum krisis merebak, khususnya pada perusahaan-perusahaan yang perlu menggunakan bahan bakar berpolusi karena adanya gangguan pasokan sebelumnya (lihat Lovell, 2020).

Permasalahan ini tidak hanya relevan untuk sektor manufaktur, tapi juga untuk operasional bisnis dengan kegiatan-kegiatan yang berbasiskan sumber daya alam, yang sudah memberikan tekanan yang luar biasa terhadap ekosistem Indonesia. Bahkan sebelum krisis COVID-19, penggundulan hutan tahunan Indonesia salah satu tertinggi di dunia, mengancam keanekaragaman hayati Indonesia yang unik dan sangat penting secara global. Menurut data OECD, 95% penduduknya telah terpapar tingkat polusi udara yang berbahaya (di atas nilai Pedoman WHO) di tahun 2017. Kebakaran hutan dan lahan gambut telah mendorong variasi dan tingkat polusi di Indonesia dan negara tetangganya Malaysia dan Singapura setiap tahunnya, walau upaya untuk mengurangi kebakaran ini telah mulai memberikan hasil (lihat OECD, 2019c)

Tujuan ekonomi, sosial dan lingkungan hidup yang lebih berimbang di dalam penggunaan lahan merupakan sebuah prioritas pemerintah, yang penting, mengingat, misalnya, bahwa kelapa sawit merupakan komoditas pertanian primer utama Indonesia dan bahwa Indonesia adalah penghasil karet terbesar kedua di dunia. Tingkat produktivitas dan pertumbuhan produktivitasnya rendah, akan tetapi, kedua sektor ini menarik perhatian internasional. Sementara minyak sawit sebagai minyak goreng primer memainkan peran penting di dalam ketahanan pangan dan nutrisi, konversi penggunaan lahan untuk produksi kelapa sawit sering dikutip sebagai pendorong terjadinya penggundulan hutan. Industri kelapa sawit juga dilihat sebagai kontributor utama terhadap emisi gas rumah kaca, kehilangan keanekaragaman hayati, dan polusi udara.

Pemerintah sadar perlunya meningkatkan keberlanjutan industri. Strategi *Making Indonesia 4.0*, yang berfokus pada peningkatan teknologi dan produktivitas di lima industri manufaktur kunci (makanan dan minuman, tekstil dan garmen, mobil, elektronik dan kimia) memasukkan inisiatif nasional lintas sektor untuk meningkatkan standar-standar keberlanjutan. Strategi ini menuntut dijadikannya keberlanjutan menjadi sebuah prioritas nasional, serta mengakui perlunya menarik perusahaan-perusahaan dan investor global untuk dapat mewujudkan tujuan-tujuan yang lebih luas dari strategi tersebut (lihat Bab 2 untuk informasi lebih lanjut tentang peran FDI di dalam strategi tersebut). COVID-19 hanya benar-benar menggarisbawahi betapa mendesaknya kebutuhan-kebutuhan ini. Indonesia juga telah meningkatkan upaya untuk mengklarifikasi hak atas lahan dan memperkuat penegakkan hukum. Moratorium tentang penggunaan hutan primer dan lahan gambut, serta program sertifikasi kayu dan kelapa sawit, membantu melindungi ekosistem-ekosistem yang berharga. Perluasan area yang dilindungi serta penggunaan pembayaran atas jasa ekosistem menawarkan potensi yang baik untuk melengkapi upaya-upaya tersebut (lihat OECD, 2019c).

Akan tetapi, UU Omnibus tentang Cipta Kerja dapat memberikan tantangan tambahan dalam hal ini dan hendaknya dilihat dari segi konteks ini. Sementara keperluan untuk reformasi regulasi lingkungan dunia usaha telah didiagnosis dan diakui dengan baik, UU ini telah mengundak kritik dari kelompok-kelompok lingkungan hidup dan sosial terkait dengan dampak potensinya terhadap lingkungan hidup dan pasar ketenagakerjaan, termasuk kecemasan tentang bagaimana ijin lingkungan hidup akan distrukturkan serta deregulasi akan berdampak kepada kondisi kerja dan upah. Selain lembaga-lembaga swadaya masyarakat dan serikat-serikat pekerja, sekelompok yang terdiri dari 36 investor mewakili pengelolaan aset sekitar 4.1 Triliun Dolar AS telah menghimbau pemerintah untuk mendukung pelestarian hutan dan lahan gambut; menegakkan HAM dan hak adat lahan miliki masyarakat adat; melakukan konsultasi yang baik dengan kelompok-kelompok lingkungan hidup dan masyarakat madani terkait dengan UU tersebut dan pelaksanaannya; dan mengambil pendekatan jangka panjang di dalam pemulihan dari pandemi.[1]

Pembangunan ekonomi dan perlindungan lingkungan hidup dan pekerja bukanlah tujuan yang harus memilih satu dari yang lainnya. Di dalam konteks COVID-19 yang lebih luas, di mana FDI telah terjun bebas secara global dan di mana dampak yang tidak diinginkan terhadap pertumbuhan inklusi sudah diperhitungkan, pihak pemerintah hendaknya mempertimbangkan bahwa UU Omnibus Cipta Kerja ini – jika kekhawatiran tentang permasalahan lingkungan hidup dan sosial tidak diperhatikan – mungkin dapat memberikan dampak sebaliknya dari investasi yang dilakukan. Lebih lanjut lagi, dampak jangka panjang COVID-19 terhadap perekonomian masih harus dilihat dan terdapat risiko bahwa guncangan-guncangan di masa depan mungkin akan sama parahnya. Negara-negara dengan program perlindungan sosial yang berfungsi dengan baik serta infrastruktur pelaksanaan yang baik pra COVID sepertinya bernasib lebih baik sejauh ini (lihat Bank Dunia, 2020). Terdapat hubungan langsung antara mutu jaring pengaman sosial dan ketahanan perekonomian serta kemampuan untuk menghadapi guncangan-guncangan di masa depan.

Membandingkan upaya-upaya keberlanjutan dengan standar-standar RBC internasional dapat berdampak pada kejelasan yang lebih baik di pasar serta mempromosikan perdagangan dan investasi

Mengarusutamakan RBC sebagai bagian dari bisnis inti dapat memberikan manfaat nyata di dalam mengatasi risiko-risiko perubahan iklim serta mempromosikan keterlibatan masyarakat yang lebih baik di dalam konteks investasi. Bagian di bawah ini berfokus pada area-area kunci di mana penerapan prinsip-prinsip dan standar-standar RBC dapat menciptakan perbedaan yang nyata di pasar.

Integrasikan referensi yang eksplisit tentang RBC di dalam strategi-strategi serta upaya-upaya kunci yang sedang berlangsung

Di dalam konteks *Making Indonesia 4.0* dan Rencana Induk Pembangunan Industri Nasional (RIPIN) 2015-2035, referensi yang eksplisit tentang standar-standar internasional utama tentang RBC akan berkontribusi terhadap tujuan yang disebutkan Indonesia untuk menjadi satu dari sepuluh perekonomian terbesar di tahun 2030. Bukti dari pengalaman COVID-19 sudah menunjukkan bahwa jaringan kerja produksi yang berketahanan dapat diwujudkan melalui strategi manajemen yang lebih baik di tingkat perusahaan, dengan memberikan penekanan pada kesadaran risiko, transparansi yang lebih besar, kelincahan (OECD, 2020d).

RBC dapat memberikan sebuah kerangka kerja bagi berbagai pemangku kepentingan (termasuk pembeli, pemasok, investor asing, LSM dan serikat pekerja) untuk menyelaraskan parameter-parameter yang sama serta mempromosikan inisiatif-inisiatif kolaboratif, yang khususnya penting ketika terkait dengan mengidentifikasikan dan menangani risiko-risiko rumit dan sistemik yang tidak dapat diatasi oleh satu pelaku secara sendirian. Sebagai contoh, bisnis dan pemangku kepentingannya dapat menggabungkan pengetahuan tentang risiko sektor dan solusinya untuk menjadikan uji kelayakan lebih efisien bagi semua. Hal ini juga dapat memfasilitasi menanggung biaya bersama dan penghematan. Pemerintah hendaknya menggunakan perannya sebagai pengumpul untuk menilai di mana kesenjangan di industri masih terjadi dan di mana terdapat peluang untuk dukungan terhadap hal itu. Pengalaman dari pemerintah negara lain dalam hal dapat berguna.

Lebih lanjut lagi, dalam konteks UU Omnibus Cipta Kerja, kerangka kerja RBC dapat membantu mengklarifikasi aksi-aksi konkret yang dapat diambil untuk mengatasi potensi dampak terhadap lingkungan hidup dan pasar tenaga kerja. Instrumen-instrumen RBC melihat keseluruhan perspektif rantai pasok untuk menangani tanggung jawab berbagai pelaku yang tidak benar-benar cocok dengan wilayah hukum negara tertentu, sektornya, atau bahkan di antara hubungan bisnis yang ada.

Beberapa unsur dapat dipertimbangkan dalam hal ini. Sementara proses memusatkan kembali tanggung jawab diharapkan dapat menyederhanakan prosedur dan memberikan kejelasan, ini hendaknya tidak terlepas dari pertimbangan tentang bagaimana memastikan adanya perlindungan bagi masyarakat dan planet ini. Seperti disoroti di Bab 7, Indonesia masih menghadapi tantangan di dalam menemukan keseimbangan yang tepat dalam hal berbagi tanggung jawab investasi di lintas tingkatan pemerintahan. Ini adalah keseimbangan yang halus, yang memberikan implikasi luas lebih dari sekedar urusan investasi. Walau pelaksanaan regulasi ini masih harus ditentukan, penting untuk memastikan terdapat lingkaran umpan balik dalam konteks persyaratan pendaftaran bisnis yang baru yang akan memungkinkan para pemangku kepentingan dan otoritas lokal untuk dapat mengkomunikasikan kecemasan-kecemasan mereka terkait dengan dampak-dampak lingkungan hidup dan sosial. Lebih lanjut lagi, memberikan kejelasan lebih lanjut tentang ketentuan bahwa hanya investasi yang berisiko tinggi yang harus mendapatkan otorisasi dan tunduk terhadap analisis dampak lingkungan hendaknya menjadi prioritas.

Bab 7 menyoroti bahwa jika terdapat kondisi yang tepat, maka instansi-instansi lokal mungkin lebih sesuai untuk melakukan penilaian penggunaan lahan dan risiko lingkungan hidup dan membangun kapasitas mereka merupakan opsi yang lebih berkelanjutan untuk jangka panjang. Pada saat bersamaan, pemerintah di tingkat yang lebih tinggi hendaknya memiliki kapasitas yang diperlukan untuk membatasi hambatan regulasi dan ketidaksesuaian informasi antara pemerintah daerah dan investor, dan kemungkinan terjadinya berlomba-lomba menurunkan standar lingkungan hidup atau standar-standar keberlanjutan lainnya. Hal ini khususnya penting mengingat bahwa ketersediaan informasi yang lengkap, dapat dibandingkan dan terkini terkait mutu iklim usaha di daerah-daerah di Indonesia masih merupakan sebuah tantangan.

Banyak investor telah menerapkan uji tuntas RBC dan melalui proses tersebut memprioritaskan bagaimana mereka akan menghadapi risiko-risiko serta dampak-dampak yang paling signifikan. Indonesia hendaknya mempertimbangkan menjadikan uji tuntas RBC sebagai prosedur operasional standarnya di dalam konteks UU Omnibus serta rencana-rencana pelaksanaannya.

Membingkai ulang pembicaraan tentang operasional bisnis yang telah ada

Di luar dari aksi-aksi strategis yang memandang ke depan yang dapat dilakukan pemerintah dalam hal RBC, juga terdapat keperluan untuk mempercepat tindakan untuk mengatasi dampak negatif dari operasional bisnis yang telah ada sekarang ini. Walau pemerintah telah berupaya untuk mengatasi permasalahan-permasalahan keberlanjutan utama yang ada, tantangan-tantangan besar masih ada terkait dengan pembuatan sebuah kerangkan kerja yang mendukung bagi RBC. Masyarakat dapat mendapatkan manfaat dari investasi melalui banyak cara, tapi hubungan antara volume investasi dan manfaat dari investasi tersebut tidaklah selalu linier. Investasi yang lebih banyak tidak otomatis berarti pertumbuhan produktivitas, lebih banyak perusahaan-perusahaan lokal yang kompetitif atau lebih banyak angkatan kerja yang inklusi. Dalam beberapa hal, khususnya ketika terdapat dampak negatif berskala besar terkait dengan proyek, investasi justru dapat membuat perekonomian sang tuan rumah menjadi lebih buruk. Perselisihan profil tinggi, hubungan industri yang genting, dan permasalahan lingkungan hidup yang signifikan menunjukkan bahwa manfaat dari investasi yang ada sekarang ini tidak dimaksimalkan di Indonesia.

Akanlah bermanfaat untuk mempertimbangkan apakah memperkenalkan uji tuntas RBC sebagai prosedur operasi standar memang diperlukan mengingat posisi Indonesia di dalam SDG, serta tantangan terus terjadi yang dihadapinya di dalam mengatasi dampak-dampak lingkungan hidup.

Pengalaman dari industri kelapa sawit dapat menjadi menarik dalam hal ini. Industri ini merupakan kunci bagi pembangunan berkelanjutan Indonesia dan pertumbuhan inklusi dan menjadi salah satu sektor di mana pemerintah telah mengambil langkah-langkah untuk mempromosikan RBC dikarenakan pentingnya sektor ini bagi portofolio perdagangan dan investasi Indonesia. Sumbangan pertanian terhadap PDB negara turun dari 13,9% di tahun 2010 menjadi 12,8% di tahun 2018 (Bank Dunia Bank, 2018), akan tetapi sektor ini masih mempekerjakan 28,5% dari total populasi di tahun 2019 (ILO, 2019), dengan 3,7 juta bekerja di industri kelapa sawit (Noor et al., 2017) dan lebih banyak lagi secara tindak langsung. Indonesia adalah produsen kepala sawit terbesar di dunia, penyumbang 85% produksi kelapa sawit dunia dan melakukannya bersama-sama dengan Malaysia (UNDP, 2020). Produksi kelapa sawit terus tumbuh pesat, di mana terdapat konsumsi dan permintaan yang meningkat akan minyak sayur secara domestik dan global, termasuk di Cina, India dan Uni Eropa. Ekspor kelapa sawit bernilai lebih dari 16,5 Miliar Dolar AS di tahun 2018 (PBB, 2018) dan merupakan hampir 9% dari total ekspor negara, setelah batu bara. Mengingat kerumitan rantai pasok kelapa sawit, penerapan uji tuntas berbasiskan risiko yang direkomendasikan oleh *Panduan OECD-FAO untuk Rantai Pasok Pertanian Bertanggungjawab* dapat membantu bisnis mengatasi risiko-risiko RBC.

Sementara kelapa sawit merupakan minyak sayuran yang paling banyak memberikan keuntungan berkat efisiensi penggunaan lahannya dan memberikan hasil yang tinggi, ekspansi produksi kelapa sawit yang cepat telah memancing perhatian terkait dengan risiko-risiko RBC pada rantai pasoknya, termasuk perlindungan lingkungan hidup dan penggunaan sumber daya alam yang berkelanjutan, HAM, hak-hak pekerja, ketahanan pangan dan nutrisi, hak tenurial, adalah beberapa di antaranya. Sementara minyak sawit sebagai minyak masak primer memainkan peran penting bagi ketahanan pangan dan nutrisi, konversi lahan untuk produksi kelapa sawit sering dikutip menjadi pendorong penggundulan hutan. Industri kelapa sawit juga dilihat sebagai kontributor utama terhadap emisi gas rumah kaca, kehilangan keanekaragaman hayati, dan polusi udara. Pada beberapa tahun belakangan ini, APMNsty International menyoroti permasalahan sistemik luas di industri ini, seperti pekerja anak dan pekerja paksa, upah di bawah upah minimum, serta buruknya kesehatan dan keselamatan kerja (APMNsty International, 2016). The Danish Institute for Human Rights menyebutkan kurangnya akses terhadap mekanisme pengaduan serta keterlibatan pemangku kepentingan yang berarti yang perlu ditangani (The Danish Institute for Human Rights, 2018). Penyerobotan lahan dalam konteks perluasan perkebunan terus dilaporkan oleh organisasi-organisasi masyarakat madani.

Dengan berkeinginan untuk pertumbuhan berkelanjutan industri ini, pemerintah Indonesia telah memperkenalkan serangkaian kebijakan dan legislasi (Andoko dan Zmudczynska, 2019), seperti UU No. 39 tahun 2014 tentang Perkebunan. Memastikan produksi kelapa sawit Indonesia menangani masalah penggundulan hutan dan risiko-risiko RBC lainnya yang diidentifikasi di rantai pasoknya adalah sangat penting dilihat dari semua sisi, termasuk menghormati legislasi Indonesia, memenuhi standar-standar internasional, mengentaskan kemiskinan, mewujudkan Kontribusi Nasional yang ditetapkan secara nasional terhadap Perjanjian Iklim Paris, dan penempatan posisi yang lebih baik di dalam rantai pasok global. Standar Kelapa Sawit Berkelanjutan Indonesia (ISPO) yang diperkenalkan di tahun in 2011 oleh pemerintah merupakan hal wajib bagi semua produsen kelapa sawit – dari petani kecil hingga ke perkebunan berskala besar – yang beroperasi di Indonesia. Standar ini diselaraskan dengan peraturan nasional yang telah ada dan bertujuan untuk memastikan produksi kelapa sawit yang berkelanjutan dan memperkuat kembali daya saing industri ini. Para produsen berskala besar dimandatkan untuk menaati standar ISPO per tahun 2014 dan 400 perusahaan perkebunan kelapa sawit telah disertifikasi pada bulan Desember 2015 sementara Kementerian Pertanian menentukan target bahwa pada tahun 2020 semua petani kecilnya akan disertifikasi (Efeca, 2015). Pemerintah perlu mempertimbangkan apakah penyelarasan standar ISPO dengan rekomendasi yang ditentukan pada standar uji tuntas yang diakui internasional, seperti Panduan OECD-FAO, dapat membantu pemasok dan dunia usaha di sepanjang rantai pasok kelapa sawit mengkomunikasikan harapan tentang bagaimana mereka akan dapat mengatasi risiko-risiko RBC. Selain itu, Panduan OECD-FAO dapat berguna untuk membangun pemahaman yang sama di antara para pemangku kepentingan di sepanjang rantai nilai kelapa sawit global dan kapasitas industri di dalam pelaksanaan uji ketuntasan yang efektif.

Menentukan dan mengkomunikasikan pengharapan yang lebih luas tentang apa yang merupakan RBC adalah kunci untuk memastikan keberlanjutan industri kelapa sawit Indonesia. Melihat kontribusinya terhadap berkurangnya penggundulan hutan sebesar 45% di wilayah yang menjadi moratorium, (World Resource Institute, 2019), sebuah moratorium yang melarang pembukaan hutan primer dan lahan gambut yang baru untuk kegiatan-kegiatan seperti perkebunan kelapa sawit kemudian dikeluarkan oleh Presiden Joko Widodo di tahun 2018 untuk lebih jauh lagi membatasi penggundulan hutan dan mengurangi emisi gas rumah kaca. Hal ini mempersyaratkan semua tingkatan pemerintah untuk tidak lagi mengeluarkan perijinan baru untuk pembukaan lahan di wilayah moratorium seluas sekitar 66 juta hektar hutan primer dan lahan gambut (Forum Ekonomi Dunia, 2019). Pemerintah dapat menggunakan momentum penting ini untuk mendorong industri untuk bersama-sama terkait dengan uji kelayakan / ketuntasan untuk mengatasi risiko-risiko RBC yang lebih luas – tidak hanya terbatas pada penggundulan hutan, tapi juga tantangan di keseluruhan industri dan permasalahan-permasalahan sistemiknya. Mendukung produsen dan bisnis di sepanjang rantai pasok kelapa sawit untuk meningkatkan praktik-praktik bisnis bertanggungjawab mereka agar sesuai dengan rekomendasi-rekomendasi OECD terkait RBC dapat memperkukuh pertumbuhan berkelanjutan industri dan meningkatkan kontribusinya untuk pencapaian SDG.

Ini juga penting di dalam konteks memastikan pertumbuhan di masa mendatang tidak menjadi para karena kondisi yang ada sekarang ini. Produksi beberapa komoditas pertanian tertentu berujung pada degradasi tanah, penipisan sumber daya air dan penggundulan hutan. OECD memperkirakan di tahun 2050 lebih dari 40% penduduk dunia kemungkinan akan tinggal di cekungan-cekungan sungai yang mengalai tekanan air yang parah. Secara keseluruhan permintaan akan air diproyeksikan akan meningkat hingga 55%. Mutu air permukaan di luar OECD diperkirakan akan memburuk di beberapa dekade mendatang, karena aliran nutrisi dari pertanian dan buruknya pengelolaan air limbah. Konsekuensinya adalah meningkatnya eutrofikasi, kehilangan keanekaragaman hayati dan munculnya penyakit. Polutan-polutan mikro (obat-obatan, kosmetik, zat pembersih, dan sisa-sisa biosida) menjadi masalah yang muncul di banyak negara (OECD, 2012). Pada saat bersamaan, di mana dampak negatifnya serius, pertanian juga dapat memberikan dampak positif terhadap lingkungan hidup, misalnya membantu menangkap gas rumah kaca di dalam tanaman dan tanahnya, atau memitigasi risiko-risiko banjir melalui pengadopsian praktik-praktik pertanian tertentu (OECD, 2019d).

Lebih lanjut lagi, ini bukan hanya masalah pertanian. Sebagai contoh, pada Mei 2020, pemerintah mengamendemen UU tentang Penambangan Batu Bara dan Mineral sebagai bagian dari reformasi untuk meningkatkan iklim investasi. Beberapa kelompok telah mengkritik perubahan yang begitu cepat ini sebagai tidak bijaksana dan terlalu lemah bagi lingkungan hidup (Reuters, 2020). Reformasi yang begitu cepat di tengah adanya krisis COVID-19 juga menimbulkan kecemasan yang nyata bagi para pemangku kepentingan. Kelompok-kelompok masyarakat madani telah menggugat UU ini di Mahkamah Konstitusi Indonesia dan telah meminta agar Peraturan Pemerintah (PP) tentang pertambangan hendaknya ditunda hingga peninjauan kembali ini selesai dilakukan (JP, 2020c-d).

Upaya mempercepat RBC di sektor keuangan

Seperti telah diindikasikan di atas, Indonesia merupakan pemimpin awal di dalam mempromosikan keuangan berkelanjutan. Upaya-upaya OJK patut dipuji. Di saat Indonesia mempertimbangkan proses pemulihan COVID-19, maka sangat penting untuk mempercepat upaya-upaya dalam hal lingkungan hidup, sosial dan tata kelola (ESG) serta RBC di sektor keuangan. Penghindaran risiko di pasar keuangan dikarenakan COVID-19 telah mencapai tingkatan yang belum pernah dilihat sejak terjadinya krisis keuangan global di tahun 2008. Bursa saham telah menurun hingga lebih dari 30% dan ketidakpastian ini telah meningkatkan level krisis ini (OECD, 2020c). Berita baiknya, akan tetapi, adalah terdapat laporan dini yang menyarankan bahwa ketertarikan akan RBC telah meningkat nyata dan RBC dilihat di pasar sebagai penanda bagi perusahaan-perusahaan dengan kinerja jangka panjang. Dana ESG telah mengalahkan kinerja dana tradisional selama krisis ini, sesuai dengan bukti yang ada tentang kasus bisnis yang menginginkan RBC.[2]

Meningkatnya saling ketergantungan antar pasar-pasar keuangan ASIA (Kotak 5.2) dapat berarti bahwa berhadapan dengan kerangka kerja hukum dan regulasi yang berbeda-beda (termasuk juga yang terkait dengan RBC) dapat menjadi kemungkinan tantangan bagi lembaga-lembaga keuangan. Penyelarasan praktik internasional dapat berguna demi mengintegrasikan sektor ini lebih jauh lagi di pasar global. Sebagai contoh, rekomendasi yang dijabarkan di dalam makalah OECD tentang *Perilaku Bisnis Bertanggungjawab bagi Investor Keuangan* telah diterima oleh para manajer investasi[3], dana pensiun,[4] dan belum lama ini menjadi referensi di dalam *Peraturan Unit Eropa untuk Pengungkapan Berkelanjutan,* yang menghimbau semua investor kelembagaan Uni Eropa dan para pelaku pasar keuangan lainnya untuk melaporkan proses uji ketuntasan mereka. Regulasi barus ini menentukan bagaimana para pelaku pasar keuangan dan penasihat keuangan harus mengintegrasikan risiko-risiko dan peluang-peluang ESG di dalam prosesnya, termasuk melaporkan ketaatan terhadap standar uji ketuntasan yang telah diakui secara internasional. Para pelaku pasar keuangan dan para penasihatnya dihimbau untuk melaporkan proses uji tuntas mereka "dengan mempertimbangkan manual uji ketuntasan untuk bisnis bertanggungjawab yang dikembangkan oleh [OECD]." [5]

Kotak 5.2. Pasar keuangan Asia semakin terintegrasi

Pentingnya sektor keuangan Asia adalah signifikan dan meningkat. Menurut Kajian Pasar Ekuitas Asia oleh OECD 2019, rata-rata peningkatan tahunan jumlah modal ekuitas yang digalang oleh perusahaan-perusahaan Asia meningkat dari 46 Milyar Dolar AS (2000-2008) menjadi 67 Milyar Dolar AS (2009-2018). Kecenderungan sebaliknya terjadi di Amerika Serikat dan Eropa, di mana angkanya menurun dari 78 Milyar Dolar AS (2000-2008) menjadi 51 Milyar Dolar AS 2009-2018). Selain itu, dan berlawanan dengan kecenderungan yang ada di Amerika Serikat dan Eropa, terdapat peningkatan jumlah perusahaan-perusahaan Asia yang ikut *listing* baru. Walau perkembangan ini sebagian besar dikarenakan perusahaan-perusahaan dari pasar-pasar Asia yang besar seperti Cina, India, Korea, dan Jepang, jika dilihat lebih mendetail pada kegiatan IPO regional juga menunjukkan adanya beberapa pasar yang muncul, seperti di Indonesia, yang peringkat IPO-nya lebih tinggi dibandingkan sebagian besar ekonomi yang sudah maju.

Temuan lainnya dari kajian OECD adalah bursa saham semakin juga terintegrasi. Semakin banyak investasi ekuitas publik dilakukan lintas batas, ditambah lagi dengan perusahaan-perusahaan mengambil manfaat dari pasar-pasar ekuitas asing untuk meningkatkan modal mereka. Pada akhir 2018, 510 perusahaan Asia telah *listing* di pasar yang bukan pasar domestiknya, tanpa *listing* secara domestik, Asian sementara 120 perusahaan Asia melakukan *listing* baik di pasar domestik dan pasar asingnya.

Lebih lanjut lagi, laporan belum lama ini oleh WWF terkait perbankan berkelanjutan di ASEAN menunjukkan bahwa sebagian besar bank-bak ASEAN belum melakukan mitigasi risiko yang memadai dari klien mereka dan mungkin tidak menyadari sejauh mana mereka terpapar terhadap risikonya. Mungkin berguna untuk mempertimbangkan apakah penyelarasan dengan *OECD Due Diligence for Responsible Corporate Lending and Securities Underwriting* dapat berguna dalam hal ini. Diterbitkan di bulan Oktober 2019, Manual ini memberikan sebuah kerangka kerja global yang sama bagi lembaga-lembaga keuangan untuk mengidentifikasi, merespons dan mengkomunikasikan secara publik tentang risiko-risiko lingkungan hidup dan sosial yang terkait dengan klien mereka. Laporan ini membantu pihak bank dan lembaga keuangan lainnya melaksanakan rekomendasi-rekomendasi uji ketuntasan dari *Manual OECD bagi*

Perusahaan-Perusahaan Multinasional di dalam konteks pinjaman perusahaan dan kegiatan-kegiatan penjaminan emisinya.

Upaya-upaya oleh OJK dan pemangku kepentingan hendaknya perlu didorong dan didukung sebagai sebuah prioritas, serta diperkuat oleh lembaga-lembaga keuangan kunci lainnya. Indonesia hendaknya menilai apakah penilaian lebih lanjut serta penghilangan hambatan-hambatan di dalam mengintegrasikan faktor-faktor ESG ke dalam kegiatan-kegiatan para praktisi sektor keuangan di pasar Indonesia diperlukan (Kotak 5.3). Pembuat regulasi Indonesia mungkin ingin menilai dan menganalisis sejauh mana kerangka kerja sekarang ini mungkin untuk jangka panjang. Bukti-bukti empiris yang terus meningkat menyarankan bahwa investasi yang mempertimbangkan faktor-faktor ESG mendapatkan nilai tambah dan berujung kepada pengembalian setelah dikurangi biaya yang lebih tinggi yang disesuaikan dengan risiko. Faktor-Faktor RBC sepertinya memiliki, pada posisi terbaik, hubungan yang positif dengan kinerja keuangan perusahaan, dan di posisi terburuk, hubungan yang netral (OECD, 2017).

Mempromosikan penyelarasan dan secara eksplisit menyatakan uji tuntas RBC berarti telah selaras dengan prinsip-prinsip dan standar-standar internasional dapat lebih lanjut lagi memperkenalkan kejelasan di pasar. Sebuah permasalahan tambahan yang muncul pada pelaporan ESG dan kerangka kerja penilaiannya adalah terkait dengan materi data yang disediakan. Memastikan agar kerangka kerja pelaporan eksplisit tentang apakah yang menjadi fokus (hanya) pada permasalahan-permasalahan ESG yang memberikan risiko keuangan kepada perusahaan atau kinerja ESG yang sebenarnya (dan apakah mereka melaporkan informasi terkait dengan permasalahan ini secara terpisah) juga menjadi penting di sini. Indonesia hendaknya menilai apakah klarifikasi seperti ini memang diperlukan di Indonesia.

Kotak 5.3. RBC di pasar keuangan meningkat, tetapi para praktisi masih menghadapi hambatan di dalam pelaksanaannya

Para investor dan pemangku kepentingan lainnya telah mengidentifikasi berbagai tantangan untuk mengintegrasikan faktor-faktor ESG ke dalam kegiatan-kegiatan para praktisi sektor keuangan. Di antara tantangan ini adalah buruknya pemahaman tentang risiko-risiko ESG dan kurangnya pendekatan yang terstandar terkait manajemen risiko ESG (lihat sebagai contoh State Street Global Advisors, 2018); kerangka kerja tata kelola yang tidak secara eksplisit sesuai dengan strategi-strategi ESG; dan kurangnya mutu data dan metrik komparatif tentang permasalahan-permasalahan ESG (lihat Morgan Stanley, 2018).

When it comes to interpretation and design of existing governance frameworks, some investors continue to perceive legal barriers between the responsibility to protect the financial interests of beneficiaries and consideration of ESG factors, even when these do not exist in practice. OECD research has found that this is partially because investment governance regulatory frameworks and risk-based controls generally do not explicitly refer to ESG factors. This gap has meant that investors and other financial institutions have had to interpret for themselves the extent to which responsible investment strategies are possible or permitted (OECD, 2017a).

Tantangan lainnya adalah ketegangan antara tujuan-tujuan ESG (yang dilihat penting sebagai penciptaan nilai jangka panjang) dan cakrawala investasi (yang ingin memaksimalkan nilai pemegang saham dalam jangka pendek). Dalam sebuah survei yang dilakukan State Street, 47% pemilik aset dan 43% manajer aset mengindikasikan bahwa mereka percaya bahwa kerangka waktu yang pantas untuk mengharapkan strategi investasi berkelanjutan dapat menjadi lebih unggul adalah dalam waktu 5 tahun atau lebih, tapi hanya 10%-20% yang menggunakan jangka waktu ini untuk benar-benar mengevaluasi kinerja. Kinerja investasi masih diukur dan dilaporkan per cakrawala 1, 3 dan 5 tahun (Cappucci, 2017).

Akan tetapi, adalah mungkin bagi regulator untuk mempromosikan upaya jangka panjang ketika mempertimbangkan konteks ini. Pasar, karena sudah sifatnya, tidak mungkin akan memberikan perubahan seperti itu. Bergerak dari pemikiran sekarang ini menjadi sebuah lingkungan investasi jangka panjang memerlukan sebuah "budaya investasi" yang baru. Analisis lebih lanjut dan rekomendasi tentang bagaimana regulator dapat mempromosikan jangka panjang oleh investor-investor kelembagaan terdapat di lembaran OECD tentang Mempromosikan Investasi Jangka Panjang oleh Investor Kelembagaan: Permasalahan dan Kebijakan yang Dipilih (OECD, 2011).

Terakhir, kurangnya data yang bermutu terkait dengan strategi investasi berkelanjutan dan pengukuran kinerja keuangan dari strategi seperti ini juga telah disebutkan oleh para praktisi sebagai sebuah tantangan utama, mencerminkan pengalaman secara global. Sebagai contoh, 68% pemilik aset yang disurvei di dalam sebuah studi Morgan Stanley mencatat bahwa kurang tersedianya data ESG yang bermutu merupakan tantangan utama terhadap investasi berkelanjutan (Morgan Stanley, 2018). Banyak investor sekarang ini berharap pada penyedia dan penilai data ESG; akan tetapi, kurangnya metrik pengungkapan keberlanjutan yang disepakati bersama di tingkat internasional telah berdampak pada tingginya tingkat subyektivitas di dalam penilaian ESG yang menghambat kemampuan untuk menilai kinerja dan risiko. Permasalahan-permasalahan ini lebih diperparah lagi permasalahan mutu, perbandingan dan ketersediaan data ESG, dan kurangnya pengungkapan data ESG yang terstandar oleh penyedia dan penerbit data ESG.

Memecahkan tantangan terkait data ESG adalah sebuah proses yang sedang berlangsung yang memerlukan kerja sama lintas para pembuat kebijakan, praktisi investasi, penyedia data ESG dan perusahaan. Pembuat kebijakan dapat lebih lanjut mendorong untuk data dan pelaporan yang bermutu dengan memandatkan pelaporan berdasarkan kerangkan kerja yang sudah luas digunakan dan diakui, seperti yang diterbitkan oleh Gugus Tugas Pengungkapan terkait Iklim, (Task Force on Climate Related Disclosures), Inisiatif Pelaporan Global (Global Reporting Initiative), Dewan Standar Akuntansi Berkelanjutan (Sustainability Accounting Standards Board) dan rekomendasi pelaporan uji ketuntasan OECD. Menentukan klasifikasi dan sistem standar bagi faktor-faktor keberlanjutan seperti emisi gas rumah kaca dan kinerja iklim, juga perlu dipertimbangkan. Sebagai contoh, upaya ini sedang dilakukan di Uni Eropa sebagai bagian dari Rencana Aksi Keuangan Berkelanjutan Unit Eropa yang memasukkan pembentukan sistem klasifikasi untuk kegiatan-kegiatan berkelanjutan Uni Eropa (Aksi 1); menciptakan standar dan label untuk produk-produk keuangan hijau (Aksi 2); mengembangkan dan menyelaraskan patokan keberlanjutan terkait dengan karbon (Aksi 5); dan memperkuat pengungkapan keberlanjutan dan pembuatan aturan akuntansi (Aksi 9). Uni Eropa baru-baru ini juga memperkenalkan sebuah taksonomi yang merefleksikan prinsip-prinsip yang telah disepakati bersama dan metrik untuk menilai apakah kegiatan-kegiatan ekonomi dapat dipertimbangkan sebagai berkelanjutan bagi lingkungan hidup dengan tujuan untuk investasi.

Sebuah permasalahan tambahan yang muncul pada pelaporan ESG dan kerangka kerja penilaian yang ada sekarang ini adalah tidak jelasan terkait dengan materi data yang disediakan. Sekarang ini, kurangnya kejelasan terjadi di dua aspek: bagaimana produk-produk merefleksikan kinerja dan dampak lingkungan hidup dan sosial serta bagaimana materi-materi keuangan terkait faktor-faktor ESG dinilai. Memastikan agar lembaga penilai dan kerangka kerja pelaporan eksplisit tentang apakah yang menjadi fokus (hanya) pada permasalahan-permasalahan ESG yang memberikan risiko keuangan kepada perusahaan atau kinerja ESG yang sebenarnya (dan apakah mereka melaporkan informasi terkait dengan permasalahan ini secara terpisah) akan menjadi penting untuk memberikan kejelasan kepada pasar.

Memberikan sinyal ke pasar dengan mengarahkan BUMN ke RBC dan memastikan pertumbuhan di masa depan tidak memperburuk tantangan yang ada sekarang ini

Badan-Badan Usaha Milik Negara memainkan peran yang kuat di dalam perekonomian Indonesia. Pedoman OECD tentang Tata Kelola Perusahaan Badan Usaha Miliki Negara di tahun 2015 merekomendasikan bahwa kebijakan kepemilikan negara sepenuhnya mengakui tanggung jawab BUMN terhadap para pemangku kepentingannya dan meminta BUMN melaporkan hubungannya dengan para pemangku kepentingan, serta menyatakan dengan jelas segala bentuk pengharapan yang dimiliki negara terkait RBC oleh BUMN (OECD, 2015: V). Pedoman BUMN itu lebih lanjut lagi merekomendasikan, dan mengharapkan dalam hal ini kepada dewan direksi hingga manajemen eksekutif, langkah-langkah ekstensif untuk melaporkan tentang risiko-risiko yang dapat diramalkan, termasuk di bidang HAM, ketenagakerjaan, lingkungan hidup, serta risiko terkait korupsi dan perpajakan. Pengharapan-pengharapan ini telah sejalan dengan Pedoman OECD tentang Perusahaan Multinasional (yang berlaku untuk semua entitas di dalam dunia usaha di semua sektor, baik swasta, milik negara atau yang kepemilikannya campuran) serta Prinsip-Prinsip Pengarah PBB tentang Bisnis dan HAM, yang berlaku untuk semua negara dan semua pengusaha. Prinsip Pengarah PBB 4 mengatur bahwa negara "hendaknya mengambil langkah-langkah tambahan untuk melindungi terhadap pelanggaran HAM oleh perusahaan yang dimiliki atau dikendalikan oleh Negara, atau yang menerima dukungan dan jasa yang substansial dari instansi-instansi negara seperti instansi untuk kredit ekspor dan asuransi investasi resmi atau instansi yang memberikan jaminan, termasuk, jika dimungkinkan, dengan mempersyaratkan uji tuntas untuk HAM" (UN, 2011). Sebuah laporan di tahun 2016 oleh Kelompok Kerja PBB untuk Bisnis dan HAM meneliti praktik-praktik terkait dengan RBC dan praktik-praktik bisnis dan HAM BUMN dan menemukan kurangnya perhatian diberikan terhadap permasalahan-permasalahan RBC dan bahwa kebijakan, pedoman serta praktik yang baik masih kurang baik di tingkat internasional mau pun nasional (UN, 2016).

Mengingat pentingnya BUMN bagi perekonomian Indonesia, mengarahkan BUMN untuk melaksanakan prinsip-prinsip uji tuntas RBC akan memberikan sebuah sinyal penting kepada pasar.[6] Mengintegrasikan praktik-praktik seperti uji ketuntasan untuk risiko-risiko lingkungan hidup dan sosial, memperbaiki proses-proses terkait pelibatan pemangku kepentingan, serta mempromosikan pengungkapan dan transparansi, dapat sangat membantu di dalam memitigasi risiko. Hal ini khususnya akan menjadi penting di sektor-sektor prioritas seperti infrastruktur di mana Indonesia telah menentukan serangkaian tujuan-tujuan strategisnya. BUMN beroperasi di hampir semua sektor perekonomian – dari manufaktur hingga konstruksi serta pertanian – tapi BUMN juga memainkan khususnya peran penting di dalam infrastruktur, utamanya transportasi (OECD, 2018b). BUMN-BUMN yang ada di *listing* mewakili hampir seperempat dari kapitalisasi pasar ekuitas.

Mengingat definisi dan arah tentang bagaimana tepatnya BUMN seharusnya bertanggungjawab (misal, dengan uji tuntas RBC) dan penyelarasan dengan tata kelola dan standar perilaku bisnis yang bertanggungjawab yang diterima secara internasional juga dapat membantu mengimbangi dan menghilangkan kecemasan-kecemasan terkait menyeimbangkan keinginan untuk melindungi perekonomian lokal dari investasi asing, di satu sisi, dan kerelaan bagi perekonomian untuk mendapatkan manfaat lebih dari investasi asing langsung. Selain itu juga, mengingat stimulus sebesar Rp. 44 Triliun yang telah diberikan kepada BUMN setelah COVID-19, maka RBC dapat membantu BUMN memaksimalkan kontribusinya terhadap pembangunan berkelanjutan bersama dengan tujuan-tujuan yang telah disebutkan pemerintah (see JP, 2020b).

Memimpin dengan memberi contoh untuk memastikan bahwa upaya-upaya infrastruktur dan konektivitas berkelanjutan

Indonesia diharapkan menjadi tuan rumah Forum Infrastruktur dan Konektivitas Indo-Pasifik pertama di tahun 2020 ini. Forum ini merupakan upaya strategis dari Presiden untuk mempresentasikan pandangan yang berpusat pada ASEAN tentang keamanan maritim, pembangunan konektivitas dan berkelanjutan di bawah konsep baru kerja sama Indo-Pasifik (lihat Diplomat, 2020). Indonesia dapat memperoleh keuntungan dari upaya-upaya berprofil tinggi ini untuk memimpin dengan memberi contoh tentang pembangunan berkelanjutan dan menyoroti komitmen-komitmen nyata untuk mempromosikan prinsip-prinsip dan standar-standar perilaku bisnis bertanggungjawab, utamanya uji tuntas RBC, sebagai dasar dan titik masuk bagi dunia usaha yang berkeinginan untuk ikut serta di dalam upaya-upaya ini.

Mengkomunikasikan dengan jelas informasi tentang Prinsip Pengarah PBB dan Pedoman OECD serta menjadikan RBC sebagai prosedur operasi standar bagi proyek-proyek infrastruktur akan bermanfaat lebih dari sekedar menentukan visi yang strategis.

Risiko-risiko sosial dan lingkungan hidup di sektor infrastruktur adalah nyata. Secara global, konstruksi berada di posisi kedua setelah pekerja rumah tangga di mana pekerja paksa banyak terjadi, 18% dan 24% untuk masing-masingnya (ILO dan Walk Free Foundation, 2017). Transparency International memperkirakan bahwa korupsi merupakan masalah yang lebih besar di dunia konstruksi dibandingkan dengan pertambangan, perumahan, energi atau pasar persenjataan. Lebih lanjut lagi, dampak beton terhadap lingkungan hidup dan sosial – sebuah masukan penting – telah terdokumentasi dengan baik. Di antara berbagai material, hanya batu bara, minyak dan gas yang menjadi sumber gas rumah kaca yang lebih besar; dan penambangan pasir, yang diperlukan untuk membuat beton, dilaporkan semakin banyak dikendalikan oleh kelompok-kelompok kejahatan terorganisir (lihat The Guardian, 2019). Sama pentingnya, aspek lingkungan hidup dari proyek ini juga signifikan. Sebagai contoh, Forum Transportasi Internasional memperkirakan bahwa emisi CO_2 dari transportasi (seperti jalan, kereta api, penerbangan, kelautan, angkutan / logistik) dapat meningkat hingga 60% pada tahun 2050, walau perkembangan teknologi yang signifikan telah dijadikan asumsi di model skenario dasarnya (OECD/ITF, 2017).

Sebuah laporan tahun 2019 oleh Kantor Komisioner Tinggi PBB HAM bersama dengan Yayasan Heinrich Boell melakukan survei HAM dan kesempatan di sektor energi, transportasi dan air di tingkat proyek makro dan meso dan menerbitkan hasilnya di dalam sebuah laporan bersama berjudul *Kesenjangan Infrastruktur Lainnya: Keberlanjutan: Dimensi HAM dan Lingkungan Hidup*. Penelitian ini menunjukkan bahwa proyek-proyek infrastruktur berskala besar telah diasosiasikan dengan bahaya serius dan terkadang tidak dapat diperbaiki terhadap manusia dan lingkungan hidup. Di dalam banyak hal, risiko-risiko HAM tidak dipedulikan atau dianggap tidak penting di dalam penghitungan risiko proyek, dan diulangi lagi di proyek-proyek mendatang. OHCHR telah memperingatkan bahwa tanpa adanya pengakuan dan penanganan HAM secara eksplisit dan sistematis di dalam kerangka kerja dan praktik-praktik kebijakan infrastruktur, yang terbaik yang dapat diharapkan adalah tidak terwujudnya potensi luar biasa infrastruktur sebagai fasilitator SDG, dan yang terburuknya adalah pembangunan infrastruktur justru menggerogoti SDG. Salah satu rekomendasi utama laporan tersebut adalah mereka yang melaksanakan dan membiayai proyek infrastruktur yang besar untuk melakukan uji ketuntasan HAM (lihat OHCHR PBB-hbs, 2019).

Memerangi korupsi dan mempromosikan integritas bisnis

Bidang lainnya yang khususnya relevan adalah pemberantasan korupsi yang sedang berlangsung di Indonesia, yang walau terdapat upaya yang signifikan sejak tahun 2000-an, masih merupakan upaya yang masif (lihat juga Bab 4). Indonesia berada di posisi 85 dari 180 negara di dalam Indeks Persepsi Korupsi yang dikeluarkan Transparency International di tahun in 2019, secara perlahan meningkatkan posisinya dari 137 di tahun 2005, 110 di 2010 dan 88 di 2015.

Penanganan korupsi merupakan komponen penting lainnya di dalam membangun lingkungan yang mendukung bagi investasi dan RBC yang bermutu. Instrumen-instrumen RBC OECD menekankan bahwa penyuapan dan korupsi justru mencegah investasi dan mengganggu kondisi persaingan internasional. Secara khusus, pembelokan dana melalui praktik—praktik korupsi mengganggu upaya warga negara untuk mewujudkan kesejahteraan ekonomi, sosial dan lingkungan hidup yang lebih baik dan menghalangi upaya-upaya untuk mengurangi kemiskinan. Baik bisnis dan pemerintah memiliki perang penting di dalam mengatasi korupsi. Sebagai contoh, standar-standar RBC memberikan spesifikasi bahwa perusahaan seharusnya tidak, baik secara langsung mau pun tidak langsung, menawarkan, menjanjikan, memberikan atau meminta suap atau bentuk keuntungan lainnya yang tidak semestinya untuk mendapatkan atau menjaga usaha mereka atau keuntungan lainnya yang tidak benar, seharusnya menahan permintaan suap atau pemerasan. Pemerintah juga memiliki tanggung jawab untuk memastikan bahwa kerangka kerja hukum dan regulasi telah ada dan ditegakkan untuk mencegah korupsi. Pemerintah juga dapat memimpin dengan memberikan contoh dengan memenuhi standar integritas tertinggi di dalam tindakan mereka sebagai pelaku ekonomi.

Strategi Nasional Pencegahan dan Pemberantasan Korupsi Jangka Panjang (2012-2025) memberikan kerangka kerja multi pemangku kepentingan yang kokoh untuk memonitor dan memajukan integritas di dalam pemerintahan masyarakat. Strategi ini mengakui bahwa memerangi korupsi adalah unsur penting untuk memungkinkan adanya lingkungan demi investasi yang bermutu dan RBC. Komisi Pemberantasan Korupsi (KPK), dibentuk di tahun 2002 untuk melakukan penyelidikan dan penuntutan kasus-kasus korupsi dan untuk memantau tata kelola negara, secara khusus telah menjadi pilar di dalam upaya-upaya ini dan dihargai dan dihormati. UU KPK yang baru yang disahkan di September 2019 mengakibatkan terjadinya demonstrasi dan himbauan dari para pemangku kepentingan bahwa pengaruh dan independensi KPK terancam.[7]

Satu bidang khusus yang perlu dicatat adalah upaya Indonesia terkait informasi pemilik manfaat (beneficial ownership). Ini merupakan prioritas berdasarkan Peraturan Presiden No. 54 Tahun 2018 tentang Strategi Nasional untuk Pemberantasan Korupsi (memprioritaskan lisensi dan perniagaan, keuangan neara, dan penegakan hukum serta reformasi birokrasi) dan secara langsung ditangani di dalam Peraturan Presiden No. 13 Tahun 2018, yang mempersyaratkan semua orang mengungkapkan kepemilikan manfaat mereka dan menyediakan kepemilikan manfaat mereka secara elektronik. Informasi ini diharapkan akan diterbitkan di dalam sebuah pangkalan data yang dapat diakses publik pada akhir tahun 2020. Ini adalah sebuah lompatan penting ke depan dalam hal transparansi (lihat Stranas PK, 2019).

Upaya juga sedang berlangsung untuk mempromosikan aksi di regional. KPK memimpin upaya untuk mempromosikan kerja sama regional serta, terutama memimpin program pembangunan kapasitas untuk mempromosikan dan mendorong kerja sama antara anggota-anggota lembaga anti korupsi ASEAN (ASEAN-PAC) di dalam mencegah dan memberantas korupsi (KPK, 2019). Upaya terkini juga memasukkan upaya-upaya untuk mempromosikan integritas sektor swasta. KPK sendiri telah menghimbau Indonesia untuk mempertimbangkan adanya peraturan tentang penggelapan, penyuapan, menerima suap dan memfasilitasi suap oleh sektor swasta. KPK juga memainkan peran penting di dalam menciptakan *Online Single Submission (OSS)* dengan instansi pemerintah lainnya, yang dibentuk untuk meningkatkan efisiensi dan transparansi prosedur bisnis (lihat Bab 6 tentang kebijakan promosi dan fasilitasi investasi). Menurut KPK, OSS ini, dengan memusatkan prosedur bisnis di dalam sebuah sistem daring, membantu mengurangi peluang untuk korupsi.

Indonesia seharusnya menjadikan tindakan suap terhadap pejabat publik sebagai perbuatan kejahatan dan membuat aturan tentang tanggung jawab perusahaan untuk pelanggaran korupsi sebagai salah satu Pihak UNCAC dan anggota G20. Negara-negara tetangga Indonesia telah mengambil langkah-langkah untuk menerapkan peraturan seperti ini. Malaysia, misalnya, berdasarkan Bab 17A dari Undang-Undang Komisi Anti Korupsi Malaysia tahun 2009, mulai menegakkan tanggung jawab perusahaan ini di Juni 2020.

Perubahan legislatif ini akan menempatkan Indonesia pada posisi untuk meminta untuk ikut di dalam Konvensi OECD tentang Memerangi Suap kepada Pejabat Publik Asing di dalam Transaksi Bisnis Internasional (Konvensi Anti Suap Bribery), yang berfokus pada memerangi pasokan suap kepada para pejabat publik asing di dalam bisnis internasional. Para pihak konvensi ini harus menjadikan penyuapan pejabat asing sebagai pelanggaran kriminal, para individu dan perusahaan harus tunduk terhadap sanksi yang efektif dan suap harus secara eksplisit tidak dapat dikurangkan dari pajak. 44 pihak yang membentuk Kelompok Kerja OECT tentang Penyuapan di dalam Transaksi Bisnis Internasional (Kelompok Kerja) terdiri dari perekonomian-perekonomian utama dunia, termasuk juga delapan negara non-OECD. Lima belas dari anggota G20 juga menjadi Pihak dari Konvensi tersebut. Empat Pihak Konvensi tersebut berasal dari regional Asia-Pasifik (Australia, Jepang, Korea dan Selandia Baru).

Referensi

APMNsty International (2016), *Palm Oil: Global brands profiting from child and forced labour,* http://dx.doi.org/www.aPMNsty.org/en/latest/news/2016/11/palm-oil-global-brands-profiting-from-child-and-forced-labour/.

Andoko, E. and E. Zmudczynska (2019), *An Analysis of the Palm Industry's Development, Regulations, and Practices in Indonesia*, http://ap.fftc.agnet.org/ap_db.php?id=996.

Barry M. (2020) "Shaping a sustainable post-COVID-19 world: five lessons for business", 27 March 2020, *Ethical Corporation*, http://www.ethicalcorp.com/shaping-sustainable-post-COVID-19-world-five-lessons-business?utm_campaign=ETH%2003APR20%20Newsletter%20Database&utm_medium=email&utm_source=Eloqua&elqTrackId=bc93f1101bc74ea380a342a7df89e199&elq=bb2b08a80eec4e58a8067731b9238d61&elqaid=52689&elqat=1&elqCampaignId=33277.

Cappucci, M. T. (2017), "The ESG Integration Paradox", Harvard Management Company, https://corpgov.law.harvard.edu/2017/07/26/the-esg-integration-paradox/.

The Danish Institute for Human Rights (2018), *Labour rights assessment: Nestlé's palm oil supply chain in Indonesia*, http://www.humanrights.dk/sites/humanrights.dk/files/media/dokumenter/udgivelser/hrb_2018/nestle-rapport_hria_2018.pdf.

Diplomat (2020), *What to Expect from Indonesia's Indo-Pacific Push in 2020?,* 6 March 2020, Karl Lee Chee Leong, https://thediplomat.com/2020/03/what-to-expect-from-indonesias-indo-pacific-push-in-2020/

The Economist (2019), *Sustainable and Actionable: A study of asset-owner priorities for ESG investing in Asia,* The Economist Intelligence Unit, https://eiuperspectives.economist.com/sites/default/files/amundi_sustainable_and_actionable_0.pdf.

Efeca (2015), *Comparison of the ISPO, MSPO and RSPO standards*, http://dx.doi.org/www.sustainablepalmoil.org/wp-content/uploads/sites/2/2015/09/Efeca_PO-Standards-Comparison.pdf.

Fairwear (2020), *COVID-19 impact and responses: Indonesia*, May 19 2020, https://www.fairwear.org/COVID-19-dossier/COVID-19-guidance-for-production-countries/COVID-19-impact-and-responses-indonesia/.

Fairwear (2020b), *Garment industry coalition lays out joint priorities for the garment sector,* https://www.fairwear.org/COVID-19-dossier/COVID-19-garment-industry-coalition-statement/.

FIHRSST (2017), Indonesia Launches National Action Plan on Business & Human Rights, https://businesshumanrights.org/sites/default/files/documents/Indonesia%27s%20NAP%20Launch.pdf.

G20 (2017a), G20 Leaders´ Declaration: Shaping an interconnected world, Hamburg Summit, 7-8 July 2017, https://www.g20.org/gipfeldokumente/G20-leaders-declaration.pdf.

G20 (2017b), *G20 Hamburg Climate and Energy Action Plan for Growth*, http://unepinquiry.org/wp-content/uploads/2017/07/Climate_and_Energy_Action_Plan_for_Growth.pdf.

G20 (2016a), Guiding Principles for Global Investment Policymaking, www.oecd.org/investment/g20-agrees-principles-for-global-investment-policymaking.htm.

G20 (2016b), Leaders' Communique, Hangzhou Summit, 4-5 September 2016 www.g20.org/Content/DE/_Anlagen/G7_G20/2016-09-04-g20-kommuniqueen.html?nn=2068780.

The Guardian (2019), *Concrete: the most destructive material on Earth*, 25 February 2019, https://www.theguardian.com/cities/2019/feb/25/concrete-the-most-destructive-material-on-earth.

ILO (2020), COVID-19: Action in the Global Garment Industry, 22 April 2020, https://www.ilo.org/global/topics/coronavirus/sectoral/WCMS_742343/lang--en/index.htm.

ILO (2019), "ILOSTAT", *Country Profiles*, https://ilostat.ilo.org/data/country-profiles/ (accessed on June 2020).

ILO and Walk Free Foundation (2017), Global estimates of modern slavery: forced labour and forced marriage, https://www.ilo.org/global/publications/books/WCMS_575479/lang--en/index.htm.

IOM (2020), "COVID-19 places migrant workers in highly vulnerable situations", 26 March 2020, https://crest.iom.int/news/COVID-19-places-migrant-workers-highly-vulnerable-situations%C2%A0.

JP (2020a), *70% of textile companies could go out of business because of COVID-19: Association,* 30 April 2020, Mardika Parama, https://www.thejakartapost.com/news/2020/04/30/70-of-textile-companies-could-go-out-of-business-because-of-COVID-19-association.html.

JP (2020b), Indonesia unveils bigger stimulus worth $47.6 billion to fight coronavirus impacts, 4 June 2020, Adrian Wail Akhlas, https://www.thejakartapost.com/news/2020/06/04/indonesia-unveils-bigger-stimulus-worth-47-6-billion-to-fight-coronavirus-impacts.html.

JP (2020c), *Civil society brings new Mining Law to court over transparency issues*, 28 July 2020, Norman Harsono, The Jakarta Post, https://www.thejakartapost.com/news/2020/07/28/civil-society-brings-new-mining-law-to-court-over-transparency-issues.html.

JP (2020d), *Watchdog coalition rejects impending mining regulation*, 16 September 2020, Norman Harsono, The Jakarta Post, https://www.thejakartapost.com/news/2020/09/16/watchdog-coalition-rejects-impending-mining-regulation.html.

JP (2019), *Government to establish a National Action Plan on Business and Human Rights*, 3 October 2019, Adrian Wail, The Jakarta Post, https://www.thejakartapost.com/news/2019/10/03/govt-to-establish-national-action-plan-on-business-and-human-rights.html.

KPK (2019), *SEA-PAC Collaboration to Prevent Corruption in Private Sector*, 24 September 2019, https://www.kpk.go.id/en/news/highlights/1287-sea-pac-collaboration-to-prevent-corruption-in-private-sector.

Lovell, D. (2020), *How can fashion brands mitigate the negative impacts of the COVID-19 pandemic on garment workers?*, OECD On the Level Blog, 15 April 2020, https://oecdonthelevel.com/2020/04/15/how-can-fashion-brands-mitigate-the-negative-impacts-of-the-COVID-19-pandemic-on-garment-workers/.

Morgan Stanley (2018), *Sustainable Signals*, www.morganstanley.com/assets/pdfs/sustainable-signals-asset-owners-2018-survey.pdfs.

Noor, F. et al. (2017), "Beyond sustainability criteria and principles in palm oil production: addressing consumer concerns through insetting", *Ecology and Society*, Vol. 22/2, http://dx.doi.org/10.5751/ES-09172-220205.

OECD (2020a), *COVID-19 and Responsible Business Conduct*, Paris, April 2020, https://read.oecd-ilibrary.org/view/?ref=129_129619-6upr496iui&title=COVID-19-and-Responsible-Business-Conduct.

OECD (2020b), *COVID-19 Crisis in Indonesia*, Note by the Secretariat, External Relations Committee, Paris.

OECD (2020c), *Global Financial Markets Policy Responses to COVID-19*, Paris, https://read.oecd-ilibrary.org/view/?ref=127_127003-tvl9kqbfy9&title=Global-Financial-Markets-Policy-Responses-to-COVID-19.

OECD (2020d), *COVID-19 and Global Value Chains: Policy Options to Build More Resilient Production Networks*, https://read.oecd-ilibrary.org/view/?ref=134_134302-ocsbti4mh1&title=COVID-19-and-Global-Value-Chains-Chains-Policy-Options-to-Build-More-Resilient-Production-Networks.

OECD (2019a), *OECD Business and Finance Outlook 2019: Strengthening Trust in Business*, OECD Publishing, Paris, https://doi.org/10.1787/af784794-en.

OECD (2019b), *Equity Market Review of Asia 2019*, OECD Capital Market Series, Paris, http://www.oecd.org/daf/ca/oecd-equity-market-review-asia.htm.

OECD (2019a), *Responsible Business Conduct and the Sustainable Development Goals*, https://PMNguidelines.oecd.org/RBC-and-the-sustainable-development-goals.pdf.

OECD (2019b), *OECD Investment Policy Reviews: Southeast Asia,* www.oecd.org/investment/oecd-investment-policy-review-southeast-asia.htm.

OECD (2019c), *OECD Green Growth Policy Review of Indonesia 2019*, OECD Environmental Performance Reviews, OECD Publishing, Paris, https://doi.org/10.1787/1eee39bc-en.

OECD (2018a), *OECD Due Diligence Guidance for Responsible Supply Chains in the Garment and Footwear Sector*, OECD Publishing, Paris, https://doi.org/10.1787/9789264290587-en.

OECD (2018b), *OECD Economic Surveys: Indonesia 2018*, OECD Publishing, Paris, https://doi.org/10.1787/eco_surveys-idn-2018-en.

OECD (2017a), *Investment Governance and the Integration of Environmental, Social and Governance Factors*, www.oecd.org/finance/Investment-Governance-Integration-ESG-Factors.pdf.

OECD (2017b) *Responsible Business Conduct for Institutional Investors*, http://PMNguidelines.oecd.org/RBC-for-Institutional-Investors.pdf.

OECD (2015), *OECD Guidelines on Corporate Governance of State- Owned Enterprises, 2015 Edition*, OECD Publishing, Paris, http://dx.doi.org/10.1787/9789264244160-en.

OECD (2012), *OECD Environmental Outlook to 2050: The Consequences of Inaction*, OECD Publishing, Paris, https://doi.org/10.1787/9789264122246-en.

OECD (2011), *Promoting Longer-Term Investment by Institutional Investors: Selected Issues and Policies*, discussion note prepared for the Eurofi high-level seminar on the benefits and challenges of a long-term perspective in financial activities, held in Paris on 17 February 2011; a revised version is published in this issue of *Financial Market Trends*.

OECD (2010), *OECD Investment Policy Reviews: Indonesia*: OECD Publishing, Paris, https://doi.org/10.1787/9789264087019-en.

OECD/ITF (2017), *ITF Transport Outlook 2017*, OECD Publishing, Paris, http://dx.doi.org/10.1787/9789282108000-en.

OECD/OHCHR/ILO (2019), Responsible Business: Key Messages From International Instruments, https://PMNguidelines.oecd.org/Brochure-responsible-business-key-messages-from-international-instruments.pdf.

OJK (2015), *Sustainable Finance Roadmap in Indonesia for the Period 2015-2019,* https://www.ojk.go.id/en/berita-dan-kegiatan/publikasi/Pages/Sustainable-Finance-Roadmap-in-Indonesia-for-the-Period-2015-2019.aspx.

PRI (2018), *Financial Performance of ESG Integration in US Investing*, www.unpri.org/download?ac=4218.

Reuters (2020), *Indonesia passes new mining law revisions, met with praise and protest*, https://www.reuters.com/article/indonesia-mining/indonesia-passes-new-mining-law-revisions-met-with-praise-and-protest-idUSL4N2CU2Q4.

ShareAction (2018), "Pensions in a Changing Climate", https://aodproject.net/wp-content/uploads/2019/01/AODP-PensionsChangingClimate.pdf.

STAR (2020), *Joint Statement on Responsible Purchasing Practices amid the COVID-19 Crisis*, Sustainable Textile of Asian Region (STAR) Network, 9 April 2020, http://www.asiatex.org/ennewss/393.html.

State Street Global Advisors (2018), *ESG Institutional Investor Survey*, www.ssga.com/investment-topics/environmental-social-governance/2018/04/esg-institutional-investor-survey.pdf.

Stranas PK (2019), *Beneficial Ownership in National Strategy on Corruption Prevention,* September 2019, https://aclc.kpk.go.id/wp-content/uploads/2019/09/Session6_Dedi-Haryadi_Beneficial-Ownership-in-National-Strategy-on-Corruption-Prevention.pdf.

UN (2020), "UN Comtrade Database", https://comtrade.un.org/data.

UN (2016), Human Rights Council, Thirty-second session, *Report of the Working Group on the issue of human rights and transnational corporations and other business enterprises*, A/HRC/32/45, 4 May 2016, https://documents-dds-ny.un.org/doc/UNDOC/GEN/G16/091/71/PDF/G1609171.pdf?OpenElement.

UN (2015), *Transforming our world: the 2030 Agenda for Sustainable Development,* 25 September 2015, General Assembly, A/RES/70/1, https://undocs.org/A/RES/70/1.

UN (2011), *Guiding Principles on Business and Human Rights*, HR/PUB/11/04. www.ohchr.org/Documents/Publications/GuidingPrinciplesBusinessHR_EN.pdf.

UNDP (2020), *Mapping the Palm Oil Value Chain: Opportunities for sustainable palm oil in Indonesia and China*, http://dx.doi.org/www.cn.undp.org/content/china/en/home/library/environment_energy/mapping-the-palm-oil-value-chain--opportunities-for-sustainable-.html.

World Economic Forum (2019), *Indonesia has just made its moratorium on forest clearance permanent*, http://dx.doi.org/www.weforum.org/agenda/2019/08/indonesia-president-makes-moratorium-on-forest-clearance-permanent/.

World Bank (2020), *Investing in People: Social Protection for Indonesia's 2045 Vision*, Jakarta, https://www.worldbank.org/en/country/indonesia/publication/investing-in-people-social-protection-for-indonesia-2045-vision.

World Bank (2018), "World Bank Open Data", *Agriculture, forestry, and fishing, value added (% of GDP) - Indonesia*, https://data.worldbank.org/indicator/NV.AGR.TOTL.ZS?locations=ID.

World Resource Institute (2019), *Indonesia Is Reducing Deforestation, but Problem Areas Remain*, http://dx.doi.org/www.wri.org/blog/2019/07/indonesia-reducing-deforestation-problem-areas-remain.

WWF (2019), *Sustainable Banking in ASEAN*, https://susba.org/pdfs/report-2019-compressed.pdf

WWF (2018), Eight National Banks and WWF-Indonesia Launch the 'Indonesia Sustainable Finance Initiative', https://www.wwf.or.id/?66702/Eight-National-Banks-and-WWF-Indonesia-Launch-the-Indonesia-Sustainable-Finance--Initiative-ISFI

[1]Catatan

[1] Lihat: https://www.greencentury.com/wp-content/uploads/2020/10/Indonesian-Omnibus-Investor-Letter.pdf.

[2]Menurut penelitian dari Bloomberg Intelligence, "sejauh ini di tahun 2020, 59% dari U.S. ESG ETFs berkinerja lebih baik dibandingkan dengan Indeks S&P 500 sementara 60% dari European ESG ETFs telah mengalahkan Indeks MSCI Eropa Index". Lihat Claire Ballentine (31 March 2020), "ESG Stock Resilience Is Paving the Way for a Surge in Popularity" *Bloomberg* https://www.bloomberg.com/news/articles/2020-03-31/esg-stock-resilance-is-paving-the-way-for-a-surge-in-popularity. Lihat juga Saijel Kishan dan Emily Chasan (13 March 2020), "Older ESG Funds Outperform Their Newer Rivals in Market Tumult", *Bloomberg* https://www.bloomberg.com/news/articles/2020-03-13/older-esg-funds-outperform-their-newer-rivals-in-market-tumult?sref=wingcnxe dan Jon Hale (16 March 2020), "Sustainable Equity Funds are Outperforming in Bear Market", *Morningstar* https://www.morningstar.com/articles/972475/sustainable-equity-funds-are-outperforming-in-bear-market

[3] Sebagai contoh, Blackrock, NBIM, APG merupakan mitra-mitra kunci di dalam pengembangan makalah ini. Selain itu, para investor yang mewakili nilai 1,9 Triliun Dolar di AUM telah mengeluarkan pernyataan resmi menerima rekomendasi dari makalah ini sebagai praktik terbaik.
See: https://investorsforhumanrights.org/sites/default/files/attachments/2019-04/IAHR_Making%20Finance%20Work%20for%20People%20and%20Planet_FINAL.pdf

[4] Di tahun 2018 Federasi Dana Pensiun, Lembaga Swadaya Masyarakat, Serika Pekerja dan Pemerintah Belanda menandatangani sebuah Perjanjian Perilaku Bisnis Bertanggungjawab untuk investasi yang bertanggungjawab oleh Dana Pensiun yang didasarkan atas rekomendasi dari makalah ini. Silakan melihat: https://www.imvoconvenanten.nl/pensioenfondsen?sc_lang=en

[5] Lihat https://data.consilium.europa.eu/doc/document/ST-7571-2019-ADD-1/en/pdf

[6] Beberapa anggota ASEAN telah bertindak terkait hal ini. Sebagai contoh, Thailand telah mengarahkan BUMN-nya untuk mengikuti prinsip-prinsip dan standar-standar RBC sesuai dengan standar-standar RBC internasional.

[7] Lihat sebagai contoh Koalisi Masyarakat Madani dari UNCAC https://uncaccoalition.org/uncac-coalition-statement-on-threats-to-the-independence-of-indonesias-corruption-eradication-commission-kpk/.

6 Promosi dan fasilitasi investasi di Indonesia

Bab ini membahas kebijakan promosi dan fasilitasi investasi di Indonesia. Di dalamnya dipaparkan analisis kerangka kelembagaan untuk promosi dan fasilitasi investasi, dengan penekanan khusus pada peran dan kegiatan BKPM yang merupakan *focal point* promosi investasi Indonesia untuk kemudian dibandingkan dengan lembaga-lembaga lain di dunia (*benchmark*). Bab ini juga menyoroti reformasi dan langkah-langkah utama yang dilaksanakan oleh pemerintah untuk meningkatkan lingkungan bisnis dan memfasilitasi proses investor yang masuk serta untuk menarik investasi asing. Kajian dalam bab ini juga membahas peraturan pajak dan peran insentif pajak dalam investasi untuk mendukung promosi investasi asing. Bab ini mengidentifikasi tantangan yang masih dihadapi serta mengusulkan rekomendasi untuk mengatasi tantangan-tantangan tersebut.

Rangkuman dan rekomendasi utama

Kebijakan promosi dan fasilitasi investasi, termasuk insentif pajak yang dirancang dengan baik untuk investasi, dapat berkontribusi pada daya saing suatu negara dengan menarik investor yang berkualitas dan inovatif dan dengan mempermudah bisnis untuk membangun atau memperluas operasi mereka. Inisiatif semacam itu sangat penting untuk menanggapi krisis yang dipicu oleh pandemi COVID-19 yang menimbulkan tantangan signifikan bagi otoritas publik. Penyusutan kegiatan ekonomi, penurunan investasi asing langsung (FDI), tekanan pada anggaran publik dan kebutuhan untuk mencapai tujuan pembangunan berkelanjutan merupakan sebagian bidang yang akan berdampak pada institusi yang bertugas mempromosikan dan memfasilitasi investasi di Indonesia. Langkah-langkah promosi dan fasilitasi investasi tidak hanya dapat mendukung pemulihan yang berkelanjutan dengan menciptakan kondisi ekonomi yang menarik, tetapi juga dengan membantu memastikan bahwa investasi asing mendukung tujuan pembangunan nasional dan menghasilkan limpahan (*spillover*) positif melalui pengembangan daerah yang saat ini masih kurang berkembang, menghubungkan perusahaan asing dengan perusahaan lokal, dan transfer keterampilan. Namun, penting untuk diperhatikan bahwa insentif pajak investasi harus digunakan dengan hati-hati akibat adanya peningkatan tekanan pada anggaran publik. Upaya promosi dan fasilitasi investasi juga harus melengkapi langkah-langkah untuk memastikan kerangka kebijakan investasi yang baik, dan bukan untuk menggantikannya.

Dalam kerangka kelembagaan Indonesia yang mengatur investasi, Badan Koordinasi Penanaman Modal (BKPM) merupakan badan pelaksana pemerintah untuk promosi, fasilitasi dan regulasi investasi. BKPM merupakan organisasi besar dengan banyak mandat resmi yang jumlah mandatnya lebih banyak daripada lembaga promosi investasi (IPA) lainnya di seluruh dunia. Karakteristik regulasi dan orientasi kebijakannya telah mendominasi pola pikir dan orientasi strategis badan tersebut selama beberapa dekade terakhir, dan telah berperan dalam meningkatkan lingkungan yang ramah bisnis di Indonesia, termasuk untuk FDI.

BKPM bertujuan memainkan peran koordinasi dalam lanskap kelembagaan yang memiliki segi, bahkan bisa dinyatakan terfragmentasi, dengan sejumlah entitas publik memiliki suara dalam kebijakan investasi atau pelaksanaannya. Peran dan tugas yang berbeda antar aktor pemerintah ini terkadang dapat saling melengkapi tetapi juga dapat tumpang tindih atau tidak konsisten satu sama lain. Kompleksitas di tingkat pusat ini diperkuat oleh peran penting yang dimainkan oleh pemerintah daerah dalam promosi dan fasilitasi investasi.

Peningkatan kondisi lingkungan bisnis telah menjadi prioritas utama dari Presiden sejak ia menjabat pada tahun 2014 dan yang kemudian lebih ditekankan pada awal masa jabatan kedua. Adanya kesadaran bahwa biaya administrasi yang tinggi mengurangi produktivitas dan merupakan jalan untuk korupsi dan informalitas, pemerintah memprakarsai reformasi perizinan usaha dan fasilitasi investasi yang bertujuan untuk meningkatkan transparansi, merampingkan perizinan, dan menciptakan mekanisme untuk memudahkan proses pendirian bisnis. Salah satu reformasi andalan baru-baru ini adalah *Online Single Submission* (OSS), yaitu sistem perizinan bisnis online yang memungkinkan proses perizinan bisnis menjadi lebih efisien dan lebih transparan.

Namun pada praktiknya, investor masih mengandalkan terlalu banyak prosedur dan persyaratan yang tidak dapat diproses oleh OSS sehingga menghambat efisiensi sistem. Selain itu, OSS, dengan mengganti sistem yang diberlakukan hanya beberapa tahun sebelumnya dan masih diterapkan secara kuat di kota dan kabupaten tertentu, masih menghadapi masalah implementasi dan hambatan lokal. Oleh karena itu, pemerintah berupaya untuk membakukan proses perizinan ke thaap lebih lanjut dengan memberikan peningkatan kewenangan kepada BKPM. Secara paralel, pemerintah telah menyiapkan dua Omnibus law, satu tentang penciptaan lapangan kerja dan satu lagi tentang perpajakan, yang berupaya untuk memodernisasi kerangka regulasi.

Di antara semua tujuan Omnibus Law Cipta Lapangan Kerja, tercakup upaya untuk mempermudah dan menyelaraskan proses perizinan usaha dengan mengubah 76 undang-undang yang terkait dengan beragam sektor ekonomi. Implementasi efektifnya masih harus dilihat. Di masa depan, pemerintah dapat mempertimbangkan untuk mengadopsi urutan reformasi yang terbalik: dimulai dengan menilai peraturan yang ada dan beban yang dihadapi bisnis untuk kemudian memotong izin dan persyaratan administratif yang tidak perl, dan menyelesaikannya dengan menerapkan mekanisme online terbaik untuk memulai bisnis.

Reformasi ini berlangsung di lingkungan yang menjadikan konsultasi pemangku kepentingan sangat penting. Meskipun BKPM menjalankan perannya sebagai perantara antara pemerintah dan sektor swasta dengan sangat serius dan menyelenggarakan konsultasi bisnis secara teratur, tantangan utamanya terletak pada menyatukan pandangan yang terkadang bertentangan tentang hal-hal terkait investasi yang dimiliki oleh para pelaku pasar yang berbeda.

Dalam hal tujuan daya tarik FDI, pemerintah secara progresif telah mengambil sikap yang lebih proaktif dalam mempromosikan investasi selama beberapa tahun terakhir, tetapi relatif kurang maju jika dibandingkan beberapa negara yang setara. Dengan dipimpin oleh BKPM, pemerintah telah secara kolegial mengembangkan strategi dengan sektor-sektor prioritas berdasarkan beberapa kriteria yang telah ditentukan dengan baik agar kegiatan BKPM untuk membangkitkan investasi berdampak dan terukur, tetapi fokusnya masih terlalu luas. Sebagian besar dari upaya lembaga masih didedikasikan untuk membangun citra, padahal perlu dilakukan penargetan yang lebih spesifik dan kegiatan-kegiatan meningkatkan daya tarik seperti yang dilakukan oleh IPA yang lebih modern dan sepenuhnya matang dalam upaya untuk mencapai tujuan yang sama. Karena jalur (*pipeline*) proyek FDI baru kemungkinan besar akan berkurang akibat pandemi, strategi penentuan prioritas yang efektif untuk promosi investasi merupakan faktor keberhasilan penting dalam upaya pemulihan yang dilakukan oleh pemerintah.

Reformasi perpajakan merupakan pilar lain dari strategi Indonesia untuk meningkatkan iklim investasi dan mempromosikan negaranya sebagai tujuan investasi yang menarik. Dalam beberapa tahun terakhir, perubahan signifikan telah dilakukan melalui peninjauan bertahap dan perluasan insentif pajak Indonesia. Reformasi perpajakan yang lebih luas juga direncanakan dalam Omnibus Law untuk perpajakan. Respon kebijakan untuk krisis ekonomi akibat COVID-19 mempercepat beberapa reformasi yang telah direncanakan secara hukum untuk memberikan keringanan pajak untuk usaha-usaha terdampak.

Insentif pajak Indonesia termasuk yang paling dermawan di kawasan ini . Potensi insentif pajak untuk menarik investasi, menciptakan lapangan kerja, memperoleh pengetahuan, keterampilan dan teknologi, serta mendorong pertumbuhan ekonomi harus dipertimbangkan dengan memandang biaya yang timbul terkait kompleksitas pajak, netralitas dan pendapatan yang hilang. Di Indonesia, insentif pajak untuk investasi terus menjadi inti dari strategi untuk meningkatkan lingkungan bisnis, tetapi perubahan substansial telah diperkenalkan sejak tahun 2018 dalam rancangan dan kegiatan tertargetnya.

Insentif berbasis biaya baru diperkenalkan untuk mempromosikan sektor padat karya dan kegiatan dengan limpahan (*spillover*) sosial ekonomi, seperti penelitian dan pengembangan (litbang) dan pelatihan kejuruan yang telah menjadi perkembangan positif. Pada saat yang sama, insentif yang ada sebelumnya juga diperluas untuk mencakup sektor prioritas baru di bawah skema pembebasan pajak dan tunjangan investasi. Ekspansi berturut-turut dari sektor-sektor prioritas (di bawah kebijakan yang disebut kebijakan *perintis* dan kebijakan industri *tertentu*) membuat tujuan kebijakan yang dimaksud menjadi kurang jelas . Misalnya, tunjangan investasi sebesar 30% diperluas ke sektor tambahan dan semua proyek investasi baru (bukan hanya terbatas pada perusahaan yang baru terdaftar) sehingga menciptakan persaingan yang tidak setara di antara perusahaan yang diberi insentif dan yang tidak.

Skema insentif pajak yang lebih luas terus menerus memunculkan kompleksitas akibat adanya insentif yang pada sejumlah kasus menjadi tumpang tindih dan kepadatan kerangka hukum saat ini. Insentif pajak di Indonesia diperkenalkan melalui berbagai instrumen hukum, termasuk undang-undang dan peraturan. Peraturan perundangan tersebut dapat dimodifikasi oleh peraturan lebih lanjut, misalnya dengna memasukkan persyaratan tambahan, yang mengubah persyaratan sebelumnya dan menyulitkan investor untuk mendapatkan gambaran lengkap tentang bagaimana insentif diterapkan. Meskipun peraturan terkait tersedia secara online, terjemahan bahasa Inggris resmi tidak selalu tersedia sehingga dapat menimbulkan ketidakpastian tambahan. Namun demikian, upaya signifikan telah dilakukan untuk meningkatkan transparansi dan mengkomunikasikan insentif dengan lebih jelas . Panduan investor memberikan gambaran umum yang baik tetapi tidak dapat menangkap beberapa hal secara rinci dan tak mampu mengungkapkan kompleksitas peraturan yang ada.

Rekomendasi utama untuk promosi dan fasilitasi investasi

- Memastikan bahwa peran kepemimpinan BKPM dalam promosi dan fasilitasi investasi diakui dengan baik dan bahwa BKPM memiliki sarana untuk mengoordinasikan dialog antar semua pihak. Meskipun integrasi peningkatan tanggung jawab perizinan di dalam badan tersebut merupakan perkembangan yang baik, peran pastinya dalam pemerintahan terkadang masih belum jelas.
- Menyelesaikan diskusi yang sedang berlangsung di kabinet tentang status BKPM dengan memutuskan apakah BKPM akan sepenuhnya ditingkatkatkan ke tingkat menteri atau tetap menjadi badan operasional. Pilihan pertama akan memungkinkan BKPM untuk lebih memenuhi peran koordinasi dan mendorong reformasi kebijakan. Jika opsi kedua dipertahankan, perlu dipertimbangkan untuk memberi BKPM lebih banyak otonomi untuk mengurangi jumlah mandat dan untuk memberikan lebih banyak tanggung jawab kepada Komite Investasi. Komite dapat ditingkatkan menjadi dewan untuk menyelaraskannya dengan praktik internasional IPA yang baik, dan harus mencakup perwakilan bisnis dari semua segmen ekonomi serta perwakilan akademisi dan masyarakat sipil.
- Mengingat kecepatan reformasi yang sedang berlangsung untuk memfasilitasi investasi, terutama pembentukan OSS dan Omnibus Law tentang Penciptaan Lapangan Kerja, perlu dipastikan bahwa pejabat di pemerintah pusat dan daerah memiliki sumber daya, kapasitas, dan informasi yang memadai dan sesuai untuk melaksanakan peraturan baru dengan benar dan beradaptasi dengan perangkat baru. Tindakan ini akan membantu mengatasi tantangan operasional OSS dan membuatnya lebih efisien. Tinjauan atas implementasi dan dampak reformasi dapat dipertimbangkan untuk memahami apakah langkah - langkah ini mencapai tujuannya.
- Memberikan aturan dan pedoman yang jelas kepada investor tentang penggunaan OSS dan mempertimbangkan untuk membangun layanan informasi. Peraturan pelaksanaan Omnibus Law Cipta Kerja yang terkait dengan perizinan usaha dan perubahan OSS yang akan datang juga perlu dibahas dan dikomunikasikan dengan baik terlebih dahulu. Tindakan yang memastikan bahwa peningkatan prediktabilitas dan transparansi dalam prosedur investasi, termasuk untuk mengurangi risiko korupsi, akan terus mendorong reformasi fasilitasi investasi yang sedang berlangsung dan yang baru.
- Terus merampingkan izin usaha dan prosedur administratif yang berlebihan dan terlalu membebani untuk menyediakan lingkungan bisnis yang sehat bagi investor yang masuk dan yang sudah mapan. Namun, pendekatan ini tidak boleh mengorbankan tenaga kerja yang sangat dibutuhkan dan perlindungan lingkungan yang menjaga jalur pembangunan yang lebih inklusif dan berkelanjutan (lihat juga Bab 5 tentang perilaku bisnis yang bertanggung jawab). Dari sudut pandang ini, meskipun penyusunan Omnibus law tentang penciptaan lapangan kerja berusaha untuk mempermudah proses melakukan bisnis, reformasi tidak harus dibatasi pada mengubah undang-undang sektoral, tetapi fokus pada mengidentifikasi peraturan bisnis yang bisa dihilangkan dan yang perlu dipertahankan secara sistematis.
- Memastikan bahwa upaya reformasi iklim investasi yang sedang berlangsung, termasuk peraturan pelaksanaan Omnibus Law tentang Penciptaan Kerja, disertai dengan konsultasi dan kampanye komunikasi pemangku kepentingan yang luas dan bermakna. Melibatkan semua pemangku kepentingan terkait, termasuk serikat pekerja, masyarakat sipil, pemangku kepentingan yang

terkena dampak, dan akademisi dan juga komunitas bisnis, secara lebih sistematis dan sedini mungkin dalam rancangan kebijakan, bahkan jika pelibatan ini akan memunculkan pandangan ysaling bertentangan yang terkadang terjadi untuk menjaga dialog yang konstruktif dan mencapai lingkungan saling percaya. Diversifikasi jumlah lawan bicara bisnis diperlukan dan harus dipastikan bahwa semua spektrum pemangku kepentingan, termasuk di tingkat lokal, terlibat dan terwakili. Konsultasi perlu dipastikan agar tetap transparan dan informasi tentang masukan pemangku kepentingan yang digunakan tersedia untuk umum.

- Dalam konteks layanan yang diberikan setelah pelaksanaan investasi, BKPM dapat memperkuat program mempertemukan bisnis untuk mendorong terciptanya hubungan antara afiliasi asing dan perusahaan domestik. Selain layanan untuk mempertemukan bisnis, program ini dapat mencakup penyiapan database pemasok yang di satu sisi dapat mengurangi biaya transaksi perusahaan asing dan di sisi lain dapat membantu memberikan peluang bagi perusahaan lokal. Koordinasi yang lebih besar dengan inisiatif serupa di seluruh pemerintahan akan dapat menghindarkan terjadinya tumpang tindih dan memperkuat implementasi dan pemantauan program terkait.
- Dalam hal upaya promosi investasi, BKPM harus menjauh dari kampanye membangun citra yang mahal dan mengadopsi pendekatan yang lebih terfokus. BKPM dapat mempertimbangkan untuk memprioritaskan langkah-langkah daya tarik FDI yang lebih baik untuk melengkapi perbaikan yang baru-baru ini dilakukan dan sedang berlangsung untuk memfasilitasi investasi masuk. Daya tarik FDI yang proaktif harus berfokus pada sektor dan proyek yang ditargetkan, yang mendukung tujuan pembangunan berkelanjutan negara dan pemulihan inklusif dan tangguh dari pandemi. Fokus harus diberikan pada industri yang kinerja investasi asingnya terbukti lebih tinggi daripada investasi domestik dalam hal produktivitas dan inovasi, pengembangan upah dan keterampilan, dan pelestarian lingkungan.

Rekomendasi utama terkait insentif pajak untuk investasi

- Memonitor efek dari reformasi pajak di Indonesia terhadap basis pajak Indonesia. Pendapatan pajak yang lebih rendah dapat membatasi pengeluaran pemerintah untuk infrastruktur dan layanan sosial, yang pada gilirannya dapat menghambat kemajuan dalam memperbaiki lingkungan bisnis dalam jangka panjang.
- Beralih ke insentif pajak berbasis biaya. Insentif pajak baru yang diperkenalkan sejak tahun 2018 semuanya telah berbasis biaya, tapi insentif berbasis laba (*tax holiday*) tetap diberlakukan atau diperluas ke industri lain. Pihak berwenang dapat mempertimbangkan untuk membatasi insentif berbasis laba ke investasi prioritas tinggi. Dalam jangka menengah, setelah pemulihan dari krisis COVID-19 menguat, pertimbangkan untuk mengurangi jumlah *industri perintis yang* dipromosikan.
- Menetapkan tujuan kebijakan untuk tunjangan investasi 30% untuk industri tertentu secara lebih jelas. Pihak berwenang dapat mempertimbangkan untuk mengkomunikasikan maksud kebijakan dengan lebih jelas dan bagaimana hal tersebut berbeda dari insentif berbasis sektor lainnya (yaitu insentif *industri perintis).* Restrukturisasi terbaru dari insentif telah secara signifikan memperluas industri yang memenuhi syarat di bawah insentif pajak ini, yang berisiko menciptakan lapangan bermain yang tidak seimbang dibandingkan dengan yang tidak dipromosikan.
- Mengkonsolidasi peraturan insentif pajak dalam undang-undang perpajakan yang relevan. Di Indonesia, insentif pajak diperkenalkan dan diatur melalui beberapa instrumen hukum : undang-undang , peraturan pemerintah, peraturan kementerian keuangan, dan BKPM. Konsolidasi peraturan insentif pajak dapat meningkatkan transparansi dan mengurangi tumpang tindih kebijakan.
- Memfasilitasi akses investor asing ke peraturan pelaksanaan. BKPM dapat mempertimbangkan untuk membuat panduan mendalam tambahan tentang bagaimana insentif diterapkan, yang menjelaskan perbedaan antar rezim insentif. Terjemahan resmi dari semua peraturan yang

relevan dan daftar segmen bisnis (yang mencakup kode industri dari industri yang memenuhi syarat di bawah setiap insentif) juga dapat meningkatkan transparansi.

- Memperkenalkan klausul akhir tentang insentif pajak untuk mempromosikan tinjauan kebijakan secara teratur. Ini dapat membantu mengidentifikasi prioritas sektor baru serta insentif yang tidak lagi diperlukan.
- Terus membuat dan mempublikasikan laporan tahunan pengeluaran pajak dan memperluas analisisnya untuk menyertakan insentif pajak baru dan pendapatan pajak yang berkurang dalam KEK.
- Terus terlibat dalam dialog regional dan internasional tentang perpajakan. Forum regional memberikan ruang diskusi tentang persaingan pajak yang berpotensi merugikan, serta berbagi informasi tentang contoh-contoh praktik yang baik dari negara lain. Dialog regional dan kerjasama pajak bahkan menjadi lebih penting dalam konteks COVID-19, sebagai cara untuk menghindari sengketa pajak yang bisa membahayakan ekonomi pemulihan.

Gambaran umum kerangka institusi untuk promosi dan fasilitasi investasi di Indonesia

Dengan adanya kesadaran terhadap pentingnya investasi swasta untuk pembangunan ekonomi dan sosial, sebagian besar negara di dunia telah mendirikan Badan Promosi Investasi (*Investment Promotion Agency,* IPA) yang didedikasikan untuk mempromosikan dan memfasilitasi investasi yang seringkali memiliki penekanan khusus pada menarik perusahaan multinasional (PMN) dan menangkap manfaat FDI. IPA tidak pernah menjadi aktor tunggal dan entitas publik lainnya seringkali juga memainkan peran yang saling melengkapi - terkadang tumpang tindih - untuk mempromosikan dan memfasilitasi investasi.

Cara pemerintah di seluruh dunia mengatur kerangka kelembagaan mereka untuk promosi dan fasilitasi investasi merupakan respons terhadap tujuan kebijakan mereka dan prioritas yang mereka berikan pada investasi. Pilihan-pilihan ini dapat sangat memengaruhi keberhasilan mereka dalam menarik investasi dengan cara yang paling efisien dan efektif.

Di Indonesia, lanskap promosi dan fasilitasi investasi didominasi oleh BKPM, Badan Koordinasi Penanaman Modal, yang merupakan lembaga pemerintah utama yang bertugas melaksanakan kebijakan terkait investasi di tingkat nasional. BKPM adalah organisasi besar yang memiliki berbagai tanggung jawab selama beberapa dekade terakhir. Awalnya, badan yang dibentuk pada tahun 1967 ini disebut Panitia Teknis Penanaman Modal dan kemudian digantikan oleh BKPM pada tahun 1973. Baru pada tahun 2001, BKPM mulai memfokuskan perannya pada tugas-tugas promosi dan fasilitasi penanaman modal sehingga kemudian dibentuk kembali sebagai lembaga independen dan ketika Keputusan Presiden menciptakan Satu Pintu Tunggal Nasional pertama untuk investasi. Sejak tahun 2014, BKPM memiliki tiga tugas utama, yaitu: *i)* penyederhanaan perizinan; *ii)* membantu dan memfasilitasi proyek investasi; dan *iii)* meningkatkan hasil daya tarik investasi.

Dalam pelaksanaan tugasnya, BKPM dilengkapi dengan sejumlah badan publik lainnya yang memainkan peran sentral dalam promosi dan fasilitasi investasi:

- Kementerian Koordinator Bidang Kemaritiman dan Investasi yang dibuat sejak Kabinet baru dibentuk untuk mengawasi kerja BKPM dan diberi kewenangan khusus untuk memfasilitasi koordinasi antar kementerian dan memastikan penegakan kebijakan;
- Kementerian Koordinator (Kemenko) Bidang Perekonomian yang secara tradisional selalu menjadi pemain kunci di banyak bidang yang mempengaruhi investasi. Kementerian Koordinator inii telah memainkan peran penting dalam upaya liberalisasi dengan mendorong dan mengoordinasikan revisi Daftar Negatif Indonesia (DNI). Kemenko ini juga telah berada di garis depan sistem Online Single Submission yang baru-baru ini didirikan dan telah mendorong

persiapan Omnibus Law tentang Penciptaan Lapangan Kerja. Kemenko ini juga bertanggung jawab atas rezim baru kawasan ekonomi khusus;

- Kementerian Luar Negeri memimpin agenda diplomasi ekonomi negara dan sering terlibat dalam misi promosi investasi di luar negeri. Dalam kabinet baru, kementerian ini diberikan tugas untuk meningkatkan hubungan perdagangan dan investasi Indonesia dengan negara lain;
- Kantor Eksekutif Presiden memberikan panduan tentang program prioritas nasional dan isu-isu strategis. Kantor ini memiliki Wakil Kepala Staf yang berdedikasi yang bertanggung jawab atas pengelolaan masalah ekonomi strategis, yang meliputi investasi;
- Kementerian Keuangan bertugas merancang skema insentif pajak investasi sementara BKPM bertugas menyiapkan peraturan operasional yang berlaku untuk sektor yang memenuhi syarat. Mereka bekerja sama satu sama lain bersama dengan kementerian terkait lainnya untuk memastikan dan memantau implementasi efektif rezim insentif fiskal;
- Kementerian Perindustrian bertanggung jawab atas kebijakan industri negara dan terutama bertanggung jawab atas pengelolaan 'real estat', yang merupakan zona khusus di mana sejumlah besar perusahaan, terutama di sektor manufaktur, memutuskan untuk berlokasi;
- Kementerian Perencanaan Pembangunan Nasional (Bappenas) sedang merancang rencana pembangunan jangka panjang dan pendek di semua bidang kebijakan publik, di mana investasi semakin menjadi komponen utama;
- Pemerintah daerah baik di tingkat provinsi maupun kabupaten/ kota telah memperoleh kekuasaan pengambilan keputusan tingkat tinggi sejak dimulainya program desentralisasi pada tahun 2000-an. Mereka adalah pemain penting untuk menciptakan iklim investasi lokal yang sehat dan dapat memainkan peran penting untuk mempromosikan dan memfasilitasi investasi.

Meskipun promosi dan fasilitasi investasi sering melibatkan jejaring berbagai kementerian dan badan publik, kasus Indonesia sangat beragam dan koordinasi perlu dilakukan secara optimum untuk menjawab kebutuhan investor sekaligus berupaya mencapai pembangunan nasional jangka pendek dan jangka panjang pemerintah. BKPM perlu memainkan peran kunci dalam hal ini.

BKPM sebagai IPA nasional utama: perbandingan (*benchmarking*) dan analisis karakteristik BKPM

Perbedaan besar telah diidentifikasi antara IPA di berbagai negara dalam hal pengaturan kelembagaan, kebijakan tata kelola, prioritas strategis, dan perangkat serta kegiatan promosi investasi. Untuk lebih memahami karakteristik promosi investasi dan fasilitasi dinamika di Indonesia dan untuk membandingkan IPA nasional ini dengna IPA lain di tingkat internasional, Indonesia baru-baru ini berpartisipasi dalam survei IPA yang dilakukan oleh OECD (Kotak 6.1). Hasil dari survei tersebut menjadi dasar analisis komparatif yang dilakukan dalam bab ini dan memungkinkan dilakukannya perbandingan (benchmarking) antara BKPM dengan IPA lain dari OECD dan dari wilayah lain.

Kotak 6.1. Survei OECD-IDB terhadap badan-badan promosi investasi

OECD dan Inter-American Development Bank (IDB) telah bermitra untuk merancang survei IPA yang komprehensif. Kuesioner memberikan data rinci yang mencerminkan informasi yang kaya dan dapat dibandingkan tentang pekerjaan badan-badan nasional di berbagai negara. Survei ditampilkan dalam bentuk kuesioner online dan dibagi menjadi sembilan bagian:

- Profil dasar;
- Anggaran; Personil;
- Kantor (dalam dan luar negeri);
- Kegiatan;
- Prioritas;
- Pemantauan dan evaluasi;
- Interaksi kelembagaan; dan
- Persepsi IPA terhadap FDI.

Pada periode 2017-2018, survei dibagikan kepada perwakilan IPA dari 32 negara OECD dan 19 negara Amerika Latin dan Karibia (LAC). Pada tahun 2018, 10 lembaga nasional dari Timur Tengah dan Afrika Utara (MENA) berpartisipasi dalam survei yang sama dan 10 negara tambahan dari Eropa Timur, Kaukasus Selatan, dan Asia Tengah (Eurasia) mengikuti kegiatan yang sama pada tahun berikutnya.

Hasil survei disajikan dalam laporan pemetaan IPA yang komprehensif, yang memberikan gambaran lengkap dan komparatif IPA di wilayah tertentu (http://www.oecd.org/investment/investment-promotion-and-facilitation.htm). Laporan tersebut membandingkan lembaga satu sama lain serta rata-rata IPA di suatu wilayah dengan wilayah lain.

IPA nasional utama Indonesia - BKPM - berpartisipasi dalam survei tahun 2019 dalam rangka Pengkajian Kebijakan Investasi kedua ini. Hasilnya digunakan untuk analisis mendalam BKPM dan membandingkannya dengan badan lain di dunia.

Fitur organisasi utama

Lingkup dan keragaman mandat BKPM

IPA dapat sepenuhnya didedikasikan untuk menciptakan daya tarik dan memfasilitasi investasi asing masuk ke negaranya atau menjadi bagian dari badan yang lebih luas yang mencakup mandat tambahan, seperti promosi ekspor, inovasi, pembangunan daerah, investasi luar negeri, dan investasi dalam negeri. Pada praktiknya, untuk alasan efisiensi dan sinergi, sebagian besar IPA di seluruh dunia memiliki banyak mandat dan melakukan aktivitas yang melampaui promosi investasi asing masuk.

BKPM melaporkan dalam tanggapannya terhadap survei IPA bahwa lembaga ini memiliki sembilan mandat resmi (dari 18 kemungkinan mandat):

1. Promosi investasi asing masuk
2. Promosi investasi ke luar negeri
3. Promosi investasi dalam negeri
4. Pengoperasian layanan satu pintu
5. Penyaringan dan persetujuan awal proyek investasi dengan partisipasi asing atau pendaftaran investor
6. Penerbitan izin bisnis yang relevan

7. Negosiasi perdagangan internasional, investasi, atau perjanjian lainnya
8. Pemberian insentif fiskal
9. Promosi pembangunan daerah

Meskipun terdapat perbedaan besar antar lembaga, termasuk antar lembaga yang berada dalam wilayah yang sama di dunia, IPA di OECD, LAC dan Eurasia negara secara umum memiliki mandat yang lebih sedikit, dengan rata-rata 5,7, 6,3, dan 6,5 mandat yang berbeda masing-masing di bawah tanggung jawab badan (Gambar 6. 1). Sebagaimana tercermin pada gambar, ukuran perekonomian tidak serta merta berimplikasi pada jumlah mandat yang diberikan.

Gambar 6.1. Jumlah mandat BKPM dan sejumlah IPA nasional dari negara lain

(Dari 18 kemungkinan mandat)

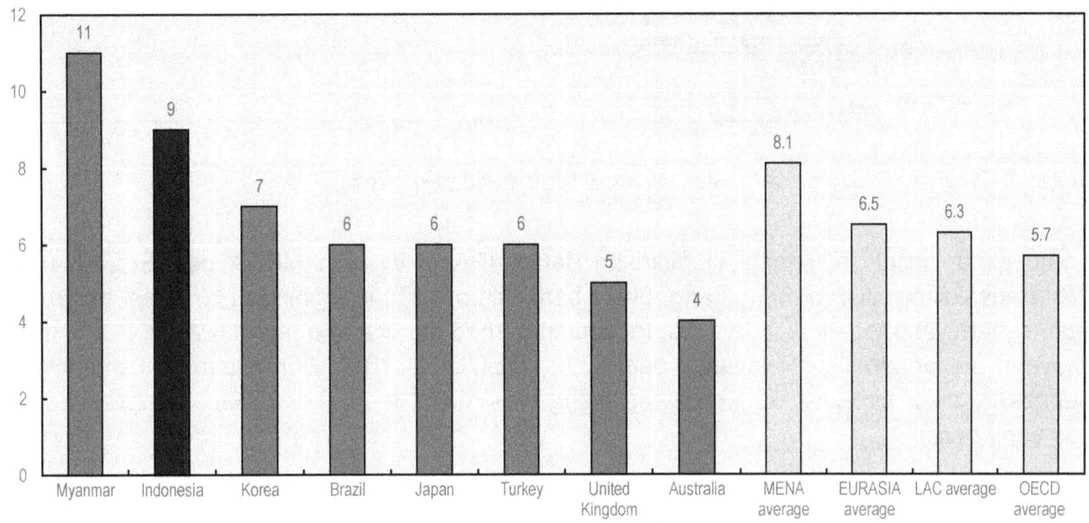

Catatan: 32 negara termasuk dalam grup OECD, 19 di LAC, 8 di MENA, dan 10 di Eurasia.

Sumber: Survei OECD-IDB tentang Badan Promosi Investasi (dari tahun-tahun terakhir yang tersedia).

Jumlah mandat BKPM yang relatif besar mencerminkan cakupan tanggung jawab dan kegiatan yang luas, yang diartikulasikan dengan kuat di seputar investasi, karena tidak ada bidang kebijakan lain (seperti promosi ekspor, misalnya, yang sering digabungkan dengan promosi investasi) yang dimasukkan dalam mandat resminya. Hal ini mencerminkan pentingnya investasi dalam kebijakan pembangunan pemerintah secara keseluruhan dan menunjukkan pendekatan yang koheren untuk membuat investasi bekerja untuk pertumbuhan dan kemakmuran - terutama dengan memasukkan promosi investasi asing, promosi investasi dalam negeri, pembangunan regional, dan pengoperasian layanan satu pintu di bawah payung yang sama.

Banyak dari mandat resmi BKPM lebih sering dilaksanakan oleh badan-badan di wilayah MENA dan Eurasia daripada di negara-negara OECD (Gambar 6.2). Kondisi ini terlihat pada sebagian besar mandatnya, tetapi sangat mencolok dalam promosi investasi domestik, pengoperasian layanan satu pintu, negosiasi perjanjian internasional, dan penerbitan izin bisnis yang relevan.

Gambar 6.2. Mandat BKPM dan frekuensinya di IPA-IPA lain di wilayah lain

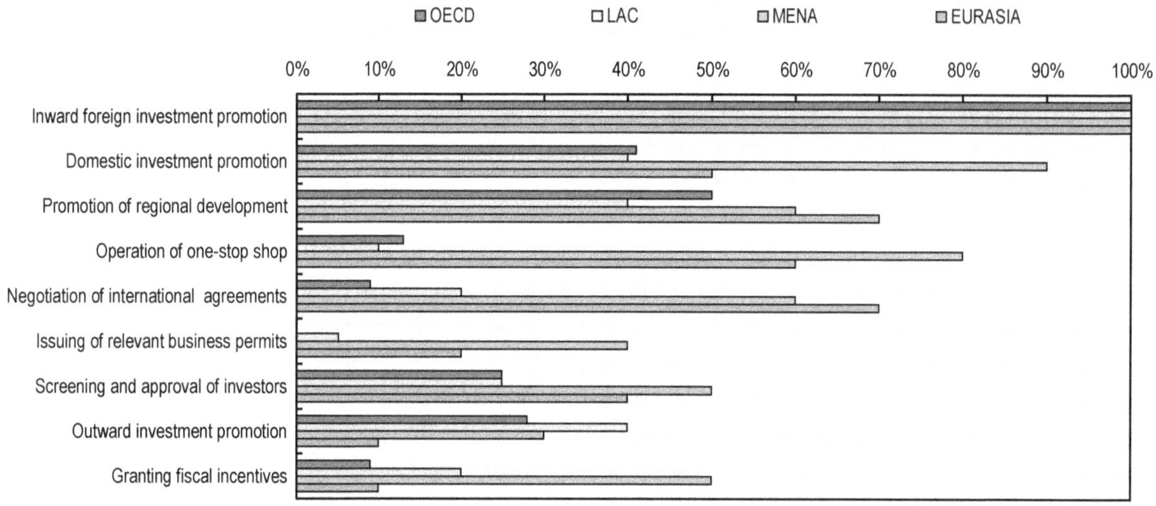

Sumber: Survei OECD-IDB tentang Badan Promosi Investasi (dari tahun-tahun terakhir yang tersedia).

layanan satu pintu, misalnya, seringkali didirikan dalam IPA di wilayah MENA dan Eurasia untuk memfasilitasi transaksi bisnis dan mengurangi biaya berbisnis dengan menghindari birokrasi berlebihan dan *red tape*, seperti yang terjadi di Indonesia. Ini adalah perbedaan utama dengan IPA OECD, di mana hanya 13% yang mengoperasikan layanan satu pintu (OECD, 2018a). Perbedaan ini kemungkinan besar disebabkan oleh birokrasi kelembagaan yang umumnya lebih kompleks di pasar negara berkembang yang besar.

Sebaliknya, dalam perekonomian OECD, kombinasi mandat yang paling sering ditemukan dalam IPA adalah promosi ekspor (56% dari badan yang disurvei) dan promosi inovasi (persentase yang sama) (ibid.). Di wilayah LAC, dua dari tiga badan telah memutuskan untuk menggabungkan investasi dengan promosi ekspor. Di dua wilayah ini, IPA sering kali menjadi lengan operasional kementerian dan bertanggung jawab untuk melaksanakan kebijakan, bukan merancang kebijakan. Ini adalah salah satu alasan mengapa beberapa bagian dapat ditemukan di bawah satu atap, sementara bagian lain yang menyentuh pada peraturan atau pembuatan kebijakan (misalnya pengoperasian layanan satu pintu, penerbitan atau izin yang relevan, negosiasi perjanjian internasional, penyaringan dan persetujuan sebelumnya, dll.) diurus oleh kementerian.

Di banyak negara berkembang, seperti Indonesia, IPA adalah lembaga investasi yang sepenuhnya berpengalaman dengan banyak mandat dan peraturan promosi. Meskipun memberikan kepemimpinan yang kuat dalam investasi kepada satu entitas pemerintah, pendekatan ini juga dapat menimbulkan potensi risiko pencampuran fungsi regulasi atau terkait kebijakan dengan aktivitas promosi. Beberapa studi menunjukkan bahwa IPA yang berfokus secara eksklusif pada promosi investasi mencapai hasil yang lebih tinggi secara signifikan dalam menarik investor daripada IPA yang sekaligus melaksanakan tugas peraturan/kebijakan dan promosi (World Bank, 2011). Alasan di balik temuan ini adalah bahwa menarik FDI dan memastikan bahwa investor mematuhi persyaratan hukum merupakan dua fungsi berbeda dengan tujuan berbeda dan memerlukan keahlian yang berbeda. Investor yang dihubungi oleh IPA mungkin bertanya-tanya apakah ini dimaksudkan untuk menyelesaikan masalah mereka atau untuk membuat masalah baru. IPA seringkali diharapkan untuk mewakili kepentingan investor swasta dalam pemerintahan dan akan kurang kredibel untuk melakukannya dan untuk mempengaruhi pembuatan kebijakan jika lembaga tersebut juga merupakan lembaga yang mengeluarkan peraturan. Inilah sebabnya mengapa negara-negara seperti Malaysia, Singapura, dan sebagian besar anggota OECD telah memisahkan kementerian investasi mereka yang bertanggung jawab atas pembuatan kebijakan, negosiasi perjanjian dan tugas regulasi dari IPA mereka yang bertanggung jawab atas promosi dan fasilitasi investasi (juga seringkali sedikit lebih otonom dari pemerintah).

Di Indonesia, BKPM melakukan apa yang, di negara lain, dilakukan oleh kementerian dan IPA secara terpisah. BKPM adalah organisasi besar yang bertanggung jawab atas sejumlah besar mandat berbeda. Oleh karena itu, dibutuhkan cakupan luas dari kumpulan keterampilan dan orientasi strategis yang jelas yang dapat dipegang oleh semua divisi dan unit. Dalam konteks ini, dapat dipertimbangkan untuk meningkatkan BKPM ke tingkat kementerian penuh untuk membantu badan tersebut memenuhi peran koordinasi, mendorong reformasi kebijakan dan melaksanakan semua mandatnya secara efektif. Sebuah unit yang berbeda akan sepenuhnya didedikasikan untuk kegiatan promosi badan dan di masa depan dapat mengambil otonomi lebih secara bertahap, seperti yang dilakukan di banyak IPA yang lebih maju.

Tantangan lainnya adalah banyaknya mandat dapat menyebabkan duplikasi tugas dengan badan pemerintah lainnya, terutama jika mekanisme koordinasi kelembagaan tidak dirancang dengan baik. Menurut survei IPA, sejumlah mandat BKPM juga dilakukan oleh badan-badan nasional atau kementerian lain serta oleh otoritas sub-nasional (Tabel 6.1). Peran penting otoritas daerah dalam promosi dan fasilitasi investasi membuktikan komitmen mereka untuk membuat investasi berhasil bagi pembangunan daerah, tetapi juga dapat menimbulkan pertanyaan tentang potensi tantangan koordinasi (sebagaimana dibahas lebih lanjut dalam Bab 7 tentang dimensi lokal dari kebijakan investasi di Indonesia). Namun, sejak tahun 2019, kemudahan melakukan reformasi bisnis diberikan kepada BKPM (berdasarkan Instruksi Presiden No. 7 tahun 2019) yang dimaksudkan untuk memperkuat kekuatan dan posisinya untuk mengkoordinasikan dialog antar kementerian tentang investasi dan perizinan, termasuk dalam promosi dan fasilitasi investasi.

Tabel 6.1. Entitas pemerintahan lain di Indonesia dengan mandat yang sama

	Entitas nasional lain dengan mandat ini	Entitas daerah lain dengan mandat ini
Promosi investasi asing masuk ke negara	TIDAK	YA
Promosi investasi keluar	YA (Kementerian Badan Usaha Milik Negara)	YA
Promosi investasi domestik	YA (Kementerian BUMN, Badan Ekonomi Kreatif)	YA
Operasional layanan satu pintu	TIDAK	YA
Penyaringan dan persetujuan awal proyek investasi	YA (Kementerian terkait)	YA
Pengeluaran ijin bisnis yagn relevan	YA (Kementerian terkait)	YA
Negosiasi perjanjian internasional	YA (Kementerian Perdagangan)	TIDAK

Sumber: Survei OECD-IDB terhadap Badan Promosi Investasi: Indonesia, 2019.

Kebijakan tata kelola BKPM

Tata kelola IPA berkaitan dengan cara IPA diawasi, dipandu, dikendalikan, dan dikelola. Kebijakan tata kelola IPA sering kali ditentukan oleh konteks kelembagaan dan pilihan politik yang lebih luas. Kebijakan tata kelola IPA penting karena memengaruhi status hukum, alur pelaporan, dan struktur manajerialnya sehingga dapat berdampak pada derajat otonomi yang dimiliki IPA dari pemerintah, khususnya dalam hal pengelolaan keuangan dan sumber daya manusia.

Status hukum IPA dapat bervariasi. IPA dapat berbentuk: *i)* badan pemerintah (mis. Kementerian atau unit dalam kementerian); *ii)* badan publik otonom; *iii)* badan publik-swasta gabungan; atau *iv)* organisasi milik pribadi sepenuhnya. BKPM termasuk dalam kategori pertama karena merupakan lembaga pemerintah non-kementerian yang telah melapor langsung kepada Presiden Republik hingga tahun 2019. Saat ini, BKPM berada di bawah kewenangan Kementerian Koordinator Bidang Kemaritiman dan Penanaman Modal. IPA dengan status hukum ini, karena sifat pemerintahannya, adalah jenis lembaga yang paling tidak otonom. Di wilayah lain di dunia, IPA dengan status hukum serupa merupakan minoritas, dengan pengecualian wilayah Eurasia (Gambar 6.3). Di Asia Tenggara, IPA nasional di Kamboja, Laos, Myanmar dan Vietnam adalah lembaga pemerintah, sedangkan IPA di Malaysia, Filipina, Thailand, dan Singapura memiliki pengaturan yang lebih otonom.

Gambar 6.3. Status hukum IPA di wilayah lain

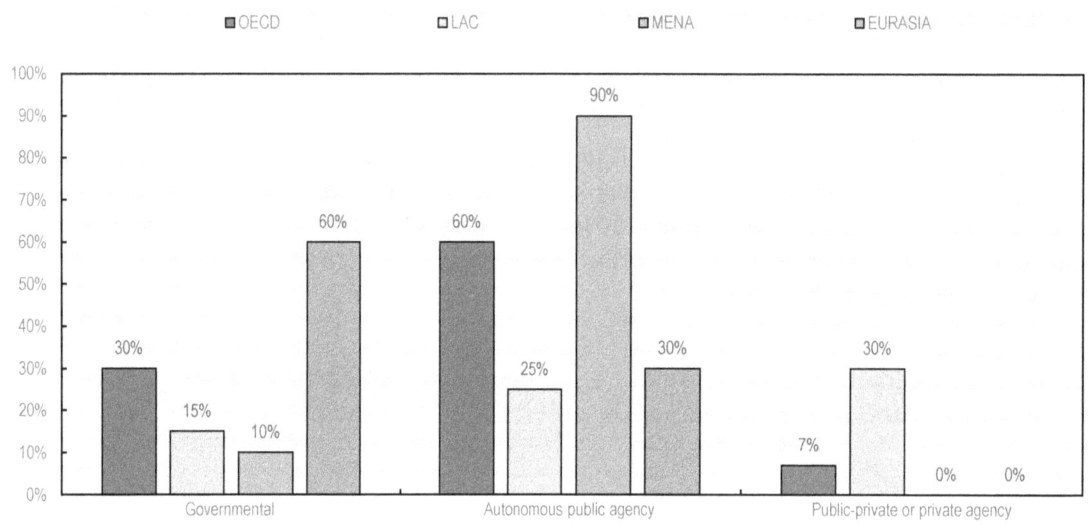

Catatan: Sejumlah wilayah tidak menunjukkan angka 100% karena sejumlah IPA dikategorikan sebagai "lain-lain".
Sumber: Survei OECD-IDB tentang Badan Promosi Investasi (dari tahun-tahun terakhir yang tersedia).

Komponen lain dari kebijakan tata kelola IPA adalah keberadaan dan peran dewan. Ketika dewan ada dalam IPA, dewan tersebut dimaksudkan untuk mengawasi atau memberikan saran terkait pekerjaan badan, atau keduanya, dengan perspektif yang independen. Dewan sangat bervariasi dari satu IPA ke IPA lainnya; mereka bisa menjadi penasehat atau dengan kekuatan pengambilan keputusan tingkat tinggi. Sebagian besar IPA di seluruh dunia memiliki dewan, yaitu 69% di negara-negara OECD, 86% di LAC, dan di semua lembaga yang disurvei di MENA.

Sebagai badan koordinasi, peran BKPM adalah untuk berkoordinasi dengan kementerian dan lembaga lain serta berkonsultasi dan bekerja sama dengan entitas publik eksternal secara teratur. Oleh karena itu, BKPM tidak memiliki dewan untuk jangka waktu yang lama. Namun, pada tahun 2019 sebuah Komite Penanaman Modal telah dibentuk yang terdiri dari perwakilan sektor swasta eksternal dan profesional yang memberikan saran kepada Kepala BKPM dan staf teknisnya mengenai kebijakan investasi dan masalah terkait promosi. BKPM sangat disarankan untuk membentuk Komite Penanaman Modal yang terdiri dari pemberi saran eksternal untuk memberikan arahan dan saran tentang kegiatan promosi dan fasilitasi. Memiliki perwakilan pemangku kepentingan di dewan dapat membantu memastikan bahwa pandangan dan kepentingan pelaku pasar yang berbeda, termasuk bisnis, dipertimbangkan dalam arahan strategis BKPM secara keseluruhan. Dalam OECD IPA, dewan terdiri dari rata-rata sekitar 10 orang dan didominasi oleh perwakilan dari sektor swasta (rata-rata 41%) dan sektor publik (rata-rata 38%), sisanya adalah perwakilan peneliti dan akademisi, masyarakat sipil, atau bidang lain.

Satu unsur penting terakhir adalah tidak hanya lembaga swasta dan otonom yang memiliki dewan. Seperti dalam kasus BKPM, IPA pemerintah juga memiliki dewan meskipun mereka kurang otonom dari pemerintah. Misalnya, setengah dari IPA pemerintah di negara-negara OECD memiliki dewan sedangkan, menurut definisi, mereka kurang otonom. Dewan di badan IPA semacam ini cenderung lebih bersifat pemberi saran daripada dewan pengawas yang harus menerima laporan IPA.

Rincian bauran aktivitas BKPM

Dalam mandat promosi investasi dan fasilitasi utamanya, IPA biasanya merupakan pemain utama dalam pelaksanaan empat fungsi inti:

- *membangun citra* yang terdiri dari mengembangkan citra positif negara tuan rumah dan membuat branding negara tuan rumah sebagai tujuan investasi yang menguntungkan;
- *penciptaan investasi* yang berhubungan dengan teknik pemasaran langsung yang menargetkan sektor tertentu, pasar, proyek, kegiatan dan investor, sejalan dengan prioritas nasional;
- *fasilitasi investasi dan aftercare* adalah tentang memberikan dukungan kepada investor untuk memfasilitasi fase pendirian mereka serta mempertahankan yang sudah ada dan mendorong investasi ulang dengan merespons terhadap kebutuhan dan tantangan mereka; dan
- *Advokasi kebijakan* termasuk mengidentifikasi hambatan dalam iklim investasi dan memberikan rekomendasi kepada pemerintah untuk mengatasinya.

Meskipun dua fungsi pertama berkaitan dengan promosi investasi (yaitu menarik investasi baru untuk mendukung tujuan pembangunan nasional), dua fungsi terakhir lebih berkaitan dengan fasilitasi investasi (yaitu memudahkan investor untuk mendirikan, mengoperasikan, dan memperluas). Promosi investasi dimaksudkan untuk menarik calon investor yang belum memilih destinasi, sedangkan fasilitasi dimulai pada tahap pra-pembentukan, saat investor menunjukkan minat pada suatu lokasi. Dengan demikian, promosi dan daya tarik investasi merupakan bisnis utama IPA sementara fasilitasi sering kali melibatkan pendekatan seluruh pemerintah (Novik dan de Crombrugghe, 2018).

Menurut survei OECD tentang IPA, BKPM mengalokasikan lebih banyak pegawai untuk fasilitasi investasi dan retensi (40% staf) daripada untuk menghasilkan investasi (30%). Tren ini berlawanan dengan yang diamati di lembaga-lembaga negara OECD dan LAC (Gambar 6.4 – Panel A). Sebagaimana dibahas di bagian atas tentang mandat, hal ini mencerminkan pandangan BKPM terkait pentingnya untuk mendukung perizinan dan persyaratan untuk memulai bisnis, termasuk dengan layanan satu pintu yang telah diselenggarakan (lihat bagian di bawah). Alokasi anggaran dari empat fungsi inti memberikan gambaran yang sangat berbeda dengan menunjukkan bahwa fasilitasi investasi adalah fungsi yang, dalam kasus Indonesia, tampaknya menggunakan jauh lebih banyak sumber daya manusia daripada sumber daya keuangan (Gambar 6.4 – Panel B). Penghasilan investasi menghasilkan efek sebaliknya, yang berpotensi disebabkan oleh fakta bahwa kegiatan ini lebih intensif biaya (misalnya intelijen pasar, misi dan pameran luar negeri).

BKPM terlihat mendedikasikan sumber daya yang lebih besar (staf dan anggaran) untuk advokasi kebijakan dari pada badan serupa di negara lain di wilayah lain, yang bisa dikaitkan ke level regulasi, yaitu fungsi koordinasi dan fungsi penasehat kebijakan. Direktorat Deregulasi badan tersebut, misalnya, bertugas saran dan berkonsultasi dengan kementerian terkait tentang kebijakan dan peraturan yang dapat memengaruhi FDI (misalnya izin usaha, pembatasan FDI, dll.).

Pembangunan citra tampaknya merupakan fungsi marjinal dalam hal alokasi staf, tetapi sangat penting dalam hal anggaran. Kegiatan di bawah fungsi ini sering kali melibatkan kampanye komunikasi mahal yang tidak selalu padat karya. Misalnya, dalam beberapa tahun terakhir, BKPM telah memulai kampanye pembangunan citra besar-besaran yang disebut "*Remarkable Indonesia*". Kegiatan ini melibatkan kegiatan komunikasi yang bertujuan untuk memperkuat kekuatan Indonesia dalam hal ukuran dan pertumbuhan pasar, dan untuk mempromosikan negara sebagai tujuan berbisnis yang bersahabat (Adam Smith International, 2014). Fokus BKPM sejak saat itu semakin bergeser ke layanan yang lebih praktis yang dirancang untuk memberikan informasi guna mendukung keputusan investasi aktual (yaitu, penciptaan investasi) dan mendukung perusahaan membangun dan mengoperasikan (yaitu fasilitasi investasi).

Menjauh dari kampanye komunikasi yang besar dan mahal untuk negara seperti Indonesia - yang telah menikmati citra positif sebagai anggota ASEAN dan G20 yang besar, stabil, demokratis, dan berpengaruh - adalah gagasan yang masuk akal. Hal ini menjadi semakin penting dalam konteks krisis COVID-19, di mana langkah-langkah fasilitasi dan promosi investasi yang akurat dan tepat sasaran lebih efisien dan relevan untuk mendukung pemulihan Indonesia dan, oleh karena itu, harus tetap menjadi fungsi prioritas utama BKPM.

Gambar 6.4. Estimasi penggunaan sumber daya di empat fungsi utama BKPM dan rata-rata IPA di wilayah tertentu

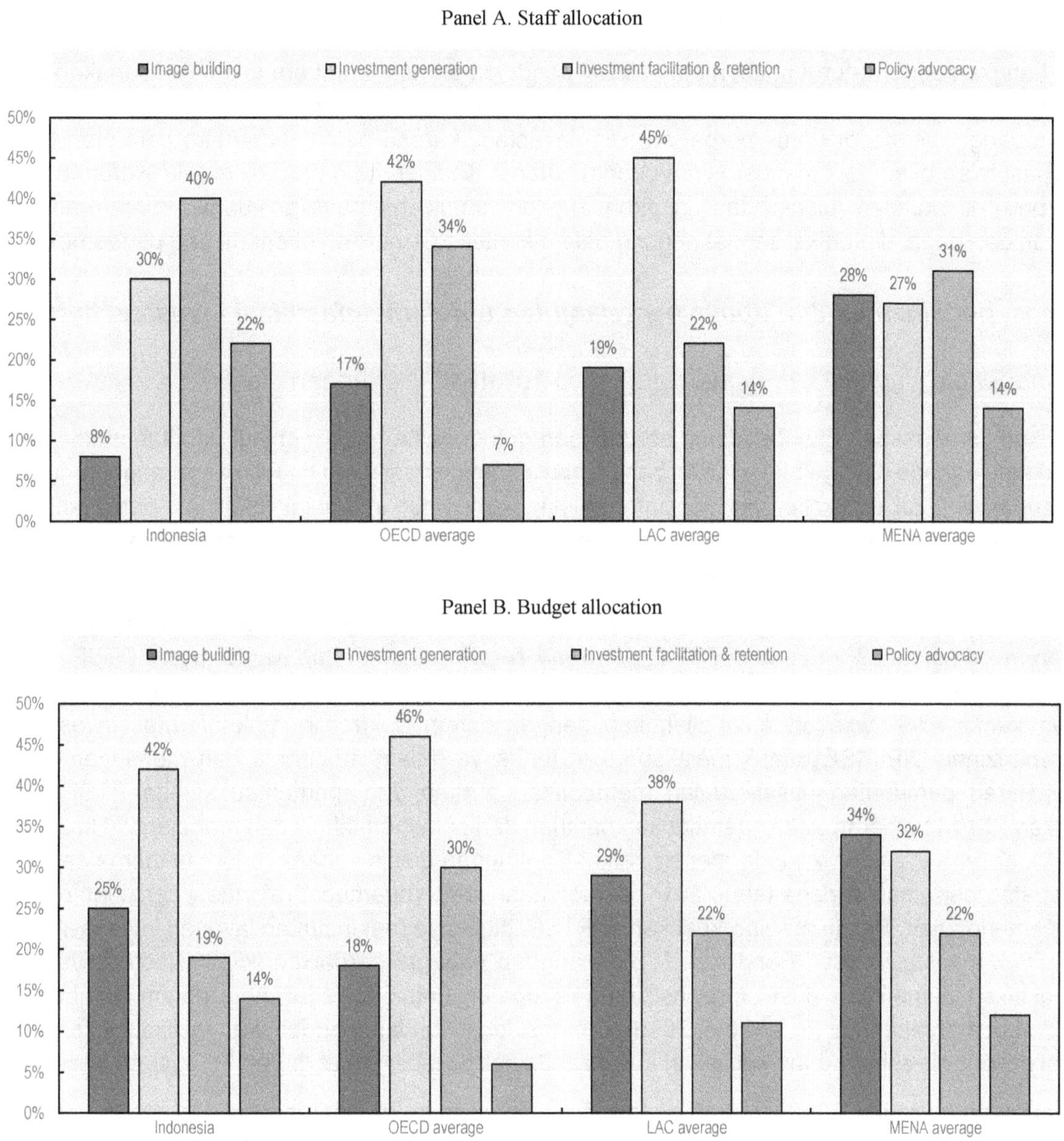

Sumber: Survei OECD-IDB tentang Badan Promosi Investasi (dari tahun-tahun terakhir yang tersedia).

Memfasilitasi investasi – baik dari perusahan yang baru masuk dan yang sudah ada

Fasilitasi investasi dimulai ketika seorang investor menunjukkan minat pada suatu lokasi. Fasilitasi ini mencakup cara penanganan pertanyaan oleh otoritas terkait, terutama IPA, dan langkah-langkah untuk mengurangi potensi hambatan yang dihadapi investor setelah mereka memutuskan untuk berinvestasi. Namun, fasilitasi investasi tidak berhenti di situ: mendorong ekspansi investor yang ada dan membantu mereka mengatasi tantangan yang mereka hadapi dalam menjalankan bisnis mereka sama pentingnya dengan memfasilitasi investasi baru. Tindakan layanan pasca dimulainya investasi (*aftercare*) dapat berpengaruh terhadap keputusan perusahaan untuk tetap tinggal di negara tersebut dan berinvestasi kembali, dan advokasi kebijakan adalah instrumen yang ampuh untuk mendukung reformasi dan meningkatkan lingkungan bisnis dengan memanfaatkan umpan balik sektor swasta.

Pemerintah Indonesia telah menempatkan kebutuhan untuk memperbaiki lingkungan bisnis sebagai agenda utama dengan mengakui kontribusinya terhadap pertumbuhan ekonomi yang berkelanjutan dan inklusif. Langkah berturut-turut untuk memfasilitasi pendirian perusahaan baru telah dilaksanakan selama beberapa tahun terakhir. Setelah terpilihnya kembali Presiden Joko Widodo pada tahun 2019, terdapat dorongan yang lebih besar untuk perbaikan iklim investasi, karena penyederhanaan peraturan dan de-birokratisasi telah ditempatkan dalam lima prioritas utama Kabinet yang baru dibentuk[1] Reformasi untuk memperbaiki lingkungan bisnis dan langkah-langkah untuk memastikan bahwa peraturan bisnis transparan dan dapat diprediksi sangat penting dalam konteks pemulihan ekonomi dari pandemi.

Reformasi perizinan usaha: upaya berkelanjutan untuk memfasilitasi investasi baru

Online Single Submission: upaya untuk meningkatkan lingkungan bisnis

Memberikan kemudahan untuk pendirian perusahaan di Indonesia telah menjadi prioritas utama selama lebih dari satu dekade. Dengan kesadaran bahwa biaya administrasi yang tinggi mengurangi produktivitas dan merupakan jalan untuk korupsi dan informalitas, pemerintah memulai reformasi perizinan jangka panjang untuk memfasilitasi investasi. Upaya yang dilakukan bertujuan untuk meningkatkan transparansi dan menciptakan mekanisme untuk mempermudah dan menyelaraskan proses perizinan usaha.

Sistem multi-layer layanan satu pintu telah didirikan pada tahun 2009, yaitu dengan didirikannya Layanan Perizinan Investasi Satu Pintu atau PTSP (*Pelayanan Terpadu Satu Pintu*). Kantor pusat PTSP didirikan di kantor pusat BKPM dan kantor desentralisasi khusus didirikan di tingkat provinsi dan kabupaten. Secara bertahap, kantor PTSP wilayah mulai dilengkapi dengan sistem elektronik untuk informasi investasi dan layanan perizinan (SPIPISE) untuk melaksanakan tugasnya dalam menerima dan menangani aplikasi investor. Peran pemerintah pusat adalah memberikan arahan dan memantau kinerja PTSP daerah sedangkan BKPM berperan untuk memberikan bantuan dan pelatihan teknis dan manajerial (Holzacker et al., 2015). Karena Presiden Widodo menempatkan lingkungan bisnis sebagai prioritas utama sejak awal masa jabatan pertamanya pada tahun 2014, pemerintahnya mempercepat reformasi perizinan di semua tingkat pemerintahan. Selain memperkuat kantor PTSP, pihaknya meluncurkan layanan investasi 3 jam di BKPM untuk investasi besar. Pendirian PTSP dianggap sebagai perbaikan iklim investasi, yang juga memungkinkan pemerintah pusat, provinsi, dan kabupaten untuk bekerja sama dalam pembentukan, fungsi, dan pemantauannya (Kuswanto, 2019). Dimensi lokal dari langkah-langkah fasilitasi investasi dan implikasi desentralisasi terhadap kebijakan investasi dianalisis lebih lanjut di Bab 7 *Tinjauan* ini.

Pada pertengahan tahun 2018, sebuah sistem baru untuk memfasilitasi investasi, yaitu Online Single Submission (OSS), diciptakan untuk meningkatkan efisiensi, transparansi dan lebih lanjut mensentralisasi prosedur dan persyaratan bisnis. OSS telah menjadi langkah penting dalam upaya pemerintah untuk meningkatkan lingkungan bisnis di Indonesia, meskipun harus melalui tantangan dalam implementasi. Sistem ini diluncurkan bersama oleh Kementerian Koordinator Bidang Perekonomian dan BKPM dan kini sepenuhnya dikelola oleh BKPM. Komisi Pemberantasan Korupsi Indonesia (KPK) juga terlibat sejak awal pembentukan sistem ini untuk meningkatkan transparansi proses perizinan usaha. Menurut KPK, banyaknya dan kompleksnya perizinan di Indonesia selama ini sering menjadi sumber korupsi dan OSS, dengan standarisasi atau bisa disebut sentralisasi, merupakan prosedur bisnis dalam sistem online yang membantu memitigasi masalah ini.

OSS menerbitkan tiga jenis izin secara elektronik: 1) Nomor Induk Perusahaan (NIB); 2) izin usaha; dan 3) izin komersial/operasional (jika perlu). Sampai Desember 2019, lisensi dan izin lain yang dibutuhkan (misalnya izin tanah, konstruksi, lingkungan, dll) harus diperoleh dari kementerian lain atau pihak berwenang setempat setelah izin usaha berturut-turut telah diterima dari OSS.

Meskipun sistem sebelumnya diakui sebagai perbaikan dalam banyak hal, OSS baru membawa pendekatan inovatif untuk fasilitasi investasi di Indonesia di berbagai bidang:

- Pertama, terdiri dari sistem online terintegrasi penuh yang mengadopsi teknologi modern untuk pendaftaran bisnis. Meski masih dalam tahap operasional pertama, sistem ini bertujuan untuk memungkinkan pembagian data di platform elektronik yang mempertemukan 22 kementerian dan lembaga terkait serta pemerintah daerah.
- Kedua, semua lisensi yang dikeluarkan oleh OSS bersifat terpusat dan dengan demikian menggantikan semua otoritas lisensi lainnya.[2] Kementerian dan pemerintah daerah dengan demikian tidak lagi diizinkan untuk menerbitkan izin usaha dalam sektor-sektor yang dicakup oleh OSS (yaitu semua sektor kecuali pertambangan, minyak dan gas, dan keuangan).
- Ketiga, OSS sekarang mengintegrasikan prinsip "self-declaration" untuk investor yang mengajukan izin yang bersifat inovatif karena OSS mengeluarkan izin bisnis dimuka, sebelum investor memenuhi persyaratan terkait yang diperlukan. Hanya setelah memperoleh izinlah investor harus memenuhi kewajiban, yang tanpanya izin tersebut terbukti batal demi hukum.
- Sistem ini dipantau oleh gugus tugas yang beroperasi di tingkat nasional, provinsi dan kabupaten (atau kota). Tanggung jawab utama gugus tugas ini adalah untuk memantau apakah: 1) investor yang telah diberikan lisensi memenuhi komitmen mereka dan sesuai dengan standar yang dibutuhkan, sertifikasi dan registrasi lainnya yang diperlukan; dan 2) badan pemerintah dan otoritas lokal lainnya memberikan izin yang diperlukan kepada investor setelah mereka memperoleh izin yang diberikan oleh OSS. KPK juga terlibat dalam proses pemantauan dan memberikan layanan konsultasi kepada satgas. Pemantauan dan evaluasi sistem perizinan, baik melalui indikator kualitatif maupun kuantitatif, tidak hanya dapat meningkatkan program pendaftaran itu sendiri tetapi juga membantu dalam kebijakan pengurangan beban keseluruhan dan perencanaan melalui pengumpulan data yang ditingkatkan. Misalnya, BizPaL, layanan satu pintu Kanada, mengumpulkan data yang digunakan untuk membuat 'indeks beban' untuk mengidentifikasi sektor usaha yang sangat terbebani, baik secara nasional maupun regional (Kotak 6.2).

Kotak 6.2. Kesempatan transformasi peraturan sebagai hasil dari BizPaL

Ketika BizPaL, yang merupakan layanan satu pintu Kanada diluncurkan, salah satu aspeknya adalah mendukung inisiatif Smart Regulations dan Paper Burden Reduction dengan menganalisis peluang untuk transformasi regulasi. Tujuannya adalah untuk mengidentifikasi area yang beban regulasinya dapat dikurangi. Sektor Kebijakan Strategis Industri Kanada menggunakan data dalam database BizPaL untuk Komite Federal, provinsi, dan teritorial tentang Perdagangan Internal. Sektor ini meneliti sejauh mana pengaturan perizinan bisnis bertindak sebagai penghambat perdagangan antar provinsi di Kanada.

Industri di Kanada menyimpulkan bahwa database BizPaL adalah satu-satunya sumber informasi yang andal dan dapat dibandingkan di berbagai sektor industri. Data tersebut digunakan untuk membuat 'indeks beban' berdasarkan sektor, berdasarkan yurisdiksi. Ketika data tersebut digabungkan dengan statistik bisnis, laporan tersebut mengidentifikasi sektor-sektor bisnis, baik secara nasional maupun regional, yang sangat terbebani oleh persyaratan perizinan.

Sumber: (Pemerintah Kanada, 2011).

Agenda yang belum selesai

Reformasi perizinan dan langkah-langkah yang berbeda, yang terkadang berurutan, untuk memfasilitasi investasi mungkin membutuhkan waktu untuk dapat terwujud dan membuahkan hasil. Lingkungan untuk memulai dan menjalankan bisnis di Indonesia sering kali dilaporkan sebagai tantangan oleh sektor swasta dan upaya yang dilakukan untuk mengatasi ini haruslah konsisten dan gigih.

Pihak berwenang menyadari bahwa lingkungan bisnis membutuhkan lebih banyak reformasi peraturan dan langkah-langkah fasilitasi investasi. Tindakan memusatkan hanya pada tiga jenis lisensi melalui OSS (seperti disebutkan di atas) tampaknya tidak cukup. Dalam praktiknya, banyak investor yang masih mengalami kesulitan untuk mendapatkan sisa izin yang diperlukan dan izin dari kementerian terkait serta pemerintah daerah, sehingga investor tidak dapat menjalankan usahanya. Oleh karena itu, dengan dikeluarkannya Instruksi Presiden 07/2019 tentang Percepatan Kemudahan Berusaha pada akhir tahun 2019, pemerintah memutuskan untuk membakukan sistem perizinan selangkah lebih maju dengan memberikan kewenangan kepada BKPM untuk menerbitkan semua izin dan perizinan terkait usaha tambahan. Langkah baru ini menandai langkah penting dalam proses reformasi dengan berupaya menjadikan OSS lebih otonom dan karenanya lebih fungsional. Sebagaimana disinggung di bawah ini, keberhasilan langkah ini sangat bergantung pada implementasi Omnibus Law Cipta Lapangan Kerja yang dimaksudkan untuk meletakkan dasar hukum bagi proses resentralisasi tersebut.

Masih harus dilihat apakah ini akan selalu dapat diterapkan dengan lancar dalam praktiknya. Laju reformasi berlangsung cepat dan transfer dari sistem PTSP ke OSS baru, terutama di banyak kabupaten terpencil atau kurang berkembang, tidak selalu dipahami atau dilaksanakan dengan baik. Penerapan OSS telah menimbulkan masalah operasional dan terkadang menghadapi hambatan lokal.

Menurut para pemangku kepentingan, beberapa pemerintah daerah telah menginvestasikan sumber daya yang signifikan dalam pelaksanaan PTSP yang berfungsi dengan baik dan tampaknya tidak siap untuk meninggalkan upaya mereka setelah waktu yang singkat. Hal yang sama berlaku untuk izin terkait bisnis tambahan yang baru-baru ini dialihkan ke BKPM (Instruksi Presiden 07/2019): tidak jelas sejauh mana pemerintah daerah akan menerima untuk menyerahkan kewenangan perizinan mereka secara sukarela. Desentralisasi Hukum 2000 dan langkah-langkah desentralisasi selanjutnya telah disediakan pemerintah daerah dengan tingkat tanggung jawab yang tinggi dan pemerintah pusat perlu bekerja sangat erat dengan mereka untuk memastikan bahwa mereka tidak menentang reformasi ini mengingat bahwa tujuan utamanya adalah untuk membuat proses memulai bisnis yang lebih efisien (lihat Bab 7 untuk gambaran yang lebih lengkap tentang kebijakan investasi di tingkat daerah).

Pemerintah perlu memastikan bahwa, saat reformasi sedang berlangsung atau dalam transisi, sistem yang tumpang tindih tidak membuat biaya menjadi lebih mahal dan menyita waktu bagi investor dan pejabat. Pengembangan kapasitas harus disampaikan kepada otoritas lokal untuk kelancaran integrasi OSS baru dan lebih banyak pedoman harus diberikan kepada investor tentang bagaimana menggunakan OSS. Prioritas yang diinginkan oleh bisnis adalah transparansi dan prediktabilitas. Karena peraturan dan sistem perizinan baru telah dibuat dalam waktu yang singkat di Indonesia, aturan dan pedoman yang jelas perlu disediakan bagi investor serta layanan informasi, sehingga perusahaan dapat dengan mudah menavigasi ke dalam sistem baru dan menyesuaikannya. Perubahan yang akan datang juga perlu dikomunikasikan dengan baik sebelumnya.

OECD telah menyiapkan seperangkat prinsip praktek terbaik dari layanan satu pintu warga dan bisnis sebagai panduan umum tentang pembentukan dan pemeliharaan perangkat yang ditawarkan berdasarkan pengalaman dari berbagai negara. Beberapa dari prinsip ini tercermin dalam pendekatan Indonesia: termasuk rencana untuk mengembangkan OSS dalam strategi administrasi yang lebih luas dan menunjukkan komitmen politik tingkat tinggi terhadap program tersebut. OSS juga memiliki sistem pemantauan dan evaluasi serta tata kelola yang disesuaikan dengan fasilitasi koordinasi dan kerjasama antar sejumlah sektor pemerintah dan wilayah. Kajian dan klarifikasi lebih jauh terkait pertimbangan pengembangan modal manusia staf dan manajemen serta konsultasi publik dengan pengguna dalam penciptaan dan peningkatan OSS harus dipertimbangkan (lihat Kotak 6. 3 untuk rincian lebih lanjut).

Kotak 6.3. Prinsip Praktik Terbaik OECD untuk layanan satu pintu warga dan bisnis

Interaksi bisnis dan warga dengan pemerintah menjadi semakin kompleks karena interaksi dengan pemerintah menjadi lebih saling terkait, baik di dalam negeri maupun internasional. Pemerintah dapat, secara tidak perlu, menghambat peluang pertumbuhan dengan membuat hubungan dengan bisnis dan warga negara terputus atau tidak praktis. Untuk mengatasi masalah ini, layanan satu pintu, yaitu platform terpusat untuk layanan lintas pemerintah, diperkenalkan sebagai cara untuk mengurangi biaya transaksi.

OECD telah menyiapkan daftar prinsip ini untuk menawarkan panduan umum tentang pembentukan dan pemeliharaan layanan satu pintu berdasarkan pengalaman pemerintah yang berbeda-beda dengan memanfaatkan serangkaian studi kasus khusus negara serta penelitian umum sebelumnya dan hasil kerja OECD.

Layanan satu pintu harus menjadi bagian dari strategi penyederhanaan administrasi yang lebih luas, sebagai suatu sarana untuk meningkatkan pelayanan, mengurangi biaya transaksi dan meningkatkan kesejahteraan masyarakat. Pada dasarnya, layanan ini harus berpusat pada pengguna dan berdasarkan pada peristiwa kehidupan bagi warga dan bisnis dan, dengan demikian, mendekonstruksi silo pemerintah dan menyajikan informasi dalam format yang lebih bermanfaat bagi pengguna. Prinsip khusus berikut juga harus dipertimbangkan:

- Komitmen politik, yang dengan suara bulat yang disoroti dalam penelitian negara OECD sangat penting untuk keberhasilan reformasi seperti layanan satu pintu. Komunikasi berkelanjutan penting antar tingkat politik dan administrasi.
- Sebuah kerangka hukum yang meletakkan dasar untuk kerjasama dan koordinasi efektif di bagian yang berbeda dan tingkat regional pemerintahan dengan membina hubungan yang kuat dan saluran komunikasi permanen.
- Tata kelola layanan satu pintu dapat bervariasi, tetapi harus tetap memungkinkan keputusan operasional diambil oleh satu organisme dan memastikan semua lembaga berpartisipasi di tingkat eksekutif.
- Kepemimpinan yang melaksanakan perencanaan realistis yang fleksibel terhadap keadaan yang berubah. Sumber daya yang memadai perlu dialokasikan untuk modal manusia dalam hal yang tepat, teknis dan interpersonal, keterampilan dan pelatihan yang disesuaikan.
- Konsultasi publik untuk memastikan, dan uji coba, apakah layanan satu pintu adalah solusi terbaik bagi pengguna dan memenuhi kebutuhan mereka. Pendekatan bertahap dapat diambil untuk memastikan pelajaran dari fase sebelumnya dibawa ke fase berikutnya.
- Pendekatan komunikasi dan teknologi, dengan gagasan yang jelas tentang tujuan layanan satu pintu, yang sesuai untuk tujuan penerapan gabungan pendekatan, baik itu layanan fisik maupun situs web terpusatdengan mempertimbangkan masalah aksesibilitas untuk pengguna tertentu.
- Monitoring dan evaluasi untuk memastikan bahwa program terus memenuhi harapan dan kebutuhan pengguna serta pemerintah. Indikator kuantitatif dan kualitatif harus ditetapkan untuk meningkatkan program dan memastikan bahwa setiap perubahan tunduk pada konsultasi publik dan penilaian dampak.

Sumber: OECD (2020a).

Reformasi yang semakin ambisius untuk meningkatkan lingkungan bisnis

Pihak berwenang menyadari bahwa OSS tidak boleh membayangi kebijakan yang lebih ambisius dan reformasi peraturan yang bertujuan untuk memperbaiki lingkungan bisnis. Selain itu, keberhasilan OSS juga bergantung pada reformasi yang lebih luas ini. Hasil yang tidak terlalu baik dalam indikator kemudahan berusaha Worl Bank, meskipun memperlihatkan adanya peningkatan, mencerminkan fakta bahwa Indonesia belum mencapai tingkat yang setara dengan sejumlah negara-negara di wilayah yang sama atau di wilayah lain (Tabel 6. 2). Meskipun peringkat perlahan-lahan membaik menjadi peringkat ke-73 dari 190 negara pada tahun 2020 pada indikator keseluruhan, skor dalam kategori Memulai Bisnis secara signifikan lebih buruk dan berada di peringkat ke-140. Presiden Widodo menargetkan menaikkan peringkat Indonesia ke posisi 40. Meskipun indikator Melakukan Bisnis tidak mencerminkan gambaran komprehensif untuk lingkungan bisnis di Indonesia, indikator ini dapat menggambarkan upaya yang dilakukan di masa lalu dan kebutuhan untuk mengatasi kekurangan yang tersisa untuk memudahkan pendirian perusahaan.

Tabel 6.2. Skor Melakukan Bisnis di Indonesia dan beberapa negara lain, 2019-2020

		Indonesia	Brazil	Malaysia	Meksiko	Filipina	Thailand	Turki	Viet Nam
kemudahan berusaha (keseluruhan)	2019	**68.2**	58.6	81.3	72.3	60.9	79.5	75.3	68.6
	2020	**69.6**	59.1	81.5	72.4	62.8	80.1	76.8	69.8
Memulai	2019	**79.4**	80.3	82.8	85.9	69.3	92.3	88.2	84.8
	2020	**81.2**	81.3	83.3	86.1	71.3	92.4	88.8	85.1

Catatan: Skor kemudahan berusaha suatu perekonomian tercermin pada skala dari 0 hingga 100, di mana 0 mewakili yang terendah dan 100 mewakili kinerja terbaik

Sumber: World Bank

Dalam konteks ini, pihak berwenang menyadari bahwa mengidentifikasi dan memotong peraturan yang berlebihan serta merampingkan prosedur dan persyaratan yang terlalu memberatkan bagi investor harus tetap menjadi prioritas utama. Meskipun BKPM telah ditugaskan untuk mengidentifikasi peraturan dan prosedur yang rumit untuk memulai dan menjalankan bisnis di Indonesia selama beberapa tahun terakhir, BKPM memiliki sedikit kewenangan untuk mempengaruhi kementerian terkait untuk mengubah atau menghapusnya. Seperti yang telah disebutkan sebelumnya, dengan dikeluarkannya Instruksi Presiden 07/2019, salah satu keputusan pertama pemerintah yang baru adalah memberikan kewenangan yang lebih besar kepada BKPM dalam proses perampingan izin usaha yang ada. Kementerian terkait diminta untuk secara aktif mengidentifikasi dan menilai peraturan yang dianggap mengganggu kemudahan berusaha dan melaporkannya ke BKPM, yang pada gilirannya harus memberikan rekomendasi untuk revisi peraturan tersebut. Dalam Inpres tersebut juga disebutkan bahwa sekretariat dibentuk oleh kementerian dan lembaga pemerintah untuk melaksanakan rekomendasi BKPM.

Lebih penting lagi, Kabinet baru memulai proses reformasi ambisius dengan persiapan dua Omnibus law baru, satu di penciptaan lapangan kerja dan satu di perpajakan. Omnibus Law tentang Penciptaan Lapangan Kerja adalah proses reformasi regulasi yang luas dimana pemerintah mengidentifikasi adanya 76 undang-undang dan lebih dari 1000 pasal yang tumpang tindih atau perlu direvisi Omnibus lay ini membahas 11 cluster:

1. Penyederhanaan upaya perizinan
2. syarat dan persyaratan investasi
3. reformasi tenaga kerja
4. perlindungan dan pemberdayaan usaha mikro, kecil, dan menengah

5. kemudahan berusaha
6. penelitian dan dukungan inovasi
7. administrasi pemerintah
8. penalti (sanksi)
9. pembebasan tanah
10. kemudahan untuk proyek pemerintah; dan
11. kawasan ekonomi khusus.

Undang-undang tersebut bertujuan untuk menciptakan lingkungan investasi yang lebih bersahabat, terutama dengan mengurangi pembatasan yang ada pada investasi asing secara signifikan (lihat bab 3 tentang rezim FDI di Indonesia). Undang-undan ini juga berupaya untuk menyelaraskan dan menyederhanakan proses perizinan usaha dengan mengubah dan menggantikan undang-undang individu terkait dengan hampir semua sektor ekonomi dan dengan membatasi peran otoritas perizinan pemerintah daerah. Dengan lebih memusatkan kewenangan perizinan di BKPM, Omnibus Law Cipta Kerja berupaya menjadikan OSS berfungsi penuh.

Undang-undang tersebut, yang disahkan pada Oktober 2020, menghadapi perlawanan, terutama pada komponen tenaga kerja dan lingkungannya. Indonesia memiliki serikat pekerja yang kuat dan mapan, yang peduli tentang lebih banyak fleksibilitas pada rezim tenaga kerja. Dengan melonggarkan standar lingkungan, undang-undang tersebut juga meningkatkan kekhawatiran tentang potensi dampaknya terhadap perlindungan lingkungan (lihat bab 5 tentang perilaku bisnis yang bertanggung jawab). Untuk meloloskan reformasi tingkat tinggi seperti itu, pemerintah perlu melalui proses konsultasi dan komunikasi yang luas dan bermakna untuk menghindari konfrontasi sengit dengan sebagian penduduk (lihat di bawah).

Meskipun reformasi ini menjadi pertanda baik dalam beberapa aspek, langkah cepat yang berurutan memberikan tekanan pada pejabat pemerintah, tidak hanya di tingkat nasional tetapi juga di tingkat provinsi dan kabupaten (atau kota). Peraturan baru datang dengan aturan baru, tenggat waktu yang lebih ketat, teknologi baru, sementara pemerintah daerah harus beradaptasi, seringkali dengan sumber daya yang sama. Kabupaten-kabupaten terpencil dan tertinggal belum tentu memiliki kapasitas kelembagaan untuk melaksanakan kebijakan dan peraturan nasional dengan baik. Pada saat yang sama, upaya untuk memusatkan kembali proses perizinan bisnis dari otoritas lokal mungkin tidak diterima dengan baik atau memungkinkan investor untuk sepenuhnya mengabaikan pejabat lokal dalam praktiknya. Dan meski Omnibus Law Cipta Lapangan Kerja merupakan reformasi yang ambisius, keberhasilannya akan bergantung pada penerapannya di seluruh pemerintahan nasional dan di daerah. Oleh karena itu, upaya berkelanjutan harus dilakukan untuk memperkuat kapasitas pejabat yang berhubungan dengan bisnis, meningkatkan transparansi dalam pengambilan keputusan, dan memelihara dialog yang konstruktif dengan pemangku kepentingan.

Menjaga dialog konstruktif dengan pemangku kepentingan untuk iklim bisnis yang semakin membaik

Berkonsultasi dengan sektor swasta dan mengadvokasi kebijakan yang lebih baik

Dalam upaya terus menerus untuk memberikan iklim investasi yang ramah, pemerintah harus memelihara pelaksanaan dialog rutin dengan sektor swasta serta pemangku kepentingan lainnya dari masyarakat sipil untuk memastikan lingkungan kepercayaan, mendorong retensi investasi atau ekspansi, dan melibatkan para pemangku kepentingan dalam perancangan kebijakan. Mekanisme konsultasi dan layanan *aftercare* adalah kunci untuk mengumpulkan umpan balik atas tuntutan yang berulang yang memengaruhi operasi bisnis dan melakukan advokasi kebijakan yang efektif.

Sektor swasta sering berkonsultasi secara ad hoc di Indonesia, terutama ketika kebijakan dan peraturan baru sedang dipersiapkan, termasuk melalui KADIN (Kamar Dagang dan Industri Indonesia). KADIN adalah organisasi payung dari kamar dan asosiasi bisnis Indonesia yang mencakup semua sektor ekonomi di seluruh negeri. Berkat jaringan besar ini, KADIN merupakan mitra sektor swasta pemerintah yang memiliki hak istimewa.

Pemerintah, terutama BKPM, juga berkonsultasi dengan kamar dagang dan kedutaan asing tetapi konsultasi ini dilakukan secara kurang sistematis. Untuk memantau iklim investasi dengan baik, penting agar semua segmen komunitas bisnis dipertimbangkan secara setara, tidak peduli ukuran, kebangsaan atau sektor perusahaannya. Suara masyarakat sipil dan pekerja serta konsumen juga harus dipertimbangkan dalam keputusan terkait iklim investasi pemerintah.

BKPM menjalankan peran penghubungnya dengan baik antara pemerintah dan bisnis, tetapi tidak ada platform dialog publik-swasta formal yang memungkinkan adanya diskusi sistematis, komprehensif dan terbuka tentang tantangan dan prioritas iklim investasi. BKPM mengumpulkan umpan balik bisnis melalui pertemuan dan lokakarya ad hoc, serta survei investor asing, tetapi yang terakhir lebih banyak digunakan untuk mengumpulkan dan menyebarkan data daripada memberikan rekomendasi kepada perancang kebijakan.

BKPM menggunakan umpan balik yang dikumpulkan dari sektor swasta untuk merumuskan rekomendasi kepada bagian lain dari pemerintah dalam rapat koordinasi dan kertas posisi (*position paper*) dan sering kali mengadvokasi kebijakan dan peraturan investasi yang lebih ramah. Advokasi kebijakan adalah fungsi alami dari badan koordinasi yang terlibat dalam kegiatan pengaturan dan fasilitasi seperti BKPM. IPA yang terlibat dalam advokasi kebijakan dapat memutuskan untuk fokus pada kegiatan tertentu yang sering dikelompokkan menjadi tiga kategori utama: 1) melakukan tindakan untuk memantau iklim investasi (misalnya pelacakan peringkat, pertemuan dengan sektor swasta, survei bisnis, konsultasi dengan kedutaan besar); 2) memberikan umpan balik formal kepada pemerintah tentang bagaimana memperbaiki iklim investasi (misalnya pertemuan dengan pejabat pemerintah, pembuatan kertas posisi); dan 3) memberikan umpan balik informal kepada pemerintah tentang bagaimana memperbaiki iklim investasi (misalnya partisipasi dalam pertemuan berkala, acara, artikel pers).

Advokasi kebijakan dilakukan oleh mayoritas IPA di seluruh dunia, tetapi BKPM melakukan berbagai aktivitas yang lebih luas jika dibandingkan IPA dari negara di wilayah OECD, LAC, dan Eurasia (Gambar 6. 5). IPA di negara-negara OECD, misalnya, seringkali lebih fokus pada aspek pelaksanaan promosi dan fasilitasi investasi daripada pada fitur kebijakan dan peraturan mereka, sedangkan rekan-rekan mereka di Timur Tengah dan Asia Tenggara cenderung memiliki mandat kebijakan yang lebih luas (lihat di atas). Di masa depan, penyebaran COVID -19 mendorong ketidakpastian global dan penurunan aliran FDI, sehingga IPA akan memiliki peran advokasi kebijakan yang lebih besar untuk dimainkan guna mendukung lingkungan bisnis yang sehat (OECD, 2020b). Bekerja di persimpangan bisnis dan layanan publik, IPA memiliki posisi yang tepat untuk mengadvokasi pasar yang terbuka, transparan, dan diatur dengan baik. IPA dari negara-negara OECD, seperti Jerman, Spanyol dan Inggris, telah berencana untuk memperkuat peran advokasi kebijakan mereka untuk membatasi hambatan perdagangan dan investasi, memperbaiki iklim investasi, dan memastikan bahwa instrumen kebijakan tidak diskriminatif.

Gambar 6.5. Gambaran umum perbandingan kegiatan advokasi kebijakan BKPM

Sebagai persentase dari semua kemungkinan kegiatan di bawah kategori ini

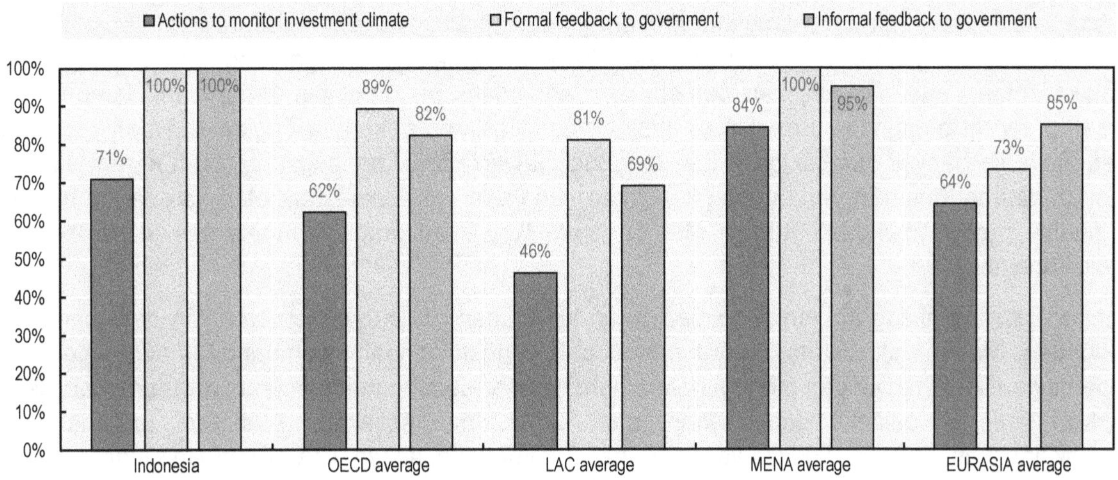

Sumber: Survei OECD-IDB tentang Badan Promosi Investasi (dari tahun-tahun terakhir yang tersedia).

Koordinasi yang efektif di dalam pemerintah untuk menyalurkan rekomendasi kebijakan dan peraturan terkait serta memastikan implementasinya sama pentingnya dengan mengumpulkan umpan balik yang relevan dari investor, tetapi juga bisa sama menantangnya, atau bahkan lebih menantang (de Crombrugghe, 2019). Kasus Komisi Perdagangan dan Investasi Australia (Austrade) menggambarkan bagaimana membangun jaringan strategis untuk hubungan kunci sangat penting untuk membuat advokasi kebijakan efektif dan sukses (Kotak 6. 4). Ini menunjukkan bahwa mendapatkan umpan balik yang relevan dari investor dan membina hubungan konstruktif dengan badan publik yang relevan sama pentingnya.

Kotak 6.4. Strategi Memengaruhi Kebijakan Austrade: dibangun di atas jaringan kerja strategis kemitraan

Austrade bekerja di seluruh bidang pemerintahan untuk mengadvokasi investor dalam debat kebijakan dan proses pengambilan keputusan. Advokasi kebijakannya bergantung pada pengetahuan praktisi tentang agenda kebijakan pemerintah dan proses pengambilan keputusan. Namun, badan tersebut sering menghadapi medan permainan yang asimetris, karena bagian lain dari pemerintah memiliki lebih banyak sumber daya dan tanggung jawab kebijakan langsung. Oleh karena itu, perlu dengan hati-hati memilih pertarungan kebijakan yang akan dilakukan dan, oleh karena itu, badan ini kemudian mengembangkan Strategi Memengaruhi Kebijakan untuk memaksimalkan sumber daya kebijakannya.

Dengan latar belakang ini, Austrade menyadari kebutuhan untuk mengembangkan dan memelihara hubungan dalam ekosistem kebijakannya, baik dengan badan pemerintah maupun pemangku kepentingan lainnya. Dengan menggunakan hubungan tersebut untuk menuntut argumen kebijakan di tingkat tertinggi dalam pemerintahan dan ekosistem kebijakan, Austrade terbantu untuk memaksimalkan jumlah kasus yang berhasil dimenangkannya. IPA Australia juga berupaya menggunakan perangkat yang tepat, termasuk data untuk menjadi dasar argumen kebijakan dan wawasan komersial mereka dari tim lembaga yang berhadapan dengan klien dan jaringan kebijakan mereka. Austrade adalah satu-satunya badan pemerintah Federal yang dapat memberikan masukan tingkat komersial ke dalam perdebatan kebijakan.

Badan ini terus bekerja mencari cara terbaik dengan secara rutin mendapatkan wawasan dari tim yang berhadapan dengan klien, yang sibuk melayani klien. Membangun hubungan eksternal, terutama dengan badan kebijakan besar, juga penting untuk keberhasilan. Bermitra dengan lembaga yang berpikiran sama dalam proses kebijakan membantu memperkuat suara dan argumen Austrade dalam upaya mereka untuk perbaikan iklim investasi.

Sumber: Komisi Perdagangan dan Investasi Australia, Juli 2019 (berdasarkan de Crombrugghe, 2019)

Aftercare sebagai saluran untuk menghindari perselisihan dan mempromosikan keterkaitan bisnis

Selain melibatkan sektor swasta dalam perancangan kebijakan, bekerja lebih dekat dengan sektor swasta melalui *aftercare* juga dapat membantu mempertahankan investor yang ada dan mendorong ekspansi. Karena krisis memengaruhi bisnis di seluruh dunia, IPA telah meningkatkan aktivitas *aftercare* mereka untuk membantu investor yang sudah ada mengatasi krisis dan mendukung investasi atau operasional mereka yang sedang berjalan (OECD, 2020b). Dua area di mana IPA dapat membuat perbedaan adalah dalam menghindari potensi perselisihan, di satu sisi, dan membangun kemitraan bisnis, di sisi lain. Meskipun BKPM menggunakan leverage untuk mencegah perselisihan yang melibatkan investor, BKPM belum terlibat dalam mendukung hubungan bisnis antara afiliasi asing dan perusahaan lokal.

IPA dapat memainkan peran penting dalam mencegah potensi sengketa yang melibatkan investor, terutama dengan melalui pemecahan masalah terstruktur dengan investor individu, mitigasi konflik (misalnya antara investor dan pihak berwenang, antara investor dan masyarakat, dll.) dan intervensi ombudsman. BKPM menyediakan dua yang pertama, yang juga merupakan mekanisme pencegahan sengketa yang paling sering digunakan oleh IPAS lainnya, dan relatif sebanding vis-à-vis dengan rekan-rekan internasional lainnya (Gambar 6. 6).

Gambar 6.6. Gambaran umum perbandingan aktivitas pencegahan perselisihan BKPM

Sebagai persentase dari semua kemungkinan kegiatan di bawah kategori ini

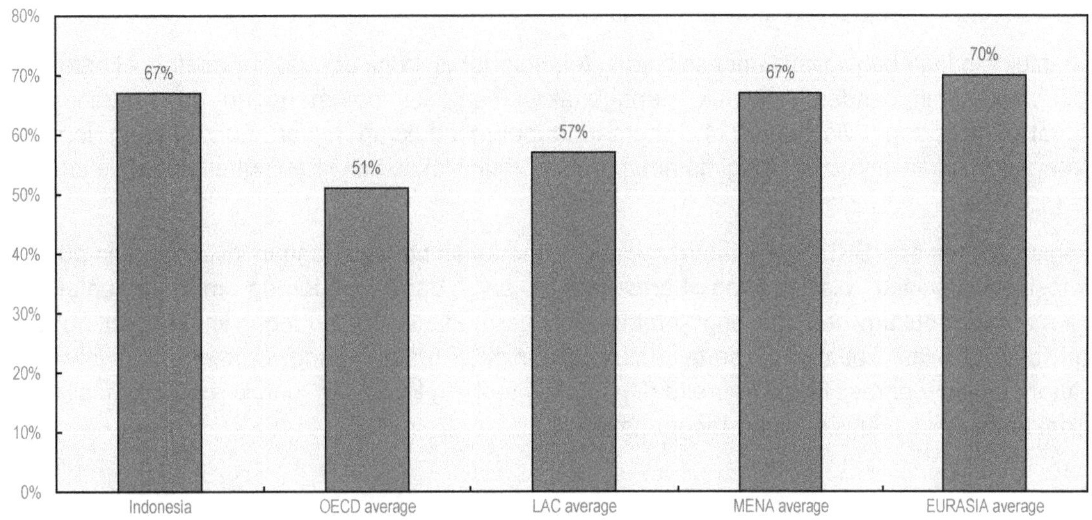

Sumber: Survei OECD-IDB tentang Badan Promosi Investasi (dari tahun-tahun terakhir yang tersedia).

Pemecahan masalah terstruktur dengan investor individu, misalnya, disediakan oleh setidaknya 80% IPA di negara-negara OECD, MENA, LAC dan Eurasia. Intervensi Ombudsman adalah aktivitas yang paling jarang tersedia dari ketiga fungsi IPA di seluruh IPA dan juga tidak dilakukan oleh BKPM. Korea adalah pelopor dalam mendirikan ombudsman investasi asing dalam IPA-nya pada tahun 1999. Perannya adalah untuk menyelesaikan keluhan yang dilaporkan oleh investor asing baik dengan mengirimkan ahli yang relevan ke lokasi bisnis maupun dengan mengambil tindakan pencegahan untuk mencegah keluhan di masa depan dengan mendorong perbaikan sistemik dan amandemen hukum.

Aftercare juga dapat mendukung terciptanya hubungan antara investor asing dan perusahaan domestik, terutama usaha kecil dan menengah (UKM). PMN tidak selalu terlibat dalam hubungan dengan pemasok domestik secara otomatis, bahkan ketika perusahaan lokal cukup kompetitif dan siap teknologi. Banyak PMN terikat oleh pengaturan kontrak internasional yang mengikat mereka dengan pemasok internasional, mengimbangi efektivitas kebijakan publik untuk mempromosikan hubungan. Dalam beberapa kasus lain, PMN mengandalkan mitra bisnis luar negeri mereka yang biasa untuk kenyamanan atau karena kurangnya informasi, dan tidak berusaha mencari perusahaan lokal yang dapat bertindak sebagai pemasok. Dalam hal ini, pemerintah dapat menjembatani kesenjangan informasi dengan langkah-langkah yang ditargetkan untuk memfasilitasi pertukaran informasi. Dengan berinteraksi dengan PMN setiap hari, IPA sering kali ditempatkan di posisi yang baik untuk melakukannya, terutama melalui aktivitas *aftercare.*

Dengan demikian, banyak IPA di seluruh dunia terlibat dalam program hubungan, paling sering melalui layanan perjodohan antara perusahaan asing dan domestik. BKPM, seperti banyak IPA lainnya, saat ini menjalankan program perjodohan bisnis antara investor asing dan perusahaan domestik (sebagaimana diamanatkan oleh Peraturan Presiden Nomor 44 Tahun 2016). Namun, kegiatan ini bisa mendapatkan keuntungan dari penguatan lebih lanjut dan koordinasi yang lebih baik dengan program linkage PMN-UKM lain yang ada di seluruh kementerian dan lembaga, yang tidak saja akan mencegah inisiatif semacam ini dilakukan dalam kondisi terpisah-pisah (silo) dan tumpang tindih, tetapi juga membantu memantau program linkage (pengaitan bisnis). BKPM juga dapat mempertimbangkan untuk mengumpulkan database perusahaan domestik dan membuatnya tersedia untuk PMN yang mencari pemasok di Indonesia. Koordinasi dengan inisiatif serupa di seluruh pemerintahan juga penting untuk membangun database tunggal, yang dapat membantu PMN mengurangi biaya transaksi mereka sekaligus memberikan peluang bagi bisnis lokal. Basis data pemasok sering kali bersifat khusus untuk suatu industri dan terkadang berfokus pada sektor prioritas untuk daya tarik FDI. Beberapa IPA, seringkali yang juga mengintegrasikan mandat untuk mempromosikan investasi dalam negeri, memiliki program dukungan bisnis yang lebih canggih (misalnya program kluster dan peningkatan kapasitas) yang dapat membantu perusahaan domestik menjadi pemasok afiliasi asing.

Bukti menunjukkan juga bahwa investor asing yang telah bertahan lama dengan mengetahui konteks lokal yang lebih baik, lebih cenderung untuk menggunakan pemasok dalam negeri dan bukan sumber internasional (Farole dan Winkler, 2014). Aftercare dapat mendukung tujuan ganda yang lebih baik dengan menjangkarkan investor asing dalam perekonomian lokal dan meningkatkan efek tumpahan positifnya (*spillover*).

Melalui kegiatan aftercare, BKPM juga dapat mempertimbangkan bekerja dengan investor yang ada untuk mempromosikan perilaku bisnis yang bertanggung jawab dan mendorong mereka untuk lebih sistematis mematuhi hukum, seperti menghormati hak asasi manusia, perlindungan lingkungan, hubungan kerja dan akuntabilitas keuangan, serta untuk merangkul praktik yang bertanggung jawab dan berkelanjutan dalam operasi bisnis mereka (lihat Bab 5 tentang kebijakan untuk mempromosikan dan memungkinkan perilaku bisnis yang bertanggung jawab).

Upaya promosi investasi

Memprioritaskan FDI dan merancang strategi promosi investasi yang dirancang dengan baik

Untuk menarik FDI dan mendapatkan keuntungan penuh darinya, langkah-langkah untuk memfasilitasi investasi yang masuk dan mempertahankan investasi yang sudah ada tidaklah cukup. Pemerintah perlu merancang strategi promosi investasi yang jelas dan terdefinisi dengan baik untuk memberikan arahan keseluruhan ke IPA, dengan target dan sarana khusus untuk mencapai target yang ditetapkan.

Strategi promosi investasi disiapkan untuk memastikan bahwa upaya meningkatkan daya tarik menjadi tepat sasaran dan berkontribusi pada tujuan pembangunan nasional pemerintah yang lebih luas. Strategi ini perlu mengacu pada strategi pembangunan ekonomi negara tetapi fokus pada apa yang dapat dihasilkan oleh FDI selain investasi dalam negeri dan bagaimana PMN dapat mendukung tujuan pembangunan nasional. Strategi ini berkisar pada pertanyaan tentang apa yang harus dipromosikan (yaitu sektor, negara, proyek, investor) dan bagaimana menerapkan promosi ini dalam praktiknya. Memprioritaskan sektor, negara dan proyek harus dilakukan sesuai dengan seperangkat kriteria yang didefinisikan dengan baik sejalan dengan tujuan ekonomi, sosial dan lingkungan negara.

FDI prioritas adalah praktik yang dominan di seluruh IPA di dunia, karena hampir semua IPA menargetkan sejumlah investasi dibanding investasi lainnya. Di negara OECD misalnya, 84% memprioritaskan sektor, 59% memprioritaskan negara dan 78% memprioritaskan proyek (OECD, 2018a). Dari seluruh IPA di wilayah MENA dan Eurasia, mayoritas memprioritaskan sektor (masing-masing 80% dan 70%) dan proyek (masing-masing 70%), sementara di LAC IPA mayoritas memprioritaskan negara (84%).

Berdasarkan survei IPA yang diisi BKPM, Indonesia mengutamakan sektor, negara, dan proyek. Strategi promosi investasi nasionalnya dirancang bersama oleh BKPM, Kementerian Koordinator Bidang Perekonomian, Kementerian Luar Negeri, Kantor Eksekutif Presiden, Kementerian Perindustrian dan Kementerian Perencanaan Pembangunan Nasional. Persiapan kolegial untuk dokumen semacam itu adalah inisiatif yang baik mengingat sifat investasi yang horizontal. Strategi tersebut mengacu pada dua dokumen strategis utama saat ini yang memandu tujuan pembangunan negara secara keseluruhan:

- *Rencana Pembangunan Jangka Menengah Nasional 2015-2019 dan 2020-2024,* disiapkan oleh Kementerian Perencanaan Pembangunan Nasional, yang merupakan fase ketiga dan keempat dari pelaksanaan *Rencana Pembangunan Jangka Panjang Nasional Rencana 2005-2025* yang menjabarkan visi jangka panjang. Rencana lima tahun tersebut memberikan arahan kepada seluruh kabinet, termasuk untuk kebijakan ekonomi. Rencana ini mengidentifikasi prioritas ekonomi berikut: *i)* kedaulatan pangan; *ii)* kedaulatan energi; *iii)* urusan maritim; *iv)* industri pariwisata dan manufaktur; dan *v)* keamanan air, infrastruktur dan konektivitas.
- *Indonesia 4.0,* strategi industri terbaru negara, yang merupakan peta jalan yang dirancang untuk beralih dari ekonomi berbasis manufaktur tradisional ke mode produksi berteknologi tinggi dengan fokus yang lebih kuat pada kegiatan penelitian dan pengembangan (litbang). Strategi ini dipimpin oleh Kementerian Perindustrian dan telah mengidentifikasi lima sektor: *i)* makanan dan minuman; *ii)* tekstil dan pakaian jadi; *iii)* otomotif; *iv)* bahan kimia; dan *v)* elektronik.

Menurut informasi yang diberikan oleh BKPM, sektor-sektor yang menjadi sasaran daya tarik PMA secara luas mencerminkan kombinasi dari semua yang termasuk dalam kedua strategi, terutama: *i)* infrastruktur (listrik dan transportasi); *ii)* pariwisata; *iii)* manufaktur (padat karya dan berorientasi ekspor); *iv)* industri gaya hidup & ekonomi digital; *v)* maritim & perikanan; dan *vi)* pertanian. Oleh karena itu, tingkat prioritas sektor relatif rendah, karena berbagai industri untuk promosi FDI mencerminkan keinginan pemerintah untuk menarik FDI ke hampir semua sektor ekonomi. Sektor yang tidak proaktif promosinya oleh BKPM adalah jasa keuangan dan hulu migas.

Meskipun literatur ekonomi memperingatkan terhadap pendekatan kontra-produktif dari strategi "pemenang memilih" oleh pemerintah (Rodrik, 2004), penelitian empiris juga menemukan bahwa negara-negara memperoleh tingkat FDI yang lebih tinggi di sektor-sektor yang ditargetkan oleh IPA mereka (Harding dan Javorcik, 2011). Oleh karena itu, BKPM harus mempertimbangkan lebih lanjut untuk memfokuskan upaya promosinya pada industri di mana keunggulan lokasi dapat dikembangkan daripada menyebarkan kegiatan daya tariknya ke berbagai sektor. Bekerja pada strategi prioritas yang terfokus dengan tujuan yang lebih terarah akan membuat kerja BKPM lebih berdampak dan selaras dengan tujuan pembangunan berkelanjutan negara. Staf juga akan lebih mudah menetapkan target konkret, memantau kemajuan, dan mengukur hasil.

BKPM juga memprioritaskan proyek FDI tertentu, yang mereka definisikan sebagai investasi berkualitas tinggi, yang merupakan cara untuk lebih memfokuskan upaya daya tariknya di setiap sektor. Cara Indonesia memilih kriteria untuk memprioritaskan proyek investasi mencerminkan kesediaannya untuk memaksimalkan dampak pembangunan FDI, termasuk dengan kriteria seperti dampak proyek investasi potensial terhadap pekerjaan, upah, ekspor, inovasi, pembangunan daerah dan berkelanjutan (Tabel 6. 3). BKPM lebih menekankan pada hasil potensial ini daripada kriteria lainnya untuk memilih proyek, seperti negara asal, cara masuk atau jenis investor, yang dipertimbangkan dalam IPA lain (misalnya Australia, Brasil, Korea, Turki atau Inggris).

Tabel 6.3. Kriteria yang digunakan untuk prioritisasi proyek FDI oleh BKPM dan beberapa IPA lain

	Indonesia	Australia	Brazil	Korea	Myanmar	Turki	Inggris Raya
Sektor Prioritas	√	√	√	√	√	√	√
Prioritas Asal Negara		√	√			√	√
Cara masuk		√	√	√		√	√
Besar Investasi	√	√		√		√	√
Horison/Durasi Investor	√	√					√
Jenis Investor		√	√				√
Ukuran Perusahaan	√					√	√

Kewarganegaraan Investor		√					√
Keterlibatan Perusahaan dalam FDI		√	√			√	√
Dampak pada Penciptaan Lapangan Kerja	√	√	√	√	√	√	√
Dampak pada Upah	√	√					
Dampak pada Ekspor	√	√	√	√	√	√	√
Dampak pada Inovasi	√	√	√	√	√	√	√
Dampak pada Pembangunan Wilayah	√	√	√	√	√	√	√
Dampak pada Pendapatan Pajak	√				√		
Dampak pada Citra Negara	√	√	√		√	√	
Dampak pada Kapasitas Perusahaan Lokal	√	√	√		√	√	
Dampak pada Kompetisi	√	√	√	√	√	√	
Keberlanjutan	√	√	√	√	√	√	√

Sumber: Survei OECD-IDB tentang Badan Promosi Investasi (dari tahun-tahun terakhir yang tersedia).

Meskipun niat untuk fokus pada hasil pembangunan merupakan niat yang baik, sistem pemantauan dan evaluasi yang kuat dan indikator kinerja yang ditargetkan dengan baik diperlukan untuk memastikan bahwa upaya penciptaan investasi dari lembaga tersebut mengarah pada hasil yang diharapkan. Memastikan bahwa badan bekerja dengan indikator yang dapat dikelola dan bermakna (yaitu yang dapat membantu menentukan apakah tindakan IPA menghasilkan hasil ekonomi dan sosial yang diharapkan) akan membantu dalam mengevaluasi kontribusi BKPM terhadap pembangunan berkelanjutan dan perilaku bisnis yang bertanggung jawab.

Secara keseluruhan, BKPM dapat mendedikasikan lebih banyak upaya untuk kegiatan promosi dan daya tarik investasi, dengan upaya penciptaan investasi yang lebih terfokus dan diprioritaskan. Kriteria untuk memilih sektor-sektor tersebut harus mencapai keseimbangan antara keinginan pemerintah untuk mendiversifikasi ekonomi dan kemungkinan untuk mengandalkan kapasitas domestik yang kuat. Fokus dapat diberikan pada sektor yang muncul dan berkelanjutan seperti industri digital, energi bersih, dan ekowisata. Berdasarkan Bab 2 *Kajian* tentang Tren dan Dampak FDI di Indonesia ini, BKPM juga harus fokus pada proyek-proyek di sektor-sektor di mana kinerja investasi asing lebih tinggi daripada investasi dalam negeri, terutama dalam hal produktivitas dan inovasi (misalnya bahan kimia, makanan), upah dan pengembangan keterampilan (mis. energi, jasa transportasi), dan kinerja lingkungan dan teknologi bersih (mis. efisiensi energi) serta pada sektor-sektor yang lebih mungkin menghasilkan hubungan dengan perusahaan domestik (mis. otomotif dan elektronik). Bab ini memberikan analisis mendalam tentang kontribusi investasi asing terhadap tujuan pembangunan berkelanjutan di Indonesia, yang dapat memandu upaya prioritas BKPM dalam menarik FDI.

Bab 2 juga menyoroti bahwa FDI sangat terkonsentrasi dalam hal asal, karena sebagian besar investasi asing berasal dari Singapura dan Jepang. Meskipun terdapat bukti bahwa beberapa perusahaan multinasional OECD berinvestasi di Indonesia melalui operasi mereka di Singapura, ketergantungan pada FDI dari sekelompok kecil investor meningkatkan eksposur Indonesia terhadap perubahan kondisi makroekonomi di negara-negara tersebut. Dengan demikian, BKPM dapat secara aktif menargetkan perusahaan dari negara dan wilayah lain untuk mengurangi kerentanan Indonesia terhadap guncangan eksternal. Prioritas negara harus sejalan dengan prioritas sektor dan proyek yang dibahas di atas.

Wabah COVID-19, dan risiko berkurangnya aliran FDI sebagai konsekuensinya, menjadikan upaya bagi pemerintah untuk memfokuskan strategi promosi investasinya pada proyek-proyek yang ditargetkan dengan dampak pembangunan yang tinggi dan kemungkinan akan mendukung pemulihan yang berkelanjutan di Indonesia menjadi sangat penting. Banyak IPA di wilayah OECD dan di tempat lain dengan cepat menggeser kegiatan mereka untuk menyesuaikan dan mengadopsi strategi baru (Kotak 6. 5).

Kotak 6.5. Strategi IPA OECD yang terus berkembang sejalan dengan adanya pandemi COVID-19

Kapasitas IPA untuk beradaptasi dengan situasi baru menjadikannya aktor utama dalam respons pemerintah terhadap krisis COVID -19. Dengan bekerja sama secara erat dengan sektor swasta dan di bidang kebijakan yang berbeda, IPA sering kali fleksibel dan cenderung untuk beradaptasi dengan situasi baru tetapi perlu memikirkan kembali orientasi strategis mereka untuk menanggapi kebutuhan sektor publik dan swasta dengan lebih baik.

Dalam jangka pendek, sifat layanan yang diberikan oleh IPA di wilayah OECD telah berubah secara radikal dengan beralih dari pemasaran ke layanan *aftercare* yang intensif. Setelah IPA dengan segera dan secara signifikan mengurangi kampanye dan aktivitas pemasaran mereka, fokus sekarang diberikan untuk melibatkan dan mempertahankan kontak dengan investor yang ada. Memberi tahu mereka tentang program pemerintah, membantu mereka mengatasi krisis dan mendukung investasi atau operasi mereka yang sedang berlangsung adalah prioritas langsung IPA. Fokus diberikan pada sektor yang paling terpukul, terutama UKM dan investor yang berorientasi ekspor. IPA juga telah mengaktifkan jaringan bisnis yang ada, khususnya di bidang kesehatan, untuk membantu pemerintah melawan krisis.

Dalam jangka menengah hingga jangka panjang, respon tehradap COVID -19 telah secara drastis mempercepat kecenderungan lebih besar menuju digitalisasi IPA. Sementara banyak IPA telah melihat dampak langsung dari krisis terhadap cara berbisnis, sarana digital akan memungkinkan mereka untuk terus melayani dan mengidentifikasi klien di masa mendatang, yang memerlukan akses ke berbagai alat digital. Misalnya, pencarian calon klien digital, yang mampu mengidentifikasi prospek potensial dengan benar, dan solusi realitas maya untuk kunjungan situs dapat menjadi penting. IPA sudah menanam benih, atau mempercepat, transformasi ini. Misalnya, CINDE Costa Rica telah mempercepat rencana digitalnya, termasuk pemasaran berbasis kecerdasan buatan, menyediakan layanan dan produk secara online. IDA Irlandia akan memasukkan lebih banyak solusi dan layanan digital dalam strategi barunya. Business Sweden memberi akses ke peta interaktif online dari berbagai klaster industri dan kedekatan infrastruktur utama kepada investor dan berencana untuk memperluasnya.

IPA juga memikirkan kembali strategi promosi investasi mereka untuk meningkatkan dampak inward FDI. Sebelum krisis, beberapa IPA telah mengembangkan alat untuk mengidentifikasi dan mendukung proyek FDI dengan lebih baik yang dapat memberikan dampak tertinggi pada ekonomi lokal dan mendukung pertumbuhan hijau dan berkelanjutan. Tren ini kemungkinan besar akan ditekankan karena prinsip anggaran IPA meningkat dan pemulihannya membutuhkan upaya bersama untuk menciptakan dan mempertahankan lapangan kerja. Misalnya, Business Sweden telah menggunakan sistem evaluasi kualitatif selama bertahun-tahun untuk mengidentifikasi proyek "berkualitas tinggi" dan Departemen Perdagangan Internasional Inggris Raya akan terus membangun untuk memaksimalkan dampak ekonomi melalui penggunaan analisis ekonomi dan prioritas berbasis intelijen, memastikan FDI memainkan peran yang efektif dalam pemulihan ekonomi. Banyak IPA lainnya telah menyatakan minat yang kuat pada penentuan prioritas yang lebih baik yang berbasis bukti dan berpusat pada pembangunan berkelanjutan.

Sumber: OECD (2020 b).

Peran kebijakan berbasis kawasan dalam mempromosikan FDI

Indonesia memiliki pengalaman cukup lama dalam mengandalkan berbagai jenis kawasan ekonomi untuk mempromosikan investasi asing dan domestik. Sejak awal masa jabatan pertama Presiden Widodo pada tahun 2014, pengembangan kawasan industridan kawasan ekonomi khusus (KEK) telah digunakan secara luas oleh pemerintah untuk mengubah industrialisasi perekonomian dan mendorong investasi padat karya (Octavia, 2016).

Pembangunan kawasan industri dimulai pada tahun 1970-an di kota-kota tertentu (Jakarta, Surabaya, Cilacap, Medan, Makassar, dan Lampung) atas inisiatif bersama pemerintah daerah dan provinsi untuk mendorong investasi di sektor manufaktur (EIBN, 2017). Kawasan industri menyediakan tanah dan fasilitas bagi perusahaan manufaktur, yang tidak mendapatkan insentif pajak tambahan. Keputusan Presiden 53/1989 membuka kemungkinan pengembangan kawasan industri bagi perusahaan swasta dan menetapkan persyaratan standar hukum dan teknis terkait untuk pengembangan dan pengoperasiannya. Pedoman pertama dibuat pada tahun 1996, yang kemudian secara berturut-turut direvisi pada tahun 2009 dan 2015.

Menurut Asosiasi Kawasan Industri, ada 87 kawasan industri di Indonesia, mayoritas berada di Jawa (dan dekat dengan Jakarta). Kawasan ini mencakup lebih dari 86.000 hektar dengan sekitar 9.600 perusahaan yang mempekerjakan 4,5 juta pekerja. Kawasan industri banyak digunakan oleh perusahaan manufaktur, baik dalam dan luar negeri, terutama industri di bidang otomotif, elektronik dan makanan. Kawasan industri dapat dimiliki secara pribadi atau publik. Pemerintah setempat yang bertugas menyiapkan masterplan, yang kemudian diserahkan kepada dan disetujui oleh Departemen Perindustrian. Masyarakat bisnis cenderung untuk merekomendasikan penggunaan kawasan industri, terutama oleh UKM, karena adanya kemudahan dalam pengadaan tanah, perizinan dan infrastruktur fasilitas.

Pengembangan KEK juga menjadi bagian penting dari kebijakan pembangunan ekonomi Indonesia. Salah satu perbedaan utama dengan kawasan industri adalah bahwa KEK, selain tanah dan fasilitas, juga memberikan insentif pajak kepada investor (lihat bagian di bawah). Program-program berturut-turut telah dilaksanakan, salah satu yang paling ambisius adalah Kawasan Pengembangan Ekonomi Terpadu (KAPET) yang dibentuk pada tahun 1996. Meskipun tujuan program ini adalah untuk mendorong pembangunan dan pertumbuhan inklusif di daerah tertinggal, program tersebut tampaknya tidak mencapai hasil yang diinginkan (Rothenburg et al., 2017). Kabupaten yang mendapat manfaat dari program KAPET tidak mengalami hasil pembangunan yang lebih baik dari kabupaten lainnya. Meskipun perusahaan membayar pajak yang lebih rendah, kondisi ini tidak mempromosikan kegiatan bisnis atau membawa hasil pembangunan. Tantangan koordinasi antara pemerintah daerah dan pemerintah pusat atas kewenangan administratif menjadi salah satu alasan di balik masalah pelaksanaan yang dihadapi program KAPET (Lihat bab 7 untuk informasi lebih lanjut).

Saat ini, KEK terletak di lokasi yang strategis, dekat dengan perbatasan dan seringkali berada di kawasan yang memiliki sumber daya alam. Tujuan KEK adalah untuk menarik investasi luar dari Jawa dan untuk mendorong pertambangan dan perusahaan sumber daya alam lainnya untuk bertransformasi secara lokal. Saat ini terdapat 12 KEK dan pemerintah bermaksud untuk membuat 25 di bawah Rencana Pembangunan Jangka Menengah Nasional. Aturan FDI berlaku berbeda di KEK, karena Daftar Negatif (DNI) tidak berlaku di KEK. Hanya sektor terlarang dan UKM yang dibatasi untuk FDI, seperti di bawah rezim umum.

Pembangunan dan pengelolaan KEK menjadi tanggung jawab bersama antara pemerintah pusat, pemerintah daerah, dan swasta. Di tingkat pusat, dewan multi kementerian mengawasi program dan perencanaan KEK. Dewan ini diketuai oleh Menteri Koordinator Bidang Perekonomian dan mencakup Kementerian Keuangan, Kementerian Perencanaan Pembangunan Nasional, Kementerian Perhubungan, Kementerian Pertanahan dan BKPM. Setiap KEK yang diatur oleh dewan daerah dipimpin oleh Gubernur. Meskipun niat untuk membuat kawasan untuk menarik FDI di daerah terpencil dan mempromosikan aktivitas industri melalui pemrosesan lokal pengolahan alami merupakan tujuan yang berharga, pemerintah harus memastikan untuk tidak meniru kegagalan program KAPET. Pihak berwenang juga harus memastikan bahwa upaya yang dilakukan untuk mengembangkan KEK tidak membayangi tujuan yang lebih penting untuk memperbaiki lingkungan bisnis di seluruh negeri.

Pengelolaan dan perluasan kawasan industri dan KEK memiliki implikasi penting terhadap pembangunan ekonomi lokal, yang dibahas lebih lanjut pada Bab 7 tentang dimensi lokal dari kebijakan investasi di Indonesia.

Gambaran umum perpajakan perusahaan di Indonesia

Tarif pajak penghasilan perusahaan sejalan dengan tarif rata-rata ASEAN

Tarif pajak penghasilan badan hukum (CIT) adalah titik rujukan pertama bagi investor asing dan domestik saat mengevaluasi perlakuan pajak suatu yurisdiksi dan memiliki peran sinyal yang penting. Dengan tingkat pengurangan yang direncanakan tahun 2022, tingkat CIT di Indonesia (22%) kompetitif secara regional dan sejalan dengan ASEAN yang rata-rata 22% (Gambar 6. 7).[3] Tarif ini lebih rendah dari rata-rata OECD (23%) dan jika dibandingkan dengan negara-negara dengan tingkat pendapatan serupa (25%).

Tarif CIT wajib diturunkan pada tahun 2020 sebagai bagian dari tanggapan kebijakan terhadap pandemi COVID-19 dan dampak ekonominya. Penurunan tarif sudah dipertimbangkan di bawah Omnibus law perpajakan yang diusulkan tahun 2019 dan diantisipasi untuk memberikan keringanan pajak untuk usaha yang terkena dampak krisis (Kotak 6. 6). Respons kebijakan COVID-19 mempercepat langkah-langkah reformasi pajak lainnya, seperti pajak transaksi elektronik. Pajak penghasilan berlaku untuk bisnis yang terdaftar di Indonesia. Pada tahun 2020, pajak transaksi elektronik berlaku pada pendapatan e-commerce yang terdaftar sebagai perusahaan digital asing dengan kehadiran ekonomi yang signifikan. Tingkat dan definisi kehadiran ekonomi signifikan akan diatur dalam peraturan pemerintah mendatang.

Gambar 6.7. Tarif pajak pendapatan perusahaan di Indonesia dan ASEAN

Pajak pendapatan perusahaan (dalam %)

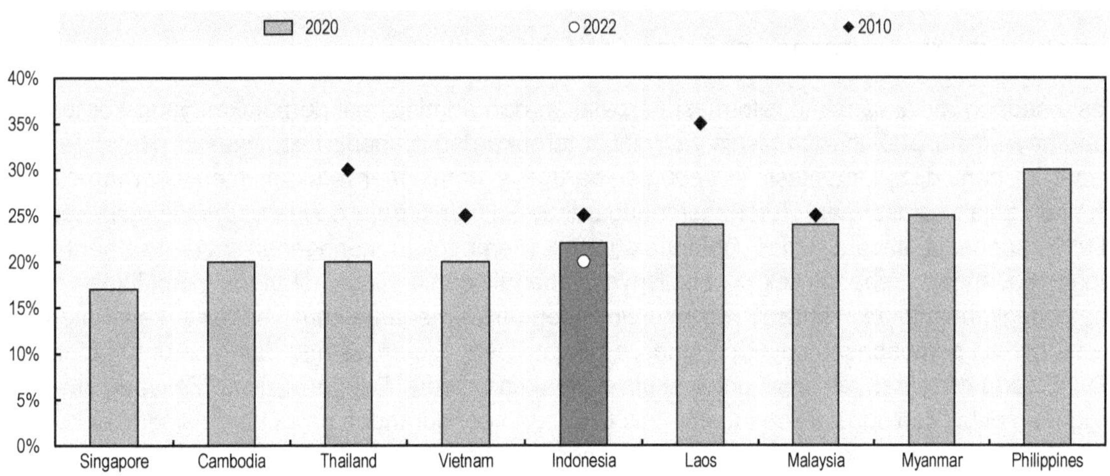

Sumber: OECD berdasarkan Statistik Pajak Perusahaan OECD dan EY (2019).

Kotak 6.6. Omnibus law perpajakan dan respons pajak terhadap COVID-19

Peraturan perpajakan tersebar di banyak undang-undang dan peraturan yang berlaku di Indonesia. Rencana Omnibus law tentang perpajakan diusulkan untuk memperkenalkan beberapa perubahan beberapa undang-undang pajak dan peraturan melalui tagihan tunggal baru. Sebagian dari perubahan kebijakan perpajakan diantisipasi sebagai bagian dari tanggapan kebijakan terhadap pandemi COVID-19, termasuk:

- Tarif CIT wajib dikurangi menjadi 22% pada 2021-22 dan 20% mulai 2023 dan seterusnya;
- Pajak transaksi elektronik berlaku untuk perusahaan digital asing yang terdaftar dengan keberadaan ekonomi yang signifikan; dan
- Pajak pertambahan nilai (PPN) berlaku atas penggunaan barang atau jasa tidak berwujud sebelumnya.

Reformasi pajak lain yang direncanakan berdasarkan RUU tersebut tetapi belum diperkenalkan termasuk:

- Memadukanpajak daerah dan administrasi sanksi pemerintah daerah yang memberlakukan Perda yang dianggap tidak sejalan dengan kebijakan nasional;
- Memperluas aturan pajak untuk ekspatriat yang tinggal lama di Indonesia (lebih dari 183 hari per tahun);
- Mengurangi bunga atas pembayaran pajak yang terlambat; dan
- Menghilangkan pemotongan pajak atas dividen, selama dividen diinvestasikan kembali di Indonesia.

Sumber: PERPPU 1/ 2020 dan Menteri Keuangan Peraturan 23/2020.

Tax reform and COVID-19 policy response

Reformasi pajak dan respons kebijakan COVID-19

Indonesia sedang melaksanakan reformasi perpajakan dan administrasi perpajakan yang komprehensif sebagai upaya menciptakan iklim bisnis yang lebih terbuka dan menarik bagi investor. Reformasi pajak yang saat ini baru diimplementasikan sebagian berupaya untuk menyatukan, menyederhanakan, dan menurunkan pajak perusahaan. Reformasi mengarah kel dimensi baru dengan adanya krisis kesehatan COVID-19. Indonesia secara tegas bertindak untuk memberikan keringanan pajak sementara dan dukungan keuangan kepada sektor bisnisnya sebagai bagian dari strategi pemulihan ekonomi nasional. Langkah-langkah khusus dilakukan dengan menargetkan sektor kesehatan dan memperkenalkan pembebasan pajak penghasilan dalam penyediaan barang dan jasa untuk memerangi COVID-19, serta pengurangan pajak untuk akuisisi peralatan medis[4] Pengembalian PPN yang dipercepat, penangguhan pajak dan subsidi keuangan untuk UKM, dan pengurangan pajak impor diperluas ke hampir semua sektor ekonomi. Dukungan untuk UKM sangat penting karena mereka mungkin kurang mampu menahan risiko likuiditas dan solvabilitas, demikian pula dengan sektor yang sangat terdampak pandemi (misalnya industri pariwisata).

Respon kebijakan pajak memainkan peran penting dalam membatasi efek samping dari langkah pembatasan dan langkah-langkah mitigasi lainnya. Defisit publik diperkirakan akan meningkat dalam jangka pendek dan pendapatan nasional kemungkinan besar akan berkurang secara signifikan selama beberapa tahun, karena efek langsung dari krisis serta tindakan kebijakan selama krisis. Pendapatan pajak yang hilang dan pengeluaran tambahan diperkirakan mencapai 2% dari PDB pada tahun 2020 (IMF, 2020). Konsolidasi fiskal akan dibutuhkan, tetapi Indonesia maju dengan hati-hati agar tidak menghilangkan dukungannya terhadap bisnis terlalu dini dan menjaga kemampuan ekonomi untuk pulih.

Tantangan khusus bagi Indonesia berasal dari basis pajak negara yang secara historis cukup rendah. Indonesia terus-menerus mengalami kesulitan untuk meningkatkan rasio pajak terhadap PDB, meskipun ada upaya dari pemerintah. Pada tahun 2018, rasio pajak terhadap PDB Indonesia adalah 11,3%, sehingga menjadi rasio pajak terhadap PDB terendah di antara negara-negara G20 dan sangat rendah dibandingkan dengan negara lain dengan tingkat pendapatan yang sama. Rasio pajak terhadap PDB dari negara-negara berpenghasilan menengah ke bawah rata-rata 18,5%. Pada tahun yang sama, pajak penghasilan badan di Indonesia menyumbang 23% dari total penerimaan pajak (2,6% dari PDB). Tingkat CIT yang lebih rendah berisiko mengikis Indonesia yang basis pajaknya rendah jika tidak disertai dengan langkah-langkah jangka menengah. Pemotongan suku bunga CIT sebesar 2 poin persentase diestimasi oleh Kementerian Keuangan bahwa penurunan tarif CIT saja dapat menurunkan penerimaan pajak hingga Rp 86 triliun setiap tahun sebelum dimulainya krisis COVID-19 (Akhlas, 2020). Pendapatan pajak yang lebih rendah dapat membatasi pengeluaran pemerintah untuk infrastruktur dan layanan sosial, yang pada gilirannya dapat menghambat kemajuan dalam memperbaiki lingkungan bisnis dalam jangka panjang.

Peran insentif investasi di Indonesia

Insentif pajak adalah alat yang banyak digunakan untuk mempromosikan investasi, khususnya FDI. Insentif pajak berusaha mempengaruhi ukuran, lokasi atau industri dari suatu proyek investasi dengan mengurangi biaya atau risiko yang melekat pada keputusan investasi. Indonesia memiliki sejarah panjang penggunaan insentif pajak. Dalam beberapa tahun terakhir, insentif telah ditinjau dan diperluas secara ekstensif untuk menarik investasi, serta diperluas ke segmen dan aktivitas bisnis tambahan.

Insentif pajak dapat memiliki berbagai bentuk. Di Indonesia skema insentif pajak termasuk tax holiday, tunjangan pajak investasi, kenaikan pemotongan, akselerasi depresiasi dan rezim bea cukai khusus untuk perusahaan di KEK.[5] Insentif pajak terutama mendukung pengembangan industri utama (industri perintis), kegiatan dengan efek limpahan (*overspill*) sosial ekonomi (Litbang dan pelatihan kejuruan) dan yang berkontribusi pada pembangunan daerah melalui KEK.

Insentif pajak untuk investasi di Indonesia menargetkan perusahaan yang didirikan di dalam negeri dan tidak membedakan antara kepemilikan domestik dan asing. Peraturan insentif mengadopsi sejumlah langkah yang membatasi biaya administrasi dalam memproses aplikasi insentif. Saat mengajukan permohonan insentif (misalnya pembebasan pajak atau tunjangan investasi), investor harus memilih satu skema insentif dan tidak dapat mengajukan permohonan lagi jika permohonan mereka ditolak. Jika seorang investor menerima satu insentif, mereka mungkin tidak menerima insentif utama lainnya.

Aplikasi untuk sebagian besar insentif pajak disampaikan melalui sistem OSS dan, jika memenuhi syarat, diteruskan ke Kementerian Keuangan, yang memiliki otoritas tunggal untuk memberikan insentif pajak. OSS telah menjadi langkah penting dalam memotong *red tape* yang terlibat dalam pengajuan insentif pajak dengan merampingkan permintaan bersama-sama dengan mereka untuk mendapatkan izin usaha di Indonesia (lihat di atas). Sistem online pusat juga memfasilitasi pencatatan permintaan dan persetujuan insentif, serta mempersingkat proses seleksi.[6] Perpindahan ke layanan elektronik juga memperkuat pemantauan dan deteksi ketidakpatuhan.

Pergeseran bertahap ke insentif berbasis biaya merupakan perkembangan positif

Organisasi international sering berpendapat bahwa insentif pajak berbasis biaya harus lebih dipilih daripada yang berbasis keuntungan yang, karena umumnya lebih efisien (IMF-OECD-UN-World Bank, 2015; OECD, 2015a). Insentif berbasis keuntungan seperti CIT holiday dan pengurangan CIT ditentukan pada keuntungan yang sudah diamankan. Sementara, insentif berbasis biaya mengurangi biaya modal (Box 6. 7). Indonesia secara tradisional lebih mengandalkan insentif berbasis keuntungan dari pada yang berbasis biaya. Rekomendasi OECD sebelumnya telah menyarankan pergeseran dari insentif pajak berbasis keuntungan ke berbasis biaya (OECD, 2018b; OECD, 2010). The gradual shift to cost-based incentives is a positive development

Kotak 6.7. Insentif pajak berbasis keuntungan dan berbasis biaya

Insentif berbasis keuntungan ditentukan sebagai persentase dari keuntungan proyek investasi. Akibatnya, insentif ini menguntungkan investasi yang sudah menguntungkan sebelum insentif diberikan, dan yang lebih mungkin untuk terjadi secara terpisah dari penerimaan insentif. Insentif berbasis keuntungan memiliki keuntungan karena lebih sederhana untuk diterapkan dan hanya memerlukan kapasitas administrasi perpajakan yang lebih rendah.

Insentif pajak berbasis biaya umumnya kurang bias terhadap perusahaan yang sudah menguntungkan. Insentif jenis ini memungkinkan investor untuk memulihkan investasi mereka lebih cepat melalui pengurangan tambahan dari pendapatan kena pajak mereka (misalnya tunjangan investasi) atau langsung dari pajak terutang mereka (misalnya kredit pajak), sehingga menurunkan biaya modal. Dengan menurunkan biaya modal, insentif berbasis biaya membuat lebih banyak proyek investasi layak secara ekonomi pada marginnya, yaitu investasi yang tidak akan menguntungkan tanpa insentif. Dengan demikian, insentif jenis ini umumnya memiliki potensi untuk memobilisasi lebih banyak investasi per dolar dari pendapatan pajak yang hilang dibandingkan dengan insentif berbasis keuntungan (Clark & Skrok, 2019). Insentif berbasis biaya mungkin memiliki kemungkinan lebih tinggi untuk menghasilkan limpahan efek positif jika diterapkan dengan baik. Insentif bervariasi sesuai dengan belanja dan kinerja investor yang memungkinkan untuk menargetkan kegiatan tertentu (misalnya UKM yang dihubungkan/linkage, pengembangan keterampilan dll). Oleh karena itu, insentif berbasis biaya dapat menjadi penting untuk tujuan kebijakan dukungan khusus dan untuk menghasilkan dampak jangka panjang atas investasi.

Sumber: OECD (2014).

Sejak 2018, Indonesia telah secara ekstensif meninjau skema insentif pajaknya. Sejak 2019, semua insentif CIT yang baru berbasis biaya, yang menandai perubahan positif dalam rancangan insentif pajak. Selama periode yang sama, insentif berbasis keuntungan yang ada juga diperluas untuk memberi manfaat pada sektor tambahan. Segmen bisnis yang memenuhi syarat ditingkatkan dari 145 menjadi 179. Pihak berwenang dapat mempertimbangkan untuk membatasi insentif berbasis keuntungan pada investasi prioritas tinggi di masa depan dan terus beralih ke insentif berbasis biaya. Mengingat potensi kerugiannya, evaluasi dampak yang cermat harus digunakan untuk menilai apakah insentif berbasis keuntungan mencapai tujuan kebijakan yang dimaksudkan.

Industri perintis yang memenuhi syarat untuk tax holiday dalam jumlah besar

Investor baru yang disebut industri perintis berhak menerima pembebasan pajak atau tax holiday.[7] Pembebasan pajak adalah pembebasan penuh dari pajak penghasilan perusahaan, biasanya selama periode waktu tertentu, dimulai dari awal siklus investasi. Perusahaan hanya dapat mengajukan pembebasan pajak sekali dalam tahun pertama setelah menerima Lisensi Bisnis Baru mereka, yang mengurangi beban administrasi pemrosesan aplikasi.

Industri perintis adalah 18 industri yang didefinisikan secara luas dan dipilih berdasarkan potensi pengembangan dan manfaatnya bagi perekonomian.[8] Selain tergabung dalam salah satu industri tersebut, proyek investasi juga harus menghasilkan keterkaitan ekonomi yang luas, menghasilkan nilai tambah dan eksternalitas positif yang tinggi, serta memiliki nilai strategis bagi perekonomian nasional. Kriteria yang digunakan untuk menentukan pemenuhan persyaratan ini dapat dibuat lebih jelas, untuk mengurangi pengambilan keputusan berdasarkan insentif dan untuk meningkatkan transparansi. Daftar industri perintis telah berkembang secara bertahap dari waktu ke waktu. Misalnya, pada tahun 2018, perubahan regulasi telah memasukkan infrastruktur ekonomi dan ekonomi digital sebagai industri perintis.

Lama pembebasan pajak bervariasi sesuai dengan investasi awal dan berkisar dari 5 tahun hingga 20 tahun (Gambar **6. 8)**. Proyek investasi senilai Rp 30 triliun atau lebih mendapatkan tax holiday selama 20 tahun, terlama dibandingkan dengan yang diberlakukan di negara- negara ASEAN lain (OECD, 2018b). Tarif CIT yang lebih rendah berlaku selama dua tahun setelah masa pembebasan berakhir. Mini tax holiday tersedia untuk proyek investasi minimal Rp 100 miliar dan menawarkan potongan harga CIT 50% selama lima tahun yang dikombinasikan dengan potongan harga CIT 25% selama dua tahun setelah masa pembebasan berakhir.

Semakin besar proyek, semakin murah hati insentifnya dan semakin tinggi pajak pendapatan yang hilang. Oleh karena itu, penting bagi pembuat kebijakan untuk mengevaluasi biaya dan manfaat dari setiap insentif. Untuk investasi tertentu, pihak berwenang dapat mempertimbangkan pemaduan insentif dengan kewajiban kontrak untuk melakukan investasi berikutnya agar investasi tidan berpindah dari negara dan untuk mendorong perusahaan mengembangkan strategi investasi jangka panjang (OECD, 2003).

Gambar 6.8. Pembebasan CIT dan pengurangan tarif pajak untuk investasi industri perintis

Year of reduced CIT rate according to investment project size

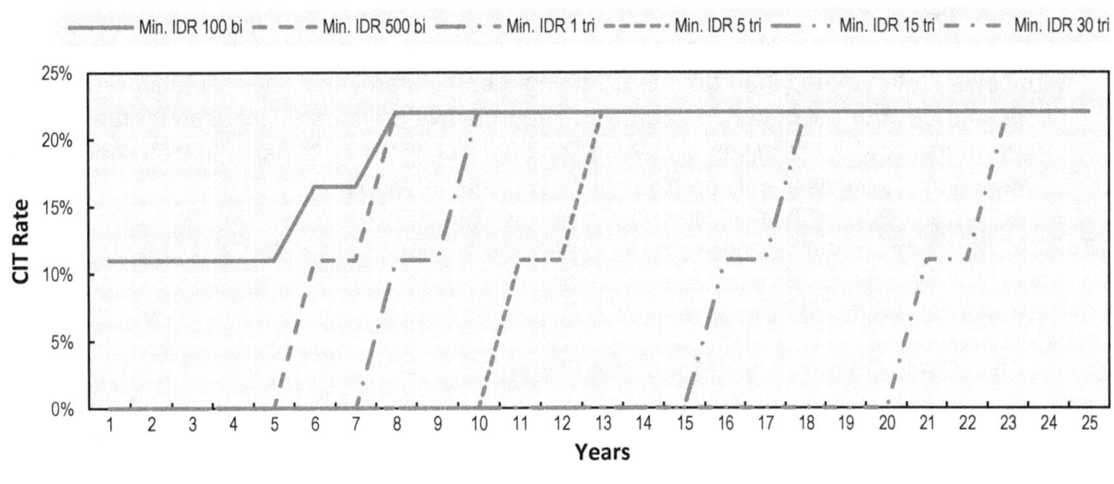

Catatan: Perusahaan harus berbadan hukum Indonesia, Rasio Ekuitas Utang untuk keperluan pajak penghasilan harus di bawah nilai yang diatur dalam Peraturan Menteri Keuangan No. 105/2018. Tax holiday dan mini tax holiday diperkenalkan oleh Peraturan Kementerian Keuangan Nomor 150 2018.

Sumber: Elaborasi OECD berdasarkan perundang-undangan nasional.

Tunjangan investasi diperluas ke lebih banyak investor

Indonesia menawarkan beberapa insentif pajak berbasis biaya kepada investor yang berlaku di bawah kondisi yang berbeda (Kotak 6. 8 dan Tabel 6.5). Tersedia dua tunjangan investasi: yang pertama memungkinkan investor untuk mengurangi 30% tambahan dari biaya investasi di "industri tertentu" dan yang kedua memungkinkan mereka untuk mengurangi 60% tambahan dari biaya investasi.

Kotak 6.8. Definisi: insentif pajak berbasis biaya

- **Tunjangan investasi** memberikan hak kepada wajib pajak untuk memotong sekian persen dari biaya investasi di luar depresiasi pajak biasa yang berlaku. Sebagai contoh, investor menghabiskan USD 100 dan tunjangan investasi adalah 30% maka investor akan dapat mengurangi USD 30 tambahan dari laba kena pajak pada tahun pertama atau tahun investasi.
- **Depresiasi yang dipercepat** memungkinkan depresiasi pada jadwal yang lebih cepat daripada yang tersedia untuk perekonomian lainnya. Ini mengurangi biaya modal dengan memungkinkan investor memulihkan biaya investasi lebih cepat. Jika aset bernilai USD 200 dan periode depresiasi standar adalah 10 tahun, investor dapat mengurangi USD 20 dari penghasilan kena pajaknya setiap tahun selama 10 tahun. Suatu percepatan tingkat depresiasi sebesar 200% akan memungkinkan investor untuk mengurangi biaya investasi dua kali lebih cepat dan dikurangi USD 40 setiap tahun selama lima tahun. Ini berarti proyek ini akan membayar pajak lebih sedikit dalam lima tahun pertama dan karena itu memulihkan biaya yang lebih cepat, bahkan jika nilai pengurangan akhir adalah sama.
- **Pemotongan yang lebih banyak.** Beberapa negara, mengizinkan investor untuk mengurangi lebih dari 100% dari kategori biaya tertentu setelah program pelatihan dan litbang mereka disetujui. Tindakan ini memungkinkan untuk mengurangi jumlah pokok pajak yang dikenakan pajak dengan mengurangi biaya tertentu pada tarif yang lebih tinggi daripada biaya sebenarnya. Tunjangan yang ditingkatkan sebesar 200% memungkinkan biaya tertentu dipotong dua kali sebagai biaya: biaya sebenarnya dan kedua kalinya, untuk tujuan perpajakan.
- **Loss carry-forward.** Aturan pajak umum biasanya memungkinkan kerugian operasional dibawa ke tahun depan untuk mengimbangi pendapatan kena pajak di tahun yang akan datang, dengan batas periode kerugian yang dibawa ke depan. Tindakan ini mengurangi penerimaan pajak ketika kerugian yang seharusnya kedaluwarsa dapat terus terbawa untuk mengurangi penghasilan kena pajak di tahun-tahun mendatang.

Sumber: OECD dan IGF (2018).

Tujuan kebijakan tunjangan investasi 30% kurang jelas

Tunjangan investasi 30% pada awalnya diperkenalkan melalui undang-udang pajak pendapatan tahun 2008[9] (tabel 6.4) dan diperluas secara bermakna pada tahun 2019: (i) industri yang memenuhi syarat meningkat dari 145 menjadi 183; (ii) persyaratan lokasi geografis dihapus, kecuali untuk 17 industri; dan (iii) insentif diperluas untuk diterapkan pada setiap proyek investasi baru, sedangkan menurut peraturan sebelumnya hanya tersedia untuk perusahaan yang baru terdaftar.

Jika memungkinkan, pihak berwenang harus menerapkan insentif dengan cara yang seragam dan konsisten di semua investasi atau dengan jelas menargetkan investasi tertentu untuk mencapai tujuan kebijakan yang dimaksud. Industri yang ditargetkan oleh tunjangan investasi sangat luas, terutama sejak penghapusan lokasi geografis dan persyaratan perusahaan yang baru terdaftar. Tunjangan pajak investasi yang luas menciptakan lapangan bermain yang tidak setara antar investor, sehingga mengurangi efektivitas dan efisiensi tunjangan investasi. Indonesia dapat mempertimbangkan untuk mendefinisikan tujuan kebijakan dari insentif "industri tertentu" dengan lebih jelas untuk menghindari terciptanya lapangan bermain yang tidak merata.

Tunjangan investasi kedua sebesar 60% ditargetkan untuk mengembangkan industri padat karya dan sejalan dengan kebijakan Indonesia yang lebih luas untuk mendorong penciptaan lapangan kerja di industri tersebut. Dalam kondisi yang lebih ketat, insentif dibatasi: (i) hingga 45 segmen usaha padat karya; (ii) investor dengan izin usaha baru; dan (iii) proyek baru yang akan mempekerjakan setidaknya 300 pekerja dan investor. Meskipun kebijakan tersebut tidak mensyaratkan investasi minimum (seperti halnya kebijakan pembebasan pajak), kebijakan tersebut menargetkan proyek-proyek investasi menengah dan besar dengan menambahkan jumlah minimum pekerja yang dipekerjakan agar proyek tersebut memenuhi syarat.

Tingkat depresiasi yang dipercepat memungkinkan investor untuk memulihkan investasi mereka lebih cepat dan menerapkan kondisi yang diperluas yang sama seperti yang ditawarkan di bawah tunjangan 30%. Apakah investor yang lebih mungkin untuk memilih untuk satu atau insentif lainnya cenderung bervariasi sesuai dengan jenis proyek investasi. Insentif depresiasi yang dipercepat berlaku untuk aset berwujud dan tidak berwujud, sedangkan tunjangan investasi hanya berlaku untuk aset berwujud. Perbedaan antara kedua insentif ini dapat dikomunikasikan dengan lebih jelas kepada investor, karena relevan untuk industri teknologi tinggi dan digital.

Tabel 6.4 Deskripsi skema insentif pajak berbasis biaya di Indonesia

Insentif	Beban yang Memenuhi Syarat	Deduksi	Kondisi
Tunjangan Investasi ("Pengurangan super")	Penanaman Modal dalam aset tetap berwujud, termasuk tanah	60% dari biaya modal (10% per tahun, lebih dari 6 tahun)	Industri padat karya (45 bidang usaha) Setidaknya 300 karyawan Izin usaha baru
Tunjangan Investasi	Penanaman Modal dalam aset tetap berwujud, termasuk tanah	30% dari modal e xpense (5% per tahun, lebih dari 6 tahun)	Bidang usaha tertentu (183 bidang) Investasi memiliki nilai investasi yang tinggi, berorientasi ekspor, mempekerjakan tenaga kerja yang besar atau memiliki kandungan lokal yang tinggi dalam produksinya. Proyek investasi baru
Depresiasi yang Dipercepat	Penanaman Modal dalam aktiva tetap berwujud atau tidak berwujud	200% dari kode pajak tingkat	*Bidang* usaha *daerah tertentu* (183 bidang) Investasi memiliki nilai investasi tinggi, berorientasi ekspor, mempekerjakan banyak tenaga kerja, memiliki kandungan lokal tinggi Proyek investasi baru
Perpanjangan penerusan kerugian	Tidak ada	5-10 perpanjangan (melebihi 5 tahun yang ditentukan dalam undang-undang investasi)	*Bidang* usaha *daerah tertentu* (183 bidang) Investasi memiliki nilai investasi tinggi, berorientasi ekspor, mempekerjakan banyak tenaga kerja, memiliki kandungan lokal tinggi Proyek investasi baru

Tunjangan Peningkatan Pengembangan Keterampilan	Biaya praktek kerja, magang, dan/atau kegiatan belajar Bangunan, fisik fasilitas untuk pelatihan	200% dari biaya Berlaku untuk pengeluaran saat ini atau umur aset untuk bangunan	Program magang atau pelatihan kejuruan pada kompetensi tertentu untuk meningkatkan sumber daya manusia sebagai bagian dari investasi dan pemenuhan kebutuhan tenaga kerja Terbatas pada manufaktur (otomotif, furnitur, perkapalan, tekstil dan garmen) dan logistik industri
R&D Tunjangan yang Ditingkatkan	Belanja penelitian dan pengembangan *	300% dari biaya Berlaku untuk pengeluaran saat ini atau untuk 5 tahun berikutnya saat kekayaan intelektual diproduksi	Kegiatan yang menghasilkan penemuan dan inovasi baru, menguasai teknologi baru, atau transfer teknologi.

Catatan: Tabel tersebut hanya mencakup insentif CIT berbasis biaya. * Biaya yang tidak memenuhi syarat untuk pengurangan yang ditingkatkan termasuk biaya pengendalian kualitas, perubahan rancangan musiman, rancangan peralatan rutin, fasilitas teknik konstruksi/relokasi/start up, riset pasar, dll.

Sumber: OECD elaborasi berdasarkan undang-undang nasional (Peraturan Pemerintah (PP) No. 45/2019, Kemenkeu Peraturan No. 128/2019, Peraturan Pemerintah Nomor 78/2019, Peraturan Pemerintah Nomor 45/2019, Kemenkeu Peraturan No. 128/2019, Depkeu Peraturan No. 16 /20 20).

Pengembangan keterampilan target pengurangan dan inovasi yang lebih ditingkatkan

Indonesia memperkenalkan pemotongan untuk mendukung kegiatan litbang dan keterampilan. Pengeluaran untuk litbang dan pelatihan kejuruan menerima pengurangan pemotongan pajak masing-masing sebesar 200% dan 300% (Tabel 6. 4). Investasi dalam litbang adalah pendorong utama inovasi dan berpotensi menghasilkan eksternalitas positif. Karena pengembalian pribadi lebih rendah daripada pengembalian sosial, pemerintah dapat memberi insentif pada investasi litbang untuk membawanya ke optimal sosial. Oleh karena itu, Litbang menjadi fokus kebijakan insentif pajak di banyak negara termasuk ekonomi OECD.

Untuk pengurangan pajak litbang yang ditingkatkan, peraturan tersebut mencakup sejumlah tindakan praktik yang baik, seperti secara jelas membatasi pengeluaran yang memenuhi syarat hanya untuk yang terkait erat dengan litbang (misalnya kontrak dengan universitas dan laboratorium penelitian, perekrutan peneliti dan teknisi, konsultasi eksternal dan kegiatan pelatihan). Mendefinisikan biaya yang ditargetkan secara jelas sangat penting untuk memastikan kebijakan tersebut menguntungkan kegiatan dengan potensi eksternalitas positif. Sementara dasar hukum untuk pengurangan pajak ditingkatkan untuk belanja litbang diperkenalkan pada pertengahan tahun 2019 (Peraturan Pemerintah No. 45), peraturan pelaksanaan masih belum dioperasionalkan. Indonesia dapat mempertimbangkan untuk membatasi penundaan antara pengenalan dan operasionalisasi insentif baru, untuk mengurangi ketidakpastian investor.

Pemotongan pajak terkait dengan pengembangan keterampilan dapat berkontribusi untuk pengembangan sumber daya manusia dan daya saing perusahaan di bawah kondisi yang tepat. Insentif pajak untuk pelatihan kejuruan diharapkan bermanfaat bagi investor baru dan investor yang sudah mapan di Indonesia. Investor baru, terutama investor asing, butuh mengembangkan sumber tenaga terampil mereka untuk memulai produksi dan insentif agar dapat mengurangi biaya awal ini. Bisnis yang sudah mapan yang telah melakukan pelatihan rutin bagi pekerjanya mungkin memiliki insentif tambahan untuk memperluas pelatihan pekerja, yang dapat membantu meningkatkan efisiensi produksi.

Insentif pajak seperti yang diterapkan untuk litbang dan pengembangan keterampilan dapat meningkatkan efek limpahan FDI ke ekonomi domestik di bawah kondisi yang tepat. Hubungan SME-FDI adalah saluran penting lain untuk limpahan dari FDI. Pajak dan insentif lain yang membina hubungan dengan UKM dan meningkatkan keterampilan mereka telah terbukti efektif di beberapa negara dalam membangun hubungan dan meningkatkan produktivitas UKM (Perera, 2012; UNCTAD, 2011; Christiansen & Thomsen, 2005). Di Indonesia, hubungan bisnis antara perusahaan asing dan domestik sudah signifikan, menunjukkan bahwa potensi limpahan produktivitas tinggi (lihat di atas dan Bab 2 untuk informasi lebih lanjut tentang hubungan bisnis).

Kotak 6.9. Mendorong adanya hubungan FDI-UKM melalui insentif pajak: Malaysia dan Singapura

Malaysia dan Singapura merupakan dua contoh negara ASEAN yang mendukung hubungan FDI-UKM melalui insentif pajak. Di Malaysia, di bawah Industrial Linkage Program, investor dapat mengklaim potongan pajak untuk biaya yang dikeluarkan untuk memberikan dukungan kepada pemasok lokal, termasuk pelatihan, pengembangan dan pengujian produk, dan audit pabrik untuk memastikan kualitas pemasok lokal. Program Pemasok Global juga menawarkan dukungan keuangan dan organisasi kepada perusahaan multinasional jika spesialis dari afiliasi asing mereka diperbantukan ke perusahaan lokal (hingga dua tahun).

Program Peningkatan Industri Lokal Singapura memiliki rancangan yang serupa, tetapi sekarang telah digantikan oleh Insentif Sertifikat Perintis dan Insentif Pengembangan dan Ekspansi. Kedua insentif pajak ini menawarkan pembebasan pajak perusahaan atau pengurangan tarif pajak konsesi atas pendapatan yang memenuhi syarat jika perusahaan multinasional mendirikan kegiatan hulu dan hilir secara lokal yang sebelumnya dilakukan secara internal. Tujuan dari program ini adalah untuk mendorong transfer teknologi dan peningkatan bisnis lokal.

Sumber: OECD (2019).

Pengembangan insentif pajak dalam pembentukan plasma (linkage), jika diintegrasikan ke dalam hubungan program pembangunan yang lebih luas, bisa lebih mendorong integrasi dengan ekonomi domestik, meningkatkan spillovers dan mempromosikan peningkatan pemasok lokal.[10] Salah satu opsi adalah melibatkan keringanan pajak bagi investor asing yang berinvestasi dalam peningkatan pemasok lokal melalui program pelatihan, pendampingan atau penugasan staf (OECD, 2018c). Di kawasan ASEAN, Malaysia, dan Singapura sudah menggunakan kebijakan ini dengan hasil yang umumnya positif (Kotak 6. 9). Mengingat perluasan insentif pajak di Indonesia baru-baru ini, setiap insentif keterkaitan harus menggantikan insentif lain yang mewakili perbaikan rancangan dan bukan pengenalan insentif baru.

Tarif preferensial berlaku untuk perusahaan dan UKM yang baru terdaftar

Tarif preferensial CIT, yaitu tarif lebih rendah dari tarif undang-undang, berlaku untuk bisnis tertentu. Perusahaan yang baru menjadi perusahaan publik menerima pengurangan 3 persentase poin pembayaran CIT (19% tarif CIT) secara terbatas pada jangka waktu lima tahun setelah mendaftar. UKM Indonesia juga menerima perlakuan pajak preferensial. Perusahaan dengan omset kotor tahunan hingga Rp 50 miliar menerima pengurangan tarif CIT 50% (11% tarif CIT) dari pendapatan mereka, sementara bisnis dengan omset tahunan kurang dari Rp 4,8 milyar (usaha kecil) mungkin memilih tarif gabungan 0,5% pada omset bulanan mereka.

Kebijakan pajak preferensial untuk UKM berupaya mempromosikan formalisasi usaha kecil. Hingga pertengahan tahun 2018, kebijakan ini berhasil mendorong 1,5 juta perusahaan kecil untuk menjadi formal (OECD, 2018c).[11] Rezim pajak khusus untuk UKM adalah hal yang umum di kalangan negara-negara OECD dan G20, di mana perbedaan antara tarif CIT wajib dan preferensial adalah rata-rata 4 poin persentase (OECD, 2015b). Di Indonesia, perbedaan antara keduanya jauh lebih tinggi (Gambar 6.9). Dukungan untuk UKM akan terus menjadi penting karena Indonesia bergerak menuju pemulihan ekonomi. Namun, menaikkan batas atas perusahaan yang mendapat manfaat dari rezim pajak khusus untuk UKM dapat berfungsi sebagai sumber pendapatan baru dalam jangka menengah.

Gambar 6.9 Tarif CIT untuk UKM telah berkurang secara progresif selama dekade terakhir

Pajak penghasilan badan (dalam%) diterapkan sesuai dengan omset tahunan perusahaan (dalam miliar rupiah)

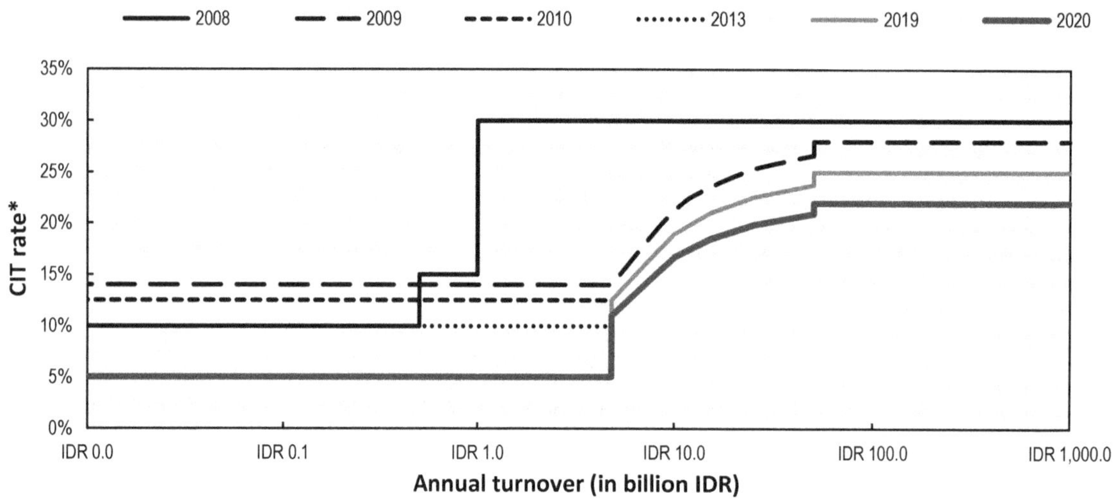

Catatan: Tarif CIT * mengacu pada tarif CIT yang relevan atau kurs setara CIT dengan asumsi tingkat keuntungan 10% pada omset. Pajak terpadu sebagai bagian dari pendapatan untuk UKM (2013 dan 2018) dihitung sebagai setara CIT dan tanda kurung pajak berbasis keuntungan (2008) disajikan sebagai ekuivalen omset.

Sumber: Elaborasi OECD berdasarkan perundang-undangan nasional.

Badan Kebijakan Fiskal Indonesia (BKF), di bawah Kementerian Keuangan, tidak menganggap pajak preferensial UKM sebagai insentif pajak, melainkan sebagai bagian dari benchmark sistem perpajakan yang merupakan karakteristik dari perlakuan pajak umum (BKF, 2019). Meskipun demikian, hal tersebut mungkin masih memiliki implikasi yang signifikan terhadap pendapatan pajak bahkan sebagai bagian dari sistem benchmark. Pembebasan PPN untuk usaha kecil saja mewakili 40% dari pendapatan pajak yang hilang dari insentif untuk bisnis pada tahun 2018 (BKF, 2019). Implikasi pendapatan CIT bisa lebih besar. Selanjutnya, biaya kebijakan akan terus meningkat saat terjadi pertumbuhan terus menerus untuk formalisasi UKM. Mengingat relevansinya, sistem pajak UKM dapat dievaluasi secara sistematis untuk memastikan bahwa sistem ini tetap mencapai tujuan kebijakan yang dimaksudkan.

Insentif pajak di Kawasan Ekonomi Khusus

Indonesia telah melakukan perubahan pada insentif pajak utamanya dalam beberapa tahun terakhir, termasuk insentif pajak di KEK. Pada awal tahun 2020, Peraturan Pemerintah 12/2020 tentang "Fasilitas di Kawasan Ekonomi Khusus" mencabut peraturan sebelumnya tentang insentif pajak di KEK (PP 96/201 5). Peraturan tersebut memperkenalkan dasar yang sama untuk fasilitas. Peraturan pelaksanaan CIT yang merinci jumlah, durasi, proses pengajuan insentif belum dipublikasikan.[12]

Peraturan tersebut memberikan rincian tentang tata kelola insentif pajak di kawasan, termasuk sejumlah tindakan praktik yang baik terkait penggunaan insentif CIT. Insentif pajak terbatas pada pendapatan yang dihasilkan dari kegiatan utama perusahaan, barang modal yang memenuhi syarat untuk menerima insentif ditentukan dengan jelas dan kebijakan tersebut mencakup tindakan pengurangan insentif yang diberikan dalam kasus tidak terpenuhinya persyaratan.

Selain insentif CIT, insentif yang diberlakukan pada pajak lainnya juga tersedia bagi investor di Indonesia yang berada dalam kawasan ekonomi. Pajak pertambahan nilai (PPN) pada input, cukai, pajak penjualan barang mewah (PPnBM) dan custom tugas pembebasan berlaku pada impor s barang tertentu dalam Kawasan Ekonomi Khusus (KEK), Integrated Economic Zones Pembangunan (Kapet) dan Kawasan Berikat. Penundaan bea masuk atas barang modal dan peralatan dan bahan untuk diolah tersedia untuk investasi di KEK dan KAPET[13] Selain itu, semua mesin dan peralatan yang diperoleh oleh Pengusaha Kena Pajak (PKP) dan akan digunakan untuk produksi di Indonesia dibebaskan dari PPN.[14]

Menciptakan kawasan berikat dengan infrastruktur, sumber daya manusia, dan administrasi berkualitas tinggi merupakan perangkat kebijakan yang penting untuk mendorong pembangunan ekonomi, mengingat Indonesia secara geografis terlalu besar untuk meningkatkan infrastruktur di seluruh negeri dalam waktu singkat. Kebijakan berbasis tempat berpotensi menghasilkan limpahan lokal yang positif dan berfungsi sebagai alat untuk mempromosikan pembangunan ekonomi lokal. Bab 7 membahas relevansi KEK bagi pembangunan daerah di Indonesia secara lebih rinci.

Konsolidasi insentif dalam undang-undang perpajakan meningkatkan transparansi

Untuk menciptakan suatu lingkungan bisnis yang menarik, transparansi, kesederhanaan, dan kejelasan dalam penyediaan kerangka hukum dan peraturan menjadi penting. Di Indonesia, insentif pajak diatur melalui kombinasi antara undang-undang, keputusan, dan peraturan pelaksanaan (Tabel 6.5). Kompleksitas beberapa peraturan dan kriteria kelayakan menciptakan biaya tambahan untuk investor (misalnya membutuhkan saran pajak khusus) dan menghalangi investor dari mengajukan rezim, yang berisiko mengurangi efektivitas dan efisiensi.

Indonesia dapat mempertimbangkan untuk mengkonsolidasikan semua insentif pajak yang diberikan, bersama dengan persyaratan kelayakannya, untuk meningkatkan transparansi dan kepastian hukum.[15] *Prinsip OECD untuk Meningkatkan Transparansi dan Tata Kelola Insentif Pajak untuk Investasi di Negara Berkembang* (OECD, 2013) merekomendasikan bahwa insentif pajak dan kriteria kelayakan harus dikonsolidasikan dan dipublikasikan dalam hukum pajak. Insentif pajak perusahaan (seperti tunjangan investasi) paling baik diberikan melalui Undang-undang Pajak Penghasilan, sedangkan pengecualian dari PPN dan bea cukai harus tercantum dalam undang-undang PPN dan Bea Cukai masing-masing.

Situs web BKPM memberikan gambaran umum yang baik tentang insentif pajak utama yang ditawarkan kepada investor masuk, tetapi akses ke peraturan asli dapat ditingkatkan dan terjemahan resmi disediakan secara lebih sistematis. Tinjauan rinci tentang kriteria kelayakan, termasuk akses mudah ke daftar segmen bisnis, juga dapat diperluas.

Berbagai insentif pajak berjalan berdampingan di Indonesia. Investor, dalam kondisi tertentu, mungkin memenuhi syarat untuk mengajukan lebih dari satu skema insentif. Manfaat pajak aktual yang diterima di bawah setiap skema dapat sangat bervariasi dan menciptakan insentif untuk perencanaan pajak, menciptakan lapangan bermain yang tidak merata di seluruh investor. Mengidentifikasi kasus di mana insentif yang tumpang tindih dapat terjadi dapat mendukung pemahaman sampai sejauh mana kerangka insentif pajak terfragmentasi dan di mana terjadi perlakuan yang tidak setara terhadap investor.

Tabel 6.5 Undang-undang dan peraturan terkait yang mengatur insentif pajak di Indonesia

Insentif	Hukum dan peraturan yang relevan
Insentif pajak (dasar hukum)	Undang - Undang Nomor 25 Tahun 2007 tentang Penanaman Modal (Pasal 18) Undang-Undang Nomor 36 Tahun 2008 tentang Pajak Penghasilan Undang-Undang Nomor 39 Tahun 2009 tentang Kawasan Ekonomi Khusus Undang-Undang Nomor 42 Tahun 2009 tentang Pajak Pertambahan Nilai
Tax Holiday	Peraturan Pemerintah Nomor 24 Tahun 2018 Peraturan Menteri Keuangan Nomor 150 tahun 2018 (pengenalan mini tax holiday) Peraturan Menteri Keuangan No.105 tahun 2018 (debt-to-equity ratio) Peraturan Menteri Keuangan No. 35 tahun 2018 (industri perintis segmen usaha yang luas) Peraturan BKPM No. 1 tahun 2019 (detail segmen usaha industri perintis)
Tunjangan investasi	Peraturan Pemerintah Nomor 78 Tahun 2019 Peraturan Pemerintah Nomor 45 Tahun 2019 Peraturan Menteri Keuangan No. 11 tahun 2020 (tunjangan pajak investasi baru) Peraturan Menteri Keuangan No. 16 tahun 2020 (tunjangan investasi padat karya)
Pengurangan pajak yang ditingkatkan	Peraturan Pemerintah Nomor 45 Tahun 2019 Peraturan Menteri Keuangan No.128 Tahun 2019 (vokasi dan litbang)
KEK	Peraturan Pemerintah Nomor 96 Tahun 2015
Fasilitas bea masuk	Peraturan Menteri Keuangan Nomor 76 Tahun 2012 Peraturan Menteri Keuangan Nomor 110 Tahun 2005 Peraturan BKPM No. 16 tahun 201 5
Mengurangi tarif CIT untuk perusahaan publik	Peraturan Pemerintah Nomor 29 Tahun 2020

Sumber: Elaborasi OECD berdasarkan perundang-undangan nasional.

Peninjauan rutin atas insentif pajak meningkatkan efisiensi kebijakan

Mempromosikan tinjauan rutin sektor dan kegiatan yang diuntungkan

Insentif pajak utama Indonesia bersifat spesifik sektor dan dapat memperoleh manfaat dari peninjauan rutin daftar sektor yang memenuhi syarat untuk mendapatkan insentif. Kondisi ini akan memastikan bahwa kebijakan yang up-to-date akan mencerminkan perubahan yang lebih luas dalam strategi pemerintah dan dapat dengan cepat mencerminkan prioritas baru. Ini sangat relevan dalam konteks krisis COVID-19, yang telah membuat negara-negara memprioritaskan investasi di industri kesehatan. Misalnya, Thailand telah memperkenalkan sub-sektor industri kesehatan dalam insentif pajak khusus sektor, menyusul merebaknya pandemi (OECD, 2020d). Tinjauan berkala atas sektor-sektor yang menguntungkan juga mendorong penggabungan prioritas jangka menengah baru, seperti sektor-sektor yang berkontribusi pada transisi hijau dan pembangunan infrastruktur yang tangguh.

Klausul *sunset* yang dirancang dan implementasikan secara baik dapat meningkatkan insentif pajak dengan menciptakan masa jeda alami untuk evaluasi insentif secara periodik. Meskipun klausul sunset tersebut dapat meningkatkan ketidakpastian investor dan kompleksitas perpajakan, klausul tersebut juga dapat meningkatkan keselarasan dengan tujuan kebijakan yang dimaksudkan. Peninjauan kebijakan yang teratur dan terperinci dapat membantu mengidentifikasi prioritas sektor baru, serta insentif yang tidak lagi diperlukan. Indonesia dapat mempertimbangkan untuk memperkenalkan klausul sunset untuk insentif berbasis sektor yang paling dermawan.

Melanjutkan pelaporan pengeluaran pajak tahunan dan memperluas analisis biaya-manfaat

Insentif pajak berkontribusi untuk meningkatkan kesejahteraan sosial ekonomi suatu negara, selama manfaat sosial yang dihasilkan melebihi biaya terkait. Pemantauan pengeluaran pajak yang cermat dan teratur (pendapatan pajak yang hilang dari insentif pajak) adalah kunci untuk memastikan bahwa manfaat kebijakan lebih besar daripada biaya. Pelaporan menciptakan akuntabilitas atas penggunaan dana publik dan memberikan masukan bagi para pembuat kebijakan untuk mengevaluasi efektivitas dan efisiensi insentif pajak. Pemantauan ketat terhadap pengeluaran pajak sangat penting, karena krisis COVID-19 akan sangat memengaruhi pertumbuhan ekonomi. Karena penerimaan pajak diperkirakan turun 10% pada tahun 2020, terdapat kebutuhan untuk secara hati-hati menggunakan sumber daya publik dalam proses pemulihan untuk memaksimalkan manfaat sosial melalui kebijakan yang efektif (Akhlas, 2020).

BKF telah menerbitkan laporan pengeluaran pajak untuk periode 2016-18.[16] Pengeluaran pajak mewakili 1,5% dari PDB pada tahun 2018, hampir setengah dari yang dialokasikan untuk mendukung bisnis, perbaikan iklim investasi dan mendorong pengembangan UKM (Gambar 6. 10, Panel A).[17] Sektor manufaktur adalah manfaat paling dari insentif pajak (Gambar 6. 10, Panel B).

Gambar 6.10 Pengeluaran pajak di Indonesia, 2018

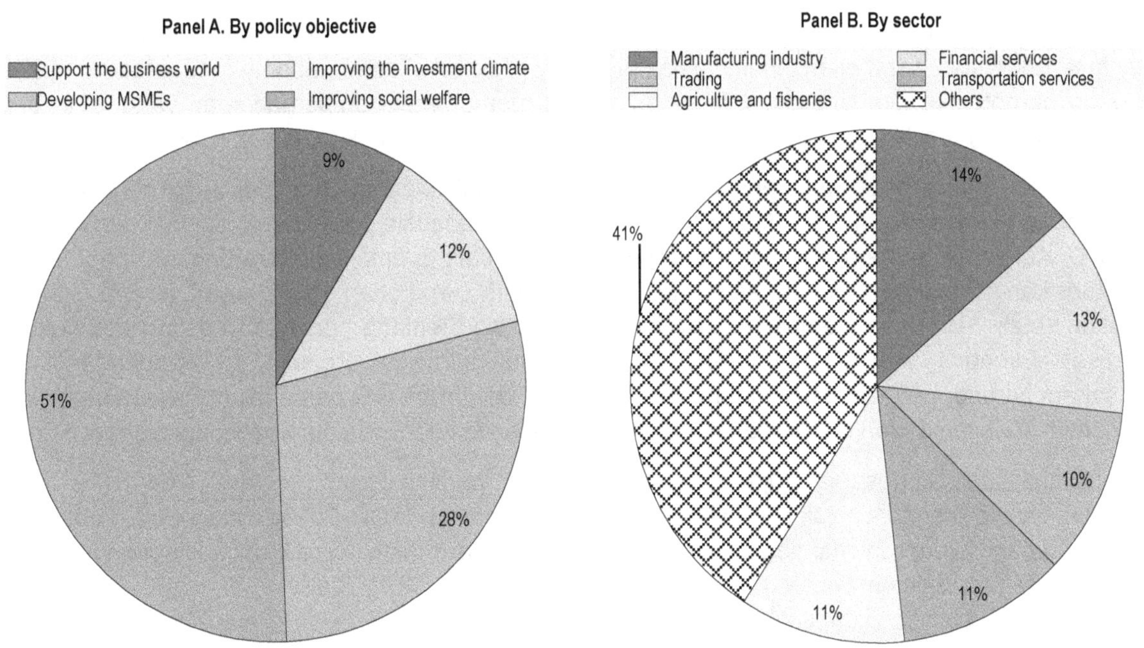

Catatan: Pendapatan pajak yang hilang dari CIT diperkirakan menggunakan model simulasi mikro statis. Model statis tidak memperhitungkan perubahan perilaku, dampak ekonomi, dan reaksi kebijakan.
Sumber: BKF (2019).

Hanya sejumlah kecil negara berkembang yang mempublikasikan laporan pengeluaran pajak (Redonda

& Neubig, 2018). Laporan Indonesia adalah langkah pertama yang disambut baik. Laporan ini memperkenalkan beberapa unsur praktik yang baik dalam pelaporan pengeluaran pajak, termasuk mengidentifikasi tujuan kebijakan yang dituju dan referensi hukum dari setiap insentif pajak (IMF-OECD-UN-Bank Dunia, 2015). Laporan pengeluaran pajak terbaru memperkenalkan beberapa ekstensi dibandingkan dengan laporan sebelumnya, memperluas peraturan dan sektor yang tercakup dalam estimasi penerimaan pajak yang hilang. Laporan masa depan dapat memperoleh keuntungan dari rincian lebih lanjut dan penyertaan insentif pajak tambahan. Memperkirakan pendapatan pajak yang hilang dari insentif di KEK juga harus diprioritaskan.

Bidang minat kedua adalah memperluas analisis manfaat insentif pajak, karena laporan pengeluaran pajak saat ini berfokus pada biaya. Untuk saat ini, kemungkinan manfaat akan berbeda-beda sesuai dengan metode estimasi yang digunakan untuk setiap insentif. Terakhir, laporan pengeluaran pajak dapat memberikan penjelasan tambahan tentang perbedaan utama dari berbagai metode evaluasi pengeluaran pajak yang digunakan untuk meningkatkan transparansi dan interpretabilitas hasil.[18]

Meningkatkan dialog regional tentang penggunaan insentif pajak

Organisasi internasional dan entitas lain sering menyarankan negara untuk menghindari ketergantungan yang berlebihan pada insentif pajak atau setidaknya untuk meningkatkan rancangan, transparansi, dan administrasi pajak (IMF-OECD-UN-Bank Dunia, 2015). Penghapusan insentif pajak secara sepihak mungkin sulit secara politis karena kepentingan pribadi penerima kebijakan dan persaingan pajak antar negara. Perekonomian ASEAN sangat bergantung pada insentif pajak, yang mengakibatkan persaingan pajak yang ketat di kawasan (OECD, 2019). Negara-negara mungkin akan berakhir dalam persaingan yang ketat, di mana insentif pajak menjadi semakin murah hati dan kurang efektif pada saat yang bersamaan.[19] Persaingan investasi regional dapat mengakibatkan erosi basis pajak lebih lanjut yang dapat menghambat perbaikan iklim bisnis negara dalam jangka panjang.

Karena insentif di satu negara dapat mempengaruhi negara lain, kerjasama internasional dapat bermanfaat. Koordinasi pemberian insentif pajak di tingkat regional akan membantu mengatasi kompetisi pajak yang berpotensi membahayakan. Inisiatif regional mempromosikan pemahaman yang lebih baik tentang standar dan praktik pajak negara tetangga dan berkontribusi untuk tujuan ini (ESCAP, 2016).

Kelompok Studi Administrasi dan Penelitian Pajak Asia adalah platform regional yang penting untuk mempromosikan kerjasama di Asia-Pasifik. Forum di mana Indonesia telah berpartisipasi secara aktif sejak 1970. Kelompok ini berupaya untuk berbagi praktik terbaik di antara negara-negara anggota dan mempromosikan kerjasama bilateral atau multilateral dalam kepatuhan wajib pajak. Forum ASEAN Perpajakan sejak 2011 telah memberikan platform untuk dialog tentang perpajakan dalam mendukung Masyarakat Ekonomi ASEAN. Sub-forum 2 yaitu Meningkatkan Pertukaran Pandangan dan Dialog saham berbagi pengalaman tentang praktik terbaik dalam sistem perpajakan, mengembangkan strategi untuk kerjasama, dan menyediakan peningkatn kapasitas dan pelatihan bagi administrasi pajak.

Dialog regional dan kerjasama pajak akan bahkan lebih penting dalam konteks COVID-19, untuk menghindari bahwa sengketa pajak merugikan pemulihan ekonomi (OECD, 2020e). Indonesia harus terus terlibat aktif dalam forum regional dan internasional dan bertukar praktik terbaik dalam lingkungan yang belum pernah terjadi sebelumnya.

Daftar Pustaka

Adam Smith International (2014), *Best Practices for Investment Promotion and Facilitation in ASEAN: General Paper*, http://aadcp2.org/wp-content/uploads/ASIInvestmentPromotion-ProjectGeneralPaper.pdf.

Akhlas, A. (2020). "Indonesia accelerates tax reforms, cuts corporate income tax in COVID-19 playbook", 2 April 2020, *The Jakarta Post,* https://www.thejakartapost.com/news/2020/04/02/indonesia-accelerates-tax-reforms-cuts-corporate-income-tax-in-COVID-19-playbook.html.

Akhlas, A. W. (2020). "5 things you need to know about Omnibus bill on taxation", 24 February 2020, https://www.thejakartapost.com/news/2020/02/24/5-things-you-need-to-know-about-Omnibus-bill-on-taxation.html.

BKF (2019). "Laporean Belanja Perpajakan 2018. Tax Expenditure Report 2018". Jakarta: Badan Kebijakan Fiskal Kementerian Keuangan. Fiscal Policy Agency, Ministry of Finance. ISBN 978-602-53083-9-0.

Christiansen, H., & Thomsen, S. (2005), *Encouraging linkages between small and medium-sized companies and multinational enterprises.* Paris: Background document by the OECD Secretariat.

De Crombrugghe, A. (2019), *Supporting Investment Climate Reforms through Policy Advocacy*, http://www.oecd.org/investment/Supporting-investment-climate-reforms-through-policy-advocacy.pdf.

ESCAP. (2016), *The Asia-Pacific Tax Forum for Sustainable Development: a proposal,* Discussion Paper, Bangkok, ESCAP Secretariat, https://www.unescap.org/sites/default/files/1-A-P-Tax-Forum-a-proposal-ESCAP-secretariat.pdf

EU – Indonesia Business Network (2017), *Introduction to the Indonesia Market: Selected Sectors and Special Economic Zones*, https://industrialestateindonesia.com/files/generalfiles/0193SeOCpVpC0TiAUYVU8c8QRYeiuU1REFbsKiBE.pdf

EY (2018), *2018 Worldwide Corporate Tax Guide.* ErnestYoung, https://www.ey.com/Publication/vwLUAssets/EY_Worldwide_Corporate_Tax_Guide_2018/%24File/EY-2018-worldwide-corporate-tax-guide.pdf.

EY (2019), *2019 Worldwide Corporate Tax Guide.* Ernest Young, https://www.ey.com/Publication/vwLUAssets/EY_Worldwide_Corporate_Tax_Guide_2018/%24File/EY-2018-worldwide-corporate-tax-guide.pdf.

Fahmi, M. (2012), *Analyzing the Relationship between Tax Holiday and Foreign Direct Investment in Indonesia*, http://r-cube.ritsumei.ac.jp.

Farole, T. and D. Winkler (2014), *Making Foreign Direct Investment Work for Sub-Saharan Africa: Local Spillovers and Competitiveness in Global Value Chains*, World Bank, Washington.

Government of Canada (2011), *Archived — Evaluation of Industry Canada's BizPaL Service*, https://www.ic.gc.ca/eic/site/ae-ve.nsf/eng/h_03356.html#wb-tphp.

Harding, T. and B. S. Javorcik (2011) "Roll Out the Red Carpet and They Will Come: Investment Promotion and FDI Inflows" Economic Journal, Royal Economic Society, Vol. 121(557), pp. 1445-1476.

Holzacker, R., Wittek, R. and J. Woltjer (2015), *Decentralization and Governance in Indonesia*, Springer International Publishing Switzerland.

IMF (2020). Fiscal Monitor Database of Country Fiscal Measures in Response to the COVID-19 Pandemic, IMF Fiscal Affairs Department, June 2020. https://www.imf.org/en/Topics/imf-and-covid19/Fiscal-Policies-Database-in-Response-to-COVID-19.

IMF-OECD-UN-World Bank, (2015), "Options for Low Income Countries' Effective and Efficient Use of Tax Incentives for Investment: A report prepared for the G-20 Development Working Group by the IMF, OECD, UN and World Bank", http://www.imf.org/external/pp/ppindex.aspx.

Karyadi, F., & Irawati, A. (2020, April 24), Omnibus bill: Is it time to invest in Indonesia? *Asia Business Law Journal, Expert Briefing*, https://www.vantageasia.com/Omnibus-bill-invest-indonesia.

Kuswanto, K. (2019), *The inward Foreign Direct Investment and decentralized governance system in Indonesia*, Groningen, University of Groningen.

Novik, A. and A. de Crombrugghe (2018), *Towards an International Framework for Investment Facilitation*, OECD Investment Insights, April 2018, https://www.oecd.org/investment/ Towards-an-international-framework-for-investment-facilitation.pdf.

Octavia, J. (2016), *Rebuilding Indonesia's Industrial Estates*, Transformasi (Center for Public Policy Transformation), Policy Brief 2016/01, Jakarta.

OECD (2020a), *One-Stop Shops for Citizens and Business*, OECD Best Practice Principles for Regulatory Policy, OECD Publishing, Paris, https://doi.org/10.1787/b0b0924e-en.

OECD (2020b), *Investment Promotion Agencies in the time of COVID-19*, http://www.oecd.org/coronavirus/policy-responses/investment-promotion-agencies-in-the-time-of-COVID-19-50f79678/.

OECD (2020c). "Tax revenue" (indicator), https://doi.org/10.1787/d98b8cf5-en (accessed on 2 October 2020).

OECD (2020d), *OECD Investment Policy Review of Thailand*, OECD Publishing, Paris, https://doi.org/10.1787/c4eeee1c-en.

OECD (2020e), *Tax and fiscal policy in response to the Coronavirus crisis: Strengthening confidence and resilience,* http://www.oecd.org/coronavirus/policy-responses/tax-and-fiscal-policy-in-response-to-the-coronavirus-crisis-strengthening-confidence-and-resilience-60f640a8/.

OECD (2019), *OECD Investment Policy Review of Southeast Asia,* https://www.oecd.org/investment/oecd-investment-policy-review-southeast-asia.htm.

OECD (2018a), *Mapping of Investment Promotion Agencies in OECD countries*, http://www.oecd.org/investment/investment-policy/mapping-of-investment-promotion-agencies-in-OECD-countries.pdf.

OECD (2018b), *OECD Economic Surveys: Indonesia 2018*, OECD Publishing, Paris, https://doi.org/10.1787/eco_surveys-idn-2018-en.

OECD (2018c), *SME and Entrepreneurship Policy in Indonesia 2018*, OECD Studies on SMEs and Entrepreneurship, OECD Publishing, Paris, https://doi.org/10.1787/9789264306264-en.

OECD (2017), *OECD Tax Policy Reviews: Costa Rica 2017*, OECD Tax Policy Reviews, OECD Publishing, Paris, https://doi.org/10.1787/9789264277724-en.

OECD (2015a), *Policy Framework for Investment, 2015 Edition*, OECD Publishing, Paris. http://dx.doi.org/10.1787/9789264208667-en.

OECD (2015b), *Taxation of SMEs in OECD and G20 Countries*, OECD Tax Policy Studies, No. 23, OECD Publishing, Paris, https://doi.org/10.1787/9789264243507-en.

OECD (2014), *OECD Investment Policy Reviews: Myanmar 2014*, OECD Investment Policy Reviews, OECD Publishing, Paris, https://doi.org/10.1787/9789264206441-en.

OECD (2011), *Attractiveness for Innovation: Location Factors for International Investment*, OECD Publishing, Paris. http://dx.doi.org/10.1787/9789264104815-en.

OECD (2010), *OECD Investment Policy Reviews: Indonesia 2010*, OECD Investment Policy Reviews, OECD Publishing, Paris, https://doi.org/10.1787/9789264087019-en.

OECD (2003), *Checklist for foreign direct invesmtnet incentive policies,* https://www.oecd.org/investment/investment-policy/2506900.pdf.

OECD and IGF. (2018). *Tax incentives in mining: minimizing risks to revenue.* Winnipeg: International Institute for Sustainable Development, https://www.oecd.org/tax/beps/tax-incentives-in-mining-minimising-risks-to-revenue-oecd-igf.pdf

Perera, O. (2012). *Rethinking investment incentives.* IISD Commentary.

Redonda, & Neubig (2018), "Assessing Tax Expenditure Reporting in G20 and OECD Economies", Discussion Note, 2018/3, https://www.cepweb.org/wp-content/uploads/2018/11/Redonda-and-

Neubig-2018.-Assessing-Tax-Expenditure-Reporting.pdf.

Rodrik, D. (2004), *Industrial Policy for the Twenty-First Century*, Harvard University, http://cemi.ehess.fr/docannexe/file/2738/rodrik_2004.pdf.

Rothenberg, A. D., & Temenggung, D. (2019). "Place-based policies in Indonesia: a critical review". Background paper to World Bank's Indonesia Urbanization Flagship report, *Time to ACT: Realizing Indonesia's Urban Potential*, https://doi.org/10.1596/32593.

Rothenberg, A., S. Bazzi, S. Nataraj and A. Chari (2017), *When Regional Policies Fail: An Evaluation of Indonesia's Integrated Economic Development Zones*, RAND working papers, No. 1183, Santa Monica, California, USA: RAND Corporation

UNCTAD (2011), *Best practices in investment for development: How to create and benefit from FDI-SME linkages - Lessons from Malaysia and Singapore,* Geneva: UNCTAD.

UNCTAD (2019), *World Investment Report 2019: Special Economic Zones,* Geneva: UNCTAD.

World Bank. (2020). *Investment Policy and Regulatory Review.* Washington DC: the World Bank Group.

World Bank (2011), *Investment Regulation and Promotion: Can They Coexist in One Body?*, Washington.

Catatan

[1] Lima prioritas pembangunan nasional yang ditetapkan oleh Presiden adalah: 1) infrastruktur; 2) modal manusia; 3) penyederhanaan regulasi; 4) de-birokratisasi; dan 5) transformasi ekonomi.

[2] Peraturan Pemerintah No. 24 Tahun 2018.

[3] Diatur di pasal 5 PERPPU I Tahun 2020 dan diratifikasi ke dalam Undang-undang Number 2 Tahun 2020.

[4] Peraturan Pemerintah No. 29 Tahun 2020, Peraturan Menteri Keuangan No. 23 dan No. 83 Tahun 2020.

[5] Peraturan Pemerintah No. 45 dan No. 78 Tahun 2019.

[6] Untuk insentif, waktu pengambilan keputusan harus maksimal delapan hari kerja, yang mewakili proses pengambilan keputusan yang cepat.

[7] Insentif pajak untuk industri perintis diperkenalkan melalui Peraturan Menteri Keuangan No.159/PMK.010/2015. Peraturan tersebut diubah dengan Peraturan Menteri Keuangan No. 103/PMK.010/2016, dengan Peraturan Menteri Keuangan No.35/PMK.010/2018 dan dengan Peraturan Menteri Keuangan No. 150/PMK.010/2018. Tunjangan investasi diperkenalkan melalui (Peraturan Pemerintah No. 78/2019.

[8] Diperkenalkan berdasarkan peraturan saat ini No.35/PMK.010/2018. Sebuah BKPM peraturan sesuai dengan industri didefinisikan secara luas ke Klasifikasi Baku Lapangan Usaha Indonesia (KBLI). Penetapan kode KBLI untuk industri perintis meningkatkan transparansi kebijakan. Daftar lengkap dari 179 segmen bisnis dapat ditemukan di: https://oss.go.id/portal/insentif/content/tax_holiday

[9] UU No. 36/2008 tentang Pajak Pendapatan, Pasal 31A

[10] Lihat OECD (2018c) untuk informasi tambahan tentang UKM dan Kebijakan Kewirausahaan di Indonesia.

[11] Tarif progresif yang diterapkan pada pendapatan antara Rp 4,8-50 miliar yang meningkatkan tarif pajak efektif secara bertahap untuk perusahaan. Lihat laporan OECD tentang UKM dan Kebijakan Kewirausahaan di Indonesia 2018 untuk pembahasan rinci: http://www.oecd.org/publications/sme-and-entrepreneurship-policy-in-indonesia-2018-9789264306264-en.htm

[12] Peraturan Menteri Keuangan No. 104/PMK.010/2016 tentang "Perlakuan Perpajakan dan Kustodian di Kawasan Ekonomi Khusus" belum dicabut hingga akhir Maret 2020.

[13] Peraturan Menteri Keuangan 131 Tahun 2018.

[14] Peraturan Pemerintah No. 81 Tahun 2015.

[15] Di bawah Undang-Undang Pajak Baru yang direncanakan, kerangka hukum dan peraturan untuk berbagai insentif di Indonesia akan dikonsolidasikan menjadi satu bagian dari undang - undang tersebut.

[16] Publikasi laporan 2019 direncanakan pada akhir tahun 2020.

[17]Pendapatan yang hilang dari tarif CIT referensial dan pajak omset tidak termasuk.

[18] Laporan saat ini menggabungkan simulasi mikro, input-output, CGE dan metode campuran. Jika memungkinkan, selaraskan metode estimasi untuk meningkatkan komparabilitas hasil di seluruh tindakan insentif pajak.

[19] Studi KPMG (2014) juga memperingatkan bahwa kurangnya koordinasi dan harmonisasi perpajakan di kawasan ASEAN, terutama terkait dengan MEA, dapat mengakibatkan berlanjutnya persaingan pajak yang akan berdampak buruk pada basis pajak di kawasan.

7. Kebijakan investasi dan pembangunan regional di Indonesia dengan desentralisasi

Bab ini membahas tren dan kebijakan investasi di Indonesia di tingkat daerah. Laporan ini menganalisis bagaimana reformasi desentralisasi Indonesia telah membentuk lanskap pembuatan kebijakan investasi. Bab ini mengulas kebijakan pembangunan daerah terkait daya tarik investasi dan tanggung jawab pemerintah daerah dalam memperbaiki iklim usaha, khususnya proses perizinan usaha, dan dalam melakukan kegiatan promosi investasi. Ini juga memberikan gambaran umum tentang kebijakan berbasis kawasan di Indonesia, dengan fokus pada program Kawasan Ekonomi Khusus.

Ringkasan dan rekomendasi kebijakan

Indonesia telah memulai reformasi desentralisasi yang ambisius sejak 1998, yang telah membentuk pembangunan daerah dan geografi investasi di seluruh negeri. Desentralisasi dipandang sebagai pelengkap penting bagi proses demokratisasi dan reaksi terhadap pendekatan terpusat yang inheren dari pemerintah sebelumnya di negara dengan lebih dari 17.000 pulau dan keragaman budaya dan bahasa yang kuat, serta ketidaksetaraan regional yang mencolok. Pemerintah daerah diberi tanggung jawab besar untuk menyediakan layanan publik dan membentuk kebijakan ekonomi, termasuk kebijakan investasi, bersama dengan transfer fiskal yang ekstensif.

Dua dekade kemudian, desentralisasi masih merupakan agenda kebijakan yang belum selesai. Setelah transfer kewenangan besar-besaran pada tahun 2000-an, Indonesia berjuang untuk menemukan keseimbangan yang tepat dalam pembagian investasi dan tanggung jawab kebijakan pembangunan daerah di berbagai tingkatan pemerintahan. Untuk menyederhanakan lingkungan investasi yang terlalu rumit dan mengurangi ketidakpastian hukum dan peraturan, pemerintah pusat telah memberlakukan urutan langkah-langkah kebijakan yang memodifikasi tanggung jawab yang diserahkan kepada pemerintah daerah. Dalam pencarian ini, pemerintah pusat telah beberapa kali menyesuaikan kerangka hukum pemerintahan daerah, melalui gerakan desentralisasi dan resentralisasi bolak-balik.

Pelimpahan tanggung jawab yang dipercepat membuat pemerintah daerahnya telah dilengkapi keterampilan, kapasitas teknis, sumber daya, dan pengawasan yang diperlukan (OECD, 2016a). Hasilnya, desentralisasi tidak mengurangi ketimpangan regional secara signifikan, yang terus tinggi di seluruh negeri. Kesenjangan regional dalam kegiatan ekonomi telah menjadi ciri lama ekonomi Indonesia dan, dalam beberapa hal, lebih banyak di negara lain yang berkembang. Perbaikan di beberapa daerah kebijakan telah dibuat, tapi kapasitas pemerintah daerah untuk menghasilkan barang publik, menghasilkan pertumbuhan inklusif dan meningkatkan produktivitas tidak selalu meningkat, bahkan dengan transfer dari pemerintah pusat ke pemerintah daerah. Wabah COVID-19, dan krisis yang diakibatkannya, dapat lebih memperburuk tanggung jawab regional yang ada.

Kesenjangan antar daerah dalam tingkat pendidikan, infrastruktur, kesehatan dan pemerintahan (mis. Korupsi yang berkurang) menyempit tetapi masih tinggi dan membebani kemampuan daerah yang kurang berkembang untuk menarik investasi selain untuk ekstraksi komoditas. Setelah beberapa dekade konsentrasi di pulau Jawa, peningkatan di tingkat investasi yang diamati oleh pulau-pulau lain sebagian didorong oleh eksploitasi sumber daya alam asing. Selanjutnya, peningkatan belum mencapai semua daerah, termasuk daerah perkotaan dengan sumber daya manusia dan aktivitas kewirausahaan yang relatif tinggi. Daerah langka sumber daya dan terbelakang, yang seringkali berada di pinggiran, terus menarik sedikit investasi sejak diberikan otonomi daerah.

Pemerintah daerah memiliki satu otoritas untuk mengembangkan dan menerapkan peraturan terkait investasi mereka sendiri, sesuai dengan tingkat peraturan nasional yang lebih tinggi. Pembentukan pusat layanan terpadu satu pintu regional, PTSP, dan selanjutnya, pengenalan sistem *online single submission* (OSS) merupakan langkah yang tepat untuk memperbaiki proses perizinan usaha di seluruh negeri. Namun tantangan peraturan, teknis dan tata kelola terus menghambat efektivitas inisiatif ini, menciptakan ruang untuk pengaturan peraturan oleh pemerintah daerah. Tidak semua badan lokal yang bertugas memberikan izin terkait standar lingkungan atau penggunaan lahan bekerja sama dengan PTSP, dengan alasan bahwa proyek investasi asing dilakukan oleh pemerintah pusat. Mereka mungkin juga tidak memiliki kapasitas untuk memberikan izin seperti itu dengan benar dan lebih rentan terhadap korupsi.

Peraturan tumpang tindih, jika tidak bertentangan dengan kebijakan investasi, merupakan tantangan lain di balik pembagian kewenangan yang tidak jelas antara pemerintah pusat dan daerah. Misalnya, beberapa daerah menetapkan peraturannya sendiri untuk membatasi investasi asing dalam kegiatan tertentu. Selama dua tahun terakhir, ada dorongan kuat untuk perbaikan iklim bisnis melalui resentralisasi pembuatan kebijakan investasi. Undang-Undang Cipta Kerja yang disahkan pada Oktober 2020, berupaya menyelaraskan regulasi pusat dan daerah serta mempermudah proses investasi. Jika UU akan mengurangi tingkat ketidakpastian hukum dengan menarik kekuatan regulasi dari daerah – UU memungkinkan administrasi pusat untuk mengambil alih izin terkait lingkungan dari pemerintah daerah, pemerintah pusat harus memastikan bahwa pelaksanaan di tingkat daerah berlangsung, karena usulan pengurangan kekuasaan dapat menciptakan dasar bagi tantangan konstitusional. Untuk menghindari hasil tersebut, sangat penting untuk memiliki mekanisme konsultasi yang kuat sebelum waktunya untuk memastikan bahwa pandangan pemerintah daerah diterima.

Alasan untuk melakukan resentralisasi pembuatan kebijakan investasi dan perizinan usaha, sebagian karena daerah yang kurang berkembang tidak selalu memiliki kapasitas kebadanan dan teknis yang memadai. Akan tetapi, resentralisasi ini tidak boleh mengorbankan tenaga kerja dan perlindungan lingkungan yang sangat dibutuhkan untuk menjaga jalur pembangunan lokal yang lebih inklusif dan berkelanjutan (lihat Bab 5 tentang perilaku bisnis yang bertanggung jawab). Badan-badan lokal dapat ditempatkan lebih baik untuk menilai peluang bisnis dan risiko keberlanjutan dan paling tidak harus memiliki peran yang jelas dalam proses ini, bahkan jika pada akhirnya proses pengambilan keputusan kembali tersentralisasi. Membangun kapasitas secara bertahap dapat menjadi pendekatan yang lebih berkelanjutan dalam jangka panjang, sekaligus mempromosikan tanggung jawab bersama di berbagai tingkatan pemerintahan daripada tata kelola dari atas ke bawah. Pada saat yang sama, tingkat pemerintahan yang lebih tinggi kekurangan tuas yang diperlukan untuk membatasi penangkapan peraturan dan asimetri informasi antara pemerintah daerah dan investor dan untuk menghindari kemungkinan sebuah kekosongan ras mungkin untuk bagian bawah dalam standar kelestarian lingkungan atau lainnya di daerah.

Salah satu prioritas pemerintah pusat dan daerah adalah memperkuat upaya mereka untuk menciptakan lingkungan investasi yang dapat diprediksi yang mendukung pemulihan ekonomi yang tangguh, berkelanjutan, dan inklusif dari pandemi COVID -19. Upaya ini sangat dibutuhkan di wilayah yang kurang berkembang dan lebih miskin di daerah kepulauan, di mana tingkat ketidakpastian yang lebih tinggi dapat menunda investasi yang sangat dibutuhkan dalam infrastruktur dan pengembangan sumber daya manusia. Pandemi ini telah mengungkapkan bahwa layanan setelah perawatan dapat menjadi sangat penting pada saat tingkat ketidakpastian tinggi dan badan investasi daerah ditempatkan dengan baik untuk memberikan dukungan khusus dan terarah untuk investor yang sudah mapan. Di sisi regulasi, ketidakpastian konten daftar negatif (DNI) dan pembatasan terkait investasi asing di sektor-sektor seperti transportasi laut dapat menunda atau menghalangi proyek asing baru di bidang infrastruktur.

Prioritas lain untuk semua tingkat pemerintahan adalah untuk mendorong pembangunan daerah dengan menarik investasi yang lebih beragam, canggih dan berkelanjutan. Badan-badan investasi daerah harus meningkatkan perangkat promosi investasi mereka, berkoordinasi dengan badan promosi investasi nasional, BKPM, dan kantor pusat promosi investasi internasional di luar negeri (IIPC). Kebijakan berbasis kawasan sebelumnya untuk menarik perusahaan asing yang meningkatkan produktivitas ke daerah tertinggal tidak memiliki dampak konklusif. Program Kawasan Ekonomi Khusus bercita-cita untuk mengatasi kekurangan sebelumnya dengan melibatkan pemerintah daerah dalam proses pengambilan keputusan dan pemberian insentif bukan pajak. Insentif fiskal terdiri dari pembebasan pajak dan tunjangan pajak investasi. Yang terakhir ini lebih disukai untuk mempertahankan persaingan yang adil antara perusahaan di dalam dan di luar kawasan.

Rekomendasi kebijakan utama

- Pemerintah pusat dapat lebih memperjelas tanggung jawab kebijakan investasi yang ditugaskan ke berbagai tingkat pemerintahan untuk mengurangi duplikasi dan tumpang tindih. Tanggung jawab harus seimbang di semua tingkat pemerintahan, didanai dengan cukup, eksplisit, dipahami bersama dan jelas untuk semua aktor. Pembagian tanggung jawab sangat penting untuk diperjelas lagi, seperti dalam kasus kebijakan investasi. Penerapan Undang-Undang Cipta Kerja bisa menjadi peluang untuk memperjelas tanggung jawab. Tingkat pemerintahan yang lebih tinggi harus memastikan bahwa pandangan pemerintah daerah didapat melalui konsultasi inklusif.

- Pemerintah di tingkat yang lebih tinggi harus terus membangun kapasitas investasi dan badan terkait investasi, terutama PTSP dan badan teknis yang memberikan izin operasional. Mereka harus menilai tantangan kapasitas di daerah secara teratur dan memprioritaskan mereka yang paling memerlukan kebutuhan (misalnya daerah miskin dan terpencil). Pemerintah pusat harus memastikan bahwa PTSP dapat menjalankan OSS secara efektif dan mereka dapat mengeluarkan sebagian besar, jika tidak semua, izin investasi.
- Resentralisasi baru-baru ini harus sejalan dengan pengembangan kapasitas badan-badan lokal dan berbagi tanggung jawab lintas tingkat pemerintahan. Reformasi resentralisasi yang sedang berlangsung harus memberikan tuas hukum kepada pemerintah dengan tingkat yang lebih tinggi untuk membatasi penangkapan peraturan dan asimetri informasi antara pemerintah daerah dan investor, dan memastikan bahwa norma lingkungan nasional, standar ketenagakerjaan dan aspek keberlanjutan lainnya dihormati dengan baik di seluruh wilayah.
- Badan-badan investasi daerah dapat berupaya untuk meningkatkan fungsi-fungsi investasi inti mereka, dalam koordinasi yang erat dengan BKPM. Badan-badan regional dapat mengambil peran yang lebih proaktif dalam mempromosikan investasi asing dan menyesuaikan alat promosi mereka untuk fokus pada investasi yang relevan untuk wilayah mereka, bekerja sama dengan kantor BKPM di luar negeri. Mengumpulkan informasi komparatif di wilayah pesaing asing dapat berguna dalam menyempurnakan alat promosi investasi lokal seperti kegiatan menghasilkan investasi. Untuk mengurangi ketidakpastian yang ditimbulkan oleh COVID-19, badan regional juga dapat memperkuat aftercare mereka untuk menanggapi permintaan investor yang ada.
- Badan investasi regional dapat memperkuat kerjasama mereka dengan badan lokal lainnya seperti layanan pengembangan bisnis untuk lebih menyelaraskan produksi pemasok lokal dengan kebutuhan perusahaan asing. Pemerintah pusat dan daerah juga dapat membantu membangun daya serap perusahaan lokal dengan meningkatkan kesadaran tentang layanan pengembangan bisnis dan memudahkan prosedur untuk mendapatkan dukungan yang memadai.
- Memadukan tujuan investasi kebijakan berbasis kawasan ke promosi investasi dan strategi pembangunan daerah. Insentif berbasis biaya seperti tunjangan pajak harus lebih diutamakan daripada pembebasan pajak. Untuk merampingkan kebijakan berbasis kawasan yang lebih luas, penggunaan tipe kawasan yang belum mencapai tujuan mereka harus dihentikan. Jika tidak, kawasan tersebut harus dikonversikan ke KEK. Pantau dampak insentif peraturan di KEK, dan jika efektif dan tidak mengarah pada norma atau standar yang lebih rendah, perluas ke seluruh negeri.
- Mempromosikan kebijakan pembangunan daerah yang mengurangi disparitas dalam pendidikan, infrastruktur, dan kualitas pemerintahan daerah:
    - Dampak dari insentif tingkat perusahaan yang baru-baru ini diperkenalkan terhadap pengembangan keterampilan harus dipantau untuk menilai dampaknya.
    - Mengingat relevansi transportasi laut yang tinggi untuk konektivitas nusantara, pemerintah pusat dapat menyelidiki apakah salah satu pembatasan di sektor ini dapat membantu menarik proyek asing yang mendukung konektivitas antar pulau.
    - Meningkatkan keberadaan KPK di provinsi-provinsi, terutama di sektor-sektor bisnis yang berisiko tinggi untuk korupsi.
- Pemerintah pusat dapat mengembangkan indikator lingkungan investasi untuk dijadikan tolok ukur provinsi, memberikan bantuan teknis jika diperlukan, dan memantau dampak reformasi. Sistem pemantauan kinerja dari lingkungan investasi terdesentralisasi harus sederhana, dengan sejumlah indikator standar yang wajar. Pemerintahan dari tingkat yang lebih tinggi harus dapat memantau kinerja pemerintah daerah di bawahnya.

Proses desentralisasi Indonesia: agenda reformasi yang belum selesai

Desentralisasi di Indonesia dimulai pada tahun 1998, yaitu saat negara mengalami transisi demokrasi, era yang dikenal sebagai Reformasi. Tujuan awal di balik desentralisasi adalah untuk meredakan ketegangan politik dan sosial atas penggunaan sumber daya alam. Reformasi juga bertujuan mengurangi jarak antara pejabat terpilih dan pemilihnya dengan tujuan menempatkan daerah pada jalur pemantauan dan tata kelola yang lebih baik. Dengan otonomi daerah, tujuan pembangunan ekonomi diserahkan kepada pembuat kebijakan daerah, alasannya adalah akuntabilitas yang lebih baik dan penyampaian layanan melalui peningkatan responsivitas terhadap kebutuhan lokal (OECD, 2016). Cara ini tidak hanya dilakukan di Indonesia karena tren global juga telah lebih mengarah ke desentralisasi. Selain pencarian demokrasi, efisiensi dan akuntabilitas yang lebih besar, mega-tren seperti digitalisasi dan globalisasi juga berkontribusi pada peran yang lebih kuat yang dimainkan oleh pemerintah daerah (OECD, 2019a).

Desentralisasi telah menyebabkan peningkatan yang signifikan dalam jumlah pemerintah daerah di Indonesia. Pemerintah terdiri dari lima tingkat administrasi: pusat, provinsi, kabupaten dan kota, kecamatan, dan desa (Tabel 7. 1). Desa adalah satu-satunya tingkat yang tidak memiliki tanggung jawab kebijakan investasi khusus. Sebelum tahun 2000, ada 27 provinsi dan 297 kabupaten/kota. Jumlah ini telah meningkat menjadi 34 provinsi dan 514 kabupaten/kota pada awal tahun 2020. Untuk mendapatkan gambaran besarnya ukuran geografis terkait dengan setiap tingkatan, provinsi memiliki median luas daratan 41.000 kilometer persegi, kira-kira seluas negara Swiss. Sebuah kecamatan memiliki median luas tanah 1886 kilometer persegi, yang sedikit lebih besar dari sebuah county AS (Rothenberg et al., 2017).

Tabel 7. 1. Tingkat pembuatan kebijakan pemerintah dan investasi di Indonesia

Tipe	Nomor	Kepala administrasi	Kebijakan investasi
Pusat	1	Presiden (Pemilu)	✓
Provinsi	34	Gubernur (Pilkada)	✓
Kabupaten/kota	514	Bupati & walikota (pilkada)	✓
Kecamatan	7160	Camat (ditunjuk oleh kabupaten/konta)	✓
Desa	83184	Kepala Desa	x

Sumber: OECD (2017) dan Badan Pusat Statistik.

Desentralisasi yang ambisius ini telah mengubah cara pemerintah Indonesia menerapkan kebijakan investasi dan telah membentuk tujuan pembangunan daerah kepulauan. Dalam strategi menyeluruh untuk memperbaiki iklim usaha, desentralisasi dapat menjadi saluran untuk meningkatkan promosi dan fasilitasi investasi. Di negara-negara yang terdesentralisasi, tingkat pemerintahan daerah, pada derajat yang berbeda-beda, terikat pada legislatif, operasional, dan kendala lain yang ditetapkan di tingkat nasional. Pada saat yang sama, desentralisasi menciptakan peluang baru untuk inovasi dan kemajuan lokal dengan membuat proses politik menjadi lebih efisien. Pemerintah daerah dapat mendorong reformasi untuk meningkatkan rezim investasi mereka semaksimal mungkin, sambil menghindari duplikasi kegiatan atau konflik dengan undang-undang dan kebijakan investasi pemerintah pusat (OECD, 2010).

Gelombang pertama reformasi desentralisasi pada tahun 1999 mengalihkan kewenangan dari pemerintah pusat ke tingkat daerah di semua domain kebijakan, kecuali untuk domain keamanan nasional, pertahanan, agama, urusan luar negeri, kebijakan moneter, dan keadilan.[1] Administrasi daerah menjadi otonom dalam mengelola pengembangan ekonomi dan memberikan pelayanan publik. Di bidang penanaman modal, pemerintah daerah mulai menerbitkan izin penanaman modal asing dan dalam negeri serta izin usaha, sementara pemerintah pusat terus menerbitkan izin untuk proyek asing di sektor teknologi tinggi dan berisiko tinggi.[2] Misalnya, provinsi membentuk dewan investasi daerah untuk memberi saran kepada gubernur tentang kebijakan investasi daerah, mengeluarkan izin, dan memantau pelaksanaan.

Pengalihan tanggung jawab yang tiba-tiba dan masif kepada pemerintah daerah, tanpa mekanisme koordinasi yang jelas dan kapasitas lokal yang kecil, menyebabkan memburuknya iklim usaha. Sebagai tanggapan, pemerintah mentransfer dua juta pegawai negeri sipil ke provinsi dan menyesuaikan undang-undang tentang pemerintahan daerah dua kali, pada tahun 2004 dan 2014.[3] Dalam reformasi gelombang kedua, pemerintah pusat melakukan resentralisasi kewenangan untuk memberikan izin investasi untuk proyek-proyek asing dan menjalankan prosedur perizinan melalui Badan Koordinasi Penanaman Modal Nasional (BKPM).[4] Gelombang ketiga pada tahun 2014 selanjutnya mendelegasikan penerbitan izin kepada tingkatan pemerintahan yang lebih rendah, memberikan hak kepada mereka untuk memberikan izin operasional seperti izin lingkungan dan penggunaan lahan.[5] Pada saat yang sama, undang-undang tersebut mengembalikan kewenangan dari kabupaten kepada provinsi untuk mengeluarkan izin eksploitasi sumber daya alam (misalnya pertambangan dan budidaya hutan).

Desentralisasi di Indonesia merupakan agenda yang belum selesai dan penyesuaian lebih lanjut untuk proses reformasi yang terjadi baik pada peraturan dan operasional masih diperlukan. Negara-negara lain juga melakukan reformasi untuk memperoleh manfaat terbanyak dari desentralisasi, khususnya dalam konteks ketimpangan daerah tinggi dalam negara. Indonesia bisa mengandalkan pedoman OECD untuk menerapkan desentralisasi yang efektif kondusif untuk pembangunan daerah (Kotak 7. 1). Meskipun ada kemajuan, pembagian tanggung jawab di seluruh tingkat pemerintahan tetap tidak tepat dan peraturan yurisdiksi tetap tumpang tindih (OECD, 2016). Omnibus law yang bertujuan untuk Penciptaan Lapangan Kerja masih menjadi kerangka kerja hukum yang terlalu kompleks dan meresentralisasi beberapa hak istimewa yang diserahkan kepada pemerintah daerah pada tahun 2014. Sementara itu, pemerintah daerah masih sangat membutuhkan peningkatan kapasitas untuk mendukung pembangunan daerah, termasuk melalui kebijakan pembangunan daerah yang efektif dan terkoordinasi.

Kotak 7.1. Sepuluh pedoman untuk desentralisasi efektif yang kondusif bagi pembangunan daerah

4. *Memperjelas tanggung jawab yang diberikan ke berbagai tingkat pemerintahan.* Tanggung jawab harus seimbang di semua tingkat pemerintahan, eksplisit, dipahami bersama dan jelas untuk semua aktor. Yang tidak kalah penting adalah kejelasan fungsi yang ditugaskan dalam bidang kebijakan - pembiayaan, pengaturan, pelaksanaan atau pemantauan. Bidang kebijakan yang dibagikan di berbagai tingkat pemerintah membutuhkan kejelasan yang lebih besar untuk mengurangi duplikasi dan tumpang tindih.
5. *Pastikan bahwa semua tanggung jawab didanai dengan cukup.* Akses ke keuangan harus konsisten dengan tanggung jawab fungsional. Pembagian tanggung jawab pembiayaan harus memastikan bahwa tidak ada tugas atau mandat yang tidak didanai atau kekurangan dana.
6. *Memperkuat otonomi fiskal daerah untuk meningkatkan akuntabilitas.* Pemerintah daerah harus memiliki tingkat otonomi tertentu dalam desain dan penyampaian layanan publik mereka dalam batasan yang ditetapkan oleh peraturan, seperti standar layanan minimum. Mereka membutuhkan pendapatan asli daerah di luar hibah dan pendapatan pajak bagi hasil.
7. *Dukung pembangunan kapasitas daerah.* Pemerintah pusat harus menilai tantangan kapasitas di daerah secara teratur. Kebijakan untuk memperkuat kapasitas harus disesuaikan dengan kebutuhan spesifik daerah. Pemerintah harus membangun kapasitas badan dalam pendekatan sistemik, daripada mengadopsi fokus yang sempit pada bantuan teknis. Badan khusus yang dapat diakses oleh berbagai yurisdiksi harus didorong.
8. *Bangun mekanisme koordinasi yang memadai di seluruh tingkat pemerintahan.* Alat untuk koordinasi vertikal termasuk platform dialog, dewan fiskal, komisi tetap dan dewan konsultasi antar pemerintah, dan pengaturan kontrak.

9. *Mendukung kerja sama lintas yurisdiksi.* Melaksanakan koordinasi horizontal menggunakan dana pendamping khusus, dan dengan mempromosikan kerja sama antarkota/antardaerah serta tata kelola metropolitan. Mempromosikan kemitraan pedesaan-perkotaan sebagai bentuk kolaborasi lintas yurisdiksi untuk meningkatkan pertumbuhan inklusif dan mengatasi kegagalan koordinasi.
10. *Memperkuat pemerintahan yang inovatif dan eksperimental, dan mempromosikan keterlibatan warga negara.* Warga negara harus diberdayakan melalui akses ke informasi. Pastikan bahwa dewan lokal yang dipilih memiliki kepemilikan dan kendali atas partisipasi warga dan inisiatif keterlibatan. Penganggaran partisipatif dapat memperkuat pemerintahan yang inklusif.
11. *Izinkan dan manfaatkan pengaturan desentralisasi asimetris.* Desentralisasi asimetris harus didukung oleh mekanisme koordinasi yang efektif dan perlu sejalan dengan sistem pemerataan yang efektif. Jika memungkinkan, partisipasi dalam pengaturan seperti itu harus bersifat sukarela.
12. *Tingkatkan transparansi, tingkatkan pengumpulan data, dan perkuat pemantauan.* Sistem pemantauan kinerja desentralisasi dan kebijakan pembangunan daerah harus sederhana dengan sejumlah indikator standar yang wajar. Pemerintah tingkat yang lebih tinggi perlu memantau kinerja daerah di bidang layanan kritis dan kinerja antar daerah dalam pemberian layanan. Pemerintah daerah perlu tunduk pada aturan fiskal tingkat yang lebih tinggi untuk memastikan disiplin fiskal.
13. *Memperkuat kebijakan pembangunan daerah dan sistem pemerataan serta mengurangi disparitas wilayah.* Program pemerataan tidak boleh dilihat secara terpisah dari sistem fiskal yang lebih luas. Kebijakan pembangunan daerah yang proaktif harus mengimbangi potensi insentif negatif dari sistem pemerataan tersebut.

Sumber: OECD (2019).

Geografi investasi di Indonesia yang terdesentralisasi

Keragaman geografis dan budaya Indonesia yang patut dicatat menciptakan tantangan, tetapi juga peluang besar untuk menarik investasi dan memungkinkan pembangunan daerah yang inklusif. Negara ini adalah negara kepulauan terbesar di dunia, terdiri dari lebih dari 17.000 pulau, di mana sekitar 6000 di antaranya dihuni, yang mencakup tiga kawasan waktu berbeda. Distribusi penduduk tidak merata, dengan 62% berada di pulau Jawa yang hanya mencakup 7% dari daratan di negara ini. Keragaman bahasa, budaya dan agama sangat luar biasa, dengan lebih dari 300 kelompok etnis yang berbeda dan, walaupun Bahasa Indonesia adalah bahasa nasional, ada sekitar 34 bahasa lain yang dituturkan oleh setidaknya setengah juta orang. Bagian ini memberikan wawasan tentang konteks lokal untuk kebijakan investasi setelah proses desentralisasi dan mengkaji variasi regional dalam investasi asing dan domestik.

Beragam pengaturan kebijakan yang diciptakan oleh otonomi daerah serta perbedaan kinerja perekonomian antar daerah telah membentuk geografi investasi di Indonesia. Jumlah investasi asing dan domestik s per kapita tertinggi terdapat di wilayah metropolitan Jakarta, yang menyebar di provinsi Jakarta, Banten dan Jawa Barat (Gambar 7. 1). Daerah ini merupakan wilayah terpadat di Indonesia dan daerah perkotaan kedua terbesar di dunia setelah Tokyo. Daerah kaya sumber daya seperti Kalimantan Timur (minyak) dan, pada tingkat yang lebih rendah, Riau (minyak, gas dan minyak sawit) dan Papua (tembaga dan emas) juga merupakan rumah bagi investasi per kapita yang besar. Provinsi dengan investasi per kapita yang lebih rendah seringkali merupakan pulau-pulau terpencil yang kekurangan sumber daya alam seperti Maluku atau Nusa Tenggara Timur. Namun, kondisi yang sama juga dijumpai di wilayah di Pulau Jawa dan Sumatera seperti Yogyakarta dan Aceh, provinsi paling barat Indonesia.

Gambar 7.1. Investasi per kapita di seluruh provinsi di Indonesia

Realisasi investasi asing dan domestik per kapita antara tahun 1990 dan 2019, distribusi persentil

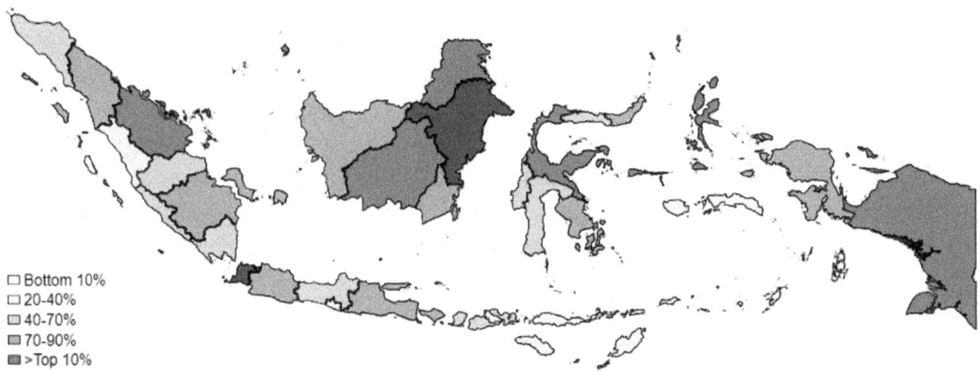

Sumber: OECD berdasarkan BKPM dan Badan Pusat Statistik 2015 " Sensus Penduduk Antar Sensus".

Desentralisasi berbarengan dengan penurunan disparitas investasi antar daerah

Dua puluh tahun setelah desentralisasi dimulai, terdapat tanda-tanda konvergensi dalam tingkat investasi di seluruh wilayah Indonesia, meskipun eksploitasi bahan mentah sebagian berada di belakang ketertinggalan. Penyesuaian dalam geografi investasi mulai terlihat dari awal 2000-an tapi kebanyakan dipercepat setelah 2010 (Gambar 7. 2). Pusat-pusat industri di Jakarta, Banten, Jawa Timur, dan Jawa Barat terus menjadi penerima investasi utama tetapi perlahan-lahan kehilangan pijakan karena investor mulai beralih ke daerah yang kaya sumber daya dan kurang padat penduduk di luar Jawa seperti Kalimantan Tengah, Maluku Utara, Papua, dan Sulawesi. Konvergensi tidak menyebar ke semua daerah, termasuk daerah-daerah seperti Yogyakarta, hub perkotaan dengan modal manusia yang tinggi dan aktivitas kewirausahaan yang kuat (Kotak 7. 2). Provinsi yang kurang kaya seperti Gorontalo dan Maluku terus menerima sedikit investasi setelah diberlakukannya otonomi daerah.

Gambar 7.2. Investasi di seluruh pulau utama Indonesia sebelum dan setelah desentralisasi

Bagian dari investasi yang direalisasikan berdasarkan pulau

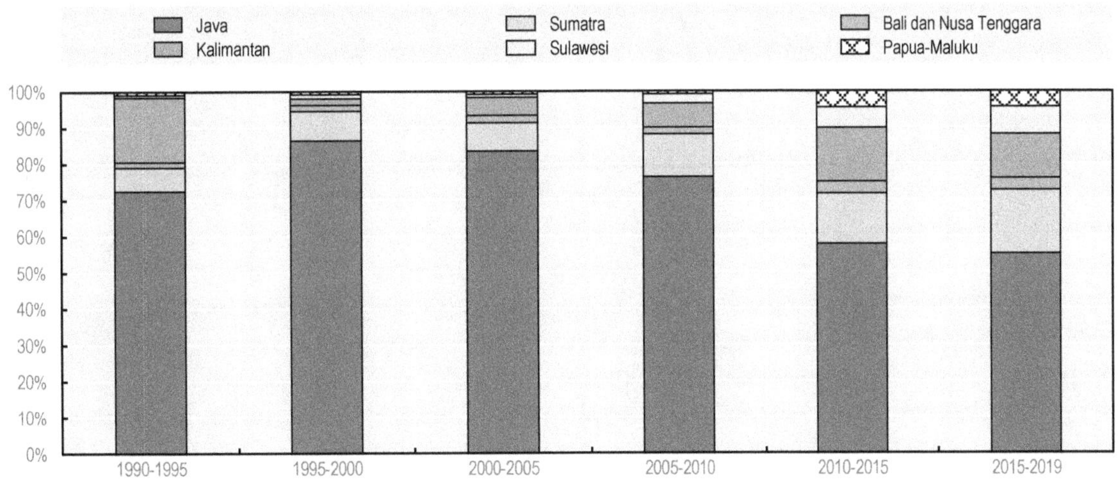

Sumber: OECD berdasarkan BKPM.

Kotak 7.2. Kegiatan UKM dan kewirausahaan di seluruh provinsi di Indonesia

Investasi merupakan salah satu indikator kinerja ekonomi daerah dari banyak indikator lainnya. Kegiatan UKM dan aktivitas kewirausahaan menguatkan pola regional investasi hanya sampai batas tertentu. Misalnya, kepadatan usaha kecil di Aceh, Maluku, Yogyakarta, dan Nusa Tenggara Barat relatif tinggi dibandingkan provinsi lain sedangkan investasi per kapita di daerah-daerah ini paling rendah. Daerah kaya sumber daya seperti Riau dan Kalimantan Timur memiliki pola sebaliknya. Faktor-faktor lokal seperti sumber daya alam (investasi besar mendominasi eksploitasi sumber daya alam) dan urbanisasi dapat menjelaskan perbedaan antara UKM dan kegiatan investasi di seluruh wilayah Indonesia.

Sumber: OECD (2018a)

Investasi asing secara geografis lebih terkonsentrasi daripada investasi domestik

Aktivitas perusahaan asing sebagian besar telah membentuk geografi investasi di Indonesia. Antara tahun 1990 dan 2019, dua pertiga dari investasi melalui BKPM adalah investasi asing, namun prevalensi relatif terhadap investasi domestik sangat bervariasi di seluruh 34 provinsi (Gambar 7. 3). Kawasan dengan pasar yang lebih besar, infrastruktur yang lebih baik, dan sumber daya alam yang lebih banyak telah menarik lebih banyak investor asing (Sodik et al, 2019). Kondisi ini terlihat pada industri dan pariwisata di Jawa dan Bali serta di wilayah Papua, yang menjadi tuan rumah tambang emas terbesar di dunia. Pembatasan kepemilikian warga asing di beberapa sektor secara nasional atau kebijakan spesifik daerah dapat lebih mempengaruhi dibandingkan geografis perbedaan antara dua kelompok investor. Misalnya, daerah yang diberkahi dengan gas dan minyak seperti Kalimantan dan Riau memiliki pangsa investor asing dan domestik yang lebih seimbang. Proyek dalam negeri berjaya di daerah dengan investasi asing yang rendah seperti di Aceh Besar, Jambi, dan Sulawesi Barat.

Gambar 7.3. Investasi asing dan domestik per kapita di seluruh provinsi di Indonesia

Realisasi investasi asing dan domestik per kapita antara tahun 1990 dan 2019, dalam USD

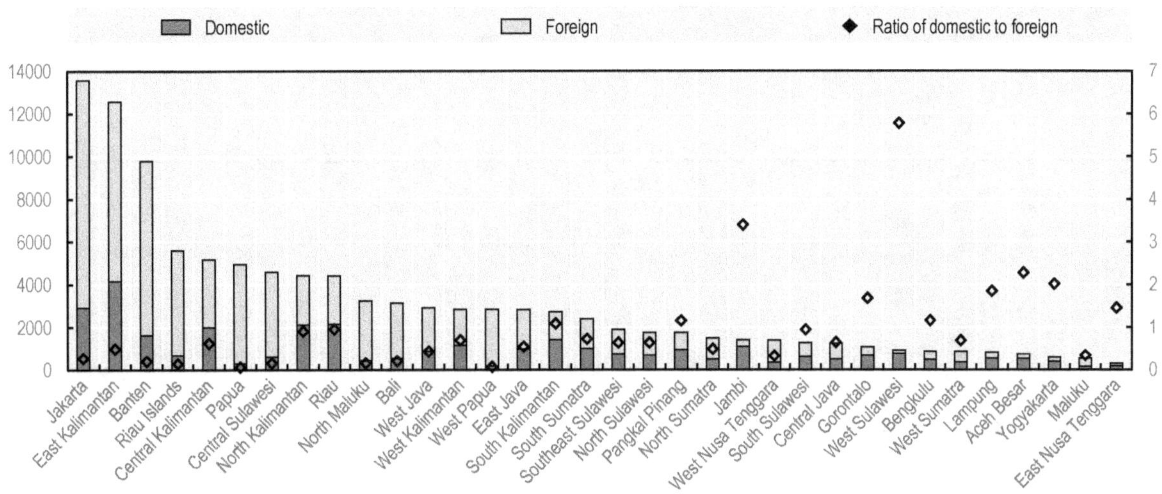

Catatan: Populasi provinsi berdasarkan angka tahun 2015.
Sumber: OECD berdasarkan BKPM dan Badan Pusat Statistik 2015 " Sensus Penduduk Antar Sensus".

Distribusi dan dampak bisnis asing yang tidak merata di seluruh wilayah dapat menghambat proses yang lebih luas dari konvergensi regional dan, jika berlebihan, ketidaksetaraan seperti itu dapat memicu ketidakpuasan geografis. Investasi asing di Indonesia lebih terkonsentrasi di daerah dinamis yang paling nusantara daripada investasi domestik regional dan PDB (Gambar 7. 4). Misalnya, penanaman modal asing di Jakarta empat kali lebih tinggi dari rata-rata nasional sedangkan untuk penanaman modal dalam negeri jumlahnya hanya tiga kali lebih tinggi dibandingkan rata-rata nasional. Provinsi yang kurang berkembang memiliki investasi asing per kapita yang jauh lebih rendah dari rata-rata nasional, yang mendorong disparitas geografis dalam investasi asing.

Gambar 7.4. Distribusi investasi dan PDB per kapita di seluruh provinsi di Indonesia

Log rasio investasi asing dan domestik per kapita regional dan PDB terhadap rata-rata nasional

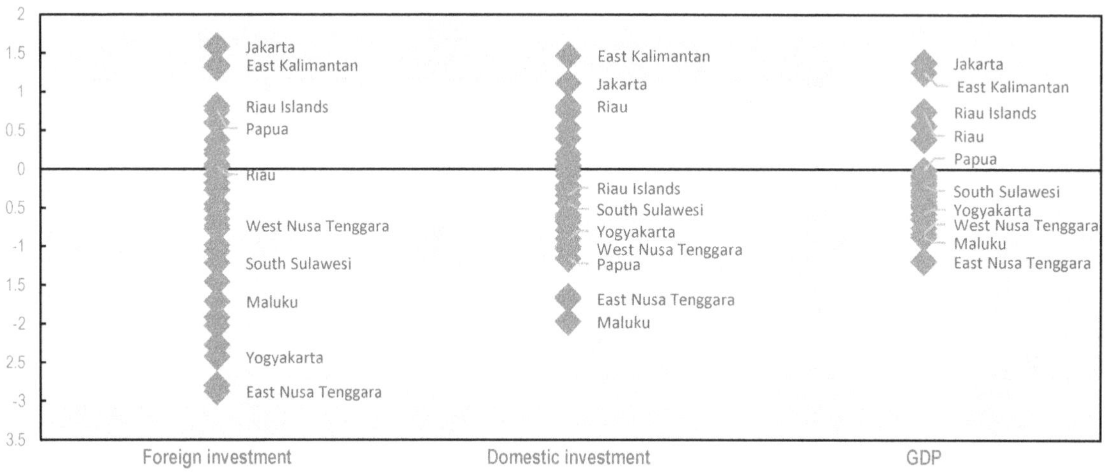

Catatan: Investasi: realisasi investasi antara tahun 1990 dan 2019; PDRB: 2015. Nilai di atas (di bawah) nol menunjukkan bahwa capaian daerah provinsi lebih tinggi (lebih rendah) dari rata-rata nasional.
Sumber: OECD berdasarkan BKPM dan Seri Produk Domestik Regional Bruto BPS Indonesia.

Konsentrasi penanaman modal asing di kawasan tertentu tidak hanya terjadi di Indonesia tetapi juga dapat diamati di negara lain. Meskipun tidak ada data pembanding lintas negara tentang konsentrasi geografis FDI, statistik yang tersedia dari PDB per kapita mengungkapkan bahwa disparitas regional lebih besar di Indonesia daripada di negara berkembang lainnya (OECD, 2016). Kegiatan multinasional asing cenderung kurang luas daripada kegiatan domestik, baik terkonsentrasi di dalam sektor industri atau hub ekonomi dalam sektor tersier dari negara tuan rumah (Lejaragga dan Ragoussis, 2019). Kondisi ini sebagian didorong oleh perilaku perusahaan besar, baik asing maupun domestik. Yang lebih spesifik untuk Indonesia adalah konsentrasi proyek asing skala besar di daerah terpencil dengan sumber daya alam seperti Papua.

Selain sumber daya alam, keberadaan urban hub turut mempengaruhi variasi arus FDI di seluruh Indonesia. Beberapa provinsi memiliki sembilan kota (misalnya Jawa Timur) sementara yang lain memiliki dua kota (misalnya Jambi). Di antara 90 kota dengan proyek-proyek greenfield FDI antara tahun 2003 dan 2019, 20 kota dengan jumlah terbesar dari FDI menyumbang hampir 40% dari total (Gambar 7. 5). Kota metropolitan Jakarta, penerima terbesar, menempati urutan ke- 29 di dunia sebagai penerima FDI, di atas Manila tetapi di belakang Shanghai dan Kota Ho Chi Minh (Wall, 2019). Kota-kota besar seperti Surabaya dan Bekasi di Jawa dan Makassar di Suwalesi Selatan juga merupakan penerima bantuan terbesar. Meskipun populasinya lebih kecil, Halmahera dan Cilegon memiliki andil besar dalam investasi greenfield. Halmahera di Provinsi Maluku Utara memiliki ledakan jumlah aktivitas tambang di tahun 2000-an ketika pemerintah provinsi tersebut mengeluarkan setidaknya 34 ijin pertambangan. Cilegon adalah kota industri pesisir utama di provinsi Banten dan salah satu pusat produksi baja terbesar di Asia Tenggara. Kota ini memiliki kawasan industri yang menjadi rumah bagi pabrik perusahaan multinasional besar.

Gambar 7.5. Investasi asing Greenfield di 20 kota teratas di Indonesia, 2003 hingga 2019

Investasi asing greenfield yang diumumkan berdasarkan kota, dalam persen

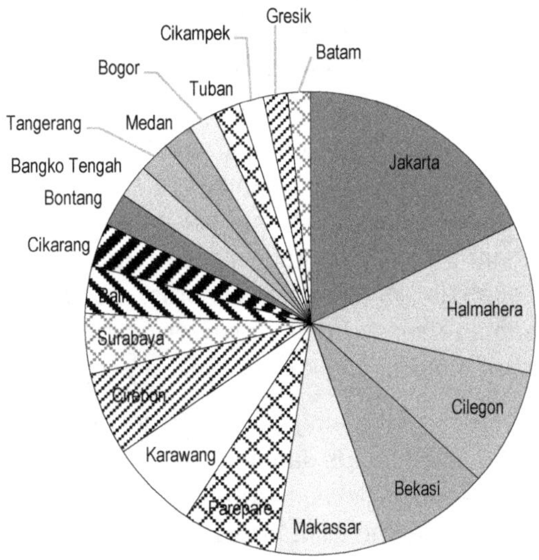

Sumber: Financial Times fDi Markets berbasis OECD.

Krisis ekonomi yang ditimbulkan oleh pandemi COVID-19 dapat memengaruhi geografi FDI di Indonesia dan bahkan dapat memperlambat konvergensi yang diamati dalam distribusi investasi di seluruh wilayah. Meskipun Jakarta menjadi provinsi yang paling terpukul, guncangannya kemungkinan akan lebih bersifat sementara dibandingkan dengan guncangan yang dialami wilayah lain di nusantara. Provinsi yang mengandalkan investasi dalam pariwisata (misalnya Bali) dan produksi minyak (misalnya Riau) juga akan terpengaruh untuk sementara. Yang lebih bermasalah untuk konvergensi regional adalah meningkatnya ketidakpastian yang dapat mendorong investor untuk membatalkan proyek di sektor dan wilayah yang berisiko seperti investasi infrastruktur di daerah terpencil dengan kondisi kebadanan dan sosial ekonomi yang buruk.

Kesenjangan wilayah memengaruhi geografis FDI dan dampak pembangunannya

Kekhususan daerah, dan kebijakan terkait, membentuk pilihan lokasi investor asing di Indonesia dan motif mereka, yang pada gilirannya dapat memperkuat atau menciptakan kembali ketidaksetaraan pembangunan tata ruang (Kotak 7. 3). Kesenjangan kawasan dalam konsentrasi kegiatan ekonomi telah menjadi ciri lama perekonomian Indonesia. Pada 1980-an, PDB regional bruto per kapita Jakarta Pusat, distrik terkaya, adalah lebih dari 23 kali yang dari Bengkulu Selatan di Sumatera Tenggara, kabupaten termiskin (Rothenberg et al., 2017). Desentralisasi untuk mendorong pembangunan daerah dan mengurangi disparitas memiliki hasil yang beragam (OECD, 2016). Perbedaan PDB per kapita di seluruh provinsi di Indonesia tetap tinggi dibandingkan dengan negara berkembang lainnya seperti Brasil, Cina, dan Meksiko.

Kotak 7.3. Memadukan investasi global dengan kebijakan pembangunan regional

Globalisasi telah menghasilkan peran yang lebih kuat dari pemerintah daerah (OECD, 2019a). Pergerakan modal yang bebas berarti bahwa pemerintah daerah dapat bersaing untuk mendapatkan investasi global, suatu tugas yang pernah dimonopoli oleh pemerintah pusat. Di sisi lain, globalisasi telah memperburuk ketimpangan dalam negara. Kesenjangan, yang telah memicu ketidakpuasan geografi, mempertanyakan pencapaian kebijakan liberalisasi tradisional dan pandangan bahwa keunggulan lokasi hanya mencerminkan kebijakan nasional dan bukan fitur regional (Iammarino, 2018). Dalam konteks reaksi balik terhadap globalisasi ini, peran pemerintah daerah menjadi cara untuk menggemakan tuntutan dan kebutuhan warga dengan lebih baik.

Kekhususan daerah membentuk pilihan lokasi FDI. Kebijakan pembangunan daerah meliputi kebijakan iklim usaha yang berkaitan dengan pendidikan dan infrastruktur, dukungan kepada perusahaan lokal, dan pengembangan keterampilan. Dengan meningkatkan modal manusia dan modernisasi infrastruktur, daerah tidak hanya menjadi s lebih menarik tetapi juga bisa mendapatkan keuntungan lebih dari FDI melalui lebih tinggi spillover mekanisme dan kapasitas serap. Sebuah baik-informasi daerah strategi untuk meningkatkan iklim investasi harus menargetkan daerah-daerah reformasi tertentu di mana ruang pemerintah daerah untuk manuver paling besar, dan di mana tantangan lain bisa dapat diatasi di tingkat pusat melalui advokasi kebijakan yang efektif.

Kebijakan lain mempengaruhi secara langsung pemilihan lokasi perusahaan. Ini termasuk insentif fiskal, pembentukan kawasan ekonomi khusus dan pembentukan badan lokal yang bertanggung jawab atas kebijakan investasi. Kebijakan non-fiskal berupaya untuk menginformasikan investor tentang potensi investasi daerah dan meningkatkan iklim bisnis lokal, misalnya dengan menghapus peraturan memberatkan, dapat efektif. Misalnya, FDI merespons dengan baik aktivitas IPA daerah, terutama di wilayah dengan badan yang tidak berfungsi dan mekanisme penyebaran informasi yang tidak memadai (Crescenzi et al., 2019).

Bab ini membahas tantangan pembangunan daerah dan kebijakan yang paling relevan untuk menarik investasi. Selain ukuran pasar, investor di Indonesia tertarik pada provinsi dengan infrastruktur berkualitas baik yang bersifat infrastruktur keras (transportasi, listrik, dll.) maupun lunak (TIK), tenaga kerja terampil, upah kompetitif, dan kelompok eksportir yang lebih besar (Sodik et al., 2019). Indonesia telah mencapai kemajuan di beberapa bidang tetapi kapasitas pemerintah daerah untuk memproduksi barang publik dan meningkatkan produktivitas tidak selalu meningkat, meskipun terdapat peningkatan transfer dari pemerintah pusat ke daerah (OECD, 2016 a). Terlepas dari kemajuan tersebut, disparitas antar daerah dalam pendidikan, infrastruktur, pemerintahan, terus membesar.

Variasi regional dalam kemudahan berbisnis tetap ada meskipun ada perbaikan

Bertentangan dengan ekspektasi, iklim investasi di Indonesia tidak membaik secara signifikan setelah otonomi daerah (OECD, 2010). Biaya untuk memulai usaha di Indonesia terus tinggi dan sangat bervariasi di berbagai daerah, dan prosedur untuk memperoleh izin usaha dapat tetap panjang dan rumit meskipun ada perbaikan baru-baru ini (lihat bab 6 untuk analisis lingkungan investasi di tingkat nasional). Sejumlah survei mengidentifikasi variasi dalam kemudahan berusaha di seluruh provinsi atau kota di Indonesia, meskipun survei tersebut sering kali ketinggalan zaman, kecuali untuk perbandingan tahunan Jakarta dan Surabaya dalam indikator Doing Business Bank Dunia. [6] Survei yang tersedia juga memeriksa beberapa aspek iklim bisnis, atau hanya mencakup sejumlah kecil provinsi atau kota.[7]

Sejak 2017, UKM Indonesia, portal web yang dikembangkan oleh UKM University, melacak semua peraturan perizinan di tingkat daerah. Dalam proyek percontohan yang mencakup delapan kota, inisiatif telah mengumpulkan, menganalisis, dan menerbitkan dalam format yang mudah digunakan lebih dari 130 peraturan nasional dan 371 peraturan daerah sehingga pengguna dapat mengakses informasi yang relevan dengan konteks bisnis mereka. Proyek ini mengidentifikasi apakah Kantor Pelayanan Terpadu Satu Pintu (PTSP) atau Badan Tertentu (SKPD) yang menerbitkan izin. Hasil penelitian menunjukkan bahwa jumlah lisensi secara luas mirip di seluruh kota - antara 100 dan 130 lisensi, namun kapasitas PTSP menjadi otoritas yang bertanggung jawab mengeluarkan mereka sangat bisa berbeda (Tabel 7.2). Di sebagian besar kota yang disurvei, PTSP mengeluarkan hingga dua pertiga dari izin. Di Kota Pajakumbuh, PTSP mengeluarkan 107 dari 115 izin sementara kantor Bandung menerbitkan kurang dari 30 dari 130 izin yang diinventarisasi oleh proyek tersebut.

Inisiatif UKM Indonesia berguna dalam menyediakan inventaris online dari semua peraturan perizinan yang ada di tingkat daerah. Namun masih terdapat kelangkaan informasi yang lengkap, sebanding dan terkini tentang kualitas iklim usaha di wilayah Indonesia. Pemerintah pusat dan daerah dapat bekerja sama dengan UKM Indonesia untuk lebih memperluas inventarisasi peraturan yang mencakup kota-kota lain, khususnya di pulau-pulau timur Indonesia, yang informasi tentang iklim usaha kurang tersedia. Pembuat kebijakan dapat memanfaatkan inventaris ini sebagai alat berbasis bukti untuk merampingkan proses pendaftaran bisnis dan memantau kemajuan.

Tabel 7.1. Jumlah peraturan perizinan di tingkat kota, 2017

Kota	Semua Lisensi	Kantor Pelayanan Terpadu Satu Pintu (PTSP)	Badan Teknis Khusus (SKPD)
Bandung (Jawa Barat)	130	28	102
Bekasi (Jawa Barat)	107	47	60
Bogor (Jawa Barat)	131	72	59
Denpasar (Bali)	130	80	50
Depok (Jawa Barat)	112	59	53
Payakumbuh (Sumatera Barat)	115	108	7
Sukabumi (Jawa Barat)	58	41	17
Surabaya (Jawa Timur)	137	76	61

Sumber: UKM Indonesia dan Bank Dunia, lihat http://www.ukmindonesia.id.

Sebagai pelengkap inisiatif UKM Indonesia yang hanya mencantumkan perizinan, pemerintah pusat bersama dengan pelaku daerah seperti KPPOD dapat mengembangkan dan mempublikasikan indikator daerah secara online mengenai hambatan de facto pengembangan sektor swasta. Ini akan membantu untuk membandingkan provinsi, mengidentifikasi mereka yang paling membutuhkan dukungan dan memantau kemajuan dari waktu ke waktu. Transparansi dapat mendorong pemerintah daerah untuk melakukan reformasi yang memperbaiki iklim usaha. Misalnya, indeks daya saing provinsi di Vietnam dirilis setiap tahun dan telah digunakan oleh otoritas berwenang provinsi di Vietnam untuk belajar dari satu sama lain dan melakukan reformasi (OECD, 2018c). Seperti di Indonesia, provinsi di Vietnam memiliki kewenangan untuk sertifikat masalah investasi dan sertifikat pendaftaran usaha (Kotak 7. 4)

Kotak 7.4. Pelacakan perbaikan dalam iklim bisnis propinsi: The contoh Viet Nam

Di Vietnam, Undang-Undang Penanaman Modal tahun 2005 (sejak digantikan oleh Undang-Undang Penanaman Modal tahun 2014) mengalihkan kewenangan antara lain untuk menerbitkan sertifikat investasi dan sertifikat pendaftaran usaha ke provinsi. Setelah reformasi ini, otoritas provinsi secara resmi diberdayakan untuk memperbaiki iklim investasi mereka sendiri. Tim ditugaskan untuk memfasilitasi FDI di setiap provinsi dan banyak provinsi mampu membuat perubahan signifikan dalam peraturan dan regulasi yang mengatur kegiatan bisnis.

Menyusul reformasi 2005, pembelajaran sejawat dan benchmarking di antara provinsi-provinsi Vietnam membantu mendorong reformasi peraturan di tingkat lokal. Ini diilustrasikan oleh Indeks Daya Saing Provinsi, yang menilai dan memeringkat kualitas tata kelola ekonomi pemerintah provinsi. Indeks ini didasarkan pada survei bisnis tahunan lingkungan bisnis lokal dan data dari sumber resmi mengenai kondisi lokal. Data survei bisnis dapat dipisahkan menurut usia perusahaan, jenis hukum, dan sektor.

The Competitiveness Provinsi Indeks dibagi menjadi sub-indeks sepuluh: (i) biaya masuk untuk bisnis start-up; (ii) akses ke tanah dan keamanan tempat bisnis; (iii) transparansi lingkungan bisnis dan informasi bisnis yang adil; (iv) adanya pungutan tidak resmi; (v) waktu yang dibutuhkan untuk prosedur birokrasi dan inspeksi; (vi) menghindari aktivitas swasta dari bias kebijakan terhadap perusahaan negara, asing, atau perusahaan terkait; (vii) proaktif dan kreativitas pimpinan provinsi dalam memecahkan masalah bisnis; (viii) keberadaan dan kualitas layanan pendukung bisnis; (ix) keberadaan dan kualitas kebijakan pelatihan; dan (x) keadilan dan efektivitas prosedur hukum untuk penyelesaian sengketa.

Sumber: OECD (2018c).

Ketimpangan spasial dalam infrastruktur terus menjadi tantangan bagi konektivitas

Perbaikan infrastruktur telah terjadi dalam beberapa tahun terakhir, dan investasi swasta telah meningkat di sektor ini, tetapi disparitas regional tetap menjadi tantangan besar (OECD, 2018b). Proses desentralisasi mengalihkan pengambilan keputusan dan sumber daya keuangan untuk penyediaan infrastruktur transportasi kepada pemerintah daerah. Proses itu diperlambat oleh kurangnya koordinasi antara pemangku kepentingan utama dan masih perlu ditingkatkan (OECD, 2013).

Meskipun merupakan kegiatan yang membutuhkan keterlibatan yurisdiksi yang berbeda, dalam praktiknya, tanggung jawab lintas tingkat pemerintahan dalam mengembangkan infrastruktur fisik terbatas dibandingkan dengan negara lain, termasuk negara kesatuan lain seperti Indonesia - lebih dari satu tingkat pemerintahan hanya terlibat di 30 % keputusan terkait kebijakan transportasi (OECD, 2019a). Pemerintah daerah belum tentu memiliki kapasitas untuk merancang dan melaksanakan proyek infrastruktur yang ditugaskan secara efektif. Pemerintah pusat perlu turun tangan untuk membangun kapasitas lokal, dengan meningkatkan sumber daya, melatih staf pemerintah daerah, dan meningkatkan perangkat e-government.

Kurangnya kuantitas dan kualitas yang tidak memadai, infrastruktur transportasi menjadi penghambat yang serius di daerah berkembang di Indonesia (Vujanovic, 2017). Kesenjangan antar wilayah, dan antara infrastruktur perkotaan dan pedesaan, menimbulkan tantangan lebih lanjut (OECD, 2013). Perluasan infrastruktur transportasi udara ke daerah-daerah baru di negara tersebut telah terlihat selama beberapa tahun terakhir dan, antara lain, telah memfasilitasi pertumbuhan pariwisata yang pesat. Investasi masih diperlukan untuk memperbaiki bandara yang ada dan membangun yang baru. Prasarana lingkungan seperti fasilitas persampahan, air, sanitasi, dan saluran air limbah juga tersebar tidak merata di berbagai wilayah. Infrastruktur lunak sama pentingnya untuk menghubungkan pulau satu sama lain dan di luar batas negara. Jangkauan dan keandalan teknologi 4G yang lebih baik serta ketersediaan internet yang lebih luas akan membantu pembentukan dan pertumbuhan perusahaan lokal serta mengurangi kesenjangan antara pengguna Internet perkotaan dan pedesaan (OECD, 2018b).

Mengingat kendala pendapatan pemerintah, investasi publik dan swasta dalam infrastruktur, terutama transportasi, harus didorong. Dalam rangka meningkatkan akses daerah terhadap sumber pembiayaan infrastruktur, pemerintah telah melakukan beberapa upaya seperti melonggarkan aturan terkait pinjaman daerah pada tahun 2018.[8] Ini termasuk perluasan jenis proyek yang dapat dibiayai oleh obligasi daerah tetapi juga klarifikasi pembagian tugas antara Kementerian Keuangan dan Kementerian Dalam Negeri dalam proses persetujuan pinjaman.

Investor asing juga bisa membantu menutup celah investasi yang menghambat pembangunan infrastruktur, khususnya di luar Jawa. Mengurangi pembatasan pada sektor transportasi dan pariwisata terutama dengan mengurangi keterbatasan modal asing dan pembatasan tenaga asing, bisa memfasilitasi investasi asing (lihat bab 3 pada rezim FDI).[9] Jika pembatasan dalam transportasi maritim menjadi kebijakan umum di seluruh negara, investasi ini seringkali rendah di banyak pulau, terutama pembatasan modal asing, yang mencerminkan kebutuhan investasi lebih besar di sektor ini (Gambar 7. 6). Di luar kawasan ekonomi khusus, pembatasan kepemilikan tanah asing juga membatasi pengembangan hotel dan restoran meskipun hak guna bangunan dapat diberikan kepada perusahaan asing selama 30 tahun.

Gambar 7.6. Transportasi laut: pembatasan FDI di negara-negara teratas dengan pulau-pulau

Indeks Pembatasan Regulasi OECD FDI (terbuka = 0; tertutup = 1), 2018

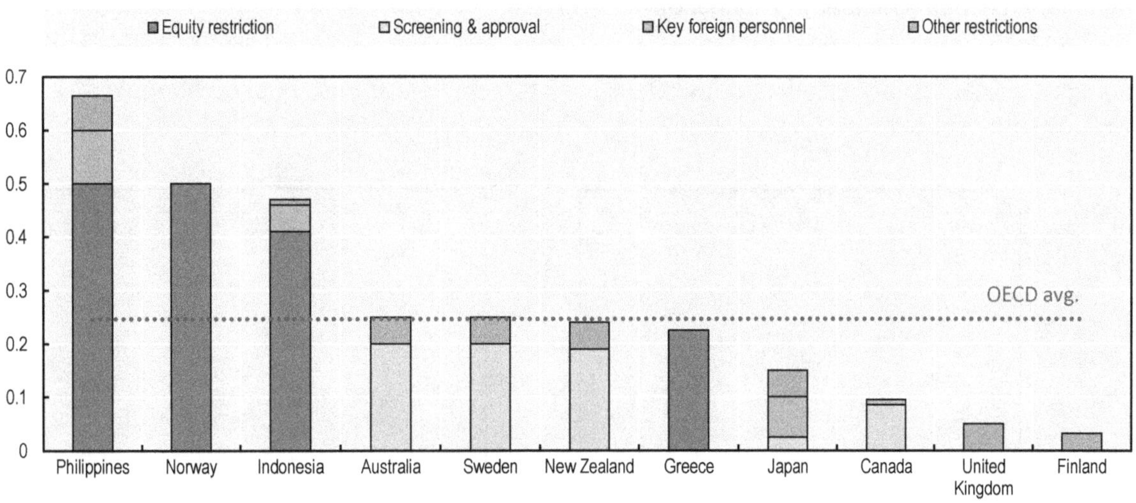

Catatan: Indeks Pembatasan Regulasi FDI OECD hanya mencakup langkah-langkah hukum yang mendiskriminasi investor asing (misalnya, batasan ekuitas asing, prosedur penyaringan & persetujuan, pembatasan pada personel asing utama, dan tindakan operasional lainnya). Aspek penting lainnya dari iklim investasi (misalnya, penerapan peraturan dan monopoli negara, perlakuan istimewa untuk investor berorientasi ekspor dan rezim KEK, di antaranya) tidak dipertimbangkan. Data mencerminkan batasan peraturan pada akhir Desember. Silakan merujuk ke Kalinova et al. (2010) untuk informasi lebih lanjut tentang metodologi.
Sumber: Indeks Pembatasan regulasi FDI OECD, www.oecd.org/investment/fdiindex.htm.

Tata kelola daerah yang lebih baik dapat membuka investasi di kegiatan non-sumber daya

Kualitas pemerintahan daerah merupakan faktor kuat daya tarik investasi asing. Di Cina dan Rusia, misalnya, kawasan dengan tingkat efisiensi pemerintah yang lebih tinggi dan kampanye anti-korupsi aktif menarik lebih banyak FDI (Cole et al., 2009; Zakharov, 2019). Di Indonesia, reformasi anti-korupsi telah menikmati beberapa keberhasilan. Tetapi desentralisasi, pada dasarnya, telah menggeser korupsi ke tingkat lokal (Transparency International, 2018). Terdapat variasi yang kuat dalam kualitas pemerintahan daerah di seluruh provinsi di Indonesia. Indeks Tata Pemerintahan Indonesia menunjukkan bahwa kualitas pemerintah daerah terbaik di Yogyakarta dan Jakarta dan terburuk di Maluku Utara dan Papua Barat, menunjukkan bahwa hal itu terkait, antara lain, dengan tingkat pendapatan daerah (OECD, 2016a).

Badan-badan seperti Komisi Pemberantasan Korupsi (KPK) memainkan peran penting dalam meningkatkan pemerintahan daerah, terutama dalam mengurangi kerugian akibat penyuapan dan korupsi dan dalam memberikan peningkatan kapasitas kepada badan - badan daerah. Sumber daya dan kapasitas kebadanan KPK sebagian besar terkonsentrasi di tingkat nasional, namun demikian, pemberantasan korupsi di daerah terutama berada di tangan pemerintah daerah (Tomsa, 2015). Reformasi harus lebih menargetkan korupsi di pemerintah daerah, terutama dengan meningkatkan kehadiran KPK di daerah di provinsi, terutama di sektor bisnis yang berisiko tinggi korupsi atau melakukan pengadaan infrastruktur (OECD, 2016b). Reformasi baru-baru ini di pemerintah daerah untuk meningkatkan pengadaan elektronik dan memperkuat penganggaran internal dan kontrol berjalan ke arah yang benar (OECD, 2018b).

Tata kelola daerah yang lebih baik akan membantu daerah kaya sumber daya melakukan diversifikasi dari FDI dalam ekstraksi komoditas, di mana investor skala besar dapat ditawari jaminan khusus oleh pemerintah, dan memperkuat dampak investasi pada ekonomi lokal. Gambar 7. 7, panel a, menunjukkan bahwa kualitas pemerintahan daerah berhubungan positif dengan investasi dalam negeri per kapita - provinsi dengan tata kelola yang lebih baik menarik lebih banyak investasi. Kinerja buruk Yogyakarta membingungkan mengingat tata kelola provinsi yang lebih baik dan tenaga kerja terampil yang lebih tinggi. Hubungan antara pemerintahan lokal dan investasi asing diubah oleh daerah yang kaya sumber daya, seperti Papua dan Utara Maluka, yang menarik jumlah yang relatif tinggi investasi asing, meskipun pemerintahan lemah (Gambar 7. 7, panel b).[10]

Gambar 7.7. Kualitas tata kelola dan investasi per kapita di seluruh provinsi di Indonesia

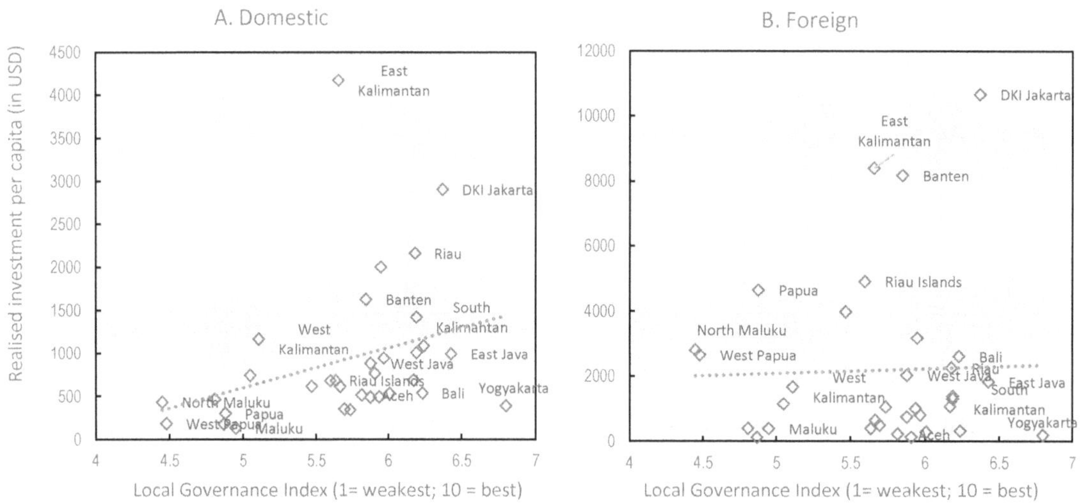

Catatan: Realisasi investasi per kapita sesuai dengan investasi asing dan domestik antara tahun 1990 dan 2019.
Sumber: OECD berdasarkan Indonesia Governance Index (2012) dan BKPM.

Dampak investasi asing pada pekerjaan dan hasil pembangunan lainnya di daerah kaya sumber daya mungkin terbatas, karena perusahaan padat modal. F pendapatan iscal dari pertambangan besar perusahaan, sejauh mereka dipertahankan secara lokal, bisa memberikan kontribusi untuk meningkatkan hasil pembangunan secara tidak langsung karena mereka dapat digunakan untuk mengembangkan infrastruktur dan meningkatkan tingkat keterampilan tenaga kerja. Namun, perpajakan relatif tersentralisasi, dan pendanaan untuk layanan publik terus dilakukan melalui transfer pemerintah pusat dan, pada tingkat yang lebih kecil, dana pemerataan yang membagi pendapatan dari sumber daya alam antar pemerintah (OECD, 2018b). Pada saat yang sama, desentralisasi fiskal dengan kapasitas daerah yang terbatas dan akuntabilitas yang rendah dapat mendukung kasus korupsi di pemerintah daerah.

Meningkatkan kemampuan UKM di wilayah yang kurang berkembang akan meningkatkan dampak FDI

Investasi asing di Indonesia dapat menciptakan hubungan bisnis yang signifikan dengan perusahaan domestik (lihat bab 2). Meskipun demikian, investasi di luar Jawa tidak serta merta menghasilkan dampak yang diharapkan pada ekonomi lokal karena seringkali hanya terbatas pada proyek-proyek kaya sumber daya yang membentuk sedikit hubungan bisnis di lingkungan dengan aturan hukum yang lemah. Selain itu, kesenjangan kinerja antara perusahaan asing dan domestik di Indonesia juga menunjukkan kesenjangan dalam kemampuan UKM dalam negeri, yang dapat mengurangi kemungkinan untuk hubungan dengan perusahaan-perusahaan asing dan batas spillovers, terutama di l ess daerah dikembangkan dengan lebih besar pengetahuan kesenjangan antara asing dan nusantara c perusahaan.

Memperkuat kapabilitas perusahaan domestik membutuhkan upaya kebijakan di berbagai bidang, termasuk meningkatkan sumber daya manusia, mendorong inovasi, dan mempromosikan perilaku bisnis yang bertanggung jawab (lihat Bab 5 tentang perilaku bisnis yang bertanggung jawab). Indonesia, seperti negara lain, memberikan bantuan kepada layanan pengembangan bisnis (BDS) untuk meningkatkan produktivitas dan daya saing UKM melalui peningkatan keterampilan manajerial dan teknis, akses ke pasar, teknologi baru atau yang lebih baik, dan mekanisme pembiayaan yang sesuai. T ia menggunakan dari BDS sangat bervariasi di seluruh provinsi di Indonesia, mulai dari 1,5% di provinsi timur Maluku sampai 14% di Daerah Istimewa Papua pada tahun 2015. Kurangnya kesadaran tentang BDS telah menjadi alasan utama di seluruh provinsi untuk usaha kecil tidak menggunakannya, diikuti oleh kesulitan prosedural. Indonesia dapat berupaya untuk memperbaiki hal ini melalui kampanye peningkatan kesadaran tentang program BDS yang ada dan dengan memastikan bahwa layanan ini tersedia di semua provinsi (OECD, 2018a).

Selain memperkuat kemampuan UKM, pemerintah daerah Indonesia memiliki insentif untuk memaksimalkan upaya daya tarik FDI mereka sendiri, memanfaatkan keunggulan kompetitif ekonomi lokal mereka untuk menarik investasi yang berpotensi memperkuat difusi produktivitas. Peraturan Indonesia yang membatasi bisnis asing seperti persyaratan kandungan lokal, persyaratan standar kinerja dan persyaratan divestasi dapat menjadi penghalang untuk menarik investasi asing dengan potensi limpahan produktivitas dalam kegiatan non-sumber daya (lihat bab 3 untuk lebih jelasnya). Tindakan proaktif yang mendorong perusahaan asing untuk menjalin hubungan bisnis dengan UKM lokal mungkin terbukti lebih efektif. Tetapi hanya ada beberapa alat yang dapat digunakan oleh pemerintah daerah untuk menjalin hubungan antara perusahaan asing dan domestik, untuk memfasilitasi limpahan teknologi, atau untuk mengurangi kesenjangan kapasitas teknis antara perusahaan domestik dan asing (Kuswanto, 2019).

Berinvestasi dalam keterampilan merupakan prioritas untuk mengurangi kesenjangan pembangunan di berbagai wilayah

Indonesia telah mencapai kemajuan substansial dalam meningkatkan hasil pendidikan dan keterampilan di seluruh wilayah, tetapi masih banyak tantangan yang harus dihadapi untuk memastikan bahwa daerah memiliki keterampilan yang relevan dan tingkat tinggi. Provinsi pedesaan dan terpencil, terutama yang terletak di bagian timur negara, dicirikan oleh hasil keterampilan yang lebih buruk seperti yang terlihat dari perbedaan skor PISA OECD antara desa dan kota besar. Misalnya, lebih dari satu dari empat orang di Papua buta huruf, menjadikannya provinsi dengan tingkat melek huruf terendah di negara ini. Perbedaan pencapaian pendidikan antar provinsi menunjukkan bahwa Jakarta memiliki sumber daya manusia berkualitas terbaik dengan 13% penduduknya mengenyam pendidikan tinggi. Gambaran tersebut kontras dengan sebagian besar provinsi pedesaan di Papua, Nusa Tenggara Barat dan Timur, Sulawesi Barat dan Selatan, dan Kalimantan Barat, di mana antara 13% hingga 38% penduduknya tidak pernah bersekolah (OECD, 2020 mendatang).

Memberikan insentif yang tepat untuk berinvestasi dalam keterampilan sangat penting untuk membantu daerah mengurangi ketidaksesuaian keterampilan dengan kebutuhan investor. Sebagian besar pekerja Indonesia tidak memiliki akses ke pelatihan dan ada perbedaan mencolok antara pekerja pedesaan dan perkotaan. Dari 13% penduduk yang bekerja yang menerima pelatihan, kurang dari sepertiganya bekerja di daerah pedesaan (OECD, 2020 akan datang). Perbedaan juga tinggi antar provinsi, sebagian besar mencerminkan keberadaan perusahaan besar, yang seringkali memiliki kapasitas lebih untuk melatih pekerjanya. Menurut Survei Perusahaan Bank Dunia Indonesia 2015, 21% bisnis di DKI Jakarta memberikan pelatihan kepada pekerjanya sedangkan rata-rata nasional adalah 8%. Pemotongan pajak baru-baru ini yang diberikan kepada perusahaan yang berinvestasi dalam kegiatan pengembangan sumber daya manusia dapat membantu bisnis yang lebih kecil membangun keterampilan pekerjanya, tetapi juga meningkatkan kualitas magang dan pelatihan kejuruan yang lebih luas (lihat juga bab 6 tentang promosi investasi).

Kebijakan daerah telah membentuk iklim investasi Indonesia tetapi koherensi kebijakan terbatas

Desentralisasi memberi tanggung jawab kepada pemerintah daerah di Indonesia untuk mengembangkan dan melaksanakan kebijakan investasi dan peraturan terkait investasi mereka sendiri. Ini harus sejalan dengan kebijakan investasi nasional karena peraturan presiden menggantikan peraturan daerah.[11] Daripada pemisahan tanggung jawab yang jelas, sebagian besar tugas harus dilakukan di antara tingkat pemerintahan - kecenderungan tanggung jawab bersama telah meningkat selama beberapa dekade terakhir di negara lain juga. Kebutuhan untuk berbagi tanggung jawab mungkin muncul karena alasan praktis - seperti yang biasa terjadi antara berbagai tingkatan pemerintah seputar masalah transportasi dan infrastruktur, lingkungan dan pembangunan ekonomi (OECD, 2019a).

Tabel 7. Gambar 3 menunjukkan tanggung jawab masing-masing pemerintah pusat dan daerah dalam kebijakan penanaman modal, berdasarkan Undang-Undang Nomor 23 Tahun 2014 tentang Pemerintahan Daerah. Baik pemerintah pusat maupun daerah menjalankan badan publik dengan mandat untuk mengatur iklim usaha, termasuk masuk dan beroperasi investor asing, dan untuk mengembangkan dan melaksanakan strategi promosi investasi, termasuk pemberian insentif. Namun, tugas di berbagai tingkat pemerintahan tidak sama, dan tingkat yang lebih tinggi memiliki lebih banyak tanggung jawab, termasuk pengawasan di tingkat yang lebih rendah. Pembagian tugas tersebut kemungkinan besar akan berkembang seiring dengan penerapan Omnibus Law Cipta Kerja.

Tabel 7.2. Pembuatan kebijakan investasi di berbagai tingkat pemerintahan

	Fungsi	Pemerintah pusat	Pemerintah daerah
Peraturan iklim bisnis	Efek investasi pada masyarakat dan lingkungan	Peraturan nasional untuk melindungi perusahaan domestik Kebijakan perencanaan penggunaan lahan nasional Kebijakan lingkungan nasional	Peraturan iklim bisnis
	Fasilitasi investasi	Penetapanl ijin investasi Menetapkan izin usaha (operasional)	Menetapkan ijin sebagai bagian dari lisensi usaha, ijin lokasi, ijin lingkungan, dan ijin penggunaan lahan t
Promosi investas i	Perencanaan strategis untuk menarik FDI/promosi investasi	Mengembangkan rencana investasi umum di tingkat nasional Promosi investasi internasional	Promosi investasi
	Insentif investasi	Memberikan insentif keuangan dan non keuangan nasional	Provide local financial and non-financial incentives

Catatan: Provinsi dan kabupaten memiliki mandat yang sama kecuali kabupaten hanya memberikan insentif non-keuangan.
Sumber: OECD berdasarkan Undang-Undang Nomor 23 Tahun 2014 tentang Pemerintahan Daerah dan Kuswanto (2019).

Daerah badan yang bertanggung jawab atas kebijakan investasi memiliki mandat serupa dengan nasional IPA, BKPM, meskipun mereka tidak anak perusahaan dari BKPM dan konfigurasi kebadanan yang tepat dalam pemerintahan daerah dapat bervariasi antara dan di dalam berbagai tingkatan pemerintahan (provinsi, kabupaten/kota, dan distrik). Provinsi telah membentuk badan koordinasi investasi daerah (DPMPTSP), dengan tanggung jawab promosi investasi dan tanggung jawab fasilitasi. Pemerintah di kabupaten atau kota dan kabupaten seringkali memilik unit investasi yang berada di lingkungan pemerintahan. Sub-bagian berikutnya menjelaskan peraturan yang terkait dengan investasi daerah dan mengkaji bagaimana peraturan tersebut dikoordinasikan dengan kebijakan nasional.

Fasilitasi investasi melalui lensa pemerintah daerah

Indonesia telah memberlakukan langkah-langkah bertahap untuk memfasilitasi pembentukan perusahaan baru, sehingga secara teratur memodifikasi tanggung jawab yang diserahkan kepada pemerintah daerah di daerah itu. Setelah pengalihan kewenangan yang terburu-buru dan besar-besaran kepada pemerintah daerah pada tahun 2000-an, negara ini telah berjuang untuk menemukan keseimbangan yang tepat dalam tingkat tanggung jawab yang dilimpahkan ke berbagai tingkatan pemerintahan. Dalam upaya tersebut, pemerintah pusat telah menyesuaikan kerangka hukum fasilitasi investasi, melalui gerakan bolak-balik desentralisasi dan resentralisasi. Sejak 2019, ada sebuah dorongan untuk perbaikan iklim investasi, dengan tren yang curam menuju recentralising tanggung jawab perizinan usaha.

Dengan adanya otonomi daerah, pemerintah daerah yang secara proaktif menarik investasi memperoleh ruang pengambilan kebijakan untuk itu, khususnya terkait dengan upaya fasilitasi usaha. Mereka yang berhasil memperbaiki iklim usaha di wilayahnya telah memfokuskan pada langkah-langkah fasilitasi investasi, khususnya pada penyederhanaan prosedur untuk mendapatkan izin usaha (OECD, 201 0). Pemerintah daerah juga telah berkontribusi pada upaya fasilitasi investasi yang lebih luas oleh pemerintah pusat dan lebih khusus lagi untuk meningkatkan proses perizinan - meskipun mereka juga dikritik karena menghambat proses tersebut. Setelah desentralisasi, beberapa kabupaten secara sepihak didirikan o ne -s atas i ntegrated s ervices kantor, atau PTSP, dengan tujuan auto-mengatur diri mereka sendiri dan menyederhanakan prosedur (Kuswanto, 2019). Inovasi menyebar ke kabupaten lain dan menjadi patokan. Hal ini pada akhirnya mengarah pada pembentukan forum PTSP informal untuk berbagi praktik baik dan membangun kapasitas pejabat lokal (Priyono et al., 2015). Selama periode itu, pemerintah pusat membantu menetapkan standar dan memberikan arahan.

Dengan meningkatnya jumlah PTSP-PTSP lokal didirikan, pemerintah pusat membuat wajib untuk menjalankan badan tersebut untuk semua tingkatan pemerintah pada tahun 2009, bersama dengan operasi dari suatu informasi elektronik dan lisensi layanan s ystem (SPIPISE). Pendekatan kolaboratif, bottom-up, untuk menggeneralisasi pembentukan PTSP ke seluruh negeri ini dipuji karena keberhasilannya (Kuswanto et al., 2015). Kabupaten diberikan kewenangan untuk menerbitkan izin ke PTSP mereka. Tiga badan yang terlibat: BKPM (bantuan prosedur investasi), Kementerian Reformasi Birokrasi (bantuan sumber daya manusia) dan Kementerian Dalam Negeri (pemantauan operasional PTSP).

Meskipun berhasil mendirikan PTSP di sebagian besar wilayah di Indonesia, terdapat tantangan dalam pelaksanaannya, terutama di daerah tertinggal dan tertinggal di tanah air. Keterbatasan kapasitas manusia dan operasional sangat mempengaruhi kualitas operasi PTSP. Beberapa kantor tingkat kabupaten tidak dilengkapi dengan sistem elektronik sehingga tidak terhubung dengan pemerintah provinsi dan nasional. Salah satu alasan di balik kegagalan implementasi dalam penyampaian layanan ini adalah perlakuan yang seragam terhadap unit-unit daerah yang heterogen dalam rancangan dan implementasi kebijakan dan sumber keuangan provinsi dan kabupaten yang tidak memadai (Bank Dunia, 2014). Bahkan jika ada PTSP yang berfungsi dengan baik, kurangnya koordinasi di antara dan di dalam tingkatan dari pemerintah menghalangi proses perizinan. Tidak ada jaminan bahwa instansi teknis daerah (SKPD) bersedia melimpahkan kewenangan perizinannya kepada PTSP daerah (Kuswanto, 2019). Misalnya, di delapan kota, kantor PTSP hanya dapat menerbitkan hingga dua pertiga dari izin (Tabel 6.2). Perusahaan masih harus pergi ke SKPD untuk mendapatkan izin yang tersisa.

Reformasi untuk menyelaraskan proses perizinan di seluruh tingkatan prosedur pemerintah telah dipercepat dalam beberapa tahun terakhir. Online Single Submission (OSS), yang diluncurkan pada 2018, menghubungkan sistem pelayanan perizinan terpusat (PTSP pusat) di BKPM dengan PTSP daerah. Investor dapat mengakses data perizinan secara online daerah tanpa pergi ing ke kantor yang bersangkutan. Kemendagri mendorong pemerintah daerah untuk mempercepat pelaksanaan OSS dengan menyederhanakan jenis pelayanan perizinan dan nonperizinan serta menyiapkan fasilitas yang memadai. Untuk mempercepat proses tersebut, pemerintah pusat telah menetapkan aturan ketat dengan sanksi finansial bagi pemerintah daerah yang tidak menerapkan sistem baru tersebut. Ini juga membentuk satuan tugas tingkat kabupaten/kota untuk memastikan transparansi dalam proses perizinan dan tidak merugikan negara atau investor.

Meskipun ada peningkatan teknologi, sistem OSS tidak dapat menyelesaikan masalah banyaknya izin dan banyaknya badan lokal (dan kementerian terkait) yang menyediakan izin ini. Investor masih harus mendapatkan izin dari kementerian, badan pemerintah atau pemerintah daerah (misalnya OPD atau Organisasi Perangkat Daerah). Koordinasi dan harmonisasi regulasi antara kementerian terkait dan pemerintah daerah menjadi tantangan karena keragaman pemerintah daerah, baik lintas maupun dalam tingkat administratif (provinsi, kabupaten/kota, dan kabupaten). Penerapan alat OSS akan memakan waktu karena kapasitas dan sumber daya yang berbeda antar provinsi dan kabupaten.

Pengalihan kewenangan yang lebih besar kepada BKPM pada tahun 2019 menandai langkah baru dalam sentralisasi proses perizinan di sekitar IPA nasional (lihat Bab 6 tentang kebijakan promosi dan fasilitasi investasi).[12] Tidak jelas, bagaimanapun, apakah yang Presiden instruksi ditujukan kepada pusat kementerian pemerintah hanya atau juga untuk pemerintah daerah. Meskipun ketidakjelasan instruksi, ada lebih dari sebelumnya kebutuhan untuk lebih efektif co - koordinasi di seluruh tingkatan pemerintahan. Badan investasi daerah mengeluhkan permintaan perizinan yang dikirim melalui sistem OSS ke instansi daerah lainnya, dengan masing-masing kemungkinan melapor ke kementerian lini tertentu di tingkat pusat, sering macet (Kuswanto, 2019). Dukungan yang kuat dari semua pemain regional sangat penting untuk mengintegrasikan sistem OSS di seluruh negeri ke dalam sistem elektronik PTSP (SPIPISE). Penggunaan tata kelola hierarkis harus dibatasi pada kasus-kasus di mana kerjasama dan berbagi tanggung jawab di berbagai tingkat pemerintahan tidak efektif atau tidak memungkinkan.

Selain pelayanan perizinan, badan investasi daerah di Indonesia juga memiliki mandat untuk memberikan pelayanan non perizinan. Badan-badan lokal harus memperkuat komponen mandat mereka ini, karena mereka ditempatkan dengan baik untuk memberikan dukungan perawatan setelah perawatan khusus dan bertarget kepada investor. Krisis yang ditimbulkan oleh pandemi COVID-19 telah mengungkapkan bahwa layanan setelah perawatan dapat menjadi sangat penting di saat ketidakpastian yang tinggi. Selama krisis, IPA di seluruh dunia untuk sementara waktu mengalihkan aktivitas mereka ke layanan perawatan dan retensi (OECD, 2020a). IPA Regional di Indonesia harus siap memberikan dukungan dalam keadaan seperti itu dan membantu dengan permintaan yang tidak terduga.

Kebijakan regional terkait investasi dengan hasil sosial dan lingkungan

S pemerintah ubnational menetapkan upah minimum, mengembangkan perencanaan penggunaan lahan dan menentukan lingkungan kebijakan, sesuai UU No 23 tahun 2014 tentang Pemerintahan Daerah. Undang-undang juga mendelegasikan pemberian izin kepada tingkatan pemerintah yang lebih rendah, memberi mereka hak untuk memberikan izin lokasi, izin lingkungan, izin penggunaan lahan, dan izin bangunan. Ini adalah bagian dari pemerintah yang lebih luas tujuan yang lebih baik mengurangi efek samping dari perusahaan asing di masyarakat (misalnya meningkatnya ketimpangan pendapatan) dan lingkungan, meskipun bukti menunjukkan bahwa FDI berdampak pada hasil ini juga bisa positif. Bab 2 telah menunjukkan bahwa sementara investasi asing masuk ke sektor ekonomi Indonesia yang lebih berpolusi, perusahaan asing lebih hemat energi daripada perusahaan domestik. Mereka juga mempekerjakan lebih banyak orang, membayar gaji lebih tinggi dan lebih inklusif gender daripada perusahaan domestik. Omnibus law penciptaan lapangan kerja - diberlakukan di Oktober 2020 meskipun oposisi yang kuat oleh serikat buruh dan masyarakat sipil – memiliki kelemahan dalam tata kelola dan melemahkan peran pemerintah daerah dalam pembuatan kebijakan, khususnya yang berkaitan dengan perlindungan lingkungan.

Upah minimum wajib harus terus mencerminkan biaya hidup di daerah

Terlepas dari anggapan sebelumnya bahwa daerah dengan upah minimum yang lebih rendah menarik lebih banyak investasi asing, tidak ada bukti kuat bahwa hal ini terjadi baik di Indonesia maupun di negara-negara berkembang lainnya (Sodik et al., 2019; Haepp dan Lin, 2017). Secara keseluruhan, upah minimum di Indonesia lebih tinggi daripada di negara-negara berkembang lainnya seperti Brasil, Meksiko, dan Cina (OECD, yang akan datang). DKI Jakarta memiliki upah minimum provinsi tertinggi (USD 298), tingkat yang lebih dari dua kali lipat tingkat upah di Jawa Timur (USD 125), karena variasi biaya hidup. Perbedaan di dalam provinsi juga sangat besar. Misalnya, Kabupaten Karawang menetapkan suatu tingkat yang setinggi di DKI Jakarta, meskipun Kabupaten terletak di Timur Jawa.[13]

Upah minimum wajib yang diatur oleh Peraturan Pemerintah 78 tahun 2015, terdiri dari satu set upah dasar ditetapkan oleh gubernur atau kepala provinsi atau kabupaten/kabupaten sebagai sebuah jaring pengaman. Upah minimum di suatu kabupaten/kabupaten tidak boleh lebih rendah dari upah minimum yang ditetapkan di provinsi. Omnibus law penciptaan lapangan kerja juga mencakup aturan baru tentang penetapan upah minimum. Sementara upah minimum masih ditetapkan di tingkat provinsi dan kabupaten, upah minimum sekarang akan bergantung pada formula yang akan ditetapkan dalam peraturan pemerintah selanjutnya, yang akan mempertimbangkan tingkat pertumbuhan ekonomi, inflasi dan produktivitas di provinsi. Selanjutnya, undang-undang menghapus upah minimum sektoral, tetapi hanya jika upah tersebut lebih rendah dari upah minimum yang ditetapkan oleh kabupaten. Lebih bermasalah lagi, undang-undang menghapus bagian tertentu yang diberikan kepada pekerja ketika pengusaha membayar upah minimum.

Proyek Satu Peta harus meningkatkan perencanaan penggunaan lahan di daerah yang kurang berkembang

Perencanaan penggunaan lahan daerah (RDTR) merupakan salah satu hak prerogatif pemerintah daerah yang memiliki dampak yang cukup besar baik terhadap lingkungan investasi maupun pembangunan berkelanjutan. Badan-badan lokal memberikan izin penggunaan lahan berdasarkan perencanaan penggunaan lahan pemerintah daerah. Badan-badan daerah menentukan bidang tanah mana yang akan dikembangkan dan kegiatan bisnis mana yang diizinkan. Dengan demikian, mereka dapat menggunakan rencana tersebut untuk melindungi lingkungan dari aktivitas yang berpotensi membahayakan. Perencanaan penggunaan lahan sebagian besar merupakan tugas lokal di negara lain juga, meskipun beberapa negara menggunakan rencana penggunaan lahan yang disiapkan di tingkat antar kota atau regional (OECD, 2019a). Pemerintah pusat dan daerah sama-sama fokus pada perencanaan strategis dan penyediaan pedoman kebijakan - mereka seringkali menyiapkan rencana penggunaan lahan hanya untuk bidang-bidang yang sangat penting.

Mendapatkan al dan izin penggunaan dapat menjadi tantangan bagi perusahaan asing di Indonesia, dan konflik mereka dengan masyarakat lokal seringkali terkait dengan masalah tanah. Ketidakjelasan dalam undang-undang nasional bersama dengan daftar properti yang terdesentralisasi memperluas ruang lingkup korupsi dalam mengalokasikan hak milik (OECD, 2018b). Hal ini meningkatkan biaya operasional usaha, dengan kompensasi yang terkadang harus dibayarkan kepada masyarakat lokal atau LSM, akibat konflik yang belum terselesaikan, yang tidak selalu didasarkan pada transparansi dan kriteria yang telah ditentukan (Kuswanto, 2019). Pada tahun 2018, Pemerintah Indonesia meluncurkan peta penggunaan lahan terpadu, One Map, dalam upaya menyelesaikan klaim tumpang tindih yang menyebabkan konflik, pelanggaran hak asasi manusia, dan kerusakan lingkungan. Pembuatan database tunggal untuk semua badan pemerintah dapan menghilangkan kesenjangan antara berbagai peta yang digunakan oleh berbagai instansi. Finalisasi Satu Peta akan membantu untuk meningkatkan sistem penggunaan lahan memungkinkan (OECD, 2019b).

Beberapa pemerintah daerah mungkin mengalihkan regulasi lingkungan dari tujuan awalnya

Pemerintah daerah memiliki kewenangan untuk mengelola sumber daya alamnya. Kementerian lingkungan hidup dan kehutanan mengawasi pemantauan kepatuhan dan kegiatan penegakan hukum dari administrasi daerah. Pemerintah provinsi dan kabupaten membentuk badan untuk melakukan audit lingkungan perusahaan, sesuai dengan undang-undang lingkungan. Mereka juga menerapkan penilaian dampak lingkungan (AMDAL) dan, jika proyek tidak memerlukan AMDAL, perusahaan harus menyerahkan dokumen Program Pengelolaan dan Pemantauan Lingkungan (EMMP). Persetujuan AMDAL atau EMMP menghasilkan dikeluarkannya izin lingkungan. Kualitas penilaian yang dilakukan oleh badan-badan daerah telah meningkat karena peraturan yang lebih ketat dan arahan yang lebih baik dari pemerintah pusat, meskipun peningkatan kapasitas tetap diperlukan. Panduan yang lebih baik tentang isi izin lingkungan adalah prioritas mendesak lainnya. Izin jarang menetapkan batasan pada aktivitas pencemaran, berlaku tanpa batas waktu dan tidak tunduk pada tinjauan berkala (OECD, 2019b).

Pemerintah daerah terkadang menggunakan penerbitan izin penggunaan lahan atau lingkungan sebagai alat regulasi de facto untuk menyaring proyek-proyek asing, karena prosedur perizinan usaha dipusatkan di BKPM. Hal ini mendorong investor negara untuk melaporkan kasus perlakuan sewenang-wenang di pihak pemerintah daerah dalam hal mendapatkan izin operasional (USAID, 2013). Hal ini terutama kasus pemerintah kabupaten dengan sedikit atau tidak ada keterlibatan dalam negosiasi antara pusat (atau provinsi) pemerintah dan investor. Perusahaan asing biasanya telah memperoleh ijin investasi mereka dari BKPM dan telah ditentukan dengan bantuan nasional IPA lokasi untuk pendirian (Kuswanto, 2019). Mereka mengadakan kontak dengan pemerintah daerah hanya untuk mengajukan izin operasional yang diperlukan untuk izin usaha. Dengan menolak atau menunda permintaan investor, pemerintah daerah menjalankan pengaruhnya tetapi dapat menghalangi proses pendaftaran. Mereka yang juga terbuka untuk penangkapan oleh elit lokal dan investor asing, yang dapat memperbanyak peluang korupsi dan meningkatkan kemungkinan bahwa standar lingkungan dan sosial tidak ditegakkan dengan baik.

The baru saja diundangkan UU Omnibus pada penciptaan lapangan kerja melemahkan peran pemerintah daerah dalam kebijakan lingkungan. Undang-undang tersebut mengamandemen UU No. 32 tahun 2009 tentang perlindungan dan pengelolaan lingkungan untuk memungkinkan pemerintah pusat mengambil alih izin terkait lingkungan dari pemerintah daerah, termasuk AMDAL. Tujuannya adalah untuk menyederhanakan prosedur administratif bagi investor dengan mengadopsi pendekatan berbasis risiko untuk perizinan - Omnibus law on Job Creation menetapkan bahwa hanya proyek "berisiko tinggi" yang memerlukan izin. Namun, hal ini tidak boleh mengorbankan perlindungan lingkungan yang sangat dibutuhkan untuk menjaga jalur pembangunan lokal yang lebih inklusif dan berkelanjutan (lihat Bab 5 tentang perilaku bisnis yang bertanggung jawab).

Tumpang tindih dan pertentangan kebijakan investasi pusat dan daerah tetap bertahan

Desentralisasi negara secara "big-bang" telah memperumit kepastian kebijakan dan peraturan bagi investor (OECD, 2010). Kapasitas variabel dari pemerintah daerah untuk merumuskan, melaksanakan dan menegakkan kebijakan telah menyebabkan penggandaan tumpang tindih dan bertentangan antara pemerintah pusat dan daerah. Kemampuan meningkatkan pajak kenaikan di tingkat lokal sebagian menyebabkan proliferasi peraturan tentang pungutan pada kegiatan bisnis, yang telah menghasilkan tantangan terkaitlingkungan investasi. Dalam beberapa kasus, pemerintah daerah meminta investor asing membayar retribusi tanpa dasar hukum yang jelas, selain membayar pajak kepada pemerintah pusat (USAID, 2013).

Beberapa pemerintah daerah telah memberlakukan undang-undang yang mendiskriminasi, terkadang secara tidak langsung, terhadap proyek investasi asing, yang bertentangan dengan prinsip perlakuan yang sama antara investor asing dan domestik sesuai dengan Undang-Undang Penanaman Modal 2007. Ini melemahkan kemampuan DNI untuk memberikan kejelasan kepada investor sebagai satu-satunya sumber legal dari pembatasan investasi (Bank Dunia, 2017). Untuk contoh, Kabupaten Malang baru-baru ini menghentikan proses perizinan untuk investasi asing di bisnis modern yang pusat perbelanjaan, yang menyatakan bahwa investasi bertentangan peraturan daerah tentang alokasi zonasi untuk pusat belanja dan perlindungan pasar tradisional.[14]

Munculnya peraturan yang tumpang tindih, jika tidak bertentangan ory kebijakan, adalah salah satu dari utama tantangan pembagian kewenangan antara pemerintah pusat dan daerah, termasuk yang terkait dengan investasi. Pemerintah pusat mencoba menggunakan tata kelola hierarkis untuk menyelaraskan peraturan di berbagai tingkat pemerintahan (Kuswanto, 2019). Pertama, pemerintah pusat melakukan pembinaan bagi pemerintah daerah dalam membuat peraturan daerah, dan rancangan peraturan daerah harus mendapat persetujuan dari pemerintah pusat. Mekanisme kedua, pemerintah pusat mencabut peraturan daerah yang bertentangan dengan hukum nasional, kepentingan umum dan norma moral. Undang-Undang Nomor 23 Tahun 2014 tentang Pemerintahan Daerah memberikan kewenangan kepada Kementerian Dalam Negeri untuk mencabut peraturan tersebut melalui Peraturan Menteri Dalam Negeri Nomor 80 Tahun 2015 tentang Penetapan Peraturan Daerah.

Melalui tata kelola hierarkis, pemerintah pusat telah mencabut beberapa peraturan daerah yang berbenturan dengan peraturan di tingkat yang lebih tinggi, tetapi pendekatan tersebut belum cukup berhasil dan kemudahan memperoleh izin usaha dari pemerintah daerah masih sangat bervariasi di seluruh negeri. Menurut Kementerian Dalam Negeri, terdapat 3.143 perda pada tahun 2016 yang bertentangan dengan hukum nasional dan kepentingan umum. Pada tahun 2017, tinjauan terhadap 1.084 peraturan daerah terkait perizinan usaha mengungkapkan bahwa 61% peraturan daerah tersebut bertentangan dengan peraturan pemerintah pusat (Pangestu, 2020). Pada amanat pertama Presiden Jokowi (2014-19), pemerintah mengupayakan melalui Peraturan Menteri berdasarkan Peraturan Nomor 80 Tahun 2015 tentang Pemberlakuan Peraturan Daerah, pemerintah mengupayakan pemotongan 3.000 peraturan daerah yang dianggap bertentangan dengan pemerintah pusat. aturan, tetapi pengadilan tertinggi negara memutuskan bahwa langkah itu tidak konstitusional.

Reformasi yang sedang berlangsung bercita-cita untuk menyelaraskan peraturan tetapi memusatkan pembuatan kebijakan

Omnibus law pada penciptaan lapangan kerja berusaha menyelaraskan peraturan pemerintah dan peraturan daerah untuk mempermudah proses investasi dan mengurangi risiko korupsi. UU tersebut mengubah Pasal 25 UU Penanaman Modal untuk menempatkan semua kewenangan perizinan yang relevan di tangan BKPM, termasuk izin operasional seperti izin lingkungan. Selain itu, hukum merubah hukum pemerintahan daerah tahun 2014 untuk gi ve pemerintah pusat kekuasaan, melalui keputusan presiden, untuk mencabut peraturan daerah yang bertentangan "ketentuan perundang-undangan yang lebih tinggi", termasuk perizinan hal investasi. Untuk memangkas kemungkinan konstitusi menolak permintaan pemerintah pusat untuk mencabut peraturan daerah, seperti pada tahun 2016, Omnibus Law berencana untuk membatalkan ketentuan yang memungkinkan pemerintah daerah untuk mengajukan banding atas pencabutan tersebut.

Dari perspektif hukum, penerapan Omnibus law mungkin terbukti menantang. Konstitusi secara tegas menyatakan bahwa pembagian kewenangan antara pemerintah pusat dan daerah ditentukan oleh undang-undang nasional, tetapi juga mengatur bahwa pembagian kewenangan di bidang pelayanan publik harus "adil dan tepat". Menurut konsultasi dengan para pemangku kepentingan, hal ini dapat menjadi dasar yang cukup bagi tantangan konstitusional terhadap usulan pengurangan kewenangan perizinan pemerintah daerah. Jika Omnibus law bermaksud untuk mengurangi tingkat ketidakpastian hukum saat ini, pemerintah harus memastikan bahwa implementasi di tingkat daerah berlangsung. Reformasi mungkin kontraproduktif tanpa mekanisme konsultasi yang solid tentang peraturan pelaksana untuk memastikan bahwa pandangan pemerintah daerah diterima.

Omnibus Law pada penciptaan lapangan kerja mengalihkan kekuasaan peraturan untuk pemerintah pusat, yang diwakili oleh BKPM, bukan kementerian individu. Ini mungkin merupakan langkah ke arah yang benar bagi badan investasi regional, karena dapat mengatasi masalah silo yang sudah lama ada di seluruh kementerian, dan di seluruh badan regional pelapor masing-masing. Undang-undang tersebut juga menetapkan bahwa daerah harus membentuk unit pelayanan terpadu satu pintu yang memberikan layanan perizinan sesuai dengan persyaratan regulasi. Pelayanan perizinan usaha harus menggunakan sistem elektronik yang dikelola oleh pemerintah pusat, dalam hal itu BKPM. Pemerintah kabupaten/kota yang tidak memberikan pelayanan perizinan usaha melalui sistem yang terintegrasi secara elektronik dikenakan sanksi, termasuk kemungkinan diberikannya izin oleh gubernur sebagai wakil pemerintah pusat.

Rencana implementasi Omnibus Law Cipta Lapangan Kerja harus realistis mengingat adanya perubahan besar yang akan dibawa ke dalam kerangka regulasi. Daerah-daerah terpencil dan kurang berkembang tidak perlu harus dengan kapasitas kebadanan untuk efektif pelaksanaan hukum. Misalnya, hukum transfer kewenangan atas penggunaan lahan (RDTR) dan dampak lingkungan penilaian (AMDAL) dari badan-badan lokal ke pemerintah pusat dalam hal yang terakhir tidak memiliki alat dan sumber daya yang diperlukan. Menurut Panitia Pemantau Pelaksanaan Otonomi Daerah, KPPOD, kurang dari 100 kabupaten dan kota (dari 514 kota) yang memiliki RDTR, yang artinya pemerintah pusat akan menangani persetujuan untuk lebih dari 400 entitas yang tersisa.

Di bawah kondisi yang tepat, badan hukum dapat ditempatkan lebih baik untuk menilai penggunaan lahan dan risiko lingkungan. Membangun secara bertahap kapasitas mereka dan melengkapi mereka dengan, antara lain, RDTR adalah pilihan yang lebih berkelanjutan dalam jangka panjang, sebuah pilihan yang akan mendorong kerjasama lintas tingkatan pemerintahan. Pada saat yang sama, tingkat pemerintahan yang lebih tinggi harus memiliki pengungkit yang diperlukan untuk membatasi penangkapan peraturan dan asimetri informasi antara pemerintah daerah dan investor, dan kemungkinan perlombaan ke bawah dalam standar lingkungan atau keberlanjutan lainnya. Ke depan, otoritas provinsi mungkin harus diperkuat untuk merampingkan pemerintahan di seluruh nusantara. Baru-baru ini, gubernur muncul sebagai perantara yang efektif dalam sinkronisasi tanggapan krisis COVID-19 di daerah dan memaksa pemerintah pusat turun tangan ketika diperlukan (Jaffrey, 2020).

Promosi investasi daerah: Strategi berbasis tempat dan daya tarik

Pemerintah Indonesia telah tanpa henti berusaha untuk menarik FDI ke daerah-daerah tertentu untuk mendukung tujuan pembangunan daerah. Upaya-upaya ini sebagian besar memerlukan kebijakan investasi nasional dengan mengabaikan bahwa setiap kota atau provinsi memiliki keunikan dalam cara bersaing dalam jaringan perdagangan dan investasi nasional, regional dan global. Desentralisasi memberikan otonomi kepada pemerintah daerah untuk mendorong investasi, bersamaan dengan kegiatan promosi oleh pemerintah pusat. Provinsi, kota dan kabupaten dapat memanfaatkan lebih jauh peluang ini, yang di negara lain seringkali terbatas atau tidak ada karena kebijakan investasi yang terpusat.

Promosi investasi terdesentralisasi

Selain operasi PTSP, masing-masing IPA daerah di Indonesia, kadang-kadang disebut DPMPTSP (atau BKPMD), bertugas mengelaborasi sebuah investasi strategi di dalam daerah leve l (misalnya sektor-sektor prioritas memilih untuk tarik investasi), sejalan dengan perkembangan ekonomi daerah yang lebih luas rencana. Mereka beroperasi secara independen dari, tetapi bekerja sama dengan, IPA nasional, BKPM, yang bertanggung jawab mengembangkan keseluruhan strategi negara sehubungan dengan promosi investasi (lihat bab 6). IPA daerah mengembangkan strategi promosi investasi dengan tujuan, indikator sasaran dan kebijakan serta strategi yang sesuai untuk mencapainya. Misalnya, para Agency Aceh Investasi dan One Stop Pelayanan Terpadu (DPMPTSP Aceh) telah berdasarkan prioritas investasi pada

Rencana Pembangunan Jangka Menengah Aceh, yang berfokus pada agro-industri, infrastruktur dan energi dan pariwisata.

Baik IPA nasional dan daerah melakukan kegiatan promosi investasi untuk menarik investasi asing dan dalam negeri. BKPM mengoordinasikan kegiatan promosi investasi yang lebih luas dan bekerja sama dengan IPA daerah. Ini berfokus pada promosi investasi asing, melalui kantor Pusat Promosi Investasi (IIPC) di luar negeri, dan proyek-proyek investasi dalam negeri dengan cakupan yang mencakup banyak provinsi. IPA daerah mempromosikan investasi asing dan domestik. Berkenaan dengan investasi dalam negeri, bagi banyak entitas yang terdesentralisasi, menarik perusahaan dari negara yang sama dapat menjadi tujuan yang sama pentingnya dengan menarik investor asing - perusahaan lokal dari negara yang sama mungkin tidak memiliki akses ke informasi lengkap tentang peluang investasi di wilayah lain di negara tersebut. (MCI dan VCC, 2009; OECD, 2018c).

Pemerintah pusat dan daerah di Indonesia mendorong investasi daerah melalui mekanisme yang berbeda. Di tingkat daerah (provinsi, kabupaten dan kota dan kabupaten), IPA melakukan kegiatan promosi investasi sendiri. Setiap IPA melakukan berbagai fungsi yang berkaitan dengan daya tarik investasi, seperti pemasaran lokasi mereka sebagai tujuan investasi, melakukan misi promosi dan menyelenggarakan pertemuan dengan bisnis dan kedutaan negara investasi potensial, mengorganisir kunjungan situs untuk calon investor, dan mengatur perjodohan antara perusahaan domestik dan afiliasi asing.

IPA daerah juga dapat memberikan insentif pajak, hibah finansial, dan fasilitas investasi yang disesuaikan dengan prioritas pembangunan daerahnya. Pemberian insentif diatur dengan peraturan pemerintah pusat tetapi pemerintah daerah harus mengeluarkan peraturan daerah khusus untuk menjelaskan lebih lanjut tentang kriteria dan tata cara mendapatkannya. [15] Mekanismenya bersifat sukarela, bukan wajib, yang berarti pemerintah daerah memiliki opsi untuk mengembangkan kebijakan tersebut. Misalnya, Kabupaten Banyuwangi memberikan insentif bagi PMNs yang membeli produk dari UKM lokal (Kotak 7. 5). Untuk memberikan insentif kepada pemerintah daerah untuk menggunakan kebijakan ini, pemerintah pusat berkomitmen untuk memberikan "penghargaan" kepada pemerintah daerah yang telah berprestasi dalam memberikan insentif atau fasilitas kepada investor sesuai dengan ketentuan peraturan perundang-undangan.

Kotak 7.5. Promosi investasi di tingkat lokal: Belajar dari kabupaten Banyuwangi

Banyuwangi adalah ibukota administratif Kabupaten Banyuwangi di ujung timur pulau Jawa. Ibukotanya adalah distrik terbesar kedua di Provinsi Jawa Timur dan di Jawa sendiri dengan 5 800 kilometer persegi di total. Kondisi sosial ekonomi lebih baik dari rata-rata nasional: Kabupaten menikmati pertumbuhan ekonomi 7% per tahun, pengangguran 4,7% dan tingkat kemiskinan kurang dari 10%.

Kabupaten Banyuwangi memberikan insentif finansial dan non finansial bagi PMN jika mereka membeli barang dan jasa dari perusahaan dalam negeri, khususnya UKM. Distrik juga memulai proses perjodohan dari fase promosi investasi. Pada tahap ini, pemerintah kabupaten memfasilitasi pertemuan antara calon investor asing dan perusahaan lokal. Setelah bisnis didirikan, PMN diwajibkan untuk melatih manajer dan karyawan domestik, sehingga mereka memahami teknologi yang digunakan oleh PMN tersebut.

Sumber: Kuswanto, K. (2019).

Di tingkat pemerintah pusat, BKPM, khususnya melalui IIPC, mencari calon investor (asing) dengan mengadakan acara promosi di dalam dan luar negeri serta mengundang IPA daerah untuk berpartisipasi. Ia juga menyelenggarakan sesi jaringan antara kantor IIPC di luar negeri dan perwakilan dari IPA daerah. Ketiga, BKPM berkoordinasi dengan IPA daerah terkait penyediaan informasi tentang proyek-proyek investasi yang potensial di daerah. BKPM menyebarluaskan materi online tentang peluang usaha dan potensi bisnis daerah.

Desentralisasi promosi investasi dapat memberikan insentif bagi otoritas daerah untuk menjadi lebih efisien dalam upaya mereka untuk mempromosikan investasi. Bahkan jika prioritas IPA ini adalah pada proses perizinan, mengembangkan alat promosi investasi yang lebih canggih dan inovatif juga relevan. IPA daerah dapat menyampaikan informasi penting tentang daya tarik daerah mereka kepada calon investor. Bukti dari kawasan Uni Eropa menunjukkan bahwa FDI merespons dengan lebih baik aktivitas IPA daerah yang beroperasi di dekat operasi investor (Crescenzi et al., 2019). Koordinasi yang lebih kuat dan lebih baik antara IIPC BKPM dan IPA daerah dapat membantu menyalurkan informasi yang lebih efektif tentang prospek investasi di daerah.

Mekanisme untuk menyesuaikan promosi investasi nasional dengan kondisi lokal

Dua unsur menjadi ciri tata kelola promosi investasi di tingkat daerah. Di satu sisi, pemerintah pusat sendiri tidak dapat mendorong daya tarik ekonomi, yang menunjukkan pentingnya pengaturan bertingkat. Di sisi lain, gagasan tentang fleksibilitas dan satu pintu masuk bagi perusahaan dan investor asing telah memperoleh kesadaran dan minat. IPA daerah didorong untuk berpikir di luar batas administratif mereka (Pasquinelli dan Vuignier, 2020). Dengan demikian, promosi investasi harus mencapai keseimbangan antara pengambilan keputusan strategis yang cukup tersentralisasi dan ruang yang cukup untuk manuver bagi pemerintah daerah.

Keragaman kegiatan promosi investasi di tingkat daerah tidak serta merta harus menghasilkan perlombaan ke bawah. Meskipun risiko persaingan yang semakin parah antar wilayah (atau kota) di Indonesia memang nyata, pesaing sering kali berasal dari wilayah di luar batas negara. Pesaing asing bisa sangat berbeda dari satu daerah ke daerah lain dan tergantung, antara lain, pada posisi yang berbeda daerah dalam rantai pasokan global (Kotak 7. 6). Beberapa daerah bersaing satu sama lain sementara yang lain, seperti Batam, memiliki saingan di ASEAN, dan minoritas, termasuk mungkin kota metropolitan Jakarta, bersaing di seluruh dunia. Menggarisbawahi pentingnya ini untuk IPAS yang terlibat dalam investasi promosi, baik BKPM atau lokal badan, untuk mengetahui siapa mereka saingan berada dan untuk yang kegiatan ekonomi mereka bersaing.

Kotak 7.6. Mengidentifikasi persaingan kota atas FDI: Casablanca versus Kairo

Jaringan geografis FDI memberikan wawasan unik tentang tujuan yang bersaing dengan mendekripsi arus proyek investasi asing greenfield dari kota sumber ke kota tujuan. Analisis jaringan ini menunjukkan s bahwa beberapa kota bersaing dengan rekan-rekan dalam negara yang sama, sementara yang lain bersaing lebih regional (misalnya ASEAN, Eropa, Amerika Latin, MENA, dll), dan hanya beberapa kota, paling sering metropol adalah es, memiliki saingan di skala global. Analisis jaringan juga mengungkapkan bahwa kota-kota tetangga, termasuk dalam batas negara yang sama, belum tentu menjadi saingan karena mereka dapat menarik FDI dalam aktivitas ekonomi yang berbeda atau di segmen yang berbeda dari rantai pasokan global.

OECD menerapkan analisis jaringan tersebut untuk menjelaskan geografi FDI di kota-kota MENA. Misalnya, Casablanca dan Kairo tidak bersaing memperebutkan investasi asing, terlepas dari kedekatan geografis dan budaya negara mereka. Saingan Casablanca adalah kota pelabuhan yang tersebar di berbagai benua dan termasuk Kota Panama, Danang, dan Valencia. Pesaing Kairo kebanyakan adalah kota-kota tetangga seperti Aljazair, Riyadh dan Tunis. Salah satu alasan Casablanca memiliki saingan global kemungkinan karena kota ini berlabuh dengan baik dalam rantai nilai global dan memiliki akses ke jaringan maritim melalui pelabuhan Casablanca. Casablanca dan para pesaingnya bersaing memperebutkan otomotif, layanan bisnis, dan transportasi investasi yang mencari efisiensi. Di Kairo, 16 metropol terbesar di dunia adalah, investor asing lebih tertarik dalam melayani konsumen dalam negeri dan dalam menggunakan modal sebagai gerbang masuk ke pasar di Afrika atau di Timur Tengah. Ini terlihat dalam geografi kota jaringan FDI seperti Kairo, dan rival sekotanya, bersaing memperebutkan FDI dalam layanan seperti real estat, energi, dan layanan keuangan.

Informasi komparatif ini dapat membantu IPA, dengan cabang daerahnya, atau badan daerah menyusun strategi promosi investasi yang disesuaikan dengan kekuatan dan potensi kompetitif di setiap wilayah. Ini juga dapat membantu mengembangkan alat kebijakan yang menghubungkan investor asing dengan pemasok lokal. Misalnya, kota-kota kecil mungkin mengerahkan upaya besar-besaran untuk menarik perusahaan besar dan kelas atas (misalnya dengan menawarkan insentif pajak yang murah hati) alih-alih memfokuskan strategi promosi mereka pada investor kecil yang dapat mereka tarik secara realistis. Kebijakan promosi investasi untuk menarik perusahaan lapis kedua mungkin terbukti berguna karena dapat membentuk hubungan yang lebih kuat dengan perusahaan lokal daripada perusahaan besar besar karena kesenjangan kapasitas penyerapan yang lebih rendah dan mobilitas tenaga kerja yang lebih tinggi.

Sumber: Wall (2019).

Kerja sama antara BKPM dan instansi daerah membawa sejumlah tantangan, karena kepentingan belum tentu selaras. Badan-badan daerah seringkali berupaya mengarahkan investor asing ke daerahnya masing-masing dengan mencari perhatian BKPM, bukan dengan caranya sendiri. Karena persaingan antarwilayah seperti itu, IPA nasional dapat menjadi arbitrator (yaitu provinsi mana yang harus mereka arahkan investor asing) dan menghadapi keputusan yang sulit atau, sebaliknya, dapat dengan sengaja dikeluarkan dari peluang yang diidentifikasi secara lokal (OECD, 2018d). Sejumlah daerah mungkin juga menolak pembentukan dari investor asing yang diarahkan ke wilayah tersebut oleh instansi pusat atau provinsi.

Alat koordinasi membantu sebagian untuk mengatasi tantangan ini. Di Swedia, kesepakatan kode etik antara IPA nasional dan kawasan dibuat untuk mengkomunikasikan peluang dengan lebih baik dan mendorong pertukaran informasi. IPA juga menggunakan perangkat lunak yang memungkinkan berbagi informasi dengan mitra eksternal. Perancis IPA memiliki proses berbagi informasi formal untuk meningkatkan efisiensi kerja sama dengan Perancis IPAs daerah (Kotak 7. 7). Badan ini menciptakan "pasar" proyek investasi dan berbagi informasi setiap minggu dengan mitra regionalnya (OECD, 2018d).

Kotak 7.7. Perjanjian kerja sama Business France dengan badan regional

Bisnis France memiliki perjanjian resmi dengan yang 13 badan-badan regional dari negara yang menyediakan kerangka kerja yang jelas untuk kerjasama. Kerja sama memerlukan kegiatan prospeksi dan promosi, serta dukungan untuk pelaksanaan proyek. Pelatihan bersama diatur dalam kerangka kerjanya. Sebuah survei kinerja tahunan memonitor hasil co - operasi. Kerangka kerja ini juga menjamin ketidakberpihakan dan netralitas Business France vis-à-vis semua kawasan (tidak mengutamakan satu sama lain ketika membawa proyek baru). Ini penting untuk membangun kemitraan tepercaya.

Sebagai bagian dari co - operasi, Bisnis Perancis juga telah mengembangkan proses berbagi informasi khusus untuk proyek-proyek investasi. Ini terdiri dari "platform pasar" di mana Business France dan mitra regionalnya dapat memasukkan informasi tentang proyek investasi asing baru yang diidentifikasi, dan permintaan yang dibuat di tingkat regional. Berkat platform ini, mitra dapat bersama - mengkoordinasikan tanggapan mereka dan mengidentifikasi area untuk aksi bersama. Pada tahun 2016, sistem ini memungkinkan untuk memberikan 650 penawaran pengaturan regional kepada investor, dan mengatur 220 kunjungan bisnis.

Sumber: OECD (akan datang) berdasarkan Business France, presentasi pada seminar OECD di Paris pada Oktober 2017, http://www.oecd.org/mena/competitiveness/REPORT-Regional-EU-OECD-IPA-Workshop-Paris-201710.pdf

Kebijakan berbasis kawasan untuk menarik perusahaan asing dengan keuntungan produktivitas tinggi

Indonesia telah mencoba menggunakan kebijakan berbasis kawasan untuk menarik FDI, meningkatkan ekspor, menciptakan lapangan kerja, dan mendukung pembangunan negara, tetapi sejauh ini, kebijakan tersebut belum memiliki catatan keberhasilan yang kuat. Pemerintah membentuk kawasan pertama pada tahun 1970 dan sejak negara itu telah melihat proliferasi daerah ini (Tabel 7.4). Sebagian besar kawasan diatur oleh undang-undang tertentu, diawasi oleh berbagai tingkat pemerintahan, beroperasi di bawah kerangka peraturan dan kebadanan yang berbeda, memberikan insentif yang berbeda kepada investor dan seringkali memiliki tujuan yang tumpang tindih, paling sering untuk meningkatkan ekspor. Kawasan di Indonesia dapat dibagi menjadi lima jenis: kawasan perdagangan bebas (FTZ), kawasan berikat atau kawasan pemrosesan ekspor (kawasan berikat), kawasan industri (kawasan industri), kawasan pengembangan ekonomi terpadu (KAPET), dan kawasan ekonomi khusus (KEK). Banyaknya kawasan dan jenis terkait dapat menciptakan hambatan kebadanan dan menimbulkan kebingungan bagi investor swasta.

Tabel 7.3. Tinjauan kebijakan berbasis kawasan di Indonesia

Daerah	Tahun	Jumlah	Tujuan utama	Insentif utama
Kawasan perdagangan bebas	1970	1	Kembangkan sektor yang dapat diperdagangkan dan tingkatkan ekspor	- Pembebasan pajak pendapatan impor - Pembebasan bea masuk
Kawasan Berikat	1986	1350	Mendorong ekspor bernilai tinggi dengan fokus pada manufaktur	- Pembebasan pajak pendapatan impor - Pembebasan sementara bea masuk
Kawasan industri	1989	87	Meningkatkan pertumbuhan dan daya saing industri yang ditujukan untuk ekspor dan permintaan domestik	- Tergantung pada lokasi kawasan industri.
Kawasan Pengembangan Ekonomi Terpadu (KAPET)	1996	13	Menciptakan pusat-pusat pembangunan ekonomi baru dan mendorong pertumbuhan inklusif	- Tunjangan investasi pada CIT - Pembebasan pajak pendapatan impor - pembebasan sementara bea masuk

Kawasan Ekonomi Khusus (KEK)	2009	15	Gabungkan tujuan dari semua kawasan sebelumnya	- Pembebasan pajak di CIT - Pembebasan pajak pendapatan impor - Pembebasan bea masuk - Kepemilikan asing atas properti

Catatan: Di antara 15 KEK, 11 beroperasi pada Februari 2020. OECD (1999) menghitung tujuh kawasan berikat tetapi jumlah ini sangat bervariasi pada tahun 2000 dan seterusnya. Batam adalah KEK dan FTZ.

Sumber: OECD berdasarkan Wicaksono et al. (2019); Rothenberg dan Temenggung (2019); OECD (1999); Dewan Nasional untuk Kawasan Ekonomi Khusus.

Tujuan kawasan telah berubah seiring waktu dengan kebijakan berbasis tempat yang berkembang

Indonesia menetapkan lima tipe kawasan pada interval waktu yang berbeda dan di berbagai wilayah dan kabupaten. Status hukum beberapa kawasan berubah seiring waktu untuk beradaptasi dengan kebijakan pemerintah berbasis tempat yang berkembang. FTZ dan kawasan berikat, didirikan pada 1970-an dan 1980-an, berkembang biak hingga awal 2000-an, sebelum mandek atau menerima status jenis kawasan yang lebih baru. Mereka mempromosikan impor dan ekspor dengan memberikan bea masuk dan pembebasan PPN. Ada sekitar 1500 perusahaan asing dan domestik dengan izin untuk beroperasi di kawasan berikat tetapi sebagian besar berlokasi di Jawa. Pada akhir 1980-an, pemerintah memperkenalkan kawasan industri yang memberikan insentif nonfiskal. Misalnya, di Batam, sebuah FTZ (dan sejak 2020 juga menjadi KEK), pembatasan kepemilikan asing dilonggarkan di kawasan industri untuk menarik perusahaan terdekat dari Singapura, terutama di sektor elektronik (OECD, 1999). Sektor swasta mengembangkan sebagian besar kawasan industri, yang juga beroperasi. Sebagian besar perkebunan yang sukses berlokasi di Jawa Barat (ASEAN, 2017).

Keberhasilan liberalisasi reformasi pada tahun 1980 dibuat berorientasi ekspor industri hub di Jawa dan Sumatera sedangkan pulau-pulau timur terus tertinggal (Wicaksono et al., 2019). Seperti di negara berkembang lainnya, liberalisasi membuat pemerintah beralih dari perdagangan bebas terbatas dan kawasan terikat manufaktur, terputus dari ekonomi lokal, ke pusat skala besar dengan tujuan pembangunan regional. Sejalan dengan itu, kebijakan berbasis tempat pemerintah berkembang dari memberikan pengecualian terkait perdagangan menjadi insentif yang lebih luas, termasuk liburan pajak penghasilan badan (CIT). Ini diperkenalkan pada KAPET Program pada tahun 1996, beberapa tahun sebelum desentralisasi "big bang", untuk menciptakan pusat-pusat pertumbuhan di kabupaten Timur negara. Di atas berbagai keringanan pajak, KAPET memberikan insentif khusus kepada perusahaan asing. Pergeseran kebijakan tersebut berujung dengan diluncurkannya program KEK (KEK) pada 2009, meski mulai beroperasi pada 2015. KEK menggabungkan tujuan kawasan berikat yang berorientasi ekspor dengan tujuan pengembangan wilayah KAPET.

KEK merupakan kebijakan baru pemerintah untuk menarik investasi di luar Jawa

Program KEK merupakan salah satu sarana terkini berbasis tempat untuk mengembangkan daerah di luar Jawa. Ini tersebar di seluruh wilayah Indonesia, tidak seperti kawasan KAPET, dan KEK seringkali mencakup seluruh wilayah di mana mereka berada, dan masing-masing dapat berisi beberapa kawasan industri. Pada awal 2020, mereka 11 ZEK operasi, dan empat berada di tahap pengembangan (Gambar 7. 8) - rencana pemerintah untuk memiliki 25 di bawah Mid-istilah Rencana Pembangunan Nasional. KEK mencakup berbagai kegiatan, sesuai dengan Undang-undang No. 39 tahun 2009 tentang KEK, mulai dari industri mineral hingga pengolahan makanan (misalnya industri perikanan). Lima KEK merupakan destinasi wisata yang menjadi bagian dari strategi pembangunan pariwisata pemerintah yang lebih luas, yang memprioritaskan 10 destinasi untuk pembangunan infrastruktur pariwisata.[16]

Gambar 7.8. Peta sebaran KEK Indonesia per Februari 2020

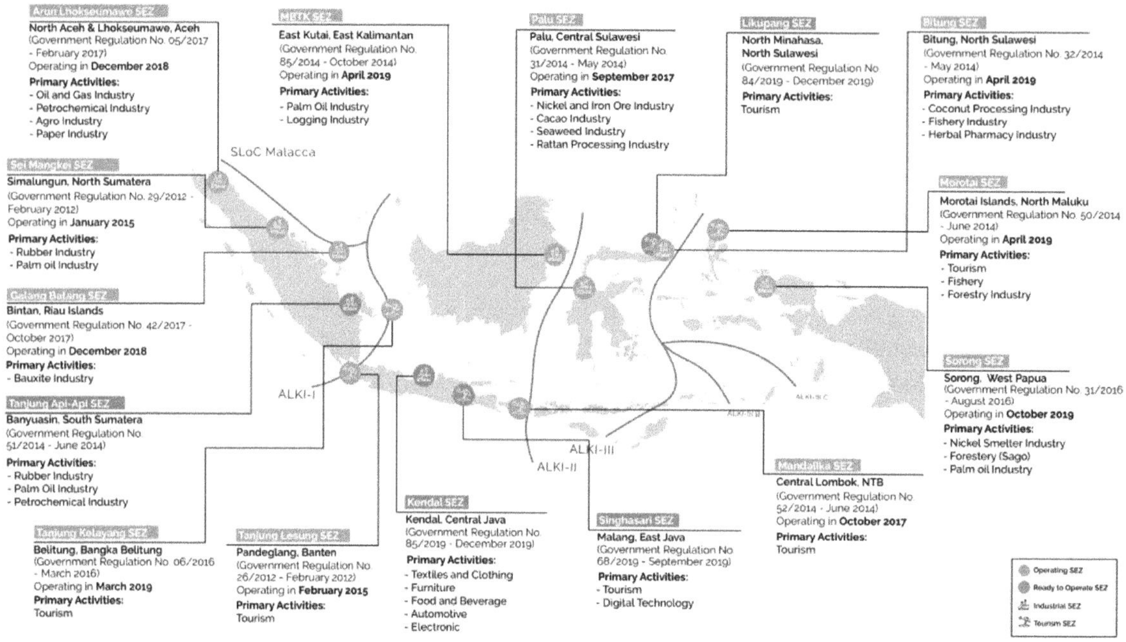

Sumber: Dewan Nasional untuk Kawasan Ekonomi Khusus.

Salah satu perbedaan antara program KEK dan kebijakan berbasis kawasan lainnya, yang semuanya diluncurkan sebelum desentralisasi, adalah peran aktif yang dimainkan oleh pemerintah daerah dalam kerangka kebadanan seputar pembentukan dan pengawasan KEK. Pemerintah pusat, melalui sebuah Dewan KEK Nasional, mengambil t ia keputusan untuk mendirikan sebuah kawasan, namun usulan untuk mendirikan kawasan datang dari pemerintah daerah. Dewan melapor langsung kepada presiden dan diketuai oleh Menteri Koordinator Bidang Perekonomian. BKPM adalah anggota dewan, bersama dengan beberapa badan pemerintah lainnya.

The bottom-up pendekatan dalam pembentukan KEK harus memastikan buy-in dari pemerintah daerah dalam mengembangkan dan mengelola kawasan. Pendekatan inklusif ini tidak ada di kawasan KAPET, di mana kurangnya koordinasi antara pemerintah pusat dan daerah menjadi salah satu alasan utama terbatasnya keberhasilan mereka (Rothenberg dan Temenggung, 2019). Meskipun peran pemerintah daerah lebih kuat, namun mereka tidak cukup dilibatkan, misalnya dalam perencanaan KEK yang merupakan bagian dari strategi pariwisata nasional. Koordinasi yang lebih besar akan memastikan bahwa pariwisata melayani kebutuhan pembangunan daerah (OECD, 2018b).

ZEK memberikan libur CIT dan banyak pajak lainnya dan non-pajak insentif, termasuk peraturan lebih lembut pada kepemilikan properti asing, pengaturan pekerja asing disederhanakan dan s implified lisensi prosedur. Peraturan 12/tahun 2020 pada Fasilitas dan Kemudahan dalam Kawasan Ekonomi Khusus, yang dicabut r sebelumnya egulation diterbitkan pada 2015, menjelaskan ketentuan berkaitan dengan insentif yang diberikan oleh ZEK dan diperpanjang insentif ini.[17] Menurut evaluasi pemerintah, kinerja KEK belum optimal dalam hal realisasi penanaman modal, terutama penanaman modal asing, karena peraturan tahun 2015 tidak jelas, menimbulkan ketidakpastian bagi investor, dan pemberian insentif, termasuk langkah-langkah fasilitasi, tidak semenarik kawasan negara lain seperti di KEK Cina.

Kebijakan KEK secara bertahap harus bergeser dari mengandalkan insentif pajak menjadi memfasilitasi lingkungan bisnis yang lebih kondusif

Kebijakan KEK harus berfokus pada mempromosikan lingkungan peraturan bisnis yang lebih ramah. Ini juga dapat membantu meningkatkan lingkungan bisnis yang lebih luas. Pemerintah dapat bereksperimen dengan berbagai insentif bukan pajak di KEK untuk memperluas praktik baik yang telah terbukti ke seluruh perekonomian (OECD, 2018b). Mengingat pembentukan KEK baru-baru ini, tidak ada penelitian yang mengevaluasi dampaknya terhadap tujuan pembangunan daerah. Z Kebijakan satu-satu sebelumnya telah membantu menarik FDI dan menciptakan lapangan kerja di wilayah dengan lokasi geografis yang menarik dan kemampuan yang baik dalam hal infrastruktur dan keterampilan (misalnya, Jawa Barat). Namun, dampaknya kecil dalam menarik FDI ke daerah lain yang kurang menarik serta dalam menghasilkan limpahan produktivitas yang memadai untuk meningkatkan kesejahteraan nasional (Rothenberg dkk. 2017; Rothenberg dan Temenggung, 2019; Wicaksono dkk., 2019).

Sebelumnya kawasan tidak sepenuhnya berhasil dalam menarik ing investasi yang signifikan atau generat ing kerja yang signifikan, karena mereka jauh lokasi, kekurangan infrastruktur dan kurangnya kejelasan yurisdiksi (OECD, 2016). Kawasan berikat tidak menyebabkan peningkatan yang signifikan, baik dalam ekspor perusahaan yang sudah ada atau dalam jumlah perusahaan baru yang mengekspor, meskipun terdapat beberapa bukti bahwa mereka menciptakan lapangan kerja (Wicaksono et al., 2019). Demikian pula, kawasan KAPET mengurangi biaya produksi, berkat insentif, tetapi berdampak kecil pada produktivitas, investasi, dan lapangan kerja (OECD, 2016; Rothenberg dkk. 2017). Evaluasi dari se Program s panggilan untuk berhati-hati dari para pembuat kebijakan i n menghabiskan sumber daya untuk subsidis pengembangan e di tertinggal r egions. Kebijakan tersebut berpotensi menjadi pemberian pajak kepada perusahaan yang akan berlokasi di daerah sasaran jika tidak ada insentif tersebut.

FTZ Batam adalah contoh lain dari keberhasilan parsial kebijakan berbasis kawasan di Indonesia. Pulau ini merupakan pusat manufaktur penting di kawasan ini dan telah menarik lebih dari USD 20 miliar investasi, yang setengahnya adalah asing. M ost investor asing yang didirikan anak perusahaan mereka terutama karena kedekatannya pulau dengan Singapura di mana biaya tenaga kerja jauh lebih tinggi (pengaturan yang adalah sulit untuk mereplikasi di daerah lain dengan kurang menguntungkan lokasi). Sejak desentralisasi, kinerja FTZ mandek karena antara lain maraknya ketidakpastian hukum atas pengelolaan kawasan antara otoritas FTZ yang ditunjuk pemerintah pusat dan pemerintah daerah (OECD, 2016). Investasi di FTZ juga tidak mengarah pada pertumbuhan yang melampaui sekitar kawasan tersebut (Rothenberg dan Temenggung, 2019). Hal ini mendorong adanya keputusan presiden pada 2019 untuk mengubah status Batam dari FTZ menjadi KEK, meski pemerintah sudah mengumumkan rencana serupa pada 2015. Hingga saat ini, hal tersebut belum selesai. Sebagai gantinya, pada tahun 2020 pemerintah mencanangkan dua KEK di Batam tetapi di luar batas FTZ.

Kebijakan berbasis kawasan memaksakan suatu biaya tertentu pada pendapatan pemerintah, sebagai insentif yang diberikan kepada perusahaan-perusahaan dapat mengurangi basis fiskal. Lebih bermasalah, kawasan di Indonesia dapat menghambat persaingan yang sehat antara perusahaan di dalam dan di luar kawasan. Ini akan sangat terjadi untuk KEK Program, karena memberikan libur CIT, jenis insentif yang menimbulkan dua masalah. Yang pertama adalah efisiensi liburan CIT yang terbatas dalam menarik investor, dibandingkan dengan insentif lain seperti tunjangan pajak investasi (lihat bab 6 untuk lebih jelasnya). Kekhawatiran kedua, yang secara langsung berkaitan dengan dampak kawasan pada pembangunan daerah, adalah kemungkinan bagi perusahaan KEK untuk menjual ke pasar domestik sementara mereka menikmati keunggulan kompetitif atas rekan-rekan di luar kawasan, karena keringanan pajak.

Untuk hubungan bisnis asuh antara perusahaan KEK dan pemasok di dekatnya, Barang yang keluar dari ZEK ke pasar dalam negeri yang tidak dikenakan bea cukai jika mereka memenuhi suatu persyaratan kandungan lokal minimal 40 %. Ini kebijakan, yang juga ada di negara lain seperti Brazil, bermaksud untuk menghasilkan pembangunan ekonomi lokal di daerah terdekat ZEK. Kemungkinan bagi perusahaan berbasis KEK untuk menjual barangnya di pasar domestik dapat berdampak buruk pada produktivitas di seluruh negeri, namun demikian, karena perusahaan dapat menghindari pasar ekspor dan tekanan daya saing terkait untuk memperoleh keuntungan dengan harga internasional. Ketika dirancang dengan buruk, kebijakan berdasarkan kawasan- bisa memiliki dampak negatif pada ekonomi yang lebih luas (Kotak 7. 8).

Kotak 7.8. Penjualan perusahaan berbasis kawasan di pasar domestik: bukti internasional

Pemerintah telah memilih berbagai kebijakan terkait penjualan investor berbasis kawasan di pasar domestik. Di Thailand, seperti di sebagian besar negara-negara lain, penjualan di pasar domestik diperlakukan sebagai setiap baik impor dan dengan demikian perusahaan berdasarkan kawasan-membayar adat terkait s tugas. Negara-negara seperti Bangladesh dan Mesir memiliki praktik serupa tetapi memberlakukan batas atas penjualan pasar domestik, sisa produksinya hanya untuk ekspor. Negara lain mengizinkan persentase tertentu dari produksi untuk dijual di pasar domestik tanpa menghadapi bea cukai, menggunakan akses domestik bebas bea sebagai insentif untuk menarik FDI ke kawasan tersebut. Ini adalah kasus Mauritius, di mana perusahaan diizinkan untuk menjual hingga 20% dari produksi bebas bea mereka di pasar domestik, sehingga menawarkan mereka akses istimewa, meskipun terbatas. Di Brasil, FTZ Manaus memberikan insentif tarif bergantung pada nilai tambah lokal yang tercipta dalam total produksi, kebijakan serupa dengan KEK Indonesia.

Terlepas dari pilihan kebijakan, semua negara, dengan satu atau lain cara, membiarkan perusahaan berbasis kawasan menjual produk mereka di pasar domestik, bahkan jika tujuan utama kawasan tersebut adalah untuk meningkatkan ekspor (beberapa kawasan menghadapi defisit perdagangan yang penting). Penjualan ke pasar domestik dapat memberikan pengaruh buruk bagi perusahaan-perusahaan di luar kawasan dengan memaparkan mereka pada persaingan tidak sehat. Perlakuan istimewa yang diberikan kepada perusahaan di kawasan, khususnya pembebasan pajak penghasilan badan, bersama dengan langkah-langkah fasilitasi impor, dapat mengimbangi biaya bea cukai yang mungkin harus mereka bayarkan untuk dijual di pasar domestik. Perlakuan istimewa ini memberi bisnis yang mencari pasar di kawasan keuntungan komparatif atas perusahaan di luar kawasan. Pertumbuhan produktivitas di seluruh negeri dapat dipengaruhi secara negatif oleh penjualan perusahaan berbasis kawasan di pasar domestik, karena mereka dapat menghindari pasar ekspor dan tekanan daya saing terkait agar menguntungkan dengan harga internasional sambil mendapatkan keuntungan dari insentif pajak.

Rancangan kebijakan berbasis kawasan harus mempertimbangkan potensi dampak merugikan dari kawasan terhadap perekonomian yang lebih luas. Ini harus bergeser dari mengandalkan insentif fiskal menjadi memfasilitasi lingkungan bisnis yang lebih efektif yang mendorong persaingan, mengintegrasikan sektor-sektor yang ditargetkan dengan bagian ekonomi lainnya, dan secara memadai melindungi lingkungan. Pemerintah harus memilih reformasi kebijakan yang menyelaraskan tarif impor negara, prosedur impor dan insentif pajak pendapatan perusahaan dengan mereka yang berada di kawasan untuk memotong kesenjangan keunggulan komparatif yang merugikan antara perusahaan di dalam dan di luar kawasan. Meratakan lapangan bermain antara kawasan dan bagian lain negara adalah prioritas yang lebih mendesak mengingat strategi banyak pemerintah, termasuk Indonesia, untuk memperluas jumlah kawasan.

Beberapa negara telah berhasil mengatasi tantangan yang diwarisi dari kebijakan berbasis kawasan mereka. Polandia menetapkan kawasan pada 1980 - an untuk jangka waktu sementara selama 20 tahun (menetapkan jangka waktu sementara untuk kawasan itu sendiri merupakan praktik yang baik). Kawasan di Polandia berkontribusi pada pertumbuhan produktivitas tetapi bukannya tanpa konsekuensi yang merugikan. Kriteria tersebut mendiskriminasi UKM yang berbasis di luar kawasan. Selanjutnya, negara tetangga mulai menawarkan insentif pajak di mana pun investor berada. Sebagai solusi, Polandia memperkenalkan pada tahun 2018 undang-undang untuk memperluas insentif kawasan ke seluruh wilayah dan mengubah kriteria dari skala geografis dan investasi ke keberlanjutan dan inovasi.

Sumber: OECD (2020), Ulasan Kebijakan Investasi OECD: Mesir 2020, OECD Publishing, Paris

Fenomena perusahaan berbasis kawasan yang menjual di pasar domestik terlihat pada kawasan berikat. Di daerah ini, kesenjangan antara output dan output diekspor substansial, menunjukkan bahwa tidak semua perusahaan mengekspor produk mereka.[18] Hal ini menjadi perhatian di antara pembuat kebijakan, beberapa di antaranya panggilan untuk menghapus terikat-kawasan, karena beberapa perusahaan menikmati insentif tanpa mengekspor (Wicaksono et al., 2019). Lebih bermasalah, proporsi output yang diekspor antara kawasan berikat bisnis lebih rendah dari kalangan perusahaan ekspor non-terikat, khususnya di makanan dan tekstil industri. Jadi, kawasan berikat tidak hanya tidak berkontribusi untuk meningkatkan ekspor perusahaan, mereka juga menjadi tuan rumah bagi bisnis yang memanfaatkan insentif kawasan tersebut dan menggunakannya sebagai platform untuk memproduksi dan menjual ke pasar domestik.

Ada sedikit bukti limpahan produktivitas berbasis satu zona ke wilayah Indonesia terdekat. Di negara-negara lain, juga, hasilnya sering dicampur, menggambarkan baik manfaat dan keterbatasan dari berdasarkan kawasan- kebijakan. Di Brasil, Manaus FTZ berhasil mengurangi kemiskinan lokal melalui pendapatan yang lebih tinggi di kawasan tersebut tetapi limpahan ke daerah sekitarnya terbatas (Castilho et al., 2019). Di India, pla kebijakan berbasis ce tertarik besar perusahaan dan produktif tetapi ada w ere ada yang nyata spillovers (Chaurey, 2017). Program KEK Cina, yang menginspirasi peraturan KEK terbaru di Indonesia, berdampak positif pada investasi, lapangan kerja, produktivitas dan upah, sebagian besar didorong oleh masuknya perusahaan baru daripada perusahaan lama. Karena insentif CIT, industri padat modal mendapatkan keuntungan lebih dari industri padat karya dari program (Lu et al., 2019).

Kebijakan berbasis kawasan di Indonesia harus secara bertahap bergeser dari mengandalkan insentif fiskal menjadi memfasilitasi lingkungan bisnis yang lebih efektif yang mendorong persaingan, mengintegrasikan sektor-sektor yang ditargetkan dengan bagian ekonomi lainnya, dan melindungi lingkungan secara memadai. Pemerintah dapat memilih reformasi yang menyelaraskan tarif impor negara, prosedur impor dan insentif pajak penghasilan badan dengan mereka yang berada di kawasan untuk memotong kesenjangan keunggulan komparatif yang merugikan antara perusahaan di dalam dan di luar kawasan. Meratakan lapangan bermain antara kawasan dan bagian lain negara adalah prioritas yang lebih mendesak mengingat strategi pemerintah untuk memperluas jumlah KEK.

Daftar Pustaka

ASEAN (2017), ASEAN Investment Report 2017: Foreign Direct Investment and Economic Zones in ASEAN, Jakarta: ASEAN Secretariat, October 2017.

Chaurey, R. (2017), Location-based tax incentives: Evidence from India, Journal of Public Economics, 156, 101-120.

Castilho, M., Menéndez, M., & Sztulman, A. (2019), Poverty changes in Manaus: Legacy of a Brazilian free trade zone?, Review of Development Economics, 23(1), 102-130.

Cole, M. A., Elliott, R. J., & Zhang, J. (2009), Corruption, governance and FDI location in China: A province-level analysis, The Journal of Development Studies, 45(9), 1494-1512.

Haepp, T., & Lin, C. (2017), How does the minimum wage affect firm investments in fixed and human capital? Evidence from China, Review of Development Economics, 21(4), 1057-1080.

Iammarino, S. (2018), FDI and regional development policy, Journal of International Business Policy, 1(3-4), 157-183.

ILO (2013), Decent work profile: East Java (Jawa Timur), International Labour Office, Geneva.

Jaffrey, S. (2020), Coronavirus blunders in Indonesia turn crisis into catastrophe, Carnegie Endowment for International Peace, April 29, 2020.

Kuswanto, K. (2019), The inward Foreign Direct Investment (FDI) and decentralized governance system in Indonesia, Groningen, University of Groningen.

Lejárraga, Iza; Ragoussis, Alexandros (2018), Beyond Capital: Monitoring Development Outcomes of Multinational Enterprises, Policy Research working paper; no. WPS 8686. Washington, D.C.: World Bank Group.

Lembcke, A. and L. Wildnerova (2020), "Does FDI benefit incumbent SMEs? FDI spillovers and competition effects at the local level", OECD Regional Development Working Papers, No. 2020/02, OECD Publishing, Paris, https://doi.org/10.1787/47763241-en

Lu, Y., Z. Tao and L. Zhu (2017), Identifying FDI spillovers, Journal of International Economics, Vol. 107, pp. 75-90, http://dx.doi.org/10.1016/J.JINTECO.2017.01.006.

Lu, Y., Wang, J., & Zhu, L. (2019), Place-Based Policies, Creation, and Agglomeration Economies: Evidence from China's Economic Zone Program, American Economic Journal: Economic Policy, 11(3), 325-60.

Millennium Cities Initiative (MCI) and Vale Columbia Center (VCC) (2009), Handbook for Promoting Foreign Direct Investment in Medium-Size, Low Budget Cities in Emerging Markets, New York

Nasution, M. (2016), Government decentralization program in Indonesia, ADBI Working Paper 601, Tokyo: Asian Development Bank Institute.

OECD (forthcoming), Mapping of investment promotion agencies: Eurasia, OECD Publishing, Paris.

OECD (2020, forthcoming), OECD Reviews on Local Job Creation: Employment and Skills Strategies in Indonesia, OECD Publishing, Paris.

OECD (2020a), Investment promotion agencies in the time of COVID-19, http://www.oecd.org/coronavirus/policy-responses/investment-promotion-agencies-in-the-time-of-COVID-19-50f79678/.

OECD (2020), *OECD Investment Policy Reviews: Egypt 2020*, OECD Publishing, Paris, https://doi.org/10.1787/9f9c589a-en.

OECD (2019a), *Making Decentralisation Work: A Handbook for Policy-Makers*, OECD Multi-level Governance Studies, OECD Publishing, Paris. https://doi.org/10.1787/g2g9faa7-en

OECD (2019b), *OECD Green Growth Policy Review of Indonesia 2019*, OECD Environmental Performance Reviews, OECD Publishing, Paris, https://doi.org/10.1787/1eee39bc-en.

OECD (2018a), *SME and Entrepreneurship policy in Indonesia 2018*, OECD Publishing, Paris, https://doi.org/10.1787/9789264306264-en.

OECD (2018b), *OECD Economic Surveys: Indonesia 2018*, OECD Publishing, Paris, https://doi.org/10.1787/eco_surveys-idn-2018-en.

OECD (2018c), *OECD Investment Policy Reviews: Viet Nam 2018*, OECD Publishing, Paris, https://doi.org/10.1787/9789264282957-en.

OECD (2018d), Mapping of Investment Promotion Agencies in OECD Countries, http://www.oecd.org/investment/investment-policy/mapping-of-investment-promotion-agencies-in-OECD-countries.pdf.

OECD (2016a), OECD Economic Surveys: Indonesia 2016, OECD Publishing, Paris, https://doi.org/10.1787/eco_surveys-idn-2016-en.

OECD (2016b), Bribery and corruption: fighting corruption to attract responsible investors, Indonesia Policy Brief, October 2016, https://www.oecd.org/policy-briefs/indonesia-fighting-corruption-to-attract-responsible-investors.pdf

OECD (2013), Southeast Asian Economic Outlook 2013: With Perspectives on China and India, OECD Publishing, Paris, https://doi.org/10.1787/saeo-2013-en.

OECD (2010), OECD Investment Policy Reviews: Indonesia 2010, OECD Publishing, Paris, https://doi.org/10.1787/9789264087019-en.

Pangestu, Mari E., (2020), Major Economic Challenges Faced by Indonesia, OECD Informal Reflection Group 2020, January 21, 2020

Pasquinelli, C., & Vuignier, R. (2020), Place marketing, policy integration and governance complexity: An analytical framework for FDI promotion, European Planning Studies, 1-18.

Rothenberg, A., S. Bazzi, S. Nataraj, and A.V. Chari (2017), 'When Regional Policies Fail: An Evaluation of Indonesia's Integrated Economic Development Zones', RAND Working Paper, No. 1183, Santa Monica, California, USA: RAND Corporation

Rothenberg, A. D., & Temenggung, D. (2019), Place-Based Policies in Indonesia: A Critical Review, background paper to the World Bank's Indonesia Urbanization Flagship report, Time to ACT: Realizing Indonesia's Urban Potential.

Sodik, J., Sarungu, J., Soesilo, A., & Rahayu, S. A. T. (2019), The Determinant of Foreign Direct Investment Across Provinces in Indonesia: The Role of Market Size, Resources, and Competitiveness, Jurnal Ekonomi Malaysia, 53, 3.

Tomsa, D. (2015). Local politics and corruption in Indonesia's outer islands. Bijdragen tot de taal-, land-en volkenkunde/Journal of the Humanities and Social Sciences of Southeast Asia, 171(2-3), 196-219.

Transparency International (2018), Indonesia: Overview of corruption and anti-corruption, Transparency International Anti-Corruption Helpdesk Answer.

USAID (2013), The impact of US foreign direct investment on the Indonesian economy.

Vujanovic, P. (2017), "Decentralisation to promote Regional Development in Indonesia", OECD Economics Department Working Papers, No. 1380, OECD Publishing, Paris, https://doi.org/10.1787/d9cabd0a-en.

Wall, R., (2019), The geography of FDI in the Southern Mediterranean, Background Note prepared for the EU-OECD regional seminar on "Measuring FDI and its impact", 5-6 March, Tunis.

Wicaksono, T. Y., Mangunsong, C., & Anas, T. (2019), Failure of an Export Promotion Policy? Evidence from Bonded Zones in Indonesia, ERIA Discussion Paper Series, ERIA-DP-2018-16.

World Bank (2017), "Policy Note: What Drives Foreign Direct Investment in Indonesia?", August.

Zakharov, N. (2019), Does corruption hinder investment? Evidence from Russian regions, European Journal of Political Economy, 56, 39-61.

Catatan

[1] Undang-undang No. 22 Tahun 1999 tentang Pemerintahan Daerah.

[2] Surat Keputusan Presiden No. 117 Tahun 1999; Peraturan Pemerintah No. 25 Tahun 2000.

[3] Sekitar setengah dari pegawai negeri sudah ada di daerah tetapi dibayar oleh pemerintah pusat.

[4] Undang-undang 32 Tahun 2004 tentang Pemerintahan Daerah; Surat Keputusan Kepala BKPM No 57&58/SK/2004.

[5] Undang-undang No. 23 Tahun 2014 tentang Pemerintahan Daerah; Surat Keputusan Kepala BKPM No. 14 Tahun 2015.

[6] Survei Doing Business Bank Dunia tahun 2010 dan 2012 membandingkan 14 kota di Indonesia dan menemukan perbedaan besar dalam kemudahan berbisnis. Misalnya, biaya mengurus izin konstruksi berkisar dari 132% pendapatan per kapita di Makassar hingga 32% di Jambi, sedangkan biaya pembukaan usaha terkait pendapatan per kapita hampir dua kali lebih tinggi di Manado dibandingkan di Pontianak.

[7] Pada tahun 2014 dan 2017, ADB dan KPPOD melakukan sebuah survei gabungan kemudahan melakukan bisnis di lima kota di Indonesia; Jakarta, Surabaya, Medan, Balikpapan, dan Makassar. Hasil survei tidak dapat diambil secara online. Terjemahan artikel pers online dalam Bahasa Indonesia menunjukkan bahwa tiga hambatan utama untuk berbisnis di lima kota tersebut adalah kemudahan memulai usaha, diikuti dengan kemudahan mendapatkan izin konstruksi, dan pendaftaran hak atas tanah dan bangunan.

[8] Peraturan Pemerintah No. 30 Tahun 2011 tentang pinjaman daerah menjadi peraturan No. 56 Tahun 2018.

[9] Investasi asing di angkutan penumpang dan laut kargo terbatas pada 49% dari kepemilikan saham dan, dalam beberapa layanan tambahan transportasi laut, 67% (OECD FDI Regulatory Restrictiveness Database).

[10] Indeks Pemerintahan Indonesia mengukur kualitas pemerintahan daerah di empat bidang: pemerintahan, birokrasi, masyarakat sipil, dan masyarakat ekonomi.

[11] Undang-undang No. 12 Tahun 2011 hierarki peraturan perundangan di Indonesia.

[12] Instruksi Presiden Nomor 7 Tahun 2019 tentang Percepatan Kemudahan Berusaha.

[13] Tidak seperti kebanyakan provinsi, Jawa Timur belum menetapkan upah minimum tingkat provinsi, melainkan menetapkan upah di tingkat kabupaten dan kabupaten.

[14] Peraturan Daerah Kabupaten Malang Nomor 3 Tahun 2012 tentang Perlindungan dan Pemberdayaan Pasar Tradisional serta Penataan dan Penguasaan Pusat Perbelanjaan dan Toko Modern, pasal 10 ayat (2) huruf (a). Lihat juga: https://nusadaily.com/en/headlines/breaking-through-complex-permits-jokowi-issues-presidential-instruction-7-of-2019.html.

[15] Peraturan Pemerintah No. 24, 2019.

[16] Empat KEK berada di Mandalika, Tanjung Lesung, Tanjung Kelayan, dan Morotai.

[17] Ketentuan-ketentuan dalam tax holiday untuk ZEK yang tercantum dalam Peraturan Nomor 104/PMK010/2016, di mana investor bisa mendapatkan pengurangan pajak penghasilan badan sebesar 20 % sampai 100 %.

[18] Kawasan berikat diperlukan untuk mengekspor setidaknya 25% dari total output kawasan. Jadi, perusahaan di kawasan berikat tidak perlu mengekspor jika total ekspor di kawasan tersebut mencapai lebih dari 25% dari total output.

www.ingramcontent.com/pod-product-compliance
Lightning Source LLC
LaVergne TN
LVHW080646011026
849160LV00014B/1342
* 9 7 8 9 2 6 4 7 8 6 6 2 2 *